CIÊNCIAS JURÍDICAS

CIVILÍSTICAS; COMPARATÍSTICAS;
COMUNITÁRIAS; CRIMINAIS; ECONÓMICAS;
EMPRESARIAIS; FILOSÓFICAS; HISTÓRICAS;
POLÍTICAS; PROCESSUAIS

CIÊNCIAS JURÍDICAS

CIVILÍSTICAS; COMPARATÍSTICAS; COMUNITÁRIAS; CRIMINAIS; ECONÓMICAS; EMPRESARIAIS; FILOSÓFICAS; HISTÓRICAS, POLÍTICAS; PROCESSUAIS

(APRESENTAÇÃO)
PROF. CATEDRÁTICO DOUTOR A. CASTANHEIRA NEVES

(ORGANIZAÇÃO)
GONÇALO N. C. SOPAS DE MELO BANDEIRA
ROGÉRIO MAGNUS VARELA GONÇALVES
FREDERICO VIANA RODRIGUES

ALMEDINA
1955-2005

CIÊNCIAS JURÍDICAS
CIVILÍSTICAS; COMUNITÁRIAS; CRIMINAIS; ECONÓMICAS; EMPRESARIAIS; FILOSÓFICAS; HISTÓRICAS; POLÍTICAS; PROCESSUAIS

ORGANIZADORES
GONÇALO N. C. SOPAS DE MELO BANDEIRA
ROGÉRIO MAGNUS VARELA GONÇALVES
FREDERICO VIANA RODRIGUES

EDITOR
EDIÇÕES ALMEDINA SA
Rua da Estrela, n.º 6
3000-161 Coimbra
Telef.: 239 851 905
Fax: 239 851 901
www.almedina.net
editora@almedina.net

EXECUÇÃO GRÁFICA
G.C. – GRÁFICA DE COIMBRA, LDA.
Palheira – Assafarge
3001-453 Coimbra
producao@graficadecoimbra.pt

Julho 2005

DEPÓSITO LEGAL
230369/05

Toda a reprodução desta obra, por fotocópia ou outro qualquer processo,
sem prévia autorização escrita do Editor,
é ilícita e passível de procedimento judicial contra o infractor.

ESTE LIVRO É DEDICADO À ESCOLA DE DIREITO
DA FACULDADE DE DIREITO DA UNIVERSIDADE DE COIMBRA

NOTA DO CO-ORGANIZADOR

Deus quis, o meu caríssimo Amigo e Colega Advogado brasileiro e Professor Universitário Mestre ROGÉRIO VARELA sonhou e a obra nasceu!

E como nos "canta" ANTÓNIO GEDEÃO: "Eles não sabem, nem sonham, § que o sonho comanda a vida, que sempre que um homem sonha § o mundo pula e avança § como bola colorida § entre as mãos de uma criança."[1]

A apresentação de este livro jurídico, para nossa grande honra e orgulho, é feita pelo Prof. Doutor CASTANHEIRA NEVES – autor do primeiro Seminário –, a quem desde já ficamos profundamente gratos pela pronta aceitação do nosso convite.

Encarregou-me o destino de voltar a Coimbra, de esta vez sob a forma de jurista sonhador, de co-organizador e interlocutor perante essa Livraria e Editora – nascida na Cidade do Mondego –, com história e coração: atributo apenas de algumas, a qual dá pelo conhecido nome de Almedina. Tal desafio foi para mim irrecusável ainda que com um manifesto prejuízo dos sete trabalhos em que, (des)afortunada mas voluntariamente, face às inelutáveis circunstâncias da vida, estou sistematicamente envolvido! Abracei com grande humildade e alegria tal tarefa, pois estava em causa homenagear, ainda que de uma forma muito singela – em aquilo que me toca pessoalmente! – a Faculdade de Direito da Universidade de Coimbra e, portanto, se me permitem, a minha e a nossa Escola de Direito. Um sentimento profundo que, ainda que com certeza de

---

[1] In *Movimento Perpétuo*, 1956.

modo imerecido, também sinto como de mim próprio, pois... A minha dívida para com a Academia Coimbrã é já tão vasta que este meu modesto contributo não passa de mais um mero passo em essa, mais que certa, vã tentativa de saldar contas do acervo fundo do espírito que amiúde me desperta. Haja sempre Coimbra, em todos os tempos e lugares, do Choupal até à Lapa!

Esta obra é devida, sobretudo, ao árduo esforço intelectual de Todos os meus Colegas luso-brasileiros, os quais – Professores Universitários e do Ensino Superior de Direito, Magistrados, Advogados e Juristas do Brasil e de Portugal – representam também, cada um deles com o seu estilo e prosa, uma forma renovadamente única de ser e viver, não só, mas também, juridicamente Coimbra: Mestra ANA CLÁUDIA GOMES; Mestra ANELISE BECKER; Doutor ANTÓNIO CARVALHO MARTINS; Mestre CLÁUDIO PEDROSA; Mestre FREDERICO VIANA RODRIGUES; Mestre JORGE SILVA; Mestre LUCIANO NASCIMENTO SILVA; Mestra MARGARIDA ALMEIDA; Mestra NATHÁLIA ARRUDA; Mestra ROBERTA JARDIM DE MORAIS; Mestre ROGÉRIO VARELA; e Mestra VERA RAPOSO.

A todos os respectivos artigos jurídicos de estes Autores mencionados, resolvi, como ponto de contacto com a Almedina e co-organizador português, introduzir um curto mas pertinente texto em esta obra, da Licenciada em Direito, e M.D. Advogada, MARIA LAMEIRAS PINTO. Tal facto se deve, não só, ao tema em análise: as relações entre os Magistrados e os Advogados. Tema este que foi galardoado, inclusive, com um dos Prémios Advogado João Lopes Cardoso, o qual é atribuído pelo Conselho Distrital do Porto da Ordem dos Advogados portugueses. Mas também como forma de profundo agradecimento pelo indispensável trabalho de assessoria prestado perante esta mesma co-organização editorial portuguesa. Sem esta ajuda real, não existiria, simplesmente nestes termos, para mim e perante a Almedina, qualquer hipótese de me poder comprometer com tal publicação em Portugal.

Não obstante, tal obra teria sido igual e indubitavelmente impossível caso todos estes Auditores, anteriormente referidos, não tivessem podido realizar as suas respectivas comunicações – todos o fizeram: o que, penso, ser de aplaudir! Estas comunicações foram precisamente proporcionadas e potenciadas pelos indissociáveis e correspondentes Seminários, os quais, por sinal, atingiram uma qualidade académica ímpar que não suscita a mínima admiração ou não fossem os seus protagonistas autênticos Cientistas do Direito e que urge aqui, também, destacar, homenagear e recordar, desde já, com muitas saudades: Prof. Doutor CASTANHEIRA NEVES;

Prof. Doutor JORGE DE FIGUEIREDO DIAS; Prof. Doutor MANUEL DA COSTA ANDRADE; Prof. Doutor J. J. GOMES CANOTILHO; Prof. Doutor GUILHERME DE OLIVEIRA; Prof. Doutor JOSÉ DE FARIA COSTA; Prof. Doutor SINDE MONTEIRO; Prof. Doutor VIEIRA DE ANDRADE; Prof.ª Doutora MARIA JOÃO ANTUNES; Prof. Doutor PINTO BRONZE; Prof. Doutor VITAL MOREIRA; Prof. Doutor AROSO LINHARES; Prof. Doutor REIS MARQUES; Prof. Doutor JOÃO LOUREIRO; Prof. Doutor PEDRO GONÇALVES; Docente Mestra HELENA MONIZ; Docente Mestre REMÉDIO MARQUES; Docente Mestre ANDRÉ DIAS PEREIRA; Prof.ª Doutora CATARINA RESENDE DE OLIVEIRA; Prof. Doutor RUI NUNES; Prof. Doutor JORGE SARAIVA; Prof. Doutor FRANCISCO CORTE-REAL; Prof. Doutor ALBERTO DE BARROS.

Pessoalmente gostaria de enviar também, por este meio, um agradecimento especial, do fundo do coração, aos principais causadores de este meu amor pelas Ciências Jurídicas e pela Universidade e, portanto, de mais este meu modesto contributo jurídico e que são os seguintes entre muitos OUTROS que guardarei, enquanto a minha saúde o permitir, na minha memória: Prof. Doutor JORGE DE FIGUEIREDO DIAS; Prof. Doutor MANUEL DA COSTA ANDRADE; Prof. Doutor GERMANO MARQUES DA SILVA; Prof. Doutor JOSÉ DE FARIA COSTA; Prof.ª Doutora ANABELA MIRANDA RODRIGUES; Prof. Doutor AMÉRICO TAIPA DE CARVALHO.

Não me poderia esquecer e agradecer igualmente do facto de no dia 1 de Maio de 2004 termos estado todos presentes (eu e quase todos os meus Colegas Auditores acima mencionados que fazem parte de esta obra e ainda alguns OUTROS de outros anos) em um encontro jurídico-constitucional e cultural, sob o distinto convite pessoal e Direcção do actual Presidente do Conselho Científico da Faculdade de Direito da Universidade de Coimbra e Prémio Pessoa em 2003, Professor Doutor J. J. GOMES CANOTILHO e que ocorreu na Cidade de Pinhel. Ficamos todos profundamente honrados e sensibilizados por este convite e, além disso, fomos verdadeiramente recebidos como uma só Família e com uma extrema fraternidade. Tal confraternização, como outras similares, revela, na minha opinião, um espírito académico que não teve, não tem e nunca – assim o queremos! – terá um preço: é algo que nem se consegue explicar por palavras; talvez apenas por Poemas, os quais não me atreverei, por manifesta desventura, a tentar escrever, pois tenho falta de esse talento original que reina a alma dos Poetas!

A Universidade – se me permitem a audácia do raciocínio! – deverá ser sempre isso que em este momento é: um espaço composto exclusivamente por mulheres e homens de pensamento livre, no qual podemos, sempre que quisermos, saciar a nossa constante sede intelectual fugindo a um certo deserto habitado pela cultura asfixiante da massificação! Facto que – todos o sabemos – não é nada fácil de conquistar.

Resta-me uma palavra de incomensurável agradecimento a todos os meus amigos, familiares e, também, a todas as pessoas e instituições que proporcionaram a realização de este trabalho jurídico. Destaco, além do meu labor mais querido e que é a minha Filha Maria Carolina, a minha Mãe, a minha Mulher Nucha e a minha Tia e Madrinha Elisa e toda a Instituição Particular de Solidariedade Social, "Obra de Nossa Senhora das Candeias", nomeadamente através das Senhoras Eng.ª Maria Carolina Furtado Martins e Dr.ª Ana Sá.

Por fim, mas nunca por último, gostaria ainda de dizer que esta obra jurídica é mais uma prova viva de que Portugal e Brasil poderão e deverão sempre viver como duas Nações e dois Povos irmãos e amigos: são dois Países com uma só língua e uma só alma. Se Portugal está inserido na Europa; o Brasil está em esse maravilhoso novo mundo, cheio de potencialidades, que é a América! Historicamente, como todos bem sabem, o Brasil foi descoberto pela armada de Pedro Álvares Cabral, em 22 de Abril de 1500, quando precisamente velejava através do Atlântico Sul, em demanda da Índia, por meio de um mandado do Rei D. Manuel I. Devo dizer que, por mera coincidência, foi igualmente em dois certos dias de 22 de Abril que a minha querida Mãe e eu nascemos, pelo que tal data está, naturalmente, no fundo do nosso coração por uma, em este caso, tríplice razão!

Não queria igualmente deixar de aqui proclamar uma inquebrantável saudação: Viva a língua portuguesa! Viva Portugal! Viva o Brasil! Vivam sempre todos os Países Africanos de Língua e Ortografia portuguesas, como Angola, Moçambique, Cabo-Verde, Guiné-Bissau e S. Tomé e Princípe! Viva Timor-Leste! Viva a Confederação dos Países de Língua Portuguesa! Vivam todos os falantes e escritores de língua portuguesa, como os cerca de cinco milhões de emigrados e todos aqueles que conservam conexões com o português em territórios tão diversos como Macau, Malaca, Índia ou Indonésia, etc.: a nossa verdadeira Pátria é – diz-nos o coração – a língua que falamos! Viva sempre a Lusofonia!

E aqui fica a obra jurídica – que se objectiva ser sempre – para a posteridade ao dispor das Caríssimas Leitoras, dos Caríssimos Leitores e de toda a pertinente crítica!

Nota do Co-Organizador

Como inquietantemente reflecte, entre nós, FERNANDO PESSOA[2], e no que me diz respeito, pois não poderia, em este caso concreto, terminar de outra forma: "Saber que será má a obra que se não fará nunca. Pior, porém, será a que nunca se fizer. Aquela que se faz, ao menos, fica feita. Será pobre mas existe, como a planta mesquinha no vaso único da minha vizinha aleijada. Essa planta é a alegria dela, e também por vezes a minha. O que escrevo, e que reconheço mau, pode também dar uns momentos de distracção de pior a um ou outro espírito magoado ou triste. Tanto me basta, ou me não basta, mas serve de alguma maneira, e assim é toda a vida."

Afinal, "Há pessoas que amam
com os dedos todos sobre a mesa.
Aquecem o pão com o suor do rosto
e quando as perdemos estão sempre
ao nosso lado
(…)." RUI COSTA[3]

GONÇALO NICOLAU CERQUEIRA SOPAS DE MELO BANDEIRA[4]

---

[2] In "O Livro do Desassossego", v.g., Colecção da Revista Visão, p. 19.

[3] In "A Nuvem Prateada das Pessoas Graves", Prémio Daniel Faria 2005, Edições quasi, 2005.

[4] Advogado; Licenciado em Direito pela Faculdade de Direito da Universidade de Coimbra; Especialista em Ciências Jurídico-Criminais pela Faculdade de Direito da Universidade Católica Portuguesa; e Mestre em Direito pela Faculdade de Direito da Universidade Católica Portuguesa.

NOTA DO CO-ORGANIZADOR

Esta nótula introdutória tem a finalidade de informar ao leitor os motivos ensejadores da presente obra e as razões da inexistência de uma unidade temática dos escritos ora colacionados.

Em primeiro lugar, deve-se destacar que a principal motivação para esta coletânea é o dever moral de agradecimento para com a Faculdade de Direito da Universidade de Coimbra. Trata-se de Instituição de Ensino Superior que tem promovido um verdadeiro resgate e um re-descobrir entre Brasil e Portugal. Com efeito, a turma do III Programa de Doutoramento da Universidade de Coimbra é uma prova inconteste da assertiva acima, porquanto somos treze frequentadores, dos quais nove são brasileiros e quatro portugueses.

A faculdade recebe a todos, brasileiros e portugueses, de braços abertos, aquilatando em nós o interesse pela investigação séria e academicamente comprometida. Quando excedemos os seus umbrais, passando pela Porta Férrea, nos sentimos em nosso lar, tamanho é o acolhimento dispensado pelos professores e funcionários que integram os seus recursos humanos. Destarte, nada mais natural do que o interesse de homenagear a nossa casa acadêmica. Eis, aqui o motivo primordial do trabalho ora posto ao olhar crítico dos leitores.

Outro fator referenciado no nascedouro desta breve nota diz correlação com a diversidade de matérias enfocadas, algo invulgar neste tipo de empreitada acadêmica coletiva. Contudo, o fundamento desta opção é muito simples. Quando se tenta homenagear alguém ou algo, o que se busca é dar o melhor de si em prol do homenageado. Logo, se houvesse a imposição de um tema haveria uma limitação da atividade academicamente criativa e, por conseguinte, uma mão arbitrária na homenagem, vez que não se permitiria aos autores se debruçarem sobre algo que entendessem dominar com maior profundidade e que representasse, verdadeiramente, a láurea que se intencionava conceder.

Afora isso, merece registro que o trabalho da forma que foi idealizado permite que o conjunto de autores leve ao conhecer do público leitor o que se tem discutido na Instituição Educacional homenageada, retratando uma verdadeira pauta do dia acadêmico vivenciado em Coimbra.

É intento de todos os frequentadores do III Programa de Doutoramento da Faculdade de Direito da Universidade de Coimbra que estes escritos introdutórios aqui publicizados sejam a marca de nossa breve passagem pela Capital da Cultura Portuguesa (a República do Saber, conforme chamam vários dos seus alunos). O leitor vai constatar que a Faculdade de Direito da cidade banhada pelo Mondego mereceria uma maior homenagem, mas – como já ensinava FERNANDO PESSOA "tudo vale a pena quando a alma não é pequena".

Coimbra, verão.

ROGÉRIO MAGNUS VARELA GONÇALVES

NOTA DO CO-ORGANIZADOR

Os seminários do III Programa de Doutoramento da Faculdade de Direito da Universidade de Coimbra brindaram-nos, para além das preleções dos Mestres, com o afortunado convívio acadêmico enriquecido pelas discussões travadas na sala do Conselho Científico onde, semanalmente, os doutorandos se reuniam. Cada qual em sua respectiva área de concentração temática, mas todos empenhados em dividir suas preocupações com os demais auditores. Resultado disso foram debates multidisciplinares, que não poderiam mesmo faltar na formação de quem se dedica à feitura de uma tese.

Antes de os estudos prosseguirem cumpriu-nos, entretanto, homenagear...

Redundante dizer, mas o pleonasmo é inevitável, a gratidão dos alunos aos Professores Doutores e à Instituição que os acolheu levou-nos a reverenciá-los nesta obra coletiva. Afinal, onde quer que haja um acadêmico, por certo existirão nas entrelinhas de seus escritos o sentimento que ora se desnuda.

A idéia, originalmente hasteada pelo colega Rogério Magnus Varela Gonçalves, foi logo encampada pela turma, cabendo-me, ademais, auxiliá-lo na honrosa tarefa de organização dos textos.

É o que ora faço...

Muito mais na qualidade de admirador dos autores do que na de co-organizador.

Coimbra, Agosto.

FREDERICO VIANA RODRIGUES

APRESENTAÇÃO

Estamos perante um conjunto de estudos dos doutorandos que frequentaram o III Programa de Doutoramento da Faculdade de Direito de Coimbra, no ano lectivo de 2003/2004.

Com a sua publicação, assim conjunta, pretendem os seus Autores prestar homenagem a essa Faculdade de Direito. Iniciativa singular esta e muito de se assinalar: não se trata de dar cumprimento a qualquer obrigação académica, é antes um espontâneo testemunho universitário. Isso mesmo me foi sublinhado ao pedirem-me também os seus Autores umas palavras de apresentação que o antecedessem.

A única razão desse pedido vejo-a na circunstância de ter tido alguma responsabilidade na orientação do 1° seminário daquele programa, que decorreu de Outubro a Dezembro de 2003, e na própria temática a que se subordinou: a metodologia jurídica como dimensão reflexivamente constitutiva da juridicidade.

Permita-se-me que acentue a ideia. Tratou-se de compreender a dimensão metodológica do pensamento jurídico, não como um *posterius* ao direito constituído e objectivado e para apenas uma sua determinação e aplicação, mas como um *constituens* da própria normatividade jurídica, ao reflectir problematicamente e ao resolver-decidir judicativamente os casos jurídicos concretos que a prática da realização do direito vai suscitando. É que para essa problemática realização, e nela, o direito objectivo que se pressuponha como critério revela-se sempre, e irredutivelmente, de uma aberta indeterminação na sua regulativa validade normativa, que só decisório-judicativamente em concreto se vai normativamente determinando – isto é, constituindo. É esta mediação normativa-juridicamente constitutiva do decisório juízo concreto – com os fundamentos (normativos) e critérios (positivos) jurídicos vinculantemente invocáveis e com a racionalidade específica que lhe permita ser criticamente justificada – que à metodologia jurídica cumpre reflexivamente assumir e orientar. Com o que deixando ela de ser assim sucessiva e secundária para se impor antes com um sentido nuclear, e a ocupar o próprio centro do pensamento jurídico, a metodologia jurídica só poderá ser compreendida segundo uma radicalmente nova perspectiva (não digo, como no já lugar comum terminológico se diria, novo "paradigma", embora o conceito que T. S. KUHN dele nos ofereceu o permitisse neste caso com inteira pertinência) – e a implicar, como a sua consequência última, uma diferente concepção do próprio direito, que deixará de ser entendido como *objecto* (para um qualquer simples conhecimento possível, dogmático ou outro) e se manifestará como *problema* (problema aberto de contínua realização judicativa e de sentido normativamente constituendo) e bem assim do pensamento jurídico em geral, que deixará de ser tão-só *hermenêutico* (como uma hermenêutica a culminar numa dogmática) para ser também ele verdadeiramente *normativo* (problematicamente e judicativamente normativo). Ao que se opõem, todavia, dois obstáculos que vêm do passado, e são já na verdade passado: o obstáculo cultural do positivismo, acalentado pelo cientismo universal do século XIX e parte do XX, e o obstáculo político do legalismo, emergente tanto do Estado Moderno como do contratualístico Estado demo-liberal, que acabaria por assimilar dogmaticamente o normativismo também moderno. Se contrários nas suas respectivas ideias originárias – um a postular o objectivo heterónomo (o direito que é), o outro a reinvindicar a autonomia das projecções voluntarísticas (o direito que político-funcionalmente deve-ser) –, vieram todavia a convergir numa solidária cumplicidade (o jurídico objectivo a conhecer seria o produto dogmático do regulativo legal) que remetia os juristas, e particularmente os juízes, para uma anónima e formal fungibilidade, que se dizia neutralidade, mas verdadeiramente de uma paradoxal e ilusória irresponsabilidade. Não lhes competiria a eles o direito, ou pensar o direito no sentido axiológico-humano do seu problema normativo e nas suas exigências judicativas, mas antes por inteiro a outras instâncias não jurídicas de que, e naquele neutro descompromisso, o receberiam de todo constituído e dado – por uma dimiúrgica mutação, o direito manifestar-se-ia como tal a partir de uma origem de sentido essencialmente diferente dele. Estava-se assim, na verdade, perante um mito prático, ainda que de bem sabida conveniência política. Mas vivemos na história e o tempo vai mostrando o que as coisas verdadeiramente são, depois das eventuais

Apresentação

pretensões diversas e hoje sabemos já o que vale esse mito – está desmistificado. Apenas tenta persistir em arrastada sobrevivência. Só que então, pelo *dur dêsir de durer* (igualmente aqui, extrapolando) o que se pensara revolucionário perverte-se em reaccionário. Foram, pois, aquela ideia de metodologia jurídica e esta sua implicação crítica que se pretenderam a orientar aquele primeiro seminário do referido Programa de Doutoramento.

A explicitação e os desenvolvimentos específicos couberam aos três professores da Secção de Ciências Jurídico-Filosóficas da Faculdade, Doutores F. J. C. Pinto Bronze, M. Reis Marques e J. M. Aroso Linhares. O Doutor Pinto Bronze ocupou-se do problema metodológico-jurídico e do sentido da sua racionalidade própria, o Doutor M. Reis Marques convocou a indispensável dimensão histórica dessa problemática, e o Doutor J. M. Aroso Linhares encarregou-se de confrontar a linha básica de compreensão metodológico-jurídica que ficou esboçada com outras também actuais suas alternativas metodológicas. A eles, portanto exclusivamente se deve o mérito que ao seminário se lhe tenha podido reconhecer.

E o certo é que os doutorandos que o frequentaram não lhe foram insensíveis. Para o que terá também concorrido – e congratulemos com este aspecto – a ambiência institucional e humana em que os trabalhos do seminário decorreram, assim como, e razão essa de certo entre as primeiras, o interesse universitário e a sensibilidade cultural dos Doutorandos, Autores dos estudos que se publicam. Ao contributo temático, de estudo e reflexão recebido do seminário responderam os Autores, e numa espontaneidade já sublinhada, com estes seus estudos – ao estudo respondeu o estudo. Que melhor expressão do que deve ser o diálogo científico-cultural no espaço de convivência universitária do que esta que deste modo e publicamente se manifesta!

Nos estudos oferecidos temos um variado elenco de temas relevantes e actuais, a atingirem, desde o problema do sentido geral do direito (no ensaio justamente sobre *A crise do direito,* de Frederico Viana Rodrigues) e questões especificamente jurídico-metodológicas (no *Ensaio introdutório acerca das lacunas jurídicas*, de Rogério Magnus Varela Gonçalves, e em *A responsabilidade pela phronesispoiésis do direito brasileiro* de Jorge da Silva), o sentido dos objectivos do próprio Estado no contexto de

20   *Ciências Jurídicas...*

seus compromissos económicos e sociais (em *Estado econômico versus Estado de bem-estar. Ensaio para um novo paradigma*, de Cláudio Pedrosa Nunes) com o candente problema político-constitucional posto pela realidade constitucional brasileira (em *Emendar e emendar: enclausurando a Constituição?* de Ana Cláudia Nascimento Gomes) até a reflexão sobre princiopiológicas categorias político-constitucionais (no ensaio *Paridade, outra igualdade*, de Vera Lúcia Capareto Raposo, passando por outros temas de também aguda actualidade, como são os de direito penal econômico (*Crime de "Branqueamento" e a criminalidade organizada no ordenamento jurídico português*, de Gonçalo Nicolau Cerqueira Sopas de Melo Bandeira, e a *A (moderna) criminalidade econômica*, de Luciano Nascimento Silva) de estruturação e administração político-jurídico regional (*em Regiões metropolitanas – aspectos jurídicos* de Nathália Arruda Guimarães) e de direito de responsabilidade ambiental (*Responsabilidade civil por dano ambiental em situação de multiplicidade organizada de sujeitos*, de Anelise Becker). E a terminar em outros temas particulares de relevo jurídico não menor, como o estudo de direito comercial *O princípio da equiparação das acções subscritas, adquiridas ou detidas pela sociedade dominada a acções da sociedade dominante*, de Margarida Maria M. Correis Azevedo de Almeida e a consideração de uma linha dissidente no quadro do movimento de ponta *Law and Economic,* em *Reflexões iniciais sobre Behavional Law and economies e o problema das normas sobre o comércio dos alimentos geneticamente modificados* de Roberta Jardim de Morais. Este simples enunciado de referência é só por si suficiente para conhecermos a amplitude e a riqueza desta colectânea de estudos, em que se toca boa parte dos domínios problemáticos que avultam no universo jurídico dos nossos dias. Sem deixar de anotar ainda que vários desses estudos expressamente se fazem eco dos contributos jurídico--metodológicos propiciados pelo seminário que acabava de ser frequentado.

Com uma última nota que sublinharei pelo que entendo ser o seu exaltante relevo. A maioria dos Autores são cidadãos e juristas brasileiros, a desempenharem já todos importantes funções quer universitárias quer judiciais e a eles, na sua qualidade também de doutorandos, se deve a ideia e o empenho que levaram à realização desta iniciativa. E então, vive-se assim um momento mais das relações e do intercâmbio cultural e universitário entre Portugal e o Brasil. Se a história, com a língua, e a profunda

Apresentação

21

afinidade das referências que moldam o carácter e a vida – como fundo constitutivo da cultura que nos identifica, não obstante as diferenças, moldadas também pela história, pelos espaços e as experiências divergentes – forjaram a exemplar fraternidade humana com que nos relacionamentos, nos abrimos uns aos outros, brasileiros e portugueses, é todavia no intercâmbio universitário que encontra possibilidade e estímulo o mútuo enriquecimento cultural e é nele que quero ver a condição capital de uma unidade superior, a projectar-se e a assumir-se na liberdade de uma reflectida responsabilidade humano-histórico-cultural, que aquela fraternidade nos impõe verdadeiramente como um dever. E estes estudos, tendo presentes a sua origem e a sua intenção e igualmente o seu reconhecível relevo, são um exemplo a saudar com alegria do que poderão ser, deverão ser, as realizações desse nosso intercâmbio humano e cultural no espaço universitário luso-brasileiro.

Pelo que, ao apresentar esta colectânea que agora se publica, muito honrado e muito grato o faço.

A. CASTANHEIRA NEVES

EMENDAR E EMENDAR:
ENCLAUSURANDO A CONSTITUIÇÃO?

Entre o Paradoxo da Democracia, a Capacidade Reflexiva da Constituição e a sua Força Normativa

ANA CLÁUDIA NASCIMENTO GOMES[*]

SUMÁRIO. 1. Problematização – 2. Entre a Constituição como Norma Fundamental e o Paradoxo da Democracia: O Arranjo da "Autoprodução" Constitucional. – 3. Da Teoria da *Autopoiesis* à "Capacidade Reflexiva" da Constituição. – 4. A Força Normativa da Constituição e as Alterações Constitucionais Formais Freqüentes: Uma Passagem por Hesse. – 5. O Caso Brasileiro e o Mito de Medusa. – 6. Precipitando a Conclusão. – 7. Bibliografia.

1. PROBLEMATIZAÇÃO

A Constituição da República Federativa do Brasil de 1988 completou recentemente 15 (quinze) anos. Se fosse possível a comparação, na linguagem coloquial dir-se-ia que está na "flor da idade". Mas, como, se a mesma parece estar sempre ultrapassada, carecendo de contínuas Emendas

---

* Mestre e Doutoranda em Ciências Jurídico-Políticas pela Faculdade de Direito da Universidade de Coimbra. Professora Concursada da PUCMINAS de Direito Constitucional, em Belo Horizonte/MG. Professora de Cursos de Pós-Graduação em Direito. *Emails:* acgomes@fd.uc.pt; anaclaudianascimentogomes@hotmail.com.

Tendo em vista a finalidade presente trabalho, que será inserido numa obra coletiva dos Doutorandos do III Programa de Doutoramento da Faculdade de Direito da Universidade de Coimbra, a ser publicada no Brasil, procurou-se enfatizar as obras brasileiras e lusitanas e, dentre estas, especialmente, as conimbricences, inclusive com citações; fortificando-se, com isso, a intercomunicação jurídica Brasil – Portugal.

Constitucionais? Rompeu-se inclusivamente a barreira dos "quarenta" e parece que desses "entas" não se sairá mais[1]. Será isso decorrência da própria fatalidade da vida?

Tal perplexidade justifica a presente abordagem, afinal, paira sobre esse cenário brasileiro um "certo mal-estar"[2], porque não dizer que há mesmo uma desconfiança congênita do Poder Constituinte Derivado, que se incorpora no próprio Congresso Nacional. Os arranjos e as soluções políticas desembocam quase que inexoravelmente em mais uma Emenda...[3]

Não se pretende aqui discutir a bondade ou a maldade dos conteúdos das Emendas Constitucionais implementadas ou a implementar. Muito

---

[1] A Emenda Constitucional de n.º 40, data de 29 de Maio de 2002 e alterou o art. 192 da CR, modificando substancialmente a sua extensão. Entretanto, o atual debate político sobre as futuras linhas do sistema previdenciário e tributário, bem como sobre a "Reforma do Judiciário" acenam novas Emendas Constitucionais. Isso sem cogitar nas centenas de Projetos de Emenda à Constituição que tramitam no Congresso Nacional. Além dessas 40 (quarenta) Emendas Constitucionais, não se pode esquecer das 6 (seis) Emendas Constitucionais de Revisão. Com efeito, ao entregarmos o presente artigo para publicação, precisamente na data de 16/12/2003, ainda não tinham sido votadas as Emendas Constitucionais de n.ºs 41 (Reforma da Previdência) e 42 (Reforma do Sistema Tributário Nacional), fato ocorrido no dia 19/12/2003, tendo sido ambas publicadas no *DOU* de 31/12/2003.

[2] Lembrando aqui intencionalmente do "mal-estar constitucional" que, exatamente no ano da CR de 1988, preocupava J. J. GOMES CANOTILHO, *in* "Mal-estar da Constituição e pessimismo pós-moderno", *Vértice,* 1988. V., falando no extremo da desconfiança pública no sistema político e nos agentes estatais, MARCELO NEVES, "A Constitucionalização Simbólica: Uma Síntese", *in BFDUC (Boletim da Faculdade de Direito da Universidade de Coimbra),* STVDIA IVRIDICA, n.º 46, "20 Anos da Constituição de 1976", Coimbra Editora, Coimbra, 2000, pág. 99 a 131, especialmente pág. 107.

[3] Situações como essa não são exclusivas do Brasil, V. PAULO OTERO, *Legalidade e Administração Pública: O Sentido da Vinculação Administrativa à Juridicidade,* Livraria Almedina, Coimbra, 2003, pág. 182 e 183, falando inclusivamente acerca da "partidocracia, ou talvez melhor, a metamorfose degenerativa do 'Estados de partidos'". V., ainda, JOÃO LOUREIRO, "Da Sociedade Técnica de Massas à Sociedade do Risco: Prevenção, Precaução e Tecnociência – Algumas Questões Juspublicísticas", *in BFDUC, Estudos em Homenagem ao Prof. Doutor Rogério Soares,* STVDIA IVRIDICA, Coimbra Editora, 2001, pág. 820, em nota, dizendo: "a possibilidade de rever – a Constituição da República Portuguesa – parece ter-se convertido, na prática, numa obrigação de rever". Contudo, o texto não abordará o igualmente preocupante caso da hipertrofia legislativa, que tem também como causa (não exclusiva) a configuração dos partidos políticos em grupos de pressão.

Emendar e Emendar: Enclausurando a Constituição?... 25

pelo contrário, deixando, pelo menos por ora, as suspeitas sobre Poder de Reforma Brasileiro[4] de lado, as quais também perpassam certamente pelo Mundo Metajurídico, pretende-se, inicialmente, do ponto de vista dogmático e mesmo que perfunctoriamente (pela própria extensão deste trabalho), *desdramatizar* o recurso à alteração constitucional, uma vez que "o tempo traduz a possibilidade de mudar"[5]. Aliás, como bem sintetiza Gomes Canotilho, "uma constituição pode ser flexível sem deixar de ser firme"[6]. Além disso, não seria minimamente democrático que a vontade duma geração pudesse vincular *ad eternum* e *in totum* as gerações posteriores.

Não obstante isso, objetiva-se, seguidamente, investigar as possíveis consequências para a força normativa da Constituição[7] (agora, especialmente da Constituição Brasileira) e para a sua capacidade reflexiva a corrente utilização do Poder Constituinte Derivado, procurando efetivamente averiguar se, ao invés de articulá-la às necessidades jurídicas, viabilizando a própria continuidade do Estado[8], não se está construindo o seu próprio "fecho normativo"[9], aproximando-a duma "clausura autista".

---

[4] Tecnicamente, prefere-se a expressão "Poder de Revisão" à "Poder de Reforma". V. MIGUEL NOGUEIRA DE BRITO, *A Constituição Constituinte – Ensaio sobre o Poder de Revisão da Constituição,* Coimbra Editora, Coimbra, 2000, pág. 292. Contudo, como a juspublicística brasileira, com fundamento no art. 60 e no art. 3.º do ADCT, distingue uma e outra, seguir-se-á esta para se evitar confusões desnecessárias: V., dentre outros, GUSTAVO JUST DA COSTA E SILVA, *Os Limites da Reforma Constitucional,* Editora Renovar, Rio de Janeiro, 2000, pág. 74. V., ainda, PAULO BONAVIDES, *Curso de Direito Constitucional,* 10ª edição, Malheiros Editores, São Paulo, 2000, pág. 185; EDVALDO BRITO, *Limites da Revisão Constitucional,* SAFE – Sérgio Antônio Fabris Editor, Porto Alegre, 1993; e RAUL MACHADO HORTA, "Permanência e Mudança na Constituição", *in Revista Brasileira de Estudo Políticos,* FDUFMG, n.º 74/75, Janeiro – Julho de 1992, Belo Horizonte, pág. 260.

[5] Cf. KONRAD HESSE, *apud* GUSTAVO JUST DA COSTA E SILVA, *Os Limites da Reforma...,* pág. 51.

[6] Pelo contexto, o Autor refere-se a uma "Constituição adaptável" a mudanças e não uma "Constituição flexível" como antônimo de "Constituição rígida", *in* J. J. GOMES CANOTILHO, *in Direito Constitucional e Teoria da Constituição,* 3ª edição, Livraria Almedina, Coimbra, 1999, pág. 1154.

[7] V. KONRAD HESSE, *A Força Normativa da Constituição,* tradução de Gilmar Ferreira Mendes, SAFE – Sérgio Antônio Fabris Editor, Porto Alegre, 1991.

[8] Cf. PEDRO VEGA, *La Reforma Constitucional y la problematica del Poder Constituinte,* Tecnos, Madrid, 1991, pág. 67. V. tb., GUSTAVO JUST DA COSTA E SILVA, *Os Limites ...,* pág. 69.

[9] V. J. J. GOMES CANOTILHO, *Direito Constitucional ...,* 6ª edição, 2002, pág. 1333.

Para tanto, apesar de suas várias críticas e de seus imprecisos contornos, tentar-se-á uma abordagem fazendo uso de algumas das concepções fornecidas pela denominada teoria autopoiética do Direito (*autopoiesis*)[10], a qual, ***nesse particular***, dá sinais de poder ter algo a acrescentar.

2. ENTRE CONSTITUIÇÃO COMO NORMA FUNDAMENTAL E O PARADOXO DA DEMOCRACIA: O ARRANJO DA "AUTO-PRODUÇÃO" CONSTITUCIONAL

Segundo Karl Loewenstein, uma "constituição não é jamais idêntica a si própria, estando constantemente submetida ao *pantha rei* heraclitiano de todo ***ser vivo***"[11]- g. n.

Com efeito, uma Constituição "nasce" com uma inerente intencionalidade duradoura, como forma de autovinculação coletiva *pro fututo*[12]. Não é mesmo sem razão que o ideário político liberal (especialmente europeu) espelhava-se num apego excessivo à segurança jurídica.

Contudo, isso não significou na *praxis* constitucional uma proibição expressa ou tácita de todo tipo de reforma[13], o que seria mesmo um contra-senso, afinal, o Estado Constitucional erigiu-se fundamentalmente

---

[10] V., dentre outros, GUNTHER TEUBNER, *O Direito como Sistema Autopiético*, tradução de José Engrácia Antunes, Fundação Calouste Gulbenkian, Lisboa, 1993. Como uma síntese crítica, J. M. AROSO LINHARES, "O Sistema Jurídico como 'fim em si mesmo' ou as 'muralhas da indiferença' da galáxia auto", texto oferecido nos Seminários do III Programa de Doutoramento da Faculdade de Direito da Universidade de Coimbra, policopiado, Coimbra, 2003.

[11] *Apud* J. J. GOMES CANOTILHO, *Direito Constitucional ...*, 1999, pág. 1154.

[12] Cf. ainda J. J. GOMES CANOTILHO, *Direito Constitucional...*, 1999, pág. 1343, lembrando a marcante analogia de JON ELSTER: "As constituições servem para estabelecer mecanismos constitucionais destinados a assegurar a subsistência do compromisso--consenso constitucional, evitando novos ou permanentes conflitos. Numa imagem hoje célebre, dir-se-ia que tal como Ulisses se atou aos mastros do navio para evitar o chamamento das sereias, também as pessoas se autovinculam a si próprias para evitar conflitos ou assegurar com mais operatividade as suas preferências." V. tb. MIGUEL NOGUEIRA DE BRITO, *A Constituição Constituinte ...*, pág. 147 e seg.

[13] Cf. PEDRO VEGA, *La Reforma Constitucional ...*, pág. 81. Sobre a posição minoritária, encabeçada por TOCQUEVILLE, no sentido de que o silêncio do texto constitucional acerca de sua alteração deveria ser interpretado no sentido de imutabilidade, V. PEDRO VEGA, *Ibidem*, pág. 53.

sobre dois pilares: o princípio político democrático e o princípio jurídico da supremacia constitucional[14]. O primeiro intimamente relacionado com a dinâmica constitucional; enquanto, por sua vez, o segundo estreitamente atrelado à estabilidade constitucional. Daí dizer-se que a tensão (ou seria fusão?) entre dinâmica e estabilidade é "interna à própria constituição"[15]. Efetivamente, é desconcertante o conteúdo do art. 28 da própria Constituição Francesa de 1793: "um povo tem sempre o direito de revisar, reformar ou alterar sua Constituição. Uma geração não pode submeter as suas leis as gerações futuras"[16]. Nisso reside o chamado "Paradoxo da Democracia"[17].

Tal paradoxo pode ser resumido no "facto de cada geração se pretender livre para vincular as gerações posteriores sem ser vinculada pelas anteriores"[18], afinal, "os direitos do homem são direitos de todas as gerações de homens e não podem ser monopolizados por qualquer uma delas" (Thomas Paine)[19]. Ora, "como pode uma constituição colocar-nos perante um *dilema contramaioritário* ao dificultar deliberadamente a 'vontade das gerações futuras'...?"[20]. "Em face deste paradoxo é possível adoptar duas estratégias: uma estratégia irracional é aquela em que a

---

[14] V. PEDRO VEGA, *La Reforma Constitucional* ..., pág. 15; e ANA VICTORIA SÁNCHEZ URRITA, "Mutación Constitucional y Fuerza Normativa de la Constitución – una aproximación al origem del concepto", *REDC (Revista Española de Derecho Constitucional),* n.° 58, Ano 20, Janeiro – Abril, Madrid, 2000, pág. 143.

[15] Cf. GUSTAVO JUST DA COSTA E SILVA, *Os Limites da Reforma* ..., pág. 53, 72 e 73. V., de forma aprofundada, MIGUEL NOGUEIRA DE BRITO, *A Constituição Constituinte* ..., pág. 234 e seg. V., ainda, EDVALDO BRITO, *Limites da Revisão* ..., pág. 91, com base em MAURICE DUVERGER.

[16] *Apud* PEDRO VEGA, *La Reforma Constitucional* ..., pág. 58. V. tb. MIGUEL NOGUEIRA DE BRITO, *A Constituição Constituinte* ..., pág. 129.

[17] Sobre o assunto, a bibliografia é vasta. Para além das obras já citadas (J. J. GOMES CANOTILHO, *Direito Constitucional...,* 1999, pág. 1345; GUSTAVO JUST DA COSTA E SILVA, *Os Limites da Reforma* ..., pág. 200; MIGUEL NOGUEIRA DE BRITO, *A Constituição Constituinte...,* pág. 125 e seg., 147 e seg., e 277 e seg.); V. CARLOS AYRES BRITTO, *Teoria da Constituição,* Editora Forense, Rio de Janeiro, 2003, pág. 72; e FERNANDO ARAÚJO, "Limites à Revisão Constitucional – Um Paradoxo?", *in Polis – Revista de Estudos Jurídico-Políticos,* n.° 7, Janeiro – Abril, Lisboa, 1999 (texto inserido na coletânea sobre o Colóquio "Erros e Tragédias Constitucionais").

[18] Cf. JON ELSTER *apud* MIGUEL NOGUEIRA DE BRITO, *A Constituição Constituinte* ..., pág. 147. V. tb. J. J. GOMES CANOTILHO, *Direito Constitucional...,* pág. 1345.

[19] *Apud* MIGUEL NOGUEIRA DE BRITO, *Ibidem,* pág. 126.

[20] Pergunta J. J. GOMES CANOTILHO, *Direito Constitucional...,* 2002, pág. 79.

28 Ana Cláudia Nascimento Gomes

constituição perde significado ao ser constantemente alterada; pelo contrário, uma estratégia racional envolve o pré-compromisso das gerações vindouras através da inclusão na constituição de cláusulas pétreas que dificultem a sua alteração"[21].

É, portanto, exatamente na linha da segunda opção, como forma de tentar harmonizar o conflito entre o princípio democrático e o princípio da supremacia constitucional (ou, em outros termos, entre dinamismo e estabilidade), que se situa a questão do Poder de Reforma e dos limites materiais; estes centrados naquilo que se tem por "identidade da constituição", entendida como um "conjunto de normas e princípios estruturantes de uma determinada ordem jurídico-constitucional"[22] (ou, para Carl Schmitt, as "decisões políticas fundamentais"), que espelham a própria legitimidade da Constituição. Como certeiramente coloca Giovanni Rizza, as cláusulas de reforma "constitui(em) precisamente a válvula de segurança que combina estabilidade e inovação, continuidade e mudança, mantendo firme o valor jurídico e político da legalidade constitucional"[23].

Decerto, os limites materiais ou, ainda as intituladas "cláusulas pétreas" (também "cláusulas de intangibilidade" – Hauriou[24]) não resolvem o problema posto pelo Paradoxo da Democracia, uma vez que será sempre questionável a vinculação de gerações futuras a paradigmas e projetos políticos da "geração dos fundadores"[25], pressupondo-se a liber-

---

[21] Cf. MIGUEL NOGUEIRA DE BRITO, *A Constituição Constituinte ...*, pág. 147.

[22] Cf. J. J. GOMES CANOTILHO, "¿ Revisar La/o Romper com La Constituicion Dirigente? Defensa de un constitucionalismo moralmente reflexivo", *in REDC*, n.º 43, Ano 15, Janeiro – Abril, 1995, Madrid, 1995, pág. 19. V. tb. *Direito Constitucional...*, 1999, pág. 1001; MIGUEL NOGUEIRA DE BRITO, *A Constituição Constituinte...*, pág. 456; EDVALDO BRITO, *Limites da Revisão ...*, pág. 83 e seg. Ressaltando que descortinar a "identidade da constituição" é uma operação complexa, V. GUSTAVO JUST DA COSTA E SILVA, *Os Limites da Reforma ...*, 108.

[23] *In* "Autoreferenzialità, decostruzione, cambiamento nella Revisione Costituzionale: Spunti critici e riflessioni", *in Diritto e Società*, nuova serie, n.º 1, 2002, CEDAM, Padova, pág. 1 a 31, especialmente pág. 30 (tradução livre).

[24] Cf. PEDRO VEGA, *La Reforma Constitucional ...*, pág. 248. Tem-se ainda outros vários nomes para exprimir os limites materiais: "cerne inalterável", "cerne imodificável", "núcleo irreformável", "cerne da constituição". V. J. J. GOMES CANOTILHO, *Direito Constitucional...*, 1999, pág. 994; GUSTAVO JUST DA COSTA E SILVA, *Os Limites...*, pág. 56 e 86; EDVALDO BRITO, *Limites da Reforma ...*, pág. 83.

[25] Cf. HANNAH ARENDT, *apud* MIGUEL NOGUEIRA DE BRITO, *Ibidem*, pág. 125.

Emendar e Emendar: Enclausurando a Constituição?...   29

dade de cada geração para definir a sua própria identidade, de acordo com as suas próprias preferências e concepções[26].

Por isso, uma parte importante da juspublicística, de forma a não prescindir de nenhum dos elementos da teoria democrática, prefere aceitar a plausibilidade jurídica da denominada "dupla revisão" (isto é, a possibilidade do Poder de Reforma reformar as próprias normas de revisão – aqui se configurando mais um dos paradoxos do Direito: o "Paradoxo da Revisão"[27]), porquanto, frise-se, não seria democraticamente lógico "o povo ... limitar categoricamente o seu direito de fazer direito"[28] e, decerto, não se pode negar que o "poder de revisão limita 'o consentimento dos vivos'"[29].

Não é mesmo por outro motivo que o pensamento rousseauneano esclarecia ser contra a natureza do corpo social impor leis que ele mesmo não pudesse revogar[30]. É também justamente por isso que Peter Suber, exemplificadamente, configura a omipotência jurídica do Poder de Reforma[31], a ponto de confluir a sua linha de raciocínio com a interpretação que efetivamente prevaleceu na Europa no Séc. XIX (Guizot), donde se erigiu a soberania parlamentar (e, via de consequência, a negação pragmática da distinção básica entre lei e Constituição)[32]. Jorge Miranda

---

[26] O problema é colocado de forma ímpar por J. J. GOMES CANOTILHO, *Direito Constitucional ...,* 1999, pág. 995: "O verdadeiro problema levantado pelos limites materiais do poder de revisão é este: será defensável vincular gerações futuras a ideias de legitimação e a projectos políticos que, provavelmente, já não serão os mesmos que pautam o legislador constituinte?".

[27] Cf. MIGUEL NOGUEIRA DE BRITO, *A Constituição Constituinte ...,* pág. 230: "Poderá uma norma que permite a revisão de outras normas ser ela própria revista, especialmente se a norma revista for incompatível com a norma a rever?". Não é mesmo sem razão que GUNTHER TEUBNER, *O Direito ...,* pág. 8 e 10, ressalta que no Direito há paradoxos por todos os lados. Sobre o *"puzzle* constitucional" de ALF ROSS, V. ainda, com farta indicação bibliográfica sobre o tema, GIOVANNI RIZZA, "Autoreferencizialità, ...", especialmente págs. 13 e seg. V., ainda, MARIA HELENA DINIZ, *Norma Constitucional e seus Efeitos,* 4ª edição, Editora Saraiva, São Paulo, 1998, pág. 96 e seg. e J. J. GOMES CANOTILHO, *Direito Constitucional...,* 2002, pág. 1335.

[28] Cf. MIGUEL NOGUEIRA DE BRITO, *Ibidem,* pág. 286.

[29] Cf. MIGUEL NOGUEIRA DE BRITO, *Ibidem,* pág. 127.

[30] Cf. PAULO BONAVIDES, *Curso ...,* pág. 174.

[31] Cf. MIGUEL NOGUEIRA DE BRITO, *Ibidem,* pág. 288. V., tb. PETER SUBER, "O Paradoxo da Auto-Revisão no Direito Constitucional", *in RJFDUL (Revista Jurídica da Faculdade de Direito da Universidade de Lisboa),* vol. XXXI, 1999, pág. 96 e seg. V., tb., GIOVANNI RIZZA, "Autorefenzialità ...", pág. 16.

[32] V. PEDRO VAGA, *La Reforma Constitucional...,* pág. 87.

30   *Ana Cláudia Nascimento Gomes*

é outro que admite a possibilidade uma norma ou cláusula de limites materiais ser revista através de reforma constitucional[33].

Entretanto, para uma outra vertente da juspublicística, a implementação da "dupla revisão" configurar-se-ia como uma legítima "fraude à Constituição", uma vez que as normas de revisão qualificar--se-iam pela sua "superlegalidade constitucional" (Hauriou)[34] (ou pela sua superconstitucionalidade[35]). Nessa linha, situa-se, por exemplo, na doutrina constitucional de língua portuguesa, Paulo Bonavides[36], Raul Machado Horta[37], Carlos Ayres Britto[38] e Gomes Canotilho, ao argumento de que aquelas normas representariam a própria materialização da rigidez constitucional, sendo que esta imporia um limite absoluto ao Poder de Reforma[39] (mas não ao Poder Constituinte). Nesse seguimento, como expoente da doutrina germânica, tem-se ainda Konrad Hesse[40].

De todo modo, ainda que se adote a última tese (como efetivamente se adota), é certo que mesmo a existência de limites materiais expressos na Constituição não equivale dizer que estejam completamente imunes a todo tipo de alterações e que sejam verdadeiramente imutáveis. Ora, se a "identidade da constituição" é basicamente principiológica, tem-se que os princípios correlativos são interpretados (e reinterpretados) sob diferentes

---

[33] Cf. JORGE MIRANDA, "Sobre os Limites Materiais da Revisão Constitucional", *in Revista Jurídica,* n.° 13 e 14, Janeiro – Junho, 1990, nova série, Lisboa, pág. 15. Também RUBEN HERNANDEZ VALLE admite a possibilidade da "dupla revisão", V. "El Poder Constituinte Derivado y los limites jurídicos del Poder de Reforma", *in REDC,* n.° 37, Ano 13, Janeiro – Abril, Madrid, 1993, pág. 163 e seg. Ainda, dentro da linha de aceitar a reformulação das normas sobre a reforma, mas com um entendimento um pouco mais moderado, V. GUSTAVO JUST DA COSTA E SILVA, *Os Limites da Reforma* ..., pág. 57.

[34] Cf. PEDRO VEGA, *La Reforma Constitucional* ..., pág. 256.

[35] Cf. J. J. GOMES CANOTILHO, *Direito Constitucional* ..., pág. 1999, pág. 997.

[36] V. *Curso* ..., pág. 179;

[37] V. "Permanência e Mudança ...", pág. 250.

[38] V. *Teoria da* ..., pág. 76.

[39] Cf. J. J. GOMES CANOTILHO, *Direito Constitucional...,* 1999, pág. 989 e 998. O próprio ALF ROSS também não admite a chamada "dupla revisão", com fundamento numa *Grundnorm* (análoga àquela que situa no vértice da pirâmide normativa de Kelsen), uma vez que para se sair do "Paradoxo da Revisão" dever-se-ia fugir a uma argumentação puramente lógica, V. GIOVANNI RIZZA, "Autoreferenzialità...", pág. 19 e seg. e MIGUEL NOGUEIRA DE BRITO, *Constituição Constituinte...,* pág. 237.

[40] *In A Força Normativa...,* pág. 28: "Os princípios basilares da Lei Fundamental não podem ser alterados mediante revisão constitucional, conferindo preeminência ao princípio da Constituição jurídica sobre o postulado da soberania popular."

óticas em variadas dimensões temporais[41], de modo que o dinamismo da Constituição penetraria em sua parte mais rija, num autêntico *"yin--yang constitucional"*. A dimensão temporal apareceria aqui como dimensão própria da validade da norma jurídica[42]. Nesse sentido, as "cláusulas pétreas" não escapariam, pelo menos, à mutação constitucional (*Verfassungswandlung*), desde que disso não se configure uma realidade constitucional *contra constitutionem*[43]

Sendo assim, se os próprios limites materiais não estão a salvo dos implacáveis efeitos do tempo e, por consequência, das modificações constitucionais tácitas[44], o que se dirá das *reles* normas constitucionais que não dizem respeito à reforma. Conforme assinala Gomes Canotilho, "a ideia de superioridade do poder constituinte não pode terminar na ideia de *constituição ideal,* alheia ao seu 'plebiscito quotidiano', à alteração dos mecanismos constitucionais derivados das mutações na correlação de forças e indiferentes ao próprio 'sismógrafo' das revoluções"[45]. Ou, igualmente, na preocupante afirmativa de Giovanni Rizza: "A constituição não pode representar um *totem* intangível, sob pena da substituição traumática a um vasto recurso ao ambíguo sistema da *praxis* e das modificações não expressas"[46].

Com isso, já se pode perceber a importância das reformas formais constitucionais para a própria manutenção da "identidade da constituição", no sentido duma "identidade com a geração do presente". É justamente através dessas reformas que se consegue realizar (o que se irá designar de) um *"hiperciclo* histórico-constitucional", trazendo o passado para o presente e projetando este para o futuro. Destarte, "uma dinâmica constitu-

---

[41] V. J. J. GOMES CANOTILHO, *Direito Constitucional...,* 1999, pág. 1001; GUSTAVO JUSTA DA COSTA E SILVA, *Os Limites da Reforma ...,* pág. 99 e 205; e EDVALDO BRITO, *Limites da Revisão ...,* pág. 87. Não é mesmo sem razão que KONRAD HESSE afirma "não existir normas jurídicas, mas normas jurídicas interpretadas", *apud* GUSTAVO JUSTA DA COSTA E SILVA, *Os Limites da Reforma ...,* pág. 81.

[42] Cf. MIGUEL NOGUEIRA DE BRITO, *A Constituição Constituinte ....,*pág. 291.

[43] Cf. KONRAD HESSE, *apud* ANNA VICTORIA SÁNCHEZ URRITA, "Mutación Constitucional...".*,* pág. 135. V., sobre a estrutura das normas jurídicas, integrando normatividade (programa normativo) e faticidade (âmbito normativo), FRIEDRICH MÜLLER, "Tesis acerca de la Estructura de las Normas Juridicas", *REDC*, n.° 27, Ano 9, Setembro – Dezembro, Madrid, 1989, pág. 111 e seg.

[44] Cf. PEDRO VEGA, *La Reforma Constitucional ...,* pág. 179.

[45] *In Direito Constitucional...,* 1999, pág. 990.

[46] *In* "Autoreferenzialità...", pág. 30.

32   *Ana Cláudia Nascimento Gomes*

cional regrada ... pode evitar a ruptura constitucional e proporcionar estabilidade no sentido da permanência histórica da Constituição"[47].

Em suma, para além das reformas constitucionais permitirem a adequação entre realidade jurídica e política, viabilizando a continuidade constitucional, são ainda (as respectivas normas constitucionais de reforma) instrumentos de garantia "enquanto 'meios de revelação' da opção constituinte pela rigidez constitucional"[48] e, portanto, da essencial distinção entre Legislador, Poder de Reforma e Poder Constituinte. Desse modo, assegurado o alto posto da Constituição na qualidade de *Paramount Law,* de ordem jurídica fundamental da comunidade[49].

Assim, a capacidade de "autoprodução" da Constituição (pressupondo-se aqui *intencionalmente* o conceito fornecido por Gunther Teubner[50]) é peça chave para a sua própria estabilidade, por mais *paradoxal* que isso possa parecer. Aliás, nesse particular, é bastante sugestivo o título da obra de Miguel Nogueira de Brito, *A Constituição Constituinte,* que, neste particular, salienta exatamente uma importante fase do "ciclo de vida" da Constituição: a fase de (re)produção de novas normas constitucionais[51]. Estas, depois de positivadas, integrar-se-ão àquela unidade normativa de caráter supralegal num mesmo plano hierárquico, salvo se inconstitucionais[52].

---

[47] Cf. GUSTAVO JUST DA COSTA E SILVA, *Os Limites da Reforma...,* pág. 72.

[48] Assim J. J. GOMES CANOTILHO, *Direito Constitucional ...,* 1999, pág. 989. Cf. ainda PEDRO VEGA, *La Reforma Constitucional...,* pág. 67 e 69.

[49] Todavia, com isso, não se olvida que os efeitos do fenômeno do pluralismo jurídico em sentido amplo (gerando Direito através das fontes internas estatais e não-estatais e das fontes internacionais) têm relativizado o papel da Constituição como "cúpula de todo o sistema", colocando em dúvida a real existência duma propagada "unidade do sistema jurídico". V., nesse sentido, as instigantes conclusões de PAULO OTERO, *Legalidade e Administração Pública ...,* especialmente pág. 723 e seg. e 1095 e seg.

[50] *In O Direito ...,* pág. 46: "O que assim contradistingue um sistema auto-produtivo de todos os outros é o facto de este se *auto-reproduzir a si próprio extraindo do fluxo ou sequência de eventos (que constitui assim a sua infraestrutura material, energética e informacional) novas unidades que são depois articuladas selectivamente com os elementos da sua própria estrutura".*

[51] Ao apontar a importância jurídica da obra de PETER SUBER, que salienta a característica da auto-referenciabilidade das normas de revisão constitucional, MIGUEL NOGUEIRA DE BRITO, *A Constituição Constituinte ...,* pág. 289, em nota, menciona: "Suber parece assim situar-se, assim, nos quadros de uma concepção autopoiética do sistema jurídico". Com sentido análogo, MARIA HELENA DINIZ, *Norma Constitucional...,* pág. 99.

[52] V., sobre mais um dos paradoxos do Direito, a possibilidade de existirem normas constitucionais inconstitucionais, no caso aludido no texto, de normas constitucionais

Desdramatiza-se, com isso, jurídico-dogmaticamente dizendo, a revolta que as reformas constitucionais pudessem causar aos mais radicais e desavisados conservadores, afinal, sem elas, a Constituição (se possível, numa visão antropomórfica) certamente estaria fadada a uma morte prematura[53].

Contudo, registre-se, não se está aqui fazendo *qualquer* tipo de apologia a um Poder de Reforma impensado e descriterioso. Como sugestivamente esclarece Pedro Vega sobre a conveniência duma reforma, *mutatis mutandis,* esta "não se deve interpretar como um capricho político, senão como uma necessidade jurídica. ... a reforma é sempre politicamente conveniente quando resulta juridicamente necessária"[54].

3. DA TEORIA DA AUTOPOIESIS À "CAPACIDADE REFLEXIVA" DA CONSTITUIÇÃO

Preliminarmente, esclarece-se que o fenômeno da *autopoiesis* (e a sua transposição para o sistema social – e jurídico –) é demasiado complexo e, por certo, a presente abordagem fornecerá uma (apenas uma) imagem demasiada simplista e reducionista do mesmo, inclusivamente como riscos para a sua correta (e jamais integral) compreensão. Além disso, os principais Autores que encabeçam essa vertente da concepção do (sub)sistema autopoiético (especialmente Luhmann e Teubner) apresentam-se, entre si, divergências relevantes em determinados pontos da formulação da teoria[55], para além de se utilizarem duma retórica argu-

---

supervenientemente inconstitucionais, OTTO BACHOF, *Normas Constitucionais Inconstitucionais,* tradução de José Manuel M. Cardoso da Costa, Livraria Almedina, Coimbra, 1994.

[53] V., sobre a morte prematura das Constituições Francesas pós-1789, justamente por inviabilizarem as reformas constitucionais por um prazo excessivamente longo, V. PEDRO VEGA, *La Reforma Constitucional...,* pág. 81 e seg. Vale aqui relembrar a vetusta Constituição Americana, que não obstante ser paradigma de uma constituição substancialmente rígida, nos seus mais de 200 (duzentos) anos, foi alvo de mais de 25 (vinte e cinco) emendas, das quais 17 (dezessete) delas desde de o ano de 1971. V. LUÍS GUILHERME CATARINO, *A Responsabilidade do Estado pela Administração da Justiça – O Erro Judiciário e o Anormal Funcionamento da Justiça,* Livraria Almedina, Coimbra, 1999, pág. 122; e JORGE MIRANDA, "Sobre os Limites Materiais ...", pág. 9.

[54] *In La Reforma Constitucional...,* pág. 92.

[55] Como, por exemplo, a concepção da *autopoiesis* como um fenômeno integral/radical (Luhmann) ou relativo/parcial (Teubner). V. GUNTHER TEUBNER,

mentativa de difícil assimilação para aqueles que não estão ainda iniciados nesse debate, o qual tem no seu fundo, no âmbito jurídico, a questão da defesa da autonomia e identidade (bem como de sua resistência e manutenção) do próprio Direito em relação aos demais subsistemas (ou ao "meio circundante").

Por tais razões, a exposição que se seguirá terá como principal fonte uma obra de Gunther Teubner (*O Direito como Sistema Autopoiético);* não só por enfocar diretamente o fenômeno jurídico e apresentar uma linguagem menos teorética, mas, principalmente, por dela se extrair uma maior proximidade com os temas hodiernamente relacionados com o Direito Constitucional[56].

Com efeito, a teoria da *autopoiesis*[57] foi concebida originalmente nas Ciências Biológicas, há aproximadamente 30 (trinta) anos, através de estudos desenvolvidos por Humberto Maturana e Francisco Varela para explicar o "mistério" da vida[58]. Entretanto, em pouco tempo, mediante

---

O Direito...., pág. 57 e 66; MARCELO NEVES, Von Autopoiesis zur Allopoiesis des Rechts", *in Rechtstheorie,* n.° 34, 2003, pág. 245 a 268; e J. M. AROSO LINHARES, "O Sistema Jurídico...", pág. 44.

[56] V. J. M. AROSO LINHARES, "O Sistema Jurídico ...", pág. 58, ao aduzir acerca das "especificações constitucionais da *responsive law* e das exigências dos *programas relacionais (constituição de organização, constituição reflexiva, constituição processual)".*

[57] A palavra *autopoiesis* tem origem grega e é formada através do sufixo *autós* (no sentido de por si mesmo) com o prefixo *poiesis* (no sentido de criar, criação). Cf. MARCELO NEVES, "Von Autopoiesis ...", pág. 245.

[58] Cf. tb. JOSÉ ENGRÁCIA ANTUNES, "Prefácio" da tradução da obra de GUNTHER TEUBNER, *O Direito ...,* pág. I. Conforme elucida este tradutor: "Na sua origem, a teoria da *autopoiesis* surgiu como uma tentativa de resposta das ciências biológicas para um velho e radical problema da história da ciência e da filosofia: o da vida. O que define um sistema vivo? O que permanece inalterado em cada organismo (vegetal ou animal) durante o curso da sua existência? Qual a característica estrutural e universal responsável pela possibilidade e identidade próprias de cada sistema vivo, para lá das suas contingências espácio-temporais?". V. J. M. AROSO LINHARES, "O Sistema Jurídico ...", pág. 41, indicando que HUMBERTO MATURANA e FRANCISCO VARELA, desenvolveram a teoria "a partir das 'produções químicas' dos organismos vivos ('explicando os processos moleculares ao nível da actividade celular e os processos neuronais ao nível do sistema nervoso')". A título de curiosidade, tem-se, por exemplo, traduzido para o português, de FRANCISCO VARELA, *Conhecer – As ciências cognitivas – Tendências e Perspectivas,* tradução de Maria Teresa Guerreiro, Instituto Piaget, Lisboa. Ainda, para uma rápida passagem sobre o sistema jurídico autopoiético, CARLOS DE ABREU AMORIM, "Direito Administrativo e Sistema Jurídico Autopoiético: Breves Reflexões", *in Scientia Ivridica,*

"atos de comunicação", se assim se pode dizer, alcançou a *autopoiesis* as Ciências Sociais, nomeadamente com Luhmann[59].

Sinteticamente, esclarecendo a teoria autopoiética, aqueles biólogos afirmam o seguinte: "o que define a vida em cada sistema vivo individual é a autonomia e constância de uma determinada organização das relações entre os elementos constitutivos desse mesmo sistema, organização essa que é auto-referencial no sentido de que a sua ordem interna é gerada a partir da interacção dos seus próprios elementos e auto-reprodutiva no sentido de que tais elementos são produzidos a partir dessa mesma rede de interacção circular e recursiva. ... Qualquer sistema vivo, enquanto sistema autopoiético, representa assim um sistema caracterizado por *uma* unidade *e* clausura organizacional *radicais: a autonomia de cada organismo biológico reside na unidade da sua própria organização auto-referencial, organização essa que vive em clausura operativa já que a rede dos elementos de cada sistema vivo individual se refere sempre para si mesma, jamais para o seu envolvimento ou para outros sistemas vivos.* ... A *autopoiesis,* enquanto arquétipo geral da organização circular, constitui assim o pressuposto geral da emergência de qualquer sistema vivo (ou seja, a condição para que o 'fenómeno biológico possa eclodir de todo em todo') e da manutenção da sua identidade enquanto sistema individual unitário e autónomo (ou seja, para que determinado ser vivo se individualize e diferencie num universo de sistemas vivos igualmente individuais e autónomos)"[60].

Doravante, o sistema social é concebido como "um sistema autopoiético de comunicação, ou seja, um sistema caracterizado por um *perpetuum mobile* auto-reprodutivo e circular de actos de comunicação"[61]. Para Niklas Luhmann, esses atos de comunicação geram novos atos de comunicação por auto-referência e, quando alcança esse respectivo circuito comunicativo uma dada especificidade (baseada num determinado

---

Revista de Direito Comparado Português e Brasileiro, Universidade do Minho, Tomo LI, n.º 294, Setembro – Dezembro, 2002, pág. 490 e seg.

[59] Cf. MARCELO NEVES, "Von Autopoiesis ...", pág. 246. V. tb. JOSÉ ENGRÁCIA ANTUNES, *Ibidem,* pág. I.

[60] *Apud* JOSÉ ENGRÁCIA ANTUNES, *Ibidem,* pág. III a V.

[61] Cf. JOSÉ ENGRÁCIA ANTUNES, *Ibidem,* pág. XII. V. J. M. AROSO LINHARES, "O Sistema Jurídico...", pág. 42, colacionando citações de HUMBERTO MATURANA e FRANCISCO VARELA demonstrando não concordarem estes com a *leitura* autopoiética do sistema social, por considerarem uma transposição artificial, sob o argumento de que a *autopoiesis* estaria limitada ao contexto da hipótese científico-natural.

código binário que os diferencia dos demais atos de comunicação[62]), é capaz de dar origem a outros sistemas sociais autopoiéticos de 2.º (segundo) grau – subsistemas –, como o sistema jurídico, baseado no contraste *Recht/Unrecht*[63].

Sob essa ótica, altera-se radicalmente a lógica de compreensão da interação desse sistema social (tido autopoieticamente – e não hermeticamente – *fechado, circular* e, por isso, naturalmente *tautológico*) com o meio circundante[64]: "se até aí a visão dominante dos sistemas sociais como realidades abertas, operando segundo uma lógica de *inputs-outputs* directos com o respectivo meio envolvente, alimentara a (falsa) convicção de que a manutenção da respectiva identidade requeria uma regulação exógena directa capaz de garantir uma adaptabilidade constante a um meio envolvente em permanente mutação, a teoria autopoiética, assente justamente na ideia de que a unidade e a identidade de qualquer sistema deriva da auto-referencialidade das suas operações, vem acentuar que a sobrevivência e a estabilidade dos mesmos pressupõe antes, bem pelo contrário, que se mantenha a sua capacidade de auto-regulação"[65]. Conforme o próprio Gunther Teubner: "A ideia de auto-referência e *auto-*

---

[62] Cf. MARCELO NEVES, "Von Autopoiesis ...", pág. 251 e seg., trazendo uma "trajetória" do modelo Luhmanniano de sistema; e GIOVANNI RIZZA, "Autorefenzialità...", pág. 3.

[63] Cf. JOSÉ ENGRÁCIA ANTUNES, *Ibidem*, XIII. Segundo LUHMANN, "Todos os sistemas sociais (...) se vêem forçados a constituir os seus elementos últimos como comunicações. (...) O sistema social integra (...) todas as comunicações e apenas as comunicações. Como os outros sistemas sociais, o direito só existe como comunicação, quer dizer, como uma síntese de *informação (produção de um conteúdo informativo),* de *mediação-transmissão (difusão) e de compreensão-aceitação;* é ao organizar a sua própria clausura recursiva (...) que o sistema jurídico determina a relevância específica (estruturalmente específica) das comunicações que o integram – ora isto à custa de processos de auto-reprodução mas também de auto-observação e autodescrição (...) que asseguram ao jurídico uma dinâmica de variação gradual...", *apud* J. M. AROSO LINHARES, "O Sistema Jurídico ...", pág. 41. As traduções do código binário *Recht/Unrecht* para o português não são feitas de modo unívoco. Já se viu (e ouviu) *legal/ilegal; lícito/ilícito; direito/não direito; juridicamente positivo/juridicamente negativo.* Por exemplo, CARLOS DE ABREU AMORIM, "Direito Administrativo ...", pág. 492.

[64] Afinal, "o ponto de partida de qualquer análise sistémico-teórica tem de ser a diferença entre o sistema social e meio circundante", cf. LUHMANN *apud* CARLOS DE ABREU AMORIM, "Direito Administrativo...", pág. 492.

[65] Cf. JOSÉ ENGRÁCIA ANTUNES, *Ibidem,* XVI. Cf. GUNTHER TEUBNER, *O Direito...,* pág. 29 e 30. V. MARCELO NEVES, "Von Autopoiesis ...", pág. 251 e seg.

poiesis pressupõe que os pilares ou bases do funcionamento dos sistemas residem, não nas condições exógenas impostas pelo meio envolvente, às quais tenham que se adaptar da melhor forma possível (como era entendido pela teoria dos sistemas abertos), mas afinal no próprio seio sistémico"[66].

Por essa linha de raciocínio, em suma, tem-se que o sistema auto-poiético não consegue assimilar e responder diretamente os reflexos provindos do meio circundante (tal como o sistema concebido ciber-neticamente), porque não baseados no seu peculiar código binário; mas só após uma "digitalização endógena das informações exógenas"[67].

Daí porque efetivamente se afirma que a teoria da *autopoiesis* jurídica pretende propor uma peculiar "reformulação" da racionalidade jurídica e do próprio Direito[68], através duma mecânica bem diversa da visão deste "como instrumento de intervenção social directa, compa-rável a concepção análoga de outros instrumentos de intervenção (como o poder, o dinheiro e a tecnologia) sobre sistemas abertos e adaptáveis"[69]. Ora, ressalte-se, só através da própria auto-referência conseguem aqueles reflexos *mediatamente* provocar alguma repercussão no sistema auto-poieticamente fechado, no sentido de configurarem uma "dada" realidade jurídica: *"o direito produz o seu modelo interno do mundo externo"*[70]. Para tanto, "clausura operativa" desse sistema conjuga-se com uma dada "abertura cognitiva", viabilizada mediante informação e inter-ferência, a qual ocorreria, segundo Gunther Teubner, no plano dos atos de comunicação não especificados (ao nível, destarte, do sistema social de 1.º grau)[71].

---

[66] *In O Direito ...*, pág. 32.

[67] Cf. MARCELO NEVES, "Von Autopoiesis...", pág. 254 (tradução livre).

[68] Cf. GIOVANNI RIZZA, "Autorefenzialità...", pág. 07, apesar de suas críticas a tal teoria.

[69] Cf. GUNTHER TEUBNER, *O Direito...*, pág. 30.

[70] Cf. GUNTHER TEUBNER, *Ibidem,* pág. 195.

[71] *In O Direito ...*, pág. 173 e 175. Para o Autor, a "realidade jurídica" deve ser "entendida no sentido estrito de modelo interno do mundo exterior – sendo nisso que reside a abertura cognitiva ou informativa do sistema jurídico operativamente fechado". Justamente pela chamada "abertura cognitiva" do sistema autopoiético, vozes de vários lados ecoam contra essa pretensa "clausura organizacional", essa "independência em relação ao meio envolvente". V. FERNANDO PINTO BRONZE, *Lições de Introdução ao Direito,* Coimbra Editora, Coimbra, 2002, pág. 618: "Com efeito, a abertura predicativa daquele sistema é uma das razões (*rectior:* é apenas uma das razões!...) pelas quais,

38 Ana Cláudia Nascimento Gomes

Sendo assim, em especial no *hiperciclo* do Direito, "as normas 'extrajurídicas' (sociais, éticas, etc.) só adquirem validade jurídica após a sua selecção pelo código interno próprio do sistema jurídico"[72]. Assim, mesmo que seja uma tautologia, *Recht ist, was das Recht als Recht bestimmt*[73]. Do mesmo modo, ao reverso, "as normas jurídicas entram no cálculo de outros subsistemas, apenas o fazem porque as mesmas foram tidas como importantes à luz de critérios de relevância extra-jurídicos do próprio sistema em causa (v. g. relação custo benefício no caso do sistema econômico, repercussões eleitorais no caso do sistema político, implicações morais no caso da religião)"[74].

Nesse sentido, para a teoria autopoiética, a consequência é que de muito pouco adianta uma excessiva sobrecarga intervencionista imediata do sistema jurídico direcionada aos outros subsistemas sociais (própria dos paradigmas de um Estado de Providência e de uma "Constituição Dirigente"[75]), porquanto tais sistemas (enquanto sistemas autopoiéticos de 2.º grau) apresentam uma natural resistência para absorvê-la, decorrente de sua peculiar "clausura operativa"[76].

---

sublinhe-se, nos não parece avisado qualificá-lo, *sem mais,* como autopoiético". V., ainda, a crítica de GIOVANNI RIZZA, "Autoreferenzialità...", pág. 11; e ANTÓNIO CASTANHEIRA NEVES, *Metodologia Jurídica – Problemas Fundamentais,* Coimbra Editora, Universidade de Coimbra, Coimbra, 1993, pág. 159. Todavia, V., MARCELO NEVES, "Von Autopoiesis...", pág. 247; e GUNTHER TEUBNER, *O Direito ...,* pág. 67, acerca da autonomia como uma "realidade gradativa" e não uma radical autarquia.

[72] Cf. JOSÉ ENGRÁCIA ANTUNES, *Ibidem,* XXIV. Também assim MARCELO NEVES, "Von Autopoiesis...", pág. 253.

[73] V. J. M. AROSO LINHARES, "O Sistema Jurídico ...", pág. 60.

[74] Cf. JOSÉ ENGRÁCIA ANTUNES, *Ibidem,* XXIV.

[75] V. GIOVANNI RIZZA, "Autorefenzialità...", pág. 07. V. J. J. GOMES CANOTILHO, *Direito Constitucional...,* 1999, pág. 1347, falando acerca da "instrumentalização do direito constitucional para fins de regulação política". V., ainda, J. J. GOMES CANOTILHO, "¿Revisar ...", pág. 23 e seg.

[76] V. GUNTHER TEUBNER, *O Direito...,* pág. 153. Aliás, apenas para apontar que a "lógica" que está subjacente à teoria da *autopoiesis* não é de toda nova, KONRAD HESSE, *in A Força Normativa ...,* pág. 9, elucida: "Questões constitucionais não são, originalmente, questões jurídicas, mas sim questões políticas. Assim, ensinam-nos não apenas os políticos, mas também os juristas .... Tal como ressaltado pela grande doutrina, ainda não apreciada devidamente em todos os seus aspectos – afirma Georg Jellinek quarenta anos mais tarde -, 'o desenvolvimento das Constituições demonstra que regras jurídicas não se mostram aptas a controlar, efetivamente, a divisão de poderes políticos. As forças políticas movem-se consoante suas próprias leis, que atuam independentemente das formas jurídicas'. Efetivamente, esse pensamento não pertence ao passado. Ele se manifesta de

Para "tapear" essa barreira do sistema autopoiético, é preciso encontrar meios débeis, indiretos, oblíquos, laterais[77] (e, porque não dizer, inclusivamente, *astutos* e *sutis*). Designadamente, mediante atos de comunicação geral, incapazes de serem repelidos pela auto-referência do subsistema em causa, afinal, lembre-se, os "atos jurídicos" seriam ainda uma espécie do gênero "atos de comunicação"[78]. Como diz Gunther Teubner: "quanto maiores são as filtragens intersistémicas entre direito e área social regulada, maior a perda de informação. Estas perdas de motivação e informação colocam verdadeiras dores de cabeça no legislador intervencionista"[79].

Portanto, para a concepção autopoiética, mais inteligente e eficaz será o Direito enquanto tiver como "centro de gravidade" não a idéia de planeamento (ou na consabida lógica cibernética de *inputs-outputs*), mas a idéia de evolução (Luhmann)[80]; na medida em que esta é apreendida através da percepção das próprias falhas internas do sistema, por auto-referência e, principalmente, por análise (donde se erigiria o intitulado "Direito Reflexivo"[81]).

---

forma expressa ou implícita, também no presente". Este Autor tece críticas dirigidas à *Autopoiesis* na pág. 25: "Ela – a Constituição – não se afigura 'impotente para dominar, efetivamente, a distribuição de poder', tal como ensinado por Georg Jellinek e, como, hodiernamente, divulgado por um naturalismo e sociologismo que se pretende cético".

[77] Cf. GUNTHER TEUBNER, *O Direito...*, pág. 45. J. J. GOMES CANOTILHO, *Direito Constitucional...*, 1999, pág. 1350.

[78] Sobre esse particular, vale apontar a crítica de GIOVANNI RIZZA, "Autorefenzialità...", pág. 11: "... não se compreende como o evento comunicativo (que é especializado, pela parte informativa, no código de um sistema) possa manter a sua validade comunicativa nos outros sistemas sob auto-referência e códigos diversos, se não com custo do sacrifício da sua clausura operativa e, portanto, da *autopoiesis*" (tradução livre).

[79] *In O Direito...*, pág. 183.

[80] Cf. GUNTHER TEUBNER, *O Direito ...*, pág. 128.

[81] Segundo GUNTHER TEUBNER, *O Direito...*, pág. 138: "Reflexibilidade no direito significa, pois, quer análise empírica da posição histórica actual do direito no contexto social, quer avaliação e selecção normativa". ... "De direito reflexivo poder-se-á falar *se, e apenas se, o sistema jurídico se identifica a si mesmo como um sistema autopoiético num mundo de sistemas autopoiéticos, e extrai dessa auto-identificação consequências operacionais"*. Ainda, "Ao aderir à reflexividade, o direito descobrir-se-ia a si próprio como um sistema num ambiente e reconheceria os limites da sua capacidade de regulação dos outros sistemas sociais. Neste quadro, a relação das ciências jurídicas e das ciências sociais não se caracterizaria nem por uma 'recepção' nem por uma 'separação' mas antes pela *tradução* do saber próprio de um contexto social num outro saber (próprio de um

Desenha-se, desse modo, a clara imagem da mudança de um *"Hard Law"* (*but not real*) para um *"Soft Law"*[82]. A capacidade de aprendizagem e reflexão desse Direito seria, assim, uma sua importante característica[83].

Aliás, ao revisar recentemente as funções da Constituição, aduz Gomes Canotilho: "Qualquer sociedade possui uma estrutura constitucional quando se confronta ela própria através de formas de institucionais apropriadas e de processos regulados por normas de adaptação, resistência e autocorrecção. Precisamente por isso, a constituição é hoje a institucionalização de um *processo de aprendizagem falível* através do qual uma sociedade ultrapassa pouco a pouco a sua capacidade para se tematizar a ela mesmo sob o ângulo normativo. Nesta perspectiva, a constituição deixará de ser uma utopia social ou um sucedâneo de utopia (Habermas) se se despojar de fórmulas emancipatórias e se conseguir manter-se no *pico das normas* através do seu alto grau de adaptabilidade. É para isso que existem normas de revisão constitucional e que as normas constitucionais se devem caracterizar pelo caráter aberto, fragmentário e incompleto"[84].

---

outro contexto). Ora por uma tradução orientada por regras determinadas, entenda-se, orientada por *critérios de selectividade especificadamente jurídicos*. (...) Os modelos compreensivos de uma 'política social' seriam então substituídos por modelos que combinariam análises jurídico-sociológicas e processos de interacção, na perspectiva (ou com o objectivo) de uma solução dos problemas sociais...", *apud* J. M. AROSO LINHARES, "O Sistema Jurídico...", pág. 55. V., tb., J. J. GOMES CANOTILHO, *Direito Constitucional...,* 2002, pág. 1139. Portanto, vê-se que o Autor GUNTHER TEUBNER pretendeu colocar a tônica de seu "Direito Reflexivo" justamente na idéia de análise, avaliação e seleção normativa e, não apenas, na idéia de um "Direito Mediato" ou "Indireto" (em oposição a lógica de *inputs/outputs*). Todavia, é certo que esses dois aspectos são notados no "Direito Reflexivo" de GUNTHER TEUBNER. Aliás, de acordo com o *Houaiss Dicionário da Língua Portuguesa,* a palavra *refletir* pode significar, dentre outras coisas: 1) fazer voltar em outra direção; pensar ponderando; reproduzir imagem em ou como em espelho.

[82] Tais expressões *Hard Law* e *Soft Law* não surgem como consequência debate da teoria autopoiética, uma vez que datam dos finais dos anos 60. Todavia, exprimem idéias de que fala GUNTHER TEUBNER. V., acerca do *Soft Law*, mas em outros contextos, especialmente no plano do Direito Internacional e Comunitário, com repercussões no Direito Constitucional e Administrativo, PAULO OTERO, *Legalidade e Administração Pública...*, pág. 172 e seg. e 915. V., tb., JOÃO LOUREIRO, "Da Sociedade Técnica de Massas...", pág. 806.

[83] Por isso, GUNTHER TEUBNER, *Ibidem,* 138, ressalta a natureza dualista do direito reflexivo: simultaneamente normativo e analítico.

[84] *In Direito Constitucional...,* 1999, pág. 1348 e 1349. Ainda *Direito Constitucional...,* 2002, pág. 1329 e seg.; e "¿Revisar ...", pág. 23. V., também falando duma solução débil, GIOVANNI RIZZA, "Autorefenzialità...", pág. 07.

Nisso resultaria, em síntese, a "capacidade reflexiva" da Constituição ou, ainda, a sua efetiva prestabilidade para um contínuo e circular desenvolvimento social, interligando-se com o que há pouco se chamou de "*hiperciclo* histórico-constitucional". "Com efeito, se a Modernidade abrira a Constituição ao futuro como tempo, relevante face ao passado, tempo da tradição, triunfa agora o 'tempo aleatório', a pressupor uma constante reflexibilidade do Direito, uma permanente capacidade de observação e revisibilidade como forma de lidar com a complexidade e a contingência"[85]; estas tão peculiares à era duma global "Sociedade do Risco".

A Constituição, enquanto uma "autovinculação" coletiva e no sentido duma "Constituição-Processo"[86], permitiria essa imprescindível reflexibilidade, mediante a qual seria possível o "auto-aperfeiçoamento da sociedade", num sentido juridicamente evolucionista[87]: "Autovinculação significa estar vinculado a alguma coisa porque a *necessidade de reflexão* das sociedades modernas não significa indiferença das regras quanto à formação das *preferências* individuais"[88]. O Poder de Reforma inserir-se-ia, então, justamente como um mecanismo dessa autocorreção, viabilizando, *reflexivamente,* o ajustamento constitucional e, via de consequência, a sobrevivência e a estabilidade da Constituição enquanto fonte principal de um sistema jurídico auto-regulado.

A consequência, em termos mais pragmáticos e concretos, para o fenômeno jurídico, da teoria da *autopoiesis* do Direito, tendo aqui em vista especialmente o Direito Constitucional e o Direito Administrativo, foi o *reforço,* para além do próprio pluralismo jurídico em sentido amplo, das formas de procedimentalização, auto-regulação, auto-regulamentação, autocomposição, deslegalização, flexibilização, cooperativismo, descentralização, procedimentos consensuais, subsidiariedade ... e de outras

---

[85] Cf. João Loureiro, "Da Sociedade Técnica de Massas...", pág. 855.

[86] V., sobre o tema, Antonino Spadaro, "Dalla Costituzione come 'atto' (puntuale nel tempo) alla Costituzione come 'processo' (storico). Ovvero della continua *evoluzione* del parametro attraverso i giudizi di costituzionalità", *in Quaderni Costituzionale,* Ano XVIII, n.º 3, Dezembro, 1998, pág. 343 e seg., falando do pré-texto da moral constitucional ao texto constitucional, bem como do contexto como realidade factual.

[87] Aliás, J. M. Aroso Linhares, "O Sistema Jurídico...", pág. 40, fala da possibilidade do *evolucionismo jurídico* que Gunther Teubner projeta na sua representação do *hiperciclo.*

[88] Cf. J. J. Gomes Canotilho, *Direito Constitucional....,* pág. 1344.

42 Ana Cláudia Nascimento Gomes

inúmeras (inúmeras mesmo!!) variáveis que comungam com o pensamento da observância da autonomia dos outros "subsistemas"[89].

Com efeito, é exatamente por isso que alguns autores levantam vozes para dizer que a *autopoiesis* jurídica seria, na sua base, apenas uma "artimanha teorética" para psedo-legitimar as decisões do "fundamentalismo" neoliberalizante[90], isolando-se de um discurso material em prol exclusivamente do formal, na medida em que a "bandeira" da autonomia do Direito esvazia-lhe de qualquer dimensão material ou valorativa[91].

Tais críticas, entretanto, não são suficientes para ofuscar o êxito da teoria da *autopoiesis*, **pelo menos** no sentido de uma melhor compreensão do equívoco da *autônoma* e *exagerada* transferência para o *locus* do Direito e, especialmente, da Constituição, de abordagens próprias dos outros sistemas sociais; porque a mesma *fatalmente* gera, num primeiro (e, muito provavelmente, num segundo) momento, "problemas de materialização" e de "simbolização" do Direito Constitucional[92], além de

---

[89] V., a título de exemplo, ANA CLÁUDIA NASCIMENTO GOMES, *O Poder de Rejeição de leis Inconstitucionais pela Autoridade Administrativa no Direito Português e no Direito Brasileiro"*, SAFE, Porto Alegre, 2002, págs. 86 e seg. e 285 e seg.; LUÍS ROBERTO BARROSO, "Agências Reguladoras, Constituição e Transformação do Estado e Legitimidade Democrática", *in Revista de Direito Administrativo,* FGV, n.º 229, Julho – Setembro, 2002, Rio de Janeiro, págs. 285 e seg.; FREDERICO SORRENTINO, "Legalitá e Delegificazione", *in Diritto Amministrativo,* Ano VII, 3 e 4, 1999, pág. 359 e seg.; DIOGO DE FIGUEIREDO MOREIRA NETO, "Novos instrumentos consensuais da ação administrativa", *in Revista de Direito Administrativo,* FGV, n.º 231, Janeiro – Março, 2003, Rio de Janeiro, pág. 129 e seg.; CLÁUDIO CAIRO GONÇALVES, "O Princípio da Consensualidade no Estado Democrático de Direito – Uma Introdução", *in Revista de Direito Administrativo,* FGV, n.º 232, Abril – Junho, Rio de Janeiro, 2003, pág. 105 a 114. V. por todos, no plano do Direito Administrativo, PAULO OTERO, *Legalidade e Administração Pública ...,* por exemplo, pág. 172 e seg. V., falando inclusivamente duma hodierna "vingança" da Administração Pública contra a idéia de reserva legal total, JOÃO LOUREIRO, "Da Sociedade Técnica de Massas ...", pág. 851. Aliás, vale ainda a pena apontar o texto de J. J. GOMES CANOTILHO, "O Direito constitucional passa; o direito administrativo passa também", *in BFDUC, Estudos em Homenagem ao Prof. Doutor Rogério Soares,* STVDIA IVRIDICA, Coimbra Editora, Coimbra, 2001, pág. 705 e seg.

[90] V., utilizando a expressão "fundamentalismo neoliberal", JOÃO LOUREIRO, "Da Sociedade Técnica de Massas...", pág. 814.

[91] V., em especial, com base em FERNANDO PINTO BRONZE, CARLOS DE ABREU AMORIM, "Direito Administrativo ...", pág. 505 e 506. Indicando sentido contrário, J. J. GOMES CANOTILHO, *Direito Constitucional...,* 1999, pág. 1345.

[92] V. J. J. GOMES CANOTILHO, *Direito Constitucional...,* 2002, pág. 1333 e 1336; e,

Emendar e Emendar: Enclausurando a Constituição?...

"problemas de enrijecimento"[93] (da "Constituição-Processo"); com prejuízos, ainda, para a dignidade do próprio conteúdo constitucional[94].

Ademais, e agora já se relacionando com o tema objeto desse breve artigo, *no mínimo*[95], a lição que se pode apreender do "Direito Reflexivo" é exatamente essa: o "auto-aperfeiçoamento" jurídico e social não pode prescindir de um certo tempo, um interregno destinado a observar, sopesar e refletir sobre o ponto exato que se deva (ou não) ajustar. E tal regra que vale igualmente para o Poder de Reforma enquanto mecanismo de auto-regulação e autocorreção da Constituição[96]. Afinal, pela própria lógica, a auto-observação (enquanto passo *prévio* e absolutamente indispensável para se passar a uma qualquer autocorreção de um sistema) não consegue ser implementada em simultâneo com esta.

Com isso, pode-se depreender que benefícios à "Constituição--Processo" e ao "*hiperciclo* histórico-constitucional" podem ser auferidos quando, de uma "escala"[97] para outra do fenômeno da auto-referência jurídico-constitucional, seja dada uma determinada distância, razoável e

---

principalmente, MARCELO NEVES, "A Constitucionalização Simbólica ...", pág. 102 e seg.; e "Von Autopoiesis ...", pág. 251 e seg.

[93] Com expressão semelhante, MARIA HELENA DINIZ, *Norma Constitucional...*, pág. 86.

[94] V. J. J. GOMES CANOTILHO, "Estilo e norma constitucional. A propósito do 'direito constitucional técnico'", *in Legislação – Cadernos de Ciência de Legislação*, volume 16, Abril – Junho, 1996, pág. 05 a 13.

[95] Fala-se "no mínimo" porque não se pode, efetivamente, considerar a *Autopoiesis* jurídica como "A Teoria do Direito", como, aliás, pode-se notar com alguma frequência, em alguns textos. Para além da natural falibilidade das relativas verdades científicas (POPPER), deve-se alertar que a teoria autopoiética apresenta alguns espaços bem cinzentos; muito provavelmente decorrentes de sua natureza circular, natural geradora de paradoxos, pleonasmos e tautologias. Não o suficiente, não deixa de ser altamente problemático e, verdadeiramente perigoso, retirar do Direito todo o seu conteúdo valorativo, quando ele tem, mesmo na sua raiz histórica, razões de ordem material. Com efeito, GUNTHER TEUBNER ousa considerar como "Direito", sob o aspecto puramente formal (respondendo a um certo código lícito/ilícito), a própria organização da máfia. V. J. M. AROSO LINHARES, "O Sistema Jurídico ...", pág. 53 e seg. Para uma análise dos "problemas de fundamentação" como um dos "problemas básicos da Teoria da Constituição", V. J. J. GOMES CANOTILHO, *Direito Constitucional ...*, 2002, pág. 1331.

[96] V., sobre a relação possível entre a teoria da *autopoiesis* e auto-revisão constitucional, MIGUEL NOGUEIRA DE BRITO, *Constituição Constituinte...*, pág. 289; e GIOVANNI RIZZA, "Autoreferenzialità...", pág. 5.

[97] V., elucidando sobre a "escala do fenômeno da auto-referência", GIOVANNI RIZZA, "Autorefenzialità...", pág. 05 e 06.

44   *Ana Cláudia Nascimento Gomes*

proporcional ao ajuste formal que foi e que poderá ser realizado na Constituição; interregno este destinado à extração de consequências (*reflexibilidade*), especialmente para fins de "dever de melhoria"[98].

Por fim, não se olvida que reclamar *"tempo reflexivo"* pode realmente parecer mais um outro paradoxo, na medida em que a Pós-Modernidade coloca acento tônico justamente em palavras como *dinamismo* e *brevidade*, bem como ainda no caráter experimental das coisas e na alta rotatividade e precariedade das relações, isso em termos genéricos; a ponto da própria Pós-Modernidade transcorrer-se em passos acelerados[99].

4. A FORÇA NORMATIVA DA CONSTITUIÇÃO E AS ALTERAÇÕES CONSTITUCIONAIS FORMAIS FREQUENTES: UMA PASSAGEM POR HESSE

Já é bastante difundida na juspublicística, especialmente na doutrina constitucional, a expressão *força normativa da Constituição,* introduzida por Konrad Hesse[100]. Exatamente por isso, considerando a *força normativa da Constituição* como um "dado jurídico totalmente adquirido"[101] do Direito (e do Estado) Constitucional, passar-se-á, de modo breve, pelo seu sentido, para daí fazer uma correlação necessária com o tema do Poder de Reforma.

Por *força normativa da Constituição* ressalta-se o aspecto normativo da *Lex Fundamentalis.* Isto é, não obstante dotada de superioridade hie-

---

[98] V., com relação à idéia de racionalização na Constituição, PEDRO VEGA, *La Reforma Constitucional...,* pág. 57; GUSTAVO JUST DA COSTA E SILVA, *Os Limites da Reforma ...,* pág. 53; RAUL MACHADO HORTA, "Permanência e Mudança...", pág. 243.

[99] V., falando que a técnica moderna introduziu como fator decisivo a "aceleração do tempo", JOÃO LOUREIRO, "Da Sociedade Técnica de Massas...", pág. 855.

[100] Fala-se, como é cediço, de sua obra *Die normative Kraf der Verfassung,* traduzida para o português por GILMAR FERREIRA MENDES como *A Força Normativa da Constituição,* SAFE, 1991.

[101] Apenas para efeitos de recapitulação, KONRAD HESSE afirma na aludida obra, pág. 14 a 18: "a norma constitucional não tem existência autônoma em face da realidade. A sua essência reside na sua vigência, ou seja, a situação por ela regulada pretende ser concretizada na realidade". Assim, a "norma constitucional somente logra atuar se procura construir o futuro com base na natureza singular do presente". Ademais, "a Constituição converter-se-á em força ativa se fizerem presentes, na consciência geral – particularmente, na consciência dos principais responsáveis pela ordem constitucional – não só vontade de poder (*Wille zur Macht*), mas também a vontade de Constituição (*Wille zur Verfassung*)".

Emendar e Emendar: Enclausurando a Constituição?... 45

rárquica em relação às demais normas do sistema jurídico interno, bem como de uma "textura" mais aberta (ocasionando, principalmente em alguns de seus dispositivos, uma "baixa densidade normativa" e gerando, com isso, inclusivamente sérios problemas para a "sociedade aberta dos intérpretes da Constituição"[102] quando se tem de superar a inércia legislativa aonde a *interpositio legislatoris* se mostrava precisa), ela própria – a Constituição – é uma norma jurídica. Como tal, dotada de juridicidade e, *a priori,* duma eficácia e aplicabilidade concreta (tal e qual como as leis), cujo respeito se exige dos agentes públicos e dos particulares. Disso, erige-se o "princípio da constitucionalidade" dos atos jurídico-públicos e privados, cuja proteção é ônus atribuído especialmente (mas não só!) aos tribunais[103].

Sobre tal complexidade, aponta Gomes Canotilho outro interessante paradoxo do Direito Constitucional, "o paradoxo da programaticidade" da Constituição: "as constituições são lei, mas não valem nem se aplicam como lei." Afinal, a "constituição é uma lei como as outras, mas é, também já o dissemos, uma lei-quadro"[104]. Precisamente por isso, "a garantia da *força normativa da constituição* não é tarefa fácil"[105].

A fim de maximizar (e tentar tornar plena) a *força normativa da constituição* e, via de consequência, de sua carga eficacial, é que Hesse afirma dever existir uma correspondência razoável entre o que se pretende através do texto e que se tem no presente fático. Para ele, "uma normatividade terá menos chances de realização quanto mais desconectada

---

[102] Aqui, obviamente, fazendo clara menção a PETER HÄBERLE.

[103] V. ANA CLÁUDIA NASCIMENTO GOMES, *O Poder de Rejeição* ..., pág. 196 e seg. Aliás, o art. 3.°/3 da Constituição da República Portuguesa de 1976 praticamente "abre" a Carta dispondo o seguinte: "A validade das leis e dos demais actos do Estado, das regiões autónomas, do poder local e de quaisquer outras entidades públicas depende da sua conformidade com a Constituição". Ademais, o art. 18.°/1 ainda determina: "Os preceitos constitucionais respeitantes aos direitos, liberdades e garantias são directamente aplicáveis e vinculam as entidades públicas e *privadas*" – grifamos. A CF/88, não obstante sua manifesta superior vinculatividade, não dispõe, entretanto, de dispositivos tão enfáticos. Sobre a *força normativa da Constituição,* a bibliografia é extremamente vasta. V, por todos, J. J. GOMES CANOTILHO, *Direito Constitucional...,* 2002, 1162. Dentre os textos referenciados, V. PEDRO VEGA, *La Reforma Constitucional...,* pág. 91; GUSTAVO JUST DA COISA E SILVA, *Os Limites da Reforma...,* pág. 59 e seg.; RAUL MACHADO HORTA, "Permanência e Mudança...", pág. 237 e 240; ANNA VICTORIA SÁNCHEZ URRITA, "Mutación Constitucional ...", pág. 135 e seg.

[104] *Ibidem,* pág. 1136.

[105] Cf. J. J. GOMES CANOTILHO, *Ibidem,* pág. 1162.

estiver com as tendências naturalmente verificadas na sociedade"[106].
Do mesmo modo, a Constituição "não deve assentar-se numa estrutura unilateral, se quiser preservar a sua força normativa num mundo em processo de permanente mudança político-social"[107]. Destarte, também Hesse relaciona o "programa normativo" constitucional com o "âmbito normativo" constitucional: mais robusta será a *força normativa da constituição* quando houver uma maior integração entre um e outro aspecto estruturante da normatividade[108].

Pelo lado da *praxis* constitucional, o Autor aponta ser "perigosa para força normativa da Constituição ... a tendência para a frequente e revisão constitucional sob a alegação de suposta e inarredável necessidade política." Isso porque, "cada reforma constitucional expressa a idéia de que, efetiva ou aparentemente, atribui-se maior valor às exigências de índole fática do que à ordem normativa vigente. ... A frequência das reformas constitucionais abala a confiança na sua inquebrantabilidade, debilitando a sua força normativa", posto que a "estabilidade constitui condição fundamental da eficácia da Constituição"[109].

Com efeito, já se assentou que as alterações constitucionais, nomeadamente as formais, como produto do Poder de Reforma, são efetivamente cabais para a manutenção da própria estabilidade e permanência da Constituição, permitindo aquilo que se designou por *"hiperciclo* histórico-constitucional". Como isso, como se disse, pretendeu-se desmistificar a imagem negativa suportada pelo Poder Constituinte Derivado como um "poder traidor" da originalidade da obra do Poder Constituinte; prejudicada, certamente, pela *praxis* dum "direito constitucional técnico"[110] conjugada com uma certa (grande) dose de "partidocracia"[111].

Do mesmo modo, aqui já com auxílio das concepções autopoiéticas do Direito, viu-se que, para uma maior eficácia regulatória do Direito, este mesmo Direito, como um sistema jurídico *autopoieticamente*

---

[106] *Apud* GUSTAVO JUSTA DA COSTA E SILVA, *Os Limites da Reforma ...*, pág. 58.

[107] *In A Força Normativa...*, pág. 20.

[108] V. FRIEDRICH MÜLLER, "Tesis acerca de la Estructura ...", pág. 111 e seg.

[109] Tudo *in A Força Normativa ...*, pág. 21. Concordando com KONRAD HESSE, por exemplo, da bibliografia já mencionada: PEDRO VEGA, *La Reforma Constitucional...*, pág. 296; RAUL MACHADO HORTA, "Permanência e Mudança...", pág. 240; e EDVALDO BRITO, *Limites da Revisão...*, pág. 85.

[110] Sobre essa "vertente" do Direito Constitucional, com o paradigmático exemplo germânico, J. J. GOMES CANOTILHO, "Estilo e norma constitucional ...", pág. 05 e seg.

[111] De novo, PAULO OTERO, *Legalidade e Administração ...*, pág. 182.

Emendar e Emendar: Enclausurando a Constituição?...   47

enclausurado, deve prescindir da lógica do "caminho de ferro económico e social"[112], atuando de forma dúctil e permitindo a "acomodação" dos outros subsistemas sociais. Além disso, por *reflexão*, o Direito deve "aprender com seus próprios erros", de modo a se auto-ajustar continuamente. E, como se disse, isso não seria diferente justamente para o Poder de Reforma enquanto arranjo de autocorreção da "Constituição-Processo" e, portanto, da própria "centralidade" do sistema jurídico-constitucional (perspectivando-se do ponto de vista do Direito interno).

Principalmente sobre o Poder de Reforma – porque desempenha um (juridicamente o mais) importante papel na manutenção e na estabilidade da própria Constituição (para além de atuar na configuração da rigidez constitucional, auxiliando a distinção entre lei e Constituição, frise-se) –, muito mais do que sobre o Legislador infraconstitucional, recai, em num elevado grau, a exigência da reflexibilidade (no sentido proposto por Gunther Teubner[113]). Ora, uma auto-avaliação e uma autoprodução equivocada e apressada de sua parte (aqui, não num sentido jurídico estrito de inconstitucionalidade) certamente perpassará para os patamares mais específicos do sistema jurídico, porque dotada aquela de *força normativa*[114].

Nesse sentido, muito especialmente em relação ao Poder de Reforma, impera que haja maiores (mas razoáveis) distâncias entre cada etapa do processo de auto-referência e autoprodução jurídico-constitucional. Isso não só para permitir um maior *"tempo reflexivo"* de uma para outra; mas, principalmente, para permanecer clara a distinção substancial entre Poder Constituinte Derivado e Poder Constituinte Originário (ainda que seus atos tenham *a priori* idêntico valor hierárquico-normativo) e, ato contínuo, para destacar o valor *estabilidade constitucional* em detrimento do valor *dinamismo* (e não fungibilidade !) *constitucional.*

---

[112] Cf. J. J. GOMES CANOTILHO, *Direito Constitucional...*, 1999, pág. 204.

[113] V. GUNTHER TEUBNER, *O Direito...*, pág. 138:

[114] Cf. OSCAR DIAS CORRÊA *apud* MARIA HELENA DINIZ, *Norma Constitucional ...*, pág. 93: "É preciso que se formulem propostas concretas, objetivas, positivas sobre o que, como, e para quê mudar o texto constitucional e não apenas gritar o *slogan* da mudança, gerando aquelas expectativas irrealizáveis que, descumpridas, levam a mais triste desilusão". V., em sentido bastante próximo, mas aludido a toda "constituição simbólica", MARCELO NEVES, "A Constitucionalização Simbólica ...", pág. 107.

[115] *Apud* GUSTAVO JUST DA COSTA E SILVA, *Os Limites da Reforma...*, pág. 91.

Assim, como bem expressado por Hesse, "a constitucionalização de interesses momentâneos ou particulares exige, em contrapartida, uma constante revisão constitucional, com a inevitável desvalorização da *força normativa da Constituição*"[115]. Realmente, a elevada frequência com se altera formalmente o texto constitucional pode levar (e trazer e voltar a levar ...) a um outro "caminho de ferro"; mas, dessa vez sem saída (porque igualmente circular): o caminho de ferro do próprio vício do Poder de Reforma[116].

5. O CASO BRASILEIRO E O MITO DE MEDUSA

De acordo com Pedro Vega, "hoje, praticamente todas as Constituições são rígidas . ... Por isso, em lugar de distinguir entre Constituições rígidas e flexíveis ..., o que realmente haveria de se falar agora seria em Constituições com maior ou menor grau de rigidez"[117].

Dentro dessa mais atual classificação, a Constituição do Brasil, quer pelo seu conteúdo, quer pela sua *praxis*, certamente se encaixaria na última espécie, apresentando um nível consideravelmente baixo de rigidez constitucional[118]. E explica-se, com auxílio das observações claras de Gustavo Just da Costa e Silva: "Em primeiro lugar, o Congresso Nacional pode reformar a Constituição sem que para isso se exija o concurso de outra instância política" – Presidente da República, eleitorado ou Estados-membros[119]. "Em segundo lugar, o quórum de aprovação de 3/5 dos votos dos membros de cada Casa do Congresso Nacional, fixado no art. 60, é um dos menos qualificados de que dão notícia os estudos comparativos", onde a regra prevalecente é o quórum de 2/3. Além disso, "a exigência de 2 (dois) turnos – ausente por exemplo na Constituição alemã, que, todavia, exige quórum mais difícil de ser obtido (2/3) – não chega a expressar um agravamento significativo na medida em que a Constituição não estipulou um interregno mínimo entre os turnos de

---

[116] V., num sentido aquém do exposto, mas na mesma direção, MARIA HELENA DINIZ, *Norma Constitucional ...*, pág. 86.

[117] *In La Reforma Constitucional ...*, pág. 50.

[118] Não se tratará aqui do já histórico artigo 3.° do ADCT.

[119] Aliás, LOEWENSTEIN já esclarecia sobre a necessidade de uma "máxima dispersão" do poder de participação no processo de reforma constitucional, para se atingir um maior grau de legitimidade. *Apud* PEDRO VEGA, *La Reforma Constitucional ...*, pág. 90. V. J. J. GOMES CANOTILHO, *Direito Constitucional...*, 1999, pág. 993.

Emendar e Emendar: Enclausurando a Constituição?... 49

votação; e é esse intervalo que justifica, nas constituições que o adotam, a exigência de dupla votação como um meio de expressar um consenso mais consolidado sobre a proposta"[120], cumprindo finalidade algo semelhante com a do aludido *"tempo reflexivo"*.

Demais disso, no que diz respeito *praxis* constitucional, "desde que a promulgação da Constituição de 1988, o órgão legislativo tem visto a formação de blocos partidários de sustentação do Governo que, quando eventualmente não detém os 3/5 dos votos de ambas as Casas, necessitam, para tanto, apenas do apoio de pequenos partidos periféricos"[121], banalizando a "sujeição da lei fundamental à disposição de maiorias parlamentares"[122].

Todavia, o que mais ressalta em relação à Constituição Brasileira de 1988 (e que se notará também em relação ao seu Poder de Reforma) é efetivamente a sua característica (nada engrandecedora) simbólica, no sentido dado por Marcelo Neves[123]. Servindo de "álibi" à classe politicamente dominante, para além de não direcionar as suas condutas, presta-se ao infeliz papel ideológico de retardar as tentativas de mudanças de poder, sob a "desculpa" de que o futuro já estaria próximo. Assim, "o texto constitucional em vigor é apresentado como empecilho para o desenvolvimento, transferindo-se-lhe a 'culpa' pelo fracasso na consecução dos objectivos governamentais, que só poderão ser alcançados, no futuro, após respectivas alterações"[124]. Desse modo, evidentemente, não se consegue conceber um sistema jurídico-constitucional autopoiético, posto que é este, então, *hospedeiro* do parasitário sistema político[125]. Ademais, a "sobreposição autodestrutiva e heterodestrutiva da política o Direito, em caso de constitucionalização simbólica, importa *alopoiese* do Direito, ou seja, ***bloqueio*** de sua auto-reprodução consistente por

---

[120] Tudo *in Os Limites da Reforma* ..., pág. 65 a 67.

[121] *In Os Limites da Reforma...,* pág. 65 a 67.

[122] Cf. J. J. GOMES CANOTILHO, *Direito Constitucional* ..., 1999, pág. 995.

[123] "no caso da constitucionalização simbólica, ocorre o bloqueio permanente e estrutural da concretização dos critérios/programas jurídico-constitucionais pela injunção de outros códigos sistémicos e por determinações do 'mundo da vida', de tal maneira que, no plano constitucional, ao código 'lícito/ilícito' sobrepõem-se outros códigos-diferença orientadores da acção e vivência sociais", *in* "A Constitucionalização Simbólica ...", pág. 104.

[124] *Ibidem,* pág. 124.

[125] Tb. assim, LUHMANN *apud* J. M. AROSO LINHARES, "O Sistema Jurídico ...", pág.

50   Ana Cláudia Nascimento Gomes

injunções de códigos de preferências e critérios/programas extra-jurídicos"[126] – g.n.

Nesse sentido, apesar da manifestada tentativa de pôr de lado o sentimento dramático em relação ao recurso ao Poder de Reforma (o que não é verdadeiramente difícil no plano dogmático-constitucional), é de fato preocupante a situação da Constituição do Brasil de 1988. Não só pelo número absolutamente exagerado de emendas já implementadas nesses últimos 15 (quinze) anos "de vida" e pela preocupação extrema do Poder Constituinte Derivado com minúcias (decerto, também decorrência de ser a CR, originalmente, uma Constituição analítica), seguindo à risca um modelo de "direito constitucional técnico".

Com efeito, o uso e abuso, corrente e recorrente, do Poder de Reforma têm alterado a tal ponto o texto constitucional que vários artigos já foram vistos e revistos num brevíssimo espaço de tempo[127]. E isso numa autêntica (e precipitada) lógica de *inputs/outpus*. Efetivamente, "fica-se a pensar se são os fatos que se revoltam contra as normas ou se são as normas que se rebelam contra os fatos"[128].

Ora, num quadro como esse, a "capacidade reflexiva" da Constituição (e a sua possibilidade de sua auto-observação e auto-ajustamento) pode dizer-se nula, afinal, entopem-se os canais de auto-reprodução e afirma-se uma heterocondução do sistema jurídico-constitucional. Desse modo, não se desenha um "*hiperciclo* histórico-constitucional" e, muito menos, há um equilíbrio entre dinamismo e estabilidade constitucional que favoreça a *força normativa da Constituição* e sua concretização. Em suma, o sistema jurídico-constitucional brasileiro corrompeu-se.

---

[126] MARCELO NEVES, *ibidem,* pág. 113. V. tb. "Von Autopoiesis ...", pág. 257 e seg.

[127] Por exemplo, a EC n.° 06/95 acrescentou o art. 246 ao texto, posteriormente alterado pela EC n.° 32/2001. A EC n.° 10/96 modificou os arts. 71 e 72 do ADCT, os quais foram novamente revisados pela EC n.° 17/97. A EC n.° 12/98 previu a instituição da CPMF – Contribuição Provisória sobre Movimentação Financeira – no art. 74 do ADCT, depois reformado pela EC n.° 21/99. O art. 100 da CF foi inicialmente modificado pela EC n.° 30/2000, mas sofreu outros ajustes com a EC n.° 37/2002. E o vício continua ... como atestam as recentíssimas EC de n.° 41/2003 e 42/2003.

[128] Cf. MARIA HELENA DINIZ, *Norma Constitucional...,* pág. 86. Apesar da frase indicar que está subjacente uma concepção de sistema aberto (do tipo cibernético, de *inputs/outputs*), pode também servir aqui para a lógica do sistema autopoiético, na medida em que essa "revolta" poderia ser representada pela *alopoiese* de que dá notícia MARCELO NEVES.

Emendar e Emendar: Enclausurando a Constituição?...   51

Assim, o que verdadeiramente existe neste cenário (para além dos efeitos de um sistema político-partidário desajustado e imaturo[129] e, quiçá, duma intencional opção pela "estratégica irracional" de alteração constitucional[130]) é uma viciosa quebra da "petrificação" da Constituição mediante a inserção de novas "pedras"...; edificando-se, desse modo, uma "clausura constitucional"; não no sentido autopoiético da palavra, mas no sentido literal de "vida reclusa". Num futuro próximo (se não já mesmo no presente!), a Constituição de 1988 poderá passar a ser o próprio eremita de seu sistema jurídico ou, ainda, o modelo de "fantasma do direito" de que falava Ihering.

Neste tópico, talvez fosse interessante recorrer-se à sabedoria da mitologia grega: Perceu venceu, de modo oblíquo e astuto Medusa, a única mortal das três górgones; estas, monstruosas criaturas aladas com cabelos de serpentes e que tinham poderes extraordinários, os quais podiam petrificar quem olhasse diretamente para a sua cabeça. E isso munido dum escudo-espelho de bronze. Com ele, Perceu olhava (para si e) *reflexamente* para Medusa, neutralizando a sua força petrificante; tal como pretende o "Direito Reflexivo".

Contudo, se a saída desse "círculo vicioso" enclausurante[131] (e, porque não dizer, literalmente asfixiante e mortífero) for aquela *de alguma forma* sinalizada pela teria da *autopoiesis* do Direito, é bom desde já que fique registrado ao Poder de Reforma Brasileiro que "a reflexibilidade constitucional, espelhando a necessária aprendizagem e readaptação, não tem de equivaler a uma constituição *soft,* reduzida a mero 'instrumento do governo'"[132].

6. PRECIPITANDO A CONCLUSÃO

A superficialidade dessa análise impede que seja apresentada "conclusão", no sentido seguro do termo. Viabiliza-se, contudo, a seguinte e infeliz precipitação: a obstrução da capacidade reflexiva da Constituição de 1988, a qual o Poder de Reforma Brasileiro está a construir, mediante

---

[129] V. GUSTAVO JUST DA COSTA E SILVA, *Os Limites da Reforma...,* pág. 67.

[130] Cf. MIGUEL NOGUEIRA DE BRITO, *A Constituição Constituinte ...,* pág. 147.

[131] V. falando tb. da experiência brasileira como "ciclo vicioso" entre instrumentalismo e nominalismo constitucional, MARCELO NEVES, "A Constitucionalização Simbólica ...", pág. 117.

[132] Cf. JOÃO LOUREIRO, "Da Sociedade Técnica de Massas ...", pág. 823.

52 Ana Cláudia Nascimento Gomes

sucessivas e recursivas alterações formais, leva a tornar absolutamente falho (e não falível!) o desenvolvimento da "Constituição-Processo". Tudo isso porque, a *praxis* constitucional edifica *"altas muralhas de indiferença"*[133] em relação à dogmática constitucional ...

7. BIBLIOGRAFIA

AMORIM, Carlos de Abreu; "Direito Administrativo e Sistema Jurídico Auto-poiético – Breves Reflexões", *in Scientia Ivridica, Revista de Direito Comparado Português e Brasileiro,* Tomo LI, n.° 294, Setembro – Dezembro, Universidade do Minho, Minho, 2002, pág. 483 a 506;

ARAÚJO, Fernando; "Limites à Revisão Constitucional – Um Paradoxo?", *in Polis – Revista de Estudos Jurídico-Políticos,* n.° 07, Janeiro – Abril, 1999 (coletânea sobre o Colóquio "Erros e Tragédias Constitucionais");

BACHOF, Otto; *Normas Constitucionais Inconstitucionais,* tradução de José Manuel M. Cardoso da Costa, Livraria Almedina, Coimbra, 1994;

BARROSO, Luís Roberto; "Agências Reguladoras, Constituição e Transformação do Estado e Legitimidade Democrática", *in Revista de Direito Administrativo,* Fundação Getúlio Vargas, n.° 229, Julho – Setembro, Rio de Janeiro, 2002, pág. 285 a 315;

BONAVIDES, Paulo; *Curso de Direito Constitucional,* 10ª edição, Malheiros Editores, São Paulo, 2000;

BRITO, Edvaldo; *Limites da Revisão Constitucional,* SAFE – Sérgio Antônio Fabris Editor, Porto Alegre, 1993;

BRITO, Miguel Nogueira de; *A Constituição Constituinte – Ensaio sobre o Poder de Revisão da Constituição,* Coimbra Editora, Coimbra, 2000;

BRITTO, Carlos Ayres; *Teoria da Constituição,* Editora Forense, Rio de Janeiro, 2003;

BRONZE, Fernando José; *Lições de Introdução ao Direito,* Coimbra Editora, Coimbra, 2002;

CANOTILHO, J. J. Gomes; *Direito Constitucional e Teoria da Constituição,* Livraria Almedina, Coimbra, 1999;

_____;.*Direito Constitucional e Teoria da Constituição,* Livraria Almedina, Coimbra, 2002;

_____;."¿Revisar la/o Romper con la Constitución Dirigente? Defensa de un constitucionalismo moralmente reflexivo", *in REDC,* n.° 43, Ano 15,

---

[133] Expressão utilizada por LUHMANN para explicar como o sistema autopoieticamente fechado deve procurar defender a sua própria complexidade e identidade em relação aos efeitos do meio circundante. A expressão fora posteriormente aproveitada por J. M. AROSO LINHARES, *in* "O Sistema Autopoiético ...", pág. 51.

Janeiro – Abril, Madrid, 1995, pág. 9 a 23 (texto também publicado em português como "Prefácio" da 2ª edição da obra *Constituição Dirigente e Vinculação do Legislador – Contributo para a Compreensão das Normas Constitucionais Programáticas,* Coimbra Editora, Coimbra, 2001);

_____;."O Direito Administrativo passa; o Direito Constitucional passa também", *in BFDUC, Estudos em Homenagem ao Prof. Doutor Rogério Soares,* STVDIA IVRIDICA, n.° 61, Coimbra Editora, Coimbra, pág. 705 a 722;

_____;."Estilo e Norma Constitucional: A propósito do 'direito constitucional técnico'", *in Legislação – Cadernos de Ciência de Legislação,* vol. 16, Abril – Junho, 1996, pág. 05 a 13;

CATARINO, Luís Guilherme; *A Responsabilidade do Estado pela Administração da Justiça – O Erro Judiciário e o Anormal Funcionamento da Justiça,* Livraria Almedina, Coimbra, 1999;

DINIZ, Maria Helena; *Normas Constitucionais e seus Efeitos,* 4ª edição, Editora Saraiva, São Paulo, 1998;

GOMES, Ana Cláudia Nascimento; *O Poder de Rejeição de Leis Inconstitucionais pela Autoridade Administrativa no Direito Português e no Direito Brasileiro,* SAFE – Sérgio Antônio Fabris Editor, Porto Alegre, 2002;

GONÇALVES, Cláudio Cairo; "O Princípio da Consensualidade no Estado Democrático de Direito – Uma Introdução", *in Revista de Direito Administrativo,* Fundação Getúlio Vargas, n.° 232, Abril – Junho, Rio de Janeiro, 2003, pág. 105 a 114;

HERNANDEZ VALLE, Ruben; "El Poder Constituinte Derivadp y los Limites Juridicos del Poder de Reforma Constitucional", *in REDC,* Ano 13, n.° 37, Janeiro – Abril, Madrid, 1993, pág. 143 a 155;

HESSE, Konrad; *A Força Normativa da Constituição,* tradução de Gilmar Ferreira Mendes, SAFE – Sérgio Antônio Fabris Editor, Porto Alegre, 1991;

HORTA, Raul Machado; "Permanência e Mudança na Constituição", *in Revista Brasileira de Estudos Políticos,* Faculdade de Direito da Universidade Federal de Minas Gerais, n.° 74/75, Janeiro – Julho, Belo Horizonte, 1992, pág. 233 a 263;

LINHARES, J. M. Aroso; "O Sistema Jurídico como um 'fim em si mesmo' ou as 'muralhas de indiferença' da galáxia *auto*", policopiado, texto oferecido no III Programa de Doutoramento da Faculdade de Direito da Universidade de Coimbra, Coimbra, 2003.

LOUREIRO, João; "Da Sociedade Técnica de Massa à Sociedade do Risco: Prevenção, Precaução e Tecnociência – Algumas Questões Juspublicísticas", *in BFDUC, Estudos em Homenagem ao Prof. Doutor Rogério Soares,* STVDIA IVRIDICA, Coimbra Editora, 2001, pág. 797 a 891;

MIRANDA, Jorge; "Sobre os Limites Materiais da Revisão Constitucional", *in Revista Jurídica,* n.° 13 e 14, Janeiro – Junho, nova série, Associação Académica da Faculdade de Direito de Lisboa, Lisboa, 1990, pág. 07 a 17;

MULLER, Friedrich; "Tesis acerca de la Estructura de las Normas Juridicas", *in REDC*, n.º 27, Ano 9, Setembro – Dezembro, Madrid, 1989, pág. 111 a 126;

NETO, Diogo de Figueiredo Moreira; "Novos Instrumentos Consensuais da Ação Administrativa", *in Revista de Direito Administrativo*, Fundação Getúlio Vargas, n.º 231, Janeiro – Março, Rio de Janeiro, 2003, pág. 129 a 156;

NEVES, António Castanheira; *Medotologia Jurídica – Problemas Fundamentais*, Coimbra Editora, Universidade de Coimbra, Coimbra, 1993;

NEVES, Marcelo; "A Constitucionalização Simbólica: Uma Síntese", *in BFDUC*, STVDIA IVRIDICA, n.º 46, "20 Anos da Constituição de 1976", Coimbra Editora, Coimbra, 2000, pág. 99 a 137;

_____;."Von Autopoiesis zur Allopoiesis des Rechts", *in Rechtstheorie*, n.º 43, Berlim, 2003, pág. 245 a 268;

OTERO, Paulo; *Legalidade e Administração Pública: O Sentido da Vinculação à Juridicidade*, Livraria Almedina, Coimbra, 2003;

RIZZA, Giovanni; "Autorefenzialità, decostruzione, cambiamento nella revisione costituzionale: Spunti critici e riflessioni", *in Diritto e Società*, nuova serie, 1, CEDAM, Padova, 2002, pág. 01 a 31;

SÁNCHEZ URRITA, Anna Victoria; "Mutación Constitucional y Fuerza Normativa de la Constituición – una aproximación al origem del concepto", *in REDC*, n.º 58, Ano 20, Janeiro – Abril, Madrid, 2000, pág. 105 a 135;

SILVA, Gustavo Just da Costa e; *Os Limites da Reforma Constitucional*, Editora Renovar, Rio de Janeiro, 2000;

SORRENTINO, Frederico; "Legalità e Delegiferazione", *in Diritto Ammistrativo*, Ano VII, 3 e 4, 1999, pág. 359 e 380;

SPADARO, Antonino; "Dalla Costituzione come 'atto' (puntuale nel tempo) alla Costituzione come 'processo' (storico) – Ovvero della continua evoluzione del parametro costituzionale attaverso i giudizi di costituzionalità", *in Quaderni Costituzionali*, Ano XVIII, n.º 3, Dezembro, Padova, 1998, pág. 343 a 415;

TEUBNER, Gunther; *O Direito como Sistema Autopoiético*, tradução de José Engrácia Antunes, Fundação Calouste Gulbenkian, Lisboa, 1993;

VEGA, Pedro; La Reforma Constitucional y la Problematica del Poder Constituinte, Tecnos, Madrid, 1991.

RESPONSABILIDADE CIVIL
POR DANO AMBIENTAL EM SITUAÇÕES
DE MULTIPLICIDADE ORGANIZADA DE SUJEITOS*

por ANELISE BECKER,
Procuradora da República,
Mestre em Direito pela Universidade Federal do Rio Grande do Sul
e Doutoranda em Direito pela Universidade de Coimbra

SUMÁRIO: Introdução. Parte I – Dano ambiental e multiplicidade organizada de sujeitos. A. Um excurso: o porto como ordem de cooperação e suas externalidades. B. Um problema jurídico concreto: o "caso do navio *Bahamas*". Parte II – Os princípios da boa fé objetiva e da proteção ao meio ambiente como fundamentos agregadores de responsabilidade. A. Um exercício de contextualização sistemática. B. Um exercício de concretização problemática. Conclusão. Bibliografia.

---

* Oportuno, por ocasião da presente homenagem à Faculdade de Direito da Universidade de Coimbra, lembrar que, ao lado da Academia Real das Ciências de Lisboa, a Universidade de Coimbra, após a reforma pombalina de 1772, constituiu epicentro institucional da gênese do pensamento ambiental brasileiro. Foi em Coimbra que, entre 1722 e 1822, formou-se o primeiro grupo de intelectuais nascidos no Brasil que absorveu as concepções de filosofia natural, direito e economia – e também o espírito pragmático e progressista – que caracterizaram o Iluminismo europeu. Referido grupo teve como importante ponto de agregação a influência teórica do naturalista italiano Domenico Vandelli, que se estabeleceu em Portugal durante o governo do Marquês de Pombal e difundiu um ideário intelectual que combinava as novas concepções de ciência natural divulgadas por Buffon e Lineu – cuja "economia da natureza" é considerada um dos elos genealógicos mais imediatos do que veio a ser chamado de "ecologia" no século XIX – com a doutrina econômica fisiocrata, defensora do progresso a partir da produção primária. No Brasil, essa tradição crítica da destruição e do desperdício, cuja expressão

INTRODUÇÃO

Em se tratando de meio ambiente, domínio em que a regra é a irreversibilidade do dano, a prevenção sempre prefere à reparação[1]. Os danos, entretanto, nem por isso deixam de ocorrer e importa que sejam reparados, inclusive a fim de estimular a sua efetiva prevenção[2].

Refere François Ost, a propósito, que apenas a articulação dialética de quatro aspectos da responsabilidade (responsabilidade-sanção da culpa, civil e penal; responsabilidade-cobertura do risco, objetiva; responsabilidade-prevenção e responsabilidade-participação) poderá assegurar a salvaguarda sustentável do meio ambiente[3].

Observa Ost[4] que cada um desses dispositivos é necessário, mas nenhum é suficiente de forma isolada. Para ser verdadeiramente eficaz, cada um dos mencionados estágios do mecanismo da responsabilidade requer a ativação da etapa precedente, para cuja valorização, assim, ele contribui. Um fundo de compensação, portanto, dado o seu custo e a própria dificuldade de reversão do dano ecológico, nunca substituirá a prevenção do dano. Um sistema de responsabilização eficaz, por outro lado, não deixará de exercer um efeito preventivo sobre os poluidores em potencial[5].

---

mais profunda e sistemática encontra-se na obra de José Bonifácio, revelou-se na defesa do ambiente natural como importante fator para a construção nacional, razão por que os recursos naturais deveriam ser utilizados de forma inteligente e cuidadosa (tudo conforme José Augusto Pádua, Um Sopro de Destruição – Pensamento político e crítica ambiental no Brasil escravista (1786-1888), pp. 13 e ss.).

[1] A respeito, pronuncia-se Antonio Herman Benjamin (A Principiologia do Estudo Prévio de Impacto Ambiental e o Controle da Discricionariedade Administrativa, p. 77): "a tutela do meio ambiente, através de longa evolução, ultrapassou a fase repressivo--reparatória, baseada fundamentalmente em normas de responsabilidade penal e civil, até atingir o estágio atual em que a preocupação maior é com o evitar e não com o reparar ou reprimir".

[2] V., a propósito, François Ost, La Responsabilité, Fil d'Ariadne du Droit de l'Environnement, pp. 281 e ss.

[3] François Ost, La Responsabilité, Fil d'Ariadne du Droit de l'Environnement, pp. 281 e seguintes.

[4] François Ost, La Responsabilité, Fil d'Ariadne du Droit de l'Environnement, pp. 288 e 313.

[5] Trata-se, aqui, da *perda da pureza da responsabilidade civil*, com vistas a inibir comportamentos anti-sociais, fazendo com que a responsabilidade civil passe a exercer uma função secundária, mas nem por isso menos importante do que a reparação

A responsabilidade pelo dano ao meio ambiente engendrou-se ao ensejo do desenvolvimento experimentado pelo instituto da responsabilidade civil nas últimas décadas, mediante a superação da rigidez de seus tradicionais postulados individualistas e voluntaristas. Tal processo, alimentado pela crescente multiplicação e agravamento das situações geradoras de dano – muitas delas provocadas por atividades coletivas, tornando inadequada a perspectiva individualista que marcou o instituto até há relativamente pouco tempo –, levou à passagem de um entendimento subjetivista para concepções suas de marcada índole *objetiva*[6].

E de tamanha relevância se revestiu este último aspecto, que culminou por deslocar o centro de indagação do instituto da *culpa* para o *dano*. Sob outro ângulo, pode-se dizer que tal deslocamento se deu da figura do *agente* para a da *vítima*, de modo que as discussões em torno da responsabilidade civil passaram a ter como meta principal a *efetiva reparação do dano*[7].

---

do dano: a *prevenção*, fenômeno que, nos sistemas da *common law*, levou ao desenvolvimento de uma categoria intermediária entre as responsabilidades civil e penal: os *exemplary* ou *punitive damages*, cuja função repressiva é preponderante. Trata-se, como seu próprio nome indica, de uma indenização tão elevada que possa servir de exemplo aos outros membros da sociedade, no sentido de que o comportamento do autor do dano é a tal ponto condenável que ele merece uma *sanção complementar*, na qual encontra-se, evidentemente, uma idéia de *dissuasão* e, pois, de *prevenção*. No Brasil tem prevalecido a teoria da dupla natureza, reparatório-preventiva, da responsabilidade civil por danos extrapatrimoniais, como é o caso dos danos ecológicos (tudo conforme Sérgio Severo, Os Danos Extrapatrimoniais, pp. 188 a 190).

[6] François Ost, La Responsabilité, Fil d'Ariadne du Droit de l'Environnement, pp. 284 e 285

[7] Considerando que todo prejuízo ecológico guarda, acima de tudo, um caráter *extrapatrimonial* (Sérgio Severo, Os Danos Extrapatrimoniais, p. 172), a proteção jurídica do meio ambiente visa essencialmente a garantir a capacidade funcional ecológica, bem como assegurar a recuperação das capacidades de auto-regulação e de auto-regeneração do ecossistema. Os danos ambientais, por conseguinte, não são passíveis de compensação *integral* em dinheiro. A única via adequada para sua reparação é a *restitutio in integrum*, justificando-se, assim, que, a um dano ecológico, se associe uma *reparação ecológica*. Quando isso não seja possível, a alternativa mais adequada é o *acompanhamento* e controle da recuperação natural do ecossistema, somado a uma compensação ecológica: compensar a Natureza com Natureza equivalente e não com vantagens pecuniárias, ou seja, por meio de medidas de substituição. Conclui-se, pois, que a obrigação de reparar, em se tratando de dano ambiental, compreende a realização de todas as ações – ou o suporte do seu custo – necessárias para a *restitutio in integrum* e, quando esta não seja possível, para a *minimização* dos danos e a implementação de *medidas compensatórias*,

Tanto é assim que, no que tange ao dano ambiental, a Constituição da República Federativa do Brasil consagra o princípio da sua reparabilidade *integral* (artigo 225, parágrafo 3.°)[8], vedando, por conseguinte, todas as formas, legais ou convencionais, de exclusão, modificação ou limitação de sua reparação[9].

PARTE I
Dano ambiental e multiplicidade organizada de sujeitos

Os perigos relacionados à *sociedade de risco* têm vindo a se projetar no reconhecimento de verdadeiras "relações jurídicas poligonais", cuja complexidade não apenas exige respostas devidamente articuladas, como mesmo implica a mobilização de uma perspectiva jurídica que as compreenda adequadamente[10], sob pena de restar consolidado o fenômeno que Ulrich Beck denomina *"irresponsabilidade organizada"*[11].

---

tudo sem prejuízo do *monitoramento* do ecossistema (José de Souza Cunhal Sendim, Responsabilidade Civil por Danos Ecológicos, pp. 177 e ss., esp. 179, 182, 187, 243 e 245).

Neste sentido, aliás, já teve oportunidade de decidir o Tribunal Regional Federal da 4ª Região (Quarta Turma, Agravo de Instrumento n.° 2000.04.01.134138-5/RS, Rel. Des. Fed. Edgard Lippmann Jr., un., j. em 15/05/2001), *in verbis*: "Restando evidenciado o dano ambiental causado por vazamento de produto ácido de navio, o monitoramento técnico da área afetada não deve ser confundido com produção de prova, o que obriga os réus a arcarem com seu ônus por se constituir em forma de reparação do dano além de ser sua a obrigação de proporcionar a recuperação natural do ecossistema afetado".

[8] *In verbis*: "As condutas e atividades consideradas lesivas ao meio ambiente sujeitarão os infratores, pessoas físicas ou jurídicas, a sanções penais e administrativas, independentemente da obrigação de reparar os danos causados".

[9] Neste sentido, Antonio Herman Vasconcelos Benjamin, Responsabilidade Civil pelo Dano Ambiental, p. 19, citando também Helita Barreira Custódio.

[10] J. J. Gomes Canotilho, Privatismo, Associativismo e Publicismo na Justiça Administrativa do Ambiente (as incertezas do contencioso ambiental). Nas relações jurídicas poligonais estão presentes interesses diferenciados, sejam eles convergentes, concorrentes ou contrapostos, e diferentes situações jurídicas subjetivas, nas quais se interpenetram interesses públicos e interesses privados conflituantes, carecedores de uma cuidadosa ponderação (idem, pp. 233 e 234).

[11] O sociólogo alemão Ulrich Beck (Políticas Ecológicas en la Edad del Riesgo (Antídotos – La Irresponsabilidad Organizada), p. 9) aponta como "irresponsabilidade organizada" a concepção jurídica individualista da responsabilidade, que acaba por converter a culpabilidade coletiva em veredictos de inculpabilidade.

Responsabilidade Civil por Dano Ambiental...   59

Há casos, porém, em que a idéia de "relação jurídica poligonal"[12] pode não se revelar ampla o suficiente para proporcionar o tratamento jurídico adequado à consideração, em sua totalidade, das relações jurídicas que, envolvendo uma multiplicidade de sujeitos organizados em uma ordem de cooperação, tenham o dano ambiental como produto de suas interações. A experiência portuária fornece um exemplo apto a ilustrar tal situação.

A. Um excurso: o porto como ordem de cooperação e suas externalidades

O porto consiste em espaço que agrega uma *ordem complexa de relações, polarizadas por uma finalidade*: a circulação e distribuição de bens.

Do ponto de vista estrito do atendimento à sua finalidade específica, essa ordem de relações presente em toda praça portuária se estabelece no âmbito da comunidade portuária, a qual é integrada por entes públicos e privados e tem sua essência na *cooperação*.

Ainda que cada empresa defenda interesses próprios, às vezes contraditórios em relação aos das outras, *todas têm interesse em fazer com que a praça atraia mais tráfego*, e cooperar entre si visa claramente a que cada uma possa aportar um máximo de ganho aos fluxos, que não conseguiria atrair sozinha; interesse, este, *compartilhado* pelos órgãos públicos vinculados à comunidade portuária[13].

A atuação da administração portuária brasileira, aliás, na esteira das mudanças introduzidas pela Lei n.° 8.630/93, passou a ser concebida como uma *parceria*, não apenas com os diversos integrantes privados da comu-

---

[12] Esclarece Vasco Pereira da Silva (Os Denominados Embargos Administrativos em Matéria de Ambiente, p. 202) que, na esfera ambiental, a noção de relação jurídica poligonal, ou multilateral, parte da constatação de que as decisões administrativas no domínio do meio ambiente produzem efeitos passíveis de afetar um grande número de sujeitos. De acordo com Ossenbuehl, "através de um ato administrativo com efeitos em relação a terceiros não é criada apenas uma relação unidimensional entre os destinatários do ato e o Estado, mas sim uma relação triangular, que tem de um lado o Estado, e que, do lado dos cidadãos, abrange dois afetados – um que é beneficiado pelo Estado e outro que é prejudicado de forma correspondente a esse benefício" (*apud* Vasco Pereira da Silva, art. e p. cits.).

[13] V. Thierry Boudouin, A Cidade Portuária na Mundialização, p. 34.

nidade portuária, mas também com as diversas autoridades constituídas, pois, fortalecendo-a e enfatizando seu caráter público ao afastá-la da prestação de serviços portuários, esse diploma legal determinou-lhe que assumisse *uma nova missão*: a de se voltar para a *gestão da atividade*, contexto no qual lhe cabe a sua promoção, fiscalização, gestão comercial, bem como zelar para que a atividade portuária se realize com respeito ao meio ambiente[14].

A cooperação, assim, é da essência do porto e produz uma *sinergia* que não adviria das partes tomadas isoladamente, mas somente de seu conjunto e, mais propriamente, do *conjunto de suas relações*, ou seja, do *sistema* que formam. Público e privado, assim, somam-se numa *ordem de cooperação*, cuja sinergia apta a captar fluxos internacionais de mercadorias é produto da *totalidade* do sistema portuário.

A correta compreensão das relações que se estabelecem nesse âmbito, por conseguinte, exige se tenha em vista que todos esses vínculos e situações jurídicas singulares se correlacionam e se completam reciprocamente, nos termos adequados a, apenas em seu conjunto, proporcionar a satisfação da utilidade econômico-social servida pelo porto, que os polariza e atrai.

As relações existentes no âmbito portuário, no entanto, não se esgotam naquelas firmadas no círculo estrito da comunidade portuária, pois o porto não é um ente abstrato e isolado relativamente a seus circunstantes e ao meio ambiente que todos integram.

Os desenvolvimentos teóricos acerca das externalidades permitiram a constatação da capacidade do sujeito econômico agir sobre o ambiente, seja gerando-lhe benefícios, seja gerando-lhe perdas, os quais serão concedidos ou impostos, respectivamente, a pessoas que se situam fora da relação econômica fundamental considerada[15].

Ao contrário do que previam os liberais clássicos, portanto, a perseguição de interesses individuais não conduz apenas ao aumento dos benefícios públicos – externalidades positivas – mas também, tragicamente, do ponto de vista ambiental, à destruição da base comum de manutenção da vida[16], de modo que a ausência de limitações ao uso dos

---

[14] Marcos Maia Porto, Desenho Institucional e Modelos de Gestão Portuária, o Caso Brasileiro, pp. 232 e 234.

[15] V., por exemplo, Maria Alexandra de Sousa Aragão, O Princípio do Poluidor Pagador, pp. 31 e ss.

[16] Cristiane Derani, Direito Ambiental Econômico, p. 108.

Responsabilidade Civil por Dano Ambiental... 61

recursos naturais e a irresponsabilidade pela degradação desses recursos conduzem a um desencontro radical entre o interesse próprio de cada ente e o interesse geral da sociedade[17].

Uma compreensão adequada do sistema portuário, pois, exige, além da perspectiva de totalidade sobre as relações estabelecidas no âmbito da comunidade portuária *strito sensu*, a apreensão das *relações que o produto de suas interações apresenta com o restante da sociedade*[18].

Relativamente às externalidades *positivas*, o porto já passou, de mero instrumento do transporte nacional, a ser visto também como um motor econômico local, fonte de ganhos e de empregos para a coletividade local, cujo desenvolvimento também alimenta a sinergia da praça portuária[19].

A atribuição dos prejuízos ambientais decorrentes da atividade portuária (externalidades negativas) a seus agentes econômicos primários, juridicamente, encontra abrigo no instituto da responsabilidade civil. A *efetividade* da sua reparação, no entanto, encontra-se estreitamente vinculada à *perspectiva* de que se valha o realizador do Direito[20] quando do exame do *feixe de relações* em que o dano ambiental se dá.

Trata-se, aqui, da consideração do caso jurídico como ponto de partida para a interpretação jurídica, o que tende a ser já hoje um lugar comum no pensamento metodológico jurídico[21]. Anota António Castanheira Neves que considerar o *caso jurídico* como o *prius metodológico* significa tomá-lo não apenas como o objeto da decisão judicial, mas "verdadeiramente como a perspectiva problemático-intencional que

---

[17] Maria Alexandra de Sousa Aragão, O Princípio do Poluidor Pagador, p. 34, citando H. E. Daly.

[18] Neste sentido, Ricardo Luis Lorenzetti (Las Normas Fundamentales de Derecho Privado, p. 188), ao tratar da ampliação do paradigma tradicional do Direito privado.

[19] V. Michèle Collin, A Evolução do Estatuto dos Portos na Europa, pp. 46 e 47

[20] Observa António Castanheira Neves (Entre o "Legislador", a "Sociedade" e o "Juiz" ou entre "Sistema", "Função" e "Problema" – Os modelos actualmente alternativos da realização jurisdicional do direito, pp. 11 e 12) que "(...) à função judicial, ao juiz, se tem vindo progressivamente a imputar a responsabilidade da última palavra num espectro alargado de questões de validade quanto a comportamentos e interesses sociais. Este é justamente um dos pontos em que se reconhece que a 'criatividade da jurisprudência (da jurisdição) se tornou mais necessária e mais acentuada na sociedade contemporânea' (Cappelleti) (...) A ela competirá também de modo especial o juízo da responsabilidade no domínio das *externalities*, assim como a tutela dos interesses colectivos, difusos, etc.".

[21] António Castanheira Neves, Metodologia Jurídica – Problemas fundamentais, p. 129

tudo condiciona e em função da qual tudo deverá ser interrogado e resolvido"[22].

Foi, aliás, um caso jurídico concreto, no qual a autora atuou como Membro do Ministério Público Federal – o "caso do navio *Bahamas*", que envolveu o bombeamento/vazamento de ácido sulfúrico no Porto brasileiro de Rio Grande, em 1998 –, o que motivou as reflexões problemático-jurídicas ora apresentadas.

B. Um problema jurídico concreto: o "caso do navio *Bahamas*"[23]

Em 24 de agosto de 1998, chegou ao Porto de Rio Grande, RS, Brasil, o navio *Bahamas*, transportando cerca de doze mil toneladas de ácido sulfúrico, destinado a três indústrias de fertilizantes localizadas naquela zona portuária. A descarga do navio foi interrompida no dia 30 de agosto, quando o navio continha quase um-terço da carga original, uma vez que esta se encontrava contaminada com água, o que aumenta a corrosividade do produto, liberando Hidrogênio, de forma a impedir sua normal manipulação.

O navio *Bahamas*, contando praticamente trinta anos e portando "bandeira de conveniência", já chegou a Rio Grande com problemas sérios de corrosão interna, a gerar repetidas "perdas" de óleo hidráulico em seu sistema de bombeamento durante a descarga, bem como problemas de estabilidade, decorrentes da intercomunicação entre tanques de lastro, o que o levou a encalhar junto ao cais no dia 31 de agosto.

Em 02 de setembro de 1998, a pretexto de que o navio iria explodir ou ter seu casco rompido, despejando de uma só vez toda a mistura ácida no canal de acesso ao Porto, foi celebrado documento intitulado "Termo de Aceitação de Decisão dos Órgãos Ambientais", no qual os signatários, entre os quais as autoridades marítima, portuária e ambiental brasileiras, autorizaram empresa de salvatagem a bombeá-la para as águas do estuário da Lagoa dos Patos.

---

[22] António Castanheira Neves, Metodologia Jurídica – Problemas fundamentais, p. 142

[23] A descrição dos fatos tem por base a sua narrativa nas diversas ações judiciais cuja propositura ensejaram, mencionadas a seguir. V., também, Ricardo Nüske, *Bahamas* – O Caso na Justiça Federal

Responsabilidade Civil por Dano Ambiental...

O bombeamento da mistura ácida, cujo pH chegava a 1,3, somente cessou a partir de decisão judicial, proferida pelo Juízo Federal da 1ª Vara Federal da Circunscrição Judiciária de Rio Grande no dia 13 de setembro daquele ano, em atendimento a pedido formulado pelo Ministério Público Federal e Ministério Público do Estado do Rio Grande do Sul[24]. Determinou aquele Juízo Federal, a seguir, que a empresa armadora--operadora do navio, sua seguradora e a empresa de salvatagem, no prazo máximo de 48 horas, dessem início à retirada da mistura ácida ainda contida no interior do navio, sem interrupção, através de procedimento que não implicasse qualquer lançamento do produto ao meio ambiente, observados os limites do território brasileiro, sob pena de aplicação de pena pecuniária diária no valor de cinco milhões de reais em caso de descumprimento.

Passados quase trinta dias daquela decisão e tendo já sido constatada a presença de metais pesados na mistura ácida em quantidade muito acima dos padrões ambientais regulamentares, mesmo incidindo diariamente a multa citada, as referidas empresas permaneciam inertes quanto à solução do problema, limitando-se a anunciar repetidas tentativas de afretamento de navio para efetuar o transbordo da mistura ácida, invariavelmente frustradas.

O perigo público decorrente da continuidade do vazamento da mistura ácida e da possível contaminação humana por metais pesados, bem como da inércia, tanto das empresas em tela, como das autoridades administrativas competentes em providenciar solução não lesiva ao ecossistema, em que pese para isso especificamente intimadas pelo Juízo as últimas, motivou a propositura, pelo Ministério Público Federal e Ministério Público do Estado do Rio Grande do Sul, de nova Ação[25], agora com vistas

---

[24] Ação Cautelar Inominada, processo n.º 98.1002362-6.

[25] Ação Civil Pública, processo n.º 98.1002702-8, ajuizada em 21 de outubro de 1998. Na mesma época, o Ministério Público Federal e o Ministério Público do Estado do Rio Grande do Sul também propuseram Ação Cautelar com pedido de prestação de caução (processo n.º 98.1002469-0) e a Ação Cautelar de Produção Antecipada de Provas (processo n.º 98.1002463-0). O Ministério Público Federal propôs, ainda, Ação Penal contra o Comandante do navio (processo n.º 98.1002450-9). Em nova Ação Civil Pública (processo n.º 1999.71.01.000700-3), ajuizada em 14 de abril de 1999, o Ministério Público Federal postulou, por fim, a remoção dos destroços do navio *Bahamas*, sendo que, em 30 de agosto de 2000, propôs Ação Civil Pública de reparação de danos ambientais (processo n.º 2000.71.01.001891-1).

64 Anelise Becker

a obter o transbordo da mistura ácida então ainda contida no navio *Bahamas*, o que se deu mediante a requisição judicial do navio *Yeros*, remunerada pelas empresas operadora e seguradora do navio *Bahamas*.

O ácido transportado pelo navio *Bahamas*, de qualidade industrial, já continha metais, inclusive Mercúrio. O processo de corrosão a que submetido o navio em virtude da reação de seus componentes metálicos com a mistura ácida e cloretos nela contidos, por sua vez, provocou a liberação significativa de mais metais, como Cádmio, Chumbo, Cromo, Ferro, Níquel, Zinco, Cobre e Mercúrio, os quais vieram a escapar para o meio ambiente, independentemente de bombeamento, pelas fissuras provocadas no casco pela corrosão.

Além do impedimento à atividade pesqueira e dos riscos à navegação, o contato da mistura ácida com o meio ambiente, precisamente em local onde os sedimentos já se encontravam anteriormente contaminados por metais pesados, oriundos da própria atividade portuária, do esgoto doméstico da cidade e dos efluentes das indústrias de fertilizantes, provocou a biodisponibilização dos metais a eles adsorvidos e, por conseguinte, a possibilidade de geraram episódios de poluição crítica, de se integrarem aos ciclos biológicos e, assim, serem incorporados pela biota e pelo ser humano.

Referida degradação ambiental, configuradora das cinco hipóteses de poluição previstas na Lei n.° 6.938/81[26], motivou o ajuizamento, pelo Ministério Público Federal, de Ação Civil Pública postulando a sua reparação[27]. Como "pano de fundo" para a imputação da responsabilidade a cada um dos réus, mediante fundamentos específicos, nela foram desenvolvidas as proposições que, em sua essência, são expostas a seguir.

---

[26] A Lei n.° 6.938/81, em seu artigo 3.°, define como poluição "a degradação da qualidade ambiental resultante de atividades que direta ou indiretamente: a) prejudiquem a saúde, a segurança e o bem-estar da população; b) criem condições adversas às atividades sociais e econômicas; c) afetem desfavoravelmente a biota; d) afetem as condições estéticas ou sanitárias do meio ambiente; e) lancem matérias ou energia em desacordo com os padrões ambientais estabelecidos" (inciso III) e, como poluidor, "a pessoa física ou jurídica, de direito público ou privado, responsável, direta ou indiretamente, por atividade causadora de degradação ambiental" (inciso IV).

[27] Processo n.° 2000.71.01.001891-1, em trâmite perante a 1ª Vara Federal da Circunscrição Judiciária de Rio Grande, RS, Brasil, cuja petição inicial foi elaborada pela autora.

PARTE II
Os princípios da boa fé objetiva e da proteção ao meio ambiente como fundamentos agregadores de responsabilidade

Em circunstâncias marcadas pela multiplicidade de sujeitos, o feixe de relações jurídicas em que o dano se dá pode abranger *relações contratuais e extracontratuais, de Direito público e de Direito privado*.

No aludido caso jurídico concreto, tal feixe de relações compunha-se, por exemplo, de contratos de compra-e-venda, de transporte, de operação portuária, de afretamento de navio, de seguro, de salvatagem, assim como de contrato administrativo de concessão de serviço público (exploração portuária) e das relações atinentes às diversas competências de polícia administrativa presentes na hipótese: marítima, portuária e ambiental.

Em circunstâncias tais, uma vez ocorrido o dano ambiental, o trato de cada uma dessas relações de forma isolada pode levar ao estabelecimento de *zonas de impunidade*, frustrando, assim, a obtenção de uma resposta jurídica adequada para a relação obrigacional ambiental que polariza, na hipótese concreta, o dito feixe de relações jurídicas.

Tais relações jurídicas podem ser melhor visualizadas em seu *conjunto* a partir da consideração de que, em seu atual estágio de evolução, o Direito já superou tanto a tradicional dicotomia entre responsabilidade contratual e extracontratual, como aquela entre Direito público e privado.

A. Um exercício de contextualização sistemática

De um lado, o intenso crescimento da esfera intermediária de influência dos pólos Direito público e Direito privado determinou a superação da velha imagem de dois círculos fechados, que se interseccionam ocasionalmente, pela idéia, figurada por Ludwig Raiser, de uma "estrutura escalonada de interesses", que modifica a natureza e o alcance de certos modelos jurídicos privados, conforme o grau de interesse privado e/ou de interesse público presente na situação concreta[28].

---

[28] Conforme Clóvis Veríssimo do Couto e Silva, Principes Fundamentaux de la Responsabilité Civile en Droit Brasilien et Comparé, p. 151. V. Ludwig Raiser, O Futuro do Direito Privado.

Isto significa que, quando a importância da relação jurídica privada concreta transcende a esfera de seus participantes e passa a interessar à própria sociedade, deve lhe ser conferido um tratamento jurídico diferenciado relativamente àquele que receberia caso ausente o interesse público. Segundo Ludwig Raiser, com a mesma intensidade com que o conteúdo publicístico ocupa o primeiro plano, os princípios definidos pela idéia de *responsabilidade social* devem fazer-se valer no manejo das normas e institutos jurídicos do Direito privado, junto aos seus princípios clássicos, ou mesmo em seu lugar. Nas relações caracterizadas por um alto grau de publicismo, como as de Direito ambiental, o Direito público deve intervir, tanto para completar e embasar, como para delimitar e corrigir.

Já a aproximação sistemática entre os dois tipos de responsabilidade civil, resultado da verificação das semelhanças existentes entre ambos, vem se desenvolvendo no sentido de identificar um suporte fático mais geral, passível de englobá-los e, assim, possibilitar uma regulamentação jurídica unitária ao instituto, pois tanto a responsabilidade contratual como a extracontratual *supõem uma lesão a deveres pre-existentes*, cuja fonte comum tem sido apontada como o *contato social*: a conclusão de que a vida em sociedade exige de todos o respeito aos direitos alheios[29].

O contato social ingressa no mundo jurídico porque, assim como pode se extinguir imediatamente, sem dar início a qualquer processo, pode originar processos sociais juridicamente relevantes[30]. Em regra a jurisdicização do contato social se dá por intermédio do princípio da *boa fé objetiva*[31] que, desta forma, completa o grande valor sistemático que possui aquela noção.

---

[29] Clóvis Veríssimo do Couto e Silva, Principes Fundamentaux de la Responsabilité Civile en Droit Brasilien et Comparé, p. 3, que refere haver sido o sociólogo alemão Leopold von Wiese (v., por exemplo, Sociología (Historia y principales problemas) e O Contato Social) o primeiro a sistematizar a categoria do contato social como elemento da teoria do *processus social*, a qual foi introduzida no mundo da ciência jurídica, precisamente, na teoria das fontes.

[30] V. Clóvis do Couto e Silva, Para uma História dos Conceitos no Direito Civil e no Direito Processual Civil (A Atualidade do Pensamento de Otto Karlowa e de Oskar Bülow), p. 244, e Leopold von Wiese e H. Becker, O Contato Social, p. 137.

[31] Sobre o princípio da boa fé objetiva, v., por exemplo, António Manuel da Rocha e Menezes Cordeiro, Da Boa Fé no Direito Civil, vols. I e II, Clóvis do Couto e Silva, O Princípio da Boa Fé no Direito Brasileiro e Português, e Judith Martins-Costa, A Boa Fé no Direito Privado.

A boa fé objetiva normatiza fatos que, tendo em comum o relacionamento entre duas ou mais pessoas, pressupõem a conjugação de esforços transcendentes ao estrito âmbito individual[32]. Por outro lado, resultando sua aplicação de "necessidades éticas essenciais", seu afastamento é vedado a qualquer sistema que se pretenda jurídico, não podendo as partes, portanto, renunciar à sua incidência[33].

Manifestando-se como mandamento de conduta inspirado e informado pelo interesse alheio, que engloba todos os participantes do vínculo obrigacional, a boa fé estabelece, entre eles, um *elo de cooperação*, em face do fim objetivo a que visam, de modo que a eles impõe que façam tudo quanto seja necessário – esteja isso expresso ou não no contrato ou na lei – para assegurar a completa satisfação dos interesses envolvidos.

A autonomização de tais deveres, chamados "acessórios", tem levado à afirmação de uma *eficácia contratual protetora de terceiros*, em cuja origem está a quebra do princípio segundo o qual, do convênio entre partes determinadas, não poderia advir ação alguma contra terceiros ou a seu favor[34].

A situação de relativa independência dos deveres acessórios face à obrigação que é suposto acompanharem[35] possibilita o alargamento quanto aos seus sujeitos ativos e passivos, a ponto de reconhecerem-se como titulares ativos dos deveres de proteção certos terceiros, tendo em vista sua exposição (fática ou típica) aos riscos de danos pessoais ou patrimoniais advenientes da execução de um determinado contrato. A eficácia protetora de terceiros determina o envolvimento destes sob o manto protetor do contrato, conferindo-lhes direito a reparação, não por violação de algum dever de prestar (pois estes só existem, regra geral, entre as partes), mas por desrespeito a um específico dever de salvaguardar a sua integridade pessoal ou patrimonial[36].

---

[32] V. António Manuel da Rocha e Menezes Cordeiro, Da Boa Fé no Direito Civil, vol. I, p. 646

[33] V. Clóvis do Couto e Silva, O Princípio da Boa Fé no Direito Brasileiro e Português, pp. 61 e 62; António Manuel da Rocha e Menezes Cordeiro, Da Boa Fé no Direito Civil, vol. I, p. 640

[34] António Manuel da Rocha e Menezes Cordeiro, Da Boa Fé no Direito Civil, vol. I, p. 619

[35] António Manuel da Rocha e Menezes Cordeiro, Da Boa Fé no Direito Civil, vol. I, p. 616

[36] Conforme Manuel A. Carneiro da Frada, Contrato e Deveres de Proteção, p. 43

É o caso, naquilo que concerne ao tema em apreço, do dever que a *todos* incumbe, de proteger o meio ambiente, cuja integridade, a seu turno, é direito de *todos*[37].

A dificuldade que se pode apresentar a partir da proliferação dos "novos direitos", com marcada índole difusa, entre os quais se destaca o direito a um meio-ambiente saudável e ecologicamente equilibrado, é que estes são meramente *acrescentados* – e não integrados – aos arranjos de direitos já existentes[38].

Esclarece Norbert Reich que, embora positivados, muitas vezes esses "novos direitos" entram em conflito com "direitos subjetivos" já existentes, *correndo-se o risco de que acabem relegados a uma posição secundária*, uma vez que o direito dos negócios a permanecerem "como sempre" é protegido por um complexo arranjo de "direitos" de grupos de "interesse especial", compostos por atores sociais bem organizados – porque podem ganhar, ou perder, muito com a mudança social[39].

Sob pena de se converterem em áreas privilegiadas de não--interferência, os direitos de grupos de "interesse especial" devem ser contrabalançados pela responsabilidade social correlata à autonomia de que desfrutam.

Invoca-se, aqui, a compreensão de que, no vértice da atual compreensão autêntica da existência humana, encontra-se a *pessoa*, ou seja, um ser pessoal e simultaneamente social, ao qual reconhecida a dignidade de sujeito ético e assim, concomitantemente, com um valor indisponível para o poder e a prepotência dos outros e *comunitariamente respon-sabilizado para com os outros*[40].

---

[37] Constituição da República Federativa do Brasil, artigo 225, *caput*, *in verbis*: "Todos têm direito ao meio ambiente ecologicamente equilibrado, bem de uso comum do povo e essencial à sadia qualidade de vida, impondo-se ao poder público e à coletividade o dever de defendê-lo e preservá-lo para as presentes e futuras gerações". No mesmo sentido, a Constituição da República Portuguesa, cujo artigo 66.°, n.° 1, estabelece que "todos têm direito a um ambiente de vida humano, sadio e ecologicamente equilibrado e o dever de o defender".

[38] Norbert Reich, Intervenção do Estado na Economia (reflexões sobre a pós--modernidade na teoria jurídica), pp. 277 e 278.

[39] Norbert Reich, Intervenção do Estado na Economia (reflexões sobre a pós--modernidade na teoria jurídica), pp. 276 a 278

[40] António Castanheira Neves, O Direito hoje e com Que Sentido? O problema atual da autonomia do direito, pp. 68 a 72, e Coordenadas de uma Reflexão sobre o Problema Universal do Direito – Ou as condições da emergência do direito como direito, pp. 861 e seguintes

E as preocupações ambientais radicam hoje na complexidade da reflexão prática da qual o homem-*pessoa* não se pode eximir sem como tal se negar, uma vez que a situação atual se caracteriza pela iminência e gravidade de perigos que ameaçam *toda* a humanidade, a tornar perceptível a urgência da antecipação regulativa de uma "ética da responsabilidade solidária"[41].

Trata-se, pois, da consagração da responsabilidade, não apenas dos poderes públicos, mas também da sociedade e de cada um dos seus membros, individualmente tomados, pela existência social – e mesmo cada vez mais pelo *bem estar* – de cada um dos outros membros da sociedade[42].

Considerando ser a Constituição, como norma de grau superior na hierarquia das fontes, e os princípios nela consagrados o que garante a unidade do sistema jurídico[43], é mediante a sua aplicação – com o peso preponderante que os princípios de Direito público necessariamente adquirem nas relações privadas que se estabeleçam em campos da vida, como o ambiental, caracterizados por um *alto grau de publicismo* – que se superará a aparente *contradição* observada entre "interesses especiais", cuja natureza é essencialmente privada, e os "interesses difusos", cujo conteúdo é marcadamente público.

O postulado otimista do individualismo econômico, segundo o qual cada indivíduo, atuando conforme seu próprio interesse, provoca um efeito benéfico a toda a comunidade, não é suficiente para o mundo de hoje. Não se trata, evidentemente, de absorver o individual no público, mas de adotar uma *perspectiva pública* que não apenas permita a convivência social, como a adequada solução de problemas complexos, tais como aqueles que se apresentam em matéria ambiental, na medida em que determina a

---

[41] Fernando José Pinto Bronze, Lições de Introdução ao Direito, pp. 466 a 468 e n. 170.

[42] Franz Wieacker, História do Direito Privado Moderno, p. 718.

[43] Natalino Irti, Leggi Speciali (dal mono-sistema al poli-sistema), pp. 145 e 146. O que não quer dizer, necessariamente, que juridicidade se identifique com constitucionalidade, uma vez em se considerando que a Constituição é simplesmente *declarativa* dos princípios normativamente materiais fundamentantes da juridicidade ("princípios de justiça"), em que o sistema jurídico positivo cobra o seu sentido e não apenas a sua racionalidade. V., a respeito, António Castanheira Neves, Entre o "Legislador", a "Sociedade" e o "Juiz" ou entre "Sistema", "Função" e "Problema" – Os modelos actualmente alternativos da realização jurisdicional do direito, p. 11, e Metodologia Jurídica – Problemas fundamentais, p. 282.

consideração dos valores e bens coletivos em cada decisão jurídica individualizada[44].

Observa-se, assim, uma evidente ampliação do paradigma tradicional do Direito privado, abrindo-se uma porta para *exceder a visão horizontal do conflito entre duas pessoas*, de modo a possibilitar a *apreensão das relações verticais que tal conflito apresenta com o restante da sociedade*[45]. Trata-se, pois, de identificar como juridicamente relevantes a integralidade das circunstâncias destacadas pelo sentido problemático-jurídico que o caso concreto apresenta para, a partir dessa identificação, buscar a norma jurídica que o solucione de forma materialmente adequada[46], ou seja, de modo que, em casos tais, a decisão leve em conta que não há soluções unilaterais, mas *relacionais*.

B. Um exercício de concretização problemática

De um ponto de vista estrito, o porto constitui uma ordem de cooperação que serve fundamentalmente a interesses comerciais, donde a natural tendência à internalização dos benefícios e externalização das perdas, especialmente daquelas que recaem sobre bens jurídicos de titularidade difusa, como é o caso do meio ambiente.

Uma vez compreendido o porto como uma "ordem de cooperação" polarizada por uma *finalidade* tutelada pelo direito – a cooperação social mediante o intercâmbio de bens e serviços –, para que esta finalidade seja satisfatoriamente atingida, faz-se necessário que o comportamento de todos os seus integrantes se dê mediante a correta consideração dos interesses legítimos do *alter*, no caso, os titulares, difusos, do direito de viver em um meio ambiente ecologicamente equilibrado. E é o *princípio da boa fé objetiva* que, jurisdicizando os contatos sociais estabelecidos no

---

[44] Ricardo Luis Lorenzetti, Las Normas Fundamentales de Derecho Privado, pp. 180 e ss. Observa Fernando José Pinto Bronze (Lições de Introdução ao Direito, p. 388) que os casos envolvendo a alteração do direito civil clássico pela "intromissão" do direito do ambiente alinham-se numa série de situações reveladoras da substituição de um juridicismo formal por uma autêntica juridicidade material e, ao mesmo tempo, da superação da compreensão individualista do princípio da autonomia da vontade por uma recompreensão sua em sintonia com a respectiva radicação comunitária.

[45] Ricardo Luis Lorenzetti, Las Normas Fundamentales de Derecho Privado, p. 188

[46] V., sobre o tema, António Castanheira Neves, Metodologia Jurídica – Problemas fundamentais, pp. 170 e ss.

Responsabilidade Civil por Dano Ambiental... 71

âmbito portuário, impõe a todos os seus participantes deveres de cuidado para com as pessoas e bens envolvidos, que transcendem o seu âmbito estrito, abarcando toda a comunidade circundante e seu patrimônio ambiental.

O grande valor sistemático da noção de contato social como a fonte mais geral das obrigações, apta a servir de fundamento unitário para os dois tipos tradicionais de responsabilidade civil[47], assim, apresenta significativa utilidade no âmbito da responsabilidade pelo dano ambiental.

Se o porto é um *sistema*, mais do que constituir mera estrutura, seus integrantes apresentam conexões ou relações de interdependência polarizadas por funções que se estabelecem na forma de uma *ordem de cooperação* que a todos engloba, indistinta e irrecusavelmente. E, tratando-se de um feixe de relações que deve ser visto como uma totalidade, uma vez configurado o nexo de causalidade[48], *nenhum de seus partici-*

---

[47] V., a respeito, Clóvis Veríssimo do Couto e Silva, Principes Fundamentaux de la Responsabilité Civile en Droit Brasilien et Comparé, p. 3, e Anelise Becker, Elementos para uma Teoria Unitária da Responsabilidade Civil, pp. 42 a 55.

[48] Indispensáveis, neste passo, algumas palavras sobre causalidade e solidariedade em se tratando de dano ambiental. Observa Antonio Herman Vasconcelos Benjamin (Responsabilidade Civil pelo Dano Ambiental, p. 45) que a complexidade causal, característica da maioria dos problemas ambientais, não torna menor para o poluidor o dever de reparar os danos causados, pois "a exclusividade, a linearidade, a proximidade temporal ou física, o concerto prévio, a unicidade de condutas e de resultados, *nada disso é pressuposto* para o reconhecimento do nexo causal no sistema especial da danosidade contra o meio ambiente, sequer mesmo no regime clássico da responsabilidade civil" (grifo nosso).

Vigindo, assim, em matéria ambiental, a regra da *atenuação do relevo do nexo causal*, basta que a atividade do agente seja *potencialmente degradante* para sua implicação nas malhas da responsabilidade, o que, de um lado, determina a *solidariedade entre os responsáveis* e, de outro, *inverte o ônus da prova* (Antonio Herman Vasconcelos Benjamin, Responsabilidade Civil pelo Dano Ambiental, p. 46. No mesmo sentido, Fábio Dutra Lucarelli, Responsabilidade Civil por Dano Ecológico, p. 11, e Sérgio Ferraz, Responsabilidade Civil por Dano Ecológico, p. 40). O Direito Ambiental flexibiliza o rigor das teorias da causalidade adequada e da causalidade imediata, aproximando-se do critério da *equivalência das condições* (Antonio Herman Vasconcelos Benjamin, Responsabilidade Civil pelo Dano Ambiental, p. 46).

Na verdade, o Direito brasileiro, especialmente após a Constituição de 1988, que impõe, em seu artigo 225, *caput*, ao Poder Público e à coletividade o dever de defender e preservar o meio ambiente ecologicamente equilibrado para as presentes e futuras gerações, *não admite qualquer distinção* – a não ser no plano do regresso – *entre causa principal, causa acessória e concausa*, de modo que, "seja qual for a participação de

pantes pode legitimamente pretender isolar-se do todo a fim de escapar às responsabilidades que o fato de integrar tal sistema lhe confere – responsabilidades, estas, em exata contrapartida às vantagens que lhe advém do fato de pertencer ao sistema, ou às competências cujo exercício lhe incumbe.

Noutras palavras, para que se alcance concretamente a função econômico-social do porto, não basta a atuação isolada de cada um de seus intervenientes. É preciso uma rede de relações cujo resultado transcende a mera soma das partes e constitui a realidade principal. Como decorrência lógica, em reverso, quando a atuação desse feixe de relações jurídicas provoca um dano, a totalidade de seus sujeitos deve ser chamada a por ele responder. *A solidariedade entre os integrantes da comunidade portuária é imanente à totalidade em que se constitui o sistema portuário.*

Assomam, pois, boa fé objetiva e proteção ao meio ambiente como *forças agregadoras irrecusáveis*, a determinar a *solidariedade* de todos os integrantes do sistema portuário pelo cumprimento de deveres para além dos contratados e daqueles com previsão legal estrita.

Fixados tais pressupostos, resulta evidente que, no caso em apreço, por exemplo, *não se podem considerar de modo estanque as diversas relações intersubjetivas* (públicas ou privadas e, especialmente, as contratuais) que vinculam um e outro sujeito. Na medida em que, por uma razão ou por outra, vieram todas a se imbricar em uma *outra relação*

---

alguém na causação de um dano, há, para ele, o dever de indenizar", respondendo pela totalidade do dano, ainda que não o tenha causado por inteiro (Nelson Nery Júnior e Rosa Maria B. B. de Andrade Nery, *apud* Antonio Herman Vasconcelos Benjamin, Responsabilidade Civil pelo Dano Ambiental, p. 45).

Uma vez *solidária* a responsabilidade dos agentes causadores de dano ao meio ambiente, resta inadmissível para o imputado alegar, como eximente, o fato de não ser ele o único degradador ou não se poder identificar aquele que, com seu agir, desencadeou, como "gota d'água", o prejuízo (Antonio Herman Vasconcelos Benjamin, Responsabilidade Civil pelo Dano Ambiental, p. 38). O fato de terceiro, assim, não afeta a extensão da obrigação do imputado (François Chabas, Bilan de Quelques Années de Jurisprudence en Matière de Rôle Causal, p. 113). Tampouco o caso fortuito ou a força maior, uma vez que a responsabilidade objetiva, que sobre ele pesa, decorre do *risco* de sua atividade (Antonio Herman Vasconcelos Benjamin, Responsabilidade Civil pelo Dano Ambiental, p. 41). Em se tratando de dano ambiental, portanto, todas as responsabilidades se *somam*, nenhuma podendo excluir a outra (Sérgio Ferraz, Responsabilidade Civil por Dano Ecológico, p. 39), quanto mais se uma nova intervenção potencializa os efeitos maléficos das anteriores. O conceito de dano ambiental, portanto, abrange também o *agravamento* de situações anteriores de danosidade.

obrigacional, e porque esta é polarizada por um interesse público tendencialmente dominante – a proteção ao meio ambiente –, é ao ensejo deste que devem todas ser interpretadas, o qual passará a conformar seu conteúdo e extensão.

Entre os corolários do princípio da proteção ao meio ambiente encontra-se a *reparação integral do dano* a ele causado. Como princípio de Direito público que é, prepondera em face de interesses privados que se possam contrapor ou dificultar tal reparação, haja vista a fundamentalidade do bem jurídico que tutela. Trata-se, aqui, de interpretar a norma constitucional que assegura a todos o direito a um meio ambiente ecologicamente equilibrado segundo um *princípio de máxima efetividade*[49] frente ao bem jurídico que protege.

A polarização das relações intersubjetivas por um interesse público tendencialmente preponderante – que, por sua própria natureza jurídica, transcende e se sobrepõe aos interesses privados em causa – traz como conseqüência o *afastamento da possibilidade de invocar qualquer das partes o contrato, com o fito de eximir-se da responsabilidade pelo dano ambiental*.

Isto porque os interesses protegidos pela afirmação estrita do contrato *limitam-se* àqueles das contrapartes, enquanto os interesses tutelados pelas normas ambientais são *difusos*, caracterizando-os precisamente a amplitude de sua abrangência. Uma ponderação dos interesses em causa atenta a rigoroso critério de razoabilidade, pois, tem como conseqüência necessária, quando conflitantes, *a sucumbência dos primeiros ante os segundos*.

A atuação preponderante do princípio da proteção ao meio ambiente, aqui combinado com o princípio da boa fé objetiva, determina, assim, a *desconsideração de qualquer cláusula contratual que dificulte a reparação do dano ambiental*, tanto, por exemplo, limitando o seu montante, como excluindo a responsabilidade de qualquer das suas partes, seja pela forma como regulados os riscos do contrato, seja por considerar-se ter um dos contratantes agido por conta do outro.

Face à sobreposição do interesse público e difuso tutelado pelo princípio da proteção ao meio ambiente aos interesses privados regulados

---

[49] Segundo José Joaquim Gomes Canotilho (Direito Constitucional, p. 227), o *princípio da máxima efetividade*, incidente na interpretação da Constituição, pode ser formulado da seguinte maneira: "a uma norma constitucional deve ser atribuído o sentido que maior eficácia lhe dê".

74 *Anelise Becker*

pelo contrato, e à vista do alargamento da eficácia protetora deste, por força do princípio da boa fé objetiva, a disciplina contratual dos riscos não tem o condão de excluir a responsabilidade de qualquer dos co-contratantes pelo dano contra o meio ambiente que de alguma forma se relacione ao vínculo que os une.

Tampouco a delegação de tarefas a terceiros pode criar *áreas de impunidade* para os sujeitos envolvidos. Pode-se falar aqui, apropriadamente, em uma *responsabilidade proveniente do contato social organizado* (na expressão de Teubner), cuja função é a de garantir uma tutela mais eficaz contra *riscos de organização*[50], especialmente para a integridade daqueles interesses passíveis de serem atingidos pelo resultado dessa combinação de recursos.

A responsabilidade pelo dano ambiental, portanto, funda-se no *risco* da atividade e deverá ser suportada de forma solidária por quem nela participa de forma *profissional e organizada*, seja retirando benefícios, como visto acima, seja exercendo competências de polícia administrativa sobre a atividade em questão.

Assim, no que tange especificamente ao Poder Público[51], o fato de haver um ente da Federação concedido a outro a administração e exploração econômica do porto, ou o fato de ser comum a diversas autoridades administrativas a competência para a proteção ao meio ambiente, também não ensejam exclusão de responsabilidades.

Como o ente concedente guarda *poder* de ingerência sobre a atividade portuária, ao qual intrinsecamente vinculado o *dever* de agir no sentido de garantir a adequação do serviço prestado a interesses tutelados juridicamente – como é o caso, na hipótese, da qualidade ambiental –, em lugar da concessão operar a "transferência" de responsabilidade pelos fatos danosos decorrentes do exercício de atividades que têm o risco como dado inerente, provoca o *alargamento* do círculo de responsáveis, no qual apenas *ingressa* o ente concessionário.

O cotejo entre as competências de cujo exercício incumbidas a autoridade marítima[52], portuária[53] e ambiental, a seu turno, revela que,

---

[50] Manuel A. Carneiro da Frada, Contrato e Deveres de Proteção, pp. 278 e 279

[51] De acordo com o artigo 37, parágrafo 6.º, da Constituição brasileira, "as pessoas jurídicas de direito público e as de direito privado prestadoras de serviços públicos responderão pelos danos que seus agentes, nessa qualidade, causarem a terceiros, assegurado o direito de regresso contra o responsável nos casos de dolo ou culpa".

[52] Estabelece o artigo 3.º da Lei n.º 9.537/97 caber à autoridade marítima promover sua implementação e execução, com o propósito de assegurar a salvaguarda da vida

Responsabilidade Civil por Dano Ambiental... 75

longe de serem mutuamente excludentes, *somam-se* não apenas no sentido de conferir eficácia ao direito constitucional de *todos* a um meio ambiente saudável e ecologicamente equilibrado, mas também de ensejar a concretização da competência constitucional comum aos diversos entes da Federação no sentido de "proteger o meio ambiente e combater a poluição em qualquer de suas formas"[54]. Como a finalidade pública comum às competências administrativas em tela é, expressamente, a proteção ao meio ambiente, consagrada em sede constitucional, esta se torna pauta necessária na aferição dos deveres emanados das funções administrativas de todas aquelas autoridades, agregando-as irresistivelmente ao influxo desta finalidade maior[55].

CONCLUSÃO

Diante de uma exigência normativa de reparação *integral* do dano ao meio ambiente, quando este é o produto – objetivamente tomado e independentemente de sua (i)licitude[56] – da combinação de esforços de

---

humana e a segurança da navegação, no mar aberto e hidrovias interiores, e a *prevenção da poluição ambiental por parte de embarcações*, plataformas ou suas instalações de apoio.

[53] Segundo determina a Lei n.° 8.630/93 em seu artigo 33, parágrafo 1.°, inciso VII, compete à Administração do Porto fiscalizar as operações portuárias, zelando para que os serviços se realizem com regularidade e eficiência, segurança e respeito ao meio ambiente.

[54] Artigo 23, inciso VI, da Constituição brasileira

[55] Conforme ensina Ernst Forsthoff (Tratado de Derecho Administrativo, p. 228), a circunstância de o Direito Administrativo emanar de uma função estatal que dá forma e trata de realizar finalidades publicamente estabelecidas lhe confere um *caráter teleológico* que, naturalmente repercutindo em sua *realização*, traduz-se na necessidade de uma *interpretação teleológica* de suas disposições, conjuntamente tomadas, na medida em que incidentes sobre um mesmo fato.

[56] Observa José Joaquim Gomes Canotilho (O Problema da Responsabilidade do Estado por Atos Lícitos, p. 12) que a natureza espúria, velada ou confessadamente conferida à chamada responsabilidade por atos lícitos, radica numa acepção acrítica do dogma hipertrofiante da culpa, originador da eliminação, do âmbito da responsabilidade, dos casos inintegráveis nos esquemas da *Lex Aquilia*. Afirma ainda Canotilho (ob. cit., pp. 123 a 125) não ser possível diferenciar os danos resultantes de empresas perigosas dos danos acidentais emergentes de atividades materiais lícitas, pois ambos são aleatórios e em ambas as hipóteses só há legitimação para o exercício de certas atividades *e não para a causação de danos*. No Direito brasileiro, a própria Constituição, consagrando orientação

múltiplos sujeitos organizados em um conjunto de relações jurídicas, a solução judicativa adequada para o problema jurídico concreto que assim se apresente não pode prescindir de critérios normativos que, além de atenderem às necessidades éticas fundamentantes da juridicidade, permitam a consideração de tal conjunto em sua *totalidade*.

Assoma, aqui, na esteira de uma "ética da responsabilidade solidária", a combinação entre os princípios da boa fé objetiva e da proteção ao meio ambiente como forças agregadoras de responsabilidade irrecusáveis, tendentes, na hipótese, a concretizar, a um só tempo, o direito de todos ao meio ambiente e o dever, também de todos, de protegê-lo[57], faces de uma única relação jurídica, na qual todos são simultaneamente sujeitos ativos e passivos e na qual, por conseguinte, pode-se visualizar a própria *pessoa* "no diálogo da reciprocamente responsabilizante dignificação ética em que é com os outros"[58].

---

legislativa anterior (Lei n.° 6.938/81, artigo 14, parágrafo 1.°), assegura a reparabilidade das atividades lesivas ao meio ambiente, ainda que lícitas (artigo 225, parágrafo 3.°), atraindo, assim, a responsabilidade solidária do Poder Público autorizador.

[57] Se, em seus primórdios, o Direito ambiental se caracterizou pela imposição de deveres negativos aos particulares, todos em torno de uma obrigação hipotética de não poluir, atualmente, a perspectiva ambiental, não mais se contentando com um simples comportamento negativo, passou a requisitar também um atuar positivo, no sentido de que seja efetivamente cumprido um *munus* que vai além do mero não poluir: o dever de defender, o dever de reparar e o dever de preservar, conceito amplo, este, que contém *uma proibição* (não poluir) *e uma obrigação positiva* (impedir – ou pelo menos minorar – o poluir alheio). V. a respeito, Antônio Herman V. Benjamin, Função Ambiental, p. 56. No mesmo sentido, Paulo Castro Rangel, Concertação, Programação e Direito do Ambiente, p. 27. O dever jurídico-constitucional de defesa do ambiente, portanto, não equivale a um mero correlato do direito (imediatamente aplicável) à abstenção de comportamentos ecologicamente nocivos, mas pode implicar, entre outras, a obrigação de atuar positivamente no sentido de impedir atentados ao ambiente (Paulo Castro Rangel, Concertação, Programação e Direito do Ambiente, p. 27. No mesmo sentido, Antônio Herman V. Benjamin, Função Ambiental, p. 56), ou de, no mínimo, predispor tempestivamente os meios suficientes, se não para evitá-los de todo, ao menos para minimizá-los ao máximo.

[58] A expressão é de Fernando José Pinto Bronze, Lições de Introdução ao Direito, p. 451

BIBLIOGRAFIA

ARAGÃO, Maria Alexandra de Sousa. *O Princípio do Poluidor Pagador*, Coimbra, Coimbra Editora, 1997

BECK, Ulrich. *Políticas Ecológicas en la Edad del Riesgo (Antídotos – La Irresponsabilidad Organizada)*, Barcelona, El Roure, 1998

BECKER, Anelise. *Elementos para uma Teoria Unitária da Responsabilidade Civil*, in Revista Direito do Consumidor n.° 13, janeiro-março de 1995

BENJAMIN, Antonio Herman Vasconcelos. *A Principiologia do Estudo Prévio de Impacto Ambiental e o Controle da Discricionariedade Administrativa*, in Estudo Prévio de Impacto Ambiental, São Paulo, RT, 1993

_____; *Responsabilidade Civil pelo Dano Ambiental*, in Revista de Direito Ambiental vol. 9, janeiro-março de 1998

_____; *Função Ambiental*, in Dano Ambiental – Prevenção, Reparação e Repressão, coord. Antonio Herman V. Benjamin, São Paulo, RT, 1993

BOUDOUIN, Thierry. *A Cidade Portuária na Mundialização*, in Cidades e Portos, Os Espaços da Globalização, org. por Gerardo Silva e Giuseppe Cocco, DP&A Editora, Rio de Janeiro, 1999

BRASIL, Circunscrição Judiciária de Rio Grande. *Ação Civil Pública n.° 2000.71.01.001891-1*, que o Ministério Público Federal move contra Genesis Navigation Ltd. e outros

BRASIL, Tribunal Regional Federal da 4ª Região, Quarta Turma. *Agravo de Instrumento n.° 2000.04.01.134138-5/RS*, Rel. Des. Fed. Edgard Lippmann Jr., un., j. em 15/05/2001 e publicado in DJU de 27.06.2001, Bol. AC 288/01

BRONZE, Fernando José Pinto. *Lições de Introdução ao Direito*, Coimbra, Coimbra Ed., 2002

CANOTILHO, José Joaquim Gomes. *Direito Constitucional*, Coimbra, Almedina, 1995

_____; *O Problema da Responsabilidade do Estado por Actos Lícitos*, Coimbra, Almedina, 1974

_____; *Privatismo, Associativismo e Publicismo na Justiça Administrativa do Ambiente (as incertezas do contencioso ambiental)*, in Revista de Legislação e Jurisprudência n.° 3857, dezembro de 1995, e n.°s ss.

CHABAS, François. *Bilan de Quelques Annés de Jurisprudence en Matière de Rôle Causal*, in Recueil Dalloz Sirey, 1970

COLLIN, Michèle. *A Evolução do Estatuto dos Portos na Europa*, in Cidades e Portos, Os Espaços da Globalização, org. por Gerardo Silva e Giuseppe Cocco, DP&A Editora, Rio de Janeiro, 1999

CORDEIRO, António Manuel da Rocha e Meneses. *Da Boa Fé no Direito Civil*, 2 vols, Almedina, Coimbra, 1984

COUTO E SILVA, Clóvis Veríssimo do. *O Princípio da Boa Fé no Direito Brasi-*

leiro e Português, in Estudos de Direito Civil Brasileiro e Português, São Paulo, RT, 1980

_____; *Para uma História dos Conceitos no Direito Civil e no Direito Processual Civil (A Atualidade do Pensamento de Otto Karlowa e de Oskar Bülow), in* Revista de Processo n.° 37, janeiro-março de 1985

_____; *Principes Fundamentaux de la Responsabilité Civile en Droit Brasilien et Comparé*, Porto Alegre, inédito, 1988

DERANI, Cristiane. *Direito Ambiental Econômico*, São Paulo, Max Limonad, 1997

FERRAZ, Sérgio. *Responsabilidade Civil por Dano Ecológico, in* Revista de Direito Público vols. 49-50, janeiro-junho de 1979

FORSTHOFF, Ernst. *Tratado de Derecho Administrativo*, Instituto de Estudios Politicos, Madri, 1958

FRADA, Manuel A. Carneiro da. *Contrato e Deveres de Proteção*, Separata do vol. XXXVIII do Suplemento ao Boletim da Faculdade de Direito da Universidade de Coimbra, Coimbra, 1994

IRTI, Natalino. *Leggi Speciali (dal mono-sistema al poli-sistema), in* Rivista di Diritto Civile ano XXV, n.° 2, março-abril de 1979

LORENZETTI, Ricardo Luís. *Las Normas Fundamentales de Derecho Privado*, Buenos Aires, Rubinzal-Culzoni, 1995

LUCARELLI, Fábio Dutra. *Responsabilidade Civil por Dano Ecológico, in* Revista dos Tribunais vol. 700, fevereiro de 1994

MARTINS-COSTA, Judith. *A Boa Fé no Direito Privado*, São Paulo, RT, 1999

NEVES, António Castanheira. *Coordenadas de uma Reflexão sobre o Problema Universal do Direito – Ou as condições da emergência do direito como direito, in* Estudos em Homenagem à Professora Doutora Isabel de Magalhães Collaço vol. II, Coimbra, 2002

_____; *Entre o "Legislador", a "Sociedade" e o "Juiz" ou entre "Sistema", "Função" e "Problema" – Os modelos actualmente alternativos da realização jurisdicional do direito, in* Boletim da Faculdade de Direito da Universidade de Coimbra, vol. LXXIV, 1998

_____; *Metodologia Jurídica – Problemas Fundamentais*, Coimbra, Coimbra Ed., 1993

_____; *O Direito hoje e com Que Sentido? O problema actual da autonomia do direito*, Lisboa, Instituto Piaget, 2002

NÜSKE, Ricardo. *Bahamas – O Caso na Justiça Federal, in* Jornal do Tribunal Regional Federal da 4ª Região, novembro de 1998

OST, François. *La Responsabilité, Fil d'Ariadne du Droit de l'Environnement, in* Droit et Societé n.°s 30/31, 1995

PÁDUA, José Augusto. *Um Sopro de Destruição – Pensamento político e crítica ambiental no Brasil escravista (1786-1888)*, Rio de Janeiro, Jorge Zahar Ed., 2002

PORTO, Marcos Maia. *Desenho Institucional e Modelos de Gestão Portuária*, o

Caso Brasileiro, *in* Cidades e Portos, Os Espaços da Globalização, org. por Gerardo Silva e Giuseppe Cocco, DP&A Editora, Rio de Janeiro, 1999

RAISER, Ludwig. *O Futuro do Direito Privado*, *in* Revista da Procuradoria do Estado – RS vol. 9, n.º 25, Porto Alegre, 1979

RANGEL, Paulo Castro. *Concertação, Programação e Direito do Ambiente*, Coimbra, Coimbra Editora, 1994

REICH, Norbert. *Intervenção do Estado na Economia (reflexões sobre a pós-modernidade na teoria jurídica)*, *in* Revista de Direito Público n.º 94, abril-junho de 1990

SENDIM, José de Souza Cunhal. *Responsabilidade Civil por Danos Ecológicos*, Coimbra, Coimbra Ed., 1998

SEVERO, Sérgio. *Os Danos Extrapatrimoniais*, São Paulo, Saraiva, 1996

WIEACKER, Franz. *História do Direito Privado Moderno*, Lisboa, Fundação Calouste-Gulbenkian, 1980

WIESE, Leopold von. *Sociología (Historia y principales problemas)*, Labor, Barcelona, 1932

_____; e BECKER, H. *O Contato Social*, *in* Homem e Sociedade – Leituras Básicas de Sociologia Geral, org. por Fernando Henrique Cardoso e Octávio Ianni, Cia. Ed. Nacional, São Paulo, 1976

ECONOMIA E ECOLOGIA

Uma Plêiade de Questões

por ANTÓNIO CARVALHO MARTINS

«... na economia, ou no modo económico da existência e tomado ele na referida abstracção categorial, o homem estabelece uma relação directa com o mundo que se reconhecerá homóloga à relação cognitiva. É certo que nesta última se verifica um transcender o mundo para o objectivar, enquanto na relação económica há um assimilar do mundo para o explorar (como matéria-prima). Mas não só essa exploração pressupõe o mundo no que ele é ou tal como ele é, como a actividade económica implica em si mesma uma exigência de pura racionalidade». A. Castanheiro Neves, *A Imagem do Homem no Universo Prático, Digesta, volume l.º, Coimbra Editora, 1995.*

«Perante problemas como os da poluição, a economia não pode ser uma pura ciência de meios. O desaparecimento da vida humana não pode ser um fim aceitável à luz de qualquer critério científico. A ciência não pode ser a negação do homem antes deve estar ao serviço do bem-estar e da felicidade dos homens. A ciência económica tem de assumir-se como ciência social, como economia política, como ciência que parte dos homens (e não de fantasmas como o homo economicus) e se coloca ao serviço dos homens» – Avelãs Nunes, *«Noção e Objecto da Economia Política», in* Boletim de Ciências Económicas, *vol. XXXVII, 1994, pág. 265.*

«O laboratório económico, pela sua vastidão, não pode constituir zona reservada». Pedro Soares Martinez., «O Homem e a Economia», in Revista da Faculdade de Direito da Universidade de Lisboa, *Coimbra Editora, 1997, pág. 104.*

«Devemos tornar-nos no que somos» – Nietzsche.

1. FALSAS SEMELHANÇAS ENTRE ECONOMIA E ECOLOGIA

Em termos económicos, o fenómeno, poluição traduz-se por dano, depois por *custo social* não compensado, o mesmo é dizer por *efeito externo*, num contributo fundamental das teorias da economia de bem estar. São numerosos os economistas que pensam que através de determinados aperfeiçoamentos técnicos da teoria económica se pode resolver o problema da poluição ambiental[1]. Outros, no entanto, emitiram dúvidas profundas sobre a capacidade real das teorias da economia de bem estar para resolver este problema geral de bem-estar colectivo, centrando a crítica fundamental no facto de a teoria neo-clássica não conseguir apreender mais que uma pequena parte do problema[2].

As questões assim colocadas ultrapassam largamente o quadro da economia do ambiente. Colocam, antes, o problema importante da capacidade concreta, e não só técnica, da economia neo-clássica conseguir apreender o conjunto dos problemas do bem-estar colectivo. Interrogam--se, mesmo, sobre a justificação e a tradução, em termos monetários, de fenómenos de todas as ordens. A respeito do ambiente, aventa-se, ainda,

---

[1] W. Beckerman não hesita escrever que o problema da poluição do ambiente mais não é que uma simples questão de correcção de um ligeiro defeito de abono de recursos por meio de «pagamentos» de poluição. – «Economics, Scientists and Environmental Catastrophe», in Oxford Economic Papers, Novembre 1972; Henrique de Barros, Economia e Ecologia (Dois Textos), Horizonte Universitário, 1981, págs. 21 e segs.

[2] Com amargura, F. Peroux nota que as Economias de Bem-Estar são um assinalável esforço de novos arranjos externos, sem ânsia de rectificação profunda. L'économie du XXᵉ Siécle, Paris, PUF, 1961, pág. 337. Querer reduzir em termos monetários a realidade complexa e múltipla das relações humanas e das relações com a natureza só pode ser um caminho incompleto e falacioso. Daí que proclame enfaticamente: «A economia de cada homem e de todos os homens não foi subjugada por esquemas de economia mercantil. O mundo económico não foi, nem será jamais, uma rede de trocas onerosas», op. cit., pág. 320. Vide, também, F. Peroux, «L'économie de la ressource humaine», in Mondes en Développment, n.° 7, 1974: «A biologia generalizada e a ecologia humana ajudam, em conjunto, à evolução necessária e à ofensiva contra alguns vagares da economia padrão». Reconhece-se, no entanto, que a economia do bem-estar tenta à sua maneira, construir uma ponte entre a microeconomia e a macroeconomia, entre bem-estar individual e bem estar social. Cfr. Gonzague Pillet, Economia Ecológica (Introdução à Economia do Ambiente e Recursos Naturais). Instituto Piaget, 1993, pág. 21; W. Hediger, Opportunitätskosten der Umweltverschmutzung – Eine dynamiscke ökologisch-ökimische Analyse, Rüegger, Chur U. Zurique, 1991, págs. 201-209.

que o essencial da evolução económica consiste em debruçar as teorias da economia de bem estar sobre fenómenos típicos.

É sabido ser a *ecologia* uma ciência da natureza, ramo da biologia, que estuda as influências recíprocas entre o meio e os seres vivos. A *economia* é uma ciência humana que trata das formas que toma o comportamento humano na disposição dos bens raros[3]. Pode dizer-se que as duas ciências tratam as relações gerais dos seres vivos – ou dos homens – com o seu ambiente, sob o prisma da sobrevivência[4].

Existem, de facto, numerosas similitudes entre a ecologia e a economia. Os dois domínios fazem referência às funções de *produção* e de *consumo*. Em ecologia, chamam-se *produtores* aos vegetais que, graças à fotossíntese, constituem a base da pirâmide alimentar. Os *consumidores* são representados pelos animais, herbívoros e carnívoros. Existe, ainda, uma terceira categoria de agentes, ditos redutores ou decompositores, que têm por função degradar as grossas moléculas de cadáveres para os transformar em substâncias simples, colocados em circulação no sistema. Sabe-se que esta função de depuração e de reciclagem dos resíduos é, largamente, desprezada pela economia.

A produção de um ecossistema[5] é medida pela sua biomassa, quer dizer, pela abundância dos organismos presentes num determinado momento. Por esta via, se determinará a produtividade do ecossistema pela velocidade de produção da sua biomassa. Há quem chegue mesmo a falar do produto bruto de um ecossistema a traduzir o seu bem-estar[6]. No plano funcional, em ecologia, como em economia, os sistemas de produção

---

[3] L. Robbins, Essai sur la natur et la signification de la Science économique. Paris, 1947.

[4] As duas disciplinas têm a mesma matriz grega. Ecologia significa ciência do habitat (de oikos, casa, e logos, discurso). Economia significa administração do habitat (oikos, casa; nomos, administração); cfr. H. E. Daly, «On Economics as or Life Science», Journal of Political Economy, Maio-Junho de 1968, págs. 392-406.

[5] Recorde-se que um *ecossistema* é um conjunto que compreende plantas, animais e a matéria orgânica de que eles dependem: A biocenese e o seu biótopo constituem dois elementos inseparáveis que reagem um sobre o outro para produzir um sistema mais ou menos estável que recebe o nome de ecossistema (Dajoz, *Précis d'écologie*, 1970). A Baranzini, «Analyse Economique de l'environment: orientations principles», in G. Pillet (sob a direcção de), Environment Economie – *Analyse du rôle de l'environment dans les macroprocessus économiques*, Rapport FNH 1. 378-.086, Genebra, 1990, págs. 384-454

[6] James E. Wilen, Economie Systems and Ecológical Systems: An Attempt at Syntesis (Working Paper 10), in Program in Environmental Economics Working Paper Séries, Department of Economics, University of Califórnia, Riverside, Julho de 1971.

traduzem-se por uma *interdependência* geral dos agentes. Nestes dois casos, produzem-se *processos de transformação (input-output)* por adaptação a estes indicadores. Como acentua K. E. Boulding, em economia o homem reduz tudo a si próprio e traduz em dinheiro o conjunto dos elementos que contribuem para o seu bem-estar. Em ecologia, nenhuma espécie particular pode ter a temeridade de se arrogar no direito de julgar tudo, de sorte que não sente a necessidade de um padrão de medida de valores, geral e uniforme[7]-[8]. Numa óptica dinâmica, os dois tipos de sistemas de produção evoluem e tendem para um *equilíbrio geral.* Para este autor, o equilíbrio ecológico traduz-se por um equilíbrio entre a natalidade e a mortalidade, enquanto que o equilíbrio económico é representado pela igualdade entre a produção (*natalidade dos bens*) e o consumo (*mortalidade dos bens*). A noção de equilíbrio é particularmente difícil de conseguir em ecologia e em economia. Nos dois casos observam-se flutuações em redor de um equilíbrio posterior ao *crescimento* dos sistemas, ao atingir um determinado nível[9]. Do mesmo modo, assinalam-se semelhanças quanto à existência de fenómenos *cumulativos*: por exemplo, superpopulação em ecologia; inflação em economia.

Sem necessidade de entrar em demasiados detalhes, pode assinalar-se que em ecologia e em economia se encontra um certo número de funções fundamentais como a produção, consumo, interdependência, equilíbrio e crescimento. Estas semelhanças encorajam o economista a aplicar os seus métodos de pensamento aos problemas do ambiente. Tudo visto, o homem faz parte integrante da biosfera, à semelhança de todos os outros seres vivos.

Existirá, então, uma compatibilidade entre os critérios e os objectivos considerados pelo homem no domínio económico e o funcionamento dos mecanismos ecológicos?

O estudo das similitudes entre o ecológico e o económico, se se revela satisfatório para o espírito, revela-se puramente formal e, dizendo tudo, muito superficial. Interdependência, equilíbrio, noções mágicas,

---

[7] «Economics and Ecology», in F. Fraser Darling, J. P. Milton, *Future Environments of North América*, 1966.

[8] Cfr. E. Daly, «Towards an Environmental Macroeconomics», ISEE *Conferência, the Ecological Economics of Sustainability*, Banco Mundial, Washington, D. C:, 21-23 de Março de 1990.

[9] Em ecologia, as populações conhecem, em geral, um crescimento seguindo uma curva em S (curva logística) onde a feitura do tecto da parte superior traduz a capacidade limite dos meios.

Economia e Ecologia 85

palavras mágicas, que se encontram nos dois domínios, assumem signi-ficados totalmente diferentes, senão opostos: o equilíbrio em ecologia compreende as inter-relações entre o conjunto das diferentes espécies consideradas, animais e vegetais. O equilíbrio económico depende das relações económicas entre os homens e apenas entre estes. E só pode existir harmonia entre os dois domínios quando o homem se considera integrado na biocenose, tal como as outras espécies animais. Todavia, *a partir de um certo grau de crescimento, o homem deixa de ser uma das partes componentes da cadeia ecológica*[10]. Em virtude dos seus utensílios e das suas tecnologias, o homem *extraiu-se* desta integração nos meca-nismos ecológicos. A natureza é tomada mais uma presa a saquear que um capital a gerir ou economizar. O homem explora a natureza em seu incomensurável benefício e toda a riqueza e todo o recurso é «valorizado» em função dele próprio. As únicas relações que subsistem, então, entre os domínios que relevam da ecologia e as actividades económicas, são relações de *exploração*, de sentido único. Claro que o homem continua a depender da natureza, mas já não num sentido de equilíbrio, antes no sen-tido da exploração de um capital que ele explora de tal maneira, que deixa de contar com o facto de os recursos acabarem por se degradar mais depressa que a sua própria renovação. Deixou de haver harmonia ou similaridade entre a ecologia e a actividade económica[11].

---

[10] G. Pillet, «Prix non payés en ecologie et en économie de l'environnement», *Revue économie*, 41 (2), 1990, págs. 321-334.

[11] Torna-se conveniente, no entanto, considerar algumas variantes numa afirmação assim tratada: a antinomia é tanto mais marcante quanto as civilizações sejam indus-trializadas, constatando-se, em geral, que as civilizações o são também tanto mais quanto repousem sobre valores judaico-cristãos (com excepção do Japão). Os fundamentos culturais, religiosos e filosóficos das civilizações condicionaram muito fortemente as suas relações com a natureza e o mundo vivo. *Respeitai todos os animais da terra e todos os pássaros do céu, tudo o que na terra formiga e todos os peixes do mar: eles são livres nas vossas mãos. Tudo o que se move e possui vida vos servirá de alimento. Dou-vos tudo isso.* Proclama o Deus de Abraão. – Génesis, IX, 2-3.

A moral bíblica compreende numerosos convites a submeter e explorar a natureza, sabendo-se ao ponto a que o cristianismo e, particularmente, as seitas anglo-saxónicas reclamantes do protestantismo, constituíram o fermento da sociedade industrial do capitalismo triunfante (cfr. Max Webber, *L'éthique protestante et L'ésprit du capitalisme*. Paris, Pion, 1967.

No lado oposto, situam-se as relegiões do extremo-oriente, budismo, taoismo e outras. *O Livro das Recompensas e das Penas*, texto chinês do século XV, contrasta singu-larmente com a Bíblia quando diz: *É preciso amar não somente todos os homens, mas*

É também ao nível dos objectivos que relevam as antinomias entre a ecologia e a economia. Toma-se possível discernir uma tendência geral para o equilíbrio e a estabilidade dos ecossistemas. Quanto mais um ecossistema evolui, mais ele se diversifica[12] e tende para um equilíbrio final ou *clímax*, comunidade de organismos que representa, exactamente, o termo final e estável de uma sucessão[13]. Este clímax, constitui, de facto, um verdadeiro *estado estacionário* já que se reproduz a si próprio: as condições que criou somente são estáveis para a sua própria descendência[14].

As actividades económicas visam uma outra finalidade: todo o agente económico procura maximizar uma função objectiva, a sua função de utilidade. No plano global, o crescimento, o credo da humanidade: produzir mais, consumir mais, aumentar constantemente o bem estar, etc. Esta tensão perpétua no sentido do crescimento "crescente" do produto das actividades não existe em ecologia e arrasta uma incompatibilidade profunda entre a tendência ecológica para a estabilidade e o objectivo económico do crescimento[15].

---

também todos os animais... Por mais pequenos que seja um grande número deles, anima-os um mesmo princípio de vida. Todos estão presos à existência, todos receiam a morte. É preciso livrar os homens da barbárie de os matar.

Certas culturas passaram a ser favoráveis a uma harmonização entre o homem e a natureza, por razões de ordem filosófica e religiosa, procurando reintroduzir alguns fundamentos nas sociedades industriais, divorciadas do resto do mundo vivo. Mas foi a excepção, o vestígio de um tempo ultrapassado. O antropocentrismo exacerbado que caracteriza as civilizações industriais é radicalmente incompatível com a noção de equilíbrio ecológico. Cfr. Jean-Philippe Barde, Emilio Gerelli, *Économie et politique* de L'Environment, PUF, *L'économiste*. pág. 114.

[12] Diversidade das espécies e das inter-relações.

[13] J. J. Petter, *Cours d'écologie général et humaine*. Institut de Démographie de Paris.

[14] Y. Tamanoï, A. Isuchida & T. Murota, «Towards an Entropic Theory of the Economy and Ecology» *Économie Appliquée*. 37 (2), 1984, págs. 279-294.

[15] O simples facto de os homens se multiplicarem para lá do que parece «razoável», é suficiente para assinalar esta incompatibilidade. Cario M. Cipolla interpreta a história demográfica da terra desde o aparecimento do *homo sapiens*, dividindo-a em *três etapas* segundo as quais a sociedade se teria baseado sucessivamente na *caça*, na *agricultura*, e na *indústria*. Para Cipolla, em cada uma destas três fases, o normal seria o equilíbrio demográfico resultante da anulação recíproca das taxas de natalidade e de mortalidade; mesmo a passagem de um equilíbrio para outro requer um certo lapso de tempo durante o qual a população cresce aceleradamente por causa de revoluções técnicas, dando assim origem ao que em termos *actuais* se chama *explosões demográficas*. – Cfr. *The Economic*

A economia caracteriza-se por um curso de necessidades, cada vez menos fundamentais, cada vez mais artificiais, que mantêm a bulimia do consumo. Naturalmente que existem determinadas necessidades em ecologia, mas são sempre fundamentais e permanecem estáveis. As necessidades do homem evoluem e traduzem-se, cada vez mais, em desejos[16].

History of World Population, Pelican, 5.ª edição revista e ampliada, 1972, págs. 13-27. Existe uma versão espanhola de Eudeba, Buenos Aires.

Por sua vez, A. de Almeida Santos, considera «a explosão demográfica a crise das crises... Poucos se terão apercebido – à excepção talvez de alguns resistentes neomalthusianos – de que a aceleração reprodutiva que estava em marcha viria a assumir os contornos sociais da génese destrutiva de um «cancro»... Uma coisa é certa: no último meio século, a população do Mundo, triplicou. Se no próximo meio século voltasse a triplicar seríamos 18.000 milhões, não 10.000 milhões, no ano 2050... A mim, basta-me a previsão de 8 biliões no ano 2025 para me tirar o sono. Se hoje temos um bilião de famintos, analfabetos e desempregados, quantos teremos quanto formos 8 biliões?... O planeta é um só. A terra arável só não é sempre a mesma porque se desertifica e se esgota. Os espaços verdes captam cada vez menos energia solar. E não esqueçamos: entre 1970 e 1988 o aumento do consumo, na sua maior parte exigido pelo aumento da população, foi responsável por 75 por cento do aumento das taxas de poluição do ar nos países do Ocidente, em especial por 74 por cento das emissões de dióxido de carbono entre 1965 e 1988. A lógica do «sempre mais» do crescimento demográfico e económico, compreende a lógica do «sempre menos» dos recursos naturais não renováveis. Inúteis se tornam todos os esforços tendentes a medicar a abalada saúde do planeta, se não detivermos a hemorragia dos consumidores – predadores que lhe comprometem os equilíbrios climáticos, lhe exaurem o agro, lhe provocam a calvície florestal, a escassez da água e de oxigénio, a rarefacção da biodiversidade e do ozono, com o reforço destrutivo de megatoneladas de resíduos tóxicos e não tóxicos. Sermos muitos, pelo alto preço de converter o Mundo numa colossal lixeira não é, seguramente, um «negócio» rendoso.» – *Do outro Lado da Esperança*, págs. 35-45.

[16] Não foi à toa que a ciência económica clássica mergulhou nas raízes mais profundas do utilitarismo, moderna metamorfose do hedonismo, com A. Smith, Bentham, James Mill e J. St. Mill. Não foi Bentham que perspectivou o económico como a ciência dos prazeres, uma vez que definia o objectivo dos indivíduos como uma maximização da diferença entre os *prazeres* e os *sofrimentos*?

Que a economia, ciência humana, esteja centrada sobre o homem, nada de mais normal. Mas houve tentativas desesperadas de certos economistas neoclássicos para desencarnar a economia e torná-la numa ciência *neutra*, claramente chumbadas. De facto, definir uma *economia pura*, o mesmo é dizer, inteiramente mecanicista e virgem de qualquer referência ao homem, é perder de vista o sujeito da ciência económica e perspectivar uma concepção estreita e falsa da realidade.

J. Rueff escreveu mesmo que «as leis da economia política são comparáveis às leis dos gases: os indivíduos desempenham em economia política o papel das moléculas na

A economia tem, de facto, pretensões *normativas* pelo que não procura somente descrever e analisar, mas também, e sobretudo, propõe-se avaliar as políticas e a servir de árbitro entre o que é bom e mau. Não acontece o mesmo com a ecologia (e com a maior parte das outras ciências) que não pode, directamente, fundar políticas, já que é, somente explicativa e não normativa. Quando muito, poderá referir as consequências de tal política. A economia está, em primeira análise, melhor colocada deste ponto de vista, já que é uma ciência normativa[17]. É mesmo paradoxal constatar uma certa tendência em dar uma dimensão normativa à ecologia. Na praça pública, economia e ecologia estão costas com costas. Paralelamente, a um requisitório contra a *economia* (sem precisar do que se fala), desenvolve--se uma mística da ecologia, palavra mágica, símbolo de pureza, de retorno à natureza. Sem maniqueísmos, de um lado e de outro, convém deixar à economia o seu estatuto de ciência humana normativa e à ecologia o seu estatuto de ciência natural explicativa.

2. CRITÉRIOS ECONÓMICOS E CRITÉRIOS ECOLÓGICOS

Das incompatibilidades fundamentais entre economia e ecologia, conclui-se que os critérios económicos que fundamentam as decisões (maximização da diferença entre as vantagens e os custos de uma política) são radicalmente contrários a qualquer forma de equilíbrio ecológico? Importa considerar. Em ecologia, fala-se de *equilíbrio*, quer dizer, *estado estável*. Em economia, refere-se constantemente a um *óptimo* definido como a melhor possível das situações de equilíbrio.

2.1. O óptimo Económico

A análise *custo-lucro* permite determinar um *nível óptimo de poluição*, correspondente ao nível de actividade que maximiza o lucro colectivo líquido. O custo social marginal criado pela poluição só aparece

---

teoria cinética». *Des sciences phisiques aux sciences morales*. É que «a economia é ciência humana (por definição) mesmo quando o homem nela não está presente». – Fernando Piteira Santos (Arthur Taylor), *As Grandes Doutrinas Económicas*, 5.ª Edição, Colecção Saber, Publicações Europa-América – Prefácio.

[17] R. Prud'hom, «Note sur la gestion de l'environnement», in *Analyse et Prévision*, t. XIV, n.° 4, Outubro 1972.

a partir de um certo nível de escoamento de poluidores nos meios receptores. Enquanto a capacidade de assimilação do meio não é ultrapassada, a poluição não faz sentir (ou faz sentir pouco) os seus efeitos. Por outras palavras, em economia, a poluição não se torna nociva e, por conseguinte, custo social, senão quando a capacidade de assimilação do meio receptor é ultrapassada.

2.2. O equilíbrio Ecológico

Em ecologia, a poluição assume um significado diferente: num ecossistema, qualquer poluição constitui um choque que desencadeia um desequilíbrio crescente com a quantidade de poluentes diversificada.

FIGURA

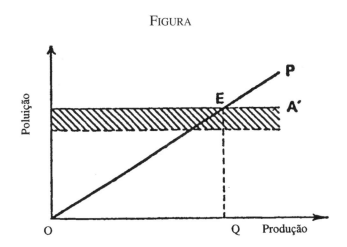

O equilíbrio rompe-se, definitivamente, quando a quantidade de poluição ultrapassa a capacidade de assimilação do meio[18].

---

[18] Na figura referenciada, a direita horizontal AA' representa a capacidade de assimilação do meio; a direita OP, a quantidade de poluição. O equilíbrio rompe-se quando a poluição excede o ponto E.
Pode, pois, dizer-se que Q representa o nível óptimo de actividade do ponto de vista ecológico, na medida em que a capacidade de assimilação não seja ultrapassada por todo o nível de actividade superior a Q. De facto, não poderá falar-se de óptimo: Q representa o fluxo máximo que pode suportar, o meio receptor num determinado período. Assinale-se,

2.3. Óptimo Económico e Equilíbrio Ecológico

O economista inglês D. W. Pearce fez uma análise gráfica das relações entre o *óptimo económico* e o *equilíbrio ecológico*[19]. Na senda de tal consideração, poderá dizer-se que considerando a figuração seguinte, E

FIGURA

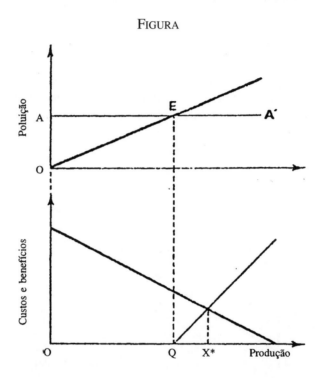

igualmente, que a direita AA' mais não é que uma representação cómoda. Não é possível determinar com precisão a capacidade limite dos meios; encontrar-se-á, mais tarde, uma zona de indeterminação (área tracejada).

Como quer que seja, não pode dizer-se que exista um limiar a partir do qual começa a manifestar-se a poluição. Desde que ultrapasse o nível zero, a poluição gera desequilíbrios nos ecossistemas, mas só depois de atingir o máximo suportável, do ponto de vista ecológico (nível E) é que se torna um prejuízo e se traduz por um custo social, do ponto de vista económico. O ponto E representa, pois, um *plafond* em ecologia, mas um limiar em economia.

[19] Cfr. *Economic Ortodoxy and the Environment; Environmental Economias*, London e New York, Longman, 1976.

representa o ponto a partir do qual a capacidade de assimilação do meio se encontra ultrapassada. É a partir deste nível que, segundo tal hipótese, a poluição começa a fazer sentir os seus efeitos, originando, assim, um custo social para a colectividade[20].

De um ponto de vista económico, pode afigurar-se rentável continuar a poluir, para lá da capacidade de assimilação, sempre que as vantagens que se retirem das actividades poluentes (produção industrial, por exemplo) sejam superiores às desvantagens correspondentes, em termos de deterioração do ambiente. O ponto de equilíbrio económico situa-se então em X*, na parte inferior do gráfico. Constata-se, pois, que *o cálculo económico pode conduzir a um nível de actividade superior àquele que seria compatível com a manutenção de um equilíbrio ecológico*. Na figura em análise, o nível de actividade OX*, determinado pelo cálculo económico, é superior ao nível *ecológico* OQ. Tudo depende, de facto, da forma da curva de custo social, ela própria função da maneira por que se avalie o custo social. Se a avaliação económica dos danos é muito elevada, quer dizer, considerando como intolerável a poluição para lá da capacidade de assimilação, a recta CSM será vertical, ou quase, de maneira que o nível de actividade económica permanecerá compatível com o equilíbrio ecológico (coincidência dos pontos Q e X*). O problema parece estar, então, resolvido (... em teoria), pois a coincidência entre o óptimo económico e o equilíbrio ecológico supõe:

- que o conjunto dos componentes dos ecossistemas susceptíveis de serem afectados pela poluição entrem, efectivamente, nas funções de utilidade dos indivíduos;
- que o cálculo económico tenha a capacidade, prática e não teórica, de avaliar os danos.

De acordo com o primeiro ponto, seria necessário que a colectividade, sentisse o conjunto dos desregramentos que afectam os ecossistemas na sequência da actividade dos homens[21].

---

[20] Quando os diversos resíduos vertidos num rio são reciclados pelo meio natural, nenhum efeito notável se manifesta, a água conserva a sua pureza e os peixes continuam vivos. É somente quando os resíduos são lançados em quantidade tal que não é possível reciclá-los que os efeitos prejudicais da poluição se fazem sentir para o homem: a água, que ganha mau aspecto e mau odor, toma-se imprópria para lazer e usos diversos, determinadas espécies desaparecem, etc.

[21] Se resulta claro que a humanidade possa sentir e lamentar, mais ou menos, as ameaças de desaparecimento de uma espécie animal ou vegetal conhecida, que pode

Por outro lado, mesmo que a colectividade tenha consciência destas transformações, pode muito bem negligenciá-las, considerando que não afectam o seu bem-estar básico. A economia antropocêntrica, por definição, não pode ser inteiramente compatível com os equilíbrios ecológicos. No caso preciso do modelo apresentado, seria irrealista afirmar que enquanto a poluição não se aproxima da capacidade de assimilação dos meios, não se traduzindo directamente em termos de prejuízo, os desregramentos sentidos pelos ecossistemas entram, efectivamente, nas funções de utilidade dos agentes económicos.

Passando ao segundo ponto, estreitamente ligado ao primeiro, mesmo que a colectividade seja capaz de apreender os principais desregramentos ecológicos e ter plena consciência das suas consequências reais e potenciais sobre o bem estar, pode duvidar-se que o economista consiga calcular, com inteiro rigor, os custos sociais correspondentes. Com efeito, tal exige desde logo, imputar um valor monetário a estes danos, avaliar o seu valor futuro, o mesmo é dizer, o seu impacto sobre as gerações futuras, tornando-se ainda necessário determinar uma taxa de actualização correcta. Na verdade, a avaliação económica dos danos, mesmo dos mais fáceis de apreender, revela-se uma empresa sempre difícil. A *fortiori*, concebe-se com dificuldade uma avaliação monetária das consequências complexas e, a longo prazo, dos desequilíbrios ecológicos[22].

---

contribuir para a qualidade de vida, já se não imagina que o desaparecimento, v. g., de uma aranha tropical ou de um pássaro das regiões árcticas possa, efectivamente, entrar nas funções de utilidade colectivas ou individuais. Certas transformações invisíveis dos equilíbrios naturais permanecem ignoradas ou somente são conhecidas pelos homens da ciência.

[22] Com isto foca-se um ponto crucial. O fosso que existe, em economia, entre a teoria e a prática. Teoricamente, a economia pode calcular tudo, imputando às variáveis um valor monetário correcto aplicando uma boa taxa de actualização. No plano puramente conceituai, preenchendo páginas de equações, a economia resolve todos os problemas... no papel. Todavia, na prática, a realidade é outra. O economista dispõe de um importante corpo teórico, mas falta-lhe frequentememe, muito frequentemente, os dados concretos, que permitem aplicar, a teoria. Tudo isto para dizer que a teoria dos *efeitos externos* se revela inadaptada aos fenómenos *invisíveis*, ligados aos desequilíbrios dos ecossistemas. – Cfr. R. Hoevenagel & J. B. Ops-choor, «A Monetary Valuation of Environmental Goods. – Possibilities and Restrictions», *Milieu* 3, 1990, págs. 65-73.

2.4. A dinâmica de acumulação dos poluentes

Na figura anterior, o ponto Q representa o nível máximo de produção suportado pelo ambiente durante um período inicial, por exemplo, um ano, no decurso do qual um fluxo de poluição DA atingiu a saturação. De um período a outro, à medida que a produção aumenta, o *stock* de poluição *acumulada* no ambiente cresce e o *stock* de poluição não assimilada aumenta, enquanto a capacidade de assimilação do meio diminui. É assim porque o óptimo económico implica, para cada período, um fluxo de poluição superior à capacidade de assimilação, encaminhando-se fatalmente para uma redução da capacidade de assimilação do meio receptor, até ao ponto em que, qualquer nova unidade de poluição rejeitada, vem juntar-se, directamente, ao stock de poluição acumulada, sem qualquer possibilidade de assimilação pelo meio. Neste estádio, o equilíbrio ecológico só pode manter-se com uma produção nula[23]. Um prejuízo surge imediatamente depois deste limite de capacidade. Em certos casos, o custo social aparece mais cedo, quer dizer que a poluição faz sentir os seus efeitos, afecta as funções de utilidade dos indivíduos, *antes* que seja atingida a capacidade limite do ambiente, já que de instabilidade ecológica se trata. Isto é, assim, a longo prazo, à medida que se acumula o *stock* de poluição[24].

O custo social pode igualmente manifestar-se depois da capacidade limite ter sido atingida. Com efeito, uma vez que o custo social se manifesta através de funções de utilidade dos indivíduos, por intermédio da sua percepção de poluição, esta percepção pode verificar-se retardadamente. Com frequência, descobrem-se os efeitos de um poluente depois de ele estar já espalhado no ambiente. Acontece, mesmo, que muitos dos efeitos dos poluentes se produzem retardadamente, ou num ponto longínquo da sua origem[25]. Não há, assim, qualquer razão, *a priori*,

---

[23] Quer isto dizer que quanto mais o nível de actividade económica poluente aumentar, maior instabilidade ecológica é gerada e mais o nível de produção suportado pelo ambiente, e mesmo o nível economicamente óptimo diminuem. A. Endres, «Ronald Coase, Aux Fronüeres de L'Economie et du Droit», *Problèmes Economiques*, n.° 2.286, mars. 1992, pág. 15.

[24] A poluição de um lago, v. g., gera deseconomias externas muito antes de o lago se tornar eutrófico. P. Girod, «L'Élimination des Déchets Industriels, aspects régimentaires», in: «Les aspects Juridiques de la récupération et de l'élimination des déchets», I.E.J.N.C., *Colloque du 10 mai 1978, Droit et ville*, n.° 6, 1978, págs. 133-148.

[25] Mercúrio nos organismos de coletes (palmípedes) na Gronelândia, persistência de DDT, etc.

94 António Carvalho Martins

para que o custo social marginal seja representado por linhas rectas, pois pode acrescentar todas as espécies de formas e de inclinações. Seria, de facto, mais realista representá-lo por curvas de inclinação crescente.

Este problema da percepção da poluição através de *funções de utilidade* é essencial, verificado que é o *defeito de percepção*, a incapacidade do cálculo económico avaliar certos efeitos que explica este desvio entre o equilíbrio ecológico e o óptimo económico. Por outro lado, a incompatibilidade concreta entre equilíbrio ecológico e óptimo económico é reforçada pelo defeito de tomar em consideração efeitos futuros sobre o ambiente de práticas económicas presentes. Patenteia-se, deste modo, o conflito entre o objectivo de uma maximização imediata de benefício ecológico a longo prazo[26].

2.5. Soluções possíveis

Duas soluções, radicalmente opostas, são avançadas comummente:
– a tecnologia própria;
– o crescimento zero.

A grande esperança dos anos futuros é que a tecnologia traga soluções para todos os males. À tecnologia suja resultante da revolução industrial vai suceder uma tecnologia «*própria*» ou limpa que permitirá suprimir a poluição sem, para tanto, renunciar às satisfações da sociedade da abundância. Continuar-se-á a produzir e a consumir, mas com a eliminação, ou com um mínimo de poluição.

É certo que numa primeira análise, tecnologia específica deveria trazer solução para esta incompatibilidade entre o óptimo económico e o equilíbrio ecológico. Só que o sistema económico pode reagir de diversas maneiras, de tal forma que a incompatibilidade pode diminuir ou, ao invés, aumentar, consoante os casos. Se a tecnologia adequada é mais cara que a precedente, a redução dos lucros correspondentes determinará uma contracção da produção de modo que o fosso entre o equilíbrio ecológico

---

[26] Esta incompatibilidade seria menor se as decisões de investimento fossem combinadas com uma *taxa de actualização* que tivesse em conta estes riscos futuros. Esta análise repousa evidentemente na hipótese de uma certa *taxa de actualização elevada* (grande depreciação no futuro) que privilegie o presente sobre o futuro. Mas como é que tal se traduz? Quem se preocupa com o impacto sobre as gerações futuras da deterioração presente do ambiente? Com efeito, torna-se tecnicamente muito difícil senão impossível proceder a um tal cálculo.

Economia e Ecologia 95

e o óptimo económico será reduzido. Se, pelo contrário, a tecnologia adequada se revelar de menor custo ou mais rentável[27], o aumento dos lucros estimulará a produção, com acumulação de resíduos num sentido desfavorável ao ambiente. A tecnologia não traz, pois, uma solução unívoca, sobretudo se estimula a produção. Neste caso, desloca apenas o problema.

Sabe-se, por outro lado, que o tema do *crescimento zero* fez fortuna, tomou-se mesmo *credo* de numerosos grupos ditos *ecológicos*. Crescimento zero não quer dizer produção nula. Significa que, de um ano para o outro, a produção se mantém a um nível constante. Poderia o crescimento zero ser solução para a deterioração do ambiente? Nada é menos seguro. A análise precedente mostra que, de um período para outro, o *stock* de poluição não assimilada cresce de tal maneira que o nível óptimo de produção tende para o zero. Um tal processo pode perfeitamente produzir-se com um nível de actividade constante, *inicialmente determinado por um óptimo económico*.

O crescimento, que se traduz por um aumento de lucros, arrasta um aumento de desregramento ecológico e, por conseguinte, uma maior acumulação de poluentes não assimilados[28]. O crescimento mais não faz que acelerar um processo de acumulação da poluição que se produz de qualquer maneira, mesmo a um nível de actividade constante.

2.6. Algumas reflexões

A análise precedente permite evidenciar que a ecologia e a actividade económica são dois domínios separados e antinómicos. Esta constatação deveria ser reconhecida, uma vez por todas, afim de cortar cerce as querelas defeituosas, as falsas interpretações e, sobretudo, servir de guia à acção. Na medida em que a colectividade tenha por objectivo uma certa protecção do seu ambiente, deverá admitir-se que critérios económicos exclusivos serão incapazes de constituir um suficiente suporte de decisão.

---

[27] Por exemplo, pela redução do desperdício e reciclagem de resíduos. – Cfr. M. Schechter, «A Comparative Study of Environmental Amenity Valuations», *Environmental and Resource Economics Journal*, 1990.

[28] *Vide* D. W. Pearce, *Economics and Ecology*, Surrey Economic Papers, 1974; P. O. Johansson, Welfare Economias, Cambridge University Press, Cambridge, 1981, págs. 26-32.

Numa outra lição importante a retirar desta análise é a de que a *tecnologia* não constitui uma solução unívoca nem serve de panaceia. Se é certo que a própria tecnologia estimula o lucro na produção, ela arrisca--se a agravar a deterioração do ambiente.

Não há que chocar com o fenómeno geral do *encobrimento*. Mesmo se a tecnologia permite uma redução da poluição por unidade de produção, a multiplicação dos recursos continua acrescentar resíduos ao ambiente. Assiste-se, assim, a uma corrida em velocidade entre o aumento da poluição e a renovação ou a manutenção da capacidade de assimilação dos meios receptores. Acrescem as fontes poluentes que se multiplicam, a tecnologia de luta contra a poluição que se deve aperfeiçoar, correndo os custos riscos de crescerem rapidamente (curva exponencial).

Note-se, igualmente, que a ausência de poluição não significa ausência de nocividade. Mesmo se os automóveis se tomassem totalmente «limpos» e silenciosos, o crescimento do seu número não agravaria menos a situação com prejuízos resultantes. Se a tecnologia limpa permite reduzir significativamente a poluição, a multiplicação das fábricas e dos bens produzidos corre o risco de produzir toda uma série de prejuízos. Tudo gira, pois, em redor da noção de capacidade de assimilação dos meios que se podem considerar no seu sentido mais lato: capacidade de reciclagem de resíduos, processos ecológicos e ocupação de espaço.

Não se conclui que é preciso parar toda a actividade, mas se a colectividade decide proteger o seu ambiente, deve limitar *certas actividades* a um ponto que não ultrapasse a capacidade de assimilação dos meios.

A análise custos-benefícios não permite apenas determinar um tal objectivo. Alguns economistas sustentam que uma *boa* análise deveria permitir uma integração adequada do conjunto dos factores concernentes. E que a análise económica não pode calcular tudo em termos monetários. É recusar admitir que a análise custo-benefício é míope na medida em que não pode avaliar o conjunto dos fenómenos ecológicos, nem mesmo os riscos aferentes. É este grave defeito de percepção que leva a assumir os riscos para as gerações futuras e impõe prudência. Mais do que nunca, os fenómenos do ambiente recordam que a economia, apesar de todo o seu arsenal, não consegue dirigir tudo[29-30].

---

[29] Segundo a célebre parábola de J. St. Mill, *«é bem mesquinho o economista que mais não consegue ser que economista»*. Cfr. H. T. Odum., *Systems Ecology – An Introduction, Wiley – Interscience*, Nova Iorque, 1983, págs. 236 e segs.

[30] Na figura que segue, E representa o ponto a partir do qual a capacidade de assimilação do meio se encontra ultrapassado. E a partir deste nível que a poluição acarreta

um custo social para a colectividade. O custo social começa então a desenvolver-se a partir do nível de actividade Qo (recta CSMo, na parte interior do gráfico). O *óptimo económico* situa-se assim ao nível da produção OX*o, correspondendo à igualdade do custo social marginal e do lucro marginal. Constata-se que este óptimo corresponde a um nível de produção superior àquele que corresponde ao máximo de poluição suportável pelo meio. (OX*o > OQo); pode chamar-se ao desregramento entre QoX*o, o *desregramento ecológico*. – Sobre as incompatibilidades entre ecologia e economia, vide, igualmente, D. W. Pearce, «An Incompatibility, in planning for a Steady State and Planning for Maximun Economic Welfare», in *Environmental Planning*, 1973, vol. 5; e «Economic and Ecological Approaches to the Optinal Level of Pollution», in *International Journal of Social Economics*, Spring 1974, vol. 7I, n.° 2.

FIGURA

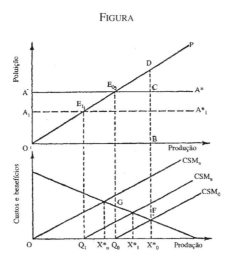

Se no decurso do período inicial, o nível de produção OX*o foi atingido, ter-se-á lançado no ambiente uma quantidade de poluente igual a BD, onde somente uma porção, igual a BC, terá sido assimilada; o resto não assimilado (CD) constitui então um stock acumulado no meio de modo que o segundo período de produção inicia-se com um stock inicial de poluição AÃ, = CD. No decurso deste segundo período, a capacidade limite do meio encontra-se reduzida e passa de AÃ' a Ai Ai'. O equilíbrio ecológico situa-se então em Ei. No plano económico, o custo social aparecerá mais tarde (desde o nível OQi) com um óptimo em OX*i. Naturalmente, logo que o stock de poluição não assimilada atinja a capacidade de assimilação do meio (stock OA), o custo social marginal aparece desde as primeiras unidades produzidas (recta CSMo). Este caso extremo exprime ainda com mais força a incompatibilidade entre o óptimo económico (OX*o) e o equilíbrio ecológico que corresponde aqui a um nível de produção zero.

A incompatibilidade entre o equilíbrio ecológico e o óptimo económico pode igualmente ser interpretada como procedente de um conflito entre o objectivo de maximização imediata de benefício social líquido e a procura ou o reconhecimento da necessidade de equilíbrio ecológico a longo prazo.

Na antecedente figura, no período inicial, é um nível de produção igual a OX*o que produz uma maximização imediata de benefício colectivo puro. Mas, em razão da acumulação de poluição assim provocada, a colectividade assume o risco de um desequilíbrio ecológico, a mais ou menos médio prazo. À medida que o tempo passa e que a sociedade *optimiza* a curto prazo a sua produção, a instabilidade ecológica instala-se, o *prazo* ecológico fatal aproxima-se.

O lucro colectivo, bem entendido, a *longo prazo* consistirá em minimizar os riscos ecológicos mantendo a produção ao nível OQo. A colectividade suporta então uma perda de ganho líquido igual à superfície do triângulo QoFG.

Na figura que se segue, a passagem da recta OP à recta OP' traduz a aparição de uma tecnologia limpa que permite uma redução da poluição para um mesmo nível de produção. Dito de outra forma, o equilíbrio ecológico passa de OQo a OQi e permite, deste modo, um nível mais forte de produção.

FIGURA

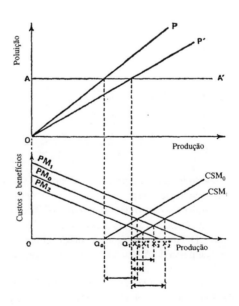

Se a tecnologia limpa é mais onerosa que a precedente, os lucros serão reduzidos e passarão de PMo a PMz. A produção conhecerá então um ténue abrandamento e o desregramento ecológico passará de QoX*o a Q1X*i (OiX*o > QiX*i).

Se, ao invés, a tecnologia limpa se revelar menos onerosa, os lucros serão

3. O PESO ECONÓMICO DO AMBIENTE

Desde que se fala de ambiente e de economia, a primeira questão que se coloca é saber *quanto é que isso custará*; *o peso económico* do ambiente será tão grande que imponha a transformação do nosso modelo de crescimento e alterar concepções e modos de pensar em matéria económica?

O problema é complexo e, sobretudo, *múltiplo*. De um lado, encontram-se colocadas as questões de ordem empírica e prática; do outro, toda uma série de problemas de ordem teórica e mesmo filosófica que tomam a forma, frequentemente, de autênticos desafios à ciência económica.

Antes de abordar esta última categoria de problemas, convirá fazer uma ideia da dimensão económica concreta, o mesmo é dizer dos custos prováveis das políticas de ambiente.

E quais são estes custos? A questão comporta, com frequência, atitudes extremas. Certas tendências de movimentos ditos *ecológicos* proclamam uma eliminação total da poluição a todo o custo, enquanto outras afirmam que a protecção do ambiente terá um custo proibitivo e provocará um abrandamento dramático do crescimento do sacrossanto Produto Nacional Bruto.

A avaliação do peso económico do ambiente exige a consideração das seguintes cambiantes:

– Uma avaliação quantitativa, e se possível monetária, dos danos provocados pela poluição; Trata-se, com efeito, de saber se as despesas inexoráveis na luta contra a poluição produzirão vantagens iguais ou superiores, já que o custo de uma política não pode ser julgado a não ser por comparação com os seus resultados. O saldo vantajoso é definido pelos danos evitados graças a esta luta antipoluição;

– Uma avaliação de médio prazo dos custos de controlo da poluição, especialmente por retrospectiva aos anos 70-80. Assim se disporá de preciosas indicações para as implicações económicas decorrentes do pôr em prática as primeiras medidas de protecção do ambiente;

---

aumentados de PMo a PMi. A produção, fortemente estimulada, passará por OX*2 e o desregramento ecológico QiX*z será superior ou igual ao desregramento inicial QoX*o.

Por fim, se os lucros permanecem os mesmos (PMo), o desregramento ecológico Q1X*, será ainda diferente.

– Uma análise prospectiva das consequências a longo prazo das políticas de ambiente sobre o desenvolvimento económico.

Naturalmente que, também aqui, se reconhece que a economia como qualquer outro instrumento, distorce a nossa relação com o mundo, ao mesmo tempo que nos confere novos e impressionantes poderes. Devido ao facto de confiarmos completamente nas capacidades oferecidas pelo nosso sistema económico, adaptamos a nossa forma de pensar ao seu perfil e passamos a assumir que a teoria económica pode fornecer uma análise completa de tudo. Contudo, do mesmo modo que os nossos olhos só conseguem ver uma estreita faixa do espectro luminoso, também a economia não consegue ver – e muito menos avaliar – todo o valor de importantes áreas do nosso mundo. Na verdade, aquilo que vemos e avaliamos é uma faixa muito estreita do espectro de custos e proveitos que resultam das nossas escolhas económicas. E em ambos os casos, o que está longe da vista, está longe do coração[31].

3.1. Custo das políticas de ambiente como referência «histórica»

Ainda que partindo de dados globais, existem avaliações empíricas sobre os custos genéricos da luta contra a poluição (para lá de outros aspectos da protecção do ambiente) num certo número de países industrializados, a saber, Alemanha, Estados Unidos, Itália, Japão, Países-Baixos, Reino Unido, Suécia e França[32].

O indicador mais sintético é constituído pela percentagem de despesas totais (investimentos mais o custo de funcionamento)[33] por referência ao Produto Nacional Bruto (PNB) dos países considerados. A partir

---

[31] Cfr. Al Gore, *A Terra à Procura de Equilíbrio (Ecologia e Espírito Humano) – Um Manifesto Ecologista*, Editorial Presença, pág. 197.

[32] Os primeiros e mais completos estudos neste domínio, foram efectuados pela OCDE e publicados nos seguintes documentos:
- *Exposé des estimations faites dans des pays Membres des coûts de la lutte contre la polluition*. Paris, OCDE, 1973;
- *Analyse des coûtes de la lutte contre la polluition*. Paris, OCDE, 1973;
- *Implications économiques du contrôle de la polluition: appréciation générale*, OCDE, 1974.

[33] Os custos da luta contra a poluição podem exprimir-se de maneiras diferentes: em termos de investimento, de despesa total ou de custo analisados (despesa total por ano). – Cfr. P. O. Johansson, *Welfare Economic*, Cambridge University Press, Cambridge, 1981, págs. 26 e segs.

Economia e Ecologia   101

do quadro I, que segue, pode proceder-se à classificação dos países estudados em quatro categorias.

A primeira categoria onde os custos são particularmente elevados compreende somente o Japão, onde os *investimentos* na luta contra a poluição para o período de 1971-1975 atingiram 2,6% do PNB. Segundo a OCDE, esta percentagem poderia situar-se entre 3% e 5% se se tivessem considerado os custos de funcionamento[34].

A segunda categoria inclui os Estados Unidos, Alemanha e a Suécia. Nestes países, as despesas totais para o mesmo período, giram à volta de 0,89 do PNB. Para a Suécia, dispõe-se tão só, do número de investimentos (0,45% do PNB) que a OCDE estimou, por presunção, para ter em conta os custos de funcionamento e os investimentos nos outros países. Obteve--se assim, uma despesa total de 0,5% a 0,9% do PNB.

Por fim, na última categoria, as despesas totais situam-se em redor de 0,4% do PNB. É o caso da Itália, dos Países-Baixos e do Reino Unido, respeitando os números ao período de 1971-1980; a percentagem dos investimentos situa-se em 0,2% do PNB, mas um ajustamento tendo em conta os custos de funcionamento e os custos ligados à eliminação dos dejectos sólidos eleva este número para 0,3 – 0,5%.

Em resumo, pode dizer-se que as despesas totais de luta contra a poluição elevaram-se a cerca de 1% do PNB (com excepção do Japão) para o período de 1971-1975, passaram a uma percentagem situada entre 1% e 2,5% no decurso da segunda metade do decénio (1976-1980) para os Estados Unidos, Itália e Países Baixos[35].

---

[34] *Implications économiques...*, cit., pág. 34; W. E. Oates, «Taxing Pollution: An Idea Whose Time has Come?», *Resources*, 91, 1988, págs. 5-7.

[35] *Implications économiques...*, cit., págs. 11-12.

Quadro I
Despesas afectas a novos programas
de controlo da poluição expressas em:
1) percentagem do PNB Total no período de programa
2) percentagem de crescimento do PNB Total no período de programa

	Sectores	Investimento	Custos de Exploração	Total	Total em % do crescimento total do PIB
			Em % do PNB -Total		
A) 1971-1975:					
Estados Unidos		0.5	0,2	0,8	7,2
Alemanha		0,6	0,2	0,8	6,1
Suécia	O	0,4	...		4,3
Itália		0,3	0,1	0,4	2,8
Japão	O	2,6			9,7
Países-Baixo		0,4	0,05	0,4	3,8
B) 1976-1980:					
Estados Unidos		0,7	0,9	1,7	13,4
Itália		0,6	0,6	1,2	7,4
Países-Baixos		1,0	0,3	1,3	10,6
C) 1971-1980					
Estados Unidos		0,6	0,7	1,4	8,8
Reino-Unido	S O	0,2	...	...	1,1
Itália		0.5	0,4	0,9	3,1
Países-Baixos		0,7	0,2	0,9	7,6

Explicação dos Signos: S = resíduos sólidos; 0 = despesas de exploração.

(Fonte: OCDE, Implicações económicas do controlo da poluição: apreciação geral.)

3.2. O impacto Económico

Parece verificar-se que, se as despesas da luta contra a poluição podem criar algumas dificuldades de ordem económica e social, a curto ou a médio prazo, elas não serão, de maneira alguma, uma espécie de transtorno maior nas economias dos países industrializados. Sirva de exemplo, para o ilustrar, a circunstância das despesas limitadas a 1 ou 2% de PNB serem modestas. Também, exemplificativamente, pode comparar--se este número com as despesas dos Estados Unidos para a guerra do Vietname, onde o crescimento atingiu um máximo de 3% do PNB em 1967/1968, sem ter criado particulares dificuldades para a economia americana. As pressões inflacionistas e as dificuldades de balança de pagamentos que daí resultaram foram limitadas no tempo e largamente causadas pela concentração das despesas num curto período. As políticas

Economia e Ecologia 103

de ambiente, ao invés, são colocadas em acção progressiva no decurso de períodos transitórios, destinados a atenuar o impacto económico.

As economias industrializadas parecem capazes de suportar choques violentos. Exemplifícativamente, depois de Maio de 1968, a economia francesa suportou um mês de greve total e cerca de 12% de aumento de salários.

QUADRO 2
Despesas públicas em percentagem do PNB

	Defesa	Construção de habitações/mês 1967-1969	Ensino	Saúde Pública	
Estados Unidos	8,2	3,5	7,5 (1970)	7,0	(1970)
França	3,5 (1969)	6,9	4,6 (1966)	n.d.	
Alemanha	2,9	5,4	7,8 (1968)	3,9	(1969)
Itália	3,6	6,6	5,5 (1970)	5,2	(1970)
Japão	n.d.	6,9	5,9 (1965)	2,0(a)	(1970)
Países-Baixos	3,5	5,5	5,5 (1970)	4,6(&)	(1970)
Suécia	3,8 (1969)	6,1	5,2 (1969)	6,3	(1969)
Reino-Unido	4,8	3,5	3,5 (1970)	3,9	

(a) Sector público, unicamente.

(b) Sector privado, unicamente

(Fonte: OCDE, Análise aos custos da luta contra a poluição).

É interessante comparar os dados disponíveis com algumas outras categorias de despesas destinadas a melhorar a qualidade de vida, como despesas de educação, de saúde e de habitação. Constata-se, então, que as despesas são muito superiores às relativas à luta contra a poluição. Tal ressume, igualmente, em termos de crescimento(s) anual(s) médio(s) de despesas. Constata-se então que as despesas públicas habituais resultam de deslocações anuais de recursos mais importantes que os relativos à luta contra a poluição, sem, para tanto, provocar distorções económicas. Como a OCDE faz notar, no passado, a maior parte das economias mostraram uma flexibilidade considerável logo que se confrontaram em deslocações similares de recursos[36].

Assinale-se, igualmente, que as despesas da luta contra a poluição só conheceram aumentos modestos no decurso do decénio 1970-1980. Nos Estados-Unidos, em termos de custos anuais – quer dizer, de despesas

---

[36] Implications économiques..., cit., pág. 31.

104   *António Carvalho Martins*

totais anuais –, os custos passaram de 0,9% em 1970 a 1,9% do PNB em 1980. No Japão, os investimentos anuais no sector das minas, da indústria e de trabalhos públicos passaram de 1,2% do PNB em 1971 a 2,1% em 1975, enquanto na Alemanha (Federal) os custos anuais passaram de 1,4% do PNB em 1970 a 2,1% em 1975[37].

3.3. Produto Nacional Bruto e Felicidade Nacional Bruta

O facto de se compararem as despesas da luta contra a poluição e o Produto Nacional Bruto implicará a existência de uma oposição entre ambas? Numa outra referência, será preciso escolher entre a protecção do *ambiente e o crescimento do PNB*? É, também, problema a dirimir.

À primeira vista poderia acreditar-se que os recursos afectos à protecção do ambiente diminuem na mesma proporção o PNB já que, de facto, *não produzem* nenhum bem ou serviço que se apresente no mercado. Então como considerar o PNB? É o *valor mercantil* (dir-se-á, «aos preços de mercado») dos produtos finais, o mesmo é dizer, disponíveis no mercado para uma utilização imediata (consumo final) e produzidos no decurso de um ano. Ora, o facto de a maior parte dos fenómenos relativos ao ambiente serem exteriores ao mercado (noção de efeito externo) dificulta a sua leitura directa nas grandezas económicas: as noções de ar puro e de água própria não figuram nos cômputos nacionais, enquanto que as despesas correspondentes são integralmente contabilizadas[38]. Daqui resulta que a protecção do ambiente não se traduz em termos económicos senão pelo aumento dos custos de produção devido a um crescimento dos consumos intermédios no processo de produção, sem aumento do valor

---

[37] OCDE, *Analyse des côuts de la lutte contre la pollution*, cit., págs. 6-7. Para o Japão, é provável que esta percentagem fosse claramente superior, a partir de 1975. O Japão é certamente o país onde as despesas de luta contra a poluição são as mais elevadas do mundo. Segundo (NITI), o ministério da Indústria dos investimentos antipoluição das maiores empresas privadas (com capital superior a 100 milhões de yens) passaram de 5,3% de investimento total só em 1970 a 17% em 1975.

[38] O custo de produção de um bocado de pão traduz-se pela venda deste pão no mercado. O custo da luta contra a poluição atmosférica não se traduz pela constatação do ar puro. G. Atkinson, K. Hamilton (1996) «Measuring Global Resource Consumption: Direct and Indirect Flows of Assets in Intemational Trade», Centre for Social and Economic Research on the Global Environment (CSERGE), University College London and University of East Anglia.

Economia e Ecologia

acrescentado. Nesta óptica de puro cômputo, a deslocação de recursos que teriam de ser afectos à produção de bens mercantis, efectua-se, então, em detrimento do PNB.

Esta apreciação é, no entanto, falaciosa por variadas razões. Primeiro que tudo, no plano conceitual, a consideração antecedente fecha-se em definições de contabilidade estreitas e arbitrárias. O PNB revela-se apto para dar uma medida de bem-estar, mas a verdade é que existem muitos serviços «gratuitos» e elementos que contribuem para a qualidade de vida, por isso, para o bem estar, especialmente por intermédio de *bens públicos* que não são contabilizados no PNB[39]. Do mesmo modo, para os *serviços* e amenidades, proporcionadas por um ambiente harmonioso e não poluído. De acordo com uma expressão que fez fortuna, pode também dizer-se que a contabilidade nacional não permite calcular a *Felicidade Nacional Bruta*. Por consequência, *a protecção do ambiente traduz-se por um aumento efectivo do bem-estar, mesmo que ele não se reflua directamente no PNB*.

Por outro lado, mesmo atendendo à definição existente do PNB, a protecção do ambiente não implica a sua redução automática. É preciso distinguir as consequências económicas, a curto e a longo prazo, das políticas de ambiente[40].

A *curto prazo*, a colocação em prática das políticas de ambiente traduzir-se-á, essencialmente, por um alongamento da curva da produção (aumento dos consumos intermédios) e, por consequência, por abrandamento do crescimento do PNB em preços correntes. Todavia, se as despesas de protecção do ambiente são consideradas *domesticamente*, tomando a forma de *consumos finais*, o nível do PNB permanece inalterado. Na realidade, opera a combinação de dois fenómenos. Por um lado, haverá um aumento dos consumos intermédios das empresas e o apareci-

---

[39] Como já em 1966 escrevia Bertrand de Jouvenal, numa análise metaforicamente válida para França, «de acordo com a nossa maneira de contar enriqueceremos fazendo de Tuilleries um parque a pagar e de Notre-Dame um imóvel de escritórios», já que os serviços de lazer e estética destes lugares não são contabilizados, enquanto que a sua transformação em serviços de mercado permitiria aumentar, por este meio, o PNB. Vide in *Arcadie. Essais sur le mieuxe-vivre,* Paris, SEDEIS, 1968; R. Hoevenagel e J. B. Opschoor, «A Monetary Valuation of Environmental Goods – Possibilities and Restrictions, Milieu, 3, 1990, págs. 65-73.

[40] *Implications économiques...,* cit., pág. 13; G. Pillet, & A. Barazini, «Procédure d'évaluation de la part de l'environnement dans un produit économique», Economie Appliquée, 41 (l), 1988, págs. 129-150.

mento de despesas efectuadas, *domesticamente, v. g.*, para evitar certos ruídos (p. ex., isolamento acústico das janelas). E preciso, por outro lado, notar que mesmo somente para as despesas das empresas, nem tudo é consumo intermédio. Haverá, igualmente, lugar à criação de um sector antipoluição produzindo equipamentos apropriados, criando, deste modo, valor acrescentado[41].

A *longo prazo*, a protecção do ambiente desencadeará toda uma série de efeitos e de mudanças estruturais benéficas sobre o aparelho de produção. Assistir-se-á, então, à redução ou ao desaparecimento dos efeitos negativos da poluição, tais como a corrosão dos materiais, as sujidades e a destruição das colheitas pela própria atmosfera. Do mesmo modo, uma fábrica situada nas imediações de um rio não terá mais necessidade de inquinar as águas utilizadas no seu processo de fabricação. Deste modo, os ganhos económicos assim obtidos permitirão aumentar consideravelmente o PNB. Obter-se-á, igualmente, um *aumento generalizado da produtividade*: aumento de produtividade do trabalho num ar não viciado e num ambiente não barulhento; aumento da produtividade do capital graças a uma melhor utilização das matéria primas. Porque a poluição não é mais que um desperdício, uma perda de matéria, uma redução de resíduos no ambiente, por meio de uma *transformação do processo de fabrico,* mais que por depuração em *fim de cadeia, traduz-se por um aumento de produtividade*[42].

Existem, assim, fortes razões para pensar que a protecção do ambiente terá, a longo prazo, um efeito benéfico sobre o crescimento do PNB. Se é provável que tais vantagens e inovações não cheguem para

---

[41] Também, como faz notar o relatório da OCDE, «no extremo oposto, poder-se-ia supor que a redução da poluição não exigiria investimentos em capital. Neste caso, o PNB corrente total permaneceria imutável, mas o investimento e/ou o consumo não realizados no ambiente deveriam baixar e a relação capital/produto elevar-se-ia. – *Implications économiques*..., cit., pág 40.

[42] O melhor exemplo é o dos novos processos de fabrico da pasta de papel em que se passou de uma tonelada a um kilograma de resíduos por tonelada de pasta produzida, com maior recuperação de calor e energia. G. Atkinson (1993), «carrying capacity as an Indicator of Sustainability», Centre for Social and Economia Research on the Global Environment (CSERGE), University College, London, and University of East Anglia.

De uma maneira geral, a reciclagem dos resíduos tem futuro prometedor. Mesmo os resíduos de depuração podem ser rentabilizados: recuperação do enxofre, utilização de «lamas» das estações de depuração de águas como adubos, recuperação de calor por combustão de resíduos, etc.

contrabalançar a lentidão inicial do ritmo de crescimento do PNB, elas deverão, entretanto, com o tempo, reduzir o efeito de travagem das políticas de ambiente sobre o crescimento.

É igualmente criticável a afirmação segundo a qual as reduções possíveis – ao menos a curto prazo – do PNB deveriam gerar a criação de subemprego. Com efeito, a protecção do ambiente significa um aumento da procura que se traduz por uma transferência de mão-de-obra dos sectores poluentes para os sectores não poluentes ou de anti-poluição. Tais transferências operam-se em progressão e necessitam de uma certa reestruturação do aparelho produtivo, sendo provável que apareçam, cá e lá, bolsas de desemprego friccionai. Em todo o caso, este desemprego terá natureza transitória e caberá aos poderes políticos tomar as medidas necessárias para remediar as dificuldades ligadas a pôr em prática as novas políticas de ambiente.

Como quer que seja, haverão de existir limites do PNB em relação ao ambiente. Com efeito só as actividades mercantis são contabilizáveis, no PNB, que mostra ser um indicador de riqueza relativamente «lacunar» na medida em que só conta com a riqueza declarada («rotulada») de um país. Omite assim, por natureza, uma parte muito grande das actividades socioeconómicas como o trabalho gratuito, o trabalho doméstico, o trabalho clandestino (trabalho «ao negro») e o trabalho do ambiente. Não são contados no PNB nem os custos, nem os produtos ecológicos. Os custos ecológicos resultam da exploração demasiada ou da destruição de uma função ambiental – por exemplo, a destruição de um biótipo que provoca o desaparecimento de espécies animais – não estão incluídas na contabilidade nacional. As reparações eventuais, através de bens ou de serviços económicos, estão incluídas mas somente em função das quantias gastas. Da mesma forma, os produtos ecológicos (água potável, ar puro), utilizados ou consumidos fora de mercado, o trabalho de ecossistemas (microrganismos do solo, autodepuração de cursos de água, capacidade assimiladora do ambiente), não entram nas contas de uma nação. *Assim, o produto económico de um país pode crescer enquanto que o seu produto ecológico baixa.* E também de anotar que os consumos de matéria e de energia ligados à produção e ao consumo (petróleo, gasolina, madeira, etc.) não entram nos preços do mercado como termos reais, mas como despesas.

O PNB não permite comparar a economia de um país desenvolvido com a de um país em desenvolvimento. Com efeito, num país com um produto nacional muito fraco, as actividades mercantis são por definição muito limitadas, *a fortiori* as que são contabilizadas (nem a troca, nem as

108 António Carvalho Martins

trocas familiares são registadas nas contas nacionais). Por conseguinte, salvo em caso de escassez absoluta em recursos naturais, a economia dos países pobres depende mais do ambiente local, para subsistir, do que as economias desenvolvidas. Como estas extracções são feitas, na maior parte do tempo, fora do mercado, não aparecem no produto nacional e este não pode ser comparado ao de um país desenvolvido. Em contrapartida, onde o mercado internacional intervém, parece favorecer os países economicamente ricos, mas ecologicamente mal dotados, em prejuízo dos países mais pobres, em termos de produto nacional, mas ecologicamente mais dotados. O PNB não mostra a utilização racional da economia. Na classificação dos países segundo o PNB por cabeça, os EUA são os primeiros entre os grandes países industrializados; energeticamente falando, ao contrário, estão no fim da fila[43].

3.4. **Natureza e alcance das avaliações das despesas de protecção do Ambiente**

Relevam três características importantes destas avaliações:
1. As avaliações foram efectuadas antes da crise da energia.
2. As avaliações estão incompletas.
3. As avaliações referem-se a períodos de recuperação da poluição acumulada.

Primeiro, estas avaliações foram efectuadas antes de se manifestar o quadriplicar do preço do petróleo e o aumento geral dos preços da energia que daí resultou, sem esquecer a forte alta de preços das matérias primas. Pode, desde logo, perguntar-se se as altas de preços são susceptíveis de modificar a estrutura das políticas de ambiente e as suas consequências económicas[44].

---

[43] G. B. Asheim – «Net National Product as an Indicator of Sustainability», *Scandinavian Journal of Economics*, 96: 257-65. Cfr. Gonzague Pillet, *Economia Ecológica – Introdução à Economia de Ambiente e Recursos Naturais*, Instituto Piaget, 1993, págs. 24-27; T. Tietenberg, *Environmental and Natural Resource Economics*, Harper Collins, Nova Iorque (3.ª edição), 1992, págs. 527-529.

[44] Existem poucas avaliações empíricas neste domínio, mas um estudo com conclusões particularmente interessantes foi efectuado no Japão: quanto à ideia segundo a qual as medidas de protecção do ambiente deviam ser abandonadas em período de recessão económica, um recente estudo da OCDE, efectuado no Japão, chegou à conclusão inversa. Um estudo da economia japonesa utilizando um modelo input-output para

Economia e Ecologia 109

Tal veio determinar, doravante, que a alta dos preços da energia se traduza, por um crescimento inflacionista e, provavelmente, por uma contracção do crescimento do PNB durante três ou quatro anos. No entanto, este abrandar das actividades determinará um decréscimo da poluição, de tal maneira que as despesas de protecção do ambiente, em valor constante, serão reduzidas. Com efeito, o abrandar do crescimento será acompanhado por uma diminuição das despesas antipoluição e, do mesmo modo, da sua pressão anti-inflacionista. Não obstante tais conclusões se apoiarem sobre dados ainda limitados, parece simples, e de bom senso, referir que, se o público e os governos não fizerem do ambiente um *bode expiatório*, os objectivos de protecção do ambiente deverão, de qualquer maneira, ser mantidos, senão reforçados.

Desde logo, é preciso ter consciência que as avaliações de custos estão ainda incompletas. Os números disponíveis constituem, tão só, aproximações grosseiras que foram efectuadas, independentemente, em cada país, que os indicam em função de conceitos metodológicos diferentes. Por outro lado, estes custos referem-se a programas e a objectivos

---

60 indústrias e um modelo de crescimento económicos tendo em conta os custos da luta contra a poluição e aumento dos preços da energia, deu os resultados preliminares seguintes: no caso do Japão, as medidas actuais de controlo da poluição terão um efeito estimulante sobre a economia durante cerca de três anos, após o que se produzirá uma contracção das actividades no decurso dos três anos seguintes, em função do aumento dos preços dos produtos. Na verdade, dando conta dos investimentos antipoluição necessários à realização dos objectivos japoneses e que atingem 2,4%, por ano, do PNB entre 1970 e 1975, o modelo indica um aumento médio da taxa de crescimento económico de 2,6 pontos, no decurso dos três primeiros anos, enquanto que, durante os três anos seguintes, o efeito um pouco depressivo dos investimentos antipoluição sobre a economia japonesa se traduziu por um aumento médio da taxa de crescimento de 0,2 sobre o conjunto do período de 1972-1977. – Cfr. R. J. Barro, Sala-I-Maitin, de (1995), *Economic Growth*, McGraw-Hill, New York, págs. 14-16.

Se o aumento dos preços de energia provoca efeitos recessivos continuados sobre a economia, estes serão suficientes para compensar os efeitos expansionistas da luta contra a poluição. Os preços de energia mais elevados não tomarão mais difíceis de suportar as medidas de protecção do ambiente, antes as tornarão mais fáceis de suportar.

A experiência concreta da Suécia, em 1970-1971, onde se lançou mão de medidas contra a poluição para estimular a economia, tende a confirmar as conclusões de estudo económico do Japão. R, Kümmel, «Energy as a Factor of Production and Entropy as a Pollution Indicator in Macroeconomic Modelling», *Ecological Economics*, 1(2), Maio de 1989, págs. 91-110.

relativamente vagos, mal definidos, divergindo geograficamente e sujeitos a revisão, no futuro.

Estes números referem-se a uma definição assaz estreita da protecção do ambiente não compreendendo mais que a luta contra as poluições do ar e das águas e, por vezes, a eliminação dos resíduos sólidos. A luta contra o barulho, o conjunto das operações destinadas à melhoria da qualidade de vida no meio urbano e à conservação da natureza não são geralmente abrangidos. Claro que o domínio de uma *política de ambiente* é difícil de concretizar, por inteiro. O facto de a noção de protecção do ambiente estar associada com a da *qualidade de vida* deixa o campo livre a todas as interpretações. Plantar árvores nas cidades ou melhorar a estética arquitectónica são referência à qualidade do ambiente. Por outro lado, mesmo que se tenha a noção da luta contra as poluições, tal não significa somente o conjunto das medidas técnicas de redução de emissões no ar, nas águas e nos solos. A luta contra a poluição implica igualmente numa política de utilização dos solos e de disposição do território: onde implantar as novas indústrias, ou construir estradas e auto-estradas ou edificar novos aglomerados urbanos.

Os números disponíveis são, provavelmente, *subestimados* o que explica a sua aparente modicidade. A inclusão de outros parâmetros das políticas de ambiente aumentaria estes custos. Daqui resulta que tais custos são dificilmente comparáveis entre os países, já que as respectivas estruturas e políticas divergem. Cada país tem uma qualidade de ambiente diferente, função de toda uma série de factores, tais como as suas condições geográficas e ecológicas (capacidade de assimilação dos meios, espaço disponível, etc.), as suas estruturas demográficas, o seu grau de industrialização, etc. Toma-se assim evidente que a qualidade dos problemas de poluição difere consoante o país[45].

Ainda que dois países visem os mesmos objectivos e as mesmas técnicas de luta contra a poluição, se as capacidades de assimilação dos meios diferirem, o esforço de depuração será divergente de um para outro.

---

[45] A situação do Japão com uma população e uma indústria altamente concentradas sobre um território exíguo é radicalmente diferente da Suécia, com relativamente pouca população, repartida por um vasto território, dispondo de recursos imensos não poluídos. A falta de dados fidedignos sob a forma de *indicadores* da qualidade do ambiente torna difícil uma quantificação precisa destas disponibilidades. Cfr. J. Bishop (1992), *Structural Adjustment and the Environment*, London Environmental Economics Centre, London, págs. 64-72.

Economia e Ecologia   111

O que dispõe de importantes recursos em água poderá utilizar esta capacidade de assimilação, enquanto aquele outro, hidrologicamente pobre, será obrigado a um grande esforço. A repartição dos custos entre os diversos tipos de poluições, variará, pois, segundo os países[46].

Um último ponto, que é importante notar, respeita aos dados disponíveis que se referem ao período dito de *recuperação* das poluições existentes durante o qual se toma necessário assumir o conjunto das iniciativas necessárias à execução das políticas. Assim que se inicia uma política de luta contra a poluição, o ambiente pode estar já fortemente poluído, sem que existam suficientes dispositivos de depuração. Neste caso, não se trata só de obrigar os *novos poluidores* (em especial as novas indústrias) a equipar-se com material antipoluição, tomando-se necessário que os poluidores existentes reduzam também as suas emissões.

No que à poluição das águas respeita, a *recuperação* consistirá em fazer com que o conjunto das indústrias poluentes e as colectividades se equipem com dispositivos de depuração ou se unam a estações de depuração colectivas. Tratando-se de equipar o conjunto do parque das indústrias e colectividades poluentes do país, ou seja a totalidade do capital nacional instalado, susceptível de emitir poluição, haverá que convir tratar-se de um esforço inicial considerável[47].

---

[46] Razão pela qual, as relativas similitudes entre as despesas de luta contra a poluição de certos países podem, de facto, esconder importantes diferenças que um estudo mais detalhado imediatamente evidencia. Enquanto que os países europeus parecem acentuar a luta contra a poluição das águas (em percentagem de despesas: Alemanha, 71,5%; Países-Baixos, 59%; em percentagem de investimentos: Suécia, 85%; Reino Unido 87%; Itália, 65%) – Fonte OCDE – os Estados Unidos são portadores do maior esforço evidenciado no que respeita à poluição do ar – 56% das despesas.

[47] Relativamente à água, tal estado de facto foi bem ilustrado pelo «Raport de la Commission Eau» do VI Plano francês. (Paris, *La Documentation Française*, 1971). Se se considerar o caso da poluição de origem industrial, mostra-se que a ausência de depuração da poluição bruta da indústria passou de 65 milhões de equivalentes-habitantes em 1970 a 100 milhões em 1985. Só o objectivo *«desejável em quinze anos»* permite satisfazer o desvio entre a poluição criada e a poluição tratada fazendo passar a capacidade de depuração de 19 milhões a 100 milhões de equivalentes-habitantes. Somente a partir do momento em que o esforço de depuração não visa novos surtos de poluição, a política do ambiente atinge a *sua velocidade de cruzeiro*. É evidente, que os esforços financeiros correspondentes aos diferentes objectivos são muito diferentes. A *Comission de l'Eau* estimou que o custo anual por habitante varia entre 12,3 e 19,5 F, segundo o objectivo perseguido.

Este problema de recuperação coloca-se em vários domínios: ar, água, barulho, etc. De uma maneira geral evidencia-se mais dispendioso equipar instalações antigas que

4. AS PREVISÕES A MÉDIO PRAZO

Foi em algumas poucas gerações que se passou da idade do cavalo e da bicicleta à era dos voos supersónicos, tomando-se por demais banal evocar a extrema rapidez das alterações ocorridas depois da última guerra, acrescidas de uma inquietante explosão demográfica mundial. Como banal se tornou a inquietação com o papel de aprendiz de feiticeiro que só brinca com a humanidade, de tal maneira que urge perguntar se se não corre em direcção a uma catástrofe planetária. Banalidades, mas realidades. Põe-se então a questão de saber se as conclusões que se podem tirar sobre as consequências económicas a médio prazo da luta contra a poluição se mantém válidas para um futuro mais distante.

---

instalações novas. No domínio da água, uma fábrica moderna procurará reduzir as emissões de matérias poluentes por *alteração do processo de produção* que por depuração em sinal de cadeia. Aqui, uma mudança de processo de produção significa um elemento de reciclagem interna das matérias, permitindo uma maior rentabilidade. Neste estado, a luta contra a poluição assume a significação de luta contra o desperdício, pretendendo-se uma utilização eficaz de recursos. V. W. R. Dubong (1992), «The sustainable Managment of the Watu Syde: A Framework for Analysis», CSERGE Working Paper WM 92-07, Centre for Social and Economic Research on the Global Environment, University College London and University of East Anglia.

Noutros domínios, não é suficiente lançar mão de um dispositivo de depuração, mais ou menos custoso, mas introduzir importantes alterações no funcionamento da instalação. O caso do *ruído* dos aviões é, a este propósito, particularmente flagrante. O custo de redução do barulho dos aviões existentes é muito elevado. Com as reduções de barulho correspondentes a variarem de 8 a 15 EPNDB (*efective perceived noise decibels*) segundo os aparelhos. Assinale-se que o custo é muito menos elevado para os modelos recentes. Pode pois concluir-se, sobre este problema do *custo da luta contra a poluição ser, sem dúvida, muito mais elevado nos períodos iniciais de praticabilidade que nas fases seguintes, quando as políticas, tenham atingido a sua velocidade de cruzeiro.* E tanto mais quanto o aparelho de produção se encontra modernizado e renovado em função das ameaças do ambiente. Cfr. F. Klein, Umweltschutz im völkerrechtlichen Nachbarrecht, 1976, págs. 96-98; Dellapenna, Westem Resource Journal of Intemational Law, 1994, págs. 35-36; International Commission for the Protection of the Rhine Against pollution, *Ecological Master Plan for the Rhine «Salmon 2000»*, 1991, C. Dieperink, «Between Sait and Salmon, Network Management in the Rhine Catchment Área, in Glasbergen (ed.), *Managing Environmental Disputes*, 1995, págs. 119 e segs.; Polakiewicz, «La Responsabilité de 1'État en manière de pollution des eaux fluviales on souterraines, Journal de Droit International (JDI), 1991, págs. 283-347; Paulo Jorge Canelas de Castro, O Regime Jurídico das Utilizações dos Cursos de Água Internacionais no Projecto da Comissão de Direito Internacional, in *Revista Jurídica de Urbanismo e de Ambiente*, n.º 5/6, Jun./Dez. 1996, págs. 141-199.

Economia e Ecologia   113

É um facto que uma boa parte da literatura dita «*catastrófica*» ou «*apocalíptica*» se baseia em considerações relativas à destruição dos recursos naturais[48]. Mas o trabalho mais representativo foi, efectivamente, o efectuado por Denis Meadows e uma equipa do Massachutts Institute of Technology, por conta do «Clube de Roma», e publicado sob o título «*Os Limites do Crescimento*». Sem embargo de outras considerações, reconheça-se ser relativamente fácil provar a fragilidade destes trabalhos, sem que se possa, no entanto, denegar, por inteiro, as inquietudes que eles traduzem, enunciadas por determinados fundamentos. Tentar prever o futuro não constitui um exercício inútil. Ainda que se possa ser céptico face à visão dos modernos profetas, não deixa de reconhecer-se a gravidade dos problemas no que, em particular, respeita ao ambiente[49].

Tal análise baseou-se num «*modelo mundial*» ordenador. O facto de o modelo se aplicar ao planeta inteiro constitui, sem dúvida, a sua principal originalidade, muito mais que o recurso à dinâmica dos sistemas. Todavia, a dimensão mundial do modelo apresenta, por sua vez, vantagens e inconvenientes. A principal vantagem é representada pela possibilidade de concentrar a análise sobre o *problema global do ambiente*. É que tal implica, inversamente, a utilização de numerosas hipóteses enormemente simplificadas, que desembocam de forma declarada em *variáveis mundiais de meio termo* que levam a duvidar da validade das inter-relações[50].

Os exercícios teóricos que se baseiam em hipóteses mais ou menos arbitrárias podem apresentar um grande interesse teórico e exploratório; Mas o caso é diferente assim que os autores pretendem tirar conclusões

---

[48] Numa produção abundante, podem citar-se, entre outros, Blueprint for Survival, *The Ecologist*, Janeiro 1972; René Dumont, *L'utopie ou la mort*. Paris, Seuil, 1973; G. R. Taylor, *Le Jugement dernier*, Paris, Calmann-Lévy, 1970. Departamento de Estatística das Nações Unidas, Nova Iorque, Outubro 1990, págs. 180 e segs.; H. A. Simon, *Models of Bounded Rationality*, 2 vols, Cambridge, Massachusetts (EUA), MIT Press, 1982.

[49] Como acentuou um dos críticos do clube de Roma, «Não se pode estar satisfeito. O mundo confronta-se com um problema de produção e de consumo de energia, zonas urbanas sofrem poluição e mesmo a revolução verde cria muitos problemas, mesmo resolvendo outros». – M. Jhahoda, «Postscrip on Social Change», in H. S. D. Cole e outro, *Thinking About the Future*, London, Chatto and Windus for Sussex University Press, 1973, pág. 210.

[50] Cfr. Relatório, Clube de Roma; também D. Hughes, Environmental Law, Londres, 1992, págs. 15 e segs.

114 António Carvalho Martins

políticas concretas para as acções a empreender. Numa matéria importante como esta, atitude de tal jaez pode ter consideráveis consequências[51].

Se olharmos para o passado, verifica-se que a cultura do *homo sapiens*, pelo que documentalmente se sabe, não tem mais do que dez mil anos. Foi há cerca de um milhão de anos que o homem se separou dos primatas, foi há alguns biliões de anos que a vida começou. No entanto, olhando para o futuro, é muito difícil prever como será o mundo nos próximos anos, para já não falar do que ele será ao longo do milénio ou dentro de um milhão de anos. No mundo, quase tudo cresce ou declina exponencialmente ou, mesmo, hiperbolicamente; para tal, a verdadeira e última razão é a explosão demográfica a que se assiste nos nossos dias. A curva de crescimento da população desde o princípio do século XIX configura-se como uma única hipérbole cuja particularidade é a de, matematicamente, tender para o infinito, mais ou menos, entre os anos 2040 e 2050. Como é evidente, no mundo, nada se torna infinito. Assim, a única previsão segura e correcta que hoje se pode fazer é a de que terão de ocorrer alterações drásticas. Essas mudanças drásticas modificarão as curvas de crescimento, dado que, na realidade, estas não podem tornar-se infinitas. No entanto, espera-se que tais curvas se modifiquem suavemente, não em termos quantitativos, mas sim em termos qualitativos[52].

---

[51] Sirva de exemplo, para o ilustrar, o facto de o Relatório apresentar afirmações de tal modo vagas e sibilinas como aquela que textualmente dizia que *«ao multiplicar por 10 o nível da poluição actual, a redução da esperança global de vida será relativamente débil, mas, ao centuplicar a poluição reduzir-se-ia em cerca de 50% a duração média e global da vida humana»*, *in Les limites de la croissance*, cit., pág. 328.

Esta hipótese assenta sobre uma análise de sensibilidade do modelo, mas nunca sobre factos concretos. É o que leva a pensar que o verdadeiro problema com este subsistema é que a maior parte dos desastres causados pelas substâncias poluentes são, na sua maioria, locais, ou ainda são causados por um só poluente ou categoria de poluentes, como os efeitos dos pesticidas sobre certos componentes dos ecossistemas. A circunstância de agregar o conjunto dos poluentes e de pressupor que actuam de maneira combinada desvia a atenção dos problemas urgentes que podem, de facto, ser ainda resolvidos, com clara vantagem sobre especulações acerca de uma corrida imaginária entre a *vida* e a *asfixia geral*. No futuro, previsível, certos perigos podem ser previstos e evitados. Tais acções são ainda susceptíveis de melhorar a situação a longo prazo. Cfr. Fernando Cesarman, «Ecocidio: La destruccion del médio ambiente», Mortiz, México, 1976.

[52] Cfr. Manfred Eigen, *Estádios para a Vida*, Balanço do Século, 1990, Imprensa Nacional – Casa da Moeda, pág. 121. Por sua vez, Humberto de Vasconcelos observa que nesta nave espacial, em que estão embarcados cerca de seis mil milhões de pessoas, 20 por

Economia e Ecologia   115

5. A ECONOMIA É UMA CIÊNCIA; A ECOLOGIA É A CONFLUÊNCIA DE NUMEROSAS CIÊNCIAS

Ao atingir este ponto do *iter* argumentativo proposto, tem-se por necessário delinear um esboço da relação parental e/ou dicotónica entre estas duas realidades científicas.

Economia e ecologia não se confundem pois, não obstante estarem intimamente ligadas[53]. A ecologia tem por objectivo estudar a soma de

---

centro viajam em primeira classe e os restantes no porão. Gente a mais. A pressão demográfica está na base de quantos males assaltam o Planeta. Se em Portugal, em vez de dez milhões de pessoas, apenas tivéssemos metade, o problema da habitação quase não existiria. Muitos outros, de carácter ambiental, seriam bem menores. Os peritos da ONU fizeram uma previsão para o ano 2100, com três cenários quanto à população. Para a previsão mais optimista, seremos 7,5 mil milhões em 2100, se a média de dois filhos por casal se impuser até ao ano de 2010, o que é altamente improvável. Seremos 11 mil milhões, se a média de dois filhos por casal for atingida até 2035. E, no pior dos casos, a Terra será habitada por 14,2 mil milhões de pessoas, se esta média se impuser apenas em 2065.

São bem conhecidos meios mais ou menos eficazes de controlo populacional: escolarização das jovens, melhoria do estatuto da mulher, desenvolvimento dos cuidados de saúde, assim como informação precisa sobre contracepção.

O problema da superpopulação e do controlo dos nascimentos coloca-se, para Albert Jaquard, de forma simples e em poucas palavras, «paradoxalmente», afirma este demógrafo francês, «trata-se da consequência dolorosa da mais maravilhosa das nossas vitórias. Durante dezenas de milhares de anos, as nossas mães nada podiam opor, a não ser as suas carícias e as suas lágrimas, às doenças que lhes levavam os filhos. No espaço de dois séculos, fomos capazes de fazer recuar a morte, nos países desenvolvidos, e a quase totalidade dos bebés tomam-se adultos. Nos países pobres, progressos sensíveis foram obtidos, graças a uma melhoria da higiene. A explosão demográfica é o resultado destas vitórias».

Num Planeta saturado de gente, a felicidade de impedir que uma criança morra pagar-se-á, necessariamente, com a obrigação de impedir uma criança de nascer. Ou melhor: de ser concebida. Procriar, que desde a origem do homem se tinha imposto como um dever absoluto, tomar-se-á um direito fortemente controlado. A bem de todos, mesmo dos que poderão nascer. – «A Conquista Humana Encheu o Porão (O Excesso de População Resulta de uma Conquista Humana); in Diário de Notícias, Negócios, 7 de Dezembro de 1992.

[53] A economia é uma ciência, entre muitas outras, como ela também parciais, com o seu campo de estudo próprio e delimitável; a *ecologia* aparece, cada vez mais, como a confluência de numerosas ciências, físicas-químicas, biológicas (principal e essencialmente) e sociais; sendo «*o funcionamento da natureza*», o seu domínio de observação (amplo e complexo domínio) e portanto pretensão sua encarar a biosfera como um todo no

todas as relações animais ou antagonistas de um animal ou de uma planta com o seu meio, inorgânico ou orgânico, neste compreendendo os outros seres vivos[54].

A economia é uma ciência social que estuda determinadas facetas do comportamento dos homens vivendo em sociedade. O domínio de estudo específico da economia é a produção pelo homem de bens e serviços e a repartição do valor de uns e outros (formado em mercados) entre os respectivos co-produtores, encarando a produção como «criação de utilidade» e entendendo «utilidade» como a aptidão das coisas para satisfazer necessidades humanas determinantes de actos de procura. A economia é, pois, uma ciência social, enquanto a ecologia é, sobretudo, uma ciência biológica[55].

A ecologia e a economia têm em comum, além da sua etimologia grega, o poderem ser analisadas segundo os mesmos conceitos. Haeckel via na ecologia a *economia da natureza*, levando às ciências biológicas um conceito das ciências humanas. Um movimento inverso conduz hoje a situar a economia no quadro mais amplo da ecologia. Movimento bem natural pois que, se a economia ensina a ser etimologicamente a arte de gerir a casa, a ecologia evoca o discurso, isto é, o *conhecimento da casa*[56]. Querendo com isto dizer que não é possível pretender trabalhar a favor do advento de uma sociedade mais justa e de um homem melhor e continuar a ignorar o que revelam os laboratórios sobre os mecanismos funda-

---

espaço e no tempo, a sua perspectiva é global, ou antes, englobante e integradora. Cfr. M. Gomes Guerreiro, *Ecologia dos Recursos da Terra*, Com. Nac. do Ambiente, Lisboa, 1979, pág. 28; E. F. Eckart, *Notas Preliminares acerca da Estrutura e do Funcionamento dos Ecossistemas,* trad. port. Agrossilva, ano I, n.º 2, Maio 1970, Universidade de Luanda, p. 67, 1.ª col.

[54] Cfr. Jean-Marie Pelt, *L'Homme Re-naturé*, Editions du Seuil, Paris, 1977, pág. 17; advogar, sempre, a «renaturação do homem».

[55] Cfr. Henrique de Barros, Economia e Ecologia, Dois Textos, Livros Horizonte, 1981, pág. 24.

[56] A casa de que se trata é, naturalmente, o nosso ambiente e, no mais largo sentido, a nossa casa comum: a Terra. Ora, não seria natural geri-la – a economia – em conformidade com as leis que regulam o seu funcionamento – a ecologia? Assim, a par e passo que estas leis irão sendo melhor conhecidas, o fosso que separa estas duas disciplinas, no entanto vizinhas, deveria encher-se pouco a pouco. Para o autor em causa, a «economia mais não é do que um sub-sistema da ecologia, a cujas leis se encontra submetida. Cfr. Jean-Marie Pelt, *ob. cit.,* pág. 200; também, a este propósito, Henri Laborit, La Nouvelle Grille. Pour décoder le message humain, Editions Laffont, Paris, 1974, págs. 23 e segs.

Economia e Ecologia

mentais da vida, sobre o homem e sobre as relações que este mantém com a natureza[57]. Do mesmo modo, não será a partir da biologia que se poderá formar uma certa ideia do homem, mas sim a partir de uma certa ideia do homem que se poderá utilizar a biologia ao serviço deste último, dado que, sozinha, a biologia não pode resolver nenhum dos problemas com os quais a sociedade se encontra confrontada.

É incontroverso, pois, que a estrutura, o sistema económico, é parte integrante do ambiente humano; marca-o, integra-o e não é possível tratar globalmente o ambiente, quer o ambiente urbano e a sua conexa componente de urbanismo, quer o ambiente rural e a sua conexa componente do ordenamento rural, quer o ambiente global e a sua conexa componente do ordenamento do território; não é possível tratá-lo sem ter em conta, como elemento importante da estrutura e da ordenação natural do ambiente, a actividade económica do homem[58].

Porque é uma das ciências sociais, ou seja, uma das que analisa comportamentos de homens vivendo associados com outros homens, a economia estuda o homem; porque se pode considerar uma das numerosas ciências biológicas, aquela que observa a biosfera *como um todo*, e porque o homem é um componente da biosfera, a ecologia também estuda o homem. O homem está na biosfera e isso obriga, antes de mais nada, a comportar-se nela como os restantes *seres vivos*, a agir como todos eles,

---

[57] Cfr. Gerard Bonot, «Les biologistes et le pouvoir», in *Nouvel Observateur*, n.º 2228, 15-21, Dezembro de 1980, pág. 28. «Nunca me hei-de esquecer do espanto com que ouvi da boca da comandante Cousteau, que foi um conceituado cientista e um reputado humanista, esta visão catastrófica:

– Pode escrever que eu lhe disse (porque também já o escrevi) que dentro em breve, ou fazemos desaparecer trezentos milhões ano de seres humanos, ou a humanidade não sobrevirá.

– O Comandante quer dizer «evitar que nasçam»?

– Não necessariamente – reforçou – evitar que existam!

Talvez ele fosse pessimista. Não foi essa, em todo o caso, a recordação que nos deixou. O que ele não era, seguramente, é irresponsável». – Almeida Santos, ob. cit., pág. 39.

[58] Cfr. Sousa Franco, *Ambiente e Economia*, Textos, Centro de Estudos Judiciários, 1994, pág. 131, aí acentuando que *«hoje é através dessa actividade que a sua articulação com o conjunto de elementos ambientais, nos quais se integram os de ordem económica, se constitui uma das principais ligações homem ambiente a par da ligação, digamos biológica ou biofuncional. De algum modo, a teoria económica do ambiente é muito mais antiga – embora também seja relativamente recente – do que a teoria jurídica do ambiente e sucedeu à teoria estritamente ecológica do ambiente».*

isto é, a manter e reproduzir a sua estrutura, objectivo prosseguido através da alimentação e constante adaptação *ao* e *do* meio que o cerca, ao e *do* ambiente, em suma (passiva e activa, portanto), e conseguida graças ao incessante esforço do seu organismo para restabelecer equilíbrios que, incessantemente também, estão submetidos a ameaças de rompimento, assinaladas pelas sensações de carência. Claro está que o ser do homem, em confronto com o dos restantes animais, possui algo de profundamente diferente, que o situa bem à parte, não apenas porque é o único animal dotado de inteligência inventiva e capacidade inovadora, mas também porque é o único que sabe, antecipadamente, que vai morrer e com isto não se conforma. Razão pela qual todas as leis da vida que se aplicam à generalidade dos seres vivos se aplicam ao homem[59].

A economia, tantas vezes definida com frases que contêm a palavra «riqueza», na expressão «bens materiais», pelo contrário é sobre aquilo que o homem tem ou ambiciona e procura ter que faz incidir a sua atenção, mesmo quando esse ter se mostre superior ao que seria necessário para o homem simplesmente *ser*. A economia está, assim, votada para o ter, a ecologia para o ser. Todavia, as sociedades de sobrevivência, em que consumo humano corresponde ao mínimo vital, ao limiar do fisiológico, pode aceitar-se que se verifica a igualdade «*ser-ter*», isto é, que o homem dispõe dos bens de que carece para se manter em vida e reproduzir-se, em suma para ser fisiologicamente. Nas sociedades ditas «de conforto» ou, mesmo, apenas de «*bem-estar*», caracterizadas não só por haver sido atingida a saturação da cobertura das necessidades primárias, mas, sobretudo, pela elevada utilização de bens de consumo duradouros, o ter começa a dissociar-se do ser e este último a identificar-se com o bem estar[60].

---

[59] Cfr. Laura Conti, «Qu'est-ce que l'écologie? Capitail, Travail, Environnement», in *Petit collection Máspero*, Paris, 1978, págs. 12-15.

[60] Nas sociedades mais avançadas que hoje se conhecem, ainda bem minoritárias demograficamente, e que poderão chamar-se da «abundância», do «supérfluo» ou mesmo do «desperdício»,, assumem presença crescente os bens de consumo (efémeros e dura-douros) que se destinam sobretudo a satisfazer desejos de influência, prestígio e até de ostentação. Foi Gandhi quem disse: «ser mais do que provável que a terra dê o bastante para as necessidades de todos, mas não para a cobiça de todos». Cfr. E. F. Schumacher, *Small is beautiful* (um estudo de economia onde as pessoas também contam), trad. port.. Colecção «Universidade Moderna», 65, Publicações Dom Quixote, Lisboa, 1980, págs. 17 e segs., ou, mais simplesmente, *«a recuperar a mensagem ecologicamente panteísta do II Polverello de Assis com os seus 'irmãos lobo' e os seus 'cardos amigos'. As futuras*

Numa perspectiva de capital versus preservação da natureza, o certo é que à criação do capital técnico, entendido este como *trabalho acumulado* (o ecologista preferiria certamente dizer energia acumulada e estaria certo visto que é disso que afinal se trata, mas a expressão trabalho acumulado é tradicional na linguagem económica), sempre considerada indispensável para permitir a desejada elevação do nível de vida das sociedades humanas, *objectivo* da análise económica tanto liberal como marxista, mas em si mesma potencial causadora de alterações perigosas nos ecossistemas, a ecologia contrapõe, atribuindo-lhe toda a prioridade, o conceito de respeito pela natureza, a ideia de que, acima de tudo e antes de mais nada, é imprescindível assegurar permanência e estabilidade aos ecossistemas ainda que «*intervencionados*»[61].

Por outro lado, ainda, a economia ao esforçar-se por analisar, interpretar e explicar fenómenos tipicamente sociais, para compreender e justificar determinadas decisões e certos comportamentos de seres humanos vivendo em sociedades organizadas, situa-se no passado (história económica ou nas instituições económicas), no presente, no amanhã imediato ou, quanto muito, e sempre cautelosamente, num futuro próximo[62].

---

gerações dirão da sua justiça. Seja permitida apenas uma profecia: estas futuras gerações viverão ainda com conforto, mas sem abundância. Mas para isso é preciso continuar a navegar e amar a Terra». Como fazia ressumar Gomes Canotilho na oração de Sapiência na abertura do ano lectivo de 1995/1996, na Universidade Autónoma de Lisboa, em 13 de Dezembro de 1995, «Juridicização da Ecologia ou Ecologização do Direito», in *Revista Jurídica do Urbanismo e do Ambiente*, n.º 4, Dezembro 1995, pág. 79.

[61] É exactamente nesta filosofia que radica a concepção dos chamados *Parques Naturais*, frequentemente mal interpretada. Cfr. Henrique de Barros, ob. cit., pág. 55.

[62] Na linguagem convencional dos economistas, com efeito, o *curto prazo* é aquele cuja duração não é suficiente para que, à escala macro-económica, varie perceptivelmente o «aparelho de produção» ao dispor da sociedade em causa (isto é, o conjunto melhor ou pior articulado de factores de produção fixos), durante o qual, e por isso mesmo, somente variam ou podem variar as quantidades produzidas de bens e serviços, transaccionados e consumidos, os preços e os capitais circulantes: conta-se por 1-2 a 3-4 anos; o *médio prazo* é aquele que tem duração bastante para que o referido aparelho de produção da sociedade em causa se altere ou possa alterar-se visivelmente, graças à entrada em actividade de novas empresas, à criação de novos capitais técnicos, à introdução de novas tecnologias, à adopção de novos sistemas de produção: mede 4-5 a 7-8 anos; o *longo prazo* é aquele cujo tempo é suficiente para que se modifiquem ou possam modificar as características demográficas e sociais de que depende a procura e com elas a própria estrutura da economia: desde 7-8 anos até 10 a 20; períodos superiores a 15-20 anos já são clas-

Pelt diz que, as escolhas da economia se efectuam dia a dia, já que *«perscrutar o horizonte não é o seu forte»*, o que a obriga a *«pilotar à vista, a navegar por palpite nas brumas da recessão ou sob os ventos quentes da inflação»*. Propõe, por isso, que a ecologia deixe à economia a terminologia habitual de conjuntura, as «chicotadas», as «apostas», as «convalescenças», os «relançamentos», os «balões de oxigénio», para se ocupar das noções de equilíbrio», de harmonia, de diversificação, de enraizamento, de permanência, de tradição, já que a visão ecológica, orientada para o longo prazo, conduz a seleccionar os projectos e as pistas mais ricas de futuro, a fazer sobressair os valores mais seguros ou menos submetidos aos caprichos da conjuntura[63].

A tendência normal dos economistas é, por tudo isto, a de *depreciar o futuro*[64], atitude que é matematicamente traduzida pela operação

---

sificados pelos economistas como *ultra-longos* e não lhes permitem mais do que previsões prudentes a roçar pela profecia arriscada. Para a Economia, em suma, não só a dezena de anos já é «longo prazo», mas as estimativas de produção, troca e consumo que se atreve a fazer a tais distâncias, afinal reduzidas quando comparadas com a aliás breve vida humana, apresentam-se sempre como meras conjecturas «futurológicas» marcadas pela precaução, matizadas e as mais das vezes até manifestamente receosas; extrapolações videntes no género da de Malthus, certamente a mais conhecida embora jamais confirmada, foram sempre mal acolhidas pelos economistas profissionais, que as consideram alheias à sua ciência, próprias apenas de visionários, Cfr. J. M. Pelt, ob. cit., pág. 104.

Tomou-se célebre, e continua a ser a cada passo citada, a amarga «boutade» de Keynes, segundo a qual *«a longo prazo todos nós estaremos mortos»*. Certos economistas são, a este respeito mais exigentes do que a generalidade. Schumacher, por exemplo, falando de previsão, considera o «longo prazo» a partir de cinco (5) anos. Ob. cit., pág. 194; Pierre Delfand, *Keynes e o Keynesiamismo*, Publicações Europa-América, 1977, págs. 156 e segs.

[63] J.-M. Pelt, ob. cit., págs. 181-189; H. E. Daly, «On Economics as Life Science», Journal of Political Economy, Maio-Junho de 1968, págs. 392-406. Uma forma latente de hipostasiar um continuado epílogo para uma breve história de uma espécie predadora.

[64] Na realidade, a história das relações do homem com o tempo, no horizonte cultural de que somos herdeiros, é, simultaneamente, a da tentativa de o compreender para melhor o neutralizar – afinal a luta filosófica por excelência – e a do lento, mas contínuo, triunfo da realidade temporal como indiscernível da nossa própria existência e da existência em geral. É a realidade mesma a que tem cravada no seu coração a famosa *«flecha do tempo»* a que se refere Prigogine no seu livro *Entre o Tempo e a Eternidade* (...) «vejo neste século, cuja obra crucial na ordem do pensamento é para mim Sein und Zeit, o século por excelência da temporalidade em todos os domínios, aquele em que, paradoxalmente, o tempo se constitui como transcendência, ou melhor, transcendência

Economia e Ecologia 121

financeira dita da *actualização* de capital, do reporte do montante deste ao instante zero do período em causa, e que leva a valorizar os bens tanto menos quanto mais afastada no tempo estiver a respectiva utilização, a ponto de se anularem, em poucos anos, tanto mais depressa quanto mais elevada a taxa de juro aplicada, e que faz também com que a obsolescência económica de um capital fixo se manifeste anteriormente à sua obsolescência técnica.

Tomando em consideração os *ritmos*[65] *a que obedece a renovação dos stocks*, respectivamente económicos e ecológicos, a mentalidade economicista, e em particular a que define as escolas justificadoras do capitalismo, incapaz de alcançar o longo prazo ou, mesmo, confessadamente voltada para o curto prazo e temendo a influência da «depreciação do futuro», favorece os programas de renovação rápida dos stocks (ou seja, neste caso, do capital técnico: equipamento e provisões)[66]. Trata-se de um modo de ver e agir oposto ao pensamento e à militância ecologistas, voltados para o longo prazo e, por isso, para o futuro, que se referem sempre a ritmos lentos de crescimento e renovação, isto é, de urna incessante reciclagem da matéria percorrida pelo fluxo de energia, que permitem manter o nível necessário o armazenamento, que é um processo dinâmico. Tais ritmos, ao serem artificialmente acelerados por processos científicos-tecnológicos, que incluem alterações genéticas, que visam permitir aos organismos vivos aproveitar melhor os fluxos naturais, abrem, sempre, a porta ao perigo de fazer diminuir os stocks constituídos pela biomassa[67].

---

imanente aquele em que a ausência de peso ontológico, quer dizer, o seu carácter efémero, é gozado, vivido e assumido como a única eternidade». Cfr. Eduardo Lourenço, *Os Tempos do Século, ou o Crepúsculo da Consciência Histórica, Balanço do Século*, Imprensa Nacional-Casa da Moeda, 1990, págs. 238-239.

[65] A este respeito a situação está de algum modo invertida. As leis fundamentais da natureza estão para nós doravante associadas a fenómenos de instabilidade, de bifurcação, de temporalização. Estas leis aplicam-se ao homem e à história das suas formações culturais mais do que a qualquer fenómeno. Tratar-se-á de um novo antropocentrismo? Talvez; mas, seja como for, esta visão do tempo não resulta de uma decisão unilateral do homem, mas sim deste diálogo extraordinário entre o homem e a natureza que a ciência ocidental inaugurou e que adquire uma nova forma. Cfr. Ilya Prigonine, *O Homem e a Natureza, Balanço do Século*, Imprensa Nacional – Casa da Moeda, 1990, págs. 215-216.

[66] Cfr. René Passet, *L'Économique et le Vivant*, Payot, Paris, 1979, pág. 19; S. Faucheux & J. F. Noël, «Le Calcul économique peut-il venir au secours d'une politique, de lutte contre l'effet de serre», *Revue française d'économie*, 7(1), 1992.

[67] O homem, lançando mão de recursos não renováveis, até então adormecidos nas respectivas jazidas, passou a intervir com força nos diversos sistemas que formam a

Neste âmbito, ainda, cumpre assinalar o contraste que existe entre as *relações lineares* próprias da Economia (que não excluem, aliás, nem a interdependência, nem a reciprocidade e que vão, por isso, para além da causalidade simples) e as relações de interdependência múltipla ou generalizada, de *causalidade circular*, que à Ecologia compete analisar por serem aqueles que ocorrem entre os inúmeros elementos e fenómenos da natureza[68].

Para os ecologistas, a complexidade é a regra de vida, uma complexidade tão extensa, tão profunda e tão intrincada que nunca foi, é, ou será susceptível de ser apreendida na sua integralidade pela mente humana[69]. Procurando reter o conceito de *produtividade*, *apresenta* ele diferentes sentidos em economia e em ecologia. Certo que é de eficácia que se trata nos dois casos, mas de uma eficácia correspondendo a critérios opostos, já que, no primeiro caso, se trata de tirar partido de um stock, que o homem criou ou de que se apropriou, e, no segundo, de utilizar um fluxo que ao homem é oferecido pela natureza e de cuja fonte não consegue apropriar-se em termos individuais[70].

---

biosfera, cada qual funcionando com a sua velocidade própria, consoante as regiões e os organismos; estes mereciam considerar-se «sistemas perfeitos, articulados e unidos ao mesmo tempo, diferenciados e móveis, com passagens contínuas de um estádio a outro, e ao mesmo tempo estáveis e capazes de se autoconservarem por que baseados na reciclagem», isto é, sem fugas ou perdas consideráveis. Cfr. Laura Conti, *ob. cit.*, pág. 58.

[68] Os economistas admitem, por exemplo, que a oferta e a procura comandam o preço, mas também que este condiciona uma e outra; que as variações de preço ocorridas nos mercados se repercutem de uns para os outros, influenciando-se reciprocamente; que a produção depende da procura, mas que aquela pode determinar esta através da acção exercida sobre a oferta; que a inflação ocasiona a alta dos salários, mas que esta é causadora daquele, etc. Tudo relações que se caracterizam, portanto e sem dúvida, pela interdependência, mas que se mantém lineares, sem deixarem de ser complicadas. – G. A. Comia, R. Jolly, P. Stwart (eds.) (1992), *Adjustment With a Human Face*, Volume I: *Protecting The Vulnerable and Promoting Growth*, Clarendow Press, Oxford.

[69] R. W. Fri «Sustainable Development: Principles in Practice», Resources, n.º 2, Inverno de 1991, págs. 1-3. R. Kümmel, «Energy as a Factor of Production and Entropy as a Pollution Indicator in Macroeconomic Modelling», *Ecological Economics*, 1(2), Maio de 1989.

[70] Às acções e reacções permanentemente interligadas tem sido dado o nome expressivo de *flutuantes*, considerando-se o conjunto das sucessivas situações que elas vão originando como sendo uma «ordem por flutuação», bem distinta da que traduz o equilíbrio termo-dinâmico que só a morte é capaz de originar. Como diz ainda Pelt (pb. cit., págs. 145-146): *«é esta inteligência das regulações naturais que a ecologia se esforça por injectar na economia».*

Economia e Ecologia

123

É o limitadíssimo rendimento natural (ou produtividade ecológica) dos ecossistemas que induziu e induz o homem a aplicar a sua força física, a sua habilidade manual e o seu espírito inventivo e orga-nizativo (traduzido em capitais técnicos, fixos e circulantes, em cultura e em capacidade de gestão) para, lutando sempre contra a omnipresente entropia, intensificar a produção (quantitativamente, sem dúvida, mas sobretudo qualitativamente), através da introdução de fontes artificiais ou concentradas de energia nos sistemas de produção agrícolas, ou seja em ecossistemas transformados. A verdade, porém, é que a energia destarte acumulada, por mais concentrada que se apresente ao ser aplicada, corresponde sempre a diminutas quantidades quando confrontada com a energia natural dispersa que continua a comandar os sistemas de produção em agricultura.

Para a economia, porém, além de ser calculada, em geral, por forma directa e não inversa, isto é, com o produto em numerador e o factor em denominador, a produtividade energética refere-se à energia *adicionada*, à energia trazida pelo homem ao sistema de produção, e não pretende medir, tentando isolá-lo, o contributo da energia natural, da energia captada do sol pela terra através das plantas, que considera (ou, pelo menos, tem considerado) bem livre, sem custo de produção, embora oneroso quando intervém a instituição da propriedade privada[71].

Da individualização de postulações resulta que cada uma destas ciências tem um específico *campo predilecto de observação da realidade*: para a economia trata-se do mercado; para a ecologia, da vida. Na verdade, estudar o mercado, instituição humana e universalmente social, consiste em analisar os fluxos originados pelas relações de *troca compensada*, entre homens ou grupos de homens, com recurso à moeda como bem intermédio, em observar e descrever os comportamentos convencional e supostamente hedonísticos de pessoas ou colectividades que, com o mínimo possível de sacrifício, ao menor custo, procuram, sem cessar, para si e para os seus, nem sempre impulsionados pelo egoísmo, mediante a apropriação e fruição de bens e serviços, nível mais elevado de satisfação de necessidades, maior bem estar e segurança., Pretender subordinar os ditames do mercado as leis naturais que regulam a matéria, a energia e a informação, e por consequência o ser vivo, equivale a remar contra uma corrente quase invencível[72].

---

[71] R. Kümmel, «Energy as a Factor of Production and Entropy as a Pollution Indicator in Macroeconomic Modelling», *Ecological Economics*, 1(2), Maio de 1989

[72] Mesmo na hipótese de subsistência universal da economia de mercado abrangida pelo *Plano*, o mesmo é dizer na ultrapassagem da «*institucionalização do indi-*

Por sua vez, estudar a vida é a meta e a razão de ser da ecologia, tratando-se de escolher a biosfera e, também, o homem como campo de observação. Haverá de aceitar-se, igualmente, *não existir irredutibilidade entre o homem da zoologia e o homem social*. Desde logo, porque este não passa de um componente da biosfera, de um dos elementos constitutivos desta, estando a esfera das actividades humanas, a circunscrever a esfera económica[73]; até quando a conclusão favorável à superioridade das influências culturais (modos de produção, demografia, política, ideologia) se perfila sobre as influências ecológicas, a distinguir da crença, muitas vezes repetida, mas perigosamente incorrecta, de que as sociedades industriais se libertaram da influência do ambiente, e, portanto, de que a interacção entre tecnologia e ambiente já não serve para explicar diferenças e similitudes culturais[74]. Tudo a significar que *o crescimento económico é incompatível com as exigências da Ecologia, não, porém, o desenvolvimento*. Ao fenómeno de *crescimento económico*, opõem-se os modelos de sociedade advogados pelos ecologistas, mas o mesmo já não se poderá dizer do *desenvolvimento económico susceptível* de compatibilização com tais modelos. Apesar de abalado, o critério do crescimento continua a receber utilização universal e nem sequer é, de modo algum, apanágio do capitalismo[75].

---

vidualismo e da irresponsabilidade» se reclama uma gestão racional, cfr. Schumacher, *ob. cit.*, pág. 42.

[73] Não obstante a postura de certos autores que consideram ter o processo de *socialização do ser humano*, que parece ter começado ainda antes do aparecimento dos primeiros hominídeos, sido levado suficientemente longe para ver, senão absorvido, pelo menos diluído ou, mesmo, quase apagado o factor biofísico. Nesta óptica, chega a afirmar--se que «*não existe ligação nenhuma do homem ao seu meio que não resulte da iniciativa humana*», que a passagem do animal ao homem teria ocorrido em duas grandes fases, teria tido duas histórias: durante a primeira, o homem, surgiu como um produto; durante a segunda, o homem «produz-se a si próprio» construindo para seu serviço uma ordem distinta da natural, uma ordem artificial que é a ordem social, a tal ponto que «não restará do estado natural, dos seus mistérios e da sua opacidade mais do que uma lembrança ou uma imagem poluída, refractada por um mundo humanizado, por uma natureza técnica». Cfr. Serge Moscovici, *A Sociedade Contranatura* Livraria Bertrand, Lisboa, 1977, pág. 167.

[74] Marvin Harris, ob. cit., págs. 55-155; K. G. Mäler, «National Accounts and Environmental Resources», *Environmental and Resource Economics*, 1(1), 1991, págs. 1-15.

[75] Jacques Robin analisa ideologias com reconhecida influência social – liberalismo, marxismo, «humanismo científico» – para chegar à conclusão severa de que, em todas elas, o crescimento económico constitui o motor central que vai culminar no

Situação hoje típica de um crescimento real sem desenvolvimento efectivo é a de substituir as produções alimentares tradicionais de povos primitivos por culturas destinadas à exportação, as quais utilizam os solos mais férteis e melhor localizados e exigem consideráveis importações de bens de produção e tecnologia. Aumentar a produtividade de explo-

---

evangelho do Produto Nacional Bruto e no «American Way of Life» com a esperança patética do progresso indefinido do homem face à natureza. – Do Crescimento Económico ao Desenvolvimento Humano, Sociocultura, Lisboa, 1977, págs. 18 e segs.

É preciso, no entanto, neste contexto, em particular, ter devidamente em consideração a noção falaciosa do produto nacional bruto (PNB). Trata-se de uma noção demasiado quantitativa e unidimensional: tudo quanto, no decurso do ano, a actividade do país produziu com valor mercantil, expresso portanto em termos de preço, e que atingiu o estádio final, isto é, que não teve carácter de bem ou serviço intermediários, é adicionado e assim se determina o PNB, quantia monetária cuja variação de ano para ano, quando positiva, define e mede o crescimento, mas a qualidade se posterga. Soma aritmética, afinal, de todos os gastos da nação, quer sejam positivos, quer sejam negativos: cigarros e cancro do pulmão, automóveis e hospitais, centrais nucleares e leucemia; ou ainda, o facto, tão absurdo como verdadeiro, de os engarrafamentos de trânsito fazerem aumentar o PNB tanto mais quanto mais prolongados e densos. O mesmo se podendo dizer dos acidentes de automóvel que, nos E. U. A. custam à nação tanto como o ensino superior. Jean Roger Mercier, Le Choix écologique, Ed. Debart, Paris, 1978, págs. 19-20; M. Faber, H. Niemes & G. Stpham, Entropy, Environment and Resources, Springer – Verlag, Berlin, 1987. Muito daquilo que a economia não vê envolve a destruição crescente do ambiente. Muitos livros de economia famosos nem sequer se referem a assuntos tão básicos para as decisões económicas como a poluição ou o esgotamento dos recursos naturais. Embora estas questões tenham sido estudadas por muitos especialistas de microeconomia em contextos empresariais específicos, não são normalmente integradas na teoria económica. «Não há qualquer ponto de contacto entre a macroeconomia e o ambiente», diz Herman Daly, um economista do Banco Mundial que investigou o problema. – Cfr. Al Gore, A Terra à Procura de Equilíbrio, pág. 157.

Acresce que a cegueira contabilística não se limita apenas à avaliação de produtos. Segundo a Primeira Lei da Termodinâmica, nem a matéria nem a energia podem ser criadas ou destruídas; portanto, os recursos naturais são transformados quer em produtos úteis, chamados mercadorias, quer em derivados nocivos, que incluem aquilo a que por vezes chamamos poluição. Logo, o nosso sistema económico mede a eficiência da produção, ou «produtividade», de uma forma que dá melhor conta das coisas boas que produzimos do que das más. Mas todos os processos de produção criam resíduos; porque é que não são contabilizados? Se, por exemplo, um país produzir enormes quantidades de alumínio, porque é que não se contabilizam os resíduos de fluoreto de cálcio, que é um derivado inevitável? – Ibidem, pág. 200. No mesmo sentido, M. Common, C. Perrings (1992), «Towards An Ecological Economics of Sustainability», Ecological Economics, 6:7-34.

ração da terra em dado território, para se limitar, depois, a exportar esse aumento, sem melhorar os padrões de vida da população, ou, nem sequer, manter consumos tradicionais adaptados ao ambiente, ao mesmo tempo que se introduzem novos consumos, mais ou menos supérfluos, poderá fazer aumentar o *produto interno* e portanto originar crescimento, mas não é processo que conduza a desenvolver economicamente a região[76].

O crescimento económico pode ocorrer sem que exista qualquer planeamento. Trata-se de um critério de avaliação da actividade económica que se compatibiliza, sem dificuldades especiais, com o liberalismo económico mais puro: cada pessoa e cada empresa privada visaria os seus interesses próprios, sem a menor intenção de servir o interesse geral, e, não obstante a agregação das consequências dessa infinidade de micro--decisões egocêntricas e não coordenadas, conduziria ao resultado global colectivo mais benéfico possível, como se de uma força tão oculta como providencial (imaginou-se, até, a figura da mão invisível) estivesse às ordens da colectividade e a todos conseguisse impor os seus bons desígnios[77].

Como escreve Gomes Guerreiro, *«o crescimento constante é apenas a filosofia do impossível (...), a não ser que se trate de crescimento para o caos, se se entender que tudo se finda na morte»*[78]. *Aliás, como Schumacher*

---

[76] É por isso que os especialistas em desenvolvimento do «terceiro mundo» tendem a preconizar o acréscimo das produções localmente utilizáveis e o aumento e melhoria do consumo interno, em vez de levar a sociedade em causa a tomar-se exportadora de alimentos e matérias primas e importadora de bens e serviços de produção. Cfr. Henrique de Barros, ob. cit., pág. 56; J. A. Hauser, *Bevölkerungs-und Umweltprobleme der Dritten Welt*, Vol. 1, Verlag Paul Hampt, Berna e Estugarda, 1990, págs. 264-273.

[77] O neoliberalismo económico externo da escola norte-americana do Prof. Milton Friedmann surgiu como um inesperado renascer das cinzas do «laissez faire» dos primeiros economistas, aos quais expressamente aquele economista se refere na sua obra *A Liberdade de Escolha*, ao lamentar que esteja esquecida a opinião de Adam Smith de que o «indivíduo ao prosseguir o seu próprio interesse favorece muitas vezes mais eficazmente o interesse da sociedade do que quando tem realmente a intenção de o fazer». Embora se saiba que as ideias de Friedmann estão inspirando as políticas conservadoras aplicadas ou propostas nalguns países, a generalidade dos comentadores informados, como por exemplo, o famoso Jonh Gaibraith, não espera dessa aplicação senão crescimentos económicos cada vez mais distorcidos, e por isso, socialmente inadequados, subida da inflação, aumento sensível do desemprego, reforço da desigualdade, baixa do nível de vida, etc. Cfr. Francisco Vale, «Reagan interpreta: Estratégia para o Desenvolvimento», *O Jornal*, 14, 1980.

[78] Ob. cit., pág 16.

salienta, «ao fim de algum tempo o próprio PNB se nega a crescer mais, não devido a qualquer fracasso científico ou tecnológico, mas sim a uma paralisia insidiosa de não cooperação, que se exprime em formas de evasão diversas, não só da parte dos explorados e oprimidos como também de grupos altamente privilegiados»[79].

O *desenvolvimento económico*, nos termos operativos considerados, trata-se de um conceito económico que, embora corrigindo-o, se sobre-põe, em geral, ao do crescimento, já que se costuma considerar este (o acréscimo anual do PNB) como condição prévia e suporte daquele, embora haja quem preconize a conveniência de *abrandar o crescimento*, alterando o ritmo da «produção furiosa de bens materiais com valor mercantil» e, até, quem advogue o *crescimento zero*[80].

O desenvolvimento económico, *rectius, o desenvolvimento humano* é uma noção qualitativa ligada à ideia de uma estrutura ou composição do PNB julgada favorável ao interesse colectivo, designadamente à justiça social, e, portanto, a uma equitativa distribuição entre os consumidores dos bens e serviços disponíveis. Assim entendido, o desenvolvimento é susceptível de ser ajustado às imposições da defesa do ambiente e da protecção dos recursos naturais[81].

---

[79] *Ibidem*, pág. 32. P. Knoepfel & H. Weidner, Luftreinhaltepolitik in interna-tionalen Vergleich, Sigma, Berlim, Tomo I, 1985; P. Knoepfel, Der Stoffhanshalt der Schweiz – materielle Anstausch – Beziehung Zwischen Oekonomie und Umwelt, Memo, Instituto Paul Scherrer Villigen und Würenlinglh, 1990, pág. 17.

[80] O crescimento zero, no exclusivo significado de paragem no aumento de bens e serviços, não constitui certamente um agente de desenvolvimento económico, pela simples razão de que o que deve interessar é a alteração da qualidade do crescimento, com aumento de certas coisas e diminuição de outras, e não a mera interrupção daquele, a qual equiva-leria a substituir um vazio por outro vazio. A. M. Freeman (1993), The Measurement of Environmental and Resource Values: Theory and Methods, Resources for the Future, Washington, DC., pág. 47.

[81] Com efeito, embora o ecologista não possa deixar de recusar o conceito meramente quantitativo do crescimento económico, torna-se-lhe possível encontrar, em determinados tipos de desenvolvimento, acolhimento favorável às suas teses, a menos que se coloque numa perspectiva extremista e portanto irrealista de protecção da natureza, a todo o transe. Por outro lado, o desenvolvimento económico não pode verificar-se sem planeamento, afirmação que dispensa argumentos, tão óbvia se apresenta. Só quando exista planeamento, e só na medida em que se proponha conseguir um determinado tipo de desenvolvimento (e, consequentemente, uma certa estrutura do consumo), voltado para a qualidade de vida e preocupado com a estabilidade e a recuperação do ambiente, é que se constituirá um terreno sólido de entendimento entre o motor económico e o travão

Acrescente-se que, segundo um conceito implícito no binómio contrastante «desenvolvimento-sub-desenvolvimento», o desenvolvimento não é um conceito intemporal, antes possui uma localização histórica precisa: o mundo depois da revolução industrial. Claro está que, desde que existam nações, sempre as movem simultaneamente, ricos e pobres, cada qual vivendo à sua maneira e mantendo, ou não, boas relações entre si. Mas foi o facto de a revolução industrial se ter realizado apenas em certos países, sem que esteja provado que somente neles seriam possível e de, em simultâneo, estes países terem forçado os restantes (até, quando necessário, «*manu militari*» a fornecerem matérias primas baratas para as novas indústrias, que esteve, e está, na origem de tão discutido contraste que opõe os desenvolvidos aos subdesenvolvidos, ou, mais eufemisticamente, os desenvolvidos aos «*menos desenvolvidos*», numa situação global em que os dois estádios formam um todo em que cada qual é condição recíproca do outro[82].

---

ecológico. Cfr. G. H. Grossman (1995), «Pollution and Growth: What Do We Know?, in I. Golden and L. A. Winters (eds.), *The Economics of Sustainable Development*, Cambridge University Press, Cambridge, págs. 68-69.

[82] Marvin Harris (Culture, Man and Nature, Thomas Y. Crowell Company, New York, 1971, pág. 449) escreve que o subdesenvolvimento é uma condição que se deve restringir ao contexto da era industrial. As nações subdesenvolvidas são sociedades contemporâneas com nível estatal que têm estado em estreito contacto com as nações industrializadas, mas que só conseguiram um consumo per capita de uma pequena fracção de abastecimento mundial de bens e serviços industriais e agro-industriais; G. M. Higgins, A. H. Rassam, L. Naiken (982), *Potential Population Supporting Capacities of Lands in the Developing World, Food and Agricultural Organization*, Rome, 12.

A consequência social mais notória de enorme aumento do rendimento nacional nos países que se desenvolveram foi a generalização à grande massa da população, o cidadão comum, de padrões até então desconhecidos de higiene, bem-estar, conforto, educação, conhecimento e divertimento, sem que reconhecer isto equivalha a dizer que as desigualdades foram suprimidas e a miséria abolida, nem muito menos que a cultura dos povos desenvolvidos seja antropologicamente superior à dos subdesenvolvidos. O principal reverso da medalha, à escala mundial, foi o terem-se fixado em montantes muito reduzidos os rendimentos dos países subdesenvolvidos, do mesmo passo que se radicava neles uma enorme assimetria na repartição deste diminuto rendimento global que permitiu a uma pequeníssima minoria atingir, ou mesmo superar, os melhores níveis de consumo verificados nas sociedades industrializadas, mas forçou a maioria a viver em nível de mera subsistência, sem perspectivas de melhoria e até com justificados receios de agravamento. Tornou-se mesmo admissível, perante a evidência dos factos, expor o estranho conceito do «desenvolvimento ao subdesenvolvimento» (M. Harris, ob. cit., pág. 474), em conse-

Não obstante, aguarda-se, porventura com um tudo-nada de audácia intelectual, a plena reaproximação entre as duas ciências. Tudo isto, sem querer assumir que a *visão da economia é egoísta e a da ecologia altruísta*; que a economia se debruça sobre sentimentos humanos que são de índole egoísta, analisando determinadas consequências sociais destes, ao passo que a ecologia ao interessar-se pelo destino da nossa espécie como um todo, assume certo cariz altruísta. Desde logo porque, há que dizer-se, em abono da verdade, numerosos são os economistas contemporâneos que reconhecem, sem esforço, o facto de que são, a cada passo, tomadas decisões económicas inspiradas em sentimentos de fé, fraternidade, amor ao próximo, de serviço, em suma, noutros imperativos morais ou estéticos, ou, até, em simples pulsões, ou seja, não em critérios apenas quantitativos, mas também somente qualitativos, de qualquer modo alheios ao egoísmo puro e simples. Depois, porque numa vertente ecológica, a curiosidade científica, a ânsia de desvendar segredos recônditos da natureza, está, sem a menor dúvida, na raiz da vocação dos ecologistas, tanto ou provavelmente mais do que o impulso bem altruísta que os leva a utilizar o seu saber na luta pela sobrevivência da espécie humana num ambiente de novo compatibilizado com este. A ecologia assume feição altruísta ou, se se preferir, egoísta, mas agora à escala da espécie, não individual, portanto, um egoísmo, por assim dizer, telúrico[83]. Mas não equivale tudo isto, de modo nenhum, a sugerir que a Ecologia seja confundível com a Moral, mas sim e apenas que não pode, cientificamente, deixar de tomar conhecimento e menosprezar os danos que, na sua generalidade, voluntária ou involuntariamente, consciente ou inconscientemente, as acções humanas que a Economia estuda causam à humanidade e ao ambiente, antes fazem de semelhante interesse não só a própria razão de ser do espaço que reservou para si própria no seio da ciência, mas também da mili-

---

quência do qual, «em muitos países, como o Brasil e o México, que têm acusado taxas relativamente elevadas de crescimento, o número de pessoas quase inteiramente privadas dos benefícios da saúde e do bem estar da era industrial, aumentar rapidamente. G. Hardin (1991), «Paramonts Positions in Ecological Economics; in R. Constanza (ed.). *Ecological Economic: The Science and Management of Sustainability*, Colombia University Press, New York, págs. 16-20.

[83] Radicalmente diferente deste egoísmo telúrico é o que Vieira da Silva chamou o etnocentrismo, o egoísmo ao nível das etnias, que leva algumas raças e nações a dominar e explorar outras, apressadamente classificadas *como inferiores. Table Ronde Sur Écologie et Développement* (12-18 marc. 1973), Université de Paris, VII, Laboratoire d'Écologie Générale et Appliquée, pág. 89.

tância social e da intervenção cívica que se propõe desencadear e sustentar[84].

As visões do economista e do ecologista, no entanto, inexoravelmente, vão-se aproximando cada vez mais, encontrando sínteses válidas para as suas contradições, descobrindo novos horizontes, não de identificação, nem de fusão, mas de *convergência e harmonização*, conciliando-se. Tal significa, também, a ultrapassagem definitiva da admissibilidade da influência dessa «mão invisível» referida pelos economistas liberais do século XIX, que tomaria dispensáveis as intervenções conscientes e articuladas da sociedade, do poder político, na actividade económica[85]. Do mesmo modo, também, uma nova economia reconciliada com a ecologia, a tal *meta-economia*, de Shumacher[86], «*economia da nave espacial*». Há, pois, que estar atento em particular à permanente influência desestabilizadora do homem sobre a natureza, à transformação mais ao menos profunda da terra, do mar, e do ar, até há pouco tempo (um, dois séculos?) moderada e sempre reversível, dada a limitada eficiência da tecnologia, na nossa época já muitas vezes *tornada irreversível e, por isso, destruidora*[87], configurando *perturbação e ruptura dos ecossistemas*, não

---

[84] Henrique de Barros, *ob. cit.*, pág. 64.

[85] Nessa altura, de resto, ainda não se tomara patente que um somatório de «deseconomias externas» privadas, numerosas e repetidas, por mais benéficas que cada uma haja sido ou parecido ser a determinado interesse privado, só pode conduzir a lesar o interesse geral, a «castigar os outros» no dizer de Alan Cottrel, *Economia del Médio Ambiente* (trad. esp. de Envi-ronment Economics, 1976), Projecto Alhandra, Madrid, 1980, págs. 7 e 40.

[86] Ob. cit., pág. 44; H. T. Odum, «Maximun Power and efficiency: A Rebuttal», *Ecological Modelling*, 20, 1983, págs. 71-82; Luís Filipe Colaço Antunes, O Procedimento Administrativo de Avaliação de Impacto Ambiental, Para Uma Tutela Preventiva do Ambiente, Livraria Almedina, 1998, págs. 301 e segs.

Há uma certa ostentação no facto de este nascer de século arvorar os lisonjeiros auspícios de um «regresso da ética». O discurso dos valores exibe-se por todo o lado em singular constraste com a atmosfera reinante: na revitalização das organizações caritativas, nos combates contra o racismo e a «exclusão», na exigência de uma deontologia mais rigorosa para os meios da Comunicação e de uma moralização da vida económica e política, na *preocupação com o ambiente*, no aumento do poder dos juizes, na bio-ética, na luta pela protecção das minorias... A lista destes novos imperativos é infindável, sugerindo que há uma preocupação nova e generalizada com o bem, ou mesmo com um «angelismo extreminador». – Cfr. Alain-Gérard S lama, *L'Angelisme Exterminateur*, Grassei, 1993.

[87] E. F. Eckart assinala que a actividade do homem «tem desfigurado a superfície da Terra, modificando 80% dos seus ecossistemas». Cfr. *Notas Preliminares acerca da*

só como ameaças, mas, sobretudo e mais dramaticamente, *como realidades*. Uma ciência social que se proponha estudar apenas o ter e não também o ser é uma ciência mutilada e mutilante, aceitando-se, pois, como imperioso defender e preservar os recursos naturais. Quer isto dizer que a economia contemporânea não pode deixar de aprender as regras do equilíbrio, da tendência à duração, do automatismo articulado e purificador dos desvios ocasionais ocorridos nos ecossistemas naturais, e a estudar a melhor foram de os aplicar aos sistemas de produção agrícolas e florestais, com os inevitáveis ajustamentos exigidos pela própria artificialização, sem renunciar jamais ao intento de promover o bem estar dos homens. Essa será, a nova face da economia, mais convincente, mais consentânea com os interesses do homem, como espécie zoológica ameaçada pelo seu próprio comportamento[88].

Estrutura e do Funcionamento dos Ecossistemas, Agrossilva, ano I, n.° 2, Maio 1970, pág. 68. E, mesmo para os que acreditam mais na força recuperadora da natureza do que no poder destuidor dos homens, deve tal circunstância ser, antes, «*levada a crédito da organização eficiente dos ecossistemas e não da sensatez do homem*». Cfr. Ramon Margalef, *Perspectives in Ecological Theory*, The University of Chicago, Press, Chicago, 1970, pág. 3.

[88] Como acontece perante situações inéditas, para as quais o passado não favorece respostas, esta nova economia deve atribuir largo quinhão ao contributo das utopias, sem nunca esquecer a distinção *entre «as utopias da vigília e as utopias do sonho»*. Cfr. Erich Fronm, *Tener o Ser?* Trad. esp. *Fondo de Cultura Económica*, Madrid, 1978, pág. 164. «A utopia aparece, em muitos casos, como a caricatura, para o bem e para o mal, de dados princípios que a sociedade real (sempre mais conciliadora, e sobretudo, porque agónica e histórica, sempre muito mais mesclada) não pode apresentar nas suas inteiras consequências e na pura lógica de uma aplicação perfeita. Assim, a utopia pode falar em total abolição da propriedade privada, sendo certo que tal nunca terá sido *de facto* totalmente conseguido. Do mesmo modo, a utopia pode apresentar, mesmo em épocas recuadas de individualismo, ou, mais chegadas, de liberalismo. Direito absolutamente público e sem concessões a particularismos e singularidades. Com o tempo, com as revoluções e sobretudo com as guerras, que, ao contrário da paz eterna das cidades ideais, são as grandes obreiras dos infernos unitaristas e unanimistas que geram a utopia realizada, o mundo real vai-se habituando aos horrores pacíficos e pacificadores do Leviathã. E a utopia vai fazendo o seu caminho pela realidade adentro.

Por isso, porque a utopia nos fornece logo e no estado puro o que a realidade só consegue moer muito devagar no moinho dos deuses, nunca agradeceremos bastante esta dádiva antecipadora. Por ela, é-nos dado ver muito da novidade e da moda de vários futuros em obras já velhas e *démodées*. Fora a leitura dos utopistas medicina frequentada, e não padeceríamos tanto em vão (e quantas vezes do funesto) frenesim do estar à la page. Essa é já razão vital do magno interesse prático dos estudos utópicos por parte dos juristas,

Do mesmo modo, se impõe a *consciencialização económica dos ecologistas*. É que enquanto as curvas de crescimento demográfico não tiverem revelado o seu carácter assintótico, como já aconteceu nalgumas áreas e porventura acontecerá um dia à escala mundial, e enquanto não abrandar a ânsia para elevar os níveis de vida e expandir o bem-estar, o ecologista consciente e informado poderá, sem dúvida, preconizar que estes diversos crescimentos se moderem, mas não lhe será lícito deixar-se conduzir à situação de ser arauto de regresso a um passado de *comensalismo com a natureza*, oposto ao parasitismo actual, o que equivaleria a aceitar uma condição humana de penúria generalizada, a apresentar-se como um defensor indiscriminado e exclusivista de tudo o que é ou lhe parece natural, apenas por o ser, fingindo ignorar que o homem social sempre tendeu a evadir-se da natureza. Cumpre-lhe, ao invés, sem desertar do seu nobre posto de defensor vigilante das fontes da vida, compreender que o fluxo de bens e serviços economicamente úteis, ao dispor da humanidade, tem que ser mantido em níveis elevados, ainda que, à *escala mundial*, inferiores aos já alcançados por certas minoritárias colectividades nacionais[89].

É certo que a empresa privada pura, o centro de decisões actuando num quadro de total *laissez-faire*, já não se encontra ou dificilmente se encontra hoje em dia, embora existam economistas e políticos que a defendam e até que desejariam restabelecê-la. No entanto, o que se tem feito para lhe limar arestas ou corrigir defeitos «uma gestão Keynesiana, um pedacinho de tributação redistributiva e a força compensadora dos

---

políticos, sociólogos e quantos lidem com a varinha de condão da mudança das regras sociais» – Cfr. Paulo Ferreira da Cunha, *Constituição, Direito e Utopia, do Jurídico--Constitucional nas Utopias Políticas*, Universidade de Coimbra, Coimbra Editora, *Studia Iurídica*, 1996, págs. 242 e 243. «Juger de l'utopie par l'histoire à venir, c'est croire l'histoire n'a qu'un cheminement possible, qu'elle est déterminée (...)». Cfr. Jean--Marie Goulemot, Utopíes et Histoire, in C, tomo XXXV, Maio 1979, n.º 384, págs. 446--447.

[89] O exemplo clássico é o da Grã-Bretanha durante a segunda metades do século XIX, que conseguiu industrializar-se extensa e rapidamente, não só porque os seus empresários exploraram, sem piedade, os trabalhadores nacionais, mas também porque criou uma frota mercante imensa, protegida pela mais poderosa marinha de guerra do mundo, que lhe trazia matérias primas baratas de todas as partes do mundo (é certo que lhe trazia igualmente a poluição e outros danos ambientais causados por matérias que só no próprio local de origem poderiam ser recicladas). Cfr. M. Gomes Guerreiro, *A Política do Ambiente e a Qualidade Vida*, Lisboa, 1977, pág. 42.

Economia e Ecologia 133

sindicatos» na síntese sugestiva de Schumacher[90], não é, de modo algum suficiente para enfrentar as novas situações criadas pela imperiosa necessidade de respeitar a natureza e evitar a expansão dos recursos fixos. A contaminação do meio ambiente está relacionada de duas maneiras com a economia do sistema da empresa privada. Primeira, a contaminação tende a intensificar-se com o deslocamento das antigas técnicas de produção por novas tecnologias, ecologicamente defeituosas, mas que rendem maiores lucros. Segunda, o preço da degradação do ambiente não é pago, principalmente, pelo produtor, mas sim pela sociedade no seu conjunto, sob pena de «exterioridades»[91].

É o conjunto das condições sócio-económicas e ecológicas que por interferir com as inovações tecnológicas ou até as determinar, carece de ser alterado de forma a permitir acções de salvaguarda e recuperação da natureza inspiradas na reflexão ecológica e viabilizadas graças a modificações na estrutura das relações de produção tendentes a abolir a motivação pela procura exclusivista do lucro privado. Todavia, a verdade é que os problemas *práticos* da contaminação do meio ambiente nas nações socialistas industrializadas não se diferenciavam, no fundo, dos típicos de uma economia industrializada de empresa privada, como a dos Estados Unidos. É que, a este propósito, não há que implantar culpas individualizadas à doutrina socialista, quer no campo dos princípios, quer no das aplicações práticas. Quanto ao primeiro, reconhece-se que não existe na teoria económica nenhuma razão impeditiva da imposição de graus diferenciais de rendimento exigidos pela ecologia às actividades produtoras, fundadas em diferentes sectores do ecossistema. De resto, o sistema v. g., da União Soviética tinha até uma grande vantagem prática sobre o sistema da empresa privada, a de permitir a inclusão nos planos de medidas destinadas a aliviar os problemas do meio ambiente. O erro, todavia consistia na primazia absoluta conferida no plano à prossecução do aumento de produtividade, contínuo e a todo o transe, no propósito confessado de fazer com que a economia do país crescesse até atingir o nível das grandes nações capitalistas adiantadas, graças à *imitação* constante

---

[90] *Ob. cit.*, pág. 216; também Tíbor Simcsik, Omis, *Organização e Métodos*, (Makron Books) McGraw Hill, 1993, págs. §4-61.

[91] A empresa que contamina o meio ambiente é subvencionada pela sociedade; neste aspecto, «embora livre, a empresa não é absolutamente privada». Cfr. B. Commoner, *El Ciclo* que se Cierra, trad. esp., Plaza L. Janes, Barcelona, 1978, págs. 220-221. J. L. Hradesky, *Aperfeiçoamento da Qualidade e Produtividade*, Makron Books, McGraw Hill, 1989, págs. 75-79.

das proezas conhecidas destes. O que quer dizer que o defeito não estaria, em suma, no conceito de planeamento, mas sim na forma como este era levado à prática nos países socialistas[92].

Haverá, isso sim, que fornecer aos políticos modelos de defesa do ambiente dotados de *consciência económica*, que as sociedades senhoras do seu destino e cientes das suas limitações naturais devem aplicar, fazendo esforço para que a questão nunca seja formulada em meros termos de «deve e haver»[93].

Nos sistemas inteiramente naturais, ou seja nos ecossistemas puros, não se produz emissão de desperdícios no correcto sentido de termo, já que, salvo excepções ligadas a comportamentos de luta biológica, com emissão de venenos, tudo aquilo que um organismo expulsa ou rejeita é absorvido por outro como alimento. O ecologista puro e abstracto, *«D. Quixote da Dulcineia Natureza»*, no dizer, distinto, de Henrique de Barros[94], limitar-se-ia, talvez, utopicamente, a reclamar a suspensão da poluição mediante a própria eliminação dos processos que a causam, esquecendo-se, assim, de que estes se tomaram e tornam sempre componentes inevitáveis de qualquer sistema de produção artificializado, isto é antropocêntrico, e que aquela, em nível tomado perceptível, é uma consequência inevitável do próprio funcionamento de tais sistemas. Os quais, ou não podem deixar de emitir resíduos e desperdícios, que não se mostram capazes de reabsorver, por alheios ao ciclo natural, ou ocasionam alterações nocivas (para o homem) em determinadas características do meio físico (aquecimento das águas e do ar, contaminações radioactivas, águas paradas, entre outros), ou chegam mesmo a alterar seres vivos, incluindo porventura o próprio homem[95], justificando-se, assim, em parti-

---

[92] Cfr. Barry Commoner, *ob. cit.*, págs. 230 e segs.

[93] «A contabilização económica já não se pode contentar em considerar apenas os objectos produzidos. Para ser mais do que uma caricatura da vida real ou um logro, é-lhe necessário considerar os elementos destruídos e o valor qualitativo da produção» – J. Robin, Jacques Robin, Do Crescimento Económico ao Desenvolvimento Humano, trad. port., Sociocultur, Lisboa, 1977, pág. 108. E o certo é que «não há grau de prosperidade que possa justificar a acumulação de quantidades enormes de substâncias altamente tóxicas que ninguém sabe como tornar seguro e que permanecem como um perigo incalculável para todos os seres da criação ao longo de épocas históricas ou até mesmo geológicas» – E. F. Schumacher, *ob. cit.*, pág. 115

[94] *Ob. cit.*, pág. 102.

[95] Tudo isto e muito mais constitui poluição, ou contaminação, no sentido amplo ou social do termo que vai bastante para além do sentido rigorosamente ecológico, pois que «contaminação é tudo quanto *consuma* a qualidade do meio ambiente». Cfr. Alan

Cottrel, *Economia del Médio Ambiente*, trad. esp.. Projecto Alhandra, Madrid, 1980, pág. 39.

Como princípio, poderá, pois, postular-se que a internalização de custos externos já não garante, socialmente, qualquer benefício privado. Com efeito, apresenta-se a equação segundo à qual o preço deve, a partir de agora, ser igual à soma dos custos marginais e dos custos marginais externos, soma que é definida como o custo marginal social. Além disso, a internalização já não garante qualquer quantidade de externalidades. A produção deve pois diminuir e parar num nível em que externalidades, benefícios privados, benefícios sociais e produção sejam óptimos. Este nível é determinado pelo ponto em que os benefícios marginais líquidos são nulos, tendo em conta os custos marginais externos.

QUADRO
Capacidade de assimilação do ambiente. Primeira aproximação.
S = stock dos poluentes acumulados. A = assimilação dos poluentes pelo ambiente.

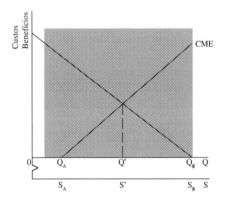

Podemos melhorar o modelo de poluição aceitável, como propõem Pierce e Turner, alargando um pouco a definição do custo marginal externo de forma a ter em conta a capacidade do ambiente para assimilar, em parte, as emissões poluentes.

Imaginemos por conseguinte, como sugere a figura, que os custos externos só aparecem a partir de um *stock* OSA de poluentes, para além do qual a capacidade de assimilação do ambiente é ultrapassada. Os custos marginais externos já não aumentam, como antes, a partir da primeira unidade produzida, mas uma vez que a capacidade natural de assimilação do ambiente é atingida, ou seja OSA à qual corresponde o nível de actividade OQA – a partir do qual são provocados custos externos.

Na mesma ordem de ideias, a nível da actividade OQ corresponde um nível de poluição OS, enquanto
 BMPL = CME (seja em P = CMS),
o nível de actividade OQ* é definido por um nível aceitável de poluição OS* – desde que tudo seja linear. – Cfr. Gonzague Pillet, *Economia Ecológica*, Inst. Piaget, 1993, págs. 34-37.

cular, a luta contra esta poluição. Consequentemente, torna-se necessário reduzir, *fazendo diminuir os gastos energéticos, v. g.*, os que provêm da utilização dos combustíveis fósseis, *inventando* uma sociedade de baixo perfil energético, ou «energicamente distensa»[96].

6. TEORIAS ECONÓMICAS E ECOLOGIA (CÓDIGO GENÉTICO)

Uma história dos sistemas económicos seria uma história dos vários tipos de organização da vida económica das sociedades humanas. É evidente que existe uma correlação entre os factos e as teorias, entre os sistemas e as doutrinas. As *doutrinas* não só diligenciam explicar os fenómenos económicos, descobrindo as suas causas e analisando as suas consequências, como, muitas vezes, assumem um aspecto valorativo e emitem juízos de ordem moral, ou implicam medidas de carácter político[97]. De conteúdo doutrinal, valorativo, pretendem ser isentas as teorias económicas. A distinção entre *doutrinas* e *teorias* reporta-se a um nível de desenvolvimento da economia como domínio científico que, apesar do carácter científico do seu estudo desde o final do século XVII, só se verificou a partir do último quartel do século XIX. Todavia, muitas das teorias económicas propõem explicações de factos económicos, mas não se traduziram em sistemas, não tiveram ensejo de ser aplicadas, ou não constituíram realmente formas de organização económica de sociedade. A história das teorias conduzia a aferir da evolução deste pensamento. A teoria deve procurar explicar «a transformação das estruturas de um mesmo tipo de organização e a passagem de um tipo de organização a outro, indicando como e porquê a sucessão dos tipos de organização se opera segundo uniformidades que possam ser enunciadas e verificadas com um grau de probabilidade suficiente para que assumam o nível de proposição científica» (F. Perroux). Por seu turno, a história económica é um ramo da história geral das instituições, um estudo dos caracteres económicos das estruturas sociais do passado[98].

---

[96] Mollo-Mollo, *Repensar a Energia*, trad. port., Sociocultur, Lisboa, 1974, págs. 11-12; Y. Tamanoi, A. Isnchida & T. Murota, «Towards an Entropic Theory of the Economy and Ecology», *Economie Appliquée*, 37 (2), 1984, págs. 279-294.

[97] Sendo particularmente importante conhecer, também aqui, o *Código Genético* (Sousa Franco) das ideias que professamos e das que influenciam a nossa vida.

[98] O estudo da história económica atende principalmente a aspectos quantitativos, ou susceptíveis de serem tratados em termos quantitativos e, por esta razão, ela pode ser

Economia e Ecologia 137

Nesta perspectiva, os primeiros estudiosos da sociedade humana que, colocando-se deliberadamente numa atitude que se pretendeu científica, procuraram encontrar leis e formular teorias que explicassem a formação do valor das coisas e levassem a compreender as diferenças neste verificadas, foram os *fisiocratas*. Eram paladinos do primado da agricultura na actividade económica, considerando-a até como a única capaz de gerar «produto líquido», isto é, de levar a natureza a oferecer ao homem mais do que este lhe fornecera. As restantes actividades económicas, naquela época (passagem do século XVIII para o XIX) com presença ainda muito restrita, mesmo nos países mais adiantados, ainda fundamentalmente artesanais, era reconhecido pelos fisiocratas um papel meramente «transformador» do referido produto líquido, só criador de «*utilidade-forma*» ou de «*utilidade-tempo*»[99].

Os fisiocratas partiram da ideia de que se podiam encontrar leis análogas às leis físicas que governassem as actividades económicas, e descobrissem, efectivamente, leis deste género[100]. Os pensadores fisiocratas faziam depender todo o progresso do homem do avanço de um «sector agrícola»[101]. Ao mesmo tempo produtivo, isto é, criador de novas riquezas ou de «utilidade-necessária», ecologicamente estabilizado como respeitador da natureza que se presumia que era e se preconizava que fosse sempre. Quesnay e seus seguidores aceitavam a ideia de uma ordem natural imanente, com as suas leis próprias, cujo acatamento condicionava a sobrevivência das sociedades humanas. As leis só têm eficácia, na me-

---

legitimamente considerada o mais exacto ramo da história. Em relação ao estudo das doutrinas económicas tem a história económica o interesse de, revelando-nos as várias estruturas económicas de produção, circulação e repartição, mostrar como elas evoluem de época para época e de utilização para utilização num sentido consentâneo ou discrepante do movimento de ideias seu contemporâneo. Cfr. Arthur Taylor, *As Grandes Doutrinas Económicas*, Publicações Europa-América, 5." ed., págs. 10-11.

[99] Henrique de Barros, *ob. cit.*, pág. 148.

[100] Mas procedem, então, a uma extrapolação gigantesca que consiste em dizer: todos os fenómenos económicos são governados por leis análogas às leis físicas; estas leis são universais, isto é, são as mesmas em todos os tempos e em todos os lugares, porque se fundam nas necessidades físicas do homem, e são, portanto, anteriores às «convenções sociais». Ora, a concepção a que se chega é, antes de mais, monstruosa, dado que, por um lado, reduz todas as relações económicas a relações mecânicas, analisáveis matematicamente e, por outro lado, reduz a ciência económica ao enunciado de leis *universalmente* válidas. Cfr. Henri Denis, *História do Pensamento Económico*, Livros Horizonte, 1974, 2.ª ed., pág. 184.

[101] Não lhe chamavam, de resto, assim. A designação veio muito depois.

dida em que visam contribuir para manter aquela ordem natural. O *Quadro Económico*, do médico Quesnay, também percursor das actuais matrizes económicas inter-sectoriais, não é mais do que uma síntese, um esquema, que se propõe indicar como a terra e o homem se inter-relacionavam num sistema julgado perdurável[102].

Para os fisiocratas, *«ecologistas avant la lettre»* o produto líquido provém de adiantamentos à produção efectuados pelo homem, mas retirados à natureza, cujo objectivo é o de assegurar a perenidade dos factores que o geram. Como diria o fisiocrata Le Mercier *«só merece considerar-*

---

[102] Veja-se o *Quadro*. É, a bem dizer, bastante difícil de compreender, porque contem, também ele, ao lado de descobertas importantes, erros consideráveis. Retenha-se, no entanto, como referência, na forma que Quesnay lhe dá, em 1766, num estudo intitulado «Análise do Quadro Económico» e publicado no *Jornal da Agricultura, do Comércio e das Finanças*. (Podendo consultar-se H. Woog, *The Tableau économique of François Quesnay*, Berna, 1950).

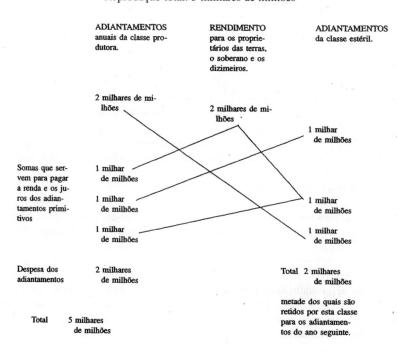

-se produto a parte da riqueza que nos é permitido consumir sem nos deixarmos empobrecer, sem que resulte inibido o princípio que incessantemente a reproduz», em integral respeito pela ordem biológica, a considerar a agricultura como a única actividade humana que coloca energia ao serviço do homem, que consegue acrescentar quantidades físicas a outras pré-existentes[103].

No entanto, a despeito da ordem biológica defendida por Quesnay e seus seguidores[104] iniciava-se em Inglaterra e rapidamente se espalhava a revolução industrial, enquanto ocorriam as radicais transformações económicas, sociais e políticas que esta originou. Aconteceu, então, que o modelo singelo dos fisiocratas franceses, destinado a fazer compreender e a justificar uma organização social predominantemente agrária e uma estrutura produtiva, toda ela dependente da «radiação solar», deixou de ter virtualidades para funcionar como instrumento científico de análise e como argumentação normativa da nova sociedade que emergia com força

---

[103] Quando os fisiocratas iniciaram a sua actividade teórica, a economia política ainda não estava separada da política económica, era ainda, e apenas, um capítulo da arte do governo. Com os fisiocratas termina a época dos percursores e inicia-se a época dos fundadores da ciência económica (...) os fisiocratas pretenderam não só gizar uma explicação geral da vida económica, como delinear uma política. Como nota Higgs, os fisiocratas foram não só uma escola de pensamento económico, como uma escola de acção política. A ideologia fisiocrática inspirou, de resto, algumas páginas da *Enciclopédia* de Diderot e alguns aspectos da Revolução Francesa de 1789. Fora de França, também teve os seus discípulos e, entre eles, José II da Áustria, Catarina-a--Grande, da Rússia, Estanislau da Polónia, Gustavo III da Suécia e autores como Charles Frédéric de Baden Durlach, Mau-villon, Schietwein, Schmaiz, Krug (na Alemanha), Iselin (Suíça), Neri, Beccaria, Filangieri, Verri (Itália). Também na Inglaterra apareceu um certo número de trabalhos de inspiração fisiocrática e a corrente francesa exerceu marcante influência sobre o próprio Adam Smith. Esta repercussão universal da doutrina, cujos iniciadores e os mais representativos autores são economistas e homens políticos franceses que pensavam ter descoberto leis naturais da sociedade, depõe a favor do seu carácter científico. – H. Higgs, *The Phisiocrates*, Nova York, 1952 (nova edição) págs. 57 e segs. Não obstante, os fisiocratas não recusariam subscrever esta proposição do seu contemporâneo Singnet: «Um só Deus, um só príncipe, uma só lei, um só imposto, uma só medida». Cfr. G. Wenlersse, *Le Mouvement physiocratique en France de 1756 à 1770*, Paris, 1910, II, pág. 42.

[104] Teoria que já foi elaborada durante a passagem de uma para outra das grandes épocas históricas, teve pouca expansão territorial e foi «sol de pouca dura» (Henrique de Barros, *ob. cit.*).

indomável, acentuando como nunca se vira, até então, a ruptura com a natureza[105].

Designa-se, vulgarmente, por *escola clássica* ou *escola clássica inglesa*, o surto do pensamento económico que tem início com a publicação do *Inquiry into the Nature and Causes of the Welth of Nations* (1776), de Adam Smith[106]. Os economistas clássicos não constituíram, uma escola se à expressão se der o sentido de terem sido uma aliança de pessoas, uma comunidade de ideias, um reconhecimento de autoridade e a combinação de um propósito (Higgs), uns ostentam uma apreciável identidade de pontos de vista quanto a um certo número de ideias fundamentais. Apoiaram-se nos fisiocratas para esboçar uma análise completa do processo económico que, embora abstracta, se reportava já aos elementos básicos da realidade económica.

Adam Smith soube fundir, num sistema mais amplo, as ideias importantes dos seus predecessores. Em relação às dos economistas que o precederam, a sua obra impõe-se pela qualidade literária e pelo senso crítico que o levou a não repetir as ideias dos anteriores economicistas, antes a refundi-las e ultrapassá-las[107]. Das suas relações com Turgot e Quesnay, das teorias fisiocráticas em que se iniciou reteve o que considerou vivo (o liberalismo, as ideias relativas à distribuição, ao rendimento e ao comércio), desprezou o que considerou errado (o papel preponderante da agricultura), repensou o que carecia de nova análise (divisão do trabalho, utilidade).

---

[105] No final do século XVIII, com a Revolução Industrial originada em Inglaterra, deu-se um aumento verdadeiramente fenomenal nas capacidades de produção das economias industrializadas e nos níveis de vida. Determinando alterações radicais a todos os níveis. – I. M. B. Littie, J. A. Mirriess (1974), *Project Analysis and Planning for Developing Countries*, Basic Books, New York. pág. 63.

[106] Entre os mais notáveis representantes desta orientação contam-se Ricardo, Malthus, James Mill, McCulloch, Jonn Stuart Mill e Caimes, do qual «The Character and Logical Method of Political Economy (1857) marca o final da actividade doutrinária da escola clássica. Também nesta falange deve ser incluído o economicista francês Jean-Baptiste Say, autor de *Traité d'Economie Politique, ou Simple Exposition de la Manière dont se Forment, se Distribuent et se Consomment les Richesses* (1803), o qual não só divulgou e comentou na Europa Continental os autores ingleses, como subscreveu algumas contribuições originais. Muito embora os principais autores da escola clássica sejam ingleses, a escola não deve ser considerada como inglesa e como confinada à Inglaterra, dado que, na realidade, constitui orientação dominante do pensamento económico, durante a primeira metade do século XIX, em todos os países.

[107] G. R. Morrow, *The Ethical and Economic Theories o f Adam Smith*, 1923, págs. 19-20.

A *Riqueza das Nações*, de Adam Smith e outras obras também hoje clássicas que não tardaram a seguir-se-lhe e a apoiá-la, apresentavam outras explicações e defendiam outras soluções mais consentâneas com as realidades e as perspectivas da época perturbada que se vivia, num quadro de ideias que iriam evoluindo, sem que nele se tivesse incluído (apesar da utilização das teses de Ricardo) a *impetuosa* corrente que veio até aos nossos dias e foi desencadeada por Marx, até se chegar, já no século XX, ao refinamento constituído pelas interpretações abstractas das escolas hedonísticas neoclássicas, de todo alheadas de qualquer perspectiva ecológica, isto é, que mantinham a atitude daqueles célebres economistas do século XIX *«que põem a natureza entre parêntesis»*[108].

A ideia da espontaneidade do mundo económico e a do carácter benéfico das instituições económicas relacionam-se no pensamento de Adam Smith. *Natural e justo* eram expressões sinónimas para os pensadores da época em que Smith viveu e a base filosófica do seu pensamento consiste na ideia da existência de uma ordem natural, porque coincidente com a lei da natureza e, como tal, justa. Trata-se, segundo as suas próprias palavras, do *«sistema evidente e simples da liberdade natural, que se apresenta por si e se encontra já estabelecido»*. Esta teoria é, no entanto, algo diferente da ordem natural dos fisiocratas. O *naturalismo optimista* leva-o a preconizar uma política de plena liberdade económica, como sucedia com os fisiocratas, mas em Smith a ideia do «ordem natural» reveste um aspecto mais acentuadamente psicológico. A ideia também de natural espontaneidade das instituições económicas tem como corolário a de que a oferta se adapta naturalmente à procura. Mas as instituições económicas não são para Smith apenas espontâneas, são, também, as melhores e as mais favoráveis ao progresso económico[109].

---

[108] Crf. J Robin, *Do Crescimento Económico do Desenvolvimento Humano*, Socicultur, Lisboa, 1977, págs. 18 e segs.

[109] Como escrevia na *Riqueza das Nações*, «Afastados (...) completamente todos os sistemas de preferência ou restrição, estabelece-se por si mesmo o sistema evidente e simples da liberdade natural. Cada homem, contanto que não transgrida as leis da justiça, tem absoluta liberdade para seguir o seu interesse da maneira como lhe convier e pôr o seu trabalho e o seu capital em concorrência com os de qualquer homem ou de qualquer classe de homens». Sendo que, como refere Castanheira Neves, «a tudo isto acresce uma característica *condição* ou *factor social*. Trata-se daquela condição social que se traduziu na emancipação e mesmo, em boa medida, na exclusividade com que então puderam afirmar-se os interesses individuais. Emancipação de interesses, antes de mais de índole económica, em que se via a condição efectiva de realização da liberdade individualístico-

A tese que faz a superioridade decisiva de Smith sobre os fisiocratas é a de que a riqueza é o produto do trabalho humano. Por outro lado, vê de forma clara, que o verdadeiro papel do capital é aumentar a produtividade do trabalho quer permitindo dividi-lo mais, quer entregando aos trabalhadores melhores instrumentos. Evita assim entrar no seio fundamental dos fisiocratas que querem limitar à agricultura a esfera na qual é vantajoso o uso do capital[110]. E proclama mesmo que a agricultura é «de todas as profissões, a mais útil à sociedade», todavia, não comete o erro que consiste em defender que o trabalho industrial é estéril. Parece-lhe, pelo contrário, que é necessário colocar no mesmo pé o trabalho industrial e o trabalho

-pessoal. E sabe-se o que essa emancipação – emancipação, como já foi referido, dos anteriores quadros institucionais integrantes, de natureza religiosa e ético-cultural – com a sua tendencial exclusividade provocou: justamente o aparecimento da realidade económico-social do mercado, que foi a base do capitalismo. E não se ignora o que isto também desde logo significou: "a ordem económica – digamo-lo com *formulações* de Amintore Fanfani – já não deve ser estabelecida com base em critérios extra-económicos e extra-individuais"; "se a mentalidade pré-capitalista considerava que os juízos de valor no campo económico deveriam ser pronunciados com base em critérios ético-sociais, a mentalidade do capitalista considera que o critério económico-individual é a medida de tais juízos"; e assim «o homem animado do espírito capitalista procurou racionalizar economicamente não só o aspecto económico da actividade humana, mas toda a sua actividade e a dos seus semelhantes, a privada e a pública». Disse, aliás, Helvedus em de *l'esprit*: "Si l'univers physique est soumis au loi de mouvement, l'univers moral ne l'est pas moins à celle de l'intérêt." Daí que só no século XVIII, com Adam Smith em primeiro lugar, tenham aparecido economistas e a economia se tenha tornado uma ciência autónoma. Foi esse o "factor surpreendente" para que chamou a atenção R. Heilbroner: o facto de «nos seis mil anos de história que o antecederam (a Adam Smith) não ter surgido um único filósofo do mundo material» – "já antes do tempo dos faraós o homem se debatia com problemas económicos e, em todos estes séculos, produziu centenas de filósofos, cientistas, pensadores políticos, historiadores, artistas, estadistas, mas porque não encontrarmos aí economistas?".

A resposta é decerto evidente: porque nunca até então os interesses, na sua radical expressão económica, se tinham reconhecido como autónoma dimensão humana – ou melhor, como dimensão socialmente autónoma. E com isto o mesmo é dizer: porque o homem até então se não havia compreendido socialmente apenas como *homo economicus*. O que ao nível do pensamento se exprimiria na evolução (e por último substituição) da "filosofia prática" pela "filosofia social" – evolução e substituição estas tipicamente modernas». –A. Castanheira Neves, *Digesta*, I, (1995), págs. 328-329.

[110] Veja-se, curiosamente, o exemplo retirado da *Enciclopédia* de Diderot, artigo «Alfinete» (Epingie), aparecido em 1755; também R. L. Mack, *Studies in the Labour Theory of Valve*, London, 1956.

Economia e Ecologia   143

agrícola. A eliminação do erro fisiocrata relativo à esterilidade da indústria, vai permitir a Smith dar uma interpretação muito mais satisfatória do funcionamento do sistema capitalista. A doutrina de Adam Smith tem uma base psicológica: o interesse individual. É a partir desta base que Smith explica como as necessidades humanas podem ser satisfeitas pela divisão do trabalho que aumenta a produção individual e pelo mecanismo dos preços, que se adapta automaticamente à oferta e à procura.

Destas opiniões, no domínio da teoria económica, procede uma doutrina liberal, uma política económica que há-de traduzir-se no *laissez faire, laissez passer.*

Destaque, a este propósito, há-de receber a obra de Malthus cuja visão de um mundo finito face a uma população humana, rapidamente crescente, incluía uma componente ecológica no sentido contemporâneo do termo. O grande contributo científico de Malthus, aquele que perdurou malgrado repetidas provas estatísticas de realidades adversas, é que toda a população formada por organismos vivos encerra, em si, uma capacidade para o crescimento exponencial, capacidade que lhe é inerente e que de pronto se manifestou logo que ocorrem factores favoráveis[111]. Na apreciação do surpreendente poder de multiplicação da reprodução humana, Malthus estava inteiramente certo. A questão vital, aliás, era a de conhecer a capacidade de reprodução do ser humano.

Malthus calculou que ele seria capaz de duplicar-se em vinte e cinco anos e, à luz do conhecimento da sua época, era uma suposição relativamente modesta. Contra a tendência multiplicativa da raça humana, Malthus opunha o facto de a Terra, ao contrário das pessoas, não se poder multiplicar. A Terra pode ser laboriosamente ampliada, mas o índice de progresso é lento e hesitante. Ao contrário da população, a Terra não cresce. Dessa forma, enquanto o número de bocas cresce geometricamente, o total da Terra cultivável cresce apenas aritmeticamente[112].

---

111 Haverá de convir que o conceito de crescimento exponencial em biologia, posto na moda, pelo M.I.T. e o Clube de Roma foi, sem dúvida, Malthus quem, pela primeira vez, lhe deu realce. Cfr. Eugene Odum, *Fundamentos da Ecologia,* Fundação Calouste Gulbenkian, Lisboa, 1973, pág. 548.

112 O resultado dessa teoria é inevitável: o número de habitantes está destinado, cedo ou tarde, a superar a quantidade de alimentos produzida. Conclui, assim, que a divergência irreconciliável entre as bocas e o alimento só pode ter um resultado: a maioria de humanidade viverá sempre presa à miséria.

A sua teoria é, na realidade, uma doutrina de desespero. E que acontecerá, poder--se-ia perguntar, quando a medicina moderna reduzir a metade o índice letal, ao passo

À ideia da possibilidade de um progresso indefinido (Condorcet), ao optimismo naturalista (Adam Smith), à afirmação de que os males dos homens resultam de uma má organização da sociedade (William Godwin), opõe Malthus a sua concepção pessimista de que a população é necessariamente limitada pelos meios de subsistência. No mundo social, segundo Malthus, não há lugar para um acréscimo constante de população. Um homem que nasce num mundo já ocupado, «não tem direito de reclamar uma parcela qualquer de mantimento. No grande banquete da natureza não há lugar para ele. A natureza manda-o sair e não tarda em executar essa ameaça»[113].

É este fenómeno – a expressão democrática –, que nem sempre se liga às preocupações ecológicas, particularmente preocupante. Embora à formulação de Malthus (a população cresce em proporção geométrica e os alimentos em proporção aritmética) faltasse rigor científico, a equação resultava impressiva. Hoje, é, de todo, óbvio que Malthus tinha razão: a humanidade celebrou já o seu sexto bilião. Duas vezes e meia em menos de meio século! A previsão de mais um bilião até ao fim do século XX cumpriu-se!... Uma coisa é certa: no último meio século, a população do mundo triplicou. Se no próximo meio século voltasse a triplicar seríamos 18.000 milhões, não 10.000 milhões, no ano 2050[114].

---

que o índice de natalidade continua o mesmo? E o dilema malthusiano na sua expressão mais real e mais temível. E é em volta desta questão pertinente que outros pensadores e outras correntes têm procurado obter respostas diversas. S. D. Mink (1993), «Poverty, Population and the Environment», *World Bank Discussion Paper* n.º 189, World Bank, Washington, D. C.

[113] As guerras, as epidemias, os cataclismos, todas as calamidades que dizimam a espécie humana são, para Malthus, meios de restabelecimento do equilíbrio perdido entre as subsistências e a população. Apesar destas criticas, a opinião mais generalizada no século XIX é favorável a Malthus, mas a teoria progride sem ter praticamente em conta os problemas levantados pela sua obra.

[114] «E não se vêem os ecologistas retomarem como tema dos temas as preocupações malthusianas do superpovoamento; nem os responsáveis nacionais e supranacionais verdadeiramente empenhados em travar esta espécie de insanidade que parece apostada em empurrar-nos para copiarmos o suicídio colectivo das baleias! (...); os mais porfiados esforços dos sistemas produtivos para o aumento dos bens consumíveis, não têm tido e continuarão a não ter efeitos tão eficazes para a suficiência desses bens como teria a progressiva redução de número dos seus consumidores. Eis um bom tema de reflexão para os construtores da aldeia planetária. E não menos para os responsáveis políticos que não navegam à vista e vêem para lá de um palmo da ponta do seu nariz». António de Almeida Santos, *Vivos ou Dinossauros? Uma perspectiva ecológica*, Publicações Europa-

Economia e Ecologia 145

De retorno à economia pura, abstracta ou conceptual, saliente-se que os seus mais célebres expositores, inspirados sobretudo em Adam Smith e Stuart Mill[115], desembocaram na chamada corrente «neo-clássica» da escola inglesa, arquétipo da abstracção, representada principalmente por L. Robbins e A. Pigou. Ressume da teorização destes economistas que tentou levar, até ao seu limite, o método que consiste em isolar mentalmente o facto económico do seu contexto vital no intuito –

-América, 1994, págs. 115-117. No «original», pode ver-se Thomas R. Malthus, Ensaio Sobre o Princípio da População, Publicações Europa-América, O capítulo IV, «Estado das Nações civilizadas – Probabilidade de a Europa ser mais povoada actualmente do que na época de Júlio César – Melhor Critério da População», págs. 38 e segs. «Estamos, demograficamente, à beira do limite da máxima lotação da nave espacial em que todos viajamos. Conheço as objecções: ainda há alimentos para todas as bocas; ainda há terra arável por explorar; a ciência está à beira do milagre da multiplicação dos pães. Mas objecto: se há alimentos para todas as bocas, porque é que existe um bilião de famintos? Se há terra por explorar, o que nos impede de explorá-la? E por que se prefere confiar num milagre quando é tão fácil passar sem ele? Tudo para mim, repito, que no crime das agressões à natureza, a pena maior cabe ao superpovoamento. É o maior contribuinte do resultado produzido». – Do mesmo autor. *Do Outro Lado da Esperança*, Editorial Notícias, 1999, pág. 70.

[115] A obra de Stuart Mill constitui a exposição mais clara e completa dos princípios doutrinais da «escola clássica», da qual foi não só um divulgador talentoso, mas um notável sistematizador, de tal modo que, durante meio século, os seus *Princípios de Economia Política* (de que em vida do autor se, publicaram sete edições normais e cinco populares) foram o livro de texto nas Universidades Inglesas. Uma das afirmações básicas dos economistas da «escola clássica» é a da existência de leis naturais. Para Stuart Mill as leis naturais *não são* providenciais e finalistas, como as tinham considerado quer os fisiocratas, quer os liberais optimistas. Eram, simplesmente leis naturais, leis em tudo semelhantes às do mundo físico, como as do mundo físico, universais e permanentes porque, em todos os tempos e em todos os lugares, as necessidades essenciais dos homens são as mesmas. E por esse motivo, a ciência económica não deve demorar-se a considerar os homens de cada sociedade contemporânea, mas preocupar-se com o estudo de um Tipo abstracto de homem, o *homo economicus* – Cfr. A. Taylor, ob. cit., pág. 66.

No seu Sistema de Lógica Dedutiva e Indutiva (1843) este admite que, ao formular *a Lei dos Três Estados,* Comte levantou os verdadeiros princípios da Ciência Geral da Sociedade que assenta na observação dos factos sociais. Mas, ao lado desta disciplina, há lugar, diz ele para uma Sociologia Dedutiva, de que a economia política é um dos ramos. Esta disciplina forma uma ciência particular, porque, para estudar *«os factos sociais que se produzem com vista à aquisição da riqueza»*, existe interesse em considerar o género humano como ocupado unicamente na aquisição e no consumo da riqueza. Cfr. T. W. Hutchison, *A Review of Economic Doctrines* (1870-1929), Oxford, 1953 (Reimpressão, 1962), págs. 356 e 357.

alegavam – de o poder estudar sem nenhuma paixão, com toda a frieza científica. Para eles, à economia não compete preocupar-se com as finalidades últimas dos homens, cujas necessidades tanto podem determinar acções morais, como imorais ou amorais, quer socialmente úteis, quer nocivas, sem que isto diga respeito ao economista como homem de ciência, para o qual só conta a eficácia apreciada em termos monetários, a preocupação pelo ser desaparece de todo absorvida pelo estudo objectivo e profundo do *ter*; o único critério para medir o êxito económico de uma sociedade toma-se o crescimento, a taxa tão elevada quanto for possível, do «produto nacional bruto», quantia expressa em moeda de que só interessa conhecer o total e não a respectiva composição ou estrutura, somente a quantidade e não também a qualidade.

Por outro lado, estes economistas propendem a acreditar, em demasia, na capacidade das sociedades humanas para responder, com prontidão, às consequências de terem mudado as forças presentes no mercado, isto é, a julgar que o jogo clássico da oferta e procura, em mercados livres, informados e transparentes, acaba sempre por trazer as soluções apropriadas aos desequilíbrios que surgirem[116]. Trata-se da actualização da figura da mão invisível, na qual não é nada aconselhável confiar sem mais, como pensavam os economistas liberais, mas que convém não julgar de todo ineficaz, dado que os mecanismos de correcção automática de desequilíbrios temporários que a natureza conhece também podem manifestar-se na economia[117].

---

[116] Henrique de Barros, *ob. cit.*, pág. 152.

[117] Pigou é já ele próprio um *herético* entre os economistas neoclássicos, pela razão de, depois de Wieser, fazer intervir na sua análise a utilidade social ao lado das utilidades individuais. Na sua obra mais célebre, *A Economia do Bem-Estar* (1920), esforça-se por esclarecer os critérios de uma política económica tendente a conseguir, para o conjunto dos membros de uma nação, a melhor situação possível. Em seu entender, não se poderia defender que isso devesse ser, em todos os casos, uma política de abstenção. «Com efeito, temos de admitir», diz ele, «que intervenções do Estado tendentes a igualar os rendimentos podem aumentar o bem-estar». Que mais não é que uma tese muito antiga, de Bentham. O Prof. Pigou é, todavia, um pouco mais ousado que o chefe dos *filósofos radicais* quando se trata de propor aplicações práticas do princípio enunciado. «Todavia é de recear», afirma, «que transferências de rendimentos importantes incitem os beneficiários a trabalhar menos, o que conduziria a uma diminuição do rendimento nacional e, portanto, do bem-estar geral». Conviria, pois, que às transferências fosse associado «um grau de vigilância sobre as pessoas em proveito das quais se realizaram as transferências». Cfr. *Economics of Welfare*, 2.ª ed., London, 1924, pág. 712. Mas uma outra consideração deve suscitar, segundo Pigou, as intervenções do Estado. «Na realidade, a economia política

Tentar eliminar, de vez, o jogo destes mecanismos, em proveito de um planeamento generalizado e meticuloso, equivale a um esforço vão[118].

---

demonstrou que um máximo de satisfações (Pigou tem cuidado em sublinhar que escreve um máximo de satisfações e não o máximo; assim, admite a definição do óptimo económico dado por Vilfredo Pareto alguns anos antes) é obtido quando os produtos marginais dos factores de produção são iguais em todos os seus empregos. Mas trata-se de produtos marginais *privados*, isto é, dos rendimentos que o emprego de tais ou tais recursos alcança para as pessoas privadas que os detêm.

Ora, quando uma pessoa afecta recursos a um certo emprego, resultam também diferentes consequências para outras pessoas. Por exemplo, o que constrói uma via de caminho de ferro provoca incêndios nas florestas atravessadas. Se se tiverem em conta estes efeitos *indirectos* do emprego dos recursos simultaneamente com os seus efeitos directos, obtêm-se os *produtos marginais sociais líquidos* dos recursos. E a realização de um máximo de bem estar na sociedade depende, na realidade, da igualização desses produtos marginais líquidos sociais, gue em geral só poderá ser obtida se o Estado intervir.

O próprio Pigou pensa que estes produtos sociais podem ser medidos. Está aí um erro certo. De facto, o ponto de vista deste autor encontra-se exactamente com a tese de Wieser sobre a utilidade social, e este último mostra-se muito mais realista quando indica que a consideração da utilidade social é uma tarefa política. No entanto, do mesmo modo que Wieser, Pigou permanece ligado aos princípios do sistema capitalista. E é bastante fiel aos ensinamentos da escola neoclássica para afirmar em «Economia do Bem Estar» (pág. 581), e em muitas outras obras que, se se baixasse artificialmente a taxa média dos salários, não deixaria de se criar desemprego ou agravar o desemprego existente. (É precisamente contra esta teoria de Pigou que Keynes se erguerá. E esse ataque contra a teoria *neoclássica do emprego* será o ponto de partida da sua própria construção).

Desde o aparecimento da obra de Pigou, foram feitas novas tentativas, nomeadamente pelos britânicos N. Kaldor e J. R. Hicks, para encontrar um critério que permitisse definir de maneira «puramente objectiva» a superioridade de uma situação da economia, em relação a uma outra, no que respeita ao nível do «bem estar». Estas tentativas, no entanto, não foram coroadas de êxito. Pode ver-se uma relação delas no estudo de D. Braybrooke, «Farewell to the New Welfare Economics» (Adeus à nova economia do Bem-Estar), in *Review of Economic Studies*, vol. XXII, 1945-1955, págs. 180-193. Mais recentemente, pode ver-se Glenn Drover, Patrick Kerans (ed.), *New Approaches to Welfare Theory* (1993), Great Britain, University Press, Cambridge, págs. 3 e segs.

[118] Como a ex-URSS e a Polónia acabaram, historicamente, por aprender à sua custa, levando-os a delegar poderes, descentralizar decisões, criar incentivos estabelecer penalizações automáticas. Tudo isto com o objectivo de fugir, então, àquilo que René Dumont chamava *«o drama do socialismo»*: não encerrar em si, como o capitalismo, a imanência de sanções espontâneas para os erros económicos cometidos. Ob. cit., pág. 261; também J. Pezzey, *Economic Analysis of Sustainable Development*, Banco Mundial, Washington, D.C., 1989, págs. 12 e segs.

Como quer que seja, o certo é que as concepções liberais clássicas, com a sua filosofia anti-intervencionista, não podem ser aceites pela ecologia. Desde logo, pelo facto de, para ela, o homem ser *mais* um elemento pertencente a ecossistemas incluídos na biosfera e, como tal, sujeito às leis desta.

As opiniões dos fisiocratas – rapidamente julgadas aristocráticas e retrógradas e, por isso, repudiadas pela vigorosa burguesia em ascensão –, deixaram de influenciar as concepções dominantes da século XIX, que, entretanto, haviam mudado de sinal. Com estas, o que se tinha em vista era não só explicar, mas também, e sobretudo, justificar uma industrialização veloz e a todo o transe, cuja viabilidade, aliás, só se verificou porque as circunstâncias históricas permitiram aos novos países capitalistas não só explorar a desorganizada e socialmente desprotegida mão de obra interna que reclamavam, fazendo-a afluir às cidades, mas também ir buscar as matérias primas, mais tarde a energia, a distantes e ignoradas regiões onde a agricultura era a actividade exclusiva, cujos sistemas sociais e económicos raros pensavam estudar, e cuja sorte não preocupava quem quer que fosse. O próprio Jean-Baptiste Say, expositor, por excelência, da ortodoxia liberal nos seus alvores, acreditava não só serem as concepções liberais as únicas que proporcionavam uma interpretação científica cabal da actividade dos homens no campo económico, mas também as únicas que ofereciam solução válida à questão social, escreveu, mesmo recusando a fisiocracia e não atendendo a ecologia, que «as riquezas naturais, que não puderem ser nem multiplicadas nem esgotadas, não são objecto da ciência económica»[119].

---

[119] Jean-Baptiste Say precisou e melhorou a lição de Adam Smilh. E, como na França dos princípios do século XIX, não só se não verifica um grau de crescimento da população, como as possibilidades da agricultura, dada a extensão das terras cultivadas e a sua fertilidade, eram maiores que em Inglaterra, nas suas obras não se vislumbra a apreensão pessimista que transparece claramente nos escritos de Malthus e de Ricardo. O fenómeno da renda não revestia os mesmos aspectos que em Inglaterra, porque em França a propriedade agrícola estava muito mais dividida e o país se industrializava sem passar por uma *revolução industrial* como a inglesa. São estas condições particulares que explicam por que motivo, em França, o pessimismo de Ricardo e Malthus não encontra terreno propício e Say, directamente na esteira de Smith, cria uma corrente liberal industrializada já, mais optimista, que alguns autores designam por escola francesa.

O pensamento de Say ultrapassa a problemática de Adam Smith. A *indústria* passa a constituir o centro dos fenómenos de produção e Say faz o elogio do empresário industrial. O seu argumento de que *produzir* não é criar objectos materiais, porque o homem nada cria, mas simplesmente *criar utilidades* transformando as coisas de modo a

Economia e Ecologia 149

A evolução, nos factos e nas mentes, adversa às concepções naturalistas da fisiocracia, admitir que existia algo que se assemelhasse a uma «ordem natural», no sentido de o homem reconhecer a sua submissão à natureza, ainda que conflitual, tomou-se apanágio de conservadores empedernidos, que não conseguiam adaptar-se ao acelerado crescimento económico que se produzia num certo número de países.

A partir da segunda metade do século XX, trabalhos profissionais iniciáticos da ecologia, oriundos da biologia associada à físico-química, e a mera observação directa revelaram que o progresso industrial, não obstante o forte crescimento económico quantitativo, desde logo, não levou à democracia económica. Por outro lado, ia-se efectuando à custa de um processo de exaustão voraz das jazidas de recursos naturais fósseis e desregramento dos mecanismos recuperadores.

Ao mesmo tempo, ocorria uma desenfreada exploração dos países «pobres», «periféricos», «subdesenvolvidos», do «terceiro mundo»[120], em benefício e proveito dos grandes impérios do capitalismo privado, inicialmente liberal, de seguida oligopolista e monopolista ou de revelação superadora através de formas mais subtis. Daqui resultou a subordinação de toda a organização mundial às sociedades industrializadas mercantis e tendência decorrente para a destruição dos ecossistemas das sociedades agrícolas tradicionais, a revelar um imperialismo ecológico algo similar, em determinadas vertentes, ao imperialismo económico[121].

Ainda assim, economistas houve que se mostraram capazes de olhar para lá da actividade industrial, comercial e financeira, compreendendo as vantagens de contrariar o divórcio que parecia inevitável, após o que chegara a ser um casamento auspicioso, ainda que efémero,

---

corresponderem aos nossos desejos e necessidades, é decisivo para a derrota dos fisiocratas. Com Say, é o dono da empresa, o empresário industrial e o lucro da indústria que são estudados como elementos de um processo em desenvolvimento e com possibilidades ilimitadas, ao contrário do que sucedia com o comércio e com a indústria. A- Taylor, *ob. cit.*, pág. 58.

[120] Há quem inclua num «quarto mundo» os países subdesenvolvidos sem petróleo. Cfr. René Dumont, *Seule une écologie socialiste...*; Robert Laffont, Paris, 1977, pág. 245.

[121] A revelar que num e noutro se produz um fluxo de energia e material do sistema menos organizado para o mais organizado, levando admitir que ambos possam ser aspectos distintos da mesma realidade. Cfr. Roy A. Rappaport, pág. 172, «El flujo de energia en una sociedad agrícola», in *The Scientific American, La Energia*: R Mirowski, «Energy and Energetics in Economic Theory», *Journal of Economic Issues*, 22(3), Setembro de 1988.

150   António Carvalho Martins

entre a Economia e a Ecologia. Cite-se com propriedade, Alfred Marshall (1842-1924), a propor, num quadro de liberalismo, explicações engenhosas e coerentes da formação do preço no mercado, pela acção combinada das variáveis utilidade, raridade e custo, a perspectivar a economia como uma ciência da vida, mais próxima da biologia que da mecânica (a Meca da Economia a residir na biologia económica, mais do que na dinâmica económica), equacionando, de alguma forma, que a «lógica da economia não pode ser senão a da vida»[122].

---

[122] Para resolver o problema originado pelo decrescimento contínuo dos custos, Marshall utiliza a noção de economias externas. «É possível admitir-se que o decrescimento dos custos é devido aos factos que se situam fora da própria empresa, por exemplo à melhoria dos meios de transporte proveniente da concentração de um certo número de empresas numa mesma região. Nestas condições, não há inconvenientes, na teoria do equilíbrio da firma, em raciocinar a partir da hipótese dos custos crescentes. Esta solução foi muito tempo considerada como satisfatória por numerosos economistas, nomeadamente pelos da Universidade de Cambridge, em que Marshall ensinava. Mas ela foi posta em questão, pela primeira vez, em 1923, pelo economista americano Jonh Maurice Clark na sua obra *A Economia dos Custos Fixos* (The economics of overhead costs), depois pelo economista italiano, professor em Cambridge, Piero Sraffa, num estudo célebre, publicado em 1926, no *Economic Journal*, «As leis dos rendimentos nas condições da concorrência» (The Laws of retourns under competitive conditions). Pode consultar-se a este propósito, o estudo de P. Newman, « The erosion of Marshall's theory of value» (A erosão de teoria marschalliana de valor), in *The quarterly journal of economics*. Novembro de 1960, págs. 587-600. Estes autores defenderam que a maior parte das empresas não se encontra na situação imaginada por Walras (situação de *concorrência perfeita*), na qual os vendedores são tão numerosos num mesmo ponto de mercado que, praticamente, a quantidade oferecida por cada um deles não exerce nenhuma influência apreciável sobre o preço. É necessário considerar antes como normal, dizem eles, uma situação de concorrência imperfeita. Cfr. Henri Denis, *História do Pensamento Económico (A Erosão da Teoria Neoclássica)*, pág. 574.

A noção de *excedente do consumidor* designa, no vocabulário de Marshall, o excesso de satisfação obtido pelo consumidor sempre que compra um produto a preço inferior ao que desejaria pagar. Ele analisou o equilíbrio entre a oferta e a procura, quer em relação a um dado momento, quer em relação a pequenos e grandes períodos. O conceito de excedente do consumidor deu origem à *economia do bem-estar*, de Pigou, que, juntamente com Hawtrey e Marshall, constituem o grupo fundador da chamada *escola de Cambridge*. Cfr. A. Taylor, *ob. cif.*, pág. 146.

O problema dos critérios de optimização do bem estar colectivo constitui sempre um tema fundamental ao longo da história do pensamento político e, em particular, do pensamento económico. Neste domínio, é igualmente reconhecido que a reflexão e a teoria mais aprofundada sobre a matéria são as que se têm desenvolvido, desde o início do século, na sequência da resolução marginalista operada a partir de 1870. Na realidade,

Tenha-se presente, no entanto, que até nas escolas socialistas, as ideias fisiocráticas não deixaram de exercer certa influência, não obstante, depois de Marx, se ter acentuado a explicação de que o valor dos bens atinge no mercado níveis que se devem – dizem – à exploração humana dos trabalhadores pelos capitalistas[123]. Este autor, no âmbito da dialéctica natureza-cultura, era favorável à tese da vitória do homem sobre as coisas, à ideia de que, em última análise, as vicissitudes da história estão sujeitas aos comportamentos voluntários, quer dos senhores, proprietários e capitalistas, quer dos trabalhadores em luta[124]. Marx, influenciado provavelmente por Darwin propendia a *politizar a natureza*, ao defender uma filosofia de transformação, anti-escolástica, para explicar o papel do homem na história da Terra. Escrevia no «Capital» que «quanto mais um país estabelece a base do seu desenvolvimento sobre a criação de uma indústria moderna, mais rapidamente prossegue o processo de destruição. É assim que a produção capitalista ao desenvolver a tecnologia e ao reunir

---

cabe à designada economia de bem-estar, estimulada pelos contributos de Pigou e de Pareto, o mérito de se ter empenhado em estabelecer e clarificar os critérios e as condições de optimização do bem-estar económico colectivo. Cfr. Jorge Costa Santos, *Bem-Estar Social e Decisão Financeira*, Almedina, Coimbra, 1993, pág. 6.

[123] Marx, numa das suas cartas a Engels informava que a agro-química lhe trouxera mais ensinamentos sobre o que é a renda da terra que todos os economistas reunidos. Do mesmo modo, a expressão que a produção capitalista «perturba a corrente de circulação da matéria entre o homem e o solo», impedindo o retorno a este último daqueles que o homem consome para se alimentar e vestir, violentando, assim, o condicionamento necessário a uma duradoura fertilidade da terra cultivada. Cfr. Jean-Marie Pelt, *ob. cit.*, pág. 23.

[124] Marx e Engels não excluem pois, *a priori,* os recursos naturais do campo da análise económica. Entretanto, eles não insistem suficientemente neste ponto na sua obra económica, visto que aquilo que lhes interessa é o funcionamento de um sistema económico particular, o sistema capitalista, cujo campo é circunscrito pelo das mercadorias. Ora, uma mercadoria define-se como um valor de uso dotado de um valor de troca. E aliás no cerne deste valor de troca que se situa o «mistério» do sistema capitalista, o que explica a razão porque Marx e Engels concentram o essencial dos seus esforços sobre a esfera capitalista e, logo, mercantil, da produção, aquela que cria o valor (de troca). Logo, privilegiam o estudo das relações e da reprodução dos capitais «mercantis», ou seja a reprodução do capital variável (força de trabalho) enquanto factor deste modo de produção, em detrimento dos factores naturais desprovidos de valor.

E por isto que o pensamento marxista poderá negligenciar aquilo que sempre foi sublinhado pelos seus inspiradores, a saber, a indispensável participação dos recursos naturais mercantis e não mercantis na produção. – Cfr. Jean-François, Sylvie Faucheux, Noël, *Economia dos Recursos Naturais e do Meio Ambiente, Economia e Política,* Instituto Piaget, 1995, págs. 90 e 91.

num conjunto social a acção dos diversos processos, mais não faz do que esgotar as fontes originárias de toda a riqueza: a terra e os trabalhadores[125].

Tenha-se também em conta a própria teoria marxista do «valor-trabalho» para entender a razão pela qual nunca manifestou tendência para atribuir valor autónomo ao ambiente e aos recursos naturais[126].

É na Inglaterra, onde encontra magníficas fontes de documentação, que se lança no estudo da economia política. As doutrinas da escola clássica, o desenvolvimento industrial do país e as crises cíclicas, que nesse período causavam já grandes apreensões, proporcionam a Marx um vasto campo de estudo. É em 1859 que publica a *Crítica da Economia Política* que mais não é que uma profunda introdução a *O Capital*, cujo volume I aparece em 1867. É da própria periodicidade das crises que Marx deduz que não existe, conforme os clássicos afirmavam, uma tendência natural para a harmonia e para o equilíbrio económico, mas uma tendência permanente para o equilíbrio, sendo legítimo concluir pela existência de uma causa *normal* das crises. A *teoria do valor* de Marx é um elemento fundamental da sua construção técnica, representando uma extensão e um aprofundamento da *teoria do valor* de David Ricardo. Com a generalidade dos autores socialistas, Marx atribui ao trabalho a origem do valor. Entende que o valor de uma mercadoria é objectivamente determinado pela *quantidade de trabalho social médio* que essa mercadoria representa. E nesta perspectiva, a Adam Smith e Ricardo, que tinham compreendido que o trabalho era o verdadeiro fundamento do valor, faltara a visão *dialéctica*, a compreensão filosófica da natureza e do homem. Para Marx só uma mercadoria é susceptível de criar valor de troca, na medida em que for consumida, exactamente *a força humana de trabalho*; o lucro deixa de ser um mistério social; é simplesmente a *mais-valia* adquirida pelo capital no decurso do processo de produção.

Pelo aspecto desvendado pela análise de Marx, o capitalismo surge como uma troca de *não equivalentes*. E, por isso, em vez de equilíbrio, no seu seio manifestam-se sucessivamente forças de desequilíbrio e de rotura. Para Marx a contradição fundamental não é a que existe entre a produção

---

[125] Veja-se R. Passet, *ob. cit.*, págs. 7-8.

[126] Numa referência meramente simbólica refira-se que Marx apresentou em Iena, em 1841, a sua tese de doutoramento subordinada ao tema «*Diferença entre a Filosofia da Natureza de Demócrito e de Epicuro*», momento em que a grande ambição do jovem doutor era ser professor de filosofia.

Economia e Ecologia 153

e o consumo, mas a que se verifica entre o carácter socialmente produtivo do trabalho e a apropriação privada dos produtos do trabalho. Desta contradição fundamental decorrem os conflitos *económicos* (entre a produção e o consumo), conflitos sociais (entre as várias classes da sociedade), conflitos *políticos* (luta para o domínio do Estado)[127].

O tempo se encarregaria de provar, no entanto, que o conflito entre a problemática da economia produtiva num sistema de mercado não é um problema particular da economia capitalista. É, antes, um problema das economias produtivistas de tipo industrial-tecnológico[128]. E também nas economias socialistas/colectivistas provocou danos superiores à qualidade de vida no plano ecológico. A tal não foi estranho a tardia sensibilização para a degradação do ambiente e a ausência de freios ou panaceias que começaram a aparecer nas sociedades «abertas». Sem dúvida que o nível da agressão ambiental, poluição e plurais disfunções ecológicas foram, em

---

[127] A. Taylor, ob. cit., pág. 114. Engels, por sua vez, assinalava que: «*os factos recordam-nos a cada passo que de modo nenhum reinamos sobre a natureza como um conquistador reina sobre um povo estrangeiro, como alguém que estivesse fora da natureza, mas sim que à natureza pertencemos com a nossa carne, o nosso sangue o nosso cérebro, que estamos no seu seio e que toda a nossa dominação sobre ela reside na vantagem que temos sobre o conjunto das outras criaturas: conhecer as suas leis e podermos servir-nos delas judiciosamente*» (F. Engels, *Dialectique de la Nature*, ed. Sociales, Paris, 1968); cfr. Vincent Labeyrie, «De la Place de la Révolution écologique dans la révolution Scientifique et Technique», *La Pensée*, n.° 1978, Abril de 1978. Ainda que tenha expresso, diferentemente, em carta ao geólogo inglês Wilson Lamplugh, ponto de vista antropocêntrico particular que partilhava com Marx – «*... mas a história parece- -me ainda mais grandiosa do que a natureza. Foram necessários milhões de anos à natureza para produzir seres vivos conscientes, e bastam agora milhares de anos para que esses seres conscientes actuem conscientemente em conjunto; conscientes da sua acção não somente como indivíduos mas também como massa; agindo em conjunto e prosseguindo em comum um fim comum previamente visado*» (cfr Jean-Pierre Lefebre, «Marx et La Nature», *La Pensée*, n.° 1978, Abril de 1978.

[128] Na verdade, a consequência última desta cultura produtivista foi a de perpetuar também ao nível das massas, como foi agudamente observado... a separação entre o mundo da história e o mundo da natureza, sobre a qual se fundou uma cultura dos recursos ambientais, funcional ao modelo de desenvolvimento dos países capitalistas. Uma vez que a produção não era, de facto, onerada pelos custos reais do ambiente e do território, aquela podia tranquilamente desenvolver-se em sectores directa ou indirectamente com elevado potencial de inquinamento, ao mesmo tempo que o tipo de cultura ambiental dominante lhe consentia organizar sem custos excessivos, uma estrutura de consumo funcional. Cfr. G. B. Zarzoli, «Crise ecológica e qualitá dello sviluppo», in *Democrazia e diritto*, n.° 2, 1982, pág. 27.

154 António Carvalho Martins

verdade, maiores nas economias ditas socialistas colectivistas, com apropriação colectiva dos meios de produção e através da gestão do aparelho produtivo estatal, no fim de contas, o mesmo modelo de crescimento. Acrescia o Estado autoritário, sem controlo pelos tribunais, por isso com total ausência de indemnização e inexistência de conflitos de propriedade. Estavam ausentes os travões naturais do sistema de economia de mercado, onde se perfilavam como limites os mecanismos instituídos próprios do direito privado, da propriedade privada e da responsabilidade civil. Acresciam os mecanismos da *sociedade aberta* (Karl Popper), pontificando as liberdades de opinião e associação e o destaque das Associações de Defesa dos Consumidores e do Ambiente, o acesso à justiça e a prolífera legislação ambiental crescente. A experiência colectivista foi, não obstante, mais trágica que o capitalismo no domínio dos desequilíbrios ecológicos[129].

Pode, ainda, referir-se que a *teoria económica convencional*, expressa através das suas escolas mais celebrizadas, nada, ou pouco, se tem preocupado com os problemas do ambiente (B. Commones). A causa essencial talvez se deva encontrar na circunstância desta, ao abordar o problema, que é o do modo como se processa socialmente a criação e a repartição da riqueza, se ter debruçado, essencialmente, sobre o fenómeno da troca livre e voluntária de objectos económicos entre sujeitos económicos, cujo dínamo é a concorrência e, portanto, um crescimento económico puramente quantitativo, essencialmente mercantil e sem limites[130].

É permitido dizer-se, pois, em retrospectiva, que muitas concepções pretéritas à escola clássica e, consequentemente, aos seus elementos paradigmáticos fundamentais, de que é exemplo a *fisiocracia*, propendiam para o respeito da economia pela *ordem natural*. Haveria de assegurar que

---

[129] «E é no que foram os países colectivistas, bem como num mundo subdesenvolvido depredado, que se verificam hoje os piores atentados ecológicos; ao invés, foi no mundo democrático e capitalista que se conseguiu travar, em alguns aspectos, a catástrofe ecológica, introduzir alguns elementos de base ecológica no cálculo racional de empresários e nas políticas económicas do Estado, criar uma consciência ecológica, dar força política e social à opinião ecologista, avançar cientificamente no campo da ciência ambiental e criar uma rede, nacional, regional e internacional, de regras e instrumentos jurídicos de defesa, protecção e responsabilização ambiental». Cfr. Sousa Franco, «Ambiente e Desenvolvimento – Enquadramento e Fundamentos do Direito do Ambiente», in *Direito do Ambiente*, INA, 1994, págs. 54-55.

[130] Cfr. Henrique de Barros, *ob. cit.*, pág. 157.

Economia e Ecologia   155

a actividade produtiva[131], garantisse a conservação e valorização dos recursos naturais, a intangibilidade das forças produtivas e a sua subjugação à natureza ordenadora.

Por sua vez, o pensamento clássico liberal pressupõe já uma ordem psicológica, autónoma da natureza, *rectius*, antes considerada como natureza de cada homem, pregnante das leis ou regulamentações que estão presentes na procura da satisfação das necessidades individuais. Contudo, a panorâmica global reconduz-se ao estudo *redutivo* dos comportamentos puramente económicos, que radicam em David Ricardo[132]. *A especificidade da razão económica* assinala a ciência económica, a influenciar, preponderantemente, o modelo dominante do *modus agiendi* dos operadores económicos (produtores ou consumidores). E a verdade, também, é que o economicismo do comportamento individual assinala, mesmo, a lógica dos *planeadores* centrais nos sistemas económicos colectivistas. Com efeito, é a lógica da *sociedade industrial* e do industrialismo[133] que, exau-

---

[131] Para os fisiocratas, como se disse, agricultura era a única verdadeira actividade produtiva. (H. Dennis), Sylvie Faucheux, Jean François Nöel, *ob. cit.*, pág. 87.

[132] Considera-se, geralmente, que a sua obra marca o apogeu da escola clássica. E se alguns críticos o recriminam por ter empregado nas suas obras de preferência o *método dedutivo*, e por essa razão o consideram culpado da orientação abstracta dos autores que influenciou, outros pensam que foi exactamente essa capacidade de abstracção que deu à escola clássica um grande impulso. Não sem olvidar que, no plano prático, Ricardo teve uma influência considerável na medida em que foi um promotor do liberalismo económico e particularmente da política livre-cambista que a Grã-Bretanha adoptou nos meados do século XIX e pôs em prática até 1914. Desse ponto de vista, pode afirmar-se que foi seguindo os conselhos de Ricardo que a Grã-Bretanha estabeleceu a sua supremacia económica sobre o mundo inteiro no século XIX. Cfr. M. Blang, *Ricardian Economics*, New Haven (E. U. A.), 1958.

[133] «M. Weber e W. Sombart também realçariam alguns elementos comuns ao capitalismo e ao socialismo. Mas foi Raymond Aron quem, na esteira de Saint-Simon e A. Comte, reelaborou o conceito de sociedade industrial, dando-lhe nova fortuna científica e social.

Para R. Aron, a sociedade industrial tem cinco caracteres fundamentais. Nela, as grandes empresas constituem a forma característica de organização do trabalho produtivo. A divisão do trabalho origina uma radical separação entre a família e o local (e a unidade) de trabalho. A divisão técnica de trabalho acresce à tradicional separação de funções e empregos. É crucial o papel da acumulação de capital, imposta pela concorrência. A organização e a concorrência determinam a necessidade do cálculo económico racional. A concentração do operariado, com grandes sindicatos e tensão social entre eles e os empresários/empregadores, é outra característica inevitável da sociedade industrial. Estas características sobrepujam os dois traços que, em alternância ou acumulação, demarcam

rindo-se neste modelo de desenvolvimento, se coloca em crise, porque marginal à natureza e ao social, por isso nos antípodas de uma economia servente do homem. É que esta, a economia, é ciência humana (por definição), mesmo quando o homem nela não está presente. Das ciências do homem, pois, e da sociedade, a economia recebeu esse carácter de ser inconcebível (Fernando Piteira Santos) fora da história e sem a história e, por isso, obrigatoriamente reafirmação, princípio e fim, do mesmo modo, de um específico *Humanismo* sobre qualquer forma, mesmo subtil, de desregrado e embuçado *homunculismo*.

Implícita está a procura de um novo ressumar de factores extra-económicos, expressa na novel problemática económica referente ao ambiente, quer no domínio científico, quer no da prática social. E, hoje, mais do que nunca, é através da actividade económica, da sua articulação

---

capitalismo e socialismo: a propriedade – privada ou social/pública – dos meios de produção e a regulação económica pelo plano ou pelo mercado.

A opção básica que subjaz a este conceito consiste em subalternizar os traços distintivos da dicotomia capitalismo-socialismo, para acentuar os caracteres comuns destes dois sistemas económicos (mas já o fizera Max Weber, ao destacar no modo de dominação social «legal-nacional» a componente burocrática, tratam o capitalismo e o socialismo, não como formas sociais antiéticas, mas como dois tipos burocráticos da organização social, caracterizados pela organização racional da produção e do consumo, pela contabilidade dos custos e pelos critérios de eficiência...». Cfr. A. L. Sousa Franco, «Sociedade pós-industrial», in *Polis – Enciclopédia Verbo da Sociedade e do Estado,* vol. 5, 1987, págs. 936-942. Ted Haistead e Clifford Cobb, *A Necessidade de Novas Medidas de Progresso*, in Jerry Mander, Edward Goldsmith, *Economia Global, Economia Local, A Controvérsia*, Instituto Piaget, 1996, págs. 213 e segs.; D. W. Pearce, J. J. Warford (1993), World Without End: Economics, *Environment and Sustainable Development*, Oxford University Press, Oxford and New York, págs. 26-31. A passagem da crise ambiental para um grau de plena visibilidade, que possibilite a realização de mudanças globais capazes de conduzirem a comunidade mundial ao difícil caminho da construção de um efectivo modelo de desenvolvimento sustentável, implica uma lenta e profunda mudança de paradigma cultural que só se poderá medir na duração de gerações e não em simples anos. Esse facto não nos deve induzir a uma atitude de passiva expectativa. Muito pelo contrário. É por sabermos que as mudanças filosóficas e éticas, que são a base em que se consolidará a viragem do paradigma de relações entre a humanidade e o sistema natural, constitui um processo muito lento, que temos de operar o maior número de mudanças que possam contribuir desde já para inverter a actual tendência em que a marcha dos factores de degradação ambiental suplanta os indicadores da sua eventual conservação e recuperação. As três mudanças fundamentais que é possível antever, desde já, situam-se nos seguintes planos: mudança económica; mudança política; mudança no estilo de liderança. – Cfr. Viriato Soromenho Marques, DESTAQUE (6) *Dirigir*.

Economia e Ecologia   157

com a multiplicidade de elementos ambientais, nos quais se incluem os de jaez económico, que se institucionaliza uma ligação, quiçá a mais importante, homem/ambiente, conjuntamente à biológica ou biofuncional. E é daqui que emerge um *novo paradigma científico*[134], a saber, a problemática da relação inextricável entre economia, vida e ambiente e uma nova praxis: o conceito global de desenvolvimento sustentável[135].

---

[134] O termo é característico de uma certa *interpretação* da *história da ciência*, no interior da qual se podem distinguir várias etapas. No início, não existe na *comunidade* científica acordo sobre as teorias, ou, às vezes, sobre os métodos. Neste estádio, o *conhecimento* não foi normalizado, as *hipóteses* podem ser muito diferentes, e não existe desenvolvimento cumulativo que se autocorrija sempre apenas com base no confronto com o *real*. A produção do paradigma suscita um tipo de investigação caracterizado pela *socialização do grupo dos cientistas*. O *paradigma é ensinado*, manifestando-se assim a tendência mais para o conservar do que para o verificar a ponto de pôr em dúvida toda a *experimentação* que o pareça invalidar. Mas o acumular-se dos desvios do paradigma gera finalmente uma crise a partir da qual nasce um novo modelo teórico, só em parte comparável ao anterior, de modo a assinalar uma certa incomensurabilidade entre as teorias. Resulta de tudo isto que o pensamento científico não é apenas animado por uma razão operante na empiria/experiência: as certezas derivam também do facto de acreditar num paradigma. – Cfr. K. R. Popper (1967), *Epistomohgy Without a Knowing Subject, in Proceedings of the Third International Congress for Logic, Methodology and Philosophy of Science*, North Holland, Amsterdam 1968; actualmente in *Objective Knowledge, an Evolutionary Approach*, Clarendon Press, Oxford, 1972, págs. 106-52 (trad. it. Armando, Roma 1975, págs. 149-208). Como também afirmou Orlando de Carvalho, «a questão do paradigma é um resquício da subordinação do jurídico a ideias ou fins heteronomamente prescritos, um desvio do salutar princípio *"sileant theologi in munere alieno"* em que se funda, justamente, a autonomia do Direito. Esta eliminação da pergunta ou esta sua redução ao rigor das leges artis, com o "non serviam!" que implicitamente contém, subjaz, não só à escola da exegese, que dominou o pensamento francês até aos fins do último século, mas também à pandectística alemã de Oitocentos e, de um modo geral, ao positivismo legalista que informa, ainda hoje, a maioria da doutrina». *Para um Novo Paradigma Interpretativo: O Projecto Social Global*, in BFD 73 (1997), págs. 1-17. O próprio *«paradigma interpretativo não é apenas um nome, uma senha, um símbolo: não é um dogma protocolar ou tutelar, é uma seiva fértil e múltipla, é uma força motriz, capaz, de irradiar e multiplicar-se por todos os retículos da imensa e imprevisível conflituosidade dos homens»*, ibidem, pág. 6.

Vide, ainda. Th. S. Kuhn, *The Structure of Scientific Revolutions*, University of Chicago Press, Chicago, 1962, págs. 63 e segs.

[135] A teoria económica do ambiente sucedeu à teoria estritamente ecológica do ambiente. «A economia ambiental é um campo novo, no essencial criado pela presente geração de economistas. Mas as suas raízes estão nas teorias das externalidades de Marshall e Pigou, as teorias dos bens públicos de Wicksen e Bowen, a teoria do equilíbrio

Uma abordagem hodierna e consciente reconhece a influência de decisões e acções humanas subtraídas à *lei da troca*, carentes de reciprocidade ou equilíbrio, deliberadas marginalmente no mercado, a que se convencionou apelidar de «efeitos externos», «externalidades» ou «economias», sempre que positivos, e «deseconomias externas» ou «anti--económicas», quando negativas. Neste naipe de externalidades inserem--se todas as consequências de decisões económicas com repercussão ambiental não voluntária (mesmo não desejável), que, excepcionalmente, apresentam carácter positivo (economias externas), mas que, em geral, revelam resultados negativos que a sociedade suporta (deseconomias externas)[136].

Tornou-se inevitável para a análise económica estudar, desde logo, as consequências económicas das «externalidades» para, depois, não poder deixar de, operacionalmente, abordar os seus efeitos ao nível dos centros de decisão afectados, na busca de métodos para os quantificar. Mensurados tais efeitos, em termos monetários, haveria que proceder à respectiva integração nos custos de produção, que seriam atenuados através de subvenções, no caso de *economias* ao invés oneradas pela via fiscal ou parafiscal, se se tratasse de anti-economias. O que quer dizer que, ao tomarem-se «internas», as externalidades passariam a contribuir para a formação do preço, na sujeição às leis do mercado, por isso à activação do lucro privado[137].

---

económico geral de Walras e o campo aplicado da análise custo-benefício, prenunciada por Dupuit, mas cultivada até à maturidade por economistas dos institutos de gestão dos recursos hídricos – Cfr. «Environmental economics» por Allen Kneese e Clifford Russel, in *The New Polgrave – A Dictionary of economics*, vol. 2, Londres, 1987, reimp. 1988, págs. 159-164.

[136] Sirva de exemplo, para o ilustrar, o acesso de certa empresa, ou certas empresas, gratuita ou pouco onerosamente, a um manancial de água abundante, em condições normais, difícil de poluir; também o de um enquadramento paisagístico apaziguador do sistema nervoso para quem trabalha duro. É sabido, no entanto, até por observação directa e participante, que os casos de «*deseconomias externas*» são muitíssimo mais numerosos. – Cfr. L. S. Orflia, *Processamento de Dados nas Empresas*, Makron Books, McGraw--Hill, 1985, pág. 90.

[137] Tal como Schumacher parece admiti-lo, este sistema de onerar com rendas ou beneficiar com subsídios as actividades económicas, em função da sua influência ambiental, poderá, em casos excepcionais, contribuir para «igualar suficientemente as possibilidades de lucro, de modo a que, em si, passe a ser um indicador significativo da eficiência», ob. cit., pág. 210. M. Pemberton, J. Pezzey, D. Neph (1995) – «Measuring Income and Measuring Sustainbihty», *University College London*, págs. 44-48.

Economia e Ecologia 159

A comunidade ou o Estado, podem, pois, ensaiar a resolução destas situações de diversas maneiras. Sempre que operam pela *socialização da exterioridade*[138], colhe oportunidade destacar a actividade financeira, designadamente tomando coactivas *contribuições* à empresa poluidora, que extrai benefícios do custo imposto à comunidade (activando o princípio do poluidor pagador)[139].

Tal postulação é também reveladora da necessidade de envidar esforços para compatibilizar a empresa capitalista com a estabilidade do ambiente. É que os operadores económicos privados, que têm como activador a maximização do lucro (postulado como taxa de remuneração efectiva de capitais privados), ainda que *subvencionados* ou *penalizados* pelo poder público, não dispõem (e será que alguma vez disporão?) de capacidade bastante para impedir a inexorabilidade da contaminação do ambiente e, por essa via, a descrição dos fundamentais equilíbrios da natureza. Não existe dúvida que a responsabilidade essencial pela acelerada ampliação das actividades mais perturbadoras do funcionamento normal dos ecossistemas localiza-se no *lucro privado*, como uma das principais forças motivadoras do sistema de empresa privada[140]. Por um lado, a contaminação tende a intensificar-se com a deslocação das antigas técnicas de produção pelas novas tecnologias, ainda ecologicamente defeituosas, mas geradoras de maiores lucros. Factor a reter é, também, a circunstância de o preço da degradação do meio ambiente não ser, principalmente pago pelo produtor, mas sim pela sociedade no seu conjunto sob a forma de exterioridades. Deste modo – insiste-se –, a empresa contaminadora do meio ambiente é *subvencionada pela sociedade*, a significar que, sob este aspecto, a empresa, embora livre, não é *absolutamente* privada[141].

---

[138] Impondo custos compensadores do benefício apropriado ou apropriando proveitos gerados. – (Cfr. John McKibben, *End of Nature*, Nova Iorque, Randon House, 1989, págs. 27-33).

[139] Vide, p. ex., J. Nicolaisen, A. Dean e P. Hoeller, «Economie et environment: problèmes et orientations possibles», *Revue économique de L'OCDE* (16), 1991, págs. 9--49, na senda de A. Pigou, *Welth and Welfare* (1992).

[140] Cfr. B. Commoner, *ob. cit.*, pág. 214.

[141] «Vivemos da agonia de uma ordem, a do industrialismo. Fundada sobre a religião do trabalho, do poder, da mercadoria, da estandardização, esta ordem está em vias de ser submersa e baralhada por uma civilização nova ou que ainda se não desenha senão num esboço confuso» o que significa que «em vez de receber passivamente o nosso modelo mental da realidade, estamos hoje obrigados a inventá-lo e reinventá-lo constantemente». Cfr. Michel Bosquet, «Scénario pour autre bonheur», in *Nouvel Obser-*

Vale isto também por dizer que a *poluição* no aspecto negativo, o ambiente, no plano positivo, são, um custo colectivo ou uma utilidade colectiva, pública neste entendimento. Tal não pode deixar de determinar a intervenção do Estado (de acordo com critérios técnicos, económicos e de justiça) com o objectivo de resolver a questão do *financiamento dos custos* e da indemnização e repristinação das situações criadas. A intervenção pode ter, sempre, um carácter plural mas haverá que afirmar-se, sobretudo, como imposição legislativa ou administrativa de custos aos operadores que criam a poluição, *tributando-os*, inclusivamente, com o fim determinado de financiamento da prevenção, ressarcimento e reparação de situações e eventos poluentes[142].

Urge, pois, agora, a procura de um *novo paradigma científico* e de um *novo modelo cultural* e de políticas económico-sociais integradas, verdadeiras políticas multidimensionais. Do mesmo modo, uma plêiade de específicos instrumentos de luta contra a degradação[143], onde pontificam os estudos prévios, com carácter de obrigatoriedade, de impacte ambiental, contactos de regulação normativa das actividades poluidoras, gestão da

---

vateur, n.º 829, 27 Set.-5 Out. 1980, pág 10; vide, igualmente premonitórias, as obras de Alvin Toffler, *O Choque do Futuro, Os Novos Poderes* e, sobretudo, *A Terceira Vaga*.

[142] O bem colectivo do ambiente tem um custo. Esse custo ou é interiorizado, ou seja, ou é suportado como custo interno da própria iniciativa de produção, pelo agente cuja actividade – sendo positiva é produtiva e útil, não só para si como para a colectividade – gera o efeito *poluição*; ou é suportado com base em critérios que são tributários, tais como os outros critérios de financiamento de bens colectivos. Aquilo que os poluidores não suportam, suporta-o a colectividade. E suporta-o de uma de duas maneiras, necessariamente: ou porque o ambiente é, degradado, ou porque para melhorar o ambiente alguém vai ter de pagar e são os contribuintes. «Portanto, há aqui um problema que é, necessariamente, um problema de economia pública e as opções a tomar podem ser opções que imponham obrigações às empresas privadas, por via legislativa, interiorizando as exterioridades; ou podem ser opções que, como dizem no seu calão os teóricos da economia pública, «exteriorizam as exterioridades. Portanto, mantenham as exterioridades como efeito externo a tratar colectivamente e partam do princípio, claríssimo, de que ou é a colectividade que suporta esse custo e esse efeito negativo, ou, então, têm de ser os agentes produtivos; ou naturalmente, dentro da colectividade, certas categorias sociais que possam ser seleccionadas e que podem divergir dos agentes produtivos». Cfr. Sousa Franco, *Ambiente e Economia*, Textos, Centro de Estudos Judiciários, pág. 137.

[143] Motivados por «perspectiva eutrófica» com subordinação da pura lógica económica dos imperativos de reprodução dos recursos da biosfera. J. Pezzey (1994), «The Optimal Sustainable Depletion of Non-Renewable Resources», *University College London*, págs. 66-69.

biodiversidade[144], protecção paisagística, normas de emissão de produtos tóxicos, recolha e tratamento de resíduos, planos de ocupação de solos, e outros. No fundo, a eleição, igualmente, de técnicas de cálculo económico que consigam o envolvimento da optimização económica e a reprodutividade do sistema; aferir os efeitos das políticas partindo de indicadores que permitam determinar os efeitos directos sobre o ambiente e os indirectos efeitos sobre o conjunto do sistema económico, no casamento analítico da economia com todo o ambiente. Tudo isto numa perspectiva da economia global e da sua relação com os outros sistemas sociais e naturais, na ultrapassagem de uma mera perspectiva macroeconómica global[145].

Isto para dizer, da mesma maneira, que foram necessárias as ondas de choque provocadas pelas revelações dos problemas ecológicos, da ameaça da exaustão ou penúria energética, para impor atenção devida ao curso, a jusante do processo de produção, mas, também, a montante, com uma tentativa de compreensão do esforço biofísico implícito, activador, mas com limites definidos. Tudo para revelar, mais uma vez, que a necessidade de compatibilização da Economia com a Ecologia não foi reconhecida, nem, porventura, pressentida pelas principais escolas do pensamento económico, de interesses, precípuos e exclusivos, centrados sobre o capital, o mercado, o lucro individual e conceitos conexos[146].

Os recursos naturais são fornecidos de fora pela natureza da actividade económica. As leis económicas só são naturais a pretexto da sua conformidade à natureza do homem que dela pode usar os seus frutos, os recursos naturais. Produzir é algo que se faz sem ter de gerir a natureza, sendo suficiente, para o efeito, aproveitá-la[147]. No entanto, no fim do

---

[144] Avançada, com algum alcance, na ECO-92 do Rio.

[145] A mensuração dos efeitos directos da economia sobre o ambiente (poluição e/ou qualidade do ar), água, ruído, etc. – Cfr. C. David Korten, *Getting to The 21 St. Century: Voluntary Action and the Global Agenda*, West Hartford, Conn., Kumarian Press, 1990, págs. 77-83.

[146] Para a Escola Clássica, os recursos naturais figuram-se como um dado natural de que a produção se serve, e a possibilidade de aquela agredir a natureza é encarada como consequência normal e directa da actividade produtiva. A indústria não se subordina à natureza. A relação economia-natureza mais não é que neutral. Por isso a análise económica dela se abstrai.

[147] Ricardo nomeava as faculdades naturais e indestrutíveis do solo; Say referia as riquezas naturais como inesgotáveis e gratuitas. Os clássicos (e o pensamento liberal, ao longo do século XIX) consideram os recursos naturais como disponíveis para serem

século XIX[148] começa a admitir-se ser indispensável, minimamente, uma racionalização e programa para os recursos naturais e a sua preservação, perspectivando-se já, de alguma maneira, o longo prazo[149]. Marx indicava a perturbação entre o homem e os recursos naturais como um dos elementos caracterizadores do capitalismo. Mas foi, igualmente, do socialismo, que inspirou, a revelar-se que outra é a causa da incompatibilidade criada, frequentemente, no relacionamento entre o homem e os recursos naturais a pretexto, de um desenvolvimento economicista. No dealbar do século XXI, é a integração entre a economia e não só os valores sociais e culturais, em termos genéricos, mas – como evidenciava Sousa Franco – *«o valor autónomo da vida, no equilíbrio da biosfera e no valor ecológico do ambiente; não apenas como condicionante externo ou como fornecedor de recursos ou instrumentos à actividade económica, mas como elemento central do conceito de desenvolvimento humano e global»*[150]. Como deu ênfase Gary Becker, todo o humano tem uma certa dimensão económica; é, pois, possível conceber desenvolvimento económico e visão económica do desenvolvimento sem tombar no economicismo. O desenvolvimento é um processo de longo prazo, na mira de que o homem possa viver na terra sem esgotar os recursos naturais, privando da sua fruição as gerações futuras.

A *economia unidimensional* está, em definitivo, ultrapassada por um modelo notoriamente de *perspectivas multidimensionais* da economia[151], no enunciado de um *novo paradigma*, na evidência do esgo-

---

utilizados pela indústria como bens raros de oferta praticamente ilimitada, a fim de garantirem a *riqueza das nações*. Do mesmo modo, a terra, muito embora limitada na extensão, é, tendo em conta a sua capacidade produtiva, inesgotável.

[148] A que não terá sido, de todo, estranho o «esgotamento» de minas de carvão do norte de Inglaterra e da Escócia.

[149] O marginalista Stanley Jevons é exemplo da preocupação havida com o esgotamento dos recursos naturais, mesmo os energéticos (apontou para um ano o esgotamento da dotação natural do carvão no Mundo...) em premonição conceitual de que quer o *futuro*, quer os *lucros*, com a produtividade, ficam, afinal, dependentes da forma de gerir e programar os recursos naturais.

[150] «Ambiente e Desenvolvimento» (INA), 1994, pág. 60. Não sem olvidar que o Relatório do MIT-Clube de Roma de 1972 apontou para o risco de esgotamento dos recursos naturais e para o risco da introdução de factores profundos de desequilíbrio na biosfera em consequência de emissões e outros comportamentos poluidores, formulando o modelo de crescimento (material) zero.

[151] Cfr. René Passet, *ob. cit.*, págs. 825 e segs.

Economia e Ecologia

tamento do paradigma anterior, a exigir dinamismo e coenvolvi-mento[152], harmonizando gestão económica e regulação da biosfera, interdisciplinarmente, na eleição de uma perspectiva de evolução criadora. No que coincide com aquela outra opinião, emitida por Boaventura de Sousa Santos, ao defender que as disciplinas chegaram ao fim e estamos numa época de *galerias temáticas*. Edgar Morin, ao falar da *epistemologia da complexidade* refere que «*aquilo que vemos é aparecerem disciplinas de um novo tipo, que contemplam, não um fragmento da realidade, arbitrariamente dividida, mas que tornam um sistema por objecto*»[153].

Daqui decorreram, também, um conjunto de políticas, mesmo unidimensionais, que foram determinantes no frenar da degradação ambiental, *maxime* quando perspectivadas em termos de contabilidade de custo/ /benefício de acções com efeito colectivo, de par com a utilização de uma *utensilagem tributária* adequada. É aqui que ganha também perfil o princípio do poluidor pagador (PPP) proposto pela OCDE, a significar que as despesas ocasionadas pela luta entre as poluições e os danos, cabem, em princípio, ao poluidor. Num mundo capitalista, em que as decisões económicas dependem dos custos e da rentabilidade prevista das empresas, parecia lógico que os custos da prevenção e da eliminação da poluição fossem tomados em conta pelo empresário[154], isto é, o poluidor a utilizar ou

---

[152] Na ultrapassagem da regulação dos sistemas económicos segundo princípios diversos, assinalar uma lógica evolutiva continuada e global (exemplificativamente, a acumulação do capital em Ricardo é substituída pela procura efectiva em Keynes, talvez já ultrapassada por outros princípios, ou em vias de o ser).

[153] «É como a Ecologia que tem por objecto os ecossistemas, isto é, as interacções entre todos os seres vivos e o meio físico. Por isso, julgo que em tal consistem os *objectos temáticos*. É necessário tomar por objecto a Ecologia, quer dizer, a natureza; o homem, quer dizer, as suas dimensões económica, psicológica, histórica. Há que reencontrar os grandes objectos organizacionais», cfr. «*Encontros com Edgar Morin*», entrevista publicada no *Jornal de Coimbra*, de 30 de Novembro de 1988, pág. 12.

[154] Cfr. Nicolas Moussis, *As Políticas da Comunidade Económica Europeia*, Almedina, Coimbra, 1985, pág. 297. «O *cidadão aceita facilmente que, ao consumir água, tenha que pagar por ela. Ora, esse princípio deve ser aplicado à poluição: quem produz lixo, deve estar consciente de que é preciso pagar para acabar com ele*». – Tal como Elisa Ferreira, ministra do Ambiente, falava em Lisboa, 30 de Junho de 1999, no encerramento de um seminário sobre «A Utilização de Fundos da União Europeia com Vista a um Investimento Eficaz na Área do Ambiente», que trouxe à capital Portuguesa cerca de trinta representantes de dez países candidatos à adesão da UE.

164 António Carvalho Martins

a degradar bens que são da comunidade, deve compensá-la em função da poluição produzida[155].

É notório que o crescimento económico medido através dos índices habituais, *maxime* do produto Nacional Bruto (PNB), tem vindo a provocar de várias formas uma diminuição da capacidade de o ambiente prestar serviços às sociedades humanas. E isto mesmo considerando não se poder interpretar o PNB, essencialmente, como um parâmetro económico, optando pela sua escolha como medida do produto de uma nação, definindo-o como o valor mercantil dos bens e serviços finais produzidos, de novo, residentes de um país, num determinado período de tempo (o ano, habitualmente), antes da dedução das provisões para o consumo de capital[156].

Como quer que seja, é manifesto o problema do esgotamento dos recursos naturais não renováveis, sendo a actual crise de energia, de certo modo, reflexo da resposta das nações produtoras de petróleo à eminência do esgotamento deste recurso. De modo idêntico, recursos naturais renováveis, ou seja, os que podem ser mantidos à perpetuidade, em *regime de sustentação*[157], vêem-se, muitas vezes, exauridos por uma exploração rapace que a tecnologia ajuda. Também a saturação do ambiente pelos

---

[155] Do mesmo modo, as subvenções estaduais aos investimentos poluidores, venda dos direitos de poluir. A justificação técnica resulta do princípio do óptimo de Pareto, em articulação com a compensação monetária (Kaldor-Hicks), sendo que o cálculo do montante procura fixar o valor que é possibilitador de proceder a ajustamentos de custos e benefícios marginais, ao de lá da capacidade de absorção natural dos efeitos poluidores. Cfr. *Le Principe pollueur-payeur*, OCDE, Paris, 1975.

[156] *Vide* Stone e G. Stone, *National Income and Expenditure*, Londres, 1972.

[157] Como medida de bem-estar, também os valores do P. N. têm sido fortemente contestados. As principais críticas defendem que numerosas despesas que nele figuram não têm qualquer valor ou são mesmo perniciosas ou contrárias à ética. O exemplo mais clássico é o da produção e consumo de tabaco ou de álcool, que têm, ou podem ter, efeitos nefastos sobre a saúde, mas contribuem para o crescimento do PNB. Outras despesas que habitualmente entram no PNB não somente diminuem o bem-estar como aumentam a poluição do ambiente, mas ainda exigem despesas de controlo que deveriam ser deduzidas do PNB como consumos intermédios. Ao contrário, existe uma multiplicidade de actividades que, apesar de não serem mercantis, contribuem fortemente para a elevação do bem-estar, como o trabalho social ou o trabalho voluntário sem remuneração. – J. M. Amado da Silva. *Pólis*, pág. 1586. A. Beltratti, (1993) – «Sustainable Growth: Analytical Models, Policy Implications and Measurements», paper presented to the Conference of the European Economics Association, Oriel College, Oxford.

Economia e Ecologia

materiais lançados pelas economias ultrapassando a sua capacidade de receber e dispersar resíduos – a poluição[158] – levanta problemas.

7. AMBIENTE SÃO COMO ESPÉCIE DE INFRA-ESTRUTURA ESTÍMULO DE PRODUTIVIDADE

Para corrigir os efeitos perversos do economicismo implícito à contabilidade nacional, face ao conceito de Produto Nacional Bruto que se encontra estabelecido, chegou a propor-se que, ao invés de se registarem, positivamente, as despesas, com a mera reposição do meio no seu estado natural, se deduzissem no cálculo do produto essas despesas. Do PNB ou PNL passar-se-ia ao cálculo do Bem-Estar Nacional Bruto (ou Líquido)[159].

Como consequência do aumento das despesas sobre os grandes agregados e os ajustamentos económicos, costuma citar-se o aumento das trocas internacionais pela geração de novos fluxos de trocas, aumento de cooperação internacional[160], efeito positivo sobre a competitividade global. Ainda um manifesto factor de incremento da economia pública, no

---

[158] No n.° 1 do artigo 21.° da Lei n.° 11/87, de 7 de Abril, o legislador formula o conceito de «*factores de poluição*» do ambiente e do território, definindo-os como todas as acções e actividades que «*afectam negativamente a saúde, o bem estar e as diferentes formas de vida, o equilíbrio e a perenidade dos ecossistemas naturais e transformados, assim como a estabilidade física e biológica do território*». O n.° 1 deste artigo é, em bom rigor, uma definição do conceito de poluição. O legislador não caracterizou tal conceito no artigo 5.°, porventura o local mais adequado, sob o ponto de vista sistemático, para o fazer, mas resolveu dedicar-lhe um número autónomo. É curioso notar que a lei coloca em paralelo a «poluição do ambiente» e «a degradação do território». Tratam-se, na verdade, de conceitos em parte equivalentes (embora mesmo distintos numa perspectiva científica), já que boa parte dos factores susceptíveis de poluir os componentes ambientais são igualmente passíveis de conduzir à degradação do território. Tudo depende da óptica em que o analista de coloque. – Cfr. João Pereira Reis, *Lei de Bases do Ambiente, Anotada e Comentada, Legislação Complementar*, Almedina, 1992, pág. 59.

[159] Nos países mais desenvolvidos, os gastos da Administração e das empresas rondam 1% a 2% do PNB. Cfr. R. Prudhomme, *Le ménagement de la nature*. Paris, Dunod, 1980; H. Daly e Jonh Cobb Jr., *For the Common Good: Redirecting the economy toward community, environment and a sustainable future*, Boston, 1989.

[160] De tal é exemplo o Protocolo de Montreal sobre as substâncias que enfraquecem a camada de ozono (16-09-87), como forma de cooperação mais ampla entre países industrializados.

166 *António Carvalho Martins*

financiamento e na afectação de bens, também impacto positivo sobre o emprego[161].

Inversamente, se assinalam os diminutos impactos sobre a produtividade, fraca incidência sobre os preços (0,2% ano) e efeitos inseguros sobre as políticas de repartição, já que, ao invés de se beneficiarem os mais pobres, o favorecimento dos mais ricos, em benefício e financiamento, acontece, com frequência.

Políticas multidimensionais revelam que é possível analisar as interacções sistémicas da economia e da ecologia, de forma a que se passe de visões parcelares e de uma só dimensão para uma visão global e de conjunto. Um ambiente são e equilibrado toma-se, assim, uma espécie de infra-estrutura estímulo de produtividade. Tomou-se, deste modo, «obrigatório» integrar a variável ambiental, sem a qual quaisquer decisões económicas se tomarão dotadas de incompletude, correndo o risco de nocividade à indústria e ao mercado, à própria humanidade, globalmente considerada. Como que se pretende um verdadeiro *desenvolvimento sustentável*, numa concepção abrangente do homem, a sua biosfera, e, com ele, a economia, a ecologia e a sociedade. A afirmação do enterro definitivo do modelo de desenvolvimento equivalente ao crescimento material e a assunção de um novel paradigma, identidade de novo modelo de comportamento, equação, afinal, de uma *nova cultura da natureza e do homem* (Sousa Franco)[162].

A essência da modernidade – recorde-se – desde Descartes, não é senão a Ratio, que se pode definir (versão marxista) como *razão instrumental do capitalismo*. Visando exclusivamente a rendibilidade económica, ou (versão heideggeriana) como *mundo da técnica* votando a actividade dos homens à dominação da Terra. Esta vocação, que aparece com o cartesianismo, consuma-se na ideologia das luzes e a sua crença no progresso. Haveria assim «uma irrevogável cumplicidade ontológica entre a subjectividade fundadora e o mecanicismo», pois que, face ao sujeito instituído em único e exclusivo pólo de sentido e de valor, a natureza não poderia ser concebida de outro modo que não fosse como um gigantesco reservatório de objectos neutros, de materiais brutos destinados ao

---

[161] Em França, no ano de 1987, estimavam-se nos lugares directos e indirectos criados por políticas ambientais num mínimo superior a 349 000 pessoas.

[162] Destaque, a este propósito, para as Conferências de Estocolmo (1972) e do Rio de Janeiro (1992).

Economia e Ecologia 167

consumo dos homens[163]. É o que, com a concepção apontada, também se pretende ultrapassar.

O problema do ambiente nasce com especificidade só capaz de resposta por meio de formas colectivas nas economias de mercado. Isto porque, é sabido e já se disse, o bem colectivo do ambiente tem um custo. Tal custo ou é suportado pelo agente da actividade, como custo interno da própria iniciativa de produção, ou é suportado com base em critérios tributários, como outros de financiamentos de-bens colectivos pela colectividade.

O que quer dizer que o problema do ambiente surge como problema específico que só é susceptível de resposta através de formas colectivas, precisamente nas economias de mercado. Tome-se como exemplo o artigo 27.°, n.° 1, alínea r), da Lei n.° 11/87, de 7 de Abril (Lei de Bases do Ambiente), segundo o qual são instrumentos da política de ambiente e do ordenamento do território – *a fixação de taxas aplicar pela utilização de recursos naturais e componentes ambientais, bem como pela rejeição de efluentes*. Ao referir taxas indica[164] que «*a cobertura dos custos da*

---

[163] Cfr. Elisafcert de Fontenay, *Alliage, «L'Animal, L'Homme»*, n.os 7/8, Primavera/Verão de 1991; Hans Jonas, *Philosophie, Rückschan und Vorschan am Ende des Jahrhunderts*, Frankfurt, am Main, Suhrkamp, 1993, pág. 36; Aldo Leopold, *A Sand County Almanac. With Essays on Conservation from Round River*, 1949, São Francisco, Nova Iorque, Sierra Club —Ballantine Book, 1970, págs. 239-240.

[164] A tributação ecológica (o princípio do poluidor pagador, «aliás, só nominalmente presente no direito português) como o cálculo dos custos ambientais «interiorizaram» as exterioridades, dando-lhes relevo – enunciava o Prof. Sousa Franco em texto do INA *ob. cit.*, pág. 58; enquanto em alocução de conferência proferida no Curso de Direito do Ambiente do Centro de Estudos Judiciários sustentava que «o princípio poluidor pagador, hoje com acolhimento, com começo de acolhimento ao menos um acolhimento de princípio, melhor, no direito comunitário, é precisamente isso, é um *princípio de tributação*, não é um princípio de responsabilidade de civil – mesmo alargada – ou pelo menos se puder ser um princípio de responsabilidade civil alargada, é também um princípio de tributação e é como princípio de tributação que ele pode e deve ser explorado» (*Textos*, pág. 138). O que se sufraga inteiramente. No entanto, outras orien-tações se expressam a sustentar que se existem instrumentos económicos destinados a proteger o ambiente (impostos, taxas ou subsídios, direitos de propriedade), são geralmente instrumentos de ordem política ou jurídica os que prevalecem em política do ambiente: aplicação de normas de protecção, quotas proibições (valores limites), recomendações (homologações). O objectivo da política ambiental é neste caso incorporar os custos dos prejuízos ambientais no preço dos bens e serviços em referência a um princípio de causalidade (cf. 1.4).

Por exemplo, o princípio do poluidor/pagador, não é, no fundo, um princípio de ordem económica, mas de ordem política. Com efeito, a teoria económica conduz a um

qualidade de vida, do ambiente e da reparação da poluição como desutibilidade colectiva é uma cobertura que tem de se fazer por via tributária».

Questão que, nesta sede, se não pode afastar é a da administração, em termos orçamentais ou para-orçamentais, da afectação do respectivo fim da defesa de bens públicos ambientais ou de bens livres, para preservação da qualidade de vida. Existindo *impostos* ou *taxas* com escopo ambiental, pode originar-se uma violação ao *princípio da universalidade do orçamento*, porventura, a criação de fundos ou institutos autónomos que ultrapassando o objectivo da afectação dos *impostos* ou *taxas ambientais*, as despesas igualmente ambientais, proceda à institucionalização do financiamento específico da defesa do ambiente. Porém, a manutenção pura do princípio da universalidade introduz alguma limitação à ideia do poluidor pagador, já que não é possível imputar, com precisão, ao poluidor qual o montante de exterioridade negativa que deve financiar, de não existir uma separação dentro do orçamento ou fora do orçamento, das receitas tributárias que eles gerem e das despesas que são necessárias para prevenir ou repor a qualidade de vida ambiental[165].

---

princípio de negociação e não de causalidade. Na Suíça, por exemplo, o princípio de causalidade domina na medida em que o sistema económico está subordinado ao sistema jurídico.

A questão que então se põe é a seguinte: o que aconteceria se se aplicasse o princípio económico de negociação? Neste caso, ir-se-ia para a instituição de diversos mercados, entre os quais o dos direitos de emissão. (Gonzague Pillet, *Economia Ecológica*, Inst. Piaget, 1993, pág. 55).

João Pereira Reis, por sua vez, entende que esta alínea r) do n.º 1 do artigo 27.º assume particular relevo por duas ordens de acções. Em primeiro lugar, aí se consagra, embora com alguma subtileza – diz –, o *princípio do poluidor pagador*. Na verdade, ao permitir-se a fixação de taxas pela rejeição de efluentes estamos obviamente, a admitir a aplicação do referido princípio. Por outro lado, esta alínea conjugada com os artigos 51.º e 52.º e devidamente articulada com a competência normativa que a Constituição confere ao governo, permite que desde já se legisle com vista à criação de um sistema de taxas que incidam sobre a utilização dos recursos naturais, e sobre a emissão de produtos poluentes. Cfr. *Lei de Bases do Ambiente, Anotada e Comentada, Legislação complementar*, Almedina, Coimbra, 1982, pág. 68.

[165] Sousa Franco, *Textos*, CEJ, pág. 140. Não é possível o financiamento de acordo com o princípio da universalidade dos gastos de despesa ambiental porque sempre existirá uma parcela do bem colectivo ambiente que é pago pelos contribuintes em geral e outra parcela que poderá ser paga pelos contribuintes específicos, aqueles que geram o risco específico que o princípio do poluidor/pagador pretende compensar. Por condenação, os contribuintes em geral sempre contribuirão com algo!... Tenha-se também presente que

8. CONFLITO ENTRE A LIBERDADE DE COMÉRCIO E PROTECÇÃO AMBIENTAL

Uma epígrafe deste jaez contém em si uma potencialidade conflitual impressiva. Com efeito, a liberdade de comércio é o *núcleo neomático* da economia privada. Ao invés, o proteccionismo ambiental é, verdadeiramente, o eixo fulcral da economia pública[166]. O desafio intelectual e prático reside, na verdade, na sua ultrapassagem. Mesmo a nível comunitário, pois que o princípio da liberdade de comércio é uma regra fundamental do «Tratado de Roma».

A concorrência e o direito que dela emerge visa o funcionamento real do mercado e ampla liberdade para os operadores económicos atomizados produzirem em conformidade aos padrões da sua própria lógica. O ambiente também não vai, reconheça-se, contra o mercado, todavia possui lógica diferenciada. Gera custos para os agentes económicos individuais, desde logo, imperativos para a sua activação empresarial (interiorização das externalidades) e *custos fiscais* cujo escopo é o suporte do financiamento a nível, eminentemente, de prevenção, compensação e reparação de danos ambientais. Estão assim patentes as diversas «lógicas» que lhe são imanentes sendo, quase sempre, difícil o esquisso definido sobre o ponto de equilíbrio e a sua ultrapassagem, a fazer ponderar que tal, é, ainda, um estar em trânsito, na cena anunciada do produtivismo *versus* qualidade de vida.

---

as primeiras medidas de defesa do ambiente se podem situar no domínio do direito administrativo da economia, no que tange a licenciamento de estabelecimentos tóxicos, insalubres e perigosos, e saneamento básico. Não sem perder de vista a especificidade decorrente do regime do património natural, histórico-natural, também como componente ambiental/humana e o regime dos recursos naturais. Há, ainda, os institutos ou regras jurídicas que decorrem de políticas do ambiente, sob a forma de instrumentos-quadro da política do ambiente (*v. g.,* a Lei n.° 11/87), o plano, plano nacional e planos regionais, ou as *medidas instrumentais provisórias*, no domínio de uma regulamentação económica mais ou menos epifenoménica, de não permanência.

[166] Também no enunciado da dialéctica articulação destas duas realidades. Cfr. C. Emsley, *et al.* (eds.), *War, Peace and Social Change in Twentieth-Century Europe*, Thieton Keynes – Filadélfia, Open University Press, 1989, págs. 19-33.

170 António Carvalho Martins

9. A TUTELA DO MEIO AMBIENTE NO DIREITO COMUNITÁRIO

Em virtude da concepção produtivista que presidiu a criação da CEE, os tratados constitutivos não continham disposições específicas relativas ao meio ambiente. Foi necessário esperar pela adopção do Acto Único Europeu, realizada a 27 de Janeiro de 1986, com entrada em vigor no dia 1 de Julho de 1987. Não obstante, a inexistência de normas expressamente dirigidas ao meio ambiente, não impediu que estas desenvolvessem uma política ambiental, com base no artigo 235.° do Tratado CEE. Trata-se de uma *«cláusula geral de ampliação de poderes»*, que veio permitir uma acção normativa importante da CEE, sem recorrer, de imediato, à modificação do Tratado de 1957. A revisão operada pelo Acto Único Europeu não faz mais do que constitucionalizar, a nível comunitário, a protecção do meio ambiente, proporcionando, desta forma, bases jurídicas mais claras e explícitas à sua gestão[167].

9.1. O Acto Único Europeu e o Tratado de Amesterdão

O Acto Único Europeu acrescenta o Título XVI à Terceira Parte do Tratado CEE com a epígrafe «O Ambiente», abrangendo três artigos que contêm os objectivos e os princípios prosseguidos pela Comunidade nesta matéria[168].

---

[167] Cfr. Luís Filipe Colaço Autunes, *Tutela De Ambiente e Pocedimento Administrativo: Do Modelo Francês dos «Études d'Impact» à Solução da C.E.E.*, Évora, 1989, pág. 68.

[168] Tais disposições contemplam também outras questões, designadamente o financiamento e execução das medidas que se venham a adoptar. No que tange aos objectivos, o n.° 1 do artigo 130.°-R, acrescentado pelo Acto Único do Tratado de Roma, enunciava que a acção da Comunidade em matéria de ambiente tem por objectivo: preservar, proteger e melhorar a qualidade do ambiente; contribuir para a protecção da saúde das pessoas; assegurar uma utilização prudente e racional dos recursos naturais. No que se refere ao meio ambiente, a acção e a comunidade deve basear-se no a) princípio da acção preventiva; b) princípio da reparação, prioritariamente na fonte, dos danos do ambiente; c) princípio de quem contamina paga (n.° 2 do artigo 130.°-R). O último parágrafo de tal normativo comporta a projecção de tais enunciados noutras políticas comunitárias. A saber, a económica, industrial, agrícola, transportes, etc. Cfr. Paul Jacque, «L'Acte unique Européen», in *Revue Trimestrielle de Droit Européen*, n.° 4, págs. 575--612; H. J. Glaesner, «L'Acte Unique Européen, in *Revue du Marché Commun*, n.° 298,

Economia e Ecologia 171

No âmbito da proposição da temática sobre que se versa, importa destacar que, directamente compatíveis com o mercado comum, em matéria de ambiente, são as *subvenções estatais* (cfr. artigos 92.°, 93.° e 94.° do Tratado), quando destinadas a promover o desenvolvimento económico de regiões, legitimando intervenções financeiras para a recuperação de zonas degradadas, para a valorização do ambiente natural, para a defesa do território, em suma, para uma racional utilização dos recursos, a implicar considerações de ordem económica e social a efectuar no contexto comunitário[169].

9.2. A harmonização das legislações nacionais

Reconhece-se, hoje, que a legislação ambiental, em quase todos os países, assumiu dimensões consideráveis, compreendendo normas que têm uma directa e, por vezes, decisiva incidência nas economias e, por consequência, no mercado europeu. Às empresas são, assim, impostas restrições e medidas de protecção, que se repercutem nos custos do produto final[170]. Globalmente, as restrições, as proibições, a repartição de custos da protecção ambiental, a aplicação de soluções e a realização de verificações, determinam consequências apreciáveis sobre a produção industrial, agrícola e mesmo sobre as trocas comerciais. Razões porque a legislação ambiental incide directamente sobre o funcionamento dos mercados nacionais e europeu. Por este motivo, as disposições legislativas e regulamentares dos Estados-membros, que incidem, directamente, ou

---

1986, págs. 307-321. Tal determina, aquando da elaboração de específica acção em matéria de meio ambiente, que haja, imperativamente, que atentar num naipe de questões tais como as vantagens e os encargos que podem resultar da acção ou da ausência de acção, ou o desenvolvimento económico e social da Comunidade no seu conjunto e o desenvolvimento equilibrado das suas regiões (n.° 3 do artigo 130.°-R). Assente é, também, a *prioridade* que se atribui à actuação da Comunidade no campo ambiental, no que concerne a acções isoladas dos Estados-membros, correspondendo aos Estados--membros a obrigação do financiamento e execução de outras medidas (n.° 4 do artigo 130.°-R).

[169] Cfr. G. Gordini, *Gli Inquinamenti Industriali Ed Agricoli. Normativo Nazionali e Delia Comunità Europea*, Padova, 1985, pág. 10.

[170] Numa assunção de inequívoco relevo das políticas de ambiente, sob o aspecto económico que os credores desta área assinalam com ênfase particular. Vide, v. g., F. Osculati, *La Tassazione Ambientale*, Padova, 1978, págs. 18 e segs.; V. Zhamin, «Ecology and Economics», in *Problems of Economics*, New York, 1977, n.° 3, págs. 74 e segs.

não, no financiamento do mercado comum, podem ser harmonizadas a nível comunitário, nos termos do artigo 100.° do Tratado, através da adopção de directivas pelo Conselho, sob proposta da Comissão[171].

A Comunidade tem, pois, como se evidencia, uma *política própria de ambiente*[172] e tem, já, hoje, uma *ordem jurídica de defesa do ambiente* importante. Todavia, o equilíbrio entre a competência da Comunidade e a competência dos Estados é um equilíbrio extremamente delicado, evidenciando unanimidade nuns casos, maiorias qualificadas, noutros, mesmo, possibilidade da Comunidade impor encargos aos Estados. Deve distinguir-se, em simultâneo, o *princípio da subsidiariedade* e a questão, também noemática, de destrinçar quando a intervenção em defesa da ambiente tem dele uma componente, predominante, de política de ambiente (com hipótese regulamentar decorrente dos artigos 130.°-R, S e T), ou uma componente de iminente regulamentação da política do ambiente e, em especial, de direito da concorrência (situação regulamentar a dirimir pela via dos artigos 100.° e 100.°-A)[173].

---

[171] As disparidades e as distorções que falseiam a concorrência podem ser eliminadas por meio de uma concertação entre a Comissão e os Estados-membros interessados, ou por directivas do conselho. Cfr. J. J. Beauve-Mery, «Les applications des articules 100.°, 101.° e 102.° do Traité de la CEE de 1958 à 1970», in *Revue Trim. de droit européen*, 1970, págs. 303 e segs.; também N. Moussis, «Le cadre juridique de la politique d'environment», in *Revue du Marché Commun*, 1983, pág. 67; vide, ainda, Colaço Antunes, *ob. cit.*, págs. 78 e segs; Rui Manuel Gens de Moura Ramos, *Tratados da Comunidade Europeia e da União Europeia*, Coimbra Editora, 1999, págs. 157-162

[172] Cfr. António Carvalho Martins, *A Política de Ambiente da Comunidade Económica Europeia*, págs. 214, 250.

[173] Esta distinção – que já foi feita em acórdão do Tribunal de Justiça – é uma distinção que aponta para, quando a política do ambiente (que deve ser uma vertente de todas as outras políticas) choque com a política de concorrência, haver maior exigência, quer quanto à forma jurídica da sua regulamentação, quer quanto aos instrumentos de garantia de eventual exemplo ou conformidade dessa regulamentação e das normas nacionais com elas conexas. Cfr. Sousa Franco, *Ambiente e Economia, Textos*, CEJ, pág. 147.

É que não consegue afastar-se a ideia de que «o presente sistema económico traça arbitrariamente um círculo de valor à volta das coisas da nossa civilização que decidimos controlar e avaliar. Seguidamente, descobrimos que o modo mais fácil de aumentar artificialmente o valor das coisas que estão dentro do círculo é fazê-lo à custa das coisas que foram deixadas de fora. E também aqui aparece uma relação directa e perversa: quanto mais poluição se despejar no rio, maiores lucros o poluidor e seus accionistas obtêm a curto prazo; quanto mais depressa se queimar a floresta tropical, mais depressa se arranjam pastagens para gado, que se transformará mais rapidamente em *hamburguers*. A nossa

Economia e Ecologia   173

Concluído o processo de ratificação pelas instâncias nacionais competentes, o Tratado de Amesterdão, assinado a 20 de Outubro de 1997 pelos representantes dos então quinze Estados-Membros da União Europeia, entrou em vigor no dia 1 de Maio de 1999, por força do seu artigo 14.°, n.° 2. Por ele se introduzem alterações significativas nos textos dos Tratados que instituíram as Comunidades Europeias, no Tratado que instituiu a União Europeia em 1992, e ainda num acto com eles conexo (relativo à eleição dos representantes ao Parlamento Europeu por sufrágio universal directo, de 1976) (artigos 1.° a 5.°), Leva-se igualmente a cabo uma simplificação dos Tratados que instituíram as três Comunidades, pela supressão ou alteração de alguns dos seus preceitos, anexos e protocolos (artigos 6.° a 8.°), e de outros actos convencionais que os completam (artigo 9.°). Por último, procede-se ainda à renumeração dos artigos, títulos e secções do Tratado da União Europeia e do Tratado que institui a Comunidade Europeia (artigo 12.°). Destaque, assim, para o Título XIX (ex-Título XVI) – Ambiente – artigos 174.° (ex-artigo 130.°-R) a 176.° (ex-artigo 130.°-T).

9.3. Questões fronteiriças ou supranacionais

O problema do ambiente é, por natureza, um problema que, embora nalguns casos pontuais possa ser regionalmente delimitado, no seu conjunto não conhece fronteiras. Se existem questões *transfronteiriças* ou *supranacionais* são, em boa parte, as do ambiente, mesmo regionais, pois a fronteira raras vezes intervém na definição da região em que se centram. Há questões, mesmo, fora do campo da economia, que já não têm sentido ao nível nacional. E o caso da ecologia, mas também da bioética, para não falar da defesa militar: a nuvem de Tchernobil ignora as fronteiras, e não

---

incapacidade de avaliar os imponderáveis ambientais é uma espécie de cegueira económica e as consequências podem ser tremendas. Como enfaticamente assinalava Colin Clark, matemático da Universidade de Britisch Columbia, «*Muito do aparente crescimento económico pode, na verdade, ser uma ilusão baseada na incapacidade de avaliar a redução do capital natural*». Cfr. Franco Osculati, *La Tassazione Ambientalle*, Padova, 1979, págs. 59-65; Também A. William Delphus, *Environment Money: The International Business Executive's Guide to Government Resources*. Washington, D. C., Venture Publishing, 1990, págs. 23-43, a destacar, designadamente, que: «temos de enfrentar as deficiências dos métodos actuais no que diz respeito à definição do que é progresso e do que é contra-senso».

se compreende que sentido teria no nosso país a proibição do comércio de órgãos, se este fosse lícito no Luxemburgo ou em Frankfurt. Mas será que isto significa que a política nacional pode, sem dano, ser esvaziada de todo o conteúdo e que a forma do Estado-Nação pode ser obsoleta, como o pensam certos ecologistas, mas também os ultra-liberais? Acreditar nisso seria correr o risco de ver o campo de batalha abandonado pelos democratas imediatamente recuperado e, depois, explorado sem concorrência pela extrema-direita. É, pois, necessário não renunciar ao nacional em proveito de uma bipolaridade do local e do internacional, mas articular os três níveis. O que supõe uma reflexão aprofundada sobre o papel das instituições europeias e o modo como elas poderão levar em conta, de forma mais concreta e mais visível para os cidadãos, as legítimas exigências das políticas nacionais[174].

Por isso, também, naturalmente, a relevância comunitária da regulamentação do ambiente e a aceitação pela Comunidade, de que se toma imperioso um nível de cooperação que, declaradamente, aponte para o Direito Internacional Económico e para o Direito Internacional Ambiental. Reconheça-se, em abono da verdade, que a Comunidade, no entanto, tem estado empenhada, como comunidade, outras vezes, em simultâneo, com os Estados-membros, com alguns deles, em negociações.

A literatura mais actual sobre esta vertente é unânime em considerar o papel catalisador desempenhado pela experiência internacional, tanto no âmbito do imperativo de coordenação global das políticas nacionais contida na mensagem da Agenda 21 da Conferência do Rio como no esforço de convergência de objectivos e metas ambientais patente na experiência da União Europeia. Não admira que, na linha do papel pioneiro desempenhado pelo Plano Nacional de Política de Ambiente holandês (cuja primeira versão data de 1989, com um horizonte que se estende até ao ano 2010), se registem hoje mais de 60 países onde ocorre

---

[174] Cfr. Luc Ferry, A Nova Ordem Ecológica, Edições Asa, 1993, pág. 201. Vide, também, a este propósito, a obra de Dominique Simonnet, *L'Écolologisme*, PUF, 1992 (3.ª edição), e Antoine Maurice no seu livro *Le Surfeur et le militant*, Editions Autrement, 1987, consagrado à evolução das sensibilidades contemporâneas face à ecologia e ao desporto. Brendan Prendiville, *L'écologie, La politique autrement? Culture, Sociologie et histoire des écologistes*. Paris, L'Harmattan, 1993, pág. 190; Raymond Promier, Vincent Jacques Le Seigneur, *Génération Verte. Les écologistes en politique*. Paris, Presses de La Renaissance, 1992, págs. 320-329; Claude-Marie Vadrot, *L'écologie, histoire d'une suversion*. Paris, Syros, 1977, p. 250.

Economia e Ecologia   175

um qualquer modelo, mais ou menos efectivo, de planeamento ambiental[175].

O mais importante é que, para os países desenvolvidos da OCDE, o planeamento ambiental assume-se, cada vez mais, como um meta-instrumento de coordenação do conjunto das políticas públicas, como a orientação de charneira que permite ao país, à sociedade e à sua rede de estruturas e instituições económicas manter-se na senda da modernização e da competitividade[176].

---

[175] Cfr. Viriato Soromenho-Marques, *O Futuro Frágil, Os Desafios da Crise Global do Ambiente*, Publicações Europa-América, 1998, págs. 59-60.

[176] Neste sentido, M. Janicke, *et al.*, *Okologisch Dimensionem Industriellen Wandels*, Berlin, Freie Universität, 1991 c., págs. 12, 29, 47-53; A. Carins, «Dynamisierung oder Hemmis? Auswirkungen der EG-Umweltpolitik in Spanien und Portugal», Tranvia, 24, 1992, págs. 19 e segs. Também Daniel Boy, Vincent Jacques le Seigneur, Agnés Roche, *L'Écologie au Pouvoir*. Presses de La Fondation Nationale des Sciences Politiques, 1995, págs. 161-162.

"EFICIÊNCIA ECONÔMICA E DIREITOS SOCIAIS. INTERDEPENDÊNCIA E CONCILIABILIDADE COMO PROPOSTA PARA UM NOVO PARADIGMA"

por Cláudio Pedrosa Nunes

SUMÁRIO: Introdução. 1. Economia e Direitos Sociais no Brasil; 1.1. Anúncio das Reformas; 1.2. Prognósticos Identificáveis; 1.3. Possibilidade de Previsão de um Novo Paradigma. 2. Economia e Direitos Sociais em Portugal; 2.1. Dinâmica dos Paradigmas; 2.2. Portugal na União Européia. Objetivos Sócio--Econômicos; 2.3. Estágio das Reformas Trabalhistas em Portugal. 3. Economia e Direitos Sociais na Espanha; 3.1. Leis Básicas das Reformas; 3.2. Precarização do Trabalho? 3.3. Direitos Sociais e Desenvolvimento Econômico; 3.4. Prestígio dos Convênios Coletivos; 3.5. Norte das Reformas Laborais da Espanha; 3.5.1. Principais Inovações Produzidas pela Lei n.° 11/1994; 3.5.2. Principais Inovações Produzidas pela Lei n.° 12/2001; 3.6. Reformas Laborais e Economia Social de Mercado. O Caso da Espanha. 4. Relações Entre Economia e Direito no Contexto Sócio-Econômico; 4.1. O Trabalho Hermenêutico; 4.2. A Eficiência *Econômica* do Direito Social; 4.2.1. Entraves Ideológicos em torno dos Direitos Sociais; 4.2.2. Oscilações entre os *Estados*; 4.2.3. A Fórmula da Eficiência Econômica; 4.3. Eficiência Econômica e Estado Econômico. 5. Conflitos Políticos e Culturais em torno da Conciliação entre o Estado Econômico e o Estado do Bem-Estar Social; 5.1. A Tentativa Socialista; 5.2. As Especificidades Político--Culturais; 5.3. A Cultura do Terceiro Milênio. 6. A *Crise* da Economia e sua Superação; 6.1. *Crise* ou Transformação?; 6.2. Identificação das Bases das Transformações; 6.3. Impasses para Formação da União Econômica Americana; 6.4. Política Institucional de Enfrentamento dos Problemas. Conclusões. Bibliografia.

INTRODUÇÃO

A temática que pretendemos desenvolver no presente trabalho envolve discussão que se renova constantemente nos meios acadêmicos, judiciais, políticos e administrativos voltados para o mundo do trabalho e da economia. Trata-se da inevitável discussão acerca do implemento dos direitos sociais dos cidadãos em geral (principalmente dos trabalhadores) e sua possível (ou impossível) conformação com a estabilidade e robustez econômica do Estado e dos agentes capitalistas privados.

O terreno a ser explorado, portanto, concentra uma questão central bem definida e que nos impõe de logo sua apresentação para fácil entendimento do leitor e sugestão de sua participação para busca de soluções ou de descobrimento de novos paradigmas: indaga-se se tais categorias (direitos sociais e economia do Estado e dos entes capitalistas), historicamente em confronto, não podem prescindir do natural antagonismo ou, de modo oposto, se são ou podem ser complementares, isto é, interdependentes.

É certo pressupor que o embate entre o capital e o trabalho (tendo, agora, a economia estatal a intrometer-se) ocorreu fundamentalmente em razão do avanço tecnológico de que são exemplos a evolução da robótica, o encurtamento dos espaços através das comunicações, a criação de novos e mais eficientes meios de transportes e as constantes inovações do setor da prestação de serviços. Aliado a isso, há substancial exigência no sentido de que o Estado passe a construir novos paradigmas em termos de composição política e no domínio econômico em razão de conjunturas como: a) pressões dos povos e dos governos ocidentais pela difusão da democracia em todo o mundo; b) inserção universal do capitalismo.

A primeira citação conjuntural conduz a uma perspectiva de implementação da intensa participação popular na direção dos negócios políticos do Estado. E isso evidentemente pressupõe a busca por toda a comunidade da melhoria das condições de vida dos homens e mulheres de todos os países. Nesse aspecto, não se pode dissociar esse ideal da necessidade (ou interesse) de edificação dos direitos sociais.

Já a segunda disposição conjuntural, isto é, a universalização do capitalismo, está relacionada à procura da maior eficiência econômica dos negócios do Estado e das empresas, de modo a conduzir à sua saúde financeira, orçamentária, enfim, da administração de seus recursos em prol do bem-estar de toda a coletividade. Em outras palavras, não se cogita de implementação de estabilidade política, institucional e de promoção da paz entre os povos sem a organização e divisão equitativa dos recursos do

Estado e dos agentes capitalistas privados, cuja concretização compete em grande volume a eles próprios.

Essas considerações preliminares se revestem de maior veracidade na medida em que se observa, na atualidade, a intenção dos Parlamentos de todo o mundo em promover reformas no campo do Direito do Trabalho, inclusive no tocante ao Direito Constitucional do Trabalho, como tentativa de conciliar as práticas laborativas e de promoção de abertura de empregos às possibilidades econômicas não só do próprio Estado enquanto agente interventor (e investidor) na economia, mas também às peculiaridades, dificuldades e facilidades dos agentes econômicos privados. Nessa medida, bem acentua *Monteiro Fernandes* que as reformas políticas, econômicas e sociais devem justificar-se em nome de *"um equilíbrio autêntico e estável entre competitividade econômica e proteção social"*[1].

O que nos move, portanto, a discorrer nos sítios dos embates entre economia e direitos sociais é a constatação de que o avanço das técnicas de produção de bens e de prestação de serviços, além das conquistas democráticas, estão a anunciar uma inequívoca perenidade, insuscetível de reversão, de maneira a indicar que esses embates nos impõem a pensar que só uma conciliação daqueles fatores (economia e direitos sociais) é capaz de assegurar tranquilidade nos meios sócio-político-econômicos.

---

[1] MONTEIRO FERNANDES, António. Reflexões em Torno de uma Possível Reforma Laboral, in *IV Congresso Nacional de Direito do Trabalho*, coord. do Professor Doutor António Moreira, Coimbra: Almedina, 2002, p. 48. O eminente articulista sugere exatamente que as reformas trabalhistas em Portugal devem estar apoiadas no que chama de "vasto consenso social e político". Vejam-se suas palavras no particular: *"A viabilização política e social da reforma implica, em suma: a) que, por uns, passe a ser preferida uma garantia consistente e efectiva dos direitos sociais fundamentais, à defesa imóvel de um reduto edificado sob os símbolos e os avatares de um tempo social que vai longe; e b) que, por outros, deixe de se encarar como regra do jogo o jogo sem regras, a precária flexibilidade das normas inaplicadas, e se passe a exigir a tradução legislativa de um equilíbrio autêntico e estável entre competitividade económica e protecção social"*. Enfim, a reforma trabalhista que culminou com o novo Código do Trabalho de Portugal (Lei n.º 99/2003, de 27 de agosto) parece haver abraçado a sugestão do emérito juslaboralista, como se verá no curso deste ensaio.

1. ECONOMIA E DIREITOS SOCIAIS NO BRASIL

1.1. Anúncio das Reformas

Cada país possui peculiaridades próprias que os conduzem a adotar diferentes caminhos para solucionamento do embate entre eficiência econômica e direitos sociais. No Brasil, por exemplo, constatou-se que a conduta do governo desde a primeira metade da década de 1990 pautou-se pela aceleração de um processo de flexibilização que pôs em evidência a própria permanência de um autêntico Direito do Trabalho. Assim é que se criou o então contrato temporário de trabalho (Lei n.° 9.601/98), instituiu-se a chamada jornada de tempo parcial (artigo 58--A da Consolidação Trabalhista), alteraram-se as formas de condução das negociações sindicais e da investidura e atuação de seus dirigentes (artigo 8.° da Constituição Federal; artigo 515 e seguintes da Consolidação Trabalhista), criaram-se as comissões de conciliação prévia (Lei n.° 9.957/ /2000), além do que, sem sucesso, tentaram-se elevar as convenções e acordos coletivos de trabalho a categorias jurídicas hierarquicamente superiores à lei, através da pretensa flexibilização do artigo 618 da Consolidação[2].

Nos tempos que correm já se noticiam a necessidade de novas reformas trabalhistas e previdenciárias na ordem constitucional e infra-constitucional brasileira, cuja fisionomia revela uma espécie de continuidade da política de mobilidade das rotinas do trabalho, expressas em lei ordinária ou mesmo em instruções normativas ministeriais[3], assim como

---

[2] A propósito das alterações legislativas em comento e de sua constitucionalidade em face das normas e princípios fundamentais garantidores, no plano constitucional, do chamado *Direito do Trabalho mínimo*, ver nosso livro *Controle Difuso de Constitucionalidade em Matéria Trabalhista*, LTr, 2003, p. 85-112. Esclarecemos na referida obra, entre outros aspectos, que as alterações esparsas das leis do trabalho no Brasil tiveram como objetivo também o incremento da arrecadação de impostos e contribuições correlatas, além de redução das despesas do Estado com os trabalhadores.

[3] O artigo 410 da Consolidação das Leis do Trabalho autoriza o Ministro do Trabalho a alterar, por meio de ato administrativo, o quadro de atividades consideradas insalubres ou perigosas no tocante ao trabalho do menor, tornando maleável, portanto, a proibição constitucional expressa de prestação de trabalho insalubre ou perigoso pelo menor (artigo 7.°, XXXIII, CF).

de outras garantias legais e supralegais consideradas históricas pelos justrabalhistas e por alguns aderentes socialistas, procedimento levado a efeito pelo atual governo do Presidente Lula da Silva, teoricamente de linha socialista.

O programa de reformas do atual governo brasileiro, designadamente no que toca aos direitos sociais, tem sido acusado, diante da constatação precedente, de relegar os pressupostos socialistas que identificam a postula político-ideológico de seu partido, o Partido dos Trabalhadores. Não nos compete, entretanto, fazer um estudo amiúde da questão político-partidária propriamente dita. Porém, há necessidade de registro da existência de contestações partidárias no plano da política social que se pretende desenvolver, já que o debate respeitante às relações entre o Estado econômico e o Estado do bem-estar social resvala inegavelmente no interesse político dos seus dirigentes.

1.2. **Prognósticos Identificáveis**

Alguns aspectos das reformas trabalhistas que se farão no Brasil podem ser identificadas em torno do anseio de minimizar o quanto possível os conflitos e desequilíbrios entre o capital e o trabalho neste novo momento da história mundial.

Um dos prognósticos que transparece nessa medida é o de que a ninguém interessa desconsiderar a relevante importância que merecem as questões relacionadas à economia do Estado e à saúde financeira dos agentes capitalistas diante do imperativo de solidificação, permanência e até incremento dos direitos sociais dos trabalhadores e dos cidadãos em geral. É dizer que as conquistas sociais não podem estabilizar-se sem a existência de uma base econômica razoável. Importa, portanto, construir condições econômicas satisfatórias para que as empresas e o próprio Estado possam dirigir suas ações também para o desenvolvimento social.

Esta dimensão do problema econômico deve compartir seus encargos com a atenção dirigida aos direitos sociais mínimos, isto é, aqueles que não podem ser olvidados mesmo em tempos de acentuada crise. Isto porque, a consecução dos direitos sociais foi originária de vigorosas lutas históricas travadas ao longo da história da humanidade. A questão social, afinal, segundo *Glória Regonini*, reúne não só a história da própria evolução da humanidade, mas legitima a conquista de um bem maior que é o aparecimento e sedimentação da idéia da dignidade da pessoa humana[4].

Essa realidade até certo ponto complexa parece revelar que o intento dos estudiosos e mesmo de algumas autoridades concentra o esforço de desenvolver-se o Estado econômico da forma mais acelerada e menos custosa possível, até mesmo em razão da necessidade de crescimento nesse sentido, vital para superação de dificuldades internas e para afirmação do Estado brasileiro no plano internacional. No mesmo estágio, há nítida preocupação em estimar as eventuais adversidades sociais que a adoção de políticas que permitam o crescimento econômico das empresas brasileiras e sua afirmação no plano concorrencial internacional terão sobre os direitos dos trabalhadores que, no Brasil, em geral, influencia a sensibilidade de parlamentares e juristas.

1.3. Possibilidade de Previsão de um Novo Paradigma

Não negamos que vai aqui uma visão otimista de nossa parte, ante o exposto no item precedente. E tanto é assim que entendemos não ser bastante apenas minimizar os desequilíbrios ou prevenir antagonismos entre o capital e o trabalho. Pensamos que é possível obter a conciliação de interesses econômicos e sociais a partir da constatação de que são eles complementares e mesmo interdependentes, ao contrário do pensamento ainda vigorante em alguns espaços acadêmicos, políticos e jurídicos no sentido de que uns estão à busca da negação dos outros. Há, portanto, de se verificar a possibilidade de adoção de um novo paradigma relativamente à questão da eficiência econômica e dos direitos sociais, paradigma esse que revela, precisamente, pensamos, a ideia de *conciliabilidade*

---

[4] REGONINI, Glória. Estado do Bem-Estar, in *Dicionário de Política*, 11ª ed., vol. I, coord. Norberto Bobbio, Nicola Matteutti e Gianfranco Pasquino, trad. de Carmen C. Varriale e outros, Brasília: Editora UnB, 1998, p. 417. Ao tratar das causas do desenvolvimento do Estado do bem-estar social (que denomina de Estado assistencial), a autora relaciona três fases que considera fundamentais: a) uma que se refere à *"luta pela conquista dos direitos civis (liberdade de pensamento, de expressão...)"*; b) a segunda que *"tem como centro a reivindicação dos direitos políticos (de organização, de propaganda, de voto...) e culmina na conquista do sufrágio universal"*; c) a terceira e última que *"é precisamente o desenvolvimento da democracia e o aumento do poder político das organizações operárias (...) caracterizada pelo problema dos direitos sociais, cujo acatamento é considerado como pré-requisito para a consecução da plena participação política"*.

desses bens da vida. Disso resulta que a possibilidade de conciliação conduz a um desdobramento que inspira mesmo uma perspectiva de *interdependência* entre os citados bens. Neste espaço, a importância dogmática do Direito do Trabalho transparece como excelente fonte, na medida em que é a partir da história do trabalhismo que se devota a necessidade de intervenção do Estado nos interesses entre o capital e o trabalho, cuja missão já se mostrava, conforme adverte *Palomeque López*, inclinada à promoção da convivência pacífica entre tais bens da vida[5]. É o que pretendemos explorar de modo mais abrangente ao longo deste ensaio. Tal fisionomia se faz sentir como grande preocupação dos responsáveis pelo implemento das reformas sociais no Brasil.

2. ECONOMIA E DIREITOS SOCIAIS EM PORTUGAL

2.1. Dinâmica dos Paradigmas

A experiência de Portugal no trato de suas reformas trabalhistas também retratam uma dinâmica tendente a resolver os antagonismos entre

---

[5] PALOMEQUE LÓPEZ, Manuel Carlos. *Derecho del Trabalho*, décima edición, Editorial Centro de Estúdios Ramón Aceres, 2002, p. 625-626. No particular, o emérito catedrático da Universidade de Salamanca relaciona dois aspectos essenciais que justificam a intromissão do Estado nos negócios travados entre os atores sociais: a) dissipação das hostilidades naturais (e prejudiciais) entre os agentes econômicos e os trabalhadores; b) constatação de que o Direito do Trabalho evolui na mesma proporção da economia e da política. São suas as palavras: *"El Gobierno, a través de este proceso de diálogo y acuerdo con las organizaciones sindicales y empresariales representativas en torno a los grandes temas de la política económica y social, consigue de este modo el consenso y la legitimación de la decisión, no a través de trámite parlamentario (sin prejuicio de que se requiera la tradición legislativa del acuerdo), sino directamente sobre el mercado social. La concertación social, cuya versión propia requiere obligadamente la presencia directa o indirecta del poder político, es desde luego una realidad institucional distinta del mero diálogo social, o establecimiento de cauces de encuentro entre los interlocutores sociales, y de la negociación colectiva. Con independencia de que la noción de «pacto institucional» sea consubstancial al Derecho del Trabajo como estructura normativa de equilibrio entre los poderes del empresario y un estatuto protector de los trabajadores, la concertación social ha desenvuelto su virtualidad específica como mecanismo de formación del consenso entre los distintos intereses organizados (política de rentas, fiscal, desarrollo del Estado social, etc) frente a los requerimientos de la economía y de una política de adaptación a la misma cada vez más compleja"*.

economia e direitos sociais. Nesse particular, anota *Monteiro Fernandes* que as reflexões em torno de uma possível reforma da legislação laboral devem incorporar, entre outros aspectos, uma redefinição do que chama *paradigma laboral*, assumindo a expressão uma perspectiva que atenda às novas realidades sócio-econômicas, cujo marco substancial seja a conjugação do arcabouço protetor dos direitos laborais com as novas formas de estruturação dos processos produtivos[6]. No mesmo sentido, leciona *Azambuja Fonseca*, para quem as novas técnicas produtivas e a dinâmica das economias estão a exigir que os princípios exageradamente protecionistas dos empregados mereçam novos olhares, porque começam a mostrar-se inadequados à realidade social e econômica do mundo contemporâneo[7].

Como se observa, também em Portugal a procura de novas concepções acerca da relação entre capital e trabalho, com a indispensável participação do Estado nas práticas do mercado, seja como agente regulador, seja como investidor propriamente dito, decorreu da idéia central de que o trabalho não se mostra como antagônico por excelência da economia. A crescente dinâmica das formas de prestação de serviço (trabalho autônomo, trabalho a domicílio, trabalho à distância, teletrabalho etc.) mostra uma tendência de mudança de paradigma até então relacionado com uma subordinação que insere o trabalhador numa situação similar à de um absolutamente incapaz.

Por conta, ainda, da inserção de Portugal na União Européia, a experiência portuguesa assentou-se em uma premissa de redesenho do

---

[6] Ob. cit., p. 49.

[7] Segundo o articulista, Juiz Conselheiro do Supremo Tribunal de Justiça de Portugal, impõe-se a alteração da dogmática juslaboral tradicional, pautada fundamentalmente numa acentuada subordinação jurídica do empregado ao empregador. Assim se manifesta: *"O Direito do Trabalho surgiu e desenvolveu-se visando proteger o trabalhador como parte desprotegida, resultante da sua posição de dependência sócio-econômica, que lhe retirava a efetiva liberdade de negociar as condições de prestação de trabalho, consubstanciando um designado direito dos trabalhadores dependentes. A evolução da construção dogmática desta disciplina jurídica tem feito assentar o seu objecto no contrato de trabalho, delimitado através de um critério essencialmente técnico-jurídico – a subordinação jurídica. Esta perspectiva, marcadamente objectiva, começa a mostrar-se inadaptada à realidade social que pretende regular (...). Donde, surge de forma, cada vez mais premente, a necessidade de operar uma efectiva revisão dos esquemas legais estabelecidos, até como maneira de melhor delimitar o âmbito de aplicação do Direito do Trabalho"* (Cf. *IV Congresso Nacional de Direito do Trabalho*, coord. do Professor Doutor António Moreira, Coimbra: Almedina, 2002, p. 43).

Eficiência Econômica e Direitos Sociais; Interdependência... 185

papel do trabalhador diante das novas dinâmicas econômicas, sugerindo sua transformação em sujeito atuante e/ou apto a dirigir, nomeadamente por meio de negociação coletiva, seus atos diante das inovadoras práticas do mercado. Nessa perspectiva, mais uma vez sugere-se a harmonização entre o elemento econômico e o elemento social.

2.2. Portugal na União Européia. Objetivos Sócio-Econômicos

A reforma trabalhista portuguesa não poderia desarraigar-se dos objetivos da União Européia, na qual se inseriu formal e juridicamente, objetivos esses que evidenciam claramente o esforço daquela comunidade de Estados europeus em firmar a união de fatores econômicos com os direitos sociais. Como anota *João Mota de Campos*, o intento da harmonização entre o econômico e o social já se vislumbrava implicitamente desde a gênese da União Européia, produto da concretização e solidificação de inúmeras tentativas anteriores de construção de uma comunidade única de países, nomeadamente sob o ponto de vista econômico[8].

---

8 CAMPOS, João Mota de. *Manual de Direito Comunitário*, 3ª ed., Lisboa: Fundação Calouste Gulbenkian, 2002, p. 267. Ao tratar do princípio da coesão econômica e social, o autor transcreve o texto do artigo 158.° do Tratado da União Européia, o qual prevê expressamente o desenvolvimento de ações voltadas para a harmonização de bens econômicos e sociais. Trata-se do que o mesmo autor concebe como "missão comunitária", já implicitamente prevista em atos comunitários que precederam ao Tratado da União Européia. Vejam-se suas palavras: *"Como tivemos já ocasião de lembrar a propósito dos objectivos da União Européia, o objectivo da coesão económica estava já de algum modo implícito no primitivo texto do art. 2.° CE em que se proclamava como «missão» comunitária a realização de «um desenvolvimento harmonioso no conjunto da Comunidade». O Tratado da União Europeia reforçou a relevância do princípio ao inscrevê-lo no seu art. 2.° entre os objectivos da União Europeia e – através da nova redacção que deu ao art. 2.° do Tratado CE – ao conferir-lhe a natureza de «missão» da Comunidade Europeia. Dando explicitação ao citado art. 2.° CE, o art. 158.° dispõe: «A fim de promover um desenvolvimento harmonioso do conjunto da Comunidade esta desenvolverá e prosseguirá a sua acção no sentido de reforçar a sua coesão económica e social. Em especial, a comunidade procurará reduzir as disparidades entre os níveis de desenvolvimento das diversas regiões e o atraso das regiões menos favorecidas, incluindo as zonas rurais». Nesta conformidade, cumpre aos Estados conduzir e coordenar as suas políticas tendo em vista alcançar os referidos objectivos; e cumpre à Comunidade, na formulação e concretização das suas políticas e acções e na realização do mercado interno, ter em conta esses mesmos objectivos e contribuir para que sejam alcançados".*

Assim é que, ao ser efetivamente concluído o Tratado da União Européia em 07 de fevereiro de 1992[9], Portugal comprometeu-se a observar aquele ideal tornado agora norma internacional, o que resvalaria necessariamente na alteração da legislação do trabalho, ainda envolta em práticas pouco evoluídas sob a perspectiva da integração econômica e tecnológica.

A vigência do Tratado da União Européia precedeu ao enfrentamento de algumas resistências dos Estados membros, designadamente em razão de algumas incompatibilidades constatadas *a posteriori* em relação às disposições constitucionais pátrias. E isto obrigou a que se procedessem a algumas revisões e alterações de dispositivos do Tratado, visando à acomodação das diferenças naturais que emergem da fisionomia sócio--econômica de determinada nação. Tal exigência não desnaturou o imperativo de alteração da legislação laboral daquele país (Portugal), conuanto as mudanças se destinassem também a fazer frente aos novos modelos econômicos e tecnológicos.

Ultrapassadas as disparidades iniciais, concluiu-se o conteúdo do Tratado da União Européia, cujo instrumento final contém no seu artigo 2.° o objetivo explícito da coesão econômica e social, redundante na realização de um desenvolvimento harmonioso no conjunto da comunidade. E o artigo 158.° do referido Tratado confirma aquele objetivo alçado a nível de princípio fundamental da comunidade econômica européia ao prescrever que tal se destina a promover políticas de coesão entre o econômico e o social.

A determinação constante do texto dos artigos 2.° e 158.° acima mencionados, por sua firmeza de propósito, reflete não só um objetivo no sentido ideal da palavra, mas encerra uma *missão*, um conjunto de ações a serem implementadas no sentido de sua realização concreta e plena. Disso deflui que Portugal não poderia deixar de considerar em suas reforma sócio-econômica, sobretudo de ordem trabalhista, a *missão* a que se comprometeu ao aderir à União Européia.

2.3. Estágio das Reformas Trabalhistas em Portugal

A reforma trabalhista levada a efeito em Portugal originou a promulgação do novo Código do Trabalho através da Lei n.° 99/2003,

---

[9] Também chamado de Tratado de Maastricht, em homenagem àquela cidade holandesa onde decorreu sua assinatura, com entrada em vigor a 1.° de novembro de 1993. A adesão formal de Portugal deu-se a 1.° de Janeiro de 1986.

Eficiência Econômica e Direitos Sociais; Interdependência... 187

de 27 de agosto de 2003, com entrada em vigor em 1.° de dezembro de 2003.

O novo Código sem dúvida perfilhou as diretrizes de uma flexibilização onde se pretende atender a alguns interesses emergentes da classe empresarial, em razão do que *António Moreira* intitula nova *economia, sociedade do conhecimento, tecnologias da informação e comunicação*[10]. Adverte o catedrático da Universidade Lusíada que, nessa perspectiva evolucionista dos mecanismos de produção de bens e serviços, o Direito do Trabalho está a merecer uma nova abordagem, conquanto, sem alterar os direitos sociais fundamentais, sua sobrevivência só se justifica enquanto se considerar que na balança o fiel pende para o lado do empregador.

A expressão do emérito catedrático é sintomática em relação ao trabalho a que ora nos dedicamos. Não se trata de aniquilar os direitos nucleares da classe trabalhadora nem dar relevância acentuada à produção. É visível, todavia, que a índole essencialmente protecionista das leis do trabalho, inclusive de matriz constitucional, bem como a disciplina jurídico-institucional que gravita em torno do trabalho, não ostenta, agora, a mesma necessidade e efeitos benfazejos a que se propôs nos seus primórdios.

A reforma trabalhista portuguesa, portanto, teve em evidência a consideração da prestação laboratícia em termos de proteção dos direitos fundamentais da pessoa do trabalhador, ou seja, do empregado enquanto cidadão e importante elemento da comunidade empregada no projeto de desenvolvimento nacional, não, porém, para considerá-lo como óbice à evolução e modernização dos mecanismos produtivos e postos a serviço da competitividade. O movimento protecionista que justificou a criação e implementação de regras de amparo ao empregado tem hoje, em grande parte, efeito contrário, isto é, parece mais prejudicá-lo que propriamente garantir-lhe o que é mais precioso para sua formação como pessoa, profissional e cidadão: o trabalho remunerado. Isto porque, como anteci-

---

[10] Assim se manifestou o eminente catedrático da Universidade Lusíada e Doutor em Direito pela Universidade de Salamanca, ao proferir a palestra de abertura dos trabalhos do IV Congresso Nacional de Direito do Trabalho, realizado em Lisboa: *"Leis demasiado rígidas, leis exclusivamente vocacionadas para um universo de aplicação que não chega aos 90.000 Km², podem ser leis condenadas à ineficácia. É preciso ir mais longe e, sem beliscar os direitos fundamentais de quem trabalha, encontrar leis mais plásticas, mais dúcteis. A nova economia, a sociedade de conhecimento, as tecnologias da informação e comunicação postulam outra abordagem do Direito do Trabalho".*

188   *Cláudio Pedrosa Nunes*

pamos alhures, a legislação excessivamente protecionista reduzia o trabalhador subordinado à condição análoga à de um incapaz.

O novo Código do Trabalho é expresso quanto à perseguição do ideal conciliatório entre o elemento econômico e o elemento social, conforme se observa dos termos de sua Exposição de Motivos[11]. Antes mesmo da reforma geral da legislação do trabalho, promovida em agosto/2003, diversas leis trabalhistas esparsas já anunciavam o alvorecer da conciliação entre o trabalho e os mecanismos econômicos de desenvolvimento da produção e da competitividade. A título de exemplo, mencionamos a Lei n.º 21/96, de 23 de Julho, que admitia a redução dos períodos de trabalho e polivalência; o Decreto-Lei n.º 404/91, de 16 de outubro, que dispõe sobre a contratação de trabalhadores altamente especializados de modo a atender às necessidades empresariais de implementação de relações de trabalho que envolvam especial nível de fidúcia, qualidade, responsabilidade e dinamismo (paraempregadores); a Lei n.º 65/77, de 26 de Agosto, alterada mais recentemente pela Lei n.º 30/92, que trata dos requisitos de legitimidade do direito de greve, esta considerada por *Gonçalves de Proença* como meio legal de salvaguarda de interesses econômicos e sociais[12]. Posteriormente, as leis em comento restaram revogadas pelo artigo 21.º do novo Código do Trabalho, o qual as recepcionou, no todo ou em parte, com as alterações devidas por força do tempo e do desenvolvimento das relações sociais.

---

[11] O item 3.3. da Exposição de Motivos do Novo Código do Trabalho estabelece uma perspectiva personalista em que o trabalhador continua no centro das atenções. Não deixa de dar ênfase, quase no mesmo plano, ao equilíbrio da atividade empresarial. Veja-se a transcrição de parte do texto em comento: *"O Código do Trabalho situa-se, pois, numa perspectiva personalista: as pessoas, em particular os trabalhadores, constituem o fundamento de todas as ponderações. Com efeito, o Código revela, independentemente da expressa consagração dos direitos da personalidade, uma preocupação em manter o equilíbrio entre as necessidades dos trabalhadores e dos empregadores, tendo presente que sem aqueles não é possível a existência destes, e sem estes aqueles não existiriam. É esta comunhão de interesses que está presente em todo o texto. Por outro lado, os sujeitos colectivos tem um papel essencial na adaptação e concretização do Direito do Trabalho, como decorre do Título III"*.

[12] PROENÇA, Gonçalves de. O Direito à Greve. Análise Doutrinal, in *Revista Jurídica da Universidade Moderna*, ano I, n.º 1, Coimbra: Coimbra Editora, 1998, p. 84. Assim se manifesta o autor: *"É manifesto que, sobretudo na sua mais recente expressão, o direito à greve aparece também, por toda a parte, como forma de reforçar politicamente a participação dos trabalhadores nas estruturas económicas-sociais da colectividade"*.

Eficiência Econômica e Direitos Sociais; Interdependência...   189

Outras manifestações da legislação portuguesa promoveram substanciais modificações nas relações jurídicas envolvendo economia e direitos sociais, sendo elas merecedoras de especial atenção para fins de verificação que conduza à certeza de que sobre elas pairam uma relação de interdependência entre o elemento econômico e o elemento social.

A reforma trabalhista portuguesa, outrossim, deixou em aberto uma questão que se há de considerar como importante. É que as reformas ocorreram a nível de legislação ordinária, não se tendo atentado para a necessidade de alteração constitucional das relações entre o capital e o trabalho. Parece, portanto, que se trilhou caminho inverso ao que regularmente se exigiria em sede jurídico-legal. E tal inversão evidentemente que pode causar imbróglios em termos de validade jurídica do ordenamento infraconstitucional laboralista português[13].

Os pontos principais da reforma justrabalhista portuguesa anunciam sua adesão ao incremento da produção e ao crescimento econômico próprio e desejável nas sociedades capitalistas. A Exposição de Motivos do novo Código do Trabalho de Portugal deixa inequívoco o alcance teleológico de suas disposições no sentido de obter o desejável equilíbrio entre o capital e o trabalho. A participação do Estado nessa conjuntura pressupõe não só sua função de disciplinar, por meio de lei, as relações jurídicas de emprego, senão e principalmente de conduzir seus negócios de fundo econômico com base naquelas premissas. E isso acresce de relevo na medida em que o Estado português concentra grande parte de sua estrutura administrativa sob o regime do Código do Trabalho[14].

---

[13] O perigo da inconstitucionalidade de alguns dispositivos do novo Código do Trabalho restou confirmado com a prolação do Acórdão n.° 306/2003 do Tribunal Constitucional de Portugal, objeto do pronunciando sobre consulta do Sr. Presidente da República. Entre outras inconstitucionalidades, aquele Pretório negou validade jurídica ao texto do n.° 1 do artigo 4.° do Código, assim prescrito: *"As normas deste Código podem, sem prejuízo do disposto no número seguinte, ser afastadas por instrumento de regulamentação colectiva de trabalho, salvo quando delas resultar o contrário"*. Entendeu-se que tal dispositivo viola diretamente o disposto no artigo 112.°, n.° 6, da Constituição da República Portuguesa.

[14] O artigo 5.° do novo Código do Trabalho prescreve: *"Sem prejuízo do disposto em legislação especial, são aplicáveis à relação jurídica de emprego público que confira a qualidade de funcionário ou agente da Administração Pública, com as necessárias adaptações, as seguintes disposições do Código do Trabalho: a) Artigos 22.° a 32.°, sobre igualdade e não discriminação; b) Artigos 33.° a 52.°, sobre protecção da maternidade e da paternidade; c) Artigos 461.° a 470.°, sobre constituição de comissões de trabalhadores; d) Artigos 591.° a 606.°, sobre o direito de greve"*.

190   *Cláudio Pedrosa Nunes*

Perfilhando os ensinos de *Gomes Canotilho*, o fundamento que confere ao Estado a autoridade para interferir nas relações entre os seus súditos, mormente de índole privatística, por intermédio de sua atividade legislativa típica, é exatamente o imperativo de que também deve sujeitar-se ao império da lei[15].

Em suma, a dinâmica das reformas trabalhistas em Portugal, não obstante sua antecipação a uma possível reforma constitucional, revela a preocupação benfazeja com a estabilidade sócio-econômica e institucional, mormente quando o Estado português parece firmar-se como importante parceiro em meio à União Européia.

3. ECONOMÍA E DIREITOS SOCIAIS NA ESPANHA

3.1. Leis Básicas das Reformas

As mais recentes alterações normativas sócio-econômicas ocorridas na Espanha (especialmente no tocante à ordem jurídico-trabalhista)

---

[15] CANOTILHO, José Joaquim Gomes. *Direito Constitucional e Teoria da Constituição*, 3ª ed., Coimbra: Almedina, 1999, p. 77. Ao tratar da vinculação jurídica do poder constituinte, assim escreve o festejado constitucionalista português: *"Desde logo, se o poder constituinte se destina a criar uma constituição concebida como organização e limitação do poder, não se vê como esta 'vontade de constituição pode deixar de condicionar a vontade do criador. Por outro lado, este criador, este sujeito constituinte, este povo ou nação, é estruturado e obedece a padrões e modelos de conduta espirituais, culturais, éticos e sociais radicados na consciência jurídica geral da comunidade e, nesta medida, considerados como 'vontade do povo'. Além disso, as experiências humanas vão revelando a indispensabilidade de observância de certos princípios de justiça que , independentemente da sua configuração (como princípios suprapositivos ou como princípios supralegais mas intra-jurídicos) são compreendidos como limites da liberdade e omnipotência do poder constituinte"*. No mesmo sentido, mas com outras palavras, assim se expressa Zippelius: *"Na história constitucional salientou-se desde muito cedo como uma das principais funções da constituição a garantia da liberdade através da delimitação do poder. Neste contexto, a constituição surge como o intrumento fundamental de controlo do poder que distribui as tarefas do Estado por diversos órgãos, regula a cooperação e o controlo recíproco destes, e protege as liberdades fundamentais do indivíduo contra os titulares do poder político"* (Cf. ZIPELIUS, Reinhod. *Teoria Geral do Estado*, tradução de Karin Praefke-Aires Coutinho, Coord. J. J. Gomes Canotilho, Lisboa: Fundação Calouste Gulbenkian, 1997, p. 67.

Eficiência Econômica e Direitos Sociais; Interdependência... 191

deram-se sobretudo a partir da edição da Lei n.° 11/1994, de 19 de maio, de onde se extrai um conjunto de inovações que praticamente desfigurou a fisionomia jurídico-laboral que marcou a edição do Estatuto dos Trabalhadores em 1980. Posteriormente, em 2001, foi editada a Lei n.° 12/2001, de 09 de Julho, que acrescentou nova dinâmica de reformas, cuja finalidade, segundo *Sempere Navarro*, foi o incremento do emprego e de sua qualidade, tendo a duração do contrato de trabalho como sua viga-mestra[16].

O sistema de tutela do trabalhador que marcou o Estatuto Obreiro de 1980 – de forte proteção do trabalhador via intervencionismo estatal – se viu alterado pelos novos rumos que a modernização das práticas e processos técnicos de produção de bens e serviços, aliado à internacionalização ou mundialização da economia concorrencial capitalista, impôs às relações de trabalho. É dizer que diante da elevada mudança dos processos produtivos, não houve como permitir a manutenção do regime tutelar de então, pautado em práticas tradicionais do contrato de trabalho como, por exemplo, estagnação de suas principais cláusulas reguladoras de jornada de trabalho, retribuição, descansos, duração do contrato, funções, local de trabalho, conduta individual de empregado e empregador, atuação dos sindicatos etc.

Diante da nova realidade econômico-tecnológico-concorrencial, as reformas laborais espanholas (sobretudo por força das citadas Leis n.°s 11/1994 e 12/2001) assentaram-se essencialmente nos seguintes aspectos, segundo *Pedrajas Moreno*: a) intenção política dirigida à criação de empregos, embora com certos sacrifícios do tempo tradicional de trabalho; b) dinâmica de práticas tendentes a proporcionar mecanismos para melhoria das condições de competitividade das empresas; c) poten-

---

16 Sempere Navarro, Antonio V. *Una Reforma Vigesimosecular y Bifásica*, in *Análisis de la Ley 12/2001, de 9 de julio. La Reforma Laboral de 2001*, Navarra: Editorial Aranzadi, 2001, p. 19. Vejam-se as conclusões do autor: *"Tramitada como proyecto de Ley, la reseñada norma de urgencia acabo convirtiéndose en la Ley 12/2001, de 9 de julio, de medidas urgentes de reforma del mercado de trabajo para el incremento del empleo y la mejora de su calidad (...). Las disposiciones adicionales abordan materias de notable interés: contrato para el fomento de la contratación indefinida; bonificaciones para los trabajadores en períodos de descanso por maternidad, riesgo por embarazo, adopción y acogimiento; contratación de minusválidos; significado de la situación de excusión social, contratos temporales en le ámbito investigador y científico, cotización en contratos brevísimos, permisos en caso de nacimiento de hijos prematuros; empresas que pueden acudir al contrato de inserción, etcétera".*

192   *Cláudio Pedrosa Nunes*

ciaização (senão maximização) da autonomização do trabalho através do prestígio das negociações coletivas[17].

3.2. Precarização do Trabalho?

Não obstante o legislador reformador espanhol tenha tido a intenção de evitar precarização do trabalho, tentando preservar o elenco de direitos mínimos tradicionais, não se pode deixar de considerar que, na prática, a flexibilização almejada pelo empresariado e permitida por aquele mesmo legislador reformador operou, de certa forma, em sentido contrário, ou seja, o de promover certa precarização do trabalho e do trabalhador. Portanto, a constituição de mecanismos de conciliação entre capital e trabalho, decorrente do processo de crescente interdependência, parece ter conduzido o legislador espanhol a optar pela preferência do desenvolvimento do capital, mais que do trabalho.

O princípio da liberdade de empresa tem sido interpretado pela jurisprudência espanhola como permissivo amplo de redução de direitos sociais quando em confronto com a solidez econômica e concorrencial das empresas. É dizer que, como fator de produção, os trabalhadores e seus respectivos direitos podem ser dinamizados (inclusive suplantados) de forma a permitir a saúde econômico-financeiro-concorrencial das empresas. Ressalva-se, em todo caso, a preservação da dignidade do trabalhador que, como realça *Palomeque López*, concentra direito laboral inespecífico de forte proteção constitucional[18].

---

[17] PEDRAJAS MORENO, Abdon. *Las Reformas Laborales: Análisis y Aplicación Práctica*, Valladolid: Lex Nova, 1999, p. 13. Vejam-se os ensinos do autor: *"De este modo, la Ley 11/1994 de 19 de mayo que modificó el Estatuto de los Trabajadores y la Ley de Procedimiento Laboral se situó a sí misma 'en el ámbito de las decisiones políticas dirigidas a la creación de empleo', para lo que entendía imprescindible 'una mejora de la competitividad de las empresas españolas', para la que se habrían de introducir mecanismos de 'adaptabilidad y flexibilidad en las relaciones laborales' y, al propio tiempo había que conseguir 'la potenciación de la negociación colectiva y la mejora de sus contenidos".*

[18] PALOMEQUE LÓPEZ, Manuel Carlos. Derechos Fundamentales Generales y Relación Laboral: Los Derechos Laborales Inespecíficos, in *El Modelo Social en La Constitución Española de 1978*, Madrid: Ministerio de Trabajo y Asuntos Sociales, 2003, P. 229-230. São direitos laborais inespecíficos, segundo o articulista, aqueles *"atribuidos con carácter general a los ciudadanos, que son ejercidos en el seno de una relación jurídica laboral por ciudadanos que, al propio tiempo, son trabajadores y, por lo tanto,*

3.3. Direitos Sociais e Desenvolvimento Econômico

Não obstante o exposto no item precedente, a exposição de motivos do atual Estatuto dos Trabalhadores da Espanha revela viés que pretende a solidificação dos direitos sociais dos trabalhadores, mormente o emprego (sua estabilização e incremento), através do incentivo de criação de novos padrões de desenvolvimento econômico e de avanço competitivo para as empresas. A empresa é um bem social importantíssimo, tanto sob o ponto de vista estritamente econômico, como sob o ponto de vista trabalhista, sobretudo em um regime de economia de mercado. Significa talvez a confirmação de que os direitos sociais, designadamente o trabalho, possuem como base fundamental para sua concretização a necessidade de amparo e robustez econômica, técnica, organizativa e de produção das empresas, as quais, por sua vez, os promovem através da utilização do trabalho e das idéias humanas. Tal linha de pensamento é razoável e representa mesmo um dado visível de que a conciliação entre os elementos econômico e social é uma necessidade (e não somente um ideal), ante a natural dependência recíproca que ostentam.

Poder-se-ia indagar, nesse contexto, como se pode falar em elemento econômico conciliável e/ou dependente do elemento social, e vice-versa, se o desenvolvimento das técnicas de produção tem ensejado a redução e postos de trabalho, com a substituição do homem pela máquina. Tal interrogante não desautoriza a convicção acerca da conciliabilidade ora pronunciada. Isto porque a questão invocada (substituição do homem pela máquina) refere-se a um segmento parcial do mercado de trabalho (trabalho mecânico ou braçal, por excelência), na grande maioria das situações. Portanto, trata-se de dimensão restrita em relação à amplitude do mercado de trabalho. Veja-se que em relação a outros segmentos do mercado de trabalho, como, por exemplo, o trabalho intelectual, cuja intuição humana é insubstituível, não se verifica menoscabo do trabalho humano, mas ocorre exatamente o contrário. E a verdade disso está em que

---

se convierten en verdaderos derechos laborales por razón del sujeto y de la naturaleza de la relación jurídica en que se hacen valer, en derechos constitucionales laborales inespecíficos. Y es que, naturalmente, la celebración de un contrato de trabajo «no implica en modo alguno la privación para una de las partes, el trabajador, de los derechos que la Constitución le reconoce como ciudadano» (SSTC 120/1983, 88/1985, 104/1987, 6/1988, 129/1989, 126/1990, 99/1994, 6/1995, 4/1996, 106/1996, 186/1996, 204/1997, 1/1998 y 197/1998). Son, en definitiva, derechos del ciudadano-trabajador, que ejerce como trabajador-ciudadano".

se tem noticiado com frequência cada vez mais notável a criação de postos e vagas destinadas a pessoas que se disponham a vender idéias.

Tampouco o fato da autonomização das relações trabalhistas, desenvolvida na Espanha, desfigura o intento conciliatório que informa as últimas legislações do trabalho. A autonomização é apenas um instrumento capaz de dotar os agentes sociais de uma mais ampla liberdade de viabilização de condições que assegurem soluções de dificuldades domésticas do meio fabril. Não é senão o permissivo de mais contato e proximidade entre os agentes sociais no ambiente das empresas e dos negócios do trabalho. Autonomização, assim considerada, não é mais que outro substrato da possibilidade de conciliação entre capital e trabalho.

Embora as Leis n.°s 11/1994 e 12/2001, em especial, tenham se dirigido a preferir a saúde econômico-concorrencial das empresas, não se pode olvidar que este intento tenha também, em seu âmago, inclinação para permitir que o trabalhador se incorpore ao processo produtivo de modo a auferir benefícios, especialmente o emprego. Possuem, pois, como salienta *Martínez Abascal*[19], um viés destinado também a garantir o direito constitucional de acesso ao trabalho. E isto não descaracteriza a possibilidade de, direta ou indiretamente, conceber-se uma espécie de transação entre os elementos econômico e social, a partir da noção (senão certeza) de interdependência entre eles. Eventuais oscilações desses "elementos", gerando uma espécie de sobe-e-desce de direitos laborais, não são capazes de negar sua possível convivência harmoniosa. Antes, confirmam a necessidade de uma parceria inseparável.

---

[19] MARTÍNEZ ABASCAL, Vicente Antonio. Derecho al Trabajo y Políticas de Empleo, in *El Modelo Social en la Constitución Española de 1978*, Madrid: Ministerio del Trabajo y Asuntos Sociales, 2003, p. 1301-1302. Acompanhe o pensamento do jurista: *"La jurisprudencia constitucional considera que «el derecho al trabajo implica además un mandato a los poderes públicos para que lleven a cabo una política de pleno empleo, pues en otro caso el ejercicio del derecho al trabajo por una parte de la población lleva consigo la negación de ese mismo derecho para otra parte de la misma». En este sentido, la realización de una política orientada hacia el pleno empleo aparece en el artículo 40.1 CE como un presupuesto económico inexcusable en orden a la efectividad del derecho constitucional al trabajo".*

Eficiência Econômica e Direitos Sociais; Interdependência... 195

3.4. Prestígio dos Convênios Colectivos

Lembra *Palomeque López* que o objetivo da reforma introduzida pela Lei n.° 11/1994 voltou-se para adaptação ou adaptabilidad do ordenamento jurídico-laboral de então ao novo elenco de demandas econômicas das empresas espanholas, no sentido de incrementar seu sistema produtivo em nível concorrencial[20]. É dizer que as empresas desejavam (como ainda desejam e sempre desejarão) mais flexibilidade e mobilidade de sua mão-de-obra, com amparo da lei, para sua utilização como fator de produção equiparável a outros mecanismos de ajuste empresarial.

A reforma laboral introduzida pela Lei n.° 11/1994 – ao conferir grande importância às normas conveniais – inovou no tocante às posições hierárquicas das fontes tradicionais do Direito do Trabalho, elevando os convênios coletivos a uma posição similar à da lei em sentido formal, senão a uma posição mesmo superior.

Outra manifestação da alteração hierárquica tradicional entre lei e convênio colectivo está na chamada "autonomização" das relações laborais. Significa o processo por meio do qual "los espacios hasta ahora reservados a la regulación estatal pasan al terreno de la negociación colectiva" (exposição de motivos da Lei n.° 11/1994). É dizer que o Estado promove a gradual retirada de sua missão de agente regulador por excelência para conferir maior espaço às negociações coletivas neste particular. Isto, entretanto, não supõe a capitulação do Direito do Trabalho (no sentido de repartição do Estado quanto à realização de uma atividade básica de produção de leis em matéria laboral), mas a autorização de maior participação e colaboração dos agentes sociais (empregados, empre-

---

[20] PALOMEQUE LÓPEZ, Manuel Carlos. El Nuevo Reparto Funcional de Territorios Normativos entre la Ley y el Convenio Colectivo, in *La Reforma del Estatuto de los Trabajadores*, Madrid: La Ley, 1994, p. 247. São suas as palavras: *"En suma, la aportación institucional de más relieve imputable a la reforma laboral (1994) es seguramente la modificación de los presupuestos o términos tradicionales a que habían acomodado sus relaciones la ley y el convenio colectivo. La modificación resultante de la Ley 11/1994 no afecta, sin embargo, tal vez con alguna salvedad, a lo que pudiera denominarse mecanismos técnicos o institucionales de la relación entre ambos instrumentos normativos, sino propiamente y de manera central a los ámbitos funcionales de su relación, esto es, a los espacios o territorios materiales objeto de regulación jurídica, cuya línea de demarcación o de reparto tradicional se ha visto ahora físicamente desplazada a favor de la autonomía colectiva".*

gadores e sindicatos) no tocante à vida laboral, autonomizando e prestigiando suas investidas. Como adverte *Hermann Reichold*, o Direito do Trabalho ainda se faz presente na discussão acerca de sua função central baseada na edição de leis mínimas de regulação do trabalho[21].

A conjuntura em estudo pode, inadvertidamente, gerar o entendimento, uma vez mais, de que a reforma laboral espanhola se há afastado dos padrões mencionados nos itens anteriores (reformas trabalhistas brasileira e portuguesa) no sentido de fomento à conciliação dos elementos econômico e social. Pode-se reclamar mesmo que a reforma trabalhista espanhola chega a acentuar o antagonismo entre capital e trabalho[22]. No entanto, cuida-se somente de uma impressão, ou seja, de um sentimento que pode ser superado com um exame mais acurado da questão. Em primeiro lugar, é de se verificar que o fato do legislador vislumbrar a necessidade de alteração contundente da principal norma trabalhista espanhola (o Estatuto dos Trabalhadores) já representa o indicativo da elevada envergadura que o trabalho possui em meio ao melhor funcionamento das empresas. Por isso, deve-se admitir que o incremento da saúde econômico-financeiro-concorrencial das empresas demanda necessariamente uma adequada adaptação das práticas e negócios laborais. Por outro lado, é natural que em um contexto de economia de mercado, como o adotado na Espanha, haja oscilações entre as posições de proeminência entre o elemento econômico e o elemento social. Isto quer significar, diante do fatos e processos que compõem a economia de mercado (sempre passíveis de estratégias e comportamentos instáveis), possa haver o imperativo de que um destes elementos deva ou possa sacrificar-se

---

[21] REICHOLD, Herman. Grundlagen und Grenzen der Flexibilisierung im Arbeitsvertrag, in *Recht der Arbeit*, nov-dez, Tübingen, 2002, p 323. Transcreve-se o comentário do citado Professor, conforme original em alemão: *"Im Arbeitsrecht setzte man in der Diskussion der 80er Jahre des vergangenen Jahrhunderts noch stärker als heute auf die Steuerungs – und Innovationsfunktion von zentralen Sätzen des Gesetzes – und Tarifrechts".*

[22] Neste particular, CRUZ VILLALÓN entende que a fisionomia da reforma laboral espanhola, introduzida a partir da edição do atual Estatuto dos Trabalhadores, está direcionada a acolher uma espécie de contraposição de interesses entre os atores sociais, tanto em relação à disciplina individual como coletiva de trabalho. Em outras palavras, parece que o sentimento do citado professor indica que o atual Estatuto dos Trabalhadores considera o incremento do embate entre capital e trabalho, tendo o legislador dado preferência aos interesses do empresariado (Cf. *Estatuto dos Trabalhadores Comentado*, Madrid: Editorial Technos, 2003, p. 13.

Eficiência Econômica e Direitos Sociais; Interdependência...

temporariamente para dar lugar ao soerguimento do outro. O que não é possível admitir é que o desenvolvimento do elemento econômico implique em aviltamento do elemento social de modo a pôr em perigo a própria existência deste último. Sobremais, é de se ter em evidência que as oscilações em comento devem ser transitórias, isto é, somente pelo tempo necessário para que a convivência entre os elementos econômico e social retornem ao seu estágio de natural equilíbrio.

3.5. Norte das Reformas Laborais da Espanha

3.5.1. *Principais Inovações Produzidas pela Lei n.° 11/1994*

Uma das alterações mais significativas introduzidas pela Lei n.° 11/1994 é sem dúvida a que disciplina a possibilidade de despedida coletiva por causas econômicas, técnicas, organizativas ou de produção. O apartado 1 do artigo 51 do Estatuto dos Trabalhadores concebe referida despedida como necessária para "superar una situación económica negativa de la empresa o, se son técnicas, organizativas o de producción, a garantizar la viabilidad futura de la empresa y del empleo en la misma a través de una más adecuada organización de sus recursos". É dizer que a saúde financeira das empresas (elemento econômico) é indispensável para manutenção do futuro emprego. Assim, supõe-se que as eventuais despedidas poderão ser revertidas no caso de a empresa recuperar sua saúde econômica. Sem embargo, fundamental esclarecer que a despedida coletiva em comento está sujeita a certos requisitos, entre os quais prova das adversidades econômicas e autorização oficial (apartados 2 e 3 do artigo 51 do Estatuto dos Trabalhadores).

O vigente artigo 41 do Estatuto dos Trabalhadores da Espanha contempla outra situação das mais importantes outorgadas pela Lei n.° 11/1994, ou seja, a possibilidade de modificações substanciais das condições de trabalho por iniciativa unilateral do empregador. Vincula tais modificações a eventos de natureza econômica, técnica, organizativa ou de produção, "cuando la adopción de las medidas propuestas contribuya a mejorar la situación de la empresa a través de una más adecuada organización de sus recursos, que favorezca su posición competitiva en el mercado o una mejor respuesta a las exigencias de la demanda" (apartado 1, parágrafo 2.°, artigo 41 do Estatuto dos Trabalhadores). Aqui se vislumbra a instituição de uma faculdade unilateral ao empresário, de modo a permitir-lhe flexibilizar as práticas do trabalho e as condições em

198 Cláudio Pedrosa Nunes

que este é desenvolvido, com objetivo de ajuste de seu empreendimento diante das exigências da competitividade e da demanda.

Outra característica notável diante das sucessivas reformas laborais na Espanha (a partir da edição do Estatuto Obreiro em 1980) se refere, repita-se uma vez mais, à crescente retirada da intervenção estatal como norte regulador do trabalho individual ou das relações coletivas de trabalho, deixando, segundo *Palomeque López*[23], que as próprias partes decidam livremente sobre o que consideram conveniente. A atividade estatal reguladora passa, assim, a plano secundário, senão queda superada, inclusive com o desprestígio das chamadas ordenanças laborais ou regulamento de regime interno. A lei, no particular, terá como missão especial disciplinar apenas o que respeita aos interesses superiores de toda a sociedade em matéria do trabalho, incumbindo-lhe, neste contexto, o estabelecimento de regras de direito mínimo, necessário à manutenção do bem comum social.

3.5.2. Principais Inovações Produzidas pela Lei n.° 12/2001

Como se há dito anteriormente, os pontos centrais da reforma proporcionada pela Lei n.° 12/2001 há sido a preocupação com a criação de empregos e melhoria de sua qualidade. Além disso, tentou o legislador dar maior atenção a certas classes de pessoas, a exemplo de mulheres e

---

[23] PALOMEQUE LÓPEZ, Manuel Carlos. El Nuevo Reparto Funcional de Territorios Normativos entre la Ley y el Convenio Colectivo, in *La Reforma del Estatuto de los Trabajadores*, Madrid: La Ley, 1994, p. 249. O autor menciona que a autonomização da regulação das relações individuais e coletivas de trabalho constitui um dos marcos que pretende oferecer aos instrumentos coletivos eficácia semelhante à lei que, até então, era a forma tradicional da dita regulação. Assim se pronuncia: *"El repliegue o retirada de la regulación estatal (ley y reglamento) en beneficio de la ampliación de los espacios propios del convenio colectivo (también de nuevos pactos de empresa, que no son objeto de nuestra consideración en este momento) se concreta a lo largo de las nuevas formulaciones normativas de buena parte del articulado del Estatuto de los Trabajadores en hasta nueve supuestos distintos (algunos con submodalidades internas) expresivos de dicho repliegue o abandono de espacios por la regulación estatal (autonomización frente a desregulación)"*. Na sessão do dia 17.05.2004, do curso de doutorado em Directo do Trabalho da Universidade de Salamanca, período 2003/2005, o citado mestre reafirmou que fenômenos como a despositivação (cambio da norma estatal para uma equivalente dispositiva), a transferência de matérias (abdicação da lei em favor do convênio coletivo no tocante à regulação das relações de trabalho) e a autonomização são o conjunto do que perfaz o reparto de funções reguladoras entre lei e convênios coletivos.

Eficiência Econômica e Direitos Sociais; Interdependência... 199

desvalidos. Também cuidou de estabelecer nova estrutura aos fenômenos interempresariais, especialmente no tocante ao regime de "contratas" e "subcontratas" (terceirização de serviços), bem como quanto aos efeitos da sucessão de empregadores.

Destaca-se, entre as inovações anteditas, a atenção do legislador com a contratação a tempo parcial, conferindo novo conteúdo ao artigo 12 do Estatuto dos Trabalhadores. Rompeu-se, assim, com os obstáculos que dificultavam a contratação a tempo parcial, especialmente com a ampliação das situações em que esta modalidade contratual pode ser utilizada, numa quase equiparação às diversas situações que autorizam a contratação regular sob duração indeterminada.

A instituição do contrato de tempo parcial se há anunciado como grande mérito e fundamento ou incentivo à criação de postos de trabalho, nomeadamente porque representava redução proporcional de encargos laborais, além de permitir contratação de mão-de-obra menos qualificada ou recém ingressa no mercado de trabalho, especialmente jovens e mulheres desempregados. Por este sentido, *Júlio Gomes*, citando *Françoise Favennec-Henry*, considera as questões relativas à jornada de tempo parcial em toda Europa, no contexto da flexibilidade laboral, como "tema da moda"[24].

O quadro há evoluído, como se era de esperar neste momento de acentuado processo de flexibilização das relações de trabalho. Assim é que

---

[24] GOMES, Júlio. Trabalho a Tempo Parcial, in *Revista do III Congresso Nacional de Direito do Trabalho*, Lisboa: Almedina, 2000, p. 58. Fazendo comparação da jornada de tempo parcial como efeito do processo de flexibilização laboral, assim se manifesta o Professor da Universidade Católica de Lisboa,: *"O trabalho a tempo parcial e, na sugestiva expressão de Françoise Favennec-Henry, um 'tema da moda'. A isso não será estranho o estar associado à palavra mágica dos nossos dias: flexibilidade. Assim, o trabalho a tempo parcial é apresentado como sendo capaz de contribuir para a realização de vários objectivos de política social: por um lado, poderia proporcional maior flexibilidade aos trabalhadores, permitindo-lhes organizar melhor o seu tempo de trabalho e ajustar, por exemplo, a sua vida profissional às necessidades de sua vida pessoal e familiar; mas tem sido igualmente proposto como um importante instrumento para incrementar a flexibilidade no uso da mão-de-obra e, ainda, como meio de promover a criação de emprego ou, ao menos, de melhor repartir o já existente. Mas estes vários objectivos prosseguidos com o apelo ao trabalho a tempo parcial podem entrar em conflito: basta ter presente que a flexibilidade de uns é conseguida à custa de limitações para outros (...). Já se disse, até, que são por ele afectados, sobretudo, duas 'classes' de trabalhadores que, aliás, não se excluem mutuamente: as mulheres e as pessoas no início ou no fim da sua actividade profissional"*.

foram suprimidas as restrições pretéritas de natureza subjetiva, isto é, aquelas diretrizes constantes da contratação a tempo parcial que se haviam pautado sobretudo em características especiais dos sujeitos contratuais (jovens desempregados e mão-de-obra pouco qualificada), para autorizar sua aplicação como modalidade ordinária de contratação laboral, constituindo novo estágio do fenômeno flexibilizador.

Este estágio mais evoluído do processo de flexibilização das práticas laborais se situou como uma tentativa do legislador em observar o mandamento constitucional do direito ao trabalho decorrente da hermenêutica do artigo 40.1 da Constituição. Quiçá também por isso o legislador reformador de 1994 e 2001 haja chegado a considerar a contratação sob jornada de tempo parcial como similar à contratação sob jornada de tempo integral, designadamente no que concerne às admissões por tempo indeterminado.

Sob outro ângulo, o regime de *contrata* ou *subcontrata* previsto no artigo 42 ET compõe o sistema de descentralização produtiva que hoje informa o comportamento das empresas no sentido de melhorar as opções de produção de bens e execução serviços e de procurar mais viáveis formas de atrair o mercado consumidor. Trata-se de mais um aspecto do fenômeno da flexibilização produtiva, repercutindo direta ou indiretamente nas relações de trabalho.

Diante disso, o seja, da finalidade essencialmente mercantil e de produção que supõe o regime de *contratas*, estão excluídos do conteúdo previsto no artigo 42 ET a contratação de pessoa física ou jurídica encarregada de obras de construção ou reparação de habitação residencial ou ainda quando a obra ou indústria contratada não se refira a atividade empresarial (parágrafo 1.º, apartado 2, artigo 42 ET).

Merece especial menção, segundo sustenta *Gala Durán*[25], o fato de que a Administração Pública pode ser responsabilizada quando intervenha no regime de *contrata*, incluindo-se os casos de concessão de serviço

---

[25] GALA DURÁN, Carolina. Responsabilidad en Materia Salarial en el Ámbito de Contratas y Subcontratas, in *Descentralización Productiva y Relaciones Laborales*, Valladolid: Lex Nova, 2001, p. 226. Señala la autora que, no obstante aún se pueda encontrar una o otra sentencia contradictoria, la jurisprudencia mayoritaria entiende ser extensible a la Administración Pública el dispuesto en el artículo 42 ET. Son suyas las palabras: *"Por otra parte, cabe destacar que esta responsabilidad salarial puede exigirse también frente a la administración pública, al haberse zanjado – parece que definitivamente – la polémica existente en torno de la inclusión de las concesiones administrativas en el ámbito del artículo 42 del TRLET"*.

Eficiência Econômica e Direitos Sociais; Interdependência... 201

público, aplicando-se-lhe, pois, o disposto no artigo 42 do Estatuto dos Trabalhadores, nomeadamente responsabilidade pelos eventuais inadimplementos laborais das empresas *contratistas* (apartado 2).

Há outras alterações significativas que marcaram as reformas laborais espanholas. Seu sentido voltou-se sem dúvida a autorizar práticas empresariais de flexibilidade que permitam atitudes mais maleáveis de utilização da mão-de-obra disponível, inclusive por meio de despedidas e contratações diferentes das tradicionais. Nossa intenção, entretanto, voltou-se a perfilhar as alterações consideradas mais significativas, designadamente como forma de demonstrar o nível das reformas. Por isso, olvidamos de articular cada uma das matérias substrato das reformas procedidas no Estatuto dos Trabalhadores e na Lei Básica de Seguridade Social (Real Decreto Legislativo n.º 1/1994, de 20 de junho) a partir de 1994, o que, enfim, não é o objeto central desta pesquisa.

3.6. Reformas Laborais e Economia Social de Mercado. O Caso da Espanha

O trato da economia de mercado vigorante no mundo capitalista atual não pode olvidar de sentidos como a ética e o espírito humanitário. Por isso, é demasiado oportuna a denominação cunhada por *Ludwig Erhard*, no sentido de implementação de uma "economia social de mercado" no contexto das políticas legislativas promotoras de reformas sociais nos países capitalistas, sobretudo do mundo ocidental, exemplo singular da conciliabilidade e interdependência entre os elementos econômico e social[26].

Não obstante o papel secundário do Estado em termos de regulamentação das relações laborais, não se pode deixar de considerar que

---

[26] A economia social de mercado, especialmente nos seus primórdios, constituiu-se num programa idealizado pelo ministro alemão LUDWIG ERHARD, e adotado na Alemanha do pós-guerra, destinado a auxiliar sua reestruturação econômica e social. Seu êxito para além de todas as expectativas otimistas, deu lugar ao pensamento ainda hoje difundido quanto à grande necessidade de se conferir direitos aos trabalhadores não só sob o ponto de vista humanístico (também muito importante), mas porque tal se revela em um imperativo ético, de justiça e, principalmente, de eficiência para a economia capitalista (Cf. LAMPERT, Heinz. A Economia Social de Mercado na República Federal da Alemanha. Origem, Concepção, Desenvolvimento e Problemas, in *Desenvolvimento Econômico com Justiça Social: A Economia Social de Mercado*, coleção Traduções, Fundação Konrad--Adenauer-Stiftung, 1980, p. 1-21).

202 *Cláudio Pedrosa Nunes*

esse mesmo Estado exerce ainda o papel de disciplinador por excelência do mínimo de direito necessário, aspecto fundamental do funcionamento do que *Helmut Wittelsbürger* também chama "economia social de mercado"[27].

Na Espanha, esta conduta também se faz presente, no que os estudiosos pátrios têm denominado "potestad" estatal de estabelecimento de normas mínimas que proíbam os eventuais abusos de concorrência.

Em que pese a consideração de alguns em opinar por um mero elenco de vantagens do sistema de estabelecimento de normas imperativas mínimas, seria absurdo conceber que o Estado abdicasse integralmente de sua missão fundamental de disciplinar as relações sociais em geral, nomeadamente as relações sociais e jurídicas do trabalho.

Entendemos que o Estado sempre deve atuar e posicionar-se como principal agente regulador de todos os vínculos jurídicos, numa relação de proeminência sobre todos os demais mecanismos de regramento, competindo a estes últimos uma função precipuamente subsidiária. A vantagem disso está principalmente na imparcialidade e impessoalidade que norteia a ação estatal reguladora das relações entre o capital e o trabalho. Exceto pela constatação de um sindicalismo maduro e com elevado sentido comunitário, de difícil ocorrência no plano empírico, não há como prescindir da mediação estatal no particular.

---

[27] WITTELSBÜRGER, Helmut. Prefácio, in *Desenvolvimento Econômico com Justiça Social: A Economia Social de Mercado*, coleção Traduções, Fundação Konrad-Adenauer-Stiftung, 1980. Segundo o autor *"a economia social de mercado deixa nas mãos dos produtores e dos consumidores a regulação dos preços e da concorrência. Mas não isenta o Estado de uma função importantíssima, muito bem descrita por um dos pais do modelo, Ludwig Erhard, que usou para tanto a imagem de um jogo de futebol: 'Sou da opinião de que, da mesma forma que o juiz não pode participar do jogo, também o Estado não deve jogar. Há uma coisa que dá para reconhecer como característica de um bom jogo de futebol: o jogo de futebol segue determinadas regras, e estas são prefixadas de antemão. O que eu pretendo com uma política de economia de mercado é – para ficar no exemplo citado – estabelecer o ordenamento do jogo e as regras válidas para esse jogo'"*.

4. RELAÇÕES ENTRE ECONOMIA E DIREITO NO CONTEXTO SÓCIO-ECONÔMICO

4.1. O Trabalho Hermenêutico

O trabalho de conciliação entre o elemento econômico e o elemento social emergente da atividade jurídico-legiferante do Estado pressupõe também uma missão essencial: *a interpretação jurídica*. O trabalho hermenêutico implica a adoção dos diversos processos interpretativos encontráveis na ciência do Direito. Aqui se observará o caráter histórico--evolutivo, teleológico, sistemático e mesmo exegético que se incorpora em todo texto de lei. Nesse contexto, o jurista, intérprete por excelência da lei, não pode furtar-se ao conhecimento adequado de mecanismos puramente vinculados à economia, assim como deve revelar-se apto a entender tecnicamente o alcance dos direitos sociais, o que envolve consabidamente conhecimentos históricos, filosóficos e sociológicos.

Sabendo-se que a Constituição de um Estado concentra o equacionamento de múltiplas disciplinas, categoria e institutos – jurídicos, econômicos, políticos e históricos – vê-se que a interpretação da norma para sua adequada aplicação não é tarefa das mais fáceis. Como bem descreve *Wilson Bello Filho*, ao tratar exatamente da questão econômica como elemento básico do desenvolvimento nacional e de sua relação com o Direito, o jurista não pode isolar-se na leitura de textos puramente jurídicos quando pretende trabalhar com categorias interdisciplinares[28].

---

[28] BELLO FILHO, Wilson de Barros. Capitalismo e Progresso. A Constituição Federal e a Ordem Econômica Nacional, *in Lusíada, Revista de Ciênca e Cultura*, Universidade Lusíada do Porto: Coimbra Editora, n.ºs 1-2, 2002, p. 345-351. A preocupação do articulista centra-se no sentido com que atualmente se interpretam as disposições da constituição brasileira no tocante à ordem econômica nacional. Sustenta que há necessidade de o intérprete entranhar-se em noções seguras de economia. Confira seu pensamento: *"A interpretação de certos textos jurídicos, porém, requer do operador do direito que seu conhecimento ultrapasse a matéria estritamente jurídica. No ordenamento jurídico brasileiro, o Título VII da Constituição Federal, que trata da «ordem econômica e financeira», é um bom exemplo disso. Nele é frequente a utilização de conceitos e noções cunhados fora do mundo jurídico, palavras pertencentes à esfera de atuação de um outro profissional: o economista. A utilização, no texto constitucional, de termos próprios da ciência econômica obriga o jurista exegeta a um trabalho suplementar. Para determinar o sentido e o alcance dos dispositivos constitucionais não basta o conhecimento jurídico; revela-se essencial dominar, ainda que minimamente, alguns elementos da economia".*

204 *Cláudio Pedrosa Nunes*

Mesmo quando se tenha em conta uma sobrepujança do elemento jurídico, não há como ignorar disciplinas correlatas quando se precise enfrentar com sucesso celeumas relevantes do mundo moderno, a exemplo dos embates sócio-econômicos.

As inovadoras perspectivas interpretativas têm sido muito bem lecionadas de um modo geral por *Fernando Bronze* e *Reis Marques*. Para os eméritos jurisconsultos lusitanos o sistema jurídico está em permanente reconstrução diante da dinâmica dos fatos, de modo que as consequências constitutivas da normatividade jurídica defluem do processo de criação do intérprete quando chamado a resolver os problemas jurídicos especificamente considerados[29]. O jurista deve ter em consideração, portanto, não

---

[29] Por ocasião dos seminários sobre Metodologia Jurídica, módulo integrante do III Programa de Doutoramento da Faculdade de Direito da Universidade de Coimbra, os insígnes Professores Doutores Fernando Bronze e Reis Marques discorreram longamente sobre o problema da interpretação jurídica. Perfilhando os ensinos do emimente Castanheira Neves (in Metodologia Jurídica), anunciam que a interpretação deve ter em conta não a norma encerrada como um fim em si mesma, mas ela integrada no horizonte do problema, ou seja, no que se chama *norma-problema*. Sugere ainda Fernando Bronze que os textos legais encerram, por vezes, uma espécie de *porosidade das palavras*, isto é, a aptidão de que o tempo torna as palavras do texto legal com sentido diferente, nomeadamente pela perda ou supressão de seu significado primitivo em função do transcorrer dos fatos e problemas. Vejam-se suas lições: *"O quadro de pressuposições em que assentava a orientação tradicional em matéria de interpretação jurídica foi profundamente reconstruído. Mesmo que se persista em discutir os temas relevados por aquela positivística atitude, é mister reconhecer a evidência da mudança. Alterou-se, em primeiro lugar, a compreensão do objeto da interpretação: deixou de pôr-se a tónica nas palavras que plástico-semanticamente conformam a norma em causa e passou a atentar-se nos problemas que prático-normativamente a densificam. Modificou-se igualmente o objectivo prosseguido com o exercício interpretativo: em lugar da estéril disputa da preferência pelo esclarecimento da intentio auctoris ou da intentio operis, em termos alternativos, assumiu-se a responsabilidade da cumulativa determinação do dogmático-axiologicamente modelado sentido...teleológico jurídico do critério interpretando. Reviram-se, em terceiro lugar, o significado, a importância relativa e o próprio catálogo dos elementos ou factores interpretativos. Com efeito, a justificada impostação prático-normativa da interpretação jurídica implicou a aludida mudança de significado: o elemento gramatical deixou de ser um «em si» tranquilamente suficiente e volveu-se num «para nós» ebulientemente interpelante, pois trocou a aderência às palavras pela referência ao direito; o elemento histórico, já o observamos, abdicou de confinar-se à descrição da fenoménica criação da norma, e abriu-se, logo com a Jurisprudência dos interesses e na pressuposição da razoabilidade formal e substancial do legislador, à consideração do seu hermeneuticamente deveniente e intencionalmente específico sentido problemático: o elemento sistemático abandonou a pretensão de articular lógico-*

a norma no seu contexto técnico-jurídico, mas sob o prisma da *norma-problema*. Essas ilações conduzem ao entendimento de que o problema enfrentado pelo jurista relativamente à interpretação das normas constitucionais da ordem econômica nacional demanda contato mais próximo com o alcance dos termos técnicos da ciência econômica, bem como do funcionamento de seus mecanismos básicos, a fim de melhor solucionar os casos submetidos ao seu julgamento e que envolvem discussões no terreno sócio-econômico. Afinal, há também *problemas* da economia. No que toca ao nosso estudo em específico podemos deduzir que tal dimensão interpretativa do Direito poderá ser utilizada para extrair-se das normas constitucionais concernentes aos fatores econômicos e sociais o bálsamo que constituirá a união deles.

4.2. A Eficiência *Econômica* do Direito

4.2.1. *Entraves Ideológicos em torno dos Direitos Sociais*

As novas demandas que envolvem a vida em sociedade revelam a necessidade de considerar-se flexíveis tanto as práticas do trabalho quanto as políticas da economia mundial. A harmonização do econômico com o social não pode prescindir desse insofismável alvorecer, já que se constitui na base essencial de todo o sistema sócio-econômico que se anuncia quase como irreversível. Conforme ensina *Luigi Bagolini*, a sociedade atual viceja sobre mutações de índole fático-jurídica, não obstante o sedentarismo das ideologias ultrapassadas[30]. Em outras palavras, a absolu-

---

-conceitualmente uma norma com as demais, e passou a centrar-se na dilucidação dos liames dogmáticos e axiológicos que a entretecem com os restantes estratos do adequadamente perspectivado corpus iuris vigente; e o elemento teleológico rompeu quer com a vinculação à indisfarçavelmente subjectivística ratio legislatoris, quer com a redução à ainda normativística ratio legis (...) polarizou-se na axiológico-normativamente intencionada ratio iuris, enriqueceu-se com a experimentação jurisprudencial e com o aprofundamento dogmático da norma interpretanda e transmutou-se, na acepção oportunamente explicitada, em elemento teleonomológico". (Cf. *Lições de Introdução ao Direito*, Coimbra: Coimbra Editora, 2002, p. 855-857).

[30] BAGOLINI, Luigi. *Filosofia do Trabalho*, 2ª ed., São Paulo: LTR, 1997, p. 26-27, trad. de João da Silva Passos do original italiano Filosofia del Lavoro. Confira os ensinos do docente da Universidade de Bolonha: *"A absolutização e a atribuição do caráter de exclusividade a um fim ou a um interesse, faz com que uma determinada posição ideológica seja considerada, por aqueles que se fazem seus patronos, como verdade*

tização das ideologias é um processo que se põe na contramão da renovação dos tempos e dos comportamentos, ao contrário do que se aguarda delas (das ideologias) como exemplo de edificação de novos pensamentos. O novo, consoante o pensamento pouco razoável de alguns, parece profetizar sempre o enunciar do imperfeito e do imoral.

O sectarismo em que se reverteu a *ideologia* da proteção do trabalhador subordinado e seu oposto extremo que pugna pela total liberdade das práticas econômico-financeiras com vista unicamente à potencialização dos lucros e solidificação do espaço empresarial (neoliberalismo ou neocapitalismo) são antagonismos *ideológicos* que só podem desembocar na instabilidade social e no confronto malfazejo dessas estruturas e categorias[31].

O elemento social, consistente sobretudo na valorização do trabalho humano e na constante busca da melhoria das condições de vida do trabalhador, fulcra-se em premissas histórico-humanitárias cuja maximização constitui anseio a ser plenamente satisfeito. Esse referencial social, todavia, tornar-se-á tanto mais palpável no plano empírico quanto mais firmes, seguras e perenes forem as estruturas econômicas e sua destinação, pelo Estado econômico, para promoção e solidez do Estado do bem estar-

---

incondicionada, fixa, não modificável e, como tal, anuladora da validade de qualquer outra posição ideológica diversa. Vivemos hoje em uma sociedade cujas rápidas mutações determinam novas perspectivas jurídicas. A absolutização ideológica é suscetível de pôr-se contra toda mudança gradativa e até mesmo pode conduzir, entre outras coisas, à intolerância e à guerra. Reconhecer o valor historicamente relativo das ideologias não significa anulá-las ou fingir que não existem: significa trilhar a estrada da colaboração, da discussão, da composição democrática dos conflitos de interesses contra todo emprego da violência".

[31] A propósito do confronto em pauta, o jornal *Público*, de Lisboa, na edição do dia 16 de novembro de 2003, fez publicar uma entrevista com Bernard Cassen, ativista alterglobalista. O alterglobalismo ou altermundialismo é movimento contrário à *"liberdade generalizada das trocas comerciais, porque só beneficiam os mais fortes".* Indagado sobre o que defendem quanto ao continente europeu, o entrevistado declarou: *"Pedimos coisas simples. Somos contra a primazia da concorrência , mãe de todas as normas jurídicas nas quais se apoiam as decisões do Tribunal Europeu, e preferimos a solidariedade e a cooperação"* (Cf. *Neoliberalismo não deve ser «religião de Estado» na EU*, p. 24). E no *Diário de Notícias*, edição de 15 de novembro último, Jorge Moctezuma, gestor, sustenta que a inserção de mão-de-obra e de gestores qualificados no mercado concorrencial é condição indispensável ao crescimento econômico português e afirmação de suas empresas. *"Na base está sempre a qualidade dos meios humanos"*, afirma. (Cf. *A qualidade humana é indispensável*, p. 15).

social. Se é verdade que a busca da conciliação entre o econômico e o social constitui um ideal que irá superar a crise que se verifica no embate entre ambos (no sentido de que um deverá ser posto em plano secundário em relação ao outro), não é menos verdadeiro dizer-se que a necessidade de sua conjugação suplanta a ameaça de que o social acabe sucumbindo inteiramente diante do elemento econômico ou vice-versa, o que configuraria o mais pernicioso dos resultados. Portanto, a conciliação entre os aspectos e/ou interesses econômicos e sociais de que se cuida no panorama moderno é, antes, uma necessidade, isto é, supera mesmo um propósito ideológico-estrutural para converter-se num imperativo a ser perseguido para preservação desses fatores fundamentais da vida do Estado e da sociedade civil.

4.2.2. *Oscilações entre os* Estados

A abordagem conciliatória entre o Estado econômico e o Estado do bem-estar social (no sentido da atuação do Estado para composição entre capital e trabalho) não se descaracteriza pelo fato de um ou outro desses Estados prescindir transitoriamente de suas finalidades e objetivos em prol do soerguimento do outro. Em outras palavras, haverá ocasiões em que o social poderá (senão deverá) submeter-se às exigências do desenvolvimento econômico, mitigando algumas conquistas mesmo históricas e consideradas fundamentais, de modo a permitir que a economia do Estado e/ou dos agentes capitalistas possam não só estabilizar-se como seguimento importante da convivência social mas também desenvolver-se em sua infra-estrutura técnico-produtiva. Trata-se de demanda decorrente da própria evolução das relações humanas e das atividades empresariais levadas a cabo por cientistas e estudiosos afeitos a novas descobertas tecno-bio-científicas. Nesse espírito, os autores do liberalismo genuíno comungam o extremo de se conferir efetividade ao Estado econômico ainda que haja perigo de extinção de alguns importantes direitos sociais[32].

---

[32] Assim se posiciona Wilson de Barros Bello Filho, para quem a integridade do sistema econômico é condição de preservação da soberania e independência político--econômica do Estado. Relata que há *"necessidade de, em certos momentos, garantir-se a integridade do sistema econômico, necessidade esta que se relaciona à ordem pública e à própria segurança nacional, que podem ficar ameaçadas em situações como as de hiperinflação, que paralisam todo o mercado e, por meio dele, a produção e o consumo. Nesses casos, o pleno emprego aparece como um objetivo de longo prazo para que possa algum dia ser atingido; nesses casos, a política econômica recessiva parece ser compa-*

208 *Cláudio Pedrosa Nunes*

Não nos parece convincente tal medida. Essa concepção que consideramos extremada ostenta os mesmos defeitos que tem gerado até hoje as hostilidades entre trabalhadores e empregadores. Não se ignora que a robustez econômica dos agentes capitalistas e do Estado é contributo fundamental para implementação dos direitos sociais. Contudo, o elemento humano sempre está na dependência de satisfação de necessidades mínimas, nomeadamente os alimentos indispensáveis à subsistência do trabalhador e de sua família. E isto repercute em toda a sociedade. Portanto, a questão do salário e da concessão de repousos regulares jamais poderá deixar de ser observada pelos agentes capitalistas. Conforme anota *Dominique Schnapper* a economia capitalista não deve deixar-se obscurecer por um otimismo despropositado pelo lucro, de forma a ignorar suas duvidosas consequências sociais[33].

Em vários momentos históricos as conquistas sociais foram um marco relevante. O econômico, nessa parte, deu lugar ao incremento da valorização do trabalho humano e dos direitos de cidadania. E isto ocorreu sobretudo quando o elemento humano salta de um processo de acomodação dos fatores de produção em determinado tempo e em determinado lugar, na forma sugerida por *Pierre-Noël Giraud*[34].

---

tível com o texto constitucional, ainda que numa análise imediata pareça ir contra ele (...). Essa situação específica com a condição de vida do trabalhador é algo estranho ao pensamento liberal. Para os defensores da eficiência do mercado, o bem-estar do trabalhador, assim como o de toda a sociedade, é um produto natural do livre funcionamento da economia. Dentro dessa ótica, garantias legais do salário mínimo, indenização por demissão sem justa causa e salário-desemprego são vistos não apenas como intromissão indevida do governo em assuntos económicos, mas também como institutos que alteram o funcionamento do mercado de trabalho e, por isso, contribuem para que a economia funciona de forma ineficiente" (Cf. Capitalismo e Progresso. A Constituição Federal e a Ordem Econômica Nacional, p. 357-358).

[33] SCHNAPPER, Dominique. *Contra o Fim do Trabalho*, trad. de Pedro Lopes d'Azevedo, Lisboa: Terramar Editores, 1998, p. 103. Acompanhe o pensamento da socióloga francesa: *"O mundo da economia liberal é extraordinariamente eficaz, nunca produziu tantas riquezas. Mas a lógica mercantil comporta também graves inconvenientes sociais que é preciso compreender e esforçar-se por limitar. Não deveria ceder-se ao optimismo ingénuo de certos economistas liberais que recusam levar em conta as consequências sociais da organização económica. A economia moderna é muito realizadora, deve ser flexível. Para alguns indivíduos, é difícil participar nela. É necessário ter políticas públicas que se dêem conta do facto de que nem toda a gente pode ser eficaz e produtiva no mercado concorrencial".*

[34] GIRAUD, Pierre-Noël. *A Economia é Coisa do Diabo?* Tradução de Maria Filomena Duarte, Terramar Editores, 1998, p. 41. Segundo o renomado economista

Eficiência Econômica e Direitos Sociais; Interdependência... 209

Eventos como a Revolução Francesa e a Revolução Industrial constituíram-se em significativo exemplo de emergência das conquistas humanitárias e, portanto, dos direitos sociais. Foi a constatação da precariedade das condições de vida humanas e laborais ocorrentes nestes estágios históricos que permitiram sua transformação em direção à cultura do bem-estar social. Como naqueles estágios históricos a burguesia já havia edificado solidamente sua base político-econômica, a mão-de-obra oprimida viu-se compelida a reagir sob pena de sua redução à condição de uma nova escravatura[35]. O processo social que se seguiu a isso desenvolveu-se significativamente. É lícito consignar que até hoje as sempre novas necessidades sociais estão a merecer posição de destaque em qualquer discussão que envolva o Estado e a economia.

A doutrina italiana, atenta a esse quadro, salienta para a necessidade de se considerar, nas políticas públicas (inclusive legislativas), as peculiaridades da mão-de-obra e as correspondentes especificidades regionais de cada mercado, de modo a se examinar com maior índice de correção os resultados das oscilações entre o econômico e o social. Preleciona *Mário Napoli* que o mercado de trabalho atual ostenta disparidades, isto é, não possui características marcantemente semelhantes, mas variam na medida das vocações de cada comunidade, obedecendo aos comportamentos que lhe são mais afeitos[36]. Sugere, assim, segundo se depreende de seu pensamento, que as políticas públicas de incremento do emprego demandam um estudo aprofundado das características das mão-de-obra e do

---

francês a economia não está baseada no que chama leis válidas para todas as épocas e para todos os lugares, inclusive em razão das perturbações externas decorrentes das políticas estatais. Conclui que *"não existem leis económicas gerais do capitalismo, mas é possível enunciar as leis de um capitalismo específico, localizado no espaço e no tempo"*.

[35] A propósito da ascensão da burguesia e de sua afirmação como classe social emergente em relação ao absolutismo, ver nossa obra *Controle Difuso de Constitucionalidade em Matéria Trabalhista*, LTR, 2003, p. 16, 17, 21, 47 e 48.

[36] NAPOLI, Mário. Tutela e Sicurezza del Lavoro Nella Riforma del Titulo V Della Costituzione, in *Rivista di Scienze Giuridiche*, Anno XLIX, settembre-Dicembre 2002, Publ. Universitá Católica del Sacro Cuore, Milano, p. 350. Vejam-se suas palavras: *"La reforma costituzionale sancisce l'irreversibilità della vocazione delle Regioni a creare efficienti servizi per l'impiego e politiche del lavoro devano essere diferenciati, poiché sono differenziati, i contesti: non esiste un único mercato del lavoro, ma tanti mercati locali. Il diritto dei rapporti di lavoro debe rimanere regolato a livello nazionale, soprattutto per rispettare il principio di equaglianza. Ciò è richiesto tra l'altro della permanenza dell'unitarietà della giurisdizione"*.

mercado de oferta do trabalho de cada região. Isso, evidentemente, sobressai em termos de consideração, em dado momento e espaço, do incremento das oscilações entre o econômico e o social.

Haverá momentos históricos, portanto, em que o Estado do bem-estar social deverá esquivar-se diante do esforço econômico. A dinâmica moderna da economia concorrencial e as demais descobertas de técnicas e invenções de bens e serviços são indicativos, segundo entendemos, da hipertrofia do elemento econômico. Não vemos que tais indicativos sejam o anúncio da derrocada do Estado do bem-estar social ou retrocesso das conquistas sociais históricas. Trata-se de um novo e circular processo de acomodação do social aos reclamos das novas tendências econômico-concorrenciais em cujo bojo poderá estar o progresso da humanidade. O atendimento das expectativas da economia no atual momento mundial não parece ter o escopo de renegar em absoluto os direitos sociais, mas, apesar do sacrifício momentâneo, permitir que num novo (e, torcemos, próximo) tempo estes se venham a definir com o mesmo destaque com que se impuseram desde o início da Idade Contemporânea. Não é outro o escólio de *Pérez Villalobos*, para quem a efetividade dos direitos sociais pressupõe o esforço do Estado em permitir o desenrolar das transformações da ordem econômica[37].

4.2.3. *A Fórmula da Eficiência Econômica*

Interessante teoria tem sido considerada por alguns estudiosos, nomeadamente pelos economistas, para fins de justificar a prevalência do elemento econômico sobre o elemento social, considerando, ademais, a interveniência do Estado. Esta teoria teve seus precedentes a partir dos ensinos de *John Maynard Keynes*, renomado economista inglês, para quem a liberdade de funcionamento das economias capitalistas provocam de tempos em tempos deficiência de demandas que as impedem de funcionar em situação de pleno emprego (utilização formal de mão-de-

---

[37] PÉREZ VILLALOBOS, Maria Concepción. *Estado Social y Comunidades Autónomas*, Madrid: Editorial Tecnos, 2002, P. 114. São suas as palavras: *"La aparición del Estado Social produce um cambio tanto en el orden económico como en las Constituciones democráticas del siglo XX. Esta transformación pasa por una ordenación diferente de la economia de forma que el Estado social se convierte en um tipo de Estado que promueve una nueva fórmula de integración social basada en el reconocimiento de derechos sociales para cuya efectividad deberá llevarse a cabo una intensa actividad prestacional y asumir las transformaciones del orden económica existente".*

Eficiência Econômica e Direitos Sociais; Interdependência...   211

-obra pelos agentes econômicos), ante as oscilações dos investimentos realizados pelos capitalistas. Assim, o nível de emprego decresce, diante da retração da produção que, por sua vez, tem origem na tímida procura. O combate a essa distorção ocorreria com a iniciativa do Estado através de gastos públicos, cujo objetivo seria compensar a queda da demanda que, por sua vez, inibe o investimento privado e, por isso, causa desemprego. Refutada pelos neoliberalistas mais céticos, diante do temor da intromissão (que consideram indevida) do Estado na economia, transformando-se ele (o Estado) numa espécie de importante concorrente, esta teoria evoluiu para o que se chama atualmente eficiência econômica do Direito. Sua finalidade é transportar para a seara jurídica alguns conceitos e práticas da ciência econômica voltados especialmente para a obtenção de eficiência comparável do lucro.

A teoria da eficiência econômica do Direito não se vincula a números definidos ou equivalentes formais matemáticos, ao contrário do que se possa imaginar numa primeira apreciação. O diferencial está na busca da eficiência convertida para um resultado positivo que, no campo do Direito, é deduzível como o bom e o justo. Em outras palavras, no terreno jurídico, a consecução da justiça estaria baseada na eficiência das decisões judiciais no sentido de se sopesar, em termos de distribuição de bens e imposição de obrigações, as virtudes ou os *lucros* de uma correta solução de conflitos de interesses.

Um exemplo claro da forma como se desenvolve a eficiência econômica do Direito está no trato da responsabilidade civil. Sua estreita relação com a responsabilidade trabalhista permite perfeitamente identificá-la com o contexto social. Eis o exemplo: Uma árvore desabou sobre um bonde urbano e machucou seus ocupantes. Um deles processou a companhia de transportes, sob a justificativa de que o condutor do bonde dirigia acima da velocidade permitida, o que levou a que o veículo estivesse no preciso local e no preciso instante em que a árvore caiu, ocasionando assim o sinistro. Argumentou o autor que o descumprimento da lei (excesso de velocidade) decorreu de uma atitude de imprudência (culpa), sendo, portanto, o condutor o responsável pelo dano causado. O Juiz, utilizando a teoria da eficiência econômica do Direito, julgou improcedente o pedido. Fundamentou a decisão no fato de que a imprudência do condutor não tinha sido rigorosamente a causa do acidente, mas o fato em si de a árvore ter caído exatamente no momento e no lugar em que o bonde estava. É que a decisão do condutor relativamente à velocidade do bonde não aumentou nem diminuiu significativamente a probabilidade da árvore cair exatamente naquele momento preciso, tal se tendo sucedido por mera fatalidade. Acrescentou que, se o referido bonde estivesse com velocidade moderada (aquém mesmo de um mínimo razoável), tendo, porém, saído da estação momentos depois do horário oficial estabelecido, o mesmo sinistro teria ocorrido. Houvesse a árvore, por outro lado, desabado segundos depois, a velocidade excessiva inicialmente alcunhada de imprudência teria evitado o sinistro. A eficiência econômica do Direito, no caso exemplificado, conduz à conclusão de que a decisão do condutor quanto ao aumento da velocidade não impôs nenhum custo significativo concreto e previsível aos passageiros, de maneira que, para o Direito, ignorar esse tipo de causalidade é mais eficiente que tê-la em consideração[38].

O raciocínio jurídico segundo a teoria da eficiência econômica do Direito chegou mesmo a ser concebido sob uma fórmula matemática idealizada pelo Juiz *Learned Hand*, adepto da teoria. Tal fórmula assim se expressa: B<L<P, onde "B" é o custo das precauções necessárias para evitar-se o acidente; "L" é o montante do dano causado à vítima; e "P" é a probabilidade de ocorrência do acidente. Destarte, quando os custos das precauções necessárias forem menores que o dano causado, descontado da probabilidade de que o mesmo ocorra, então o agente deve ser considerado culpado pelo dano e passível de responsabilização pelo Direito; do contrário, a absolvição da culpa será mais eficiente. A teoria da eficiência econômica do Direito comporta, segundo *Richard Posner*, outras fisionomias que transcendem aos limites de uma fórmula de eficiência, embora

---

[38] O exemplo é de Júlio Cesar de Aguiar, in Abordagem Econômica do Direito: Aspectos Epistemológicos, *Lusíada, Revista de Ciênca e Cultura*, Universidade Lusíada do Porto: Coimbra Editora, n.°s 1-2, 2002, p. 180-181. No Seminário de Metodologia Jurídica ocorrido em 02 de dezembro de 2003, parte do primeiro módulo integrante do III Programa de Doutoramento da Faculdade de Direito da Universidade de Coimbra, o Professor Doutor Aroso Linhares discorreu longamente sobre a eficiência econômica do Direito idealizada por Richard Posner. Lançando exemplo de jaez processual, envolvendo matéria de prova, sugeriu que essa teoria permite entender que o Juiz poderá dispensar a produção de prova testemunhal a partir do momento em que verifique a ineficiência desta diante do caso em julgamento e do contexto dos autos, haja vista que os custos da convocação de testemunhas e utilização dos materiais indispensáveis para tal (papel para feitura do termo de interrogatório, utilização de computador ou máquina de escrever, trabalho do escrevente, energia elétrica etc.) constituir-se-iam em prejuízo econômico. Talvez baseado também nessa experiência, o legislador do Código de Processo Civil de 1973 tenha sido influenciado a editar o artigo 334 daquele digesto, que exemplifica casos em que o Juiz poderá dispensar a produção das diversas espécies de prova admitidas no direito brasileiro. No mesmo sentido é o disposto no artigo 765 da Consolidação das Leis do Trabalho.

Eficiência Econômica e Direitos Sociais; Interdependência...

não renegue a importância desta sobretudo no tocante aos trabalhos judiciários[39].

4.3. Eficiência Econômica e o Estado Econômico

A perspectiva econômica do Direito a que se aludiu no item anterior pode exercer importante influência nas situações em que o elemento econômico deva prevalecer transitoriamente sobre o elemento social. Numa época em que se evidenciam grandes dificuldades financeiras para o Estado e/ou para boa parte dos agentes capitalistas diante das exigências de incorporação de novas técnicas de produção de bens e de prestação de serviços, é interessante ter em conta essa utilidade como forma de prevenir o enfraquecimento do aparelho estatal, pondo-se em causa a própria ordem social e a estabilidade das instituições. Tal conjuntura evita ainda que os próprios direitos sociais dos trabalhadores e dos cidadãos em geral restem ameaçados e, depois, venham a sucumbir vertiginosamente.

Os direitos sociais estarão mais seguros na medida em que se primar pela obtenção de um mínimo de recursos econômicos, ante as insustentáveis oscilações da oferta e da procura de bens e serviços essenciais.

O sucesso da eficiência econômica do Direito, bem como sua utilidade prática, depende, sobretudo, entretanto, do efetivo e sistemático controle dos possíveis abusos do capitalismo. A eficiência econômica do Direito, assim, não pode transmudar-se de uma situação de exceção (transitória), para enveredar como regra nas relações entre o elemento econômico e o elemento social. Para casos excepcionais de prevalência do capital sobre o trabalho, deve-se conferir tratamento excepcional, pena de inversão malfazeja dos princípios da dignidade humana e violação do princípio da razoabilidade que deve informar não só os atos da

---

[39] POSNER, Richard A. *The Economics of Justice*. Harvard University Press, Cambridge, Massachussets and London, 1981, p. 5. Vejam-se as palavras do autor no original inglês: *"These studies are not limited to the occasional instances where the courts have adopted a virtually explicit economic formulation of the law, as in Judge Learned Hand's formula for negligence. He said that negligence is a failure to take care where the cost of care (he called in the 'burden of precautions'), is less than the probability of the accident multiplied by the loss if the accident occurs. An economist would call the product of this multiplication the expected costs of the accident. The Hand formula is a tolerable, although non perfect, approximation of an economically efficient concept of care and negligence. But the economic logic of the common law is more subtle than this".*

Administração Pública, mas também a conduta da sociedade civil organizada.

Em situações de normalidade econômica, que não se alteram diante da ciranda dos negócios regularmente realizados ao longo dos anos e razoavelmente passíveis de previsão de maiores ou menores lucros e/ou maiores ou menores prejuízos dentro de um padrão aceitável de oscilações, não se justifica, sem perigo de se incorrer em abusos, a aplicação sistemática e como regra geral da teoria da eficiência econômica do Direito.

5. CONFLITOS POLÍTICOS E CULTURAIS EM TORNO DA CONCILIAÇÃO ENTRE O ELEMENTO ECONÔMICO E O ELEMENTO SOCIAL

5.1. A Tentativa Socialista

O socialismo representou uma das fases pioneiras de tentativa de conciliação, no plano histórico-político-ideológico contemporâneo, entre o capital e o trabalho. Pode-se afirmar mesmo que este comportamento originou uma outra série de idéias tendentes a vislumbrar um meio-termo entre os antagonismos clássicos travados pelo capitalismo e os seus opositores comunistas, estes que atribuíam àquele todos os males que culminavam numa indevida exploração do homem pelo homem.

Ainda hoje pode verificar-se que os cuidados com a segurança dos direitos sociais têm em grande alcance seus alicerces nos ideais socialistas do século XIX. Com efeito, o socialismo clássico (ou *comunismo*, para alguns) assentou-se em premissas básicas que conjugavam uma forte limitação à propriedade privada, desejavam a condução da classe trabalhadora ao domínio dos principais meios de produção e defendiam a promoção de uma igualdade social absoluta. Tais premissas acabaram por se ver superadas diante de um novo socialismo considerado moderado em razão de não comungar com o duvidoso dogma então reinante que fazia menoscabo dos resultados animadores do liberalismo econômico.

Uma das principais missões do socialismo mais recente repousava na perspectiva de cooperação e gestão comum dos meios de produção entre operários e burgueses. Uniam-se, assim, como demonstra *Cesare Pianciola*, os espaços criados pelas idéias marxistas e os programas do

Eficiência Econômica e Direitos Sociais; Interdependência... 215

liberalismo econômico[40]. E nisso se diferenciava substancialmente do comunismo propriamente dito (chamado inicialmente de *socialismo* por *Marx*), cujas diretrizes caminhavam, como dito, para o absoluto domínio dos meios de produção pela classe operária e pretendiam a supressão total da propriedade privada.

A nova política jurídico-institucional do encontro moderado entre liberalismo econômico e valorização do operariado fomentou a criação do que doravante se denominou Estado social-democrata, caracterizado pela adoção de uma postura assistencial em relação ao povo trabalhador. Houve, assim, investida significativa quanto a previsão de direitos sociais dos trabalhadores, cuja influência emergente do modelo socialista moderado viabilizou a conscientização de sua indissolubilidade em relação à convivência produtiva.

As culturas nacionais de cada comunidade apresentavam, entretanto, certas singularidades, nomeadamente no terreno da gestão político--ideológica dos negócios do Estado e na condução da correspondente política social, que logo revelaram o surgimento de certas dificuldades de concretização do então socialismo moderado. É o que se verá no item seguinte.

---

[40] PIANCIOLA, Cesare. Socialismo, in *Dicionário de Política*, 11ª ed., vol. I, coord. Norberto Bobbio, Nicola Matteutti e Gianfranco Pasquino, trad. de Carmen C. Varriale e outros, Brasília: Editora UnB, 1998, p. 1199. Ao tratar das tendências do socialismo após a derrocada do genuíno comunismo marxista, o autor assim se manifesta: *"A primeira divisão foi, antes de tudo, entre o socialismo declaradamente reformista que, considerando o sistema capitalista profundamente mudado, pugnava pela integração do movimento operário nas estruturas políticas e econômicas capitalistas com o propósito de sua gradual transformação em sentido socialista, através da via democrático-parlamentar, e, do outro lado, o socialismo que considerava atual o modelo analítico do capitalismo elaborado por Marx e a perspectiva da crise geral do sistema e da revolução (...). Analisadas as coisas num quadro temporário bastante longo, o socialismo reformista, que avalia o contexto institucional do Estado liberal-democrático como o melhor terreno para a afirmação dos objetivos das classes trabalhadoras e que considera, implícita ou explicitamente, o 'fim último' da abolição da forma mercatória dos produtos do trabalho e do trabalhador (o princípio mais fundamental do socialismo marxista) como uma utopia a ser abandonada, tornou-se a alternativa histórica e amplamente preponderante no socialismo ocidental".*

5.2. As Especificidades Político-Culturais

A tentativa socialista de harmonização moderada entre proletários e burgueses, cujas bases fundamentais podem ser sentidas *mutatis mutandis* também nos nossos dias, nomeadamente quando se tem em mira os programas de uma política genuinamente social-democrática[41], não impediu que as preferências político-ideológico-institucionais dos governos e as diferenças culturais dos povos estabelecessem uma espécie de preferência de uns sobre os outros, isto é, de proletários sobre burgueses ou de burgueses sobre proletários, ao menos de forma mais ou menos visível e/ou com maiores ou menores limitações temporais. Em outras palavras, as diferentes culturas político-jurídicas dos diversos Estados (designadamente do mundo ocidental) oscilam entre dar preferência ora ao elemento econômico ora ao elemento humano, seja com maior ou menor nível de transitoriedade.

Nos Estados Unidos da América é notório, desde a época da iniciação da experiência socialista européia, que sempre houve preferência pelo liberalismo econômico, cujo sucesso permitia um nível sensivelmente adequado de satisfação dos reclamos sociais dos trabalhadores e cidadãos em geral[42]. Nos países da Europa, ao contrário, ressalvado em especial o caso da Inglaterra, houve mais acentuadamente preocupação com o

---

[41] Os Estados contemporâneos de primazia política social-democrática, como a Alemanha, são conhecidos por sua política assistencial e de promoção de direitos sociais mínimos. Confunde-se, assim, em linhas gerais, com o Estado do bem-estar social, ou *welfare state* dos ingleses. A prática político-institucional consoante o *welfare state* pode ser definida como a que fomenta a promoção de tipos mínimos de renda, alimentação, saúde, habitação, emprego, assistência social a todos os cidadãos como direito político.

[42] Nesse sentido Dominique Schnapper noticia que as empresas e a sociedade americanas convivem de forma tão enraizada com a prevalência do elemento econômico que se consideram naturais as despedidas maciças e brutais de trabalhadores quando os resultados financeiros estão em baixa. Na França, segundo ela, essa prática seria inaceitável. Acompanhe o seguinte relato: *"Que haja uma tensão entre, por um lado, a flexibilização exigida às empresas em concorrência num mercado mundial e, por outro, a necessária protecção dos membros da empresa pelo direito do trabalho, é verdade. Os americanos resolvem esta tensão de modo diferente do nosso. Despedem maciçamente e brutalmente. Depois, voltam a admitir quando a empresa volta novamente a ter lucros. Foi o caso da Boeing. É talvez uma solução eficaz e, portanto, razoável na pura lógica capitalista, mas não está na tradição francesa, fere-nos. Não se pode imaginar que se adopte este sistema, aliás contrário ao nosso direito do trabalho"* (Cf. *Contra o Fim do Trabalho*, p. 105).

Eficiência Econômica e Direitos Sociais; Interdependência... 217

implemento dos direitos sociais. Talvez a experiência malfazeja da última guerra mundial (1939-1945), cujo teatro de operações bélicas centrou-se sobretudo no continente europeu, tenha sido o traço marcante desse anseio de destaque ao elemento humano. Assim é que França, Alemanha, Espanha e Portugal, por exemplo, fundaram suas atuações políticas na conversão do domínio puramente econômico para plano secundário.

Em que pese a preocupação também relevante de fixar suas bases político-institucionais no liberalismo e na liberdade do mercado, os Estados europeus optaram pela condução de políticas de intervenção na economia como forma de conferir segurança e efetividade aos direitos sociais dos seus trabalhadores e cidadãos. Conforme dilucida *António Manuel Hespanha*, essa postula conduziu necessariamente os Estados europeus a instituir uma nova cultura jurídica que permitisse tornar lei tal nova opção social-democrática[43]. Nesse campo, a edição de normas de Direito do Trabalho e da Seguridade Social compusera grande parte do esforço parlamentar.

Não se pode deixar de considerar ainda a postula político-ideológico--cultural dos países do antigo bloco soviético, como a Polônia, Bulgária, Romênia, Hungria e a própria Rússia. Tais Estados possuem características próprias, cujas bases políticas fundamentais parecem não se ter libertado de alguns preceitos do antigo comunismo soviético. A sedimentação de direitos sociais em tais países é de um enigmático resultado, haja vista que as práticas de centralização da economia têm apoio na correspondente conduta de centralização política. De todo modo, dúvida não parece existir de que entre os Estados do antigo Pacto de Varsóvia e os

---

[43] HESPANHA, António Manuel. *Cultura Jurídica Europea. Síntese de Um Milénio*, Lisboa: Coimbra Editora, 1998, p. 173. Ao tratar do Direito na época contemporânea, o autor refere-se à codificação como instrumento de aproximação, pelo Estado, das ordens sociais, políticas e jurídicas. São suas as palavras: *"En el plano jurídico, esta fase se caracteriza por el movimiento legalista y, sobre todo, por la tendencia codificadora. Los nuevos códigos, por un lado, procedían a un nuevo diseño de las instituciones, acorde con un orden burgués liberal; y, por otro, implantaban una tecnología normativa basada en la generalidad y en la sistematicidad, muy adecuada, pues, para una aplicación más cotidiana del derecho y también más controlable por parte del nuevo centro de poder: el Estado. El estatalismo (esto es, la identificación del orden social con el orden estatal), la certeza del derecho y la previsibilidad van a trabajar codo a codo para activar y estabilizar los nuevos arreglos sociales, políticos y jurídicos (...). Por lo que se refiere la los grandes princípios, el nuevo derecho asegura la libertad, la propiedad y la igualdad ante la ley. Pero todos estos princípios tienen consecuencias constitucionales concretas que las leyes civiles y políticas tendrán reglamentar".*

atuais Estados da Europa ocidental ainda persistem as diversidades de culturas no campo político, econômico, jurídico e, enfim, cultural.

A evolução dos tempos, contudo, deverá encarregar-se de demonstrar que as práticas de liberdade dos mercados trarão bons e firmes dividendos, o que reverterá em benefício do incremento de direitos sociais num nível talvez comparável ao das economias dos Estados de inclinações liberais.

Os conflitos culturais existentes entre os diversos Estados do mundo ocidental (designadamente América e Europa) não constituem ameaça substancial ao implemento de condições de conciliabilidade entre o econômico e o social. Talvez se possa especular certa demora nesse sentido, até com algum retrocesso no tocante à preferência de políticas públicas mais afeitas ora ao econômico, por um lado, ora ao social, por outro. Porém, a constatação de que um e outro (o econômico e o social) são não só conciliáveis, mas sobretudo interdependentes, haverá de conduzir os governos a criar condições de convivência harmoniosa entre tais bens da vida em sociedade. Este pressentimento é bem expresso por *Michel Gaspard*, para quem o crescimento econômico europeu eleva-se nos países do leste numa perspectiva capaz de alterar o respectivo cenário sócio-político[44].

---

[44] GASPARD, Michel. *Reinventar o Crescimento. Os Caminhos do Emprego na Europa*, trad. de Ana Barradas, Lisboa: Terramar Editores, 1997, p. 184/186. Discorrendo sempre sob um enfoque otimista envolvendo o progresso econômico e a correspondente criação de empregos, o autor assim descreve o comportamento atual dos países da então Cortina de Ferro: *"Os choques políticos e econômicos de 1989-1990 na Europa Central e Oriental (Queda do Muro de Berlim, colapso dos regimes comunistas, abandono dos sistemas de economia planificada, dissolução do CAEM, que administrava as trocas internacionais do bloco do Leste sob o controlo da URSS) foram seguidos de uma profunda depressão (...). Um panorama de crescimento no horizonte de 2005 referente aos seis países da Europa Central e Oriental dá uma idéia do dinamismo que há de esperar das economias da região PECO (países da Europa Central e Oriental) nos próximos anos. Uma vez estabelecidas as bases institucionais necessárias ao bom funcionamento da democracia e da economia de mercado, que deveriam permitir a integração progressiva dos países da Europa Central no seio da União Europeia, pode esperar-se um forte crescimento nestes países. Ela resultará, fundamentalmente, da recuperação nos atrasos de desenvolvimento acumulados durante quarenta anos de economia administrada e centralizada. Os níveis de vida médios dos países candidatos à adesão representam hoje cerca de um terço dos dos quinze países membros da União Europeia (...). A integração dos países da Europa Central na Comunidade Europeia representa certamente uma grande oportunidade para o crescimento europeu, de um lado e de outro da antiga Cortina de Ferro. As trocas comerciais entre o Leste e o Ocidente*

5.3. A Cultura do Terceiro Milênio

A cultura econômica e social do terceiro milênio haverá de enfrentar desafios diante das aceleradas mudanças das práticas do comportamento das empresas e da economia em nível concorrencial.

A escassez de opções que conduzam a uma perspectiva segura de crescimento e estabilidade dos mercados evidencia que só o caminho da integração de todos poderá resultar num futuro acolhedor e promissor. Nesse particular, um dos principais aspectos dessa integração deverá ter em conta necessariamente a inserção da empresa e da economia em meio aos sistemas de proteção social, sobretudo dos trabalhadores. Isto significa que as empresas e, por via de consequência, os Estados, deverão considerar como um dos principais fundamentos de seu desenvolvimento e de sua preservação a conjugação dos esforços dos seus empregados e sua atenção em enveredar-se como parte indissociável de um todo social, não apenas no sentido de criar ou adotar processos e estruturas com objetivo único de obtenção do lucro. Há poucas opções em contrário. A integração prática do trabalhador no contexto econômico empresarial é imperativo de sobrevivência do elemento econômico e comprovação de interdependência entre capital e trabalho.

É notório – e já ressaltamos em linhas precedentes – que os processos econômicos sempre se dispersaram em dois segmentos essenciais: a) a

---

progridem agora a um ritmo extremamente rápido: mais de 20 por cento ao ano em volume desde 1990 no caso da Polônia, por exemplo, com uma forte aceleração nos três últimos anos. As trocas externas do conjunto, segundo a OCDE, conheceram em 1995 em crescimento de perto de 30 por cento em relação a ano anterior. As trocas Leste-Ocidente partiam evidentemente de níveis extremamente baixos, visto que a Cortina de Ferro só deixava passar exportações e importações a contra-gotas. O seu desaparecimento abre progressivamente um imenso mercado para as novas indústrias, que nascem como cogumelos nos antigos países comunistas, cujas exportações para o Ocidente constituem desde já uma fonte de crescimento muito importante para eles (...). Este fator de expansão suplementar tornar-se-á cada vez mais sensível na medida em que os países da Europa Central se integrarem economicamente na União Europeia, e recuperarem progressivamente os atrasos acumulados nos domínios das técnicas, da organização e dos níveis de vida. A nova vaga de crescimento que se eleva a leste da antiga Cortina de Ferro, é, pois, suscetível de dar ao crescimento europeu, depois do ano 2000, um impulso que fará germinar, direta e indiretamente, fluxos de criações de empregos suplementares cada vez mais importantes". Este mesmo raciocínio poderá ser empregado mutatis mutadis em termos de países emergentes da América Latina, entre eles o Brasil, cujo período de forte interferência do Estado em todos os setores da vida social e econômica nacional também constituiu óbice ao crescimento em melhores níveis.

busca da maximização dos dividendos financeiros e a montagem de uma consciência de que empresa pressupõe um fim que se sustenta em si mesmo, sendo o trabalho humano (designadamente dos empregados) considerado quase em absoluto um fator de produção similar aos demais insumos necessários à consecução dos fins empresariais (fundo de comércio). Este comportamento esteve vinculado sistematicamente aos anseios do liberalismo econômico; b) de modo contrário, e para fazer frente ao que se chamou exploração do homem pelo homem, construiu-se uma idéia tendente a expungir do contexto do trabalho a busca de resultados financeiros positivos, de forma que a produção e a riqueza deveriam ter como escopo apenas a divisão dos resultados em igualdade absoluta entre os homens.

A ambivalência de culturas que até hoje se verificou no contexto entre capital e trabalho, na forma precedentemente demonstrada, deverá sofrer profundas alterações. Certo que alguns Estados possuem motivações de natureza histórica e ideológica que ao longo do tempo identificam a vivência de seu povo. Isto evidentemente influencia na configuração econômica e na adoção de políticas públicas as mais diversas. O repensar econômico atual, entretanto, instado a manifestar-se ante as iniludíveis transformações das técnicas de produção, avanço das comunicações, descobertas biogenéticas e muitos outros aspectos correlatos, obrigarão a que as culturas se comuniquem, sem perder sua importância, respeitabilidade e identidade, para consecução de resultados proveitosos de toda a comunidade internacional.

Sem a abertura cultural ou mesmo mitigações em alguns momentos haverá, consoante sugere *António Maio*, pouca possibilidade de redução do fosso que segrega o conjunto de países ricos, emergentes e pobres[45].

---

[45] MAIO, António. *Os Poderes e os Novos Desafios*, Aveiro: Estante Editora, 1996, p. 69-70. Fulcrando-se na concepção de que a civilização europeia constitui-se no referencial de inovações das ciências, inclusive econômicas e sociais, em todo o mundo, assim se pronuncia o autor: *"A organização política dos diversos estados, a tecnologia, a economia dominante e a estrutura social por todo o mundo tem origem na Europa. Estes últimos quinhentos anos da história da humanidade consagraram a vitória da civilização europeia por todo o planeta, pois os asiáticos renderam-se à forma de estar dos europeus – isto considerando os americanos como descendentes de europeus – e abdicaram quase por completo da forma civilizacional deixada pelos seus antepassados, não a quiseram fazer evoluir, abandonando-a, e adotando como seus os princípios, os hábitos e as estruturas sociais nascidas na Europa. É certo que muitas das suas características culturais, ainda as mantêm vivas. As suas origens culturais, os seus caracteres não só não*

O diferencial cultural talvez se constitua num desafio mais emergente que o peso das opções políticas. É que os valores políticos são naturalmente maleáveis, ou seja, em geral estão a depender do desempenho dos governos e da motivação das ideologias político-partidárias não só no contexto interno, mas sobremodo no cenário das relações internacionais que se anunciam para este terceiro milênio.

Por outro lado, as peculiaridades culturais têm sua firmeza originada do comportamento de várias gerações. E, via de regra, as gerações são assaz conservadoras, de modo que a renúncia às suas culturas talvez seja confundida com o esquecimento da própria identidade das gerações pretéritas correspectivas.

Contudo, para *René Passet*, um sistema social seguro só será possível se se considerar o conjunto do que chama *sociedades plurais*, isto é, as especificidades de cada subsistema cultural[46].

A cultura do terceiro milênio demanda, desta arte, o resultado da adição entre as várias culturas específicas, com absorção de suas particularidades de ordem econômica, já que há poucas opções acerca da possibilidade de sobrevivência de algumas delas sem a devida abertura sistêmica, produto do desenvolvimento e constantes alterações das técnicas de produção de bens e serviços. Os Estados e as empresas têm, nesse particular, especial missão sócio-política.

---

os impedem de competir, utilizando os mesmos conceitos, gerados na diferente cultura europeia, como demonstram ser capazes de imitar os ocidentais em todos os domínios".

[46] PASSET, René. *A Ilusão Neoliberal*, tradução de Manuela Torres, Lisboa: Terramar Editores, 2002, p. 133. Lecionando sobre a prioridade dos valores do homem e da vida sobre qualquer iniciativa econômica, assim escreve o estudioso francês: *"No campo econômico, Adam Smith ou Friedrich von Hayek sublinham que ninguém conhece melhor as aspirações de cada indivíduo do que ele próprio. O mal dos autores liberais não é afirmarem essa evidência, mas só reconhecerem esse nível de realidade e reduzirem toda a sociedade a essa dimensão. A irredutibilidade de um nível a outro e o pluralismo daí decorrente fundam respectivamente o primado do político sobre o econômico e a legitimidade do sistema democrático em relação a qualquer outro. Não é de filosofia que se trata, mas de teoria dos sistemas. Um sistema vivo, por exemplo – construído por níveis específicos só funciona corretamente se estiver submetido aos imperativos de uma finalidade comum que transcende as dos diferentes níveis (supremacia do político e da democracia); todos os níveis participam na definição dessa finalidade e no funcionamento do conjunto, respeitando a especificidade de cada um, desde o elemento aos subsistemas e ao sistema inteiro (economia e sociedades plurais)".*

6. A *CRISE* DA ECONOMIA E SUA SUPERAÇÃO

6.1. *Crise* ou Transformação?

Crise não é senão um movimento de ruptura; é a alteração do funcionamento de um sistema, cujas características são a eventual imprevisibilidade, a transitoriedade e a simutaneidade em face do decorrer normal dos mecanismos de um sistema. Portanto, a palavra *crise* comporta conceituação específica e não se confunde com descrédito, desalento ou pessimismo.

A dimensão das *crises* é mensurada a partir de três fases principais: a) a definição do início e da causa do acontecimento que a culminou; b) o tempo previsível de sua duração; c) o conjunto de respostas que se lhe poderão dispensar para o devido solucionamento. Nesse contexto, o fenômeno denominado *crise* não é senão uma fase transitória de dificuldades de uma dada comunidade com vista à imposição da alteração dum sistema em funcionamento.

Na seara econômica contemporânea, os primeiros grandes momentos de *crise* deram-se com as depressões de 1929 e 1932, cujas vítimas principais foram os mercados americanos, com reflexos os mais profundos na Europa ocidental. Isso resultou exatamente na imposição de iniciação de uma nova cultura em torno do capitalismo tradicional.

Hoje, a difusão de uma suposta *crise* econômica não nos parece mais que um episódio histórico de mudança das realidades produtivas em vigor. Como bem sustenta *Gianfranco Pasquino*, as *crises* econômicas podem ser concebidas como indicativo de ruptura de sistemas em que comumente estão em evidência também as concepções político-sociais do momento[47].

---

[47] PASQUINO, Gianfranco. Crise, in *Dicionário de Política*, 11ª ed., vol. I, coord. Norberto Bobbio, Nicola Matteutti e Gianfranco Pasquino, trad. de Carmen C. Varriale e outros, Brasília: Editora UnB, 1998, p. 303. Concebendo a quebra mundial de 1929 e 1932 como causa de rupturas de sistemas políticos internacionais, o autor assim se expressa: *"Para uma conceptualização mais precisa, é necessário, além disso, ter em vista mais três aspectos: a identificação do início e das causas do acontecimento que deu origem à crise e, em particular, se se trata de acontecimento interno ou externo ao sistema recente ou longínquo no tempo; a disponibilidade do tempo para a resposta à situação de crise e, em particular, se limitada, média ou ampla; e a importância relativa da colocação em jogo para os atores políticos e para os membros do sistema. É possível conceptualizar, desse modo, até as crises económicas. Mais: frequentemente até as crises políticas e as crises*

Eficiência Econômica e Direitos Sociais; Interdependência...   223

Há, isto sim, *transformações* sócio-econômicas diante do momento histórico que a sociedade atravessa mais uma vez, momento histórico esse originário do atual estágio de desenvolvimento dos padrões produtivos, das comunicações, da informática e da biogenética.

6.2. Identificação das Causas das Transformações

É induvidoso que as estruturas econômicas atuais passam por momentos de desafios e incertezas. Designadamente em razão do incremento da livre concorrência e da procura constante de inovações que seduzam ao máximo o retraído mercado consumidor, as empresas vêem-se diante de celeumas instigantes.

As causas dos problemas econômicos atuais podem ser consideradas a partir do pensamento empresarial, ainda hoje vigente em alguns segmentos econômicos, de considerar a organização empresarial como máquina ou como organismo.

A empresa considerada como máquina pressupunha uma finalidade especial dentro de si própria, ou seja, o lucro almejado pelos seus proprietários. O seu principal objetivo era obter um retorno compensador como resultado do investimento efetuado (aplicação de dinheiro e conjugação do trabalho dos empregados).

Logo depois, a empresa passou a ser comparada ao organismo humano, no sentido de que sua principal finalidade era a sobrevivência. Nesse estágio, fiel à doutrina então vigorante, as empresas passaram a denominar-se *corporations*.

A derrocada desses estágios de concepção de empresa deveu-se, segundo *Russell Ackoff*, a dois fatores principais: a) elevação do nível de instrução e de aspiração dos trabalhadores, em conjunto com a investida estatal de regulamentação do trabalho e de proteção do trabalhador, cumprindo sua missão social-democrática; b) elevação das exigências sociais em torno das finalidades da empresa, nomeadamente quanto a exigência de preservação ecológica e de respeito ao consumidor[48].

---

económicas estão intimamente ligadas, tanto em sentido positivo, quando a solução de uma das duas leva elementos benéficos para a solução da outra, como em sentido negativo, quando a incapacidade de resolver a crise de uma esfera se repercute sobre a outra esfera. Estas interações podem ser estudadas, quer a nível governamental, quer a nível do sistema político nacional, quer a nível do sistema internacional".

[48] ACKOFF, Russell L. *A Empresa Democrática*, tradução de José Vaz Pereira, Lisboa: Difusão Cultural, 1998, p. 21-26. Vejam-se suas palavras: *"Houve um certo*

224 Cláudio Pedrosa Nunes

Não há como negar que as novas técnicas de produção de bens e prestação de serviços, estimuladas pelo redesenho da robótica e da informática tiveram, como ainda continuam a ter, substancial participação nos novos desafios ora enfrentados pelas instituições empresariais. O consumo, todavia, parece que não correspondeu às expectativas da enorme demanda de bens e serviços. A retração do consumo nesse sentido é deveras receoso, nomeadamente sob o ponto de vista da necessidade de escoamento e distribuição da riqueza.

O problema das mudanças de comportamento do consumo repousa sob um aspecto que não pode ser desprezado: é o fato da educação do consumidor no tocante à exigência por produtos e serviços de boa qualidade. Não é difícil constatar que atualmente o consumo não se reduz ao ato de entrega, pela empresa, do bem ou do serviço tal qual se oferta no mercado. A responsabilidade civil do produtor e do fabricante importou em aumento de certos custos que antes eram despiciendos e não se consideravam para eventual satisfação aos reclamos do adquirente, nomeadamente à vista de inexistência de mecanismos oficiais mais nítidos de busca de reparação por vícios nos bens consumíveis. Nesse espírito, arremata *Angeles Lucan* que o Estado cuidou de impor aos empresários o risco do negócio resultante da produção de bens e serviços que pretendessem trespassar ao público consumidor[49]. E o aperfeiçoamento e a moderni-

---

número de razões para esta mudança. Aumentaram tanto o nível de instrução dos trabalhadores como o nível de suas aspirações. O governo iniciou a regulamentação das condições de trabalho, reduzindo assim o poder dos proprietários e protegendo, pelo menos, o bem-estar físico (saúde e segurança) da classe trabalhadora (...). Os grupos de protesto, tanto fora como dentro das empresas, proliferaram. Associações de consumidores e de ecologistas sentiram-se prejudicadas por organizações a que não pertenciam ou por organizações de que faziam parte. Esses grupos acusaram as empresas pelos efeitos nocivos alegadamente causados na sociedade, nos seus membros e no meio ambiente. Tudo isso contribuiu para provocar uma transformação no modo como as pessoas pensavam a empresa; passaram a pensá-la como um sistema social".

[49] LUCAN, Maria Angeles Parra. *Daños por Productos y Protección del Consumidor*, Barcelona: José María Bosch Editor, 1990, p. 19-22. Segundo a autora, a missão do Estado no tocante à defesa do consumidor, com a consequente responsabilização empresarial, perfaz-se em duas direções: a) através da regulação legislativa (mais comum), em que se especifica os defeitos e os riscos causados à saúde do adquirente, com previsão de mecanismos judiciais de reparação; b) suspensão de distribuição dos bens ou serviços defeituosos. Acompanhem seus escólios: *"La protección del adquirente de un bien siempre ha preocupado al legislador. Lo que es nuevo es la extraordinária amplitud del movimiento actual en el que desde una perspectiva común se asumen viejos problemas. Ya*

Eficiência Econômica e Direitos Sociais; Interdependência... 225

zação da estrutura de produção transformaram-se em imperativo não só em face da concorrência, mas também como forma de evitar ações administrativas e judiciais que imponham ao empresariado indenizações elevadas.

Tudo isso evidentemente implica maiores custos, seja no que se refere à aquisição ou criação de estruturas produtivas modernas, seja, junto com isso, obrigação de contratação e aperfeiçoamento de profissionais qualificados que minimizem eventuais resultados negativos derivados de produtos ou serviços defeituosos.

Outro dado que merece relevo no tocante às atuais transformações da ciranda econômica – insiste-se – é a que respeita ao intento exagerado de determinados segmentos empresariais pelo lucro, ignorando-se outras estratégias empresariais que podem surtir efeitos positivos em um espaço razoável de tempo.

António Marques Mendes, em interessante monografia, ressalta que a busca da competitividade implica uma espécie de ocupação do espaço empresarial numa determinada comunidade[50]. Essa noção de ocupação de

---

no se trata de intereses individuales de cada víctima concreta, sino de un interés público de la colectividad que el Estado debe proteger y tutelar. Se asiste de este modo a un auténtico movimiento de reforma a nivel internacional potenciado a su vez por la evolución del Estado hacia un sistema global del control de la vida económica en general que integra, necesariamente, la protección del consumidor (...). Por otra parte, y como ya había advertido parte de la doctrina, el art. 1.2. de la L.C.U. establece, además, que «la defensa de los consumidores y usuarios se hará en el marco del sistema económico diseñado en los artículos 38 y 128 de la Constitución y con sujeción a lo establecido en el artículo 139». Es decir, la defensa del consumidor há de desarrollarse respetando la libertad de empresa en el marco de la economia de mercado con los proprios limits fijados por la Constitución (...). Además, como se ha puesto de relieve en ocasiones, el consumidor tampoco es siempre consciente de los peligros que le rodean. Estas razones ponen de manifiesto la necesidade de decisiones colectivas, de normas de control de la actividad de la empresa, tales como reglamentaciones técnico-sanitarias, normalización de los productos, controles e inspecciones sanitarias, requisitos para la producción y distribución de los productos, así como la posibilidad de retirar del mercado determinado producto o suspender su distribución". A L.C.U. é a *Ley General para la Defensa de los Consumidores y Usuarios*, de 1984. Em Portugal, o artigo 60.°, números 1, 2 e 3, da Constituição da República elege os direitos do consumidor como parte do capítulo dos *direitos e deveres económicos*, que obviamente repercutem em toda atividade empresarial portuguesa, assim como prevê obrigação de reparação de danos.

[50] MENDES, António Marques. O Estado da Ciência Económica: Crise de Crescimento ou Declínio Inexorável?, in *Boletim de Ciências Económicas*, vol. XLV-A, Coimbra: Coimbra Editora Ltda, 2002, p. 123. Assim escreve o Professor de Finanças

espaço conforma-se com o imperativo de inserção da empresa como composição do sistema social. Mormente quando a organização empresarial se difunde em diversas atividades econômicas e atua além das fronteiras do Estado de origem é possível comutar resultados positivos com eventual insucesso de lucro em um componente parcial da organização (sucursais etc.) em determinadas épocas e em determinados lugares.

Esses são os aspectos mais evidentes, segundo os estudiosos, que causam as dificuldades econômicas das empresas no atual momento mundial. A dissolução dessas dificuldades econômicas caminha pontualmente pela integração dos agentes econômicos, inclusive o Estado enquanto acionista ou investidor, como sistema social. Em outras palavras, impõe-se a conscientização da necessidade de estimar as preocupações, interesses e objetivos dos homens que fazem parte de um sistema social específico e que concentra tanto o ambiente interno das organizações empresariais como a sociedade externa em geral.

Os sistemas sociais são espaços com objetivos próprios em face dos quais os empresários devem dispensar atenção especial para preparar a inserção de sua empresa. O comportamento dos integrantes de um sistema social estará condicionado ao sucesso ou insucesso a partir da maneira como nele interactua cada parte para influenciar o comportamento do conjunto. Uma empresa com aptidão e interesse de conduzir-se em harmonia com o sistema social obriga-se ao acompanhamento não só das partes específicas que a integram (departamentos, clientes, empregados e empregadores) mas também com as comunidades externas correspondentes, máxime o Estado. A ótica do empresariado deve, portanto, trilhar esse novo paradigma conciliatório que se anuncia como indispensável para eficiência econômica e bem-estar social.

Internacionais da Faculdade de Economia da Universidade de Coimbra: *"Na verdade, a concorrência e a competitividade podem ser fomentadas não só pela via dos preços, mas também pela via da qualidade e através do estabelecimento de algumas restrições à equação de lucro de cada agente económico que permitam atingir certos objectivos mais facilmente. Por exemplo, é inquestionável que a prática de preços fixos na venda de certos produtos, nomeadamente na venda de jornais, tem vantagens óbvias para o consumidor ao mesmo tempo que poupa o recurso que seria necessário despender se para cada negócio dessa natureza fosse necessário recorrer a um processo de negociação (…). O fundamental é que os economistas saibam identificar e defender a predominância de condições que obriguem à concorrência e à competitividade. Essa concorrência e essa competitividade podem ocorrer ao nível do preço dos produtos, ao nível da quantidade, ao nível do preço dos inputs ou mesmo ao nível da quantidade produzida".*

Na América, outrossim, as desconfianças geradas em torno da formação de uma União Econômica Americana também são um aspecto que merece atenção para fins de encontrar-se soluções adequadas para o crescimento econômico e social dos Estados latino-americanos. É o que veremos, pormenorizadamente, a seguir.

6.3. Impasses para Formação da União Econômica Americana

As desconfianças com que se defrontam os países das Américas do Norte, Central e do Sul para formação de um bloco econômico comum têm causa no cuidado de proteção do mercado interno diante das *intempéries* da economia mundial. À vista de tais dificuldades e cautelas, os Estados são compelidos a impor restrições e cuidados preventivos para não serem atingidos demasiadamente pelo insucesso dos mercados.

Os riscos pelo desequilíbrio econômico das contas do Estado são tais que podem ameaçar a própria estabilidade político-institucional. De todo modo, considerando a tendência de mundialização dos processos econômicos que, por isso, atinge o mercado interno dos Estados, estes não se podem segregar dos efeitos pertinentes e se vêem comprimidos pelos problemas globais de que resultam, destarte, as correspondentes consequências de ordem econômica. Mesmo as políticas de proteção do mercado interno não são indicativo seguro de que mais cedo ou mais tarde poderão enfrentar as mesmas dificuldades deste momento de incertezas no campo da economia.

As dificuldades econômicas de países periféricos em confronto com seus congêneres centrais, a exemplo dos países da América Latina em relação aos Estados Unidos, são um exercício de que se devem espelhar. Certo que os chamados países centrais estão menos vulneráveis, no momento, a estas adversidades. Sugerem a formação de blocos econômicos cujo escopo não é senão proteger-se do crescimento anunciado dos países emergentes e garantir o escoamento positivo de sua produção em série[51].

---

[51] A propósito da intenção estadunidense de fortalecer o escoamento de sua produção e garantir mercados consumidores, o jornal *Público*, de Lisboa, na edição do dia 13 de dezembro de 2003, noticiou que o *deficit* comercial daquele país agravou-se em outubro último, confirmando tendência de queda na balança comercial segundo previsão dos economistas. Confira o texto publicado: *"O défice comercial dos Estados Unidos da América piorou piorou 1,2 por cento em outubro, para 41,8 mil milhões de dólares*

No continente americano essa fisionomia é identificável diante da duvidosa sugestão de iniciativa dos Estados Unidos quanto a formação de um bloco econômico envolvendo América do Norte e América do Sul, levado a efeito nos moldes da experiência da União Européia.

Após a instituição do NAFTA, que abrange no momento os países da América do Norte (Estados Unidos, Canadá e México), há natural tendência de sua ampliação a todos os países do continente americano, nomeadamente a integração de países emergentes como Brasil e Argentina. Segundo *Celso Ribeiro Bastos*, entre os objetivos institucionais do NAFTA estariam a criação de políticas consensuais de investimento e vedação de *dumpings* ou a prática de subsídios internos dos países membros[52]. Não obstante isso, esses chamados países emergentes, demonstram uma postura de desconfiança e vacilação quando verificam que a formação do bloco econômico americano idealizado pelos Estados Unidos não seria uma via de mão dupla, isto é, não significaria concretamente a supressão de obstáculos que impedem atualmente a construção de uma política de concorrência em igualdade de condições entre todos os membros da

---

(34,1 mil milhões de euros), agravamento que se registra pelo segundo mês consecutivo, anunciou ontem o Departamento do Comércio norte-americano. Estes resultados acabaram por não surpreender os analistas, que esperavam números muito semelhantes (…). Vários economistas têm sublinhado que o elevado défice comercial americano – que se mantém próximo do máximo histórico de 42,8 mil milhões de dólares (35 mil milhões de euros) atingido em março, pressiona em baixa o dólar porque um país não pode viver muito tempo claramente acima de suas capacidades. Há alguns anos que os Estados Unidos da América estão a consumir mais do que produzem, pelo que o enfraquecimento da sua moeda é inevitável, consideram os analistas" (Cf. *Défice Comercial dos EUA agravou-se em outubro pelo segundo mês consecutivo*, Caderno de Economia, p. 22). Não é sem razão, portanto, que os Estados Unidos pretendem a formação de um bloco econômico em toda a América, de modo a alargar o espaço consumidor de sua produção.

[52] BASTOS, Celso Ribeiro. *Curso de Teoria do Estado e Ciência Política*, 4.ª ed., São Paulo: Saraiva, 1999, p. 267. Entende o autor que o NAFTA traduz-se em um acordo de cooperação comercial com objetivos definidos a seguir expostos: *"O NAFTA é um bloco econômico formado pelos países da América do Norte (Estados Unidos, Canadá e México) e significa: North American Free Trade Agreement. Passou a vigor a partir de janeiro de 1994. Cumpre dizer que o NAFTA é apenas um acordo de cooperação visando a integração comercial entre seus três componentes. São objetivos principais do NAFTA criar uma zona de livre comércio que regule tanto os investimentos, o comércio de bens e serviços, incluindo os financeiros e de transporte, como a propriedade intelectual. Busca-se também a criação de uma política para os investimentos e de regras antidumping e anti-subsídios"*.

Eficiência Econômica e Direitos Sociais; Interdependência... 229

pretensa integração econômica. Mesmo o caso do Chile, que firmou protocolo de intenção objetivando negociar sua adesão ao NAFTA, revela cautela em compor aquela união comercial, diante das incertezas que cercam a pretensa igualdade de concorrência por meio do livre comércio.

Inúmeras são as "barreiras" que se vislumbram em torno da proposta de adesão dos países emergentes ao NAFTA. Exemplifiquemos algumas delas: a) o aumento ou manutenção de elevadas taxas aos produtos importados e que, por isso, os tornam mais caros no mercado interno importador, b) a concessão de subsídios oficiais especiais à produção no mercado interno, o que barateia o respectivo custo para as empresas no mercado interno, c) o embate de marcas e patentes, ou seja, conflitos quanto à adoção por determinado país (mercado produtor) de marca idêntica ou similar à de outro produto de sucesso ou boa aceitação no mercado, etc. Há muitos outros obstáculos que geram desconfianças e cuidados com a autoproteção do mercado interno de determinados países.

As dificuldades e desconfianças noticiadas transformam a pretensa conjugação de esforços para o desenvolvimento comum apenas em exercício de retórica, cuja concretização constitui um desafio que só a maturidade política e a necessidade econômica e social poderão encarregar-se de solucionar.

Se é certo que o econômico e social configuram-se como bens interdependentes, o mesmo raciocínio é correto em se tratando de países centrais e periféricos para efeito de superação das crises atuais e consecução de anseios de uma comunidade mundial interligada e harmônica. Mais uma vez a resposta inevitável é a consideração de que a opção pela conciliação entre o econômico e o social é a mais palpável e vislumbrável para enfrentamento e solucionamento dessa controvérsia.

A grande questão parece repousar no fato de que a abertura igualitária dos mercados no continente americano poderá ensejar o crescimento da oferta de produtos de países emergentes no mercado interno dos países desenvolvidos (a exemplo, em especial, do mercado interno dos Estados Unidos) cujo barateamento com mesmo nível de qualidade fará incrementar a concorrência com os produtos fabricados no país anfitrião, causando possível enfraquecimento de produtos nacionais de países economicamente mais aquinhoados e, consequentemente, menoscabo da produção interna.

6.4. Politica Institucional de Enfrentamento dos Problemas

A política institucional dos Estados depende em grande parte (senão fundamentalmente) da estabilidade econômica do mercado interno. Isto porque se a produção e o consumo se mantêm em níveis aceitáveis, com oscilações transitórias, não se põem em causa o sistema político. Como consequência, haverá oferta razoável de empregos, estabilidade dos direitos sociais em geral e, especialmente, *superavit* fiscal mantenedor das políticas públicas almejadas pela comunidade nacional. Portanto, o interesse da saúde financeira dos Estados tem significativa influência no contexto político-partidário e define estratégias de conquista ou manutenção do poder.

O sucesso do novel liberalismo impõe-se a partir da conveniência de políticas públicas que permitam os investimentos adequados à construção de mais postos de trabalho e proporcionem crescimento destinado a superar as dificuldades do momento. A nova realidade capitalista demanda novas indústrias, novos processos de produção, novas profissões e também uma nova política econômica.

Sob outro ângulo, a busca da saúde financeira dos Estados tem reflexo no comportamento das empresas privadas. Em outras palavras, os agentes capitalistas privados possuem influência decisiva do ponto de vista da estabilidade econômica dos Estados e da melhoria das condições de vida dos trabalhadores e cidadãos. Por isso mesmo é que o discurso acerca do redimensionamento do Estado econômico não pode passar ao largo da consideração da boa sobrevivência das empresas.

Na Alemanha, por exemplo, há uma prática digna de nota. Leciona *Wolfgang Däubler*, que o Estado alemão abstém-se de interferir na relação interna da empresa com seus trabalhadores, de forma a estimular o desenvolvimento empresarial com menores custos, o que reverterá em benefícios sociais e em proveito da sociedade como um todo. Isso não significa que haja liberdade absoluta nas práticas do trabalho, ignorando-se eventuais abusos do empresariado, economicamente mais forte. Os embates do trabalho, no direito alemão, obedecem ao chamado *princípio da cooperação*, previsto no artigo 2.°, inciso I, do Estatuto das Empresas, que impõe às partes conflitantes (empregados e empregadores) disposição sincera de chegar a um acordo[53]. Porém, é medida que assegura a própria

---

[53] DÄUBLER, Wolfgang. *Direito do Trabalho e Sociedade na Alemanha*, tradução de Alfred Keller, São Paulo: LTR, 1997, p. 158-163. O citado professor titular da Univer-

Eficiência Econômica e Direitos Sociais; Interdependência... 231

viabilidade de arrecadação de recursos (nomeadamente tributos) para a promoção dos programas sociais e políticos do governo. A experiência alemã parece confirmar mais uma vez que o crescimento econômico a ser incrementado pelas empresas com o auxílio do Estado não pode ignorar noções de conciliação entre o econômico e o social.

A empresa, ademais, segundo *Ackoff*, compõe a gênese por excelência da atual propalada *crise* econômica. Dilucida que a crise em comento não é senão consequência da conjugação de dois elementos fundamentais, resultado de conduta essencialmente omissiva do empresariado: a) ausência de aptidão dos sócios quanto a gestão administrativa; b) ausência de atenção para a profissionalização e valorização do corpo funcional, isto é, dos empregados[54].

---

sidade de Bremen expressa que o equilíbrio de interesses entre capital e trabalho no âmbito das empresas e sua relação com as leis do mercado demandam ação do Estado com finalidade essencialmente conciliatória. Vejam-se os seus comentários: *"Na Alemanha Federal, o poder público também não costuma pressionar as empresas com exigências em relação às condições de trabalho como condição prévia seja nas licitações seja na distribuição de subvenções. A licitude de tais procedimentos continua em discussão (...). A redução do número de empregados também se faz sem necessidade de autorização por parte do Estado. Sempre que existirem 'razões urgentes da parte da empresa' será possível demitir, conforme diz o artigo 1.° da lei de proteção contra demissões. Indenizações são devidas apenas na medida em que estejam previstas num plano social (...). O princípio da cooperação é enfatizado de modo especial no estatuto das empresas: a cooperação confiante de que fala o artigo 2.°, inciso I, não está concretizada apenas no dever de manutenção da paz interna na empresa, como também no artigo 74, inciso I, que exige do conselho de representação e do empregador que negociem as questões controvertidas com a disposição sincera de chagar a um acordo (...). A forma cooperativa de solução de conflitos encontra apoio consciente na grande maioria dos empregadores e dos empregados. Declarações programáticas e discursos em congressos ou comemorações de 1.° de maio não conseguem esconder a realidade de uma parceria social consciente. Além das estatísticas de greves pode-se aduzir como mais um indício o fato de não haver pressão sobre o lado antagonista mesmo em situações em que tal procedimento seria juridicamente possível".*

[54] Ob. cit, p. 9-13. O autor entende que as dificuldades enfrentadas atualmente pela economia têm origem em comportamentos internos (e superados) das empresas. Vejam-se suas palavras: *"A deterioração da economia em geral, e de muitas empresas em particular, é hoje largamente reconhecida e discutida. Frequentemente, pois é raro verificar-se a hipótese contrária, a situação é analisada com uma visível tendência para simplificar em excesso o problema – e também a sua solução. Muitos dos que dirigem a nossa sociedade e as nossas empresas inclinam-se para as panacéias. Mais do que meditar, recitam curas milagrosas como management de qualidade total, melhoria-*

A superação dos transtornos atuais do Estado econômico, portanto, deve trilhar desenganadamente o caminho da reestruturação das empresas.

A reestruturação das empresas demanda, como visto, adoção da cultura de que devem ser entendidas como parte integrante de um sistema social. E a necessidade de sua integração nesse contexto não é senão consequência da mundialização da economia e correspondentes exigências de profissionalização e valorização dos membros internos da comunidade empresarial e sua conjugação com a sociedade que pulsa em sua volta. Evidentemente que essa premissa tem base fundamental na integração do corpo funcional dentro do organismo pulsante que compõe a organização produtiva. Significa que a empresa torna-se competitiva na medida em que se transforma para além de um mero planejamento voltado para consecução de sobrevivência apenas no meio limitado em que atua. É engano pensar-se que o sucesso empresarial deve-se a fatores que estão alheios ao seu planejamento sistêmico e aberto e ao seu controle com profissionalismo

A atual necessidade de atuação empresarial sob o ângulo da sua inserção como sistema social pressupõe, pois, em síntese – e ao contrário das omissões verificadas – ações concretas em dois sentidos: a) consideração das artes que a compõem (empresários e empregados); b) objetivos da empresa com vista à sua integração dentro das demandas da sociedade.

O papel da empresa, portanto, lança-se numa perspectiva que transcende aos limites restritos de sua produção mecânica. Isto evidentemente confirma nossa convicção de que um novo paradigma está a iniciar-se e que este caminha desenganadamente para a interdependência entre o econômico e social.

---

contínua e redimensionamento correto (...). A deterioração da economia, e das empresas, não é um problema mas um sistema complexo de problemas inter-relacionados (...). Neste tipo de organização, todos os membros podem participar, directa ou indirectamente, em decisões que os afectam e onde ninguém tem a última palavra. Mostro que essa organização permite às pessoas atuar dando o seu melhor, desenvolver-se, retirar prazer do trabalho e como isso facilita uma das exigências do sistema, o management das interações (...). Os empresários ocidentais acreditam, geralmente, que as suas más performances no mercado global se devem a factores que estão fora do seu controlo. Essa convicção fornece-lhes um argumento para racionalizar a sua falta de inclinação para efectuar mudanças fundamentais. Os seus altos níveis de vida não exercem sobre eles qualquer pressão para pôr em causa essa convicção".

A harmonização entre o elemento econômico e o elemento social envolve, assim, a interação da empresa em sua estrutura interna (empresários e empregados), a integração da empresa no contexto de um sistema social, e a penetração da empresa em meio às políticas estatais de desenvolvimento sócio-econômico.

CONCLUSÕES

Ao longo deste trabalho estabelecemos uma série de conceitos, explicações e justificativas que conduzem à conclusão de que as soluções dos problemas que envolvem a economia dos Estados e dos agentes capitalistas têm como alicerce fundamental a necessidade de conciliação entre o Estado econômico e o Estado do bem-estar social. É que referida conciliação não se afigura apenas como um ideal de desenvolvimento do elemento econômico e do elemento social, mas é notória a relação de interdependência que existe entre eles.

No item 1 fizemos uma análise a respeito das perspectivas das reformas sociais no Brasil. Registramos que o norte das reformas objetiva reduzir os desequilíbrios gerados pela necessidade de crescimento econômico e de manutenção dos direitos sociais, estes que, não obstante estejam consagrados como direitos fundamentais na Constituição, demandam gastos consideráveis do Estado e das empresas, nomeadamente neste momento de adversidades econômicas. Aqui esboçamos uma visão otimista em torno das reformas sociais em curso no Brasil, sugerindo para isso a adoção de um novo paradigma consistente na busca da conciliação entre o econômico e o social no plano empírico, já que há alicerce normativo nesse sentido.

No item 2 procuramos identificar o espírito das reformas sociais em Portugal que à evidência caminha fundamentalmente para o atendimento das necessidades de saneamento das contas do Estado e da busca ordenada do crescimento da economia portuguesa, nomeadamente por força da integração econômica europeia a que Portugal aderiu. Com isso, a reforma trabalhista em Portugal teve como base a transformação do antigo dogma segundo o qual a proteção do trabalhador transcende qualquer nova estrutura econômica. As transformações em causa na reforma social portuguesa, mormente no que toca às relações do trabalho, inauguram uma nova cultura na relação entre capital e trabalho, na medida em que se admite que os princípios exageradamente protetivos dos trabalhadores, então vigorantes, não mais ostentam as mesmas necessidades e os mesmos efeitos benfazejos dos seus primórdios. Contudo, destacou-se o fato de que a busca pelo incremento do econômico na reforma trabalhista portuguesa não teve o intento manifesto de aniquilar os direitos fundamentais dos trabalhadores, mas caminha por permitir que o desenvolvimento econômico dos Estado e dos agentes capitalistas revertam-se na própria segurança de implementação dos direitos sociais em concreto. Por fim, abordou-se a questão da antecipação da reforma social, por meio de lei ordinária (Lei n.° 99, de 27 de Agosto de 2003), à necessária reforma constitucional, inversão esta que pode motivar arguições de inconstitucionalidade.

No item 3 abordamos o panorama das reformas trabalhistas na Espanha. Tentamos esclarecer que a eventual supressão de alguns direitos tradicionais dos trabalhadores via alterações introduzidas sobretudo pelas Leis n.°s 11/1994 e 12/2001 não significa necessariamente, ao contrário do que alguns argumentam, a impossibilidade ou negação prática da conciliação entre os elementos econômico e social.

Em verdade, a reforma laboral espanhola parece haver conferido uma espécie de estado de hibernação aos direitos dos trabalhadores para possibilitar o incremento da competitividade das empresas, o que, em última análise, acabará por proporcionar ganhos ao trabalho e ao trabalhador via sua solidificação com o desenvolvimento do emprego e estabilidade da economia capitalista empresarial. É dizer que a precarização do trabalho ocorrida na Espanha com as últimas reformas laborais, mostrando-se embora como uma constante desde a primeira levada a efeito em 1994, não é senão transitória, ou seja, a instituição de um remédio que ponha em hibernação alguns direitos laborais tradicionais, alterados por meio do processo de flexibilização das relações e práticas do trabalho, para que desabroche o conteúdo dos padrões econômicos que as empresas pretendem implementar para dar início à sua solidez em termos de desenvolvimento e competitividade a nível nacional e internacional.

Figuras como a autonomização das relações do trabalho, inclusive no plano individual, a desestatização da regulamentação laboral e a conferência de maior prestígio às negociações sindicais são exemplos de um marco fundamental que repercute em termos de flexibilização no cotidiano do trabalho, modificando as práticas até então consideradas intocáveis ou de difícil alteração e que constituíam o conjunto de direitos estáveis em qualquer contrato de trabalho, seja a título de duração determinada ou indeterminada. Tal fisionomia é evidente que refletiu na posição das fontes tradicionais até então concebidas na dogmática do Direito do Trabalho, pondo-se as negociações coletivas como autoridade igual ou mesmo superior à lei em sentido formal, quando do tratamento jurídico-legal de certas matérias juslaborais.

As formas novas de despedida por causas económicas técnicas, organizativas ou de produção e as alterações unilaterais por iniciativa do empregador quanto às condições nucleares do contrato de trabalho compõem também o norte das alterações introduzidas pela Lei n.º 11/1994, esta que implicou em uma desfiguração do padrão protetivo que até então informava com a devida estabilidade e solidez as relações entre empregados e empregadores.

A Ley n.º 12/2001 tratou essencialmente de criar y permitir a criação de mecanismos de fomento do emprego. Aí está talvez a acusação mais ferrenha de precarização do trabalho e do trabalhador que, segundo alguns, aumenta o antagonismo e a distância entre o elemento econômico e o elemento social. A acusação não procede. E a explicação está em que, em suma, não há empregado sem empregador, não há trabalho sem empresa. Ao mesmo tempo não há empresa sem trabalho humano. As novas formas de trabalho, com incremento do setor de serviços, impõem a certeza de que o raciocínio humano e sua natural intuição e sentimento no fazer ou realizar alguma coisa são insubstituíveis por qualquer máquina, por mais moderna e espetacular que seja. Sacrifícios momentâneos dos direitos sócio-laborais não são sinônimo de sua destruição ou de sucumbência do Direito do Trabalho. São, antes de tudo, sua confirmação no sentido de que toda adequação de atividade empresarial passa obrigatoriamente pela organização da mão-de-obra humana.

Não poderíamos deixar de mencionar a política de economia social de mercado que hoje informa o padrão sócio-econômico dos países centrais da Europa, com maior ou menor espaço de visibilidade.

A economia social de mercado representa a ideia de abstração do Estado do contexto íntimo das relações sócio-econômicas (dentre isto as relações e práticas entre empregados e empregadores), de modo a devotar sua ação unicamente para estabelecer as regras de convivência entre os bens do capital e do trabalho. Quer significar que o Estado deve atuar tãosó como árbitro tendente a dissipar controvérsias e embates neste campo. Pressupõe que o Estado deve abstrair-se de atuar nas relações do mercado e nas relações do trabalho como agente intrínseco dessas relações, devendo sobretudo elaborar as regras do jogo capitalista e laboral para aplicar tais regras quando se verifique eventual tendência de sua violação. Tal entendimento parece colidir com a conduta ainda hoje reinante segundo a qual o Estado pode e deve conduzir-se no mercado como qualquer acionista ou investidor, porque agente da comunidade capitalista ao qual preferiu aderir. Estariam assim postas em evidencia a utilidade das empresas públicas e sociedades de economia mista, isto é, ramificações do Estado criadas por este para servir de mecanismo de abertura de espaço para a ação comercial e investidora do Estado. Em que pese a possibilidade de idealização de uma série de problemas neste particular, a experiência alemã parece comprovar que a economia social de mercado é excelente mecanismo de conciliação entre o elemento econômico e o elemento social. O caso da Espanha não se divorcia de todo desta fisionomia. A preferência legislativa e jurisprudencial espanhola pela saúde econômico-financeira de suas empresas, especialmente para os fins de sua inserção na economia globalizada e fortemente concorrencial, tem um objetivo muito sensível de tornar também factível e possível a implementação de direitos sociais (mormente no tocante incremento e estabilização do emprego), culminando, destarte, com a observância do modelo marcantemente social democrático que marcou a Constituição de 1978.

Portanto, em suma, as reformas laborais espanholas não conduzem à suposta fragilização do Direito do Trabalho nem exacerba o tradicional suposto antagonismo entre capital e trabalho. Antes, sacramenta a interdependência entre tais bens da vida (capital e trabalho), ainda que admitindo um processo de recuo temporário de um para benefício do outro e vice-versa.

No item 4 exploramos a questão das relações entre a economia e o direito. Nesse tópico, destacamos inicialmente a importância do trabalho interpretativo das normas jurídicas disciplinadoras de assuntos que envolvem não só as categorias e disputas jurídicas, mas que também contemplam institutos da economia e abrangem diversos outras categorias científicas correlatas. Em suma, o trabalho correto do intérprete envolve conhecimentos amplos que transcendem ao campo restrito da ciência jurídica. Reafirmamos, outrossim, a inevitável tendência de alteração do dogma da proteção desproporcionada do trabalhador, produto de ideologia que não mais se sustenta diante da ciranda desenvolvimentista. Abordamos ainda a natural oscilação entre os elementos econômico e social, no sentido de que a harmonia entre tais bens da vida não se descaracteriza pelo fato de um prescindir transitoriamente de suas virtudes para dar lugar à estabilização do outro. Traz-se à baila a instigante teoria da eficiência econômica do Direito. Com ela, explicamos o funcionamento da fórmula da eficiência econômica do direito, idealizada por *Learned Hand*, produto da evolução da teoria keynesiana de investimento do Estado para superação das crises cíclicas da economia capitalista. A fórmula econômica em questão destina-se a transportar para o mundo jurídico alguns conceitos e práticas da ciência econômica cuja finalidade é a obtenção da eficiência do Direito numa perspectiva comparável ao lucro.

No item 5 tratamos dos conflitos e da influência que as diversas culturas dos Estados possuem no que diz respeito à conciliação entre economia e direitos sociais, nomeadamente diante da lenta reforma ocorrida nos países de economia fortemente socialista em direção a um regime de economia de mercado. O socialismo representou uma importante tentativa de unir os reclamos sociais dos trabalhadores e do povo em geral aos resultados da economia. Porém, sua opção de desprestígio ao elemento econômico gerou impasses diante da constatação do sucesso das políticas tanto sociais como econômicas dos países de economia de mercado, a exemplo dos Estados Unidos. Assim, designadamente na Europa, seguiu-se à formação de uma cultura jurídico-politico que permitisse a consolidação de um modelo social-democrático de Estado, nova modalidade de união do econômico ao social.

No item 6 levamos a debate vários aspectos que sugerem a superação da atual propalada *crise* econômica mundial. Relatamos os principais inconvenientes do comportamento das empresas e da economia em geral como base das adversidades sócio-econômicas, incluindo-se o exemplo da tentativa de construção de uma unidade econômica americana. Em seguida, esclarecemos as principais políticas institucionais de enfrentamento dos problemas, segundo os ensinos dos estudiosos, para equacionar soluções a curto ou médio prazo, sendo certo que quase todos os prognósticos conduzem sempre, direta ou indiretamente, à percepção de que as adversidades por que passam os agentes econômicos, inclusive sob a forma de economia estatal, e as dúvidas quanto à firmeza dos direitos sociais no plano concreto, serão mais facilmente debeladas na medida em que se reconhecer que o conjunto dos esforços deve observar que o econômico e o social são interdependentes.

BIBLIOGRAFIA

1. LIVROS

ACKOFF, Russell L. *A Empresa Democrática*, tradução de José Vaz Pereira, Lisboa: Difusão Cultural, 1998.

BAGOLINI, Luigi. *Filosofia do Trabalho*, 2ª ed., tradução de João da Silva Passos, São Paulo: LTR, 1997.

CAMPOS, João Mota de. *Manual de Direito Comunitário*, 3ª ed., Lisboa: Fundação Calouste Gulbenkian, 2002.

CANOTILHO, José Joaquim Gomes. *Direito Constitucional e Teoria da Constituição*, 3ª ed., Coimbra: Almedina, 1999.

CRUZ VILLALÓN, Jesús. *Estatuto dos Trabalhadores Comentado*, Madrid: Editorial Tecnos, 2003.

DÄUBLER, Wolfgang. *Direito do Trabalho e Sociedade na Alemanha*, tradução de Alfred Keller, São Paulo: LTR, 1997.

GALA DURÁN, Carolina. Responsabilidad en Materia Salarial en el Ámbito de Contratas y Subcontratas, in *Descentralización Productiva y Relaciones Laborales*, Valladolid: Lex Nova, 2001.

GASPARD, Michel. *Reinventar o Crescimento. Os Caminhos do Emprego na Europa*, trad. de Ana Barradas, Lisboa: Terramar Editores, 1997.

GIRAUD, Pierre-Noël. *A Economia é Coisa do Diabo?* Tradução de Maria Filomena Duarte, Terramar Editores, 1998.

HESPANHA, António Manuel. *Cultura Jurídica Europea. Síntese de Un Milénio*, tradução para o espanhol por Isabel Soler y Concepción Valera, Madrid: Tecnos, 2002.

LAMPERT, Heinz. A Economia Social de Mercado na República Federal da Alemanha. Origem, Concepção, Desenvolvimento e Problemas, in *Desenvolvimento Econômico com Justiça Social: A Economia Social de Mercado*, coleção Traduções, Fundação Konrad-Adenauer-Stiftung, 1980.

LUCAN, Maria Angeles Parra. *Daños por Productos y Proteccion del Consumidor*, Barcelona: José María Bosch Editor, 1990.

MAIO, António. *Os Poderes e os Novos Desafios*, Aveiro: Estante Editora, 1996.

MARTÍNEZ ABASCAL, Vicente Antonio. Derecho al Trabajo y Políticas de Empleo, in *El Modelo Social en la Constitución Española de 1978,* Madrid: Ministerio del Trabajo y Asuntos Sociales, 2001.

NUNES, Cláudio Pedrosa. *Controle Difuso de Constitucionalidade em Matéria Trabalhista*, São Paulo: LTr, 2003.

PALOMEQUE LÓPEZ, Manuel Carlos. *Derecho del Trabalho*, décima edición, Madrid: Editorial Centro de Estudios Ramón Aceres, 2002.

PALOMEQUE LÓPEZ, Manuel Carlos. Derechos Fundamentales Generales y Relación Laboral: Los Derechos Laborales Inespecíficos, in *El Modelo Social en La Constitución Española de 1978,* Madrid: Ministerio del Trabajo y Asuntos Sociales, 2001.

PALOMEQUE LÓPEZ, Manuel Carlos. El Nuevo Reparto Funcional de Territorios Normativos entre la Ley y el Convenio Colectivo, in *La Reforma del Estatuto de los Trabajadores*, Madrid: La Ley, 1994.

PASQUINO, Gianfranco. Crise. in *Dicionário de Política*, 11ª ed., vol. I, coord. Norberto Bobbio, Nicola Matteutti e Gianfranco Pasquino, trad. de Carmen C. Varriale e outros, Brasília: Editora UnB, 1998.

Eficiência Económica e Direitos Sociais; Interdependência... 239

PASSET, René. *A Ilusão Neoliberal*, tradução de Manuela Torres, Lisboa: Terramar Editores, 2002.

PEDRAJAS MORENO, Abdon. *Las Reformas Laborales: Análisis y Aplicación Práctica*, Valladolid: Lex Nova, 1999.

PÉREZ VILLALOBOS, Maria Concepción. *Estado Social y Comunidades Autónomas*, Madrid: Editorial Tecnos, 2002.

PIANCIOLA, Cesare. Socialismo, in *Dicionário de Política*, 11ª ed., vol. I, coord. Norberto Bobbio, Nicola Matteutti e Gianfranco Pasquino, trad. de Carmen C. Varriale e outros, Brasília: Editora UnB, 1998.

PINTO BRONZE, Fernando José. *Lições de Introdução ao Direito*. Coimbra: Coimbra Editora, 2002.

POSNER, Richard A. *The Economics of Justice*. Harvard University Press, Cambridge, Massachussets and London, 1981.

REGONINI, Glória. Estado do Bem-Estar, in *Dicionário de Política*, 11ª ed., vol. I, coord. Norberto Bobbio, Nicola Matteutti e Gianfranco Pasquino, trad. de Carmen C. Varriale e outros, Brasília: Editora UnB, 1998.

RIBEIRO BASTOS, Celso. *Curso de Teoria do Estado e Ciência Política*, 4ª ed., São Paulo: Saraiva, 1999.

SEMPERE NAVARRO, Antonio V. Una Reforma Vigesimosecular y Bifásica, in *Análisis de la Ley 12/2001, de 9 de julio. La Reforma Laboral de 2001*, Navarra: Editorial Aranzadi, 2001.

SCHNAPPER, Dominique. *Contra o Fim do Trabalho*, trad. de Pedro Lopes d'Azevedo, Lisboa: Terramar Editores, 1998.

WITTELSBÜRGER, Helmut. Prefácio, in *Desenvolvimento Económico com Justiça Social: A Economia Social de Mercado*, coleção Traduções, Fundação Konrad-Adenauer-Stiftung, 1980.

ZIPELIUS, Reinhod. *Teoria Geral do Estado*, tradução de Karin Praefke-Aires Coutinho, Coord. J. J. Gomes Canotilho, Lisboa: Fundação Calouste Gulbenkian, 1997.

2. ARTIGOS

AGUIAR, Júlio Cesar de. Abordagem Económica do Direito: Aspectos Epistemológicos, *Lusíada, Revista de Ciênca e Cultura*, Universidade Lusíada do Porto: Coimbra Editora, n.ºs 1-2, 2002.

BELLO FILHO, Wilson de Barros. Capitalismo e Progresso. A Constituição Federal e a Ordem Económica Nacional, *in Lusíada, Revista de Ciência e Cultura*, Universidade Lusíada do Porto: Coimbra Editora, n.ºs 1-2, 2002.

FONSECA, Azambuja. Discurso de Abertura do IV Congresso Nacional de Direito do Trabalho, in *Revista do IV Congresso Nacional de Direito do Trabalho*, coord. do Professor Doutor António Moreira, Coimbra: Almedina, 2002.

GOMES, Júlio. Trabalho a Tempo Parcial, in *Revista do III Congresso Nacional de Direito do Trabalho*, Lisboa: Almedina, 2000.

MENDES, António Marques. O Estado da Ciência Económica: Crise de Crescimento ou Declínio Inexorável?, in *Boletim de Ciências Económicas*, vol. XLV-A, Coimbra: Coimbra Editora Ltda, 2002.

MONTEIRO FERNANDES, António. Reflexões em Torno de uma Possível Reforma Laboral, in *Revista do IV Congresso Nacional de Direito do Trabalho*, coord. do Professor Doutor António Moreira, Coimbra: Almedina, 2002.

MOREIRA, António. Palestra Inaugural do IV Congresso Nacional de Direito do Trabalho, in *Revista do IV Congresso Nacional de Direito do Trabalho*, coord. do Professor Doutor António Moreira, Coimbra: Almedina, 2002.

NAPOLI, Mário. Tutela e Sicurezza del Lavoro Nella Riforma del Titulo V Della Costituzione, in *Rivista di Scienze Giuridiche*, Anno XLIX, settembre--Dicembre 2002, Publ. Universitá Católica del Sacro Cuore, Milano.

PROENÇA, Gonçalves de. O Direito à Greve. Análise Doutrinal, in *Revista Jurídica da Universidade Moderna*, ano I, n.° 1, Coimbra: Coimbra Editora, 1998.

REICHOLD, Herman. Grundlagen und Grenzen der Flexibilisierung im Arbeitsvertrag, in *Recht der Arbeit*, nov-dez, Tübingen, 2002.

3. JORNAIS

CASSEN, Bernard, Neoliberalismo não deve ser «religião de Estado» na EU, in *Público*, de Lisboa, edição do dia 16 de novembro de 2003.

MOCTEZUMA, Jorge. A qualidade humana é indispensável, in *Diário de Notícias*, Lisboa, edição de 15 de novembro de 2003.

A CRISE DO DIREITO

FREDERICO VIANA RODRIGUES [*]

SUMÁRIO: 1. Identificação do problema. 2. A consumação do positivismo normativo-legalista. 3. Movimentos metodológicos reformadores. 4. O funcionalismo jurídico: superação ou agravamento da crise? 5. A proposta jurisprudencialista de Castanheira Neves. 6. Conclusão. 7. Bibliografia

1. IDENTIFICAÇÃO DO PROBLEMA

Ultrapassando o oceano atlântico com a rapidez que lhes permite a comunicação hodierna, chegam-me diariamente inúmeras notícias envolvendo a magistratura brasileira. Em seu cerne a invariável constatação de que o Judiciário está em crise. As inquietações são muitas e não se encontram regionalizadas. Segundo aponta recente pesquisa encomendada pela Ordem dos Advogados do Brasil, 38% das 1.700 pessoas ouvidas em 16 cidades brasileiras não confiam no Judiciário.[1]

---

[*] Doutorando em Ciências Jurídico-empresariais pela Faculdade de Direito da Universidade de Coimbra; Mestre em Direito Comercial pela Faculdade de Direito da Universidade Federal de Minas Gerais; Professor Universitário; Advogado. E-mail: frederico@vianarodrigues.com.br.

[1] Cf. "Pesquisa revela o que o brasileiro pensa sobre a Justiça", *Informativo da OAB/MG*, http://www.oabmg.org.br/document.asp?item=2690&cod=, acesso em 7/11/2003; "OAB divulga pesquisa sobre a Justiça brasileira", *Direitonet*, http://www.direitonet.com.br/noticias/x/63/60/6360/, acesso em 10/11/2003; "Congresso e Judiciário têm baixa credibilidade, segundo pesquisa da OAB", *Revista Época*, http://revistaepoca.globo.com/Epoca/0,6993,EPT630223-1659,00.html, acesso em 10/11/2003; "Congresso e Judiciário são instituições menos confiáveis, diz pesquisa", *Folha Online*, http://www1.folha.uol.com.br/folha/brasil/ult96u55272.shtml, acesso em 10/11/2003;

A crise não se restringe ao Brasil. O calo da magistratura portuguesa, por exemplo, gira em torno de uma série de ações criminais envolvendo supostos pedófilos. Como alguns dos acusados são pessoas ilustres (artistas, políticos, empresários) a opinião pública lusitana abraçou de tal forma a questão que, não se restringindo ao *meritum causae*, passou a julgar o Judiciário. A cada decisão, determinando a prisão ou a soltura de um dos acusados, põe-se em causa a crise da magistratura.[2] Se o Judiciário é colocado em cheque no Brasil e em Portugal, diferente não é em outros países. Há hoje generalizada crítica à função judicial em todo o mundo, o que evidencia verdadeira «Crise do Judiciário».[3]

Para entender adequadamente a questão, mister se faz, antes, distinguir o homem da função que exerce. Aquele será sempre humano, e suas fraquezas, à frente do Judiciário ou de qualquer outro cargo, sempre existirá. Já a «função institucional» é idealizada de modo a não ser passível de erros, para que atenda rigorosamente às demandas que se lhe apresentam.

Neste ponto reside o primeiro problema: os processos judiciais correm em descompasso com a dinâmica da sociedade contemporânea. Um processo bem instruído exige que as partes esgotem suas argumentações e produzam as provas necessárias a comprová-las, cabendo ao juiz cautelosa análise do feito. Assim, não há de ser curto o prazo entre a propositura da ação e a sentença que, ademais, desafia recursos.

Por outro lado, vivemos em plena era da informação. Nossas mais genéricas solicitações são atendidas com o imediatismo do mundo virtual. A tecnologia aliou celeridade, presteza e exatidão às cotidianas exigências do homem contemporâneo. Desde compras de supermercado a traduções de longos textos, o que se levava horas, dias e até meses, realiza-se agora em frações de segundos. Inevitável, portanto, a insatisfação dos «consumidores de justiça» por não obterem dos tribunais resposta coadunada às expectativas próprias da sociedade da infor-

---

"Congresso e judiciário na berlinda", *Jornal Estado de Minas*, 11/11/2003, Política, p. 3; "Vidigal: pesquisa da OAB comprova desconhecimento da população sobre Poder Judiciário", *Poder Judiciário – Justiça Federal Seção Judiciária do Estado de Sergipe – Notícias*, http://www.jfse.gov.br/noticiasbusca/noticias_2003/novembro/desconhece_stj.html, acesso em 17/11/2003.

[2] Cf. PLÁCIDO JR. e FERNANDES, Tiago. Magistratura sobre brasas. *Revista Visão*, n. 556, 30/10/2003, p. 70.

[3] Cf. SANTOS, Boaventura de Souza. Que formação para os magistrados nos dias de hoje? *Revista do Ministério Público*, n. 82, Abr-jun 2000, p. 7-27.

mação.[4] Acresçam-se, ainda, as pressões exercidas sobre os magistrados pela opinião pública e pelos órgãos de comunicação social. Se é certo serem legítimas nos Estados democráticos, não menos certo é que se fundam em lógica bem diversa da inerente aos processos judiciais, pois se movem pela idéia de «Justiça-espetáculo».[5]

Não se pode desprezar o fato de que o descontentamento revelado na aludida pesquisa não se dirige somente ao Judiciário. A única instituição que, acima dele, merece o descrédito dos brasileiros é justamente o Congresso Nacional. Ressalte-se que, assim como no que toca ao Judiciário, as insatisfações em face do Legislativo fundam-se principalmente nos deslizes de seus membros. Indispensável novamente lembrar que o Legislativo constitui-se de homens que, como tal, são passíveis de erros. Inadmissíveis são os abusos e ilícitos cometidos por magistrados e políticos no exercício de suas funções institucionais. A crítica, entretanto, não deve se limitar a essas externalidades que, como a ponta de um iceberg, indicam que há um problema muito maior fora de nossa percepção. Estaríamos, então, além da «Crise do Judiciário», também diante de uma «Crise do Legislativo»? A questão não deve ser vista dessa maneira, isoladamente. A crise não é pontual. É sistêmica. Não se fecha numa ou noutra instituição.

Importa dizer que crise, na acepção exata da palavra, não tem significado necessariamente negativo. Castanheira Neves[6] define-a como a «consumação histórico-cultural de um sistema», é a perda contextual das referências até então aceitas como paradigmas. O modelo que ora se esgota é o positivismo normativo-legalista, fundado tradicionalmente em dois pilares: a elaboração de leis e sua aplicação. O Legislativo cria normas e o Judiciário as interpreta. Devemos, pois, repensar todo o sistema, não nos limitando às externalidades que abalam seus pilares.

Sob a sinédoque de «Crise do Direito», propomos, neste trabalho, a

---

[4] Cf. NEVES, A. Castanheira. "Entre o legislador, a sociedade e o juiz ou entre sistema, função e problema – os modelos actualmente alternativos da realização jurisdicional do direito". *In: Boletim da Faculdade de Direito*, n. 74, Coimbra, 1998, p. 3.

[5] Cf. COSTA, José de Faria. "O papel da Universidade na formação dos magistrados". *In: Revista do Ministério Público*, n. 82, Abr-jun 2000, p. 27-42; no mesmo sentido cf. SANTOS, Boaventura de Souza. Tribunais e comunicação social. *Revista Visão*, n. 556, 30/10/2003, p. 74.

[6] Cf. NEVES, A. Castanheira. *Entre...*, cit., p. 2.

244 *Frederico Viana Rodrigues*

reflexão crítica da superação do positivismo normativo-legalista, bem como de sua tensão com os novos modelos que se apresentam.[7]

2. A CONSUMAÇÃO DO POSITIVISMO NORMATIVO-LEGALISTA

Para que se possa bem entender o declínio do positivismo normativo-legalista, mister se faz, antes, sua contextualização histórica. Afinal, cuida-se de problema de ordem prática, e "os problemas práticos só podem pensar-se historicamente".[8] Passamos assim, de início, à análise de seu surgimento; para em seguida caracterizá-lo; e, por fim, cuidarmos das razões determinantes de sua superação; fazendo-o, aliás, na esteira do proficiente padrão didático proposto nas Lições de Fernando Bronze.

2.1. O pensamento moderno, como bem se sabe, notadamente antropocentrista – radicado na autonomia humana – rompeu a ordem teológico-metafísico-cultural transcendental vigente na Idade Média, ao aceitar a razão do homem como fonte única do saber.[9] Até a época moderna, o homem era um ser de extraponência: buscava seu sentido fora de si (seja na *polis* grega; seja na *civitas* romana; ou no Deus libertador do cristianismo medieval). Com o humanismo, a extraponência foi substituída pela imanência: o homem passou a se compreender a partir da perspectiva de si mesmo.[10] Tornou-se, assim, um ser que «ousa saber»,

---

[7] As reflexões que se seguem decorrem da evidente influência sofrida pelo autor no decorrer das lições de Metodologia Jurídica, proferidas pelos Profs. Doutotes. Fernando José Bronze, Mário Reis Marques e José Manuel Aroso Linhares, sob a orientação científica do Prof. Antônio Castanheira Neves, no III Programa de Doutoramento da Faculdade de Direito de Coimbra. Sendo certo que estas linhas nem sempre trilharão o brilhante pensamento do Mestre, mais por limitação do aprendiz do que por discordância, imperiosa se faz a referência – por honestidade intelectual e coerência de raciocínio – desde logo, às obras «Metodologia jurídica», «Entre o legislador, a sociedade e o juiz ou entre o sistema, função e problema – os modelos atualmente alternativos da realização jurisdicional do direito», «Digesta» e «O atual problema metodológico da interpretação jurídica», onde Castanheira Neves, por diversas vezes, discorre primorosamente sobre a questão que ora se propõe enfrentar.

[8] BRONZE, Fernando José. *Lições de Introdução ao Direito*. Coimbra: Coimbra Editora, 2002, p. 281.

[9] Cf. DESCARTES. *Discurso do método*. Lisboa, 1977.

[10] Cf. BRONZE, Fernando José. *Lições...*, cit., p. 290.

A Crise do Direito 245

objetivando a verdade absoluta, à qual só se chegaria por intermédio da racionalidade lógico-formal.

Acreditava-se que, através do método, seriam desvendados todos os mistérios até então somente explicados pela teologia. "A razão ajudada por um método pode atingir a inteligibilidade do meio em que o homem se integra. Este meio (natureza) é regido por leis tão rigorosas que nem sequer o arbítrio de uma instância divina as pode alterar".[11] O pensamento moderno vê-se, de tal feita, influenciado pela lógica cartesiana, que se mostrava adequada ao direito – tal como à matemática, à astrologia e à física. Da mesma forma que ocorria com os estudiosos da natureza, coube ao jurista descobrir o direito na «natureza das coisas».[12] A matemática tornou-se a linguagem da ciência moderna, sendo que "seu progresso condicionava o progresso de todo o conhecimento científico",[13] inclusive do direito.[14]

Concomitantemente a isso – *rectior*, em conseqüência desse processo de humanização – "afirma-se a secularização (posto que ainda não como secularismo[15]) e a emancipação do econômico, ou a sua libertação dos quadros ético-religiosos", permitindo ao homem moderno extravasar seus interesses individuais que, em última análise, foram percebidos como «direitos naturais».[16] O iluminista exerce, pois, sua liberdade racional ao ver seus interesses realizados.[17]

Não se olvide, aliás, que no âmbito antropológico a expressão maior do iluminismo foi a liberdade. Mas como haveria de ser exercida, afirmando os interesses individuais do homem, se este vive em sociedade?

---

[11] MARQUES, Mário Reis. *Codificação e paradigmas da modernidade*. Coimbra, 2003, p. 363.

[12] Cf. MARQUES, Mário Reis. *Codificação...*, cit., p. 363.

[13] CARPENTIER e LEBRUN. *História da Europa*. Lisboa: Editorial Estampa, 1996, p. 263.

[14] "O humanismo moderno veio sublinhar os valores da contingência humana como fundamentais; para isso recuperou Platão (e os estóicos), contra a clara preferência anterior por Aristóteles, o que determinou o aparecimento de uma racionalidade sistemática (compreendida por Descartes como uma logicamente estruturada «cadeia de razões», a culminar numa «matemática universal») em substituição da anterior racionalidade tópico-dialética" (BRONZE, Fernando José. *Lições...*, cit., p. 287).

[15] Enquanto libertação radical e incondicional dos interesses individuais perante a ética (Cf. NEVES, Castanheira. *Teoria do Direito* – Lições proferidas no ano lectivo de 1998/1999. Coimbra: Universidade de Coimbra, 1998, p. 132).

[16] NEVES, Castanheira. *Entre...*, cit., p. 15.

[17] Cf. BRONZE, Fernando José. *Lições...*, cit., p. 302.

Como os interesses de um indivíduo podem prevalecer ao se confrontarem com os interesses de outro indivíduo, que, igualmente, merecem ser afirmados? Essa questão, posta por Hobbes, foi respondida por Rousseau com o «Contrato Social». Pelo *pactum societatis* o homem troca sua liberdade natural pela liberdade civil.[18] Seus interesses pessoais seriam, portanto, regulamentados num acordo de vontades, sendo-lhes assegurado o exercício pleno até o limite da sociabilidade. Rousseau "pensou a sociedade como se todos fizessem um acordo na base de um contrato. Sendo todos homens livres, nada mais natural do que elaborar um modelo que assentasse num acordo de liberdades – e o acordo que traduz um vínculo mútuo das liberdades que se encontram".[19]

Daí a constituição de uma legalidade fundada na liberdade e na igualdade, o que só poderia se alcançar por intermédio da lei. Ou melhor, nas palavras de Castanheira Neves: "Da liberdade, a igualdade e os interesses, que se postulavam racionais e elevados a «direitos naturais», chegava-se pela mediação do contrato social à legalidade, que convertia esses direitos naturais em direitos subjectivos".[20]

Acreditava-se, assim, que o direito pré-existia à lei. Contudo, esse direito, decorrente do contrato social, deveria ser formalmente afirmado para que não fosse logrado pela própria natureza humana. Como o homem moderno acreditava haver encontrado a verdade absoluta em termos jurídicos, o sistema constituído pela mediação do contrato social à legalidade deveria ser completo e fechado.[21] Não existiriam situações nele não previstas.

Denota-se, portanto, que o positivismo decorre de uma «metamorfose» do jusnaturalismo moderno.[22] Num primeiro momento, acreditando que a razão humana pode elevar-se à determinação de um

---

[18] Cf. CARVALHO, Orlando de. «Ius – Quod Iustum»? *In: Boletim da Faculdade de Direito,* n. 72, Coimbra, 1996, p. 11.

[19] BRONZE, Fernando José. *Lições...,* cit., p. 302.

[20] NEVES, Castanheira. *Entre...,* cit., p. 16.

[21] "Foi a partir dos últimos axiomas da razão que se pretendeu construir, dedutivamente, sistemas acabados para todos os domínios do saber, foi assim também que se julgou poder elaborar sistemas completos de direito". (BRONZE, Fernando José. *Lições...,* cit., p. 295).

[22] Este não se confunde com o jusnaturalismo grego (fundado nas leis naturais da ética e da justiça) ou com o jusnaturalismo teocêntrico (fundado nas leis naturais de Deus). O jusnaturalismo moderno funda-se nas leis naturais encontradas na razão – *rectior,* pela razão.

direito natural, surgem os tratadistas de «direito natural» a construir racionalmente um sistema jurídico ideal. Nada obstava, portanto, que esse «sistema jurídico ideal», fundado na razão, fosse reduzido a escrito e posto a vigorar como lei, o que efetivamente ocorreu, dando azo, em França, aos trabalhos de codificação.[23] "O direito natural moderno-iluminista convocou, portanto, como seu mediador privilegiado o legislador, e este cumpriu a sua tarefa: o movimento de codificação, que se verificou a partir de meados do séc. XVIII".[24]

As leis moderno-iluministas – para atingirem seus fins (não da *voluntas* do poder político, mas do contratualismo iluminista) – tinham que ser gerais, ou seja, iguais para todos. Deveriam, ademais, ser abstratas, porquanto só se alcançaria a dedução por intermédio da abstração, de modo a que se aplicassem a todos, da mesma forma. Eram, finalmente, formais, na medida em que "apenas definiam as condições do jogo, delimitando a esfera de cada um relativamente à dos outros. Aquém das fronteiras balizadas por essas regras cada um procederia como quisesse, pois só o indivíduo era senhor da sua liberdade e podia gerir os seus interesses".[25]

Constituíam, portanto, desenvolvimentos normativos autorizados pelo contrato social e nele se fundamentavam. De fato, segundo Hobbes, o objetivo das leis não seria coibir a vontade individual, mas sim dirigi-las e mantê-las num movimento tal que não entrassem em conflito com seus próprios desejos.[26] Ocorre que, assumindo o poder para dirigir e garantir os interesses individuais, fazendo-o pela mediação do contrato social, o Estado afirma-se como o único ente com legitimidade para elaborar o direito.[27] Cria-se, assim, "ambiente propício para a afirmação das grandes construções lógicas e para o domínio de todo o direito a partir daquela que se entende ser a única adequada para se exprimirem os ditames da razão: a lei".[28]

A ciência do direito centra-se, então, no método dedutivo. E a veneração à razão passa a abranger o fruto da razão, que é a lei. O jurista restringe-se, de tal modo, à simples *exegese* das leis. "Ao contrário do que

---

[23] ASCENSÃO, José de Oliveira. *O Direito Introdução e teoria geral* – Uma perspectiva Luso-Brasileira. Coimbra: Almedina, 2001, p. 171.

[24] BRONZE, Fernando José. *Lições...*, cit., 296.

[25] BRONZE, Fernando José. *Lições...*, cit., p. 304-305.

[26] Cf. HOBBES, Thomas. *O leviatã*, Cap. XXX.

[27] Cf. MARQUES, Mário Reis. *Codificação...*, cit., 456.

[28] MARQUES, Mário Reis. *Codificação...*, cit., 458.

248 *Frederico Viana Rodrigues*

fazia até aí, o estudioso não tem já que indagar qual a ordenação racional da vida social: pode tranqüilamente limitar-se à análise e esclarecimento daquelas disposições em que o racional ficou compreendido. O jurista torna-se servo da lei porque é antes de mais um servo da razão, e está plasmada na lei".[29]

Foi assim que, na lição de Fernando Bronze,[30] o direito passou a ser "visto como um abstrato objeto pré-posto (voluntariamente *im-posto*, para o pensamento dominante em França, e historicisticamente *pré-suposto*, para a Escola Histórica alemã), vazado em normas (contra-postas às decisões concretas), que os respectivos destinatários deveriam mobilizar como meras formas (o respectivo conteúdo material era, consoante o horizonte considerado, da exclusiva competência do legislador [para o positivismo normativo-legalista da escola exegética francesa] ou desvelado pela «ciência do direito» [para as escolas positivistas alemãs])".[31]

2.2. De tal feita, pode-se dizer que, para o normativismo, o direito é um autônomo e sistemático conjunto de normas, ou – na acepção normativo-legalista – um sistema legal. É um sistema de normatividade lógico-sistematicamente enunciado em proposições lógico-normativas que

---

[29] ASCENSÃO, José de Oliveira. *O Direito...,* cit., p. 171.

[30] BRONZE, Fernando José. "Alguns marcos do século na história do pensamento metodológico-jurídico". *In: Boletim da Faculdade de Direito,* volume comemorativo, Coimbra, 2002, p. 3.

[31] Demos ênfase neste texto, por sua influência no direito brasileiro, apenas à evolução do positivismo em França, onde se destacaram as Escolas Exegéticas, de cunho marcadamente normativo-legalista. Enquanto o positivismo caracterizou-se em França pelo legalismo, sua expressão na Alemanha se deu através do formalismo conceitualista. A Alemanha só veio a ter um Código Civil próprio em 1900, "tendo sido antes governada por um complexo de regras constituído com base no Direito Romano modificado e completado por leis e costumes regionais e locais. Esse Direito Romano, em vigor na Alemanha ainda no século XIX, era chamado "Direito Romano Atual", que é, aliás, o nome da obra fundamental de Savigny – *Sistema de Direito Romano Atual"* (REALE, Miguel. *Lições preliminares de direito.* Rio de Janeiro: Forense, 2003, p. 251). Savigny acentuou a compreensão do direito em seu aspecto «histórico» e em seu caráter «sistemático», vindo a ser seguido, «nesta elevada valoração do sistema científico», por quase todos os juristas alemães do século XIX. De fato, "a matéria obtiveram-na sobretudo a parir das fontes de direito romanas, matéria cuja sistematização foi a principal tarefa e o principal contributo da «pandectística» do século XIX" (LARENZ, Karl. *Metodologia da ciência do direito.* Lisboa: Calouste Gulbenkian, 1997, p. 20).

permitem e suscitam um tratamento analítico-dedutivo. Em suma, o direito restringe-se à lei e o pensamento jurídico deve se limitar à sua interpretação analítico-dedutiva.[32]

Por isso, a racionalidade normativo-legalista prende-se à razão teórica, desprezando a prática, a experiência e a dinâmica social. Funda-se na *theoria*, no conhecimento científico puro. Seu objeto é positivamente pré-posto, não devendo se relacionar com a sociologia, com a política ou com a economia. Cabe ao jurista apenas sua explicação metódico-sistemática. A verdade absoluta já se encontra enunciada no conceito determinante da norma que, por sua vez, exprime-se na lei. O que não está na lei não existe no mundo jurídico. O direito é constituído, portanto, de um sistema axiomaticamente enunciado de leis e o pensamento jurídico reduz-se à dedução analítica de soluções extraídas desse sistema. Seguindo tal lógica, a atuação judicial deveria adotar a mecânica do silogismo. A lei constituiria a premissa maior, o caso concreto a premissa menor, para que da ilação se forme a decisão judicial. A função do juiz não poderia ultrapassar a simples aplicação da lei.

Tal visão do direito justificava-se pela garantia da liberdade individual prescrita no princípio da legalidade. Em âmbito civil, ninguém é obrigado a fazer ou deixar de fazer algo, senão em virtude de lei. Em sede penal, não existe crime que não esteja tipificado em lei. E, na esfera pública, a administração deve pautar seus atos no estrito cumprimento da lei. A legalidade contratualista mostrou-se, assim, expressão legítima dos anseios liberais moderno-iluministas. Todos são iguais perante a lei e apenas esta – geral, abstrata, formal e imutável – garantiria a certeza do direito, preservando os valores de liberdade, igualdade e validade do sistema jurídico.

Vale lembrar, no entanto, o fator político que transformou esses anseios modernistas – originariamente *jusnaturalistas* – em positivismo normativo-legalista. O Estado pós-revolucionário, legitimado a fazer a mediação do contrato social em lei, afirma-se como única fonte de direito, implicando este exclusivamente em dados legais: o normativo objeto positivo postulado pela legalidade, assim referido enquanto o direito "que é", e não como direito que "deve ser". A razão teórica se faz em termos de verdade. E a verdade está na lei. Qualquer interpretação *extra* ou *ultra lege* deve ser considerada arbitrária.

---

[32] Cf. NEVES, Castanheira. *Metodologia jurídica*. Coimbra: Universidade de Coimbra, 1993.

250   *Frederico Viana Rodrigues*

O direito positivo normativo-legalista encontrava-se assim coadunado ao "despotismo esclarecido" de um Estado absoluto que assumia a modernidade. A codificação napoleônica tornou-se, de tal feita, a primeira projeção político-legislativa da moderna racionalidade jurídica sistemática. Nesse mesmo passo, as constituições liberais passaram a convocar o princípio da legalidade para afirmar a Estadualização do Direito pela sua identificação com a legislação. O poder está na norma, e não no homem, conforme prescreviam os constitucionalistas americanos: «*a governament of law not of men*».[33]

Mutatis mutandis, sob a perspectiva metodológica, o «método jurídico» positivista pode ser considerado em três dimensões reveladas por Fernando Bronze: "uma primeira, hermenêutica, que se centrava na interpretação teorética-cognitiva das normas jurídicas; uma segunda, epistemológica, que dizia respeito à construção-sistematização lógica dos conceitos inferidos pela actividade interpretativa; e, finalmente, uma terceira, técnica, que não era mais do que a (problematicamente dualizada e cronologicamente posterior)[34] aplicação silogístico-subsuntiva dos mencionados conceitos aos factos conformadores dos casos decidendos".[35]

O normativismo-legalista caracteriza-se, enfim, por cinco coordenadas: (a) coordenada político-institucional – o Estado de Direito funda-se no princípio da legalidade; (b) coordenada especificamente jurídica – o direito identifica-se à lei; (c) coordenada axiológica – a lei assegura a igualdade e a segurança jurídica; (d) coordenada funcional – o positivismo separa a função política de criação da função jurídica de aplicação do direito; (e) coordenada epistemológico-metodológica – o pensamento jurídico positivista não passava de um método tendente a orientar o conhecimento exegético-dogmático da lei.[36]

---

[33] Cf. NEVES, Castanheira. *Teoria do direito* – Lições proferidas no ano letivo de 1998/1999. Coimbra: Universidade de Coimbra, 1998.

[34] O jurista apenas conhece o direito, mas não colabora na sua constituição. O caso concreto surge cronologicamente posterior à sua solução, prescrita na lei. Esta é aplicada pelo juiz, que se baseará na teoria de interpretação formulada pelo jurista (Cf. BRONZE, Fernando José. *Lições...*, cit., p. 319).

[35] BRONZE, Fernando José. *Alguns marcos...*, cit., p. 3.

[36] Cf. BRONZE, Fernando José. *Lições...*, cit., p. 321 e ss., e NEVES, Castanheira. "Temática geral de metodologia jurídica". *In: Metodologia...*, cit., anexo.

2.3. Vimos, pois, que o normativismo-legalista – ao encerrar a normatividade jurídica numa postulada autonomia sistemática e formal – autonomizou o direito da realidade histórico-social, principalmente das suas dimensões política, social e econômica.[37]

Por outro lado, o pensamento moderno transmutou a compreensão do homem de uma «permanência estática», a uma «imanência dinâmica e evolutiva». Sendo o homem o senhor de seu destino e construtor de seu mundo, aspira o progresso e o realiza através da ciência. Seguindo essa dinâmica evolutiva, avançam as ciências naturais e, como conseqüência prática, a tecnologia. Esse progresso transformou o mundo. A comunicação, outrora lenta e imprecisa, passa a ser célere e exata. Os transportes tornam-se variados e velozes. A produção em série, permitida pela eletricidade e pelo vapor, massifica-se com a automatização. A engenharia permite o urbanismo vertical. A agricultura intensifica-se com tecnologias de plantio, de irrigação e de colheita. As safras são preservadas pelos herbicidas. A pecuária se desenvolve com a inseminação artificial. Drogas veterinárias evitam perdas e aumentam a produção de carne e leite. A medicina progride com o desenvolvimento de novos tratamentos, de novas drogas e de aparelhos médicos. A informática prospera, trazendo, ademais, avanço a todos os ramos do saber científico. Enfim, esses – e muitos outros – progressos científicos e tecnológicos repercutem nas relações humanas, distinguindo sobremaneira a realidade histórico-social contemporânea daquela vivenciada pelos iluministas.

Diante dessa nova realidade, "a existência do homem se joga no concreto da vida e não na abstração de qualquer construção conceitual". Ao se relacionar nessa «vida concreta» o homem percebe que nem todos seus problemas podem ser resolvidos pela ciência. Aparecem os problemas práticos. E "os problemas práticos são diferentes dos problemas técnicos: se estes têm a ver com o saber fazer, aqueles preocupam-se com o *recto* agir, pelo que enquanto os primeiros implicam um relação meio-fim, visando a eficiência, os segundos pressupõem uma validade, que se projeta numa relação de fundamento e conseqüência".[38]

Emergem, então, ao lado das tradicionais ciências empírico-analíticas, as chamadas ciências sociais. Enquanto as ciências naturais usavam a racionalidade formal para encontrar a verdade absoluta (o que não fosse analítica e empiricamente comprovado não tinha sentido), nas

---

[37] Cf. NEVES, Castanheria. *Teoria...,* cit., p. 127.
[38] BRONZE, Fernando José. *Lições...,* cit., p.354; 349.

ciências sociais é a prática que se mobiliza para alcançar seus fins (não a busca da verdade absoluta, pois esta não pode ser cientificamente comprovada). Ao contrário da racionalidade teorética (que convoca o conhecimento científico puro), a racionalidade da *praxis* convoca o «razoável ou o não razoável», «o aceitável ou não aceitável», «o justo ou o injusto».

Nesse diapasão, a igualdade dos homens, positivada nas leis iluministas, mostra-se inexistente no mundo real. Vê-se claramente que as desigualdades do mundo concreto foram acobertadas pela lei. Em face disso, não se afigura razoável ao Estado restringir-se à definição das regras do jogo. Cabe-lhe também intervir nas relações humanas para afastar as desigualdades sociais. O Estado incorpora, de tal feita, a dimensão social dos problemas do homem. Surge assim o Estado Social (*Welfare State* ou Estado Providência). As discrepâncias sócio-econômicas reveladas pelo liberalismo – incapazes de ser corrigidas pelo mercado, como gostaria Adam Smith – são reparadas pela «mão visível»[39] do Estado. A juridicidade formal é então substituída pela juridicidade material. O direito passa a cuidar de diversas questões econômicas e sociais, que até então não eram de seu objeto.

Demonstração disso é a intervenção do Estado nas relações contratuais, substituindo o liberal *pacta sunt servanda* pelo dirigismo nos contratos, *e.g.*, de locação, de trabalho, de consumo e de representação comercial. No primeiro caso, o Estado busca o equilíbrio econômico do mercado imobiliário prescrevendo normas ora em benefício do locador, ora em benefício do locatário. Nos demais casos, o Estado busca afastar a vulnerabilidade dos trabalhadores, dos consumidores e dos representantes comerciais em face dos empregadores, dos fornecedores e dos representados, criando normas favoráveis àqueles, em detrimento destes, na interpretação dos contratos por eles firmados.

O direito passa a ser, então, utilizado como um instrumento político, numa intenção expressa de «politização da juridicidade». O direito assume programas finalísticos de caráter político. Seus critérios e decisões tornam-se servos de fins políticos. Não se limita, pois, à função que sempre desempenhou enquanto elemento de definição e de tutela dos padrões da existência e da vida comunitária.[40] Mais do que isso, intervém

---

[39] Cf. MOREIRA, Vital; MARQUES, Maria Manuel Leitão. *A mão visível* – Mercado e regulação. Coimbra: Almedina, 2003.

[40] Ressalte-se que essa tradicional função política do direito, "em sentido amplo e radicalmente integrante, a significar a existência comunitária da *polis* e a intencionar a

A Crise do Direito 253

na vida social, assumindo perante ela posições e orientando-a em projetos políticos. Tanto na criação, como na aplicação, o direito afirma-se politicamente compromissado.

Para atender a essas prescrições do Estado Providência, são editadas inúmeras leis, num infindável processo de inflação legislativa. O sistema legal perde gradativamente sua unidade científica.[41] Passa a existir um excesso quantitativo de leis e uma escassez qualitativa de direito. O legislador não consegue acompanhar a dinâmica exigida por essas novas questões que se lhe apresentam. O direito perde o compasso da realidade social. Ocorre enorme discrepância («incongruência» e até mesmo «indiferença mútua»)[42] entre a realidade histórico-cultural e o sistema legal vigente.

Embora o sistema legal concebido pelo modelo iluminista devesse bastar em si, as emergentes questões sociais e econômicas que recaem sobre o julgador não encontram solução no sistema legal pré-posto. Diante disso, *o julgador, à míngua de informações, volta os olhos para o legislador, à procura de uma resposta. E encontra o olhar do legislador voltado para o dele, também na busca de uma solução.*[43]

Não fosse o bastante, as estruturas do Estado sofrem ainda maior alteração em decorrência do modelo neo-liberal que se difundiu ao fim do século XX. O Estado afasta-se gradativamente da economia, voltando a adotar uma regulação contratualizada da sociedade. "Naturalmente que uma regulação contratualizada é uma regulação potencialmente conflitual.

---

sua axiologia fundamental e a institucionalização cultural da sua *práxis*, não deve se confundir com a política, enquanto a intenção e a ação específicas do imediatismo estratégico ou de oportunidade ideológico-social e atuando por um poder organizado de governo" (NEVES, Castanheira. *Teoria...*, cit., p. 58).

[41] "O poder judicial depara-se com uma multiplicidade de fontes normativas, resultantes de uma produção contínua e incontrolável, que o obrigam a um árduo esforço de compatibilização. Ao juiz caberá, assim, a delicada função de recortar e encaixar o sentido útil e a coerência de uma pluralidade de previsões normativas, cujas respectivas estatuições se apresentam freqüentemente contraditórias ou mesmo antagônicas" (SOARES, António Goucha. "A transformação do poder judicial e os seus limites". *In: Revista do Ministério Público*, n. 82, Abr-jun 2000, p. 46).

[42] TEUBNER *apud* LINHARES, José Manuel Aroso. *O sistema jurídico como um «fim em si mesmo» ou as «muralhas de indiferença» da galáxia auto*. Sumário da preleção apresentada no III Curso de Doutoramento. Faculdade de Direito da Universidade de Coimbra, dezembro de 2003, p. 53.

[43] Parafraseando CORRÊA-LIMA, Osmar Brina. "Interesses e valores transcedentais na empresa moderna". *In: Atualidades Jurídicas*.Belo Horizonte: Del Rey, 1993, p. 253.

254 Frederico Viana Rodrigues

E quem decide os conflitos são os tribunais. O que significa também por esta via se verifica a transferência de legitimidade". Se, de um lado, com o Estado Providência, o Judiciário foi utilizado como instrumento de efetivação de programas políticos, de outro, com o afastamento do Estado Neo-liberal do domínio econômico-social, passam a recair-lhe expectativas políticas outrora controladas pelo Executivo e pelo Legislativo, transformando-o não apenas em instrumento, mas também em *player* da política econômico-social.[44]

Além de uma judicialização da política, fala-se agora de «politização do Judiciário». Este passa a debater-se – inclusive na mídia[45] – com temas políticos, sociais e econômicos, *e.g.,* reforma da previdência, movimentos de reforma agrária, política monetária, dentre tantos mais.[46]

Infere-se, portanto, que o normativismo-legalista – concebido no contexto moderno-iluminista – não mais se mostra adequado à hodierna realidade jurídico-econômico-político-social. Mas «há mortos que morrem devagar».[47] Além disso, "com o decorrer do tempo os interesses de milhares de indivíduos e classes inteiras prendem-se ao direito existente, por maneira tal, que este nunca poderá ser abolido sem os irritar fortemente. Discutir a disposição ou a instituição do direito é declarar guerra a todos estes interesses, é arrancar um pólipo que está preso por mil braços. Por ação natural do instinto da conservação toda a tentativa deste gênero provoca a mais viva resistência dos interesses ameaçados".[48]

Decorre daí a tensão de um modelo ultrapassado – mas ainda adotado pela maioria dos juízes brasileiros[49] – em face de forças renovadoras que emergem, ora bradando sua derrocada, ora propondo novos modelos.

É o direito em crise.

---

[44] Cf. SANTOS, Boaventura de Sousa. *Que formação...,* cit., p. 8.

[45] Fala-se então em «juiz mediático», cf. SANTOS, Boaventura de Souza. *Tribunais....,* cit., p. 74.

[46] Há um verdadeiro «activismo judicial», o que, inclusive, desencadeia a exigência de que o Judiciário tenha «*self-restraint*», ou seja, "a consciência profissional de que as suas decisões não devam imiscuir em domínios normalmente associados à actuação dos demais ramos do poder político" (Cf. SOARES, António Goucha. *A transformação...,* cit., p. 54).

[47] Cf. NEVES, Castanheira. *Entre...,* cit., p. 22.

[48] IHERING, Rudolf Von. *A luta pelo direito.* Rio de Janeiro: Forense, 1999, p. 6.

[49] E que ainda é o sustentáculo acadêmico em muitas de nossas Faculdades de Direito.

A *Crise do Direito*   255

3. MOVIMENTOS METODOLÓGICOS REFORMADORES

Contextualizada a crise em termos atuais, voltemos mais uma vez no tempo para breve nota sobre três movimentos metodológicos cujas críticas reformistas, surgidas quase que simultaneamente em França e na Alemanha no limiar do século passado, contribuíram para a superação do normativismo.[50]

3.1. A *livre investigação científica do direito* proposta por François Gény deitou importante crítica ao positivismo normativo-legalista ao demonstrar que o sistema legal, concebido para ser completo e fechado, possui lacunas e que os problemas humanos ultrapassam o quadro por ele engendrado, o que, *ipso facto,* demandava repensar o paradigma discursivo até então consagrado.

Em sua obra *Méthode d'interprétation et sources en droit privé positif,* de 1899, Gény propõe o uso do costume como fonte do direito, reconhecendo a importância da jurisprudência e da doutrina para a construção do direito positivo e invocando a «natureza das coisas» para superar as lacunas do sistema legal, fazendo-o por intermédio da livre investigação científica.

A base epistemológica em que se funda a concepção metódica de F. Gény para livre investigação do direito é apresentada em *Science et technique en droit privé positif (1913-1922).* Segundo Gény, a normatividade jurídica deveria ser compreendida por um «par conceitual» articulador da «base científica» do direito com sua «modalidade de aplicação metodológica». A base científica era encontrada: (i) na realidade histórico-social, que chamou de «dados reais»; (ii) nas tradições postuladas pela vida, enquanto «dados históricos»; (iii) nos princípios universais do direito natural clássico, chamados de «dados racionais»; e (iv) nas aspirações humanas, ou «dados ideais». Todos esses dados deveriam ser cientificamente apurados e entretecidos num *construit* técnico que serviria de «fonte formal do direito positivo».

Apesar de Gény não haver abandonado o positivismo, atribui-se ao seu pensamento êxito em fornecer condições para superação do

---

[50] Sobre o tema, cf. BRONZE, Fernando José. "Alguns marcos do século na história do pensamento metodológico-jurídico". *In: Boletim da Faculdade de Direito,* volume comemorativo, Coimbra, 2002, p. 1-27.

256 Frederico Viana Rodrigues

normativismo-legalista e revelar o direito para além de um sistema normativo auto-subsistente e de arquitetura dogmático-formal.[51]

3.2. O *movimento do direito livre,* surgindo num ambiente filosófico--cultural contrário ao racionalismo, atacou o caráter lógico-formal da racionalidade teorética e enalteceu a importância da jurisprudência para a formação do direito. As idéias reformistas sustentadas por seguidores da pragmática funcional de Ihering,[52] revolucionaram o pensamento jurídico ao sobrepor a decisão concreta à lei, admitindo, inclusive, julgamentos *contra legem.*

Apesar de sua importância ao romper, de vez, com os paradigmas do racionalismo lógico-formal, o *movimento do direito livre* não poderia lograr êxito, porquanto apegado a um irracionalismo voluntarista, baseado na *voluntas* do juiz. O equívoco do movimento do direito livre foi justamente acreditar que a única racionalidade que se poderia aplicar ao direito seria a lógico-formal axiomático-dedutiva. Certo de que tal racionalidade não atende à construção e interpretação do direito, propôs abandoná-la e concentrar a realização do direito no caso concreto. Ocorre que, não propondo uma racionalidade substitutiva à axiomático-dedutiva, o movimento livre do direito foi traído pela falta de critério científico, relegando a realização do direito a um casuísmo jurisprudencial desprovido de metodologia.

Em suma: o *movimento livre do direito* constatou o problema (a racionalidade axiomático-dedutiva não se presta à realização do direito), entretanto não o resolveu, ao passo que, ao invés de propor a racionalidade adequada ao pensamento jurídico, simplesmente assume a irracionalidade intuitiva como fundamento do direito.

3.3. *A jurisprudência dos interesses,* talvez um dos mais importantes movimentos metodológicos do século XX, não só atacou a «jurisprudência dos conceitos»[53], afrontando o positivismo formalista conceitual

---

[51] BRONZE, Fernando José. *Alguns...,* cit., p. 7.

[52] Sobre Ihering, vide notas 53 e 55 *infra.*

[53] Vimos, em nota supra, que na Alemanha o positivismo se destacou pelo formalismo conceitualista e não pelo normativismo-legalista. Um dos principais expoentes do positivismo tedesco foi Putcha, que sistematizou o direito através da construção de uma «pirâmide de conceitos». Nessa linha conceitualista também se encontrava Ihering. O mesmo Ihering que, como veremos adiante, foi a base do rompimento do formalismo conceitualista, mas que teve sua *primeira fase* de trabalhos marcada justamente pela

A Crise do Direito

germânico, como combateu os excessos do «movimento livre do direito», refutando o casuísmo e o voluntarismo que este pregava.

Philipp Heck foi o grande expoente dessa escola que, em função do equilíbrio de suas propostas, acabou por gozar de grande aceitação no meio jurídico.[54] Heck não pregou desobediência à lei. Pelo contrário, afirmou sua coercitividade. Mas, influenciado pela «viragem pragmático-finalista» de Ihering,[55] compreende a lei não como comando impositivo pré-posto pela *voluntas* da instância legislativa, mas como expressão da «autonomia da comunidade jurídica» e que tem por objetivo solucionar conflitos de interesses. "Não basta observar a *«Gebotseite»* da norma [preceito prescritivo], antes é mister respeitar a sua *«Interessenseite»* [conteúdo prático-normativo e teleologicamente relevante] para que se possa concluir pelo normativo-juridicamente adequado cumprimento do mencionado dever de obediência".[56]

Para a «jurisprudência dos interesses», a elaboração de uma lei decorre da ponderação de interesses conflitantes, sendo que o legislador privilegia um desses interesses em detrimento dos demais. Cabe ao julgador, em instância prática, ao analisar o caso concreto, fazer valer o interesse prestigiado normativamente pelo legislador. A lei deixa de ser,

---

«jurisprudência dos conceitos». Ihering entendia que o direito constituía-se de um sistema de conceitos que – se conjugados, como se conjugam as letras para formação das palavras ou os elementos químicos para constituição das matérias – poder-se-iam desmontar os institutos jurídicos, para deles retirar elementos lógicos, extraindo-lhes através de combinações tanto as normas já conhecidas, como novas normas. Mediante combinação desses elementos lógicos, a ciência poderia criar novos conceitos. (Cf. LARENZ, Karl. *Metodologia...*, cit., p. 21-34).

[54] Em Coimbra: Manuel de Andrade (Cf. *Ensaio sobre a teoria da interpretação das leis*, 1978) e Orlando de Carvalho, «com Heck, mas para além de Heck» com a valoração dos interesses (Cf. *Critério e estrutura do estabelecimento comercial*, 1967).

[55] A partir de 1862, em carta posteriormente publicada na coletânea denominada *Scherz und Ernst in der Jurisprudenz* (O que é sério e não sério na Jurisprudência), Ihering passa a atacar a construção jurídica que anos antes tanto prezava (e que ajudara a elaborar), passando a compreender o direito de modo pragmático-finalista: «a vida não é o conceito; os conceitos é que existem por causa da vida». Ihering desloca o eixo do problema jurídico do legislador para a sociedade. Passa a entender o direito como norma coercitiva do Estado posta ao serviço de um fim social. É essa *segunda fase* de Ihering que chamaremos de «viragem pragmática finalista» (Cf. LARENZ, Karl. *Metologia...*, cit., p. 53-63).

[56] BRONZE, Fernando José. *Alguns...*, cit., p. 11.

assim, a simples a premissa de um silogismo, para se tornar «modelo de ponderação prática».[57]

Na busca da realização prático-teleológica do direito, a «jurisprudência dos interesses» admitiu até mesmo a *interpretação corretiva* da norma, autorizando o intérprete a sacrificar o "texto da lei para realizar a intenção prática da sua norma sempre que, em virtude desde logo da alteração das circunstâncias que houvessem sido determinantes da previsão e da formulação expressa da lei, o respeito pelo teor verbal implicasse a frustração daquela intenção prático-normativa".[58]

A grande importância dessa escola foi, portanto, o abandono da inter-pretação dogmática do direito para adoção de sua interpretação finalística, o que acabou abrindo espaço ao teleologismo radical das teorias funcionalistas.

4. O FUNCIONALISMO JURÍDICO: SUPERAÇÃO OU AGRAVAMENTO DA CRISE?

Segundo a autonomia jurídica postulada pelo positivismo, o direito deveria restringir-se a um sistema completo e fechado de normas, não havendo de se relacionar com as expectativas de ordem prática. O direito encontrava-se isolado da realidade social, não podendo sofrer qualquer contaminação do meio em que se inseria.[59]

Vimos, no entanto, que essa autonomia foi atacada por movimentos metodológicos que libertaram a racionalidade finalística, possibilitando a ulterior compreensão do direito não mais em razão de seus valores – enclausurados em si mesmos pelo positivismo – mas agora em torno de sua utilidade. Com efeito, trilhando a abertura teleológica engendrada pela «jurisprudência dos interesses», despontam pensamentos comprometidos com a finalidade prática do direito. Essas novas correntes do *pensamento jurídico(?)*,[60] denominadas funcionalistas, romperam a autonomia lógico--dogmática e formal do direito ao adotarem a materialização da juridicidade.

---

[57] BRONZE, Fernando José. *Alguns...,* cit., p. 12.

[58] NEVES, Castanheira. *Metodologia jurídica.* Coimbra: Coimbra Editora, 1993, p. 108.

[59] Cf. KELSEN, Hans. *Teoria Pura do Direito*, São Paulo: Martins Fontes, 1998.

[60] A interrogação justifica-se porque, sob a perspectiva funcional, o direito acaba tendo sua autonomia dissolvida por racionalidades de outras áreas do domínio científico.

O direito passa a ser compreendido por suas implicações em diversas dimensões práticas. Fala-se, então, de acordo com sua perspectiva finalística, em «funcionalismo político» e «funcionalismo social». A par das especificidades de cada uma dessas correntes funcionalistas – às quais nos deteremos adiante em apertada síntese juntamente com o «funcionalismo sistêmico» – extraímos da lição de Castanheira Neves três dos principais pressupostos que marcam o pensamento funcionalista de forma global: *funcionalidade, razão instrumental e compromisso ideológico.*

Tem-se, quanto à *funcionalidade*, que o direito abandona sua perspectiva axiológica, desprendendo-se da tradicional ordem de valores para adotar uma ordem de causalidade, onde importa mais a relação causa e efeito da norma do que sua expressão de validade. "As categorias da ação e do comportamento em geral (pessoal e institucional) deixaram de ser as do bem, do justo, da validade (axiológica material), para serem as do útil, da funcionalidade, da eficiência, da performance".[61]

A racionalidade convocada pelo funcionalismo é a da *razão instrumental*. Sua justificação encontra-se no benefício ou prejuízo que a aplicação da lei pode acarretar ao meio. O direito realiza-se sob a perspectiva de utilidade. A fundamentação jurídica cede à sua instrumentalização. A prática converte-se em técnica e a validade cede à eficiência. Os valores são substituídos por fins e os fundamentos por efeitos.[62]

O pensamento jurídico assume *compromisso ideológico* de cunho político, econômico ou de utilitarismo social, de acordo com cada vertente, pendendo ora mais para uma dimensão que para outra. A ciência jurídica deixa de se preocupar com a compreensão do direito, para perquirir como este exercerá sua função política, econômica ou social de modo mais eficiente. O direito passa a ser mero instrumento, um meio para se alcançar fins práticos. Não interessa a determinação do direito por seus conceitos e princípios de validade. Interessa saber, apenas, se os efeitos de sua realização alcançarão os fins a que se destinam, reduzindo a problemática jurídica a uma pergunta:

4.1. **Para que serve o direito?**

Segundo o *funcionalismo político*, o direito não apenas possui função política, mas deve também assumir *objetivo político*. O direito rege-se por

---

[61] NEVES, Castanheira. *Entre...,* cit., p. 24.
[62] Cf. idem.

260 Frederico Viana Rodrigues

uma «teoria política», cabendo-lhe a realização política de uma sociedade que deixa de ser individualístico-liberal para se tornar pluralístico-social. O «juiz político» abre espaço para a «teoria crítica» e para o «uso alternativo» do direito, volvendo seus efeitos à militância e ao compromisso ideológico.

Já para o *funcionalismo social* o direito presta-se à eficiência. Sua racionalidade rege-se pela estratégia. Em sua vertente tecnológica, pela «social engeneering» de Popper, cabe ao juiz adotar, dentre diversas alternativas, a melhor tática para se alcançar os fins sociais perspectivados em níveis práticos. Posner, expoente da vertente econômica, compreende a sociedade como resultado do mercado. Em sua «análise econômica do direito», a racionalidade jurídica é meramente uma razão de interesses, voltada a minimizar os custos da transação e maximizar riquezas. [63]

Para o *funcionalismo sistêmico,* ao contrário das demais correntes funcionalistas, a função teleológica do direito não é de índole material, mas formal. Nesse sentido, o direito não deve ser visto como «meio para se alcançar um fim» e sim sob a perspectiva de «parte de um todo».[64] Luhmann vê o direito como um sistema autônomo – autopoiético – em que sua unidade revela-se no sentido formal e não material. O sistema de Luhmann difere-se do concebido pelo positivismo não só porque abandona a unidade material, mas, e principalmente, porque concebe sua relação com o mundo exterior. Luhmann retira da biologia (Teoria dos Sistemas)[65] a racionalidade para conceber um sistema auto-organizado, em que seus próprios elementos se autoconstituem, numa circularidade de auto-subsistência. O sistema jurídico é «normativamente fechado» e «cognitivamente aberto». O julgador fica no centro do sistema e o legislador na periferia. Situado entre eles, a doutrina contribui para mediação da norma ao caso concreto, depurando-se as expectativas fáticas pelo código binário lícito/ilícito, legal/ilegal. O direito é compreendido como um subsistema do sistema social,[66] onde as manifestações dos outros subsistemas (moral, econômico, político, etc.) são ruídos que estão

---

[63] Cf. LINHARES, José Manuel Aroso. *A decisão judicial como "voluntas" ou o "desempenho eliminatório" das críticas racionais.* Sumário da preleção apresentada no III Curso de Doutoramento. Faculdade de Direito da Universidade de Coimbra, dezembro de 2003.

[64] Cf. NEVES, Castanheira. *Teoria...,* cit., p. 136.

[65] Cf. VARELA, Francisco; MATURANA, Humberto. *The tree of knowledge*: the biological roots of human understanding. Boston: Shambhala, 1998.

[66] Cf. NEVES, Castanheira. *Entre...,* cit., p. 28.

fora do sistema jurídico, mas que são por ele ouvidos. A abertura cognitiva do sistema de Luhmann está no reconhecimento dessas expectativas quando elas funcionalmente revelarem-se equivalentes às perspectivas juridicamente consideradas pelo sistema jurídico.[67]

Infere-se, portanto, que o funcionalismo jurídico constitui, nas suas diversas correntes, importantes propostas alternativas ao positivismo. Mas, do que ora vimos, não há como evitar o seguinte questionamento:

4.2. O funcionalismo jurídico veio solucionar ou agravar a crise do direito?

Antes de buscarmos a resposta para tal pergunta, convocamos a questão que é posta por Castanheira Neves[68] e que, no nosso entender, revela-se o ponto central da crise do direito: qual é a opção antropológico-cultural que o homem do novo milênio pretende assumir? Desta interrogação «depende o sentido e, até mesmo, a própria subsistência do direito».

Qual o sentido que o homem pretende conferir à sua prática? Será o de uma prática perspectivada numa ordem de validade, estruturada em fundamentos axiológicos críticos, num «projeto responsabilizante de sua humanidade» ou de uma ordem utilitarista, axiologicamente neutra, determinada apenas por estratégias contingentes (políticas ou sociais) e orientada por juízos de oportunidade? Restringir-se-ão, as aspirações do homem contemporâneo, à mera solução de lutas ideológicas e à racionalização de interesses econômicos? Cabe-lhe, enfim, *optar* entre a validade e o conflito; o sentido e a eficácia; a justiça e a utilidade.[69]

Encontra-se nessa «opção» a tensão referida no início deste trabalho. Se de um lado, ao assumir a utilidade prática do direito, o funcionalismo parece estar mais coadunado com as exigências e dimensões culturais da sociedade contemporânea, conforme explicitado no item 2.3 *supra*, lado outro, o homem não se propõe a abandonar a ordem de validade

---

[67] Cf. LINHARES, José Manuel Aroso. *A decisão judicial como "voluntas" ou o "desempenho eliminatório" das críticas racionais.* Sumário da preleção apresentada no III Curso de Doutoramento. Faculdade de Direito da Universidade de Coimbra, dezembro de 2003.

[68] Cf. NEVES, Castanheira. *Teoria...,* cit., p. 54 e ss.

[69] NEVES, Castanheira. *Teoria...,* cit. 54 e ss.

262   *Frederico Viana Rodrigues*

perpetuada pelo positivismo, cujos pressupostos encontram-se superados, mas ainda lhe transmitem impressão de certeza e de justeza.

Dever-se-ia, em face dessa tensão, abandonar de vez o positivismo e tomar a proposta funcionalista como solução à crise, assumindo o direito como mero regulador de uma planificação política ou como estabilizador de conflitos sociais?

Considerando que o direito deve ser compreendido em três dimensões: social, institucional e ética, tem-se que, ao adotar o modelo funcionalista, o direito estará prescindindo de sua dimensão ética, não lhe importando alcançar o justo, mas tão só o eficiente (do ponto de vista político ou social). Ao assumir o funcionalismo como *alternativa do direito*, estar-se-ia adotando em verdade uma *alternativa ao direito*. Este desaparecia para «ceder o seu lugar a outros reguladores sociais».[70]

Insta ademais, quanto a cada uma das propostas funcionalistas, acrescer que:

i) o *funcionalismo político* substitui a racionalidade jurídica pelo critério estratégico fundado no oportunismo político e na ideologia-social adotados em programas de governo. Substituem-se, para tanto, a validade axiológica pela estratégia finalística: a universalidade comunitária pela *partidariedade* associativa; o fundamento normativo pela eficácia dos efeitos; o juízo pela mera decisão. Diante de tal perspectiva, o direito perde sua autonomia, pois seus valores constitutivos são renunciados para realização de objetivos meramente políticos. Troca-se a racionalidade jurídica pela *voluntas* política, substituindo-se o «juízo de validade» pela «decisão de efeitos políticos». Permuta-se, em última instância, o direito pela política.[71]

ii) o *funcionalismo tecnológico* sacrifica – maquiavelicamente – a garantia do direito (fundada em princípios axiológicos) em favor da eficiência. O direito transforma-se num «programa de fins», adotando estratégia aferida unicamente pelos efeitos e cujo critério restringe-se à contingente e variável instrumentalidade da própria decisão. A racionalidade jurídica é prescindida em face de uma racionalidade tecnológico-estratégica. Substituem-se a validade pela oportunidade; o fundamento pela estratégia; a justeza pela eficácia; o juízo pela decisão. O direito

---

[70] Cf. Idem.
[71] NEVES, Castanheira. *Teoria...,* cit., p. 58 e ss.

abandona sua auto-condução dogmática e passa a se orientar pelas expectativas das conseqüências, como se fosse mero administrador de interesses.[72]

iii) *o funcionalismo econômico* (em especial a *análise econômica do direito*), além do que já foi observado para o *funcionalismo tecnológico,* merece crítica por compreender a eficiência econômica como fim social (nem toda demanda social dirime--se com acúmulo de riquezas, ainda que acumuladas pelo Estado e redistribuídas na forma proposta por Calabresi). Além disso, a proposta empobrece o ser humano, ao reduzi-lo a um ser que racionaliza interesses, como se não possuísse também dimensões espiritual, ética, comunitária, dentre tantas mais.[73]

iv) *o funcionalismo sistêmico*, apesar de sua importância ao constatar que nas demais propostas funcionalistas o direito é colonizado por outras ciências sociais, merece crítica por pretender sua autonomia meramente em termos formais, dispensando demonstrar a validade do direito. Ao sustentar que a validade do sistema jurídico é o próprio sistema, o *funcionalismo sistêmico* evita o problema, porquanto não poderia superá-lo já que a autonomia do direito só pode ser sustentada em termos normativo-juridicos.

De tudo o que foi dito, convocamos, mais uma vez Castanheira Neves, para com ele inferirmos que o direito deve ser pensado na sua juridicidade e com o sentido que ele, como direito, implica, não podendo ser pensado segundo modelos justificados por outros domínios do saber ou numa perspectiva meramente formal sob a categoria de sistema.[74]

Portanto, a assunção de qualquer das propostas funcionalistas acarretaria não a superação da crise do direito, mas a superação do próprio direito.

Podemos assim dizer que a expressão máxima da "Crise do Direito" é a tensão entre a autonomia formal e alienada do normativismo-legalista e a instrumentalidade colonizadora do funcionalismo, exigindo, portanto, uma solução que recuse os extremos desses dois modelos e possa, ao mesmo tempo, reafirmar a autonomia do direito e comprometê-lo com as exigências práticas da realidade contemporânea.

É a essa solução que se propõe o jurisprudencialismo.

---

[72] NEVES, Castanheira. *Metodologia...,* cit., p. 62.

[73] NEVES, Castanheira. *Teoria...,* cit., p. 66.

[74] NEVES, Castanheira. *Teoria...,* cit., p. 71.

5. A PROPOSTA JURISPRUDENCIALISTA DE CASTANHEIRA NEVES

O jurisprudencialismo pressupõe a compreensão do homem sob uma perspectiva «antropológica axiológica» que se contrapõe à de mero *indivíduo* (homem de espírito vazio resultado do secularismo radical). O homem deve se compreender como *pessoa*, com todas suas dimensões éticas e axiológicas, negando o individualismo e postulando, acima de tudo, a dignidade humana. O *homem-pessoa* deve se comprometer com a comunidade e exigir compromisso recíproco, numa atitude responsável e responsabilizante de coexistência.

"Desse reconhecimento comunitário da pessoa e da sua dignidade ética seguem-se irrecusáveis *implicações normativas"*. A primeira está na exigência de um «fundamento» para as pretensões «que na intersubjectividade e na coexistência» as pessoas dirijam umas às outras. Esse «fundamento» é a expressão de uma razão que se afirma na «validade». E a «validade» é a manifestação de um sentido normativo *transindividual*. Um sentido que ultrapassa o sentimento individual da pessoa, sendo admitido por todos os membros de um universo discursivo, que se reconhecem iguais, e que o aceitam sem qualquer tipo de imposição. "Um sentido normativo, numa palavra, que se imponha como uma justificação superior e independente das posições simplesmente individuais de cada um e que, como tal, vincule simultânea e igualmente os membros da relação".[75]

O jurisprudencialismo contrapõe-se ao funcionalismo ao admitir o direito, autenticamente como tal, somente se compreendido como instituição dessa «validade», e não como instrumento da realização racional de interesses sociais ou políticos. Contrapõe-se também ao normativismo-legalista, porquanto essa «validade», ao contrário daquela fundada em critérios normativos abstratos, traduz-se na realização normativa dos concretos problemas práticos.

A «validade» não é fruto da «razão teorética», mas constituída pela «razão prática», conforme lição de Castanheira Neves: "A prática histórico-cultural, e particularmente a prática jurídica, com a sua tão específica intencionalidade à validade e estruturalmente constituída pela distinção entre o válido e inválido, refere sempre no seu sentido e

---

[75] NEVES, Castanheira. *Entre...,* cit., p. 33-34.

convoca constitutivamente na sua normatividade certos valores e certos princípios normativos fundamentantes que pertencem ao *ethos* referencial ou ao *epistéme* prático de uma certa cultura numa certa época. [...] Esses valores e princípios se impõem justamente em pressuposições fundamentante e constitutiva perante as contingentes positividades normativas que se exprimem nessa cultura e nessa época – são valores e princípios metapositivos dessa mesma positividade, como que numa autotranscendência ou transcendentalidade prático-cultural, em que ela reconhece os seus fundamentos de validade e os seus regulativo-normativos de constituição".[76]

Como a «validade» é fruto da razão prática, possui uma indeterminação normativa que, *ipso facto*, exige determinação de ordem dogmática. Determinação esta que se dá por intermédio das normas legais, complementada pela contribuição doutrinária e jurisprudencial. A «validade dogmaticamente determinada» é então submetida à concreta problematização prática nos casos decidendos, "a exigir, por sua vez, uma mediação judicativa que realize a validade nessa prática".[77]

A racionalidade da realização jurisprudencialista do direito opera-se, pois, em duas dimensões: a primeira, de uma «validade pressuposta», de ordem dogmática, que constitui o sistema normativo. A segunda, que é a «problematização prática da mediação judicativa», constitui o problema prático. A racionalidade jurisprudencialista está, pois, na dialética entre sistema e problema, numa intenção judicativa de realização normativa – «tanto a intenção da justeza material referida ao problema concreto como a intenção de concordância normativa referida ao sistema de validade».

De fato, já não se deve considerar o sistema normativo[78] como o axioma ao qual todos os problemas de ordem prática devem subsumir-se. Considerando-se também a experiência prática, emergem muitos outros problemas que não encontram resposta no sistema pressuposto. Por isso, a normatividade sistemática deve ser considerada apenas em âmbito intencional, admitindo a manifestação de novos problemas que imponham à experiência a realização normativa em outra dimensão (*a problematização prática da mediação judicativa*).

---

[76] NEVES, Castanheira. *Entre...*, cit., p. 36.

[77] Idem, p. 37.

[78] O sistema normativo é formado por quatro estratos: os princípios normativos, as normas prescritas, a jurisprudência e a dogmática. (Cf. NEVES, Castanheira. *Metodologia...*, cit., p. 155-156).

"O problema deixa então de ser a expressão interrogante da resposta-solução já disponível, ou a pergunta que antecipa e nos remete a essa resposta-solução, para ser uma pergunta que ainda não encontrou resposta, uma experiência problemática que não foi ainda absorvida por uma intencionalidade dogmática acabadamente fundamentante".[79]

Vejamos, em apertada síntese, o *modus operandi* metodológico do jurisprudencialismo:

a) O caso jurídico decidendo propõe um problema jurídico concreto;[80]

b) O problema é analisado numa *questão-de-fato*, submetendo-se ao controle crítico metodológico de sua relevância jurídica e à comprovação dos elementos específicos dessa relevância e dos seus efeitos;[81]

c) Passa-se, então, a uma *questão-de-direito em abstrato,* onde se determinará o critério jurídico que orientará e fundamentará a solução jurídica do caso decidendo, definindo-se o sentido normativo da norma aplicável;

d) Segue-se a uma análise da *questão-de-direito em concreto*, onde o caso concreto poderá, ou não, encontrar no sistema jurídico pressuposto uma norma aplicável;

e) Encontrada uma norma pressuposta, a *questão-de-direito em concreto* será resolvida por sua mediação ao caso decidendo;

f) Não se encontrando uma norma pressuposta, o julgador realizará o juízo jurídico concreto por uma «autônoma constituição normativa».[82]

Pode-se dizer assim que o direito realiza-se em termos concretos. Ele não deve ser considerado como um dado pré-posto, mas como um «contínuo problematicamente constituendo», num diálogo construtivo

---

[79] NEVES, Castanheira. *Entre...*, cit., p. 38.

[80] "É um «caso» porque nele se põe um problema; é «concreto» porque esse problema se põe numa certa *situação* e para ela; é «jurídico» porque desta emerge um *sentido jurídico* – o problemático sentido jurídico que o problema lhe refere e que nela ou através dela assume e para o qual ela se individualiza como situação (como dado correlativo que oferece o âmbito e o conteúdo relevantes)" NEVES, Castanheira. *Metodologia...*, cit. p. 162.

[81] Cf. NEVES, Castanheira. *Metodologia...*, cit., p. 163-164.

[82] Cf. idem, p. 176 e ss., também em NEVES, Castanheira. "Questão-de-facto – Questão-de-direito". *In: Digesta: escritos acerca do direito, do pensamento jurídico, da sua metodologia e outros*, v. 1. Coimbra: Coimbra Editora, 1995.

A Crise do Direito

entre a norma e a expectativa normativa. De tal forma, mesmo quando existe uma norma pressuposta aplicável ao caso concreto, "é indispensável uma particular mediação judicativa a que o operador em concreto será chamado e de que será o responsável. Esse operador concreto-judicativo não é outro, evidentemente, do que o *juiz*".[83]

Não se pense, entretanto, que na falta de norma pressuposta aplicável ao caso decidendo pode o *juiz* utilizar sua *voluntas* para decidir intuitivamente o problema concreto que se lhe apresenta. "A ausência de um direto critério normativo positivo não significa uma total abertura ou um vazio normativo-jurídico para o juízo decisório – precisamente porque o sistema jurídico não se identifica nem se esgota nas normas, não deixa de oferecer, na carência de normas e para além delas, uma jurídica normatividade judicativamente fundamentante, no âmbito da qual de todo se justifique que se fale de uma *integração intra-sistemática* para caracterizar a índole constitutiva do juízo concretamente decisório".[84]

O *juízo* tem como critério os «fundamentos de validade», que "se referem a sentidos de validade que postulam valores, os valores constitutivos do sistema, e com eles a uma intencionalidade regulativo--normativa com que se hão de justificar, não ações logradas ou fracassadas, mas juízos de válido ou de inválido. Juízos axiológico-normativamente críticos sobre o objeto problemático de resolução e cuja principal função social (ou comunitária) está justamente em afirmarem nesses termos os valores de uma imanente intenção pressuposta e a respectiva intencionalidade normativa de validade, para ponderar e garantir sancionatoriamente o seu concreto cumprimento – pelo que a sua perspectiva normativa é imanente e o seu tempo o presente".[85]

Vê-se, portanto, que o paradigma do jurisprudencialimo está no *juízo*. *Juízo* que não se confunde com aplicação, nem com decisão. No normativismo-legalista, a atuação do juiz está na aplicação lógico-dedutiva (silogística) da norma pré-suposta. No funcionalismo, a atuação do juiz está na decisão orientada por uma *voluntas* política ou social. Nem se confunda com a decisão prático-constitutiva do movimento livre do direito. Para este, a decisão decorre da *voluntas* casuística e intuitiva do julgador. O *juízo* jurisprudencialista realiza-se no caso concreto orientado

---

[83] NEVES, Castanheira. *Entre...*, cit., p. 40.
[84] NEVES, Castanheira. *Metodologia...*, cit., p. 206.
[85] NEVES, Castanheira. *Entre...*, cit., p. 41-42.

por uma racionalidade. Uma racionalidade axiológico-constitutiva, caracterizada por um «fundamento de validade» que se manifesta:

i) pela mediação do caso decidendo à norma prescrita (não numa simples subsunção lógica, mas numa valoração constitutiva de ordem prática);

ii) ou, na ausência de norma pressuposta, pela constituição do direito a partir do caso decidendo, pela mediação do sentido de direito que constitui o «fundamento de validade» do sistema jurídico de uma determinada realidade histórico-cultural em que se insere o caso concreto.

6. CONCLUSÃO

De todo o exposto, podemos, em suma, extrair as seguintes ilações:

i) A propalada "Crise do Judiciário" não deve ser analisada isoladamente. O que ocorre hodiernamente é uma verdadeira "Crise do Direito", entendida não como uma apologia ao *caos*, mas como o declínio do paradigma normativo-legalista e sua tensão com os novos paradigmas que se apresentam;

ii) Os pressupostos que justificavam o modelo normativo-legalista não mais se encontram presentes na atual realidade histórico--social;

iii) O pensamento jurídico pós-moderno já superou cientificamente o método normativo-legalista e, para sua substituição, emergem diversas propostas metodologicamente comprometidas;

iv) As propostas funcionalistas, apesar de se encontrarem coadunadas à realidade histórico-social contemporânea, reduzem o direito a mero *instrumento material* de expectativas contingenciais (funcionalismo social e político) ou *instrumento formal* de um sistema autopoiético (funcionalismo sistêmico);

v) Salvo o funcionalismo sistêmico, a proposta funcionalista constitui não só uma alternativa do direito, mas uma *alternativa ao direito*, que cede sua autonomia a outros domínios do saber. Por outro lado, o funcionalismo sistêmico carece de critério científico para determinar a validade do direito, pelo que também não afirma sua autonomia material;

vi) O jurisprudencialismo de Castanheira Neves recusa os extremos dos modelos normativo-legalista e funcionalista, propondo, ao mesmo tempo, reafirmar a autonomia do direito e comprometê-lo com as exigências práticas da realidade contemporânea.

Os instigantes pensamentos citados neste trabalho foram reduzidos à compreensão do autor, de onde se deduz a perda de seus brilhantismos, não só pela síntese a que foram submetidos, mas também pela, muitas vezes estrita, compreensão de quem os narra. Espera-se, contudo, haver trazido a lume, com esse texto, um debate que freqüentemente se perde nas extremidades do problema. Poucos são os que o enfrentam em seu âmago, como o vem fazendo o Mestre de Coimbra, a cuja lição remetemo-nos para conclusão deste trabalho:

"Para se assumir e realizar o direito, vimos como é indispensável o juiz. Por isso mesmo é eminente a sua tarefa e nobre o papel que dele se espera. É sua uma responsabilidade ética de projeção comunitária. Negar-se-á nesse seu sentido se for mero funcionário, funcionalmente enquadrado e nisso comprazido, servidor passivo de qualquer legislador, simples burocrata legitimante da coação. Só o será verdadeiramente assumindo uma dimensão espiritual e responsabilizando-se por ela, aquela mesma dimensão espiritual que radicalmente constitui o direito como a expressão humana da coexistência, da humana compreensão comunitária. E nesse caso, afirmando-se o representante e intérprete «da soberania originária, da soberania ainda não delegada do povo», segundo a bela fórmula de Marcic, e assim a voz em que a palavra decisiva da democracia, no seu sentido originário e também autêntico, se faz ouvir, tem profunda significação, posto que muitos o não entendam".[86]

7. BIBLIOGRAFIA

ASCENSÃO, José de Oliveira. *O Direito Introdução e teoria geral* – Uma perspectiva Luso-Brasileira. Coimbra: Almedina, 2001.

BRONZE, Fernando José. "Alguns marcos do século na história do pensamento metodológico-jurídico". *In: Boletim da Faculdade de Direito*, volume comemorativo, Coimbra, 2002.

BRONZE, Fernando José. *Lições de introdução ao direito*. Coimbra: Coimbra Editora, 2002.

CARPENTIER e LEBRUN. *História da Europa*. Lisboa: Editorial Estampa, 1996.

CARVALHO, Orlando de. «Ius – Quod Iustum»? *In: Boletim da Faculdade de Direito*, n. 72, Coimbra, 1996.

---

[86] NEVES, Castanheira. *Entre...*, cit., p. 43-44.

CORRÊA-LIMA, Osmar Brina. "Interesses e valores transcedentais na empresa moderna". *In: Atualidades Jurídicas*.Belo Horizonte: Del Rey, 1993.

COSTA, José de Faria. "O papel da Universidade na formação dos magistrados". *In: Revista do Ministério Público*, n. 82, Abr-jun 2000, p. 27-42.

DESCARTES. *Discurso do método*. Lisboa, 1977.

HOBBES, Thomas. *O leviatã*. Lisboa: Imprensa Nacional, 1999.

IHERING, Rudolf Von. *A luta pelo direito*. Rio de Janeiro: Forense, 1999.

LARENZ, Karl. *Metodologia da ciência do direito*. Lisboa: Calouste Gulbenkian, 1997.

LINHARES, Manuel Aroso. *A decisão judicial como "voluntas" ou o "desempenho eliminatório" das críticas racionais*. Sumário da preleção apresentada no III Curso de Doutoramento. Faculdade de Direito da Universidade de Coimbra, dezembro de 2003.

LINHARES, Manuel Aroso. *O sistema jurídico como um «fim em si mesmo» ou as «muralhas de indiferença» da galáxia auto*. Sumário da preleção apresentada no III Curso de Doutoramento. Faculdade de Direito da Universidade de Coimbra, dezembro de 2003.

MARQUES, Mário Reis. *Codificação e paradigmas da modernidade*. Coimbra, 2003.

MOREIRA, Vital; MARQUES, Maria Manuel Leitão. *A mão visível* – Mercado e regulação. Coimbra: Almedina, 2003.

NEVES, A. Castanheira. "Entre o legislador, a sociedade e o juiz ou entre sistema, função e problema – os modelos actualmente alternativos da realização jurisdicional do direito". *In: Boletim da Faculdade de Direito*, n. 74, Coimbra, 1998.

NEVES, Castanheira. "Questão-de-facto – questão-de-direito". *In: Digesta: escritos acerca do direito, do pensamento jurídico, da sua metodologia e outros*, v. 1. Coimbra: Coimbra Editora, 1995.

NEVES, Castanheira. *Metodologia jurídica*. Coimbra: Universidade de Coimbra, 1993.

NEVES, Castanheira. *Teoria do direito* – Lições proferidas no ano lectivo de 1998/1999. Coimbra: Universidade de Coimbra, 1998.

PLÁCIDO JR. e FERNANDES, Tiago. Magistratura sobre brasas. *Revista Visão*, n. 556, 30/10/2003.

REALE, Miguel. *Lições preliminares de direito*. Rio de Janeiro: Forense, 2003.

SANTOS, Boaventura de Souza. Que formação para os magistrados nos dias de hoje? *Revista do Ministério Público*, n. 82, Abr-jun 2000, p. 7-27.

SANTOS, Boaventura de Souza. Tribunais e comunicação social. *Revista Visão*, n. 556, 30/10/2003.

SOARES, António Goucha. "A transformação do poder judicial e os seus limites". *In: Revista do Ministério Público*, n. 82, Abr-jun 2000.

VARELA, Francisco; MATURANA, Humberto. *The tree of knowledge*: the biological roots of human understanding. Boston: Shambhala, 1998.

O CRIME DE "BRANQUEAMENTO"
E A CRIMINALIDADE ORGANIZADA
NO ORDENAMENTO JURÍDICO PORTUGUÊS[1]

por Gonçalo Nicolau Cerqueira Sopas de Melo Bandeira[2]
Advogado
Mestre em Direito pela Faculdade de Direito da Universidade Católica Portuguesa
Especialista em Ciências Jurídico-Criminais
pela Faculdade de Direito da Universidade Católica Portuguesa
Licenciado em Direito pela Faculdade de Direito da Universidade de Coimbra

---

[1] Resumo revisto e actualizado de um dos Relatórios do Curso de Especialização, correspondente à parte escolar, na vertente de Criminalidade Organizada, do Mestrado em Ciências Jurídico-Criminais – sendo que as provas públicas tiveram lugar em 3 de Abril de 2003 – ocorrido no Centro Regional do Porto da Universidade Católica Portuguesa sob a orientação do Professor Catedrático da Faculdade de Direito da Universidade de Coimbra Doutor Jorge de Figueiredo Dias e consistente numa análise doutrinal, legislativa e jurisprudencial críticas. O conteúdo deste texto é, não obstante, da exclusiva responsabilidade do seu Autor, o qual presta aqui um profundo Agradecimento e Homenagem a todos os Professores e Assistentes de Direito, especialmente os Professores e Assistentes de Direito Penal das Faculdades de Direito portuguesas e aos Amigos brasileiros co-coordenadores de este projecto de publicação: o M.D. Advogado, Mestre Rogério Varela, ilustre Docente Universitário brasileiro e o M.D. Advogado, Mestre Frederico Viana, igualmente, ilustre Docente Universitário brasileiro; à Senhora D.ª Maria Cerqueira Ferreira Sopas de Melo Bandeira; à M.D. Advogada e Jurisconsulta portuguesa Maria da Conceição Lameiras Pinto pelo seu apoio a esta coordenação editorial; à Fundação portuguesa "Obra de Nossa Senhora das Candeias" e à Nação Amiga do Brasil, pela qual nutre uma Grande Admiração! A todos os seus Amigos e a toda a sua Família.

[2] Nascido em 1972 na Cidade do Porto, Portugal, o Autor fez todo o seu percurso *pré*-académico na Cidade de Braga, nomeadamente no *Conservatório de Música Calouste Gulbenkian*; na *Escola eb 2,3 André Soares* e na *Escola Secundária D.ª Maria II*. Participou activamente em diversos Seminários e Jornadas Jurídicas e tem diversos

272 Gonçalo Nicolau Cerqueira Sopas de Melo Bandeira

"*Beccaria... hat... zuerst der Kriminalgesetzbung auf das wahre Prinzip, auf den eigentlich rechtlichen Maastab zwischen verbrechen aufmerksam gemacht... ; weder die Schwere der durch das Verbrechen begangenen Sünde gegen Gott... noch die Absicht... Der durch das Verbrechen der Gesellschafte zugefügte Schade ist der wahre Maastab der Verbrechen*" (Anselm Feuerbach).[3]

"Pela dimensão dos danos materiais ([1]) e morais que provoca, pela sua capacidade de adaptação e sobrevivência às mutações sociais e políticas, pela sua aptidão para criar defesas frustrando as formas de luta que lhe são dirigidas, a criminalidade económica é uma ameaça séria a minar os alicerces de qualquer sociedade organizada" (Jorge de Figueiredo Dias / Manuel da Costa Andrade).[4]

"Direito penal económico.... Pretende-se com ela abarcar um conjunto de princípios jurídicos, cristalizados em normas mais ou menos específicas ou particulares, como também nela não se deixa de querer contemplar a definição de alguns tipos legais de crime" (José de Faria Costa).[5]

"Não pode haver, todavia, integração sem liberdade, nem liberdade sem segurança. § É hoje reconhecido por todos que as liberdades instituídas

---

trabalhos publicados pela "Editora Livraria Almedina-Coimbra" (www.almedina.net), pela "Coimbra Editora" (www.coimbraeditora.pt) e na *Internet* (v.g., www.verbojuridico.net). A partir de Outubro de 1996 exerceu as funções de Consultor Jurídico na *Fundação Obra de Nossa Senhora das Candeias – Instituição Particular de Solidariedade Social* com sede no Porto – sendo presentemente seu colaborador voluntário. Desde Abril de 2000 que é "*Inside Lawyer*" no Grupo Sonae: Jurisconsulto no *Departamento Legal da Modelo Continente, S.G.P.S., S.A. – Grupo Económico Multinacional Holding SO.NA.E.*, para o qual aliás já realizou inúmeros Pareceres Jurídicos em diferentes áreas do Direito e, igualmente, várias Acções de Formação como, v.g., o "*Comércio Electrónico – Alguns Aspectos Jurídico-Económicos*" e a "*A transição para o € em Portugal e na União Europeia*". Nenhuma das opiniões jurídicas e científicas que são veiculadas neste trabalho pelo Autor, e que foram fruto de uma investigação internacional teórica e prática, vinculam qualquer das entidades aqui mencionadas e vice-versa. Actuais moradas electrónicas: gsopasdemelobandeira@hotmail.com e gmelobandeira@sonae.pt

[3] Cfr., também, *apud* Giorgio Marinucci in Tradução de José de Faria Costa, revista por Primola Vingiano, dos "Dos Delitos e das Penas", Cesare Beccaria, com dois ensaios introdutórios de José de Faria Costa e Giorgio Marinucci, p. 36.

[4] In "Problemática Geral das Infracções Contra a Economia Nacional», 1977, pp. 319 e ss..

[5] In "O Direito Penal Económico e as Causas Implícitas de Exclusão da Ilicitude", 1985, pp. 413 e ss..

no Tratado da União Europeia – de circulação de pessoas, bens, capitais e serviços – vieram colocar e acentuam todos os dias problemas novos e desafios que só podem ser encarados de uma perspectiva comum e, justamente, integrada (...) Não faz sentido, como já se disse, assegurar a liberdade de circulação dos criminosos e impor fronteiras à justiça, no que se intui um paradoxo apenas aparente" (J. P. Aguiar Branco).[6]

SUMÁRIO: I – Introdução; II – Definição § A) Definição e distinção de outras figuras jurídicas: o Acórdão do Supremo Tribunal de Justiça de 20 de Janeiro de 1988 § B) Bem jurídico; III – Fases do "branqueamento", zonas *"off-shore"*, casos reais e valores económicos envolvidos; IV – Breve historial no direito comparado; V – Reacções, nomeadamente legislativas e ao nível das convenções internacionais § A) A nível mundial § B) Principais instrumentos comunitários e internacionais § C) Organismos operativos § D) A nível nacional; VI – Aspectos jurídicos controvertidos: infracção principal e secundária, nexo de causalidade, inversão do ónus da prova e concurso de crimes? O Acórdão do Supremo Tribunal de Justiça de 30 de Maio de 1996 e o Acórdão do Supremo Tribunal de Justiça de 24 de Junho de 1998; VII – Problemas difíceis com respostas difíceis; VIII – Conclusão final, mas não definitiva; IX – O mais recente movimento de reforma da criminalização do branqueamento de capitais no Ordenamento Jurídico Português; X – O art. 368-A.º do Código Penal; XI – Alguns aspectos da Lei da Assembleia da República Portuguesa n.º 11/2004, de 27 de Março: "Estabelece o regime de prevenção e repressão do branqueamento de vantagens de proveniência ilícita e procede à 16.ª alteração ao Código penal e à 11.ª alteração ao Decreto--Lei n.º 15/93, de 22 de Janeiro"; XII – Breve comentário ao papel dos Advogados perante o branqueamento de capitais; XIII – A proposta de directiva do Parlamento Europeu e do Conselho relativa à prevenção da utilização do sistema financeiro para efeitos de branqueamento de capitais, incluindo o (ou e de) financiamento do terrorismo; XIV – Conclusão

I. INTRODUÇÃO

Trata-se verdadeiramente de um título metafórico que visa identificar a também chamada "lavagem de dinheiro sujo", ou seja, é um conjunto de operações destinadas a ocultar a proveniência real do dinheiro, de forma a apagar todos e quaisquer vestígios sobre a sua fonte criminosa, levando a que esses capitais adquiram uma aparência "limpa", por meio da criação de uma atmosfera legal para os próprios. Mas esta metáfora como que tem

---

[6] In "Discurso do Ministro da Justiça no Instituto de Direito Penal Económico Europeu em Coimbra...".

Gonçalo Nicolau Cerqueira Sopas de Melo Bandeira

um fundo de base histórica e contudo recente, mais precisamente nos anos trinta e quarenta, nos Estados Unidos da América, onde o crime organizado dominava e investia nas lavandarias de roupa, com as suas máquinas de moedas automáticas, que então constituíam uma novidade comercial. Nome que sofre mutações noutros direitos, como é o caso de *blanchissement, recycling, money laudering, blanqueo, riciclaggio, Geldwäscherei*, etc.. Ora, foi precisamente o surgimento do crime internacionalmente organizado que constituiu a razão principal que levou à punição do "branqueamento".

II. DEFINIÇÃO

A) Definição e distinção de outras figuras jurídicas: o Acórdão do Supremo Tribunal de Justiça de 20 de Janeiro de 1988[7]

O branqueamento de capitais é na realidade um processo de transformação por meio do qual o resultado de actividades criminosas ilícitas é investido em operações, que parecem lícitas, através da despistagem da proveniência dessas mesmas acções.

Embora exista uma certa semelhança entre o branqueamento de capitais e as figuras jurídicas clássicas do encobrimento como são, o favorecimento pessoal, o favorecimento real e a receptação, claro está que não há uma identificação absoluta. Desde logo existia, antes da entrada em vigor da Lei n.º 11/2004 de 27 de Março, um argumento de ordem sistemática, já que se o branqueamento (de capitais) se encontrava regulado no Direito Penal Secundário[8], as três figuras tradicionais do encobrimento estavam e estão plasmadas no Código Penal português, respectivamente nos artigos 367.º ou 368.º, 232.º e 231.º ou 233.º.

O que necessariamente demonstra a implicação de diferentes bens jurídicos, problemática esta que será desenvolvida com maior pormenor

---

[7] Publicado no Boletim do Ministério de Justiça, n.º 373, 1998, pp. 295 e ss..

[8] Para exclusivo interesse desta questão *vide* Rodrigo Santiago, Revista Portuguesa de Ciência Criminal, 4 (1994), p. 511, nota 42. *Vide*, por outro lado, Jorge de Figueiredo Dias: "Para uma dogmática do Direito Penal Secundário – um contributo para a reforma do direito penal económico e social português", Direito e Justiça, Revista da Faculdade de Direito da Universidade Católica Portuguesa, IV, 1889/90, 7 e ss..

O *Crime de "Branqueamento" e a Criminalidade Organizada...*   275

mais à frente. Não obstante, é de salientar a importância que reveste o Decreto-Lei n.º 15/93, de 22 de Janeiro (Regime jurídico do tráfico e consumo de estupefacientes que surgia a punir também os capitais branqueados daí provenientes), já com as alterações da Lei n.º 45/96, de 3 de Setembro[9], nomeadamente no seu artigo 23.º/1[10], onde se podem observar, de forma quase respectiva, situações que derivam de favorecimento pessoal na sua alínea a), de favorecimento real na sua alínea b) e de um tipo de receptação na sua alínea c).[11] O branqueamento como que se encontra(va) entre as figuras do favorecimento pessoal e favorecimento real.

Quanto ao favorecimento pessoal há que referir o seguinte: se olharmos para os elementos qualificadores do branqueamento de um ponto de vista alargado, certamente chegaremos à mesma conclusão do Prof. Doutor Faria Costa de que existem certas condutas já punidas pela lei penal portuguesa, pelo facto de constituírem o designado favorecimento pessoal (seja no Código Penal de 1982 no seu artigo 410.º, seja posteriormente às alterações de que foi alvo com o Decreto-Lei n.º 48/95, nomeadamente no seu artigo 367.º), contudo, como o mesmo ilustre Professor chama a atenção, os respectivos regimes jurídicos podem abranger alguns mas não todos os aspectos do branqueamento, designadamente os mais graves, que justamente os regimes jurídicos específicos do branqueamento pretendem regular[12]. Por isso mesmo, depara-

---

[9] Alterações publicadas no Diário da República – I Série – A. Confrontar, por outro lado, a redacção do artigo 156.º no Decreto-Lei n.º 295-A/90, de 21 de Setembro: regime orgânico da Polícia Judiciária.

[10] O artigo 23.º do Decreto-Lei n.º 15/93, de 22 de Janeiro, foi entretanto revogado de acordo com o art. 55.º da Lei n.º 11/2004, de 27 de Março, que "Estabelece o regime de prevenção e repressão do branqueamento de vantagens de proveniência ilícita e procede à 16.ª alteração ao Código Penal e a 11.ª alteração ao Decreto-Lei n.º 15/93, de 22 de Janeiro". Um pouco mais adiante iremos debruçar a nossa atenção sobre este regime jurídico.

[11] Confrontar o n.º 1 do artigo 23.º do Decreto-Lei n.º 15/93, de 22 de Janeiro. *Vide* a jusante, contudo, os nossos comentários às alterações legislativas provocadas pela Lei n.º 11/2004, de 27 de Março.

[12] Costa, José de Faria, Boletim da Faculdade de Direito, Universidade de Coimbra, vol. LXVIII, Separata, Coimbra, 1992, "O branqueamento de capitais (algumas reflexões à luz do direito penal e da política criminal)", Conferência proferida na Universidade Autónoma de *Madrid* em Outubro de 1992 aquando da concessão, por aquela Universidade, do grau de *Doctor Honoris Causa* ao Prof. *Klaus Tiedemann*, páginas,72, 73, 74 e 75, nota de rodapé n.º 24.

mos com uma fronteira clara entre o favorecimento pessoal e o branqueamento.

Quanto ao favorecimento real, há que dizer o seguinte: o tipo-de-ilícito do artigo 232.° do Código Penal, "Auxílio Material", apresenta desde logo um entrave à incriminação do branqueamento, em sentido mais alargado nos seus elementos, ao exigir que seja "por meio de facto ilícito típico contra o património".

No que concerne à receptação também há diferenças evidentes: não é de facto a mesma coisa desde o ponto de vista político-criminal, por exemplo, ser receptador de aparelhagens de "audio e vídeo" furtadas por um empregado de uma fábrica ou investir vultuosos e chorudos capitais de proveniência conhecida do tráfico de droga, v.g., ou de armas (falamos de transacções ilícitas), na compra de dispendiosos prédios urbanos ou de obras de arte. Daí o tratamento, então diferenciado, ao nível da própria chamada do Direito Penal Secundário. Por outro lado, o tipo-de-ilícito de receptação também exige, nos seus elementos constitutivos, a exigência de ser "mediante facto ilícito típico contra o património", podendo-se logo concluir que o tráfico de droga, previsto no Decreto-Lei n.° 15/93, de 22 de Janeiro, não é um crime contra o património, nem, v.g., os crimes de terrorismo ou o tráfico de armas evocados no artigo 2.° do Decreto-Lei n.° 325/95 de 2 de Dezembro o eram[13]. Embora, como já se referiu, a alínea c) do n.° 1 do artigo 23.° do Decreto-Lei n.° 15/93, de 22 de Janeiro (já com as alterações da Lei n.° 45/96, de 3 de Setembro), se apresente como uma espécie de receptação imprópria, mas nunca negligente[14], é de realçar, outra vez, que o crime prévio não se dirige aqui contra o património, mas sim contra a saúde pública. O mesmo já não se poderá dizer com tanta certeza em relação à alínea c) do artigo 2.° do Decreto-Lei n.° 325/95, de 2 de Dezembro[15].

---

[13] Decreto-Lei publicado no Diário da República – I Série-A, n.° 278, que, nesse período, veio alargar o catálogo de crimes que podem gerar capitais susceptíveis de constituírem crime de branqueamento de capitais, na ordem jurídica interna portuguesa. A jusante indicamos as novas alterações legislativas e comentamos, neste ou em aquele ponto, a Lei n.° 11/2004, de 27 de Março.

[14] Na mesma linha da opinião de Santiago, Rodrigo: "O branqueamento de capitais e outros produtos do crime: contributos para o estudo do artigo 23.° do Decreto-Lei n.° 15/93, de 22 de Janeiro, do regime da prevenção da utilização do sistema financeiro no branqueamento (Decreto-Lei n.° 313/93, de 15 de Setembro)", Revista Portuguesa de Ciência Criminal, 4, 1994, pp. 521 e ss., especialmente notas 59 e 60.

[15] Normas, entretanto, revogadas: cfr. art. 55.° da Lei n.° 11/2004, de 27 de Março.

O Crime de "Branqueamento" e a Criminalidade Organizada...

Em meados de Julho de 1989 os membros do G 7 criam o G.A.F.I. – *Group d' Action Financière sur le Blanchiment de Capitaux* – ou F.A.T.F. – *Finantial Action Task Force on Money Laundering*. Esta organização ficou responsável pela reflexão dos meios de *combate* contra a reciclagem dos proventos do tráfico de droga. Foi assim que em Abril de 1990 o G.A.F.I. adoptou as Quarenta Recomendações a serem consideradas na *luta* contra o branqueamento e que estiveram na origem do anteriormente mencionado Decreto-Lei n.º 325/95, de 2 de Dezembro, o qual foi entretanto alterado pela Lei n.º 65/98, de 2 de Setembro, pelo Decreto Lei n.º 275-A/2000, de 9 de Novembro, pela Lei n.º 104/2001, de 25 de Agosto, pelo Decreto-Lei n.º 323/2001, de 17 de Dezembro, pela Lei n.º 5/2002, de 11 de Janeiro e pela Lei n.º 10/2002, de 11 de Fevereiro. Estes regimes jurídicos vieram – *grosso modo* – alargar e/ou aperfeiçoar consideravelmente o catálogo de crimes que podiam dar origem à lavagem ou branqueamento. No entanto, e no que concerne à investigação criminal, fazemos aqui o destaque da Lei n.º 5/2002, de 11 de Janeiro, a qual estruturou um especial regime jurídico de recolha de prova, quebra do segredo profissional e perda de bens a favor do Estado relativamente ao crime de branqueamento[16].

O branqueamento consiste num *plus* em relação à receptação e além disso não há, normalmente, documentos representativos de transacções no que se refere à receptação.[17] O ilustre Magistrado Lourenço Martins refere

---

[16] Cfr., entrementes, a alínea c) do art. 55.º da Lei n.º 11/2004, de 27 de Março. As normas mencionadas foram, por conseguinte, revogadas. O referido art. 55.º, alínea c), da Lei n.º 11/2004, não refere que o Decreto-Lei n.º 325/95, de 2 de Dezembro, tenha sido alterado pelo Decreto-Lei n.º 275-A/2000, de 9 de Novembro. Não obstante, o art. 18.º do Decreto-Lei n.º 325/95 altera o Decreto-Lei n.º 295-A/90. Ora, o art. 179.º do Decreto-Lei n.º 275-A/2000, de 9 de Novembro refere o seguinte: "Sem prejuízo do disposto no n.º 3 do artigo anterior, é revogado o Decreto-Lei n.º 295-A/90, de 21 de Setembro, e legislação complementar". O art. 178.º do Decreto-Lei n.º 275-A/2000, de 9 de Novembro, refere o seguinte: "1 – No prazo de 180 dias a contar da entrada em vigor do presente diploma deve ser publicada a respectiva legislação regulamentadora. § 2 – Em igual prazo deve ser publicada a lei orgânica do Instituto Superior de Polícia Judiciária e Ciências Criminais. § 3 – Enquanto não for publicada a legislação referida nos números anteriores continuam a aplicar-se, com as necessárias adaptações, os regulamentos actualmente em vigor para a Polícia Judiciária". Concretizados estes factos, verifica-se que o Decreto-Lei n.º 275--A/2000 acaba mesmo por alterar, ainda que de uma "forma indirecta", o Decreto--Lei n.º 325/95.

[17] *Vide* Costa, José de Faria, B.F.D., Coimbra, 1992, "O branqueamento...", páginas 72 e 73.

que[18] "entre nós, estamos em face de um delito autónomo, de perigo abstracto, pelo que, acrescentam alguns, não seria necessário um conhecimento exacto de todos os antecedentes, nomeadamente dos contornos precisos da infracção dita principal."

Resta fazer uma breve referência ao Acórdão do Supremo Tribunal de Justiça, de 20 de Janeiro de 1988, Boletim do Ministério da Justiça, 373 (1988), p. 295 e ss.,[19] o qual, embora apresente já uma relativa antiguidade, não é de desprezar pela importância da interpretação incorrecta que faz no contributo para a compreensão da delimitação entre a receptação e o branqueamento, pois considerou que o recebimento de dádivas em que o agente conhecia a sua proveniência criminosa preenchia o crime de receptação. Ora como refere o Prof. Doutor Faria Costa, o recebimento de dinheiro não constitui receptação, à excepção do caso de notas cujos números sejam perfeitamente conhecidos das autoridades. E aqui surge obviamente uma questão complementar que é saber se pratica o crime de receptação aquele que aceita dádivas provenientes de lucros de crimes contra o património, sabendo que esse dinheiro não apresenta números susceptíveis de serem reconhecidos pelas autoridades. Sabendo que o ilícito típico do artigo 231.º do Código Penal clama por uma "intenção de obter, para si ou para outra pessoa, vantagem patrimonial" (o que não difere essencialmente da redacção do Código Penal de 1982), torna-se por conseguinte descabido estar a tentar integrar ou enquadrar aqui, como elemento constitutivo do tipo-de-ilícito, a doação, a qual constituindo para o donatário uma actuação, que se passa por fora do seu círculo de acção, rechaça tal comportamento para fora do âmbito de protecção da norma prevista pelo artigo 231.º do Código Penal.

B) Bem jurídico[20]

Se nos "Favorecimento pessoal" e "Favorecimento pessoal praticado por funcionário", previstos respectivamente nos artigos 367.º e 368.º do

---

[18] Martins, A. G. Lourenço, "Branqueamento de capitais: contra-medidas a nível internacional e nacional".

[19] Acórdão referido pelo Prof. Doutor Faria Costa B.F.D. in "O branqueamento...", páginas 72 e 73.

[20] Confrontar o Prof. Doutor Figueiredo Dias nas "Jornadas de Direito Criminal, Revisão do Código Penal, I Volume", que consistiram em conferências realizadas pelo

O Crime de "Branqueamento" e a Criminalidade Organizada... 279

Código Penal português, o bem jurídico transcrito positivamente se intitula realização da justiça ("Dos crimes contra a realização da Justiça"), já na "Receptação" e no "Auxílio material", previstos nos artigos 231.°, 232.° e 233.° do mesmo Código Penal, se tutela o património ("Dos crimes contra direitos patrimoniais"). O problema surge quando as opiniões divergem, claramente, no que se refere à identificação inequívoca de qual seja o bem jurídico tutelado pelo branqueamento. Trata-se agora de dilucidar o bem jurídico tutelado pela incriminação.[21] Não se trata agora do bem jurídico tutelado pelo tipo-de-ilícito da receptação, ou seja, o

---

Centro de Estudos Judiciários e proferidas na Aula Magna da Reitoria da Universidade de Lisboa, em 3 e 4 de Julho de 1995, pp. 30 e ss.: "Todo o direito penal é (e é só), segundo a sua função, um direito de tutela subsidiária de bens jurídicos, isto é, de substratos de interesses socialmente relevantes e como tal juridicamente reconhecidos." Assim, para Autores como o Prof. Figueiredo Dias, in "Sobre o estado actual da doutrina do crime", Revista Portuguesa de Ciência Criminal, Ano I, 1991, 1, p. 39 e ss., "a ordem legal dos bens jurídicos constitui, nos quadros do Estado de Direito material, uma ordenação axiológica como a que preside à Constituição". Ao contrário do Professor Doutor Faria Costa, *in* Tentativa e dolo eventual (ou da relevância da negação em direito penal), Separata do número especial do Boletim da Faculdade de Direito de Coimbra – "Estudos em homenagem ao Professor Doutor Eduardo Correia" – 1984, Coimbra, 1987 que refere, na p. 18: "Daí, a premência de se encontrar um critério regulativo que, segundo alguns Autores, se pode buscar e encontrar no quadro da Lei Fundamental mas que, em nossa opinião, se deve procurar numa fundamentação meta-jurídica, se bem que a constituição seja, no âmbito daquela compreensão axiológica, um referente preferencial." *Vide* também Santiago, Rodrigo in "O branqueamento...", p. 529, nota 72.

[21] O art. 53.° da Lei n.° 11/2004, de 27 de Março, veio, entretanto, aditar ao Código Penal o art. 368.°-A, o qual prevê e pune o crime de branqueamento. Não consideramos, contudo, que a questão esteja definitivamente encerrada, do ponto de vista da análise das Ciências Jurídicas, dizendo simplesmente que se trata do bem jurídico "realização da justiça" e ponto final. A nossa análise não vai ser simplesmente, portanto, uma análise jurídica *de lege ferenda*. Aí, em relação ao direito positivo, a discussão está momentaneamente encerrada. Estamos em pleno acordo, contudo e como é óbvio, com o nosso Docente da Faculdade de Direito da Universidade de Coimbra Mestre Pedro Caeiro – in "A *Decisão-Quadro do Conselho, de 26 de Junho de 2001...*", p. 1082, quando também afirma, juntamente com o Prof. Doutor Figueiredo Dias, que "...cremos que há (sempre) espaço para uma investigação da fisionomia do bem jurídico *prévia* à identificação da morfologia da tutela legal que lhe é concedida, sob pena de o bem jurídico perder a função de direcção do legislador nas decisões de criminalização e de 'padrão crítico de aferição' da sua legitimidade (JORGE DE FIGUEIREDO DIAS, *Temas Básicos..., cit.*, p. 45), função que também se encontra presente em sede de direito penal secundário (económico) (*ibidem*, p. 50)".

patrimónío, ou ainda a protecção da saúde pública visada pelo consumo e tráfico ilícito de drogas.

Deste modo, certas opiniões defendem que o bem jurídico tutelado pela incriminação do branqueamento se situa na protecção da ordem socio-económica, quer do ponto de vista da intervenção jurídica estatal, quer na própria distribuição e consumo de bens e serviços. Podemos também falar, na nossa opinião, em uma circulação dos bens conforme ou permitida pela lei. No contexto da posição anterior àquela que referimos anteriormente, surge a perspectiva, entre outras, de Juana Del Carpio Delgado[22], que recai em uma visão mais circunscrita do problema, defendendo que o bem jurídico, que realmente está aqui em causa, é, pois, a *"licitud de los bienes que circulan en el mercado"*. É esta uma condição indispensável para o funcionamento da ordem social e económica.[23] Pelo que se trata de um "bem jurídico colectivo". Não obstante, já anteriormente podemos encontrar uma opinião muito similar e que era partilhada pelo ilustre Jurista António Henriques Gaspar.[24] O Docente da Faculdade de Direito da Universidade de Coimbra, Mestre Pedro Caeiro, fala de "pureza da circulação dos bens". Segundo este ilustre Mestre, que rejeita justificadamente a protecção de este bem jurídico pela incriminação do branqueamento, "...a tutela do interesse na 'pureza' da circulação dos bens não depende da espécie nem da gravidade dos factos de onde eles provêm, nem de um particular modo típico de execução do crime, nem de específicos elementos subjectivos...".[25] Também, por seu lado, o ilustre

---

[22] *Vide* "El Delito de Blanqueo de Biens...", pp. 81-86 e ss..

[23] Cfr. Delgado, J. Del Carpio in op. cit. p. 86: *"Así, la circulación de los bienes en el mercado o, la circulación económica o financiera o, la libertad del tráfico económico, o el tráfico lícito de bienes, es un complejo e importante elemento y la incorporación de bienes de procedencia delictiva supone precisamente que éstos se encuentren fuera de todo tipo de control, ya no solamente por parte de los particulares, quienes deben conocer la naturaleza de los bienes con los cuales están negociando, sino de un control estatal indirecto y/o directo sobre los mismos, ya que de su tutela depende en gran medida la protección de un mercado normativizado como es el nuestro, en el cual el Estado debe regular los aspectos más fundamentales de las acciones de quienes operan en él (...)".*

[24] In "Branqueamento de Capitais...", p.124. Confrontar igualmente José de Oliveira Ascensão in "branqueamento...", p. 341 onde justifica *substancialmente* a perseguição penal do branqueamento como uma "defesa contra o envenenamento do sistema financeiro".

[25] *Vide* Pedro Caeiro in "A Decisão-Quadro...", p. 1084. Nas páginas 1085 e 1086 o ilustre Docente da Faculdade de Direito da Universidade de Coimbra elenca vários argumentos nos quais justifica a sua rejeição de este bem jurídico.

Magistrado do Ministério Público Mestre Jorge Dias Duarte[26] encontra uma protecção ajustada da totalidade da ordem económica e social na "tutela da circulação de bens no mercado". Podemos já, aliás, encontrar igual e globalmente a ideia, acima referida, da Penalista de língua castelhana, i.e., Del Carpio Delgado de *"licitud de los bienes que circulan en el mercado"*, no próprio Bottke.[27] Ora, para esta corrente, esta referida circulação deverá ser precisamente protegida. Lampe[28], muito curiosamente, refere, *"grosso modo"*, que o bem jurídico protegido pelo crime de branqueamento é o movimento circulatório financeiro e económico que deve ser, portanto, resguardado face à incorporação dos bens ilegais. Este Autor germânico acaba por reconhecer, contudo, que a tutela do referido bem jurídico protegido se dirige muito determinadamente a evitar agressões contra a administração da justiça.

Como já afirmamos, parece ser *aceite* que a saúde pública é o bem jurídico tutelado pela, até agora, incriminação do consumo e tráfico de estupefacientes.[29] Mais controverso era discernir qual o bem jurídico tutelado pelas alíneas a), b) e c) do n.º 1 do art. 23.º do Decreto-Lei n.º 15/93, de 22 de Janeiro. Segundo o Mestre e M.D. Advogado Rodrigo Santiago, "o bem jurídico tutelado pelos referidos três tipos, é, ao menos de forma imediata, a prevenção do tráfico e do consumo, ou seja, a respectiva dissuasão", sendo que, de forma indirecta ou mediata, seria tutelada a saúde pública. Salvo o devido respeito, apraz-nos concordar com a dúvida que o próprio Autor – Distintíssimo Advogado Rodrigo Santiago –, põe na nota de rodapé n.º 75, p. 530, R. P. C. C.[30] 4 (1994) e achar que nesta sua posição não separa com nitidez o conceito de bem jurídico com aquilo que foi a motivação do legislador. É de salientar que o surgimento posterior do Decreto-Lei n.º 325/95 de 2 de Dezembro, que será analisado a jusante, vem confirmar, nomeadamente no seu artigo 2.º, esta mesma ideia (a confusão entre bem jurídico e aquilo que foi motivação do legislador) ao alargar o catálogo de criminalização da

---

26 In "Branqueamento de capitais....", pp. 97 e ss..

27 In *"Teleologie und Effektivität der Normen gegen Geldwäsche"*, pp. 121 e 124 *apud* Juana Del Carpio Delgado in op. cit., p. 82, nota de rodapé n.º 132.

28 In *"Der neue Tatbestand der Geldwäsche (§ 261 StGB)"*, p. 123.

29 A criminalização ou descriminalização do consumo e tráfico de estupefacientes é ainda, não obstante, uma controversa questão que não vamos aqui desenvolver com profundidade.

30 Daqui em diante a expressão R.P.C.C. significará Revista Portuguesa de Ciência Criminal.

proveniência das vantagens branqueadas, para origens diversas, que já não o mero consumo e tráfico ilícito de drogas, como é o caso do terrorismo ou do tráfico de armas e que manteve uma estrutura em tudo semelhante à do art. 23.° do Decreto-Lei n.° 15/93, de 22 de Janeiro que previa as já identificadas acções branqueadoras.[31]

Na opinião do ilustre Magistrado Lourenço Martins, o bem jurídico, que está realmente em causa na criminalização do branqueamento de capitais, é a "protecção de interesses económicos e financeiros, nos quais sobrelevam a preservação de uma sadia concorrência entre empresas e pessoas singulares, que sairia de todo desvirtuada pela circulação de capitais ilícitos, a não contaminação das instituições financeiras que em qualquer Estado se querem credíveis e sólidas"[32]. Resta afirmar que a administração da justiça aparece aqui nitidamente em um plano secundário. Não nos parece, por seu lado, que a designada "concorrência" seja o bem jurídico protegido pela incriminação do branqueamento. Mesmo do ponto de vista jurídico do perigo abstracto. É que a lei não desenha limites mínimos ao montante das vantagens branqueadas nem circunscreve o objecto da acção às vantagens derivadas de tipos de crimes provavelmente geradores de valores elevados.[33]

É útil observar aquilo que diz determinada doutrina alemã, por sinal aquela que adquire importância (também) essencial em todo o *actual* direito penal português, em relação à identificação do bem jurídico que é tutelado pela criminalização do branqueamento de capitais no preceito 261.° do StGB[34]. Refira-se que, em esta altura, se tinha verificado uma reforma do preceito 261.° StGB através da Lei de Luta Contra o Crime de 28 de Outubro de 1994, Boletim Oficial Federal, I, pp. 3186 e ss., p. 3188

---

[31] Sem deixar de referir que, se o surgimento do citado Decreto-Lei de 1995 é cronologicamente posterior ao artigo de 1994 do Mestre em Ciências Jurídico-Criminais e M.D. Advogado Rodrigo Santiago, também não deixa de ser verdade que as Quarenta Recomendações do G.A.F.I. que deram origem a esse mesmo diploma são de 1990 conforme se viu acima. As Quarenta Recomendações foram, entretanto e como veremos melhor mais adiante, revistas e concluídas pelo G.A.F.I. em Junho de 2003.

[32] *Vide* obra citada a montante.

[33] A estas mesmas conclusões chega o nosso Docente da Faculdade de Direito da Universidade de Coimbra, Mestre Pedro Caeiro in "A Decisão-Quadro do Conselho...", p. 1084. *Vide*, também quanto a esta matéria, Carlos Suárez González in Miguel Bajo Fernández et Alii, *"Compendio de Derecho Penal..."*p. 565 e ainda, igualmente, Jorge Fernandes Godinho in "Do Crime de 'Branqueamento' de Capitais...", pp. 131 e ss..

[34] *Strafgesetzbuch,* ou seja, o Código Penal (Alemão).

O Crime de "Branqueamento" e a Criminalidade Organizada... 283

e onde antes se podia ler na epígrafe "branqueamento de dinheiro" podia ler-se posteriormente "branqueamento de dinheiro, encobrimento de valores patrimoniais ilegais"[35]. A 21.ª secção da parte especial do StGB, onde está integrado justamente o preceito em apreço, intitula-se "Favorecimento e Receptação" e não como acontecia na lei penal portuguesa numa legislação exterior ao Código Penal, nomeadamente no direito penal secundário. Pelo que se detectava aqui uma tentativa, por parte do legislador alemão, em estabelecer uma analogia entre o branqueamento e a receptação. Mas, segundo *Wilfried Bottke*[36], o bem jurídico aqui protegido é não só o mercado e o seu funcionamento com o seu fluxo económico e financeiro, mas também os interesses individuais lesionados pelo crime prévio, além da já referida Administração da Justiça em função da eliminação do efeito do crime. Parece-nos ser esta uma muito importante posição de síntese.

Não obstante, grande parte da doutrina alemã considera, ou pelo menos considerava antes da referida reforma do 261.º StGB[37], que o bem jurídico tutelado pela criminalização do branqueamento por parte da lei penal alemã seria "a tarefa da paz jurídica interna" no sentido de um restabelecimento da paz jurídica visando, segundo BARTON, não uma paz a qualquer preço, mas o evitar da perturbação da "estrutura da ordenação fundamental livre e democrática do Estado de Direito liberal e social".

É de assinalar que, por outro lado, o § 261.º do StGB tem já uma posterior redacção àquela que foi anteriormente assinalada e que lhe foi outorgada *pela 34. StÄndG*, de 22 de Agosto de 2002.[38] O legislador germânico incrimina no § 261.º StGB o branqueamento de vantagens com origem na totalidade dos *Verbrechen*[39] e uns tantos *Vergehen* que, por seu lado, assinala devidamente.[40]

---

[35] A tradução é livre e foi por nós realizada.

[36] *Bottke, Wilfried, Mercado, criminalidad organizada y blanqueo de dinero en Alemania, Revista Penal*; *2, Julio* 1998, pág. 1, Barcelona: *Praxis*, 1998, p.13.

[37] Assim é referido por Santiago, Rodrigo in "O Branqueamento de capitais...", p. 532.

[38] Já depois, portanto, da aprovação da Decisão-Quadro do Conselho, de 26 de Junho de 2001.

[39] *Verbrechen*, i.e., crime é um facto (antijurídico) punido, no contexto do ordenamento jurídico alemão, com prisão de um ano ou superior. *Vollendetes Verbrechen*, i.e., o "crime consumado". *Vergehen*, por outro lado, i.e., delito é um facto (antijurídico) punido, no contexto do ordenamento jurídico alemão, com uma pena de prisão de duração mínima inferior a um ano. Basta confrontarmos o § 12 StGB.

[40] Deste modo, não é abrangida a totalidade dos *Vergehen* aos quais pode corresponder uma pena máxima muito superior a 1 ano de prisão. Quanto a este problema, cfr.

284 Gonçalo Nicolau Cerqueira Sopas de Melo Bandeira

É de salientar, a partir de um outro desenvolvimento, a enorme importância que se verifica na conexão existente entre os crimes de branqueamento e o de associações criminosas, art. 299.º do Código Penal, resultando a soma de ambos na via comum que também constitui a criminalidade *altamente* organizada. Eis uma das razões porque não há uma coincidência absoluta entre a criminalidade organizada e o crime de associações criminosas, sabendo também, por outro lado, que os crimes *de* organização criminosa também não se confundem com os crimes *da* organização criminosa.

Ora, como refere o M.D. Advogado Rodrigo Santiago[41], a visão de que a "tarefa da paz jurídica interna" é o bem jurídico tutelado pelo preceito 261.º StGB coincide com o prisma do Prof. Doutor Figueiredo Dias, no que diz respeito à identificação do bem jurídico tutelado pelos crimes de "associações criminosas". Como afirma o ilustre Professor "Bem jurídico protegido pelo tipo do crime de associação criminosa é a paz pública no preciso sentido das expectativas sociais duma vida comunitária livre da *especial perigosidade* de organizações que tenham por escopo o cometimento de crimes", acrescentando ainda, com interesse essencial para a questão aqui controvertida, que "Trata-se de intervir num estádio prévio, através de uma dispensa antecipada de tutela, quando a segurança e a tranquilidade públicas não foram ainda necessariamente perturbadas, mas se criou um especial perigo de perturbação que só por si viola a paz pública; conformando assim a "paz" um conceito mais amplo que os de segurança e tranquilidade e podendo ser posta em causa quando estas ainda o não foram.[42]"

Afirma ainda o M.D. Advogado Rodrigo Santiago: "Repete-se: esta postura interpretativa do bem jurídico recorrente é postulada pela estrutura abrangente do tipo, no que concerne às fontes do branqueamento, as quais, diferentemente do que sucede no ordenamento português, através da RCTCE ("Consumo e Tráfico Ilícito de Drogas", Decreto-Lei n.º 15/93, de 22 de Janeiro, entretanto alterado, entre outros diplomas legislativos, pela Lei n.º 45/96, de 3 de Setembro), podem traduzir-se em qualquer dos

---

Schönke; Schröder; Stree in *"Strafgesetzbuch Kommentar"*, 26. Aufl., § 261 StGB, 4 e Pedro Caeiro in "A *Decisão-Quadro do Conselho, de 26 de Junho de 2001...*", p. 1080.

[41] *Vide* Santiago, Rodrigo in "O branqueamento de capitais...".

[42] Figueiredo Dias, Jorge de, anotação ao art. 299.º do Código Penal, gentilmente cedido pelo próprio e, entretanto, já publicado na colecção "Comentário Conimbricence do Código Penal", Coimbra Editora.

comportamentos descritos no "catálogo", seja qual for a origem da necessidade de branquear[43]." Pensamos, todavia, que a concepção que defende a ideia de o bem jurídico protegido coincidir, pura e simplesmente, com o bem jurídico atingido pelo facto precedente estava sobretudo apoiada na estrutura de direito positivo que previa a punição do branqueamento monopolisticamente dirigida ao tráfico de estupefacientes.[44]

Ora, justamente quando foram escritas as palavras do Advogado Mestre Rodrigo Santiago, ainda não tinha surgido o já acima referenciado Decreto-Lei n.º 325/95, de 2 de Dezembro, que veio precisamente criar ou alargar o catálogo de crimes que poderão gerar bens ou produtos susceptíveis, por sua vez, de serem objecto de um branqueamento efectivamente criminalizável. Ou seja, podemos então afirmar que, no ordenamento português, através dos diversos diplomas nacionais e internacionalmente ratificados, as fontes do branqueamento podiam traduzir-se em qualquer dos comportamentos descritos no catálogo alargado. Assim, por *maioria de razão*, a melhor e mais concreta interpretação ou identificação do pricnipal bem jurídico – não o único! – que efectivamente é tutelado pela criminalização do branqueamento seria no nosso, ainda presente, entender, aquela que mais se aproxima do entendimento sufragado por grande parte da doutrina alemã e do Prof. Doutor Figueiredo Dias no que se refere ao crime de "associações criminosas", não esquecendo o "ponto de encontro" que este constitui, juntamente com o "branqueamento", na criminalidade (*altamente*) organizada. Não pode passar despercebido que em relação ao tipo-de-ilícito do art. 299.º, que prevê e pune o crime de "associação criminosa", o título da Secção II, do Capítulo V, do Título IV, do Livro II, que constitui a Parte Especial do Código Penal se designa por "Dos crimes contra a paz pública", pelo que do direito positivo se podia retirar, também um importante argumento de ordem sistemática.[45] Sabendo que o branqueamento surge como uma espécie de "fluxo sanguíneo do organismo" da criminalidade *altamente* organizada[46], sem a lavagem, porventura *de*

---

[43] *Vide* Santiago, Rodrigo in "O branqueamento de capitais...".

[44] Também Daniel Gentzik e Pedro Caeiro chegam a essa mesma conclusão: *vide*, correspondentemente, *"Die Europäisierung des deutschen..."*, p. 45 e ss. e "A Decisão-Quadro do Conselho...", pp. 1082-1083.

[45] Conforme já se referiu anteriormente, a isto não obsta o facto do actual art. 368.º/A do CP ter encerrado esta questão do ponto de vista do direito positivo.

[46] O Conselho da União Europeia alegou como alicerces jurídicos da Decisão-quadro do *próprio* Conselho, de 26 de Junho de 2001 (relativa ao branqueamento de

286 Gonçalo Nicolau Cerqueira Sopas de Melo Bandeira

dinheiro, com as suas fases de colocação, transformação e integração, as associações criminosas acabariam por estagnar e de deixar de dispor da necessária mobilidade, especialmente numa economia de mercado. E a criminalidade organizada socorre-se, por vezes, do próprio terrorismo e das organizações terroristas. Sendo que todos estes factores recorrem ao branqueamento. Como refere, por outro lado, o nosso Docente de Direito Penal em Coimbra, Mestre Pedro Caeiro[47], "... cremos que os crimes de terrorismo e de organizações terroristas, não tendo embora por fim precípuo, a obtenção de vantagens, são indiscutivelmente aptos a gerá-las...". Não cumpre, porém, aqui discernir ou problematizar com exasperação o bem jurídico tutelado pela criminalização das associações criminosas, mas sim compreender por que é que se criminaliza o branqueamento e qual o bem jurídico aqui tutelado, sabendo que, como as duas faces/caras de Jano, associações criminosas e branqueamento, designadamente de capitais – em muitos dos casos em actividades que levantam a menor das suspeitas! –, são "duas faces da mesma moeda" que é aquela que constitui a criminalidade organizada. Afinal podemos encontrar simultaneamente um profundo amor em Medéia mas também um horrível ódio que a conduz ao próprio assassínio do seu amado, o qual, por sua vez a traíra depois de a amar. É o mesmo louco amor de Fedra que, pouco antes de se enforcar, a leva a escrever uma ignóbil mensagem capaz de provocar

---

capitais, à identificação, detecção, congelamento, apreensão e perda dos instrumentos e produtos do crime: JO L, 182, de 5 de Julho de 2001), o art. 31.º/a), c) e e); e, ainda, o "art. 29.º" e o art. 34.º do Tratado da União Europeia. Ora, a conclusão n.º 51 do Conselho Europeu de Tampere (JO C, 19, de 23 de Janeiro de 1999) é precisamente a seguinte (considerando 6): "o branqueamento de capitais está no cerne da criminalidade organizada, pelo que deverá ser erradicado onde quer que ocorra". É muito importante referir, aliás, que é a Decisão-quadro do Conselho, de 26 de Junho de 2001, que obriga os diversos Estados, que fazem parte da União Europeia, a "não fazer ou manter reservas" ao art. 6.º da Convenção do Conselho da Europa relativa ao branqueamento, Detecção, Apreensão e Perda dos Produtos do Crime, de 8 de Novembro de 1990, nos casos em que estejam em causa infracções, referenciadas como, graves. É que, como bem assinala o Penalista de Coimbra, Pedro Caeiro (in "A Decisão-quadro do Conselho, de 26 de Junho de 2001", p. 1072; ver também Nuno Brandão in "Branqueamento de Capitais: O Sistema Comunitário de Prevenção", 2002, p. 69), a Comunidade Europeia não dispõe de uma competência legislativa positiva em matéria penal e a definição de branqueamento que se apresenta na Directiva procura apenas delimitar o quadro das acções de branqueamento importantes na área do sistema de prevenção em ela desenhado, o qual pode ser mais circunscrito que o domínio do branqueamento criminalmente punível.

[47] In "A Decisão-quadro do Conselho, de 26 de Junho de 2001, ...", p. 1090.

O Crime de "Branqueamento" e a Criminalidade Organizada... 287

a morte de Hipólito – culto da sua paixão fulminante – em um contexto de inelutável trama tecida pela dúplice deusa Afrodite!

A paz pública é, pelo menos, *o principal bem jurídico* tutelado pela criminalização do branqueamento (porventura de capitais). Podemos dizer, por outro lado, que não é, claramente, o único bem jurídico em causa. Análise que sai reforçada com o alargamento do catálogo de crimes susceptíveis de originar lucros que possam conduzir a lavagens (v.g. de dinheiro) criminosas que vão dar uma aparência de licitude àquilo que tem origem claramente ilícita. Claro que uma economia, que não criminalize o branqueamento, vai acabar por permitir o surgimento de um fortalecimento contínuo da criminalidade organizada e de toda a sua perniciosidade, fazendo perigar o próprio Estado de direito e, portanto, a paz pública, ao contribuir para a construção de um Estado dentro do próprio Estado, capaz de subverter qualquer lógica de regime democrático, e até suficientemente forte, para acabar por se tornar no próprio Estado, que passando a confundir-se com a criminalidade organizada já dela não se consegue distinguir.[48] Defendemos, aliás, a tese que reconhece que a criminalidade organizada – quando também é rejeitada pelo próprio direito! – pode criar "direito" dentro de si mesma.[49]

Günther Stratenwerth, ainda por um outro lado, refere mesmo que "um tipo de crime de branqueamento de capitais não protege nenhum bem jurídico tangível", mas, pelo contrário, protege "contra uma forma especialmente perigosa de criminalidade".[50] Temos, por-|

---

[48] *Vide* Jorge de Figueiredo Dias in *"Autoría y participación en el dominio de la criminalidad organizada: el "dominio-de-la-organización"*, que nos foi muito amavelmente cedido pelo ilustre Professor da Universidade de Coimbra (ainda sem publicação na época mas posteriormente publicado na Revista de *Derecho Penal, La Ley*, Huelva), no qual se refere *"El dominio de la organización constituye, por consiguiente, una forma de dominio-de-la-voluntad que, indiferente a la actitud subjectivo-psicológica del específico ejecutor, no se confunde com el dominio-del-error o com el dominio-de-la-coacción, integrando un fundamento autónomo de la autoría mediata.*

[49] Falamos obviamente aqui de "direito" em um sentido muito particular: como conjunto de "normas gerais, abstractas, dotadas de coercitividade, que regem os comportamentos e as relações em uma" determinada sociedade ou, em este caso concreto, em uma certa organização. Recordamos que o Estado pode, ele mesmo, tornar-se em uma "organização criminosa".

[50] *Vide* a respectiva intervenção no Colóquio Internacional de Direito Penal da Universidade Lusíada, 2002, Lisboa, com tradução do Prof. Doutor Agusto Silva Dias e, igualmente, Pedro Caeiro in "A *Decisão-Quadro do Conselho, de 26 de Junho de 2001...*", p. 1082.

tanto, várias posições expostas entre as quais se distinguem as seguintes: 1.ª a incriminação do branqueamento tutela um ou mais bens jurídicos; 2.ª a incriminação do branqueamento não tutela nenhum bem jurídico.

Para outros Autores tratar-se-ia da protecção da administração da justiça[51], pois, segundo certas justificações jurídicas, o branqueamento dificulta a própria investigação do crime principal. Gunther Arzt[52], Jorge Fernandes Godinho[53], Roberto Podval[54] e, com particular destaque científico para nós, Pedro Caeiro, referem que – ainda que com outras justificações de encontro também à tutela da administração da justiça! – a punição do branqueamento procura tutelar a "pretensão estadual ao confisco das vantagens do crime", ou, mais determinadamente, o "interesse do aparelho judiciário na detecção e perda das vantagens de certos crimes".[55] Pedro Caeiro[56] enquadra esta sua posição na seguinte premissa com o nosso sublinhado: "Resta saber, então, se a incriminação de certas condutas dolosas que têm por objecto bens provenientes de crimes graves pode, de algum modo, estar ordenada à tutela da administração da justiça. E, neste ponto, acolhemos a tese sustentada por Gunther Arzt...". Face ao actual art. 368.º/A do Código Penal pouco mais haveria a dizer em relação ao bem jurídico aqui tutelado? Sim, mas simplesmente do ponto de vista *de jure constituto*. Não cremos, pois, e como nos parece ser modestamente óbvio, que o aditamento do art. 368.º/A ao Código Penal, realizado pelo art. 53.º da Lei n.º 11/2004, de 27 de Março, tenha, em definitivo, colocado um ponto final no raciocínio – em abstracto e concreto – científico e jurídico! A "Lei do Governo" não impede nunca que se faça uso da Razão. O facto de se tutelar a "realização da justiça" não impede que a paz pública seja, muito provavelmente conforme já referimos anteriormente, *o principal*, ainda que não exclusivo, *bem jurídico* tutelado pela criminalização do branqueamento (por exemplo de capitais). Poder-se-á afirmar, porventura, que muitos dos factos ilícitos típicos previstos no n.º 1 do

---

[51] *Vide*, por exemplo, a posição de Wi*lfried Bottke* a montante e in "*Mercado, criminalidad organizada...*", 1998, p.13.

[52] In *Geldwäsche und rechtsstaatlicher Verfall*, pp. e ss..

[53] In "Do Crime de 'Branqueamento' de Capitais...", pp. 143.

[54] In "Branqueamento de Capitais...", p. 44 e ss. *apud* Pedro Caeiro in "A Decisão--Quadro...", p. 1086.

[55] *Vide* Pedro Caeiro in "A Decisão-Quadro do Conselho....", p. 1086.

[56] *Idem ibidem*.

novo art. 368.º/A do CP muito dificilmente colocarão em perigo a "paz pública". Essa dificuldade não pode, contudo, do nosso ponto de vista jurídico, servir de justificação para afastar a ideia de que também a "paz pública" pode estar em causa quando se comete o crime de branqueamento. Desde logo o naipe de "crimes originais" escolhidos pelo legislador na incriminação do branqueamento é muito discutível. Porque é que não estão plasmados outros? Se, por mero exemplo, quantias de dinheiro muito avultadas, com proveniência *comprovadamente criminosa*, em um país "imaginário", forem branqueadas por organizações políticas[57] que se aproveitam de uma regulação aparente "para inglês ver", no que diz respeito ao seu próprio financiamento, o que é que estará mais em perigo? A "ordem pública" ou a "realização da justiça"? Provavelmente a resposta poderá variar de acordo com cada caso concreto de prática do crime de branqueamento: se em uns casos poderá ter sido colocado em perigo a "realização da justiça", em outros – parece-nos ser incontestável! – poderá estar em perigo a "ordem pública" e, mais especificamente ainda, a "paz pública" e mesmo até – porque não?! – uma determinada "limpidez ou transparência da circulação dos bens"[58] encarada eventualmente, desta vez, como parcela da protecção da própria "ordem pública". Adoptamos, assim, uma posição de síntese que não deixa – nem pode deixar! – de respeitar a plasmação no direito positivo do incontornável novo art. 368.º/A do Código Penal.[59]

---

[57] Porque é que, por exemplo, as organizações políticas, nomeadamente em tempo de campanha eleitoral na qual se gastam milhões de euros, entre muitas outras entidades (v.g. clubes de futebol) em outros sectores de actividade que nos escusamos de descrever aqui, não estão previstos na Lei n.º 11/2004, de 27 de Março? O que deveria estar em causa, no que diz respeito a deveres de, *grosso modo*, identificação e comunicação, seria a entidade, individual ou colectiva, fosse ela qual fosse, que recebesse montantes a partir de certo valor.

[58] O facto de em certos países, nos quais claramente se identifica que o bem jurídico em causa na incriminação do branqueamento é a "transparência da circulação dos bens", se cominarem penas brandas não colide, na nossa opinião, com a ideia de em certos casos concretos de prática de este crime estar antes em causa a "paz pública" ou a "realização da justiça". A amplitude da moldura penal de 2 a 12 anos que está positivada no art. 368.º/A deixa ao aplicador da lei, aliás, uma grande margem de manobra consoante o caso concreto: art. 71.º do CP.

[59] Concordamos com o nosso Docente da Faculdade de Direito da Universidade de Coimbra, Pedro Caeiro (in "A Decisão-Quadro do Conselho....", p. 1089) quando nos diz que: "...a *espécie* do facto precedente é tendencialmente indiferente para a punição do branqueamento, pois as necessidades preventivas referidas não se ligam à protecção do

290 Gonçalo Nicolau Cerqueira Sopas de Melo Bandeira

Alías, o conteúdo – do qual ainda falaremos um pouco mais adiante! – da "proposta" de Directiva do Parlamento Europeu e do Conselho relativa à prevenção da utilização do sistema financeiro para efeitos de branqueamento de capitais e de financiamento do terrorismo, é a plasmação jurídica associada que demonstra uma importância, que julgamos ser, inevitável para uma chamada de atenção de tudo aquilo que vimos referindo até aqui: os problemas jurídicos em foco apontados estão naturalmente, e no mínimo, interligados. Repare-se, inclusive e v.g., no texto sintomático do título do "Parecer do Banco Central Europeu", de 4 de Fevereiro de 2005: "...solicitado pelo Conselho da União Europeia sobre uma proposta de directiva do Parlamento Europeu e do Conselho relativa à prevenção da utilização do sistema financeiro para efeitos de branqueamento de capitais, incluindo o financiamento do terrorismo". Falamos de associação e interligação no mesmo diploma legislativo. Bem sabemos que a proposta de directiva de 26 de Novembro de 2004 suprimiu a alínea d) do n.º 2 do art. 1.º. Esta alínea e artigo referiam precisamente o seguinte na versão de 13 de Outubro de 2004: "Para efeitos da presente directiva, entende-se como branqueamento de capitais os comportamentos a seguir descritos, quando adoptados intencionalmente: § d) Fornecimento ou recolha de bens lícitos, independentemente dos meios utilizados, com a intenção de utilizá-los, no todo ou em parte, para actividades terroristas ou com o conhecimento dessa utilização". A versão anteriormente referida de 26 de Novembro de 2004 da proposta de directiva prefere definir antes no n.º 3 do seu art. 1.º o "financiamento do terrorismo" como o "fornecimento ou a recolha de fundos, por qualquer meio, directa ou

---

específico bem jurídico por ele ofendido, mas antes à intolerabilidade social das condutas que visam frustrar a pretensão estadual à perda das vantagens provenientes de crimes graves". Ou seja, a *espécie* do facto precedente é tendencialmente indiferente, mas não é completamente indiferente! Além disso, na nossa opinião, as necessidades preventivas, que estão em causa no crime de branqueamento, podem ligar-se à intolerabilidade social das condutas que visam frustrar a pretensão estadual à perda das vantagens provenientes de crimes graves, mas também podem conexionar-se com a própria "paz pública". E até pode estar "em jogo" uma determinada "limpidez ou transparência da circulação dos bens" encarada, eventualmente, como segmento da protecção da "ordem pública". Se, por outro lado, o próprio Estado for uma "organização criminosa" tudo se complica! A legitimidade das pretenções estaduais à perda das vantagens provenientes de crimes graves tem tendência a se verificar se, em última instância, visar a "paz pública". A realização da justiça tem que ser tutelada, mas também a paz pública.

O Crime de "Branqueamento" e a Criminalidade Organizada...

indirectamente, com a intenção de utilizá-los, ou com conhecimento de que serão utilizados, no todo ou em parte, para levar a cabo uma infracção na acepção dos artigos 1.º a 4.º da Decisão-Quadro 2002/475/JAI do Conselho".

III. FASES DO "BRANQUEAMENTO", ZONAS "OFF-SHORE", CASOS REAIS E VALORES ECONÓMICOS ENVOLVIDOS

Existem três fases principais no processo de branqueamento (de capitais por exemplo)[60] (outros Autores consideram existirem apenas duas fases que seriam o *"money laudering"* e o *"recycling"*[61]):

1.ª Colocação dos dinheiros ilícitos na circulação comercial e financeira, de forma a poder escoar a maior quantidade de dinheiro possível no mais curto espaço de tempo e assim procurar escapar à mais *perigosa* de todas as fases, do ponto de vista do criminoso, para o estabelecimento de qualquer espécie de conexão entre os crimes principais e o branqueamento dos seus próprios lucros e/ou "vantagens". É fundamental a rapidez de actuação e a possibilidade de gastar ou investir grandes quantidades de dinheiro e/ou *vantagens* sem levantar quaisquer espécies de suspeitas, pois trata-se de locais ou de objectos em que os elevados graus de liquidez são uma constante. É o caso de alguns investimentos nas Bolsas de Valores de todo o mundo, seja de forma directa através das correctoras onde o cliente tem uma ou mais contas e gere ele próprio a sua carteira de títulos, realizando compras e vendas pelo telefone a partir de qualquer sítio do mundo, com a maior das facilidades, pois dispõe de um código que muitas vezes é a sua própria voz, seja indirectamente por meio de entidades financeiras, como são os bancos que se encarregam dessas mesmas tarefas em troca duma comissão. É também o caso dos simples depósitos ou dos investimentos paralelos em comércios e indústrias, menos ou mais legais, habilitados à normalidade da passagem de grandes somas de dinheiro como são os casinos, as apostas em corridas de cavalos (ou de galgos) ou em lutas clandestinas entre animais ou

---

[60] *Vide* Martins, A.G. Lourenço, obra acima referenciada, pp. 7 e 8, mas também Paúl, Jorge Patrício in "A Banca perante o Branqueamento de Capitais", Revista da Banca, n.º 26, Abril/Junho 1993, p. 47 e ss..

[61] *Vide* Santiago, Rodrigo, in obra apontada a montante, pp. n.os 501 e 502.

pessoas ou em lotarias com prémio, as discotecas e os restaurantes, as leiloeiras e as galerias de arte e as imobiliárias, ou então a compra de direitos ou objectos de elevadíssimo valor como são, v. g., certos "passes" de jogadores de futebol e/ou a contratação de outros desportistas, os imóveis, as obras de arte, os carros de grande cilindrada, as antiguidades, artigos de joalharia e de luxo, ou até, variando de país para país, a injecção directa de fortes somas em campanhas eleitorais com o objectivo de alcançar a influência e o poder. Os anglo-saxónicos chamam a esta fase "*placement*".

2.ª Despistagem ou nova configuração, que consiste numa espécie de "cirurgia plástica" de cariz financeiro, que vai permitir a ocultação, ou uma verdadeira transfiguração de toda e qualquer possibilidade de discernir qual a verdadeira fonte criminosa dos dinheiros *sujos*. Trata-se de cortar os sinais mais visíveis de interconexão entre os capitais e/ou *vantagens* e a sua proveniência criminosa, de forma a apagar o máximo de vestígios susceptíveis de induzirem os investigadores ao descortinamento do crime. Com as infinitas possibilidades de que dispõem os instrumentos informáticos, basta multiplicar complexas operações financeiras à velocidade da luz, ou da comunicação dos computadores, de maneira a desnortear, confundir e cegar, qualquer tentativa de descoberta da verdadeira proveniência dos capitais e/ou *vantagens*. Daí, a cada vez mais exigente formação dos agentes investigadores, já que a criminalidade organizada disporá sempre da possibilidade de contratar os melhores profissionais com menos escrúpulos. Pode ser através da transformação de depósitos em fundos de investimento ou compra de Unidades de Participação (as chamadas acções sobre acções) ou então por meio de sucessivas transferências bancárias por todo o mundo. Do dinheiro colocado, conforme a primeira fase, passa-se à compra de outros produtos financeiros se forem simples depósitos, pois caso sejam bens é necessário pô-los no nome de outras pessoas, sejam familiares ou os chamados "testas de ferro".

3.ª Reaplicação, ou seja, trata-se de voltar a pôr os dinheiros (neste caso concreto, pois poderemos estar perante "outras vantagens"), já lavados, nos canais usuais económicos. Desde a revenda de títulos que tinham sido fruto de reinvestimentos originários da compra de acções, por exemplo, até o caso em que o "testa de ferro" faz pagamentos de dívidas fictícias para com o agente do crime principal ou, com ele, estabelece contratos extremamente favoráveis. Como refere o ilustre Autor Jorge

O Crime de "Branqueamento" e a Criminalidade Organizada... 293

Patrício Paúl[62], "Os meios usados para o efeito são os mais variados, como as sociedades-fantasma *("sociétés-écran", "shell companies")*, legalmente constituídas, mas sem actividade real e que procedam à venda de bens imóveis, ou à emissão de facturas falsas;".

As chamadas zonas *off-shore*[63] constituem hoje o local ideal para que se possa realizar, com grande à vontade, o branqueamento. São zonas com impostos muito baixos ou inexistentes, onde não se encontra, praticamente, qualquer espécie de planificação estatal do ponto de vista económico, à excepção das medidas que protegem essas mesmas condições, como é o caso da confidencialidade dos titulares das operações financeiras em grau máximo ou de aquelas que melhor acolhem a movimentação rápida e *nervosa* dos gigantescos *lucros* internacionais. Ora, num cenário destes, torna-se extremamente difícil separar os lucros legítimos (*acreditando que nem todos constituem mera fuga ilegal aos impostos ou capitais branqueados*) de uma economia de mercado, daqueles que têm proveniência criminosa e que servirão para engran-decer e fortalecer as respectivas associações criminosas. Aquilo que é verdadeiramente importante, nestas zonas, é esconder qualquer possibilidade de identificação dos titulares reais das contas. É claro que estas zonas disfrutam de um sistema político estável e de excelentes condições de vida ao lado de boas infra-estruturas que possibilitem uma boa e permanente funcionalidade. A começar no Oriente e a acabar no Ocidente (ou vice-versa), existem zonas *off-shore* em todo o mundo: Bahamas ou Panamá, Açores ou Madeira, Gibraltar ou Mónaco, Hong Kong e Singapura ou Macau. Contudo, são os centros financeiros de Londres, Hong Kong e do Luxemburgo que constituem os maiores centros *off-shore* do mundo. Ainda assim, é de lembrar que tanto Hong Kong como Londres são locais onde, sem sombra de dúvidas, estão sediadas algumas das sedes e delegações principais das maiores multinacionais do mundo, que são também elas um dos sustentáculos de várias sociedades pluri-partidárias e democráticas, assim acontece nos Estados Unidos da América do Norte (*desde os atentados terroristas de 11 de Setembro de 2001 em Nova Iorque que a perseguição ao branqueamento ainda se tornou mais feroz através da famosa "Lei Bush" para as entidades financeiras*), Alemanha, França, Reino Unido, Japão, Itália, Canadá ou até, v.g., a própria Noruega. Logo, é indispensável travar o branqueamento de capitais (e/ou "vantagens") mundial que poderá

---

[62] *Vide* Paúl, Jorge Patrício in "A Banca...", p. 48.

[63] São "ilhas": verdadeiras zonas isoladas em relação à fiscalidade e aos impostos.

294 *Gonçalo Nicolau Cerqueira Sopas de Melo Bandeira*

levar à contaminação – se já não está a conduzir – dos alicerces democráticos dos principais Estados-de-Direito mundiais. Como refere, através de um exemplo, o ilustre Magistrado Lourenço Martins na sua frutífera investigação, "as Ilhas Cayman, com uma população de cerca de 30 000 habitantes, possuem a sétima posição nos depósitos a nível mundial, depois do Reino Unido, E.U.A., França, Alemanha, Suiça e Japão, existindo 550 bancos no território, apenas 17 deles com presença física, só a estes se aplicando a legislação anti-branqueamento. Em 1994, o total de activos detidos pela banca das Ilhas Cayman era cerca de 430 biliões de dólares[64]." Os valores brutais desta economia subterrânea, leva-nos a questionar se porventura os economistas, ao estudarem por vezes e apenas os capitais da chamada economia lícita, não estarão a incorrer no erro de descurar valores desta grandeza que podem, sem sombra de dúvida, influenciar fortemente os rumos da própria economia mundial. Se a especulação financeira e bolsista já conseguiu provocar derrocadas económicas em vastas áreas do globo, como foi o caso da "crise dos Tigres Asiáticos" ou a crise financeira do Brasil – "pela mão individual", segundo alguns órgãos de comunicação social, de apenas um ou dois dos grandes especuladores mundiais! – onde alastraram o desemprego ou as falências e o incremento das respectivas inflacções ou das subidas abruptas das taxas de juro, não é de todo impossível que sejam os grandes traficantes de droga mundiais e de armas, dada a sua íntima promiscuidade com as lavagens ou branqueamento, a ditarem, em breve, as regras político-económicas mundiais ou *globais*, sabendo-se que em uma economia de mercado não há qualquer limite para a acumulação de lucros e, portanto, de poder que pode ter origem ilícita.

Veja-se agora o exemplo de alguns casos reais. O caso, v.g., jornalística e internacionalmente conhecido, do B.C.C.I., i.e., do Banco de Crédito e Comércio Internacional, no qual se permitiam depósitos em dinheiro a traficantes de armas e drogas e terroristas. É importante salientar que este banco se encontrava espalhado por todo o mundo: fundado em 1972 por um Paquistanês que residia no seu País, dispunha da sua sede no Luxemburgo e era administrado a partir de Londres, sendo que o cerne das suas acções financeiras se desenrolava nas já referenciadas Ilhas Cayman. Os custos económico-sociais do, embora louvável,

---

[64] *Vide* Martins, Lourenço in obra citada a montante, p. n.º 10, mas também Santiago, Rodrigo, igualmente in obra citada anteriormente, p. 503, na qual apresenta exemplos semelhantes.

O Crime de "Branqueamento" e a Criminalidade Organizada...   295

desmantelamento deste banco em 1991 não foram nada pequenos: a sua falência provocou perdas totais de contas para milhares de pessoas que ficaram, em alguns casos, sem todas as suas economias e outros tantos milhares de despedimentos pelo mundo fora, sabendo que a lavagem ou branqueamento continuou em outras quaisquer instituições. Desde logo se pode concluir que se torna bastante difícil desmantelar uma organização criminosa desta envergadura, pois a diferença de sistemas jurídicos e legislações, fusos horários e até de métodos de investigação e de comando, exige a colaboração permanente de uma polícia *global*, ou melhor, *mundializada*, ou talvez mesmo também através da uniformização dum sistema jurídico total, que vá mais além de uma mera *Interpol* ou de meros diplomas internacionais sem, muitas vezes, efeitos pragmáticos. Seja através da importação ilícita dos capitais ou do mero contrabando de dinheiro, seja pelos casinos, pelos sistemas bancários clandestinos, da compra de objectos de luxo, das cartas de crédito, das sociedades-aparentes, da especulação e manobra das bolsas de valores, das facturas falsas, dos empréstimos fraudulentos ou da sobrefacturação, são inúmeros os casos reais de branqueamento registados – *e sobretudo não registados*! – por esse mundo fora. Muito curioso é o *"caso do chumbo dourado"*, que foi relatado, praticamente, por todos os órgãos de comunicação social nacionais e internacionais, na altura do desmantelamento do tristemente famoso *Cartel de Medelin* (entrementes já substituído pelo *Cartel de Calí*) liderado por Pablo Escobar (entretanto assassinado e substituído dada também a sua organizacional fungibilidade). Os traficantes de droga da América do Norte, especialmente da Califórnia, compravam simuladamente jóias em *Los Angeles*, sobretudo. Os comerciantes para explicarem o envio de grandes quantidades de dinheiro, para certos Países da América Latina, importavam aquilo que as autoridades supunham ser barras de ouro, pois, como se descobriu mais tarde, apenas o revestimento de tais barras era em ouro, sendo que todo o resto era constituído de chumbo. Todos os proventos de dinheiro líquido eram depois consecutivamente depositados em bancos americanos de primeira linha ou, especialmente, em bancos europeus de renome.

Como já se deixou explícito e indiciado, os valores económicos envolvidos assumem proporções, por vezes, gigantescas e preocupantes. Uma vez que o branqueamento se trata de um crime que se caracteriza pelo segredo, pela confidencialidade e pela dissimulação do maior número de vestígios do seu próprio processo, torna-se muito difícil saber com exactidão qual seja o montante de capitais e/ou "vantagens" realmente envolvidas. O hiato, que vai desde aqueles que, como o Fundo Monetário

296 Gonçalo Nicolau Cerqueira Sopas de Melo Bandeira

Internacional, consideram valores de cerca de 20 biliões de dólares para os capitais e/ou "vantagens" branqueadas de origem criminosa, introduzidas nos mercados lícitos, até aos números, de alguns estudiosos internacionais do assunto, que rondam quantias entre os 700 e os 900 biliões de dólares constitui uma margem exageradamente lassa. Estamos perante números em que podemos afirmar que, v.g., através da manipulação financeira e bolsista, um só criminoso, ou porventura, uma só associação criminosa, poderá – repito, poderão – literalmente arrasar uma ou mais economias, especialmente dos países mais vulneráveis e/ou pequenos, com todas as suas lógicas e nefastas consequências, nomeadamente conduzindo ao possível fim de uma democracia pluri-partidária.

IV. BREVE HISTORIAL NO DIREITO COMPARADO

É de salientar que na União Europeia, aliás como chama a atenção o ilustre Magistrado Lourenço Martins na sua Investigação[65], não existe um direito penal comum. Como faz referência o Prof. Doutor Faria Costa,[66] "no quadro «Exposição de Motivos» da Proposta de Lei n.º 32/VI (aprovada em sessão de 16 de Julho de 1992), que autoriza o Governo a rever a legislação de combate à droga, adaptando-a ao direito internacional pactício (cf. Diário da Assembleia da República, VI Legislatura, II Série--A, de 12 de Junho de 1992). Começando por se reconhecer que "o ponto de partida" dos textos internacionais, relativos ao branqueamento, "se situe no combate ao tráfico da droga", aceita-se de seguida, que tais diplomas normativos "acabaram igualmente por ser ampliados a outras actividades criminosas, esperando-se que os Estados venham a aplicar o regime da directiva[67] nomeadamente ao crime organizado e ao terrorismo."

O legislador de cada país definia a lista de crimes cujos "lucros" podem dar lugar ao branqueamento. Na Alemanha existe(ia) um catálogo de crimes cujas receitas constituem crime, se branqueadas, previsto no

---

[65] *Vide* Martins, A.G. Lourenço in "Branqueamento de capitais...", p. 19.

[66] *Vide* Costa, José de Faria, B.F.D., vol. LXVIII, 1992, p. 70.

[67] Directiva de 10 de Junho de 1991 (91/308/CEE), publicada no Jornal Oficial das Comunidades Europeias, em 28 de Junho de 1991 (n.º L 166/77). Diploma que foi alterado pela Directiva 2001/97/CE do Parlamento Europeu e do Conselho, de 4 de Dezembro, a qual foi precisamente transposta para o Ordenamento Jurídico português pela Lei n.º 11/2004, de 27 de Março.

artigo 261.º StGB[68], ou seja, no Código Penal Alemão. Na Irlanda, Áustria, França (*o* art. *121-2 do Noveau Code Penal prevê a responsabilidade das pessoas colectivas no que concerne, v.g. e entre outros, ao branqueamento de capitais*), Finlândia, Bélgica e Itália as receitas susceptíveis de serem branqueadas podiam ser provenientes de qualquer crime. No Reino Unido, não obstante não existir qualquer noção de *lavagem de vantagens*, se os crimes originários fossem graves então podia-se falar em branqueamento *de capitais* criminalizável. Na Dinamarca havia uma equiparação da receptação ao branqueamento de capitais, mas todos os crimes podiam originar receitas para branquear, susceptíveis de criminalização. Na Suécia e nos Países Baixos, a *lavagem de vantagens* estava integrada na receptação, contudo qualquer crime podia originar receitas para branqueamentos criminalizáveis. Na Espanha a receptação também era composta pelo branqueamento *de vantagens*, mas, pelo menos, até um período muito recente só era criminalizável o capital proveniente do tráfico de drogas, terrorismo e criminalidade organizada.

Finalmente, em Portugal, o crime de branqueamento de capitais se situava[69] fora do Código Penal Português, mais propriamente integrado naquilo que se poderia chamar de direito penal secundário, pelo que se distinguia da receptação, embora, como já foi referido mais atrás, a alínea c) do número 1 do artigo 23.º do Decreto-Lei n.º 15/93, de 22 de Janeiro e a alínea c) do número 1 do artigo 2.º do Decreto-Lei n.º 325/95, de 2 de Dezembro, representavam, então, um tipo de receptação. Em Portugal, onde existiam e "existem" vários diplomas sobre o assunto, como será melhor pormenorizado mais à frente, existia um catálogo concreto de infracções à lei penal cujos proventos económicos podiam dar origem a eventuais crimes de branqueamento. O Decreto-Lei n.º 15/93, de 22 de Janeiro, que entretanto sofreu algumas alterações com a Lei n.º 45/96 de 3 de Setembro e, mais recentemente, com a Lei n.º 11/2004, de 27 de Março, começou por criminalizar o branqueamento somente proveniente do tráfico ilícito de drogas através do seu artigo 23.º. Entretanto, esta última norma jurídica, entre outras, foi, como já se referiu, revogada pelo art. 55.º da Lei n.º 11/2004, de 27 de Março. Antes, porém, da entrada em

---

[68] Cfr. entretanto redacção do § 261 StGB outorgada pela *34. StRÄndG*, de 22 de Agosto de 2002.

[69] *Vide* a jusante a análise jurídica, *brevitatis causa*, do mais recente movimento de reforma da criminalização do branqueamento no Ordenamento Jurídico português e, nomeadamente, da Lei n.º 11/2004, de 27 de Março.

vigor deste último diploma legislativo, conforme já se referiu anteriormente e por outro lado, era preciso ter em consideração especial as alterações sofridas pelo, então, Decreto-Lei n.º 325/95 de 2 de Dezembro, i.e.: a Lei n.º 65/98 de 2 de Setembro; o Decreto Lei n.º 275-A/2000, de 9 de Novembro; a Lei n.º 104/2001, de 25 de Agosto; o Decreto-Lei n.º 323/2001, de 17 de Dezembro; a Lei n.º 5/2002, de 11 de Janeiro; e, ainda, a Lei n.º 10/2002, de 11 de Fevereiro.

Por outro lado, também é preciso ter em consideração a Decisão-Quadro do Conselho, de 26 de Junho de 2001[70] – e, posteriormente, a Directiva 2001/97/CE do Parlamento Europeu e do Conselho, de 4 de Dezembro de 2001 –, a qual veio contribuir para que se introduzissem novas alterações em cada um dos ordenamentos jurídicos internos europeus a isso "legalmente obrigados". Voltaremos a fazer recair naturalmente a nossa atenção com maior pormenor sobre estes diplomas legislativos, um pouco mais adiante, ainda dentro deste nosso trabalho.

V. REACÇÕES, NOMEADAMENTE LEGISLATIVAS E AO NÍVEL DAS CONVENÇÕES INTERNACIONAIS

A) A nível mundial

São de destacar a Convenção Única de 1961 sobre os estupefacientes (modificada pelo Protocolo de 1972), aprovada para ratificação, pelo Decreto-Lei n.º 437/70, de 12 de Setembro; a Conferência das Nações Unidas de 11 de Janeiro de 1971 em Viena de Áustria, em que foi acolhida

---

[70] O Relatório sobre a implementação da Decisão-Quadro 2001/500/JAI, de 26 de Junho de 2001, relativa ao branqueamento de capitais, à identificação, detecção, congelamento, apreensão e perda de instrumentos e produtos do crime, expõe o ponto da situação. Este relatório prevê igualmente um procedimento destinado a continuar a acompanhar a implementação da decisão-quadro, "procedimento esse que contempla igualmente a implementação do instrumento pelos 10 novos Estados-Membros". Em este relatório podemos visualizar as extremas dificuldades que foram encontradas na sua implementação como por exemplo: "Artigo 2.º (Sanções) § Onze Estados-Membros deram cumprimento a este artigo. Não há informações disponíveis quanto ao cumprimento por parte dos outros quatro Estados-Membros". Entretanto, segundo a Nota Ponto "I/A" do Conselho da União Europeia" de 12 de Outubro de 2004, deverá ser apresentado um novo relatório ao Conselho até 30 de Junho de 2005.

O Crime de "Branqueamento" e a Criminalidade Organizada... 299

uma Convenção sobre as substâncias psicotrópicas, aderindo Portugal sem reservas e tornando-se eficaz na ordem jurídica interna, em 24 de Abril de 1979; o 5.º Congresso das Nações Unidas de 1975 na Suíça, para a prevenção do crime e o tratamento dos delinquentes, onde foi tratado o assunto do crime como associação lucrativa; o 6.º Congresso das Nações Unidas de 1980 na Venezuela que versou sobre o tema do abuso de poder económico pelas multinacionais; o 7.º Congresso das Nações Unidas de 1985 em Itália sobre o aumento da criminalidade organizada, a já várias vezes referida Convenção das Nações Unidas contra o tráfico de droga de 1988; o 8.º Congresso das Nações Unidas de 1990 em Cuba sobre a internacionalização (fala-se agora em *globalização*, ou melhor, mundialização) como vector a exigir novas políticas de cooperação internacional; a Recomendação da Assembleia Geral para a criação de uma comissão técnica para a prevenção do crime e para a justiça penal; a Conferência das Nações Unidas de 1992 onde se versam os temas da criminalidade organizada, dos delitos económicos e do branqueamento e a Conferência das Nações Unidas de 1994, em Itália, que chama a atenção para o facto do crime organizado estar a utilizar métodos cada vez mais sofisticados capazes de explorar todas as capacidades de ultra-comunicação dos meios informáticos: os capitais e/ou *vantagens* encontram-se onde o computador o indica.

B) Principais instrumentos comunitários e internacionais

São de destacar a Recomendação do Conselho da Europa, de 27 de Junho de 1980, que se refere às normas de combate à transposição e ocultação de fundos de proveniência ilícita.

A Declaração de Basileia de 12 de Dezembro de 1988, em que se estabelecem vários princípios orientadores, nomeadamente a prioridade que constitui a identificação dos clientes e a necessária cooperação que deve existir com as autoridades por parte das entidades financeiras, não descurando os próprios aparelhos internos de controlo e o dever de não aceitar transferências monetárias de indivíduos suspeitos.

A Convenção das Nações Unidas em Viena de Áustria, contra o tráfico ilícito de estupefacientes e de substâncias psicotrópicas de 20 de Dezembro de 1988, que determinou a criminalização do branqueamento dos bens ou produtos provenientes do tráfico de droga e a cooperação internacional, cada vez mais indispensável face à mundialização ou *globalização*. Muito importante – do ponto de vista do Estado – ainda se tornou a investigação judiciária com dispensa, de resto muito controversa,

300   *Gonçalo Nicolau Cerqueira Sopas de Melo Bandeira*

do sigilo bancário, a possibilidade de confisco dos bens e a inversão do ónus da prova (estes temas serão mais desenvolvidos à frente).

A Convenção Europeia sobre o Branqueamento, Despistagem, Apreensão e Confisco dos Produtos do Crime de 1990 que estabelece o necessário alargamento da criminalização da lavagem de dinheiro e/ou vantagens originários doutros crimes que não o tráfico de droga. Salienta-se a enorme importância dos artigos 2.º/2 e 6.º/4, deste diploma, cuja ratificação foi publicada no Diário da República – I Série-A, de 13 de Dezembro de 1997. Portugal depositou, em 19 de Outubro de 1998, na sede do Conselho da Europa, em Estrasburgo, o respectivo instrumento de ratificação, conforme o Aviso n.º 17/99 publicado no Diário da República – I Série-A de 1 de Fevereiro de 1999.

A Directiva do Conselho da Comunidade n.º 91/308/CEE, de 19 de Junho de 1991, relativa à prevenção da utilização do sistema financeiro para efeitos de branqueamento de *capitais*, em que era preconizado um alargamento das diversas protecções preventivas. Se por um lado era prosseguido um repto aos vários Países para incriminarem o branqueamento proveniente de outras infracções à lei penal, que não só o tráfico de droga; por outro lado, apontava-se a necessidade de um controlo preventivo e duma adopção de regras por parte de outras actividades além daquelas que são exercidas pelos bancos. Há determinadas acções empresariais e certas profissões extremamente permeáveis e sensíveis ao branqueamento para o qual esta Directiva vem chamar a atenção, como será o caso, v. g., das actividades ligadas ao jogo ou as de comércio de bens de elevado valor. Esta Directiva foi transposta para o direito interno português pelo Decreto-Lei n.º 313/93, de 15 de Setembro. Da observação do primeiro relatório da comissão sobre a aplicação da, já referida, Directiva n.º 91/308/CEE analisava-se que a maior parte dos Estados da União Europeia tinha expandido a incriminação da lavagem de dinheiro e/ou vantagens para lá das infracções relacionadas com a droga, o mesmo acontecendo com as diversas medidas preventivas. Através do Decreto-Lei n.º 313/93, de 15 de Setembro, foi seguida uma via de gradualismo na recepção da Directiva n.º 91/308/CEE, pois a sua transposição circunscreveu-se à cooperação da actividade financeira na prevenção da lavagem de *vantagens* ou dinheiro originários das infracções penais relacionadas com a droga, deixando de lado outros crimes. Por outro lado, o Decreto-Lei n.º 313/93, de 15 de Setembro, não transpôs as medidas de prevenção e auto-fiscalização para lá das actividades praticadas pelas seguradoras, sociedades financeiras, instituições de crédito e sociedades gestoras de fundos de pensões.

O Crime de "Branqueamento" e a Criminalidade Organizada... 301

No âmbito da União Europeia, no que se refere à penalização do branqueamento, não deveremos passar ao lado ainda de regimes jurídicos como são: o Segundo Protocolo, estabelecido com base no art. K.3 do Tratado da União Europeia, Relativo à Protecção dos Interesses Financeiros das Comunidades Europeias (*v. também a Resolução da Assembleia da República n.° 41/2001, de 25 de Junho*): este Protocolo demonstra a consciência de que os interesses financeiros das Comunidades Europeias podem ser lesados ou ameaçados por actos cometidos por conta de pessoas colectivas e por actos que envolvam o branqueamento; a Resolução da Assembleia da República n.° 68/2001, de 26 de Outubro, que aprova *"para ratificação, a Convenção Penal sobre a Corrupção, do Conselho da Europa, assinada em Estrasburgo a 30 de Abril de 1999"* e que foi ratificada pelo Decreto do Presidente da República n.° 56/2001, de 26 de Outubro, publicados ambos os documentos no DR n.° 249, Série I-A: *"1 – Cada Parte adoptará as medidas legislativas ou outras que se revelem necessárias para garantir que as pessoas colectivas possam ser responsabilizadas pela prática das infracções penais de (...) e de branqueamento de capitais estabelecidas na presente Convenção (...)"*; o *Corpus Juris*, na Versão de Florença, de 1999, ocorrida, no Instituto Europeu Universitário (Florença – *Fiesole*) – *trata-se dum sistema normativo supranacional para tutelar bens jurídicos individuais ou colectivos relacionados com a criminalidade organizada e a criminalidade de empresas multinacionais, sobretudo no que diz respeito às fraudes contra a União Europeia* – permite punir, através do seu novo art. 3.° (anterior art. 7.°), o *"Branqueamento e receptação"*.[71]

Por fim, mas não por último, é importante referir, novamente – desta vez neste contexto –, a Lei n.° 11/2004, de 27 de Março, a qual realizou a transposição da Directiva n.° 2001/97/CE, do Parlamento Europeu e do Conselho, de 4 de Dezembro, a qual alterara, por sua vez, a já referida Directiva 91/308/CEE, de 19 de Junho.

C) Organismos operativos:

Exactamente no ano em que se comemoravam os 200 anos da Revolução Francesa (1789-1989), realizou-se, em Julho de 1989, con-

---

[71] Trata-se, designadamente, daquele que é conhecido como o *"Corpus Juris 2000"*.

302   *Gonçalo Nicolau Cerqueira Sopas de Melo Bandeira*

forme já se referiu a montante, a Cimeira de Paris dos sete Países mais desenvolvidos, ou G-7 (agora G-7 + 1, ou seja, Rússia), com a participação dos mais altos representantes dos Estados Unidos da América, Reino Unido, França, Canadá, Itália, Alemanha e Japão. Esta cimeira constituiu um Grupo de Acção Financeira (G.A.F.I.) encarregado de reflectir sobre os meios de *luta* contra a reciclagem de capitais provenientes do tráfico de droga, inventariando os resultados da cooperação já existente na prevenção da utilização do sistema bancário e das instituições financeiras na reciclagem de capitais e/ou vantagens e estudando medidas preventivas suplementares neste domínio, por forma a reforçar a entreajuda judiciária multilateral. O G.A.F.I. preconizou várias recomendações a serem adoptadas, nomeadamente a ratificação da Convenção das Nações Unidas de 1988 em Viena de Áustria; uma forte cooperação internacional com a componente da entreajuda judiciária; a não constituição de obstáculos por parte das várias leis de segredo profissional dos diversos Países a estas mesmas recomendações; o reforço do sistema financeiro na *luta* contra o branqueamento com o respectivo melhoramento dos sistemas jurídicos; a importância da facilidade de troca de informação; a imprescindível obrigação de identificação dos clientes com os intrínsecos deveres de cuidado; a necessária uniformização entre as diferentes perspectivas do crime de branqueamento por parte dos vários Países; as possibilidades para a apreensão e o confisco; a necessária eficácia dos processos de extradição[72]. O Programa Mundial ou *Global* contra o Branqueamento das Nações Unidas, com sede em Viena de Áustria que preconiza uma colaboração a nível mundial no que se refere ao combate contra esta *lavagem*.

A Interpol – designação da Polícia Internacional fundada em 1923 em Viena de Áustria e que serve de elo de coordenação entre as polícias dos vários países – que dispõe na sua composição de um organismo que se debruça exclusivamente sobre os capitais originários das acções criminosas. Qualquer investigação a nível internacional passa normalmente pela sua colaboração.

O Parlamento Europeu, através da Resolução de 9 de Outubro de 1986, comprometeu-se a *"empregar todos os esforços para lutar contra*

---

[72] Salienta-se a importância da Lei n.º 144/99 de 31 de Agosto que *"Aprova a lei da cooperação judiciária internacional em matéria penal"*, especialmente os artigos 1.º e 31.º e ss (Título II), que trata precisamente da *"Extradição"*, publicada no Diário da República – I Série – A, de 31 de Agosto de 1999.

organizações criminais" e a *"aplicar medidas eficazes, de modo a fazer face à lavagem do dinheiro pelos traficantes da droga e seus cúmplices".* Como consequência desta promessa é importante salientar, outra vez, a já referida Directiva 91/308/CEE de 10 de Junho (entretanto alterada). De não menos importância foi a criação, em 24 de Janeiro de 1991, da Comissão de inquérito para os efeitos da actividade criminosa organizada relacionada com o tráfico de droga na Comunidade Europeia.

Passados alguns anos, o Conselho da União Europeia adoptou a Acção Comum 98/699/JAI, de 3 de Dezembro de 1998, alterada pela Decisão-Quadro do Conselho de 26 de Junho de 2001 (2001/500/JAI) correspondente ao branqueamento *de capitais*, à identificação, detecção, congelamento, apreensão e perda dos instrumentos e produtos do crime. A mencionada decisão-quadro é imperativa no que diz respeito às seguintes medidas: a) o levantamento das reservas ao artigo 6.º da Convenção do Conselho da Europa de 1990, na medida em que estejam em causa infracções graves, definindo como tal as *"infracções puníveis com uma pena privativa de liberdade ou com uma medida de segurança de uma duração máxima superior a um ano ou, nos Estados cujo sistema jurídico preveja sanções com um limite mínimo, as infracções puníveis com uma pena privativa de liberdade ou uma medida de segurança de uma duração mínima superior a seis meses"*[73]; b) e a obrigatoriedade dos Estados membros tomarem as medidas necessárias para garantir que o branqueamento seja passível de uma pena privativa da liberdade de duração máxima igual ou superior a quatro anos.

Face à Decisão-Quadro do Conselho, de 26 de Junho de 2001 é preciso ter em consideração outros aspectos. Antes de mais, deve considerar-se[74] que os elementos gramaticais e teleológicos da interpretação da norma 1.ª, alínea b), da Decisão-Quadro, apontavam para que o legislador português incriminasse o branqueamento de vantagens de crimes puníveis com pena de prisão de duração mínima superior a 6 meses. Ora, como se sabe, refere exactamente o n.º 1 do actual art. 368.º/A do CP, entre outros aspectos que: "Para efeitos do disposto nos números seguintes, consi-

---

[73] A versão portuguesa no que se refere à parte que menciona "...nos Estados cujo sistema jurídico preveja sanções com um limite mínimo..." é sensivelmente diversa da italiana, francesa, espanhola, alemã, inglesa e holandesa. Confrontar os respectivos textos acessíveis na rede no sítio da *Eurolex*. A tradução mais correcta para português, segundo Pedro Caeiro in op. cit. p. 1079, seria a seguinte: "...nos Estados cujo sistema jurídico preveja um limiar mínimo de punição para as infracções penais...".

[74] *Vide* Pedro Caeiro in "A Decisão-Quadro...", p. 1080.

deram-se vantagens os bens provenientes da prática,...e dos factos ilícitos típicos puníveis com pena de prisão de duração mínima superior a 6 meses ou de duração máxima superior a 5 anos, assim como os bens que com eles se obtenham". Já o n.º 2 do mesmo art. 368.º/A do CP menciona o seguinte: "Quem converter, transferir, auxiliar ou facilitar alguma operação de conversão ou transferência de vantagens...". E esta redacção foi adoptada pelo legislador português independentemente de se entender que o art. 1.º da Decisão-Quadro do Conselho, de 26 de Junho de 2001, tinha eventualmente por destinatários os ordenamentos jurídicos que separam os tipos de infracção criminal consoante o critério formal da gravidade das penas aplicáveis. É aquilo que se passa exactamente com os *sistemas jurídicos* francês, espanhol, belga, alemão e austríaco.[75] Segundo o art. 111-1 do CP francês, as infracções penais estão separadas em crimes, delitos e contravenções por forma a "respeitar a sua gravidade". A gravidade é correspondente às penas que estão plasmadas nos arts. 131-1 e ss. do CP francês. Deste modo, temos: penas criminais, penas correccionais e penas adaptáveis às contravenções, em estas últimas as quais não se inclui a pena privativa de liberdade. No que concerne ao art. 13.º do CP Espanhol podemos afirmar que as infrações constituem delitos graves, delitos menos graves ou faltas de acordo com as respectivas penas: graves, menos graves ou leves consoante a estruturação estabelecida pelo art. 33.º do CP espanhol. Já no que diz respeito ao art. 1.º do CP belga (em língua francesa e flamenga), a infracção é um crime ou *misdaad*; delito ou *wanbedrijf*; ou contravenção ou *overtreding* de acordo com a correspondente punição: pena criminal, pena correccional ou pena de polícia. Em face do § 12 do StGB, i.e., do CP alemão – conforme já descrevemos a montante – existe uma diferença entre os *Verbrechen* ou crimes e os *Vergehen* ou delitos. Finalmente, por meio da confrontação do § 17 do CP austríaco, podemos concluir, sem confundir com o CP alemão, que existem, *mutatis mutandis*, os *Verbrechen* ou crimes (infracções dolosas puníveis com pena superior a três anos ou pena de prisão perpétua) e os *Vergehen* (restantes infracções).

Sequencialmente a Directiva 91/308/CEE viria a ser alterada pela Directiva 2001/97/CE do Parlamento Europeu e do Conselho, de 4 de Dezembro de 2001, a qual foi transposta, como já se referiu, para o Ordenamento Jurídico português pela Lei n.º 11/2004, de 27 de Março.

---

[75] *Vide* Pedro Caeiro in "A Decisão-Quadro...", pp. 1079 e 1080.

O Conselho da Europa demonstrou toda a importância que tem e que pode ter nesta matéria ao fazer aprovar em 8 de Novembro de 1990 em Estrasburgo a já referida[76] Convenção sobre Branqueamento, Despistagem, Apreensão e Confisco dos Produtos do Crime.

Por fim, mas não por último, a Organização Mundial das Alfândegas, que coopera também internacionalmente no combate ao branqueamento de vantagens, mas que, contudo, tem vindo a perder algum significado dentro de espaços como a União Europeia, onde as fronteiras têm vindo pura e simplesmente a deixar de existir. Não obstante, é muito curioso observar que, perante acontecimentos, designadamente desportivos, de relevância internacional (que, por si só, nos geram algumas dúvidas do ponto de vista do raciocínio humano: quais são afinal as prioridades, em termos, por exemplo, de saúde e educação, do Ser Humano? Nós e os Outros?), as fronteiras tenham, pura e simplesmente, sido temporariamente repostas no espaço físico da União Europeia. Afinal, parece que ainda disfrutam de alguma utilidade!

D) A nível nacional:

Assinatura de um Protocolo apresentado pela Associação Portuguesa de Bancos, em 8 de Fevereiro de 1991, que trata das *"regras relativas à prevenção da utilização do sistema bancário na reciclagem de capitais de origem criminosa"*. Este Protocolo foi assinado por 27 Instituições de crédito que trabalham em Portugal.

O Decreto-Lei n.º 298/92, de 31 de Dezembro, publicado no Diário da República – I Série-A, que define o Regime Geral das Instituições de Crédito e Sociedades Financeiras e que se caracteriza, na sua importância para a questão, pelos artigos 78.º a 84.º, do Capítulo II, do Título VI, que regulam as excepções ao segredo profissional, ou seja o vulgar sigilo bancário, especialmente o artigo 79.º/2 d) e e).

O Decreto-Lei n.º 15/93, de 22 de Janeiro, denominado no seu artigo 1.º como *"Regime jurídico aplicável ao tráfico e consumo de estupefacientes e substâncias psicotrópicas"*, a que já foram feitas várias referências e que entretanto sofreu as alterações da Lei n.º 45/96, de 3 de Setembro, surgiu com o objectivo fundamental de dar um seguimento na ordem jurídica interna à aprovação da, já referida, Convenção das Nações

---

[76] *Vide* a alínea b) do ponto V deste trabalho.

306   *Gonçalo Nicolau Cerqueira Sopas de Melo Bandeira*

Unidas contra o Tráfico Ilícito de Estupefacientes e de Substâncias Psico-trópicas de 1988[77], assinada por Portugal e ratificada através da Resolução da Assembleia da República n.° 29/91 e Decreto do Presidente da República n.° 45/91 publicados no Diário da República, de 6 de Setembro de 1991. No seu preâmbulo refere-se claramente que se procura evitar que *"a utilização de fortunas ilicitamente acumuladas permita a organizações criminosas transnacionais invadir, contaminar e corromper as estruturas do Estado"*. Também se teve em conta as, já referidas, *"Convenção Relativa ao Branqueamento, Despistagem, Apreensão e Perda dos Produtos do Crime"*, do Conselho da Europa de 8 e 9 de Novembro de 1990, bem como a Directiva do Conselho das Comunidades Europeias de 10 de Junho de 1991 sobre o uso do sistema financeiro para efeito de branqueamento de capitais[78]. Continuando uma muito curta análise do preâmbulo deste diploma legislativo, o legislador considera *"prioritário o ataque às fortunas ilícitas dos traficantes"*, assumindo ainda o *"inventário de medidas destinadas a desapossar os traficantes no tocante aos bens e produtos que são provenientes, directa ou indirectamente, da sua actividade criminosa"*. É, designadamente, no seu artigo 23.°, intitulado *"Conversão, transferência ou dissimulação de bens ou produtos"*, que se criminaliza o branqueamento. Mas, o artigo 23.° do Decreto-Lei n.° 45/93, de 22 de Janeiro, que nas suas alíneas a), b) e c) criminaliza situações que relevam respectivamente do Favorecimento Pessoal, Favorecimento Real e de um determinado tipo de Receptação, criminaliza somente o branqueamento que é proveniente do tráfico ilícito de drogas e precursores. Por outro lado é de assinalar que o capítulo III deste diploma legislativo, que vai do artigo 21.° até ao artigo 39.° inclusive, tem precisamente o título de *"Tráfico, branqueamento de capitais e outras infracções"*. São de destacar ainda o artigo 24.° que prevê determinadas circunstâncias agravantes também em relação ao artigo 23.°; o artigo 28.° que se designa por *"Associações criminosas"* e que sofreu, posteriormente, algumas alterações nos limites máximos das suas molduras penais, nomeadamente nos seus números um e três, que passaram ambos de 20 para 25 anos através da Lei n.° 45/96 de 3 de Setembro; o artigo 35.° que prevê a *"Perda de objectos"* que é mais facilitada por já não se exigir o requisito *"quando, pela sua natureza ou pelas circunstâncias do caso, puserem em perigo a segurança das pessoas ou a ordem pública, ou oferecem sério risco de ser utilizados para*

---

[77]   Vide alíneas a) e b) do ponto V deste trabalho.
[78]   *Vide* alínea b) do ponto V deste trabalho.

o cometimento de novos factos ilícitos típicos"[79]; o artigo 36.°-A que foi acrescentado pela Lei n.° 45/96 de 3 de Setembro e que representa um significativo acréscimo e esclarecimento da protecção na *"Defesa de direitos de terceiros de boa fé"*; o artigo 39.° que prevê, referindo na sua epígrafe, o *"Destino dos bens declarados perdidos a favor do Estado"*; e, finalmente, o artigo 3.° da Lei n.° 45/96, de 3 de Setembro, que prevê uma nova redacção para o artigo 156.° do Decreto-Lei n.° 295-A/90, de 21 de Setembro (diploma que actualiza o regime orgânico da Polícia Judiciária; entretanto cfr. o Decreto-Lei n.° 275-A/2000, de 9 de Setembro) e que tem por título *"Objectos que revertem a favor da Polícia Judiciária"*. Também o artigo 60.°, que se intitula *"Prestações de informações e apresentação de documentos"* e o artigo 61.°, que se designa por *"Entregas controladas"*, apresentam uma importância particular no que se refere também ao *combate* ao Branqueamento. Daqui se pode tirar uma primeira conclusão de que não foi deixada ao acaso a íntima conexão que efectivamente existe entre a criminalidade grave, o branqueamento e a criminalidade organizada e, por outro lado, a necessidade da *"Detecção, Apreensão e Perda dos Produtos do Crime"* preconizada pela Convenção do Conselho da Europa, que foi assinada por Portugal em 8 de Novembro de 1990[80].

---

[79] *Vide* Santiago, Rodrigo in "O branqueamento de capitais...", p. 552, 553 e 554, onde o M.D. Advogado, antes das alterações do Decreto-Lei n.° 15/93, de 22 de Janeiro, provocadas pela Lei n.° 45/96 de 3 de Setembro referia que: *"Desde logo, o artigo 35.°, com a epígrafe "perda de objectos", constitui, no essencial, a reprodução do disposto no art. 107.° do Código Penal. Porém, tal norma constitui sensível avanço, da perspectiva garantística, relativamente ao draconiano regime decorrente do art. 35.° do Dec.-Lei n.° 430/83, de acordo com o qual, em determinados crimes aí referidos, eram sempre declarados perdidos a favor do Estado os instrumentos utilizados na prática do crime, ressalvados apenas os direitos de terceiros de boa-fé."* E referindo ainda que *"Agora não é mais assim."* Opinião que, como se pode observar na referida reforma se confrontada, não sofreu continuidade, antes sofreu um pesado revés ao ser eliminado o referido requisito. Cremos que, com menores ou maiores vantagens para os Direitos, Liberdades e Garantias duns e doutros, o terrorismo mundializado numa sociedade do risco, e as suas obscuras fontes de financiamento, acentuará esta tendência de resultados, também eles, de perigo porque imprevisíveis. *Vide*, para a sociedade do risco, Beck, Ulrich, in *Risikogesellschaft* (1986); depois, para uma tentativa de aplicação do seu pensamento ao direito penal, Prittwitz, *Strafrecht und Risiko* (1993).

[80] *Vide* alínea b) do ponto V. Confrontar também Dr. Rodrigo Santiago citado na nota n.° 8 deste trabalho.

308   *Gonçalo Nicolau Cerqueira Sopas de Melo Bandeira*

A Lei n.º 16/93, de 3 de Junho, que autoriza o Governo a legislar em matéria do uso do aparelho financeiro para prevenção do efeito de capitais.

O Decreto-Lei n.º 313/93, de 15 de Setembro (que surge na sequência da autorização mencionada anteriormente), que acaba por transpor para a ordem jurídica interna a Directiva do Conselho da Comunidade n.º 91/308/CEE, de 10 de Junho de 1991[81]. Com o surgimento da liberdade de circulação de bens e capitais por toda a União Europeia, assistiu-se, no mesmo espaço, a uma paralela potenciação das facilidades para o branqueamento. Assim tornou-se premente a criação duma directiva que incentive uma legislação mais uniforme dentro do espaço da U.E., por forma a que seja dada uma resposta mais eficaz, dentro deste novo grande mercado, às tentativas de destruição, por parte da criminalidade organizada, não só de uma economia lícita, mas essencialmente da própria paz jurídica, a qual visa ser tutelada pela criminalização do branqueamento. Mas este diploma legislativo procurou sobretudo seguir uma política gradual em relação ao combate deste tipo de crime. Como é referido no respectivo preâmbulo: "*A disciplina jurídica ora aprovada reconduz-se, por razões de economia legislativa e de coerência do sistema, à prevenção do branqueamento através da utilização do sistema financeiro.*"[82] E mais importante ainda acrescenta com importância para a questão controvertida que: "*Nesta conformidade, teve-se por inadequada qualquer reacção de natureza penal, optando-se, de acordo com as modernas teorias de descriminalização e por paralelismo com outros regimes de carácter semelhante, pela tipificação, como contra-ordenação, de todas as violações aos comandos ínsitos no diploma*"[83]. Quanto àquilo que preconiza este Decreto-Lei, salienta-se a obrigação, por parte das entidades financeiras[84], da exigência de identificação dos seus clientes[85], especialmente daqueles sobre os quais

---

[81] Entretanto alterada pela Directiva 2001/97/CE, de 4 de Dezembro – confrontar alínea b) do ponto V –, a qual foi transposta para o Ordenamento Jurídico português pela Lei n.º 11/2004, de 27 de Março.

[82] *Vide* parágrafos 5.º e 6.º do Decreto-Lei n.º 313/93 de 15 de Setembro, mas também o artigo 2.º.

[83] *Vide* parágrafo 9.º do preâmbulo do Decreto-Lei n.º 313/93 de 15 de Setembro.

[84] *Vide* art. 2.º do Decreto-Lei n.º 313/93 de 15 de Setembro.

[85] *Vide* art. 3.º do Decreto-Lei n.º 313/93 de 15 de Setembro. Importante, também, é a excepção à obrigação de identificação prevista no n.º 3 do artigo 4.º do mesmo Decreto-Lei.

O Crime de "Branqueamento" e a Criminalidade Organizada... 309

"*exista uma suspeita fundada da prática do crime previsto no artigo 23.º do Decreto-Lei n.º 15/93, de 22 de Janeiro*"[86]. Mas também a recusa de realização de operações suspeitas, os deveres especiais de diligência quanto à possibilidade da actividade do cliente integrar "*o tipo legal de crime previsto no artigo 23.º do Decreto-Lei n.º 15/93, de 22 de Janeiro*", a obrigação de conservação de documentos, os deveres especiais de colaboração, o dever de abstenção de operações relacionadas com a muito provável prática do crime previsto no mesmo artigo 23.º do Decreto-Lei n.º 15/93, de 22 de Janeiro, os deveres das autoridades de supervisão ou necessidade de existirem mecanismos de controlo[87]. Mais exactamente no Capítulo III do Decreto-Lei supra-mencionado estão previstas as diversas contra-ordenações e sanções acessórias. É de salientar que, conforme o artigo 22.º do Decreto-Lei referido, a negligência é punível.

A Lei n.º 36/94, de 29 de Setembro, que compreende uma série de "*Medidas de combate à corrupção e criminalidade económica e financeira*" e que no seu artigo 1.º/1 é integrada por uma série de crimes susceptíveis de gerarem capitais capazes, por sua vez, de serem branqueados e constituírem um novo crime.[88]

O Decreto-Lei n.º 325/95, de 2 de Dezembro[89], alargou o crime de "branqueamento" a outros *valores* provenientes de outros crimes, que não só o tráfico de precursores e de droga, mais exactamente "*crimes de terrorismo, tráfico de armas, extorsão de fundos, rapto, lenocínio, lenocínio e tráfico de menores, tráficos de pessoas, corrupção e das demais infracções referidas no n.º 1 do artigo 1.º da Lei n.º 36/94, de 29 de Setembro*", conforme o seu art. 2.º[90]. Aliás, a Convenção sobre o Branqueamento, Detecção, Apreensão e Perda dos Produtos do Crime, assinada por Portugal a 8 de Novembro de 1990, incitava os diversos Estados membros a realizarem um alargamento da criminalização do branqueamento. O mesmo se passou com o caminho traçado pela Directiva n.º 91/308/CEE, do Conselho, de 10 de Junho, transposta para o ordenamento jurídico interno pelo Decreto-Lei n.º 313/93, de 15 de

---

[86] *Vide* art. 5.º do Decreto-Lei n.º 313/93 de 15 de Setembro.

[87] *Vide* art.ᵒˢ 6.º e ss. do Decreto-Lei n.º 313/93, de 15 de Setembro.

[88] Confrontar o n.º 1 do art. 1.º da Lei n.º 36/94, de 29 de Setembro e o artigo 2.º do Decreto-Lei n.º 325/95, de 2 de Dezembro.

[89] Com uma alteração ligeira do artigo 5.º da Lei n.º 65/98, de 2 de Setembro.

[90] O artigo 2.º do Decreto-Lei n.º 325/95, de 2 de Dezembro, apresenta sensivelmente a mesma estrutura do artigo 23.º do Decreto-Lei n.º 15/93, de 22 de Janeiro.

310 Gonçalo Nicolau Cerqueira Sopas de Melo Bandeira

Setembro[91]. Assim, este diploma legislativo veio alargar a diferentes entidades um determinado número de deveres que antes somente recaíam sobre entidades de cariz financeiro. Como é mencionado no preâmbulo do Decreto-Lei n.º 325/95, de 2 de Dezembro, *"Têm sido especialmente identificadas como actividades susceptíveis de utilização para branqueamento as ligadas ao jogo (sobretudo em casinos, mas também quanto a ganhadores de lotarias) e as de comércio de bens de elevado valor: imóveis (especialmente em certas zonas de turismo), pedras e metais preciosos, antiguidades, obras de arte, automóveis, barcos e aeronaves."* Surge, também aqui, com o Decreto-Lei n.º 325/95, de 2 de Dezembro, a possibilidade do uso do sistema das entregas controladas à lavagem de dinheiro, tal como já acontecia para com o tráfico de droga[92]. O diploma legislativo aqui analisado apresenta, como já se disse, a punição pela mais grave das medidas que o Estado reserva para os cidadãos, ou seja, a pena de prisão prevista no seu artigo 2.º, mas também prevê uma série de contra-ordenações (em que a negligência é punível) nos seus art.ᵒˢ 11.º e ss.. A defesa de direitos de terceiros de boa-fé está consagrada no artigo 17.º deste diploma. É de salientar, também, que, conforme o n.º 5 do artigo 17.º deste Decreto-Lei n.º 325/95, de 2 de Dezembro, *"O juiz pode remeter a questão para os meios cíveis quando, em virtude da sua complexidade ou pelo atraso que acarrete ao normal curso do processo penal, não possa ser neste convenientemente decidida."* Por outro lado e conforme o artigo 18.º do Decreto-Lei n.º 325/95, de 2 de Dezembro, "(...) *Presume-se deferida à Polícia Judiciária em todo o território a competência exclusiva para a investigação dos seguintes crimes*: (...) z) *Branqueamento de capitais, outros bens ou produtos.*[93]" Por outro lado,

---

[91] Contudo, como se refere no preâmbulo do Decreto-Lei n.º 325/95, de 2 de Dezembro, *"As disparidades ainda existentes nos diversos ordenamentos jurídicos provocam desajustamentos no funcionamento dos sistemas preventivos e repressivos dos Estados membros, dificultando a cooperação internacional."* Ou seja, não se realizou uma incriminação uniforme dos crimes que podiam gerar capitais para branqueamento, por parte dos Estados membros. O Decreto-Lei n.º 325/95, de 2 de Dezembro, vem contribuir para ajudar a acabar com essa disparidade.

[92] *Vide* o art. 20.º do Decreto-Lei n.º 325/95, de 2 de Dezembro, que remete para o art. 61.º do Decreto-Lei n.º 15/93, de 22 de Janeiro. Também o art. 60.º do Decreto-Lei n.º 15/93, de 22 de Janeiro é aplicável a este Decreto-Lei n.º 325/95, de 2 de Dezembro, conforme o seu art. 19.º.

[93] Norma que veio alterar o artigo 4.º do Decreto-Lei n.º 295-A/90, de 21 de Setembro, na redacção dada pelo artigo 10.º da Lei n.º 36/94, de 29 de Setembro.

O Crime de "Branqueamento" e a Criminalidade Organizada... 311

o Decreto-Lei n.° 325/95 de 2 de Dezembro – que entretanto sofreu alterações, conforme já se referiu a montante, com a Lei n.° 65/98 de 2 de Setembro, o Decreto Lei n.° 275-A/2000, de 9 de Novembro, a Lei n.° 104/2001, de 25 de Agosto, o Decreto-Lei n.° 323/2001, de 17 de Dezembro, a Lei n.° 5/2002, de 11 de Janeiro; e a Lei n.° 10/2002, de 11 de Fevereiro – passou agora a criminalizar também o branqueamento proveniente da prática, sob qualquer forma de comparticipação, dos crimes de terrorismo, tráfico de armas, tráfico de produtos nucleares, extorsão de fundos, rapto, lenocínio, tráfico de pessoas, tráfico de órgãos ou tecidos humanos, pornografia envolvendo menores, tráfico de espécies protegidas, corrupção e demais infracções referidas no número 1 do artigo 1.° da Lei n.° 36/94, de 29 de Setembro, fraude fiscal e demais crimes punidos por lei com pena de prisão cujo limite máximo seja superior a 5 anos. Presentemente, a Directiva 2001/97/CE do Parlamento Europeu e do Conselho, de 4 de Dezembro de 2001, que, por sua vez, alterou a Directiva 91/308/CEE do Conselho relativa à prevenção da utilização do sistema financeiro para efeitos de branqueamento de capitais, já foi transposta, como referimos a montante, para o Ordenamento Jurídico interno português pela Lei n.° 11/2004, de 27 de Março.

A Convenção Relativa ao Branqueamento, Detecção, Apreensão e Perda dos Produtos do Crime, do Conselho da Europa, assinada por Portugal em 1990 e ratificada pelo Decreto do Presidente da República n.° 73/97, de 13 de Dezembro, no prosseguimento da Resolução da Assembleia da República n.° 70/97, de 13 de Dezembro.[94] No pequeno preâmbulo desta convenção fazem-se várias considerações, nomeadamente que se procura conseguir uma maior aproximação entre os Estados membros do Conselho da Europa, no prosseguimento de uma política penal comum, em que a luta contra a criminalidade grave e organizada exige formas de luta mais sistematizadas e eficazes, privando o delinquente dos produtos do crime e estabelecendo uma cooperação internacional que satisfaça um combate produtivo contra os desafios que esta criminalidade específica provoca. Volta-se a frisar aqui a enorme importância que têm os artigos 2.°/2 e 6.°/4 desta convenção. Através dos diplomas legislativos analisados, mais concretamente depois da entrada em vigor do Decreto-Lei n.° 325/95, de 2 de

---

[94] *Vide* alínea b) do ponto V deste trabalho, onde já se faz uma breve referência a esta Convenção.

Dezembro[95] – com as modificações já acima assinaladas! – podemos verificar que Portugal optou por um alargamento, embora gradual, da incriminação do branqueamento proveniente de outros crimes que não só o tráfico de droga e precursores, por um lado, e que, por outro lado, foram impostos deveres de auto-controlo e colaboração a outras entidades que não só as financeiras, como são os casinos ou as imobiliárias. Por outro lado é de destacar a Lei n.º 11/2002, de 16 de Fevereiro, que *"Estabelece o regime sancionatório aplicável a situações de incumprimento das sanções impostas por regulamentos comunitários e estabelece procedimentos cautelares de extensão do seu âmbito material"*. Este regime jurídico refere no seu art. 6.º que na *"prevenção e repressão das infracções previstas na presente lei aplicam-se as disposições especiais relativas ao branqueamento de capitais"*.

VI. ASPECTOS JURÍDICOS CONTROVERTIDOS: INFRACÇÃO PRINCIPAL E SECUNDÁRIA, NEXO DE CAUSALIDADE, INVERSÃO DO ÓNUS DA PROVA E CONCURSO DE CRIMES? O ACÓRDÃO DO SUPREMO TRIBUNAL DE JUSTIÇA DE 30 DE MAIO DE 1996,[96] E O ACÓRDÃO DO SUPREMO TRIBUNAL DE JUSTIÇA DE 24 DE JUNHO DE 1998[97]

Como já se pôde depreender da análise feita, o crime de branqueamento de capitais exige uma "infracção principal"[98], que consistirá no crime propriamente dito capaz de gerar capitais (e/ou "vantagens"), susceptíveis, por sua vez, de um branqueamento, o qual

---

[95] *Vide* art. 5.º do Código Civil português que remete para legislação especial para regular a *vacatio legis*, actualmente através da Lei n.º 6/83, de 29 de Julho, a qual fixa o prazo de 5 dias.

[96] Processo 96 Po 35, n.º convencional JSTJ00029931, Relator Juiz de Direito Costa Pereira in www.dgsi.pt .

[97] Em 1 de Julho de 1998: Relator Juiz de Direito Manuel de Andrade Saraiva. Acórdão policopiado gentilmente cedido pelo Ilustre Procurador da República Ad. Jorge dos Reis Bravo a quem aqui encarecidamente agradecemos.

[98] Sobre o problema da evolução da punição do branqueamento dum estatuto de acessoriedade para um estatuto de autonomia *vide* Pedro Caeiro in op. cit. p. 1087, Jorge Dias Duarte in op. cit. pp. 106 e ss. e Jorge Fernandes Godinho in op. cit. p. 166 e *passim*.

O Crime de *"Branqueamento" e a Criminalidade Organizada...*

constituirá precisamente a infracção secundária. Em Portugal, tudo residia em preencher o tipo-de-ilícito, nos seus elementos objectivos e subjectivos constitutivos, do art. 23.º do Decreto-Lei n.º 15/93, de 22 de Janeiro e do art. 2.º do Decreto-Lei n.º 325/95, de 2 de Dezembro[99] (em ambos se refere: *"Quem, sabendo que os bens ou produtos são provenientes da prática, sob qualquer forma de comparticipação"*), os quais prevêem precisamente várias infracções principais, pelo que a proveniência dos bens só será (era) considerada ilícita se advier dum crime de tráfico de droga ou percursores, num caso; de crimes previstos no art. 2.º do Decreto-Lei n.º 325/95, de 2 de Dezembro, já com as alterações últimas da Lei n.º 10/2002, de 11 de Fevereiro, no outro caso.[100] Assim, o preenchimento do tipo-de-ilícito do branqueamento não prescinde ou dispensa da prova das infracções principais acabadas de referir. Se em alguns países se requer saber qual a gravidade da infracção principal, em outros apenas se exige que a infracção principal se apresente com carácter doloso. No nosso país, encontramos, um sistema de catálogo. Além da prova da infracção principal, que varia no seu grau de exigência de país para país, deparamos com obstáculos no estabelecimento de uma conexão entre as diversas infracções secundárias – o branqueamento – e as correspondentes infracções principais, que – se volta a frisar! – variam de sistema jurídico para sistema jurídico.

É na sequência deste problema que surge a chamada inversão do *"ónus da prova"*[101]. Torna-se bastante interessante transcrever aqui, parte do parecer do Prof. Doutor Faria Costa, que refere o seguinte: *"quanto à possibilidade de inversão do ónus da prova no que diz respeito à proveniência dos bens objecto de branqueamento,... da convergência do princípio da investigação com a presunção da inocência, resulta a inexistência de uma repartição do ónus probatório no processo penal; qualquer situação de dúvida insanável quanto a uma questão de facto terá, pois, de ser resolvida em sentido favorável ao arguido ('in dubio pro reo'). Assim, não podendo falar-se em auto-responsabilidade probatória das 'partes', quanto aos factos que lhes aproveitam, muito menos se poderá considerar a possibilidade de uma inversão do ónus da prova. Sob*

---

[99] *Vide* a alínea d), do ponto V deste trabalho.

[100] Diplomas entretanto revogados. Confrontar a alínea d), do ponto V deste trabalho.

[101] *Vide* Martins, A.G. Lourenço, in "Branqueamento de Capitais...", p. 25, nota de rodapé n.º 27.

pena de, fazendo recair sobre o arguido o ónus da prova da proveniência lícita dos bens, estarmos a contrariar o princípio constitucional da presunção da inocência."

No contexto da Comissão para a Estratégia Nacional de Combate à Droga discutiu-se o problema jurídico aqui controvertido de *"inversão do ónus da prova"*[102].

"Uma outra hipótese – acrescenta-se – residiria em considerarmos a questão da origem do património uma questão prejudicial não penal, que poderia ser conhecida pelo tribunal competente em razão da matéria, de acordo com as regras aplicáveis nesse ramo do direito. No entanto, de acordo com o art. 23.º do Decreto-Lei n.º 15/93, de 22.01, a proveniência dos bens só será considerada ilícita se resultar de um crime de tráfico. Pelo que, para além de não estarmos perante uma questão não penal, qualquer decisão obtida no processo cível será inútil e, logo, dilatória, já que o preenchimento do tipo de branqueamento não prescinde da prova do tráfico."

O mesmo acontece, acrescentando, *mutatis mutandis*, no caso do – agora revogado – artigo 2.º do Decreto-Lei 325/95, de 2 de Dezembro, em que a proveniência dos bens só será considerada ilícita se resultar dos vários crimes principais enunciados no próprio artigo[103], pelo que, também aqui, o preenchimento do tipo de branqueamento não prescinde da prova dessas infracções principais.

Retomando as ideias da Comissão para a Estratégia Nacional de Combate à Droga no que se refere à designada *inversão do ónus da prova*, diz-se[104]: *"Trata-se de uma tendência em curso e que terá um efeito importante desde que o direito nacional consiga estabelecer uma diferença precisa entre o procedimento tendente a estabelecer a culpabilidade ou a inocência de uma pessoa (no quadro do qual deve persistir o respeito rigoroso da presunção de inocência e do princípio 'in dubio pro reo') e, por outro lado, o procedimento especial tendente explicitamente a estabelecer se a origem de um bem é lícita ou ilícita. Encontrando-se a autoridade judiciária penal em face de dois procedimentos de finalidade e natureza totalmente distintos, um 'ad personam' e o segundo 'ad rem', poderá distanciar-se, neste segundo, do princípio 'in dubio pro reo'".*

---

[102] *Vide* Martins, A.G. Lourenço, in "Branqueamento de Capitais...", pp. 26 e ss..

[103] *Vide* alínea D) do título V deste trabalho onde são referidas as várias e presentes infracções principais.

[104] *Vide* Martins, A.G. Lourenço, in "Branqueamento de Capitais...", pp. 27 e ss..

O Crime de "Branqueamento" e a Criminalidade Organizada... 315

Acrescenta-se mais à frente: *"Mas a hipótese que agora se coloca não é a de remeter para o processo civil, como questão prejudicial, a demonstração da origem dos bens, no que sempre seria uma questão penal, mas encontrar uma forma de continuar (ou mesmo de se iniciar) numa acção cível a demonstração da propriedade legítima de certos bens."* Não se deixa ainda de referir que: *"Além disso, o envio da questão para os meios cíveis, tem mesmo alguns antecedentes no regime previsto, com alguma similitude, para a defesa de direitos de terceiros de boa fé – artigo 17.°, n.°5, do Decreto-Lei n.° 325/95, de 2 de Dezembro e artigo 36.°/A, do Decreto-Lei n.° 15/93, na redacção da Lei n.° 45/96, de 3 de Setembro."* E ainda que: *"Não está em causa a condenação penal de alguém, mas saber de quem é a propriedade legítima de certos bens."*

Um dos princípios basilares do nosso Estado de Direito – a Presunção da Inocência – encontra-se, como não poderia deixar de ser, consagrado no n.° 2 do artigo 32.° da Constituição da República Portuguesa. É este um princípio inquebrantável como garantia do processo criminal. Por outro lado, como refere o n.° 1 do artigo 18.° da C.R.P.: *"Os preceitos constitucionais respeitantes aos direitos, liberdades e garantias são directamente aplicáveis e vinculam as entidades públicas e privadas."*[105] O compromisso com um Estado de Direito, por parte de Portugal, atingiu um ponto sem retorno no contexto da comunidade internacional. O processo de solidificação dos direitos, liberdades e garantias alcançado pelo Homem, é absolutamente irreversível.

Um aspecto controvertido, que surge aqui não completamente dilucidado e que não será completamente desenvolvido neste específico trabalho, é saber como relacionar a ratificação, nomeadamente, da Convenção das Nações Unidas de 1988 e da Convenção relativa ao Branqueamento, Detecção, Apreensão e Perda dos Produtos do Crime, do Conselho da Europa, de 1990 (aberta à assinatura, em Estrasburgo, em 8 de Novembro de 1990 e assinada por Portugal no mesmo dia, aprovada para ratificação, pela Resolução da Assembleia da República n.° 70/97, publicada no *Diário da República*, 1.ª Série-A, n.° 287, de 13 de Dezembro de 1997, e ratificada pelo Decreto do Presidente da República n.° 73/97, publicado no *Diário da República*, 1.ª Série-A, n.° 287, de 13 de Dezembro de 1997, sendo que Portugal depositou, em 19 de Outubro de 1998, na sede do Conselho da Europa, em Estrasburgo, o

---

[105] Confrontar igualmente o art. 16.° da Constituição da República Portuguesa e a vinculação à Declaração Universal dos Direitos do Homem.

316   *Gonçalo Nicolau Cerqueira Sopas de Melo Bandeira*

instrumento de ratificação), com o artigo 8.º da Constituição da República Portuguesa[106].

Outro problema, que surge aqui em destaque, é saber se o agente, num determinado caso concreto da realidade, pode provocar o concurso efectivo, verdadeiro ou puro, v.g. real, ou seja, o concurso de crimes punidos pela infracção secundária e pela infracção principal como, v.g., são o branqueamento e o tráfico de droga e ou percursores?[107] Antes de avançar qualquer outra explicação, desde já afirmamos que sim: o agente do crime de tráfico de estupefacientes ou de qualquer outro crime do artigo 2.º do Decreto-Lei n.º 325/95, de 2 de Dezembro, já com as alterações a montante descritas (e, *mutatis mutandis*, com a revogação operada pela Lei n.º 11/2004, de 27 de Março), – integrando a questão, através do sistema que pune o branqueamento de capitais, no ordenamento jurídico português! –, pode praticar o crime de branqueamento, i.e., poderá pelo menos verificar-se um concurso efectivo, verdadeiro ou puro, v.g. real,

---

[106] O art. 8.º da C.R.P. origina várias questões não completamente líquidas. Nomeadamente, saber até que ponto estas Convenções, com todas as suas normas já não estão a vigorar na ordem jurídica interna. Referem os Senhores Professores Doutor Gomes Canotilho e Doutor Vital Moreira, na C.R.P. anotada, 3.ª edição, pp. 83 e ss., que: "*A Constituição exige que a convenção tenha sido 'regularmente aprovada ou ratificada' (i. é, aprovada e/ou ratificada de acordo com as regras constitucionais) e tenha sido oficialmente publicada (i. é, publicada no DR – cfr. art. 122.º – 1/b) (...)*".

[107] *Vide* Martins, A.G. Lourenço, in pp. 32 e 33 onde defende a solução do concurso efectivo, verdadeiro ou puro, i.e., do concurso de crimes, no direito nacional, justificando essa posição, por um lado, com a diversidade de bens jurídicos tutelados (bem jurídico do branqueamento de capitais que não se identifica com aquele que nós apontámos na alínea B) deste relatório) e também, por outro lado, com as normas 6.º/2, alínea b) da Convenção do Conselho da Europa e artigo 3.º/1, alínea b), pontos i) e ii) da Convenção das Nações Unidas de 1988, reproduzido no artigo 23.º do Decreto-Lei n.º 15/93 de 3 de Setembro. Como foi anteriormente referido, este último artigo foi revogado pela Lei n.º 11/2004, de 27 de Março, alínea d) do art. 55.º. "*Mutatis mutandis*" afirma Pedro Caeiro in op. cit. p. 1105, n. de r. n.º 110: "A favor da possibilidade de punição, por branqueamento, do autor do facto precedente, vd. ANTÓNIO HENRIQUES GASPAR, *ob. cit.*, p. 133; A. G. LOURENÇO MARTINS, *ob cit.*, p. 474 e s.; e JORGE DIAS DUARTE, *ob. cit.*, p. 109 e ss.; contra, JORGE FERNANDES GODINHO, *ob. cit.*, p. 238 e ss.". E ainda um pouco antes: "A jurisprudência dos nossos tribunais superiores tem-se mostrado dividida: no sentido de que o autor de um crime de tráfico de estupefacientes pode cometer posteriormente, em concurso real, um crime de branqueamento de capitais, dada a diversidade dos interesses protegidos, cf. o *AcSTJ* de 30-5-1996, o *AcSTJ* de 8-10-1997, o *AcRP* de 7-11-2001 e, por último, o *AcSTJ* de 20-06-2002; em sentido contrário, cf. o *AcSTJ* de 23-03-2000 e o *AcRL* de 22-10-2002.

O Crime de "Branqueamento" e a Criminalidade Organizada...

i.e., concurso de crimes, em determinados casos concretos da realidade, pois de contrário só existirá, como é evidente, um concurso legal ou aparente: um concurso de normas. Não obstante, e v.g., o agente do crime de tráfico de droga somente será agente do crime de branqueamento quando preencher, acrescidamente ao crime principal, os tipos objectivo e subjectivo dos tipos-de-ilícitos previstos e punidos no art. 23.º do Decreto--Lei n.º 15/93, de 22 de Janeiro ou no art. 2.º do Decreto-Lei n.º 325/95, de 2 de Dezembro, já com as alterações (artigos que foram posteriormente revogados pelo art. 55.º da Lei n.º 11/2004, de 27 de Março, mas cuja aplicação, *mutatis mutandis*, não fica prejudicada). Mas, esse correspondente preenchimento, em certos casos concretos da realidade, parece--nos ser perfeitamente possível desde o ponto de vista jurídico.

O Acórdão do Supremo Tribunal de Justiça de 30 de Maio de 1996, já mencionado e identificado anteriormente, o qual não vamos, aqui, analisar pormenorizadamente, refere no ponto III, do seu sumário, que: *"Os crimes de tráfico de estupefacientes e de conversão de bens provenientes do tráfico, por as respectivas normas legais visarem a protecção de interesses diferentes – a saúde pública no caso de tráfico e o branqueamento de capitais no outro – estão entre si em relação de concurso real de infracções."* Embora a nossa opinião esteja em "acordo parcial" com o resultado prático deste Acórdão, ou seja, a existência de concurso efectivo, verdadeiro ou puro, v.g. real, i.e., concurso de crimes *(correndo-se o risco, involuntário, de se estar a contribuir para que haja, ainda, mais um concurso de crimes)*[108], neste caso concreto, não concordamos com a sua fundamentação, nem sequer com a forma jurídica expressa neste ponto III do respectivo sumário. Por um lado, não está correcto afirmar – como também fez o Acórdão do Supremo Tribunal de Justiça de 8 de Outubro de 1997! – "que a norma que pune o facto precedente não pode consumir o crime de branqueamento porque os bens jurídicos ou interesses protegidos são diferentes"; é que "...desta diversidade dos bens jurídicos ofendidos não decorre – antes pelo contrário! – impossibilidade de a conduta branqueadora ser um facto não punível, por força de uma relação de *consunção*, que *também* se pode estabelecer entre normas dirigidas à protecção de bens diferentes..."[109];

---

[108] É muito importante, como é evidente, evitar uma duplicação das penas em situações concretas nas quais se revelam designada e completamente desnecessárias e desproporcionadas. *Vide*, também, Pedro Caeiro in op. cit., p. 1108, n. de r. n.º 121.

[109] *Vide* Pedro Caeiro in op. cit., p. 1109.

318   *Gonçalo Nicolau Cerqueira Sopas de Melo Bandeira*

por outro lado, o bem jurídico tutelado pelo tráfico de droga – a saúde pública – é, de facto, diverso do bem jurídico tutelado pelo crime do branqueamento[110]. Não obstante, e como é afirmado no sumário do Acórdão, o crime de conversão de bens provenientes do tráfico não visa a "*protecção do interesse branqueamento de capitais*", pois como facilmente nos apercebemos isso não teria qualquer lógica. O que está aqui em causa é identificar que bem jurídico[111] (e não que interesse) é tutelado pelo crime de branqueamento, o qual como já foi amplamente desenvolvido na alínea B) deste trabalho, não se identifica com o bem jurídico tutelado pelo tráfico de droga que é consensualmente reconhecido como a saúde pública. Logo, por aqui, já é possível afirmar a possibilidade de haver concurso efectivo, verdadeiro ou puro: concurso de crimes, desde que, v.g., o agente do crime principal de tráfico de droga *preencha efectiva e acrescidamente* os tipos objectivo e subjectivo do tipo de ilícito do crime respectivamente "secundário" de branqueamento. Salva a situação, como já se referiu anteriormente e como é absolutamente evidente, de estar verificada concretamente uma relação de consumpção!

Por sua vez, evocamos agora o Acórdão do Supremo Tribunal de Justiça de 24 de Junho de 1998[112], que refere as seguintes conclusões:

"a) *concede-se provimento ao recurso interposto pelo Arguido M. J. A. Mo. e, em consequência, revoga-se em parte o douto acórdão recorrido, absolvendo-se o arguido Moreira da prática do crime do art. 23.º, n.º 1 do DL 15/93, de 22 de Janeiro, ficando sem efeito a pena única aplicada por deixar de haver concurso real;*

b) *nega-se provimento aos recursos interpostos pelos Arguidos V. C. de Ar., M. G. An., J. M. da C. An., M. L. Co. e M. do S. C. A. Ro.. (...)."*

Não é de forma alguma correcta, a conclusão deste acórdão no que diz respeito à fundamentação apresentada para justificar o "*provimento*" do "*recurso interposto pelo Arguido M. J. A. Mo.*" "*por deixar de haver concurso real*". E vai-se demonstrar a seguir porque é que não se pode concordar com tal fundamentação aplicável a este caso determinado. Para melhor compreensão deste acórdão não se dispensa a sua leitura na

---

[110] *Vide*, com interesse para a questão, a alínea B) do ponto II deste trabalho.

[111] A função do direito penal é a protecção dos bens jurídicos; *vide* o art. 18.º/2 da Constituição portuguesa.

[112] 1 de Julho de 1998, Relator Juiz de Direito Manuel de Andrade Saraiva, processo comum colectivo 358/97, do 2.º Juízo criminal, da Comarca de Barcelos e do respectivo Acórdão, proferido em 26 de Janeiro de 1998.

íntegra, contudo só se farão aqui transcrições das parcelas do texto relacionadas com o problema sobre o qual faremos recair toda a nossa atenção – poder haver, ou não poder haver, neste caso concreto, concurso efectivo, verdadeiro ou puro (concurso de crimes), v.g. real, entre o tráfico de droga e o branqueamento da capitais, p. e p. no artigo 23.º do Decreto--Lei n.º 15/93, de 22 de Janeiro? E poder haver, ou não poder haver, neste caso concreto, concurso efectivo, verdadeiro ou puro (concurso de crimes), v.g. real, *dos crimes referidos* no art. 2.º do Decreto-Lei n.º 325/ /95, de 2 de Dezembro – com as alterações acima assinaladas! – e o branqueamento punido, não só no artigo 23.º do Decreto-Lei n.º 15/93, de 22 de Janeiro, mas também no próprio artigo 2.º do Decreto-Lei n.º 325/ /95, de 2 de Dezembro, com as alterações acima referidas? Eis as duas grandes questões a serem aqui debatidas. Entretanto, como já se referiu a montante, estes diplomas legislativos, que acabamos de referenciar, foram revogados pelo art. 55.º da Lei n.º 11/2004, de 27 de Março.

Desde já se adianta que as respostas às duas perguntas poderão ser, neste caso concreto, afirmativas. Só se viam dificuldades no que diz respeito à alínea c) do n.º 1 do art. 23.º. No presente momento é muito importante confrontar o art. 368.º/A, o qual, tendo sido aditado ao Código Penal pelo art. 53.º da Lei n.º 11/2004, de 27 de Março, passou a prever e a punir o crime de branqueamento.

Nos factos provados pelo Tribunal Colectivo, temos que salientar distintos quesitos.[113]

---

[113] *"(...)28 – com tal actividade (trata-se do tráfico de cocaína e/ou heroína conforme quesito n.º 26, acrescentamos nós), o Arguido Mo., pretendia obter lucros avultados;*

29 – os Arguidos com a venda de estupefacientes, obtiveram lucros que integraram nos seus patrimónios;

30 – e tal foi o volume de negócios de comercialização de substâncias estupefacientes, que os proventos, que daí advieram ao Arguido Mo., lhe permitiram adquirir em 21 de Dezembro de 1995, pelo preço de 3 350.000$00, o veículo Nissan Terrano I, cor branca e matrícula (...); em princípio de 1996, pelo preço de 1 080 000$00 o veículo Volkswagen Polo com matrícula (...), apreendido à ordem destes autos; em 6 de março de 1995, o prédio urbano inscrito na matriz sob o art. (...), fracção autónoma "AB", freguesia de (...), Repartição de Finanças de (...) pelo preço de 9 250 000$00; em 14 de Setembro de 1995, após negociações, celebrou um contrato-promessa de compra e venda do imóvel rústico misto, composto de casa e terreno de logradouro junto, e terreno de cultivo com árvores de fruto, sito no lugar de (...), onde em tempos funcionou a Casa do Povo, pelo preço de 14 000 000$00, entregando na data ao promitente vendedor como sinal 2 000 000$00, não tendo até ao presente, sido formalizada a escritura; em

Ou seja, através dos factos provados, podemos concluir que o comportamento do arguido M. Mo., que constitui o elemento que para aqui nos interessa mais ser analisado, não só preencheu os elementos objectivo e subjectivo do tipo-de-ilícito do preceito que pune o tráfico de droga, mas também os tipos objectivo e subjectivo do tipo-de-ilícito do preceito que pune o branqueamento. Resta analisar como o Supremo Tribunal de Justiça decidiu em relação ao Recurso de M. J. A. Mo..[114]

---

11 de Setembro de 1995, após negociações, celebrou um contrato-promessa de compra e venda do prédio urbano sito em (…), descrito na Conservatória do Registo Predial de (…), sob o n.º (…), freguesia de (…), pelo preço de 30 000 000$00, tendo entregue no acto ao promitente vendedor, 5 000 000$00 em notas do Banco de Portugal; entre 6 de Outubro de 1995 e 15 de Março de 1996, efectuou o pagamento de mais quatro prestações, no valor de 8 000 000$00, feito por transferência bancária, como parte do cumprimento do contrato-promessa atrás referido;

31 – o Arguido Mo. fez-se ainda titular de diversas contas bancárias, onde movimentou largos milhares de contos, conforme se pode verificar pelos extractos juntos aos autos – cfr. a título de exemplo a conta n.º (…) do (…) onde, num espaço de 7 meses, foram depositados 14 188 500$00, sendo certo que, em cerca de 8 meses, Setembro de 1995 até à data da sua prisão, 30-4-96, o arguido Mo. movimentou um total de 19 035 500$00 em numerário;

32 – Estes proventos advieram-lhe da comercialização de substâncias estupefacientes;

(…)41 – não distando tal conhecimento, tanto o arguido J. An. como seu pai, o arguido M. An,, aceitaram ajudar o arguido Mo. a converter parte dos bens que adquirira, ocultando a sua origem delituosa, a fim de aquele se eximir às consequências dos seus actos;

42 – para melhor ocultar a origem de tais capitais, o arguido M. An, pediu a colaboração de sua filha e irmã do J. An, a arguida M. do Sa, que se dispôs a auxiliar e a colaborar com seu pai e irmão em tal tarefa, disponibilizando as contas bancárias de que era titular para os créditos e débitos necessários;

43 – sabendo perfeitamente que tais operações bancárias se destinavam a finalizar o pagamento da moradia sita em (…) e atrás referida, onde residia seu irmão, o arguido J. An e que o dinheiro movimentado através de suas contas e das de seu pai, era de proveniência ilícita, tráfico de estupefacientes e droga;

44 – foi assim que em 4.1.96, em nome da arguida M. do Sa, foi aberta a conta nº (…) no (…) e na mesma data a Arguida fez o DT n.º (…) com 320 000$00 em numerário;

45 – em 29-1-96, 12 dias após a prisão do J. An, a arguida subscreveu 376 unidades de MGO (certificado n.º 8021507), no valor de 4 409 776$00, que pagou em numerário;

(…)65 – tais dinheiros eram do arguido M. Mo, provenientes do tráfico de droga, e que aqueles, em conluio com este e o J. An pretendiam, como vieram a fazer, pela forma supra descrita, dissimular a sua proveniência ilícita;"

[114] *"O recorrendo foi condenado como autor material dos seguintes crimes: § a) um de tráfico de estupefacientes, com agravação, dos arts. 21.º, n.º 1 e 24.º als. a) e c) do*

O Crime de "Branqueamento" e a Criminalidade Organizada... 321

Nem a fundamentação nem a conclusão deste douto acórdão foram as mais correctas em nossa singela opinião. Eis as razões por que

---

DL 15/93, de 22 de Janeiro, na pena de sete anos e seis meses de prisão; e § b) um crime de dissimulação de bens do art. 23.º, n.º 1 do DL 15/93, de 22 de Janeiro na pena de seis anos de prisão. § O Arguido aceita a incriminação e a pena quanto ao crime de tráfico de estupefacientes agravado, impugnando só a condenação pelo crime do art. 23.º, n.º 1 do DL 15/93, de 22 de Janeiro. O Tribunal Colectivo entendeu que o M. Mo cometeu este crime pois tendo obtido avultadas quantias em dinheiro com a venda de droga procurou encobri-las dissimulando a sua proveniência, procedendo a transferências, convertendo-as em bens de natureza subsidiária e, claro está, dificultando a acção da justiça na determinação dessa origem.

O artigo 23.º do Decreto-lei 15/93, de 22 de Janeiro, no seu n.º 1 dispõe 'Quem, sabendo que os bens ou produtos são provenientes da prática, sob qualquer forma de comparticipação, de infracção prevista nos artigos 21.º, 22.º 24.º e 25.º é punido se praticar algum dos actos enunciados nas alíneas a), b) e c).'

Entendemos que assiste razão ao recorrente.

Da letra do corpo do n.º 1 do art. 23.º do DL 15/93, de 22 de Janeiro, ressalta que o agente do crime do tráfico de estupefacientes não pode praticar este crime, uma vez que ele ao vender droga tem a consciência de estar a praticar um acto ilícito, e os bens ou produtos recebidos como pagamento só passam a ter proveniência ilícita após a sua recepção pelo traficante das mãos dos compradores.

Entendemos que agente deste crime têm de ser pessoas diferentes dos traficantes e que sabendo que os bens ou produtos são provenientes da prática do crime do tráfico de estupefacientes praticam qualquer dos actos das als. a), b) e c) em seu proveito próprio ou em benefício do próprio traficante.

Se correcta fosse a incriminação assumida pelo Tribunal Colectivo todos os traficantes de estupefacientes incorriam na prática do crime do art. 23.º, n.º 1 do DL 15/93, de 22 de Janeiro, pois de um modo geral com a venda de estupefacientes o agente consegue proventos económicos, proventos esses que não guarda intactos para serem apreendidos e declarados perdidos a favor do Estado, antes como seu sustento e na aquisição de bens e em depósitos bancários, muitas vezes uns e outros em nome de familiares ou terceiras pessoas, o que não impede a sanção respectiva, ou seja, a sua perda para o Estado nos termos do art. 36.º do DL 15/93, de 22 de Janeiro.

Acontece até que os branqueadores de capitais de proveniência ilícita são entidades não ligadas directamente ao mundo do crime, no caso em apreço, ao tráfico de estupefacientes para com mais facilidade darem o ar de proveniência lícita a bens e produtos conseguidos pelos traficantes.

Aliás os arguidos, enquanto mantiverem esta qualidade, não estão obrigados a colaborar com a justiça, sem que por esse facto possam ser especificamente responsabilizados criminalmente.

Em nosso entendimento, o recorrente não cometeu o crime em causa, pois envolvidos estavam só os proventos económicos, aliás avultados, que conseguiu com o tráfico de estupefacientes, impondo-se a sua absolvição."

"só existe" a possibilidade de defender exactamente a opinião contrária, perante os factos concretos descritos:

1.º Da letra do corpo do n.º 1 do art. 23.º do D.L. n.º 15/93, de 22 de Janeiro, não ressalta, na nossa opinião, que o agente do crime de tráfico de estupefacientes não possa praticar o crime de branqueamento num determinado caso. Bem pelo contrário. Nada de nada da letra da lei, nos impede de considerar a situação em que o agente dum crime de tráfico de estupefacientes também pratica um crime de branqueamento daí mesmo proveniente. Como se afirmou claramente mais acima, existe um consenso esmagador da Doutrina e Jurisprudência, quer nacional, quer internacional, na delimitação de diferentes bens jurídicos tutelados pelos dois crimes em apreço neste preciso ponto da questão: o tráfico de droga e o branqueamento. O que não existe é uma unanimidade no que diz respeito ao discernimento do bem jurídico que é efectivamente tutelado pelo crime de branqueamento, mas não é esse o problema que aqui está concretamente em questão[115]. Já por esta via é possível concluir que pode existir um concurso efectivo, verdadeiro ou puro: concurso de crimes, v.g., real[116] (desde que não esteja concretamente verificada, como é evidente, uma relação de consumpção). Se se concordasse em termos absolutos com a fundamentação do Acórdão em análise a conclusão seria a de que o autor da infracção principal nunca poderia ser o mesmo da infracção secundária. Assim, o crime de branqueamento seria absorvido pela infracção principal e caso não existissem pessoas diferentes a *lavar* o dinheiro (e/ou vantagens), nunca poderia verificar-se a punição pelo branqueamento, pois só o agente da infracção principal "praticava" o crime de branqueamento (v.g., fazendo avultados e directos investimentos, ainda que muito parcelares, na compra de valores mobiliários e imobiliários), mas não podia ser punido por tal, devido ao facto de, segundo este Acórdão, o agente do crime de tráfico de estupefacientes não poder praticar o crime de branqueamento *"uma vez que ele ao vender droga tem a consciência de estar a praticar um acto ilícito, e os bens ou produtos recebidos como pagamento só passam a ter proveniência ilícita, após a sua recepção pelo traficante das mãos dos compradores."* É evidente que o agente do crime de tráfico de estupefacientes pode praticar, como pode não praticar, um crime de branqueamento. O traficante conhece a proveniência do valor

---

[115] *Vide* a alínea b) do ponto II deste relatório onde essa questão já foi analisada.
[116] *Vide* o n.º 1 do art. 40.º do Código Penal português.

que recebeu (se recebeu!) em troca. É caso para dizer que "se quer branquear e for o autor da infracção principal, mais vale ser V.ª Ex.ª a fazê-lo" (!), pois por isso nunca será condenado e, entretanto, vai juntando dinheiro para reinvestir, dificultando eventualmente a acção da justiça e apagando os vestígios do crime, colocando em perigo, paralela e simultaneamente, a paz pública e contribuindo, porventura, para a "falta de transparência na circulação dos bens". Assim, poderá surgir a situação caricata em que o principal branqueador é o autor da infracção principal, mas existindo pessoas diferentes como branqueadoras, só estas serão penalizadas por esse específico crime. O branqueador principal irá como que acarretar um prémio, se não deixar que outras pessoas diferentes possam branquear os capitais provenientes da prática da infracção principal: ele só será punido pela infracção principal. Mais ainda, se não se provar a infracção principal, no que diz respeito ao sistema de punição português, nunca haverá crime de branqueamento, pois é este um "crime acessório" dentro do contexto do ordenamento jurídico português até agora vigente! Além do mais, os bens ou produtos podem passar a ter proveniência ilícita antes da sua recepção, pelo traficante, das mãos dos compradores, pois basta que seja o traficante a *distribuir*" (n.º 1 do artigo 21.º do D.L. n.º 15/93, de 22 de Janeiro) a droga e 3.ᵃˢ pessoas, que sabendo que os capitais e/ou *vantagens* são daí provenientes a simplesmente ficarem com essas mesmas quantias em seu proveito (n.º 1 do 23.º do D.L. n.º 15/93, de 22 de Janeiro). É o que muito naturalmente acontece no crime organizado, onde cada elemento tem uma função muito específica (distribuindo, preparando, cultivando ou até oferecendo a droga), não se confundindo e, por vezes, até não se conhecendo entre si: v.g., o distribuidor de droga desconhece o branqueador de 1.º grau e ambos desconhecem quem é ou quem são os chefes desta organização criminosa (exemplo duma organização criminosa que trafica droga e branqueia capitais)[117]. A fungibilidade dos seus elementos componentes é uma das suas características: se não for determinada pessoa a fazer certo trabalho, há sempre alguém para substituí-la. Assim, nem todos os traficantes de estupefacientes incorriam na prática do crime do art. 23.º/1 do D.L. n.º 15/93, de 22 de Janeiro[118], pois o traficante pode simplesmente "...*ofe-*

---

[117] *Vide* Santiago, Rodrigo, in "O branqueamento de capitais e outros produtos do crime...", p. 499 e ss..

[118] Cfr., entrementes, alterações legislativas ao Decreto-Lei n.º 15/93, de 22 de Janeiro.

recer,...distribuir,...ceder,...proporcionar a outrem,...transportar,...fizer transitar ou ilicitamente detiver..." a droga, conforme o art. 21.º do D.L. n.º 15/93, de 22 de Janeiro, não gerando com essa actividade quaisquer *lucros ou capitais*[119] susceptíveis de serem branqueados. É também óbvio que o agente pode praticar somente um crime de branqueamento, p. e p. no art. 23.º do D.L. n.º 15/93, de 22 de Janeiro[120], simplesmente, conforme a letra do respectivo n.º 1 do artigo citado, a infracção principal tem que estar provada. Por outro lado, não é *necessariamente* verdade "...*que os branqueadores de capitais de proveniência ilícita são entidades não ligadas directamente ao mundo do crime...*", pois as organizações criminosas são justamente uma espécie de empresas do crime divididas por sectores e departamentos, onde cada elemento tem as suas funções: v.g., traficando armas ou investindo *licitamente* na economia, por forma a que só o conjunto se torna eficaz, ou seja, cada peça do xadrez tem o seu papel próprio, embora não insubstituível e quase sempre fungível. Os branqueadores de *vantagens* de proveniência ilícita, muito pelo contrário, poderão ser entidades que acabam por estar perfeitamente integradas no mundo do crime[121] (porventura económico), ainda que – mas não necessariamente face ao visível e objectivo estilo de "mangas arregaçadas" ou de *casual wear* da nova economia e de, por exemplo, certos órgãos de comunicação social: ambos verdadeiras empresas nacionais e multinacionais, *stricto sensu*, que movimentam, directa ou indirectamente, milhões e milhões de Euros, constituindo, sobretudo, grandes centros de influência económica, social, política e cultural! – sob a "capa de um colarinho branco e *impecavelmente* engomado"! Por último afirma-se, em jeito de conclusão, que o arguido não cometeu o crime de branqueamento *de capitais*, porque só estavam envolvidos "*os proventos económicos que conseguiu com o tráfico de estupefacientes*", impondo-se, pois, a sua absolvição no que diz

---

[119] E até "vantagens", pois pode estar a actuar sob, por exemplo, "medo" ou coacção: cfr. CP. Considerar a "liberdade" e a "paz" como "bem" para efeitos do art. 368.º/A, n.º 1 do CP será, talvez, um outro problema que não vamos explorar aqui. No campo das hipóteses "académicas" poderão surgir casos em que tal actividade só gerará, eventualmente, "desvantagens".

[120] O art. 23.º do Decreto-Lei n.º 15/93, de 22 de Janeiro, foi, entre outras normas jurídicas e conforme mencionado, revogado pelo art. 55.º da Lei n.º 11/2004, de 27 de Março. Não obstante, o nosso raciocínio é, aplicável, *mutatis mutandis*, ao art. 368.º/A, o qual p. e p. o crime de branqueamento e que foi precisamente aditado ao CP português pelo art. 53.º da já referida Lei n.º 11/2004, de 27 de Março.

[121] *Vide* Santiago, Rodrigo in "O branqueamento de capitais...", p. n.º 500 e ss..

O Crime de *"Branqueamento" e a Criminalidade Organizada...*   325

respeito ao crime de branqueamento. Sabe-se que a alínea b), do n.º 2, do artigo 6.º da Convenção Relativa ao Branqueamento, Detecção, Apreensão e Perda dos Produtos do Crime, do Conselho da Europa, deixa aos países a possibilidade de estabelecerem nas suas leis internas que através dos delitos de branqueamento não sejam também responsabilizados os agentes da infracção principal[122]! Parece que o princípio básico é de que tanto o autor da infracção principal, como o agente praticante da infracção secundária, devem ser responsabilizados pela prática do crime de branqueamento, contudo esta regra pode sofrer excepções conforme refere o supramencionado artigo. Mas é fundamentalmente através dos pontos i e ii, do n.º 1, do art. 3.º da Convenção das Nações Unidas de 1988 (ou seja, o art. 23.º do D.L. n.º 15/93, de 22 de Janeiro), que se abre claramente a possibilidade dum concurso efectivo, verdadeiro ou puro, i.e., concurso de crimes, das infracções supramencionadas[123] (*além da já referida diferença entre bens jurídicos tutelados*). Foi, não obstante, com o surgimento do Decreto-Lei n.º 325/95, de 2 de Dezembro, que todas as razões que concorrem para defesa da tese de que é possível existir um concurso efectivo, verdadeiro ou puro, i.e. concurso de crimes, v.g. real, entre o branqueamento e as respectivas infracções principais no ordenamento jurídico português, ficaram mais reforçadas. Não só, fundamentos reforçados desse mesmo concurso, através do vincar da diferença acentuada dos bens jurídicos tutelados (em casos de inexistência de relação de consumpção) pelas infracções principais referidas no artigo 2.º do D.L. n.º 325/95, de 2 de Dezembro – com as alterações já acima assinaladas

---

[122] Cfr. o art. 6.º/2, b) da mencionada Convenção, que tem como epígrafe "Infracções de branqueamento", refere que: *"2 – Para fins de execução ou de aplicação do n.º 1 do presente artigo: § (...) b) Pode ser previsto que as infracções enumeradas no presente número apenas se aplicam aos autores da infracção principal;"* Penso que da letra desta lei se podem tirar várias ilações que contrariam quer a fundamentação, quer a conclusão do Acórdão em análise. Segundo Pedro Caeiro in op. cit., p. 1104, n. de r. n.º 108: "O CP belga (art. 505) prevê expressamente a possibilidade de ser autor punível do branqueamento, em duas das suas modalidades (correspondentes às previstas nas als. *a)* e b) do art. 2.º, n.º 1, do DL 325/95), "o autor, coautor ou cúmplice" do facto precedente. Os CPs espanhol (art. 301.º), francês (art. 324-1) e suíço (art. 305.º bis) não tomam posição sobre a questão. Enfim, o CP austríaco exclui a punição por branqueamento do autor do facto precedente (§ 165 (1)) e os CPs alemão (§ 261 (9), *in fine*) e italiano (art. 648 *bis*) estendem essa exclusão a todos os comparticipantes do facto precedente.".

[123] *Vide* os pontos i) e ii), da alínea b), do n.º 1, do artigo 3.º da Convenção das Nações Unidas de 1988.

326 *Gonçalo Nicolau Cerqueira Sopas de Melo Bandeira*

(*vide* Lei n.° 10/2002, de 11 de Fevereiro)! – mas também através da própria desnecessidade deste tipo de diplomas, se a conduta do autor da infracção principal não pudesse provocar o concurso efectivo, verdadeiro ou puro, i.e., concurso de crimes que tipificam as infracções secundárias e as próprias infracções principais, neste ou naquele caso concreto da realidade. Os capitais provenientes dos crimes[124] referidos no art. 2.° do D.L. n.° 325/95, de 2 de Dezembro – já com as alterações sofridas até à Lei n.° 10/2002, de 11 de Fevereiro – são grande parte das vezes reciclados somente pelos autores das infracções principais, pelo que a penalização do branqueamento deixaria de ter qualquer utilidade nestes casos se fosse seguida a opinião transcrita no Acórdão. Nem se refira que a figura do encobrimento afasta o autor ou cúmplice da infracção principal com a justificação de que na sanção como autor ou cúmplice já está integrado o sancionamento do encobrimento, pois este apenas prossegue a violação da norma, ou pelo facto do encobrimento próprio não ser punido, pois não existe uma obrigação de auto-denúncia no ordenamento jurídico português. É que, não só a incriminação do branqueamento tutela um bem jurídico muito específico e diferenciado de todos os crimes geradores de capitais susceptíveis de serem reciclados e incriminados como branqueamento no ordenamento jurídico português, como também a Convenção das Nações Unidas de 1988 há muito está ratificada pelo Decreto do Presidente da República n.° 45/91, de 6 de Setembro e aprovada para ratificação pela Resolução da Assembleia da República n.° 29/91 da mesma data. O que, por seu lado, chama a atenção para uma evocação do art. 8.° da Constituição da República Portuguesa[125].

De permeio surge agora a já mencionada Lei n.° 11/2004, de 27 de Março, a qual transpõe a Directiva n.° 2001/97/CE, de 4 de Dezembro. O art. 55.° desta lei vem precisamente revogar, entre outros, o art. 23.° do Decreto-Lei n.° 15/93, de 22 de Janeiro e o Decreto-Lei n.° 325/95, de 2 de Dezembro. A Lei n.° 11/2004 também vem aditar o novo art. 368.°/A ao Código Penal. Este tipo-de-ilícito prevê e pune o crime de branqueamento. O regime jurídico em causa não impede a hipótese de existir, concretamente, se for efectivamente o caso, um concurso de crimes.

---

[124] *Vide* alínea d) do ponto V deste trabalho.
[125] *Vide*, com interesse para esta questão, o ponto VI deste trabalho.

VII. PROBLEMAS DIFÍCEIS COM RESPOSTAS DIFÍCEIS:

Quer a nível nacional, quer a nível internacional, os resultados de sucesso na luta contra o branqueamento têm sido extremamente pobres. A revolução informática e dos meios de telecomunicações potenciou muito o aparecimento de novos crimes[126] e de novas formas de violar o Estado de Direito chegando até a pôr em causa a própria paz pública, através da criminalidade organizada que, nas sociedades muito desenvolvidas, surge extremamente sofisticada, seja pelos meios materiais que utiliza seja, sobretudo, nos quadros humanos, ao atrair, com chorudas compensações remuneratórias, jovens, sem escrúpulos, recém licenciados de todas as áreas (sobretudo na vertente das novas tecnologias) e ávidos de lucros fáceis. As facilidades fiscais concedidas pelas zonas *off-shore*, já acima mencionadas, mas também a corrupção institucionalizada em muitos governos legítimos, que leva a que muitos não se sintam obrigados a pagar impostos, *e outros não se sintam vinculados à boa gestão dos dinheiros públicos e ao rigoroso controlo orçamental*, proporcionam uma fuga generalizada de capitais. Se a chamada *globalização* começa a permitir, v.g., a afirmação do direito de ingerência, quando estão em causa os direitos humanos básicos[127], não existe, por outro lado, uma uniformização de legislações (e as diferenças e incompreensões culturais e linguísticas ainda são muito acentuadas) capaz de desenvolver uma luta mundial efectivamente eficaz contra o crime internacionalmente organizado. Poderá surgir sempre o perigo do *mais forte* impor a sua lei nas relações internacionais. Dois sistemas político-económicos antagónicos são demasiado vastos para conviverem num mesmo processo de *globalização*: um tenderá sempre a esmagar o outro, acarretando consequências mais negativas do que positivas?

Qualquer *luta global* de combate ao branqueamento de capitais (e/ou "vantagens") deve ser travada quando começar a violar direitos, liberdades e garantias. Por outro lado, os direitos humanos são o núcleo fundamental inviolável da condição humana. É o perigo da *eficácia* a todo o custo, que

---

[126] *Vide* o tipo-de-ilícito do art. 221 do C.P. português que p.p. a Burla Informática e nas comunicações.

[127] O caso da extradição do ex-ditador Chileno, Augusto Pinochet, de Inglaterra para Espanha, a intervenção duma força multinacional no Sudão, no Kosovo ou em Timor ou a criação do Tribunal Penal Internacional em Roma (ainda que sem a ratificação de países como os E.U.A.), são indícios disso mesmo. Embora ainda se possam observar muitos *ditadores*, pseudo-democratas e sanguinários à solta!

328 *Gonçalo Nicolau Cerqueira Sopas de Melo Bandeira*

pode coarctar os direitos, liberdades e garantias há muito adquiridos. Os sistemas políticos totalitários sufocam os direitos, liberdades e garantias. As estatísticas da Justiça, no que diz respeito, v.g., ao ano de 1997, mostram 2 processos (!) por branqueamento com uma soma de 9 arguidos, sendo que 3 foram condenados, 2 com a pena suspensa e 1 com prisão efectiva. Teriam sido 10 as condenações por branqueamento até 31 de Dezembro de 1997[128]. No Ac. do S.T.J., de 14 de Junho de 1998 (1/7/98), supramencionado, é possível verificar a condenação definitiva de 3 indivíduos pela prática dum crime de branqueamento de capitais previsto no art. 23. .°/1 do D.L. n.° 15/93, de 22 de Janeiro, e a absolvição dum outro arguido que tinha sido condenado pelo Tribunal Colectivo.[129] Quanto ao problema da "eficácia da repressão" diz-nos ainda o Ilustre Docente de Coimbra, Mestre Pedro Caceiro[130], desde uma perspectiva contextual de estatística: "… houve, em processos na fase de julgamento findos, no ano de 1998, 8 arguidos e 5 condenados; em 1999, 3 arguidos e 1 condenado; e em 2000, 7 arguidos e 3 condenados".

A nível internacional, observa-se uma progressiva separação entre os crimes originários ou principais e o branqueamento propriamente dito: surgem indivíduos especializados na lavagem de *dinheiro* e/ou *vantagens* no contexto do desenvolvimento e solidificação do crime internacionalmente organizado com todos os seus tentáculos. O objectivo fundamental do branqueador não é criar riqueza ou emprego, pois o que ele pretende é reciclar o mais depressa possível os capitais de proveniência ilícita, ainda que tal actuação lhe acarrete *prejuízos*. Os "ciberpagamentos" e a informática potenciam o despiste do rasto de tais dinheiros de origem criminosa. Surgem suspeitas, nem que seja a nível dos órgãos de comunicação social, de um alastramento das actividades branqueadoras a várias instituições financeiras não bancárias como agências de câmbio, ou, instituições não financeiras nem bancárias como Clubes de Futebol, Partidos Políticos e até – imagine-se! – em certas Universidades ou Centros de recuperação de toxicodependentes. É necessário combater a *"cultura de*

---

[128] *Vide* Martins, A.G. Lourenço in "Branqueamento de capitais…", pp. 36 e ss..

[129] Mais recentemente é possível confirmar que os resultados continuam a ser parcos: entre 1995 e 1999 as entidades obrigadas à comunicação de operações, na sua grande maioria as instituições de crédito, reportaram 600 transacções suspeitas que resultariam em 249 inquéritos, 13 acusações, 9 detenções, 7 julgamentos e 35 pessoas condenadas.

[130] In "A Decisão-quadro do Conselho…", p. 1089.

corrupção" de que nos fala o Prof. Faria Costa[131]. Por outro lado, o assumir da autonomização do crime de branqueamento, desligando-o definitivamente do crime pressuposto principal, mesmo que seja de um qualquer delito não culposo, é urgente, pois desta forma será facilitada a prova. Não esquecendo a possibilidade de confiscar o património de um condenado que não consiga provar a licitude da origem dum património desproporcional com as suas condições socio-económicas, ou a inversão do ónus da prova num processo civil iniciado contra o suspeito que dispõe dum património desconforme com as suas condições *de vida*[132]. Todas as medidas internacionais de combate ao branqueamento, seja a nível mundial, seja a nível comunitário, caracterizam-se por um processo gradual de uniformização de métodos e legislações e centralização de organismos correspondentes – é mais uma vertente da chamada *globalização*, desta vez, duma eficácia que corre o risco de resvalar numa *eficácia a todo o custo*, capaz de esmagar Direitos, Liberdades e Garantias adquiridos! Não se pode esquecer que existem inúmeros exemplos históricos, passados e presentes, em que é o próprio Estado que assume o papel de organização criminosa capaz de aterrorizar milhões de indivíduos, seja através do seu sistema político, seja protegendo e sendo protegido pelas próprias associações criminosas. *Inclusive*, já se fala num "direito internacional mínimo" de luta contra o crime organizado.

VIII. CONCLUSÃO FINAL, MAS NÃO DEFINITIVA:

A primeira conclusão a tirar daqui, aliás já afirmada mais atrás, é que existe uma íntima conexão entre a criminalidade organizada e o branqueamento: a empresa criminosa dificilmente sobrevive sem capitais e/ou *vantagens* de mercado[133].

O motivo político da Directiva do Conselho da Europa, de 28 de Junho de 1991[134], foi a expansão da criminalidade organizada, a

---

[131] *Vide* Costa, José de Faria in "O branqueamento de capitais...", *idem ibidem.*

[132] *Vide* acima onde se referem as possíveis inconstitucionalidades que estas alterações podem provocar, mas também os trechos do parecer do Prof. Doutor Faria Costa neste trabalho. Será necessária uma revisão constitucional? E essa revisão poderá pôr em perigo Direitos, Liberdades e Garantias adquiridos e constitucionalmente positivados, como são as "*Garantias de processo criminal*" do art. 32.º C.R.P.?

[133] *Vide* Bottke, Wilfried in "Mercado, criminalidad organizada...", p. 3.

[134] *Vide* a alínea b) deste trabalho.

330 Gonçalo Nicolau Cerqueira Sopas de Melo Bandeira

qual desenvolvia as suas actividades acopladas ao mercado e geria os capitais de proveniência criminosa. Será que caminhamos para a uniformização da legislação penal ao nível da União Europeia, para melhor combater a criminalidade organizada? Cremos que sim. Resta saber qual a melhor modalidade? A cimeira do Conselho da Europa, que decorreu em Outubro de 1999, em Tampere, Finlândia, apontou nesse sentido: o *"espaço judicial comum"*. V.g. *vide* a Lei n.º 65/2003, de 23 de Agosto, que *"Aprova o regime jurídico do mandado de detenção europeu (em cumprimento da Decisão Quadro n.º 2002/584/JAI, do Conselho, de 13 de Junho)"*.

Um controlo absoluto de todas as actividades económicas só seria enquadrável numa economia fortemente planificada. Pergunta-se se é o incontestável e elevado grau de ineficácia das normas contrárias ao branqueamento, por todo o mundo, que possibilita a facilidade de reintrodução dessas mesmas somas pecuniárias no mercado, permitindo assim esbater os nefastos efeitos na economia, caso todos esses capitais e/ou *vantagens* fossem imobilizados, ou se não fossem rapidamente reinvestidos na economia lícita e levando a um aumento incomensurável da prática de infracções principais, caso o crime organizado não conseguisse reciclar e multiplicar os *valores* de proveniência ilícita. Trata-se duma ideia pessimista e não provada[135].

Na Alemanha, as principais chaves do êxito da luta contra o branqueamento têm sido, segundo o Prof. Doutor BOTTKE, o *agente infiltrado* e as *escutas telefónicas*[136]. Também em Portugal, essa será a melhor via a seguir, já que será insustentável, do ponto de vista da Constituição actual, defender uma espécie de dever de suspeita sobre cada cidadão. É justamente o combate ao branqueamento que melhor defende a *liberdade de empresa*, mas também o *Estado de Direito Social integrado numa economia de mercado*[137] e, claro, a paz pública e a "realização da justiça". Destruir o sistema financeiro de um sistema democrático significa acabar

---

[135] *Vide* Bottke, Wilfried in *"Mercado…"*, p. 6.

[136] *Vide* Bottke, Wilfried in *"Mercado…"*, p. 7.

[137] *Vide* Bottke, Wilfried in *"Mercado…"* onde afirma esta ideia extremamente curiosa: *"'Si quieres destruir el mercado de la sociedad burguesa y por fin a esta última, fomenta el blanqueo de dinero a gran escala'."* E ainda: *"El derecho de la Unión Europea quiere como economía el mercado.";* *"El encubrimiento del origen delictivo de los instrumentos de pago en el mercado distorsiona la competencia, en pocas palabras: el blanqueo de dinero, distorsiona la competencia."*

com o Estado de Direito. Se há correcções de justiça social a fazer, essas devem ser realizadas ao nível fiscal – e na gestão dos dinheiros públicos! – e não estagnando completamente o *sistema financeiro*.

Sem a *"inversão do ónus da prova"* (*no processo civil, a ser iniciado separadamente conforme vimos*), sem um "dever geral de suspeita" sobre a origem criminosa dos instrumentos de pagamento, que se oferecem na economia de mercado, e sem um confisco eficaz será muito difícil ter êxito na luta contra o branqueamento. Mas para isso seria necessário fazer uma revisão constitucional que desencadearia um forte choque: eficácia no combate à criminalidade organizada *versus* Direitos, Liberdades e Garantias constitucionalmente consagrados!

Melhor, porventura, seria, v.g., despenalizar o consumo e tráfico de quaisquer drogas por todo o mundo, levando dessa forma "à banca rota" um dos maiores negócios da criminalidade organizada. Assim, a necessidade de branqueamento, por parte das organizações criminosas, diminuiria drasticamente. A política contemporânea de repressão tem contradições: produz a alta de preços das drogas ilícitas, "obrigando" desta maneira os toxicodependentes a furtarem, roubarem, prostituirem-se e, inclusive, traficarem cada vez mais, provocando fortes aumentos na criminalidade. Os lucros do sinistro negócio da droga ilícita são uma das principais causas do surgimento de grandes organizações criminosas, ameaçando os Estados e pondo em perigo, em primeira instância, a paz pública[138].

O nosso sistema processual penal alicerça-se na prerrogativa do Ministério Público acusar e provar, sendo que o Advogado pode contradizer as provas apresentadas e o Juiz decide da sua importância ou não, depois duma fundamentada ponderação (*processo penal de estrutura acusatória*). Suponha-se que alguém é acusado pelo M.P. da prática dum crime de tráfico de droga, p. e p. no art. 21.º do D.L. n.º 15/93, de 22 de Janeiro, com as alterações da Lei n.º 45/96, de 3 de Setembro, e também dum crime de branqueamento, p. e p. no anterior art. 23.º do mesmo diploma (ver agora a Lei n.º 11/2004, de 27 de Março), pelo facto de com os lucros do tráfico de droga ter comprado uma série de prédios rústicos. Ora, neste caso, é o M.P. que tem que provar em tribunal que aqueles bens foram comprados com, v.g., os capitais de proveniência ilícita. Além de que, já se sabe, tem que estar provada a infracção principal: neste caso o tráfico de droga. É de grau de dificuldade máxima fazer essa prova concreta e estabelecer o respectivo *nexo de causalidade* entre a infracção

---

[138] *Vide* a alínea b) deste trabalho.

332 Gonçalo Nicolau Cerqueira Sopas de Melo Bandeira

principal e a infracção secundária. Se se quiser ultrapassar este imbróglio jurídico, é preciso não esmagar os princípios das garantias fundamentais dos cidadãos. A *inversão do ónus da prova* faz com que aqueles bens, referidos atrás, se presumam produto, no exemplo dado, dos lucros provenientes do tráfico de droga e terá que ser aquele que já foi condenado pela correspondente infracção principal a ter o *ónus de ilidir a presunção* contra ele estabelecida[139].

A criminalidade organizada é a maior das ameaças ao Estado de Direito democrático e, por conseguinte, à própria paz pública nele estabelecida! Não obstante, não se pode esquecer que o próprio Estado, ou qualquer dos seus poderes, pode constituir, ele mesmo, a organização criminosa (como acontece em muitos Estados ditatoriais ou, sendo supostamente democráticos, são dominados pelas organizações criminosas e *mafiosas*) e aí o perigo para os Direitos, Liberdades e Garantias dos Cidadãos – e todos os Direitos Fundamentais! – inocentes, mas com ideias opostas ao regime estabelecido, será sensivelmente acrescido, se estes mesmos indivíduos não dispuserem de garantias fundamentais, consagradas de forma transparente e sólida na Constituição: transformar o Direito Penal em instrumento político poderá trazer pesados custos. Qualquer revisão constitucional nesta matéria terá que ser muito cuidadosa e não poderá, a todo o custo, consagrar a eficácia. Existem melhores soluções para cortar os estrondosos lucros das organizações criminosas, como seja, a despenalização de vários crimes que se caracterizam pela oferta e pela procura, mas não todos e com as cautelas atrás mencionadas e nunca desprezando a sensibilidade jurídica!

IX. O MAIS RECENTE MOVIMENTO DE REFORMA DA CRIMINALIZAÇÃO DO BRANQUEAMENTO DE CAPITAIS NO ORDENAMENTO JURÍDICO PORTUGUÊS

Temos que destacar aqui – ambos de grande qualidade técnico-jurídica – o Projecto de Lei 174/IX/1 – "*Regime de prevenção e repressão do branqueamento de capitais e outros bens ou produtos provenientes de criminalidade grave*" da autoria do Partido Socialista português com data de admissão na Assembleia da República em 9 de Dezembro de 2002. Este

---

[139] *Vide* o que se disse no início do ponto VI.

O Crime de "Branqueamento" e a Criminalidade Organizada...   333

diploma baixou à Comissão de Assuntos Constitucionais, Direitos, Liberdades e Garantias em 30 de Janeiro de 2003; e, sobretudo porque ainda mais recente e em alguns aspectos similar, a Proposta de Lei 73/IX/1 – *"Estabelece o regime de prevenção e repressão do branqueamento de vantagens de proveniência ilícita"* da autoria do "então" Governo de Portugal, que tinha *maioria democrática absoluta* após o estabelecimento duma coligação partidária após as eleições, (Partido Social Democrata português e Centro Democrático Social – Partido Popular português) – *o que lhe dava objectivamente uma especial força político-jurídica para vir a ser aprovado* – com data de admissão na Assembleia da República em 4 de Junho de 2003. Este diploma, por sua vez, baixou à Comissão de Assuntos Constitucionais, Direitos, Liberdades e Garantias em 2 de Outubro de 2003.[140] Neste enquadramento teria que haver ainda negociações entre os vários partidos políticos portugueses com assento parlamentar na Assembleia da República. Embora tudo levasse a crer que haveria um acordo entre o Governo e o maior partido da oposição democrática.[141] Efectivamente, a posterior aprovação da Lei n.° 11/2004 de 27 de Março – lei da qual falaremos mais adiante ainda dentro deste trabalho! –, constitui uma prova disso mesmo.

Tanto o Projecto de Lei 174/IX/1 como a Proposta de Lei 73/IX/1 visavam estabelecer medidas de natureza repressiva e preventiva que significassem fortes obstáculos ao branqueamento de vantagens de proveniência ilícita. O objectivo principal, embora se possa considerar que ia mais além como se irá verificar a jusante, era transpor a Directiva 2001/97/CE do Parlamento Europeu e do Conselho, de 4 de Dezembro de 2001, a qual altera a Directiva 91/308/CEE do Conselho, de 10 de Junho de 2001, relativa à prevenção da utilização do sistema financeiro para efeitos de branqueamento *de capitais*. A Directiva 2001/97/CE, cujos Estados-Membros da União Europeia são seus destinatários – e entre os

---

[140] Confrontar respectivamente http://www3.parlamento.pt/PLC/Iniciativa.aspx?ID_Ini=19717 (ou, respectivamente, 19332) em 23 de Outubro de 2003.

[141] Confrontar http://www3.parlamento.pt/plc/DARDoc.aspx?Doc=aHROcDov-LORBUi9sMDkvc2wyL, em 23 de Outubro de 2003, onde podemos encontrar a *"discussão na generalidade"* deste diploma jurídico. Neste debate o Deputado do P.S. português, Sr. Osvaldo Castro, dirigindo-se ao, então, Sr. Secretário de Estado da Justiça Dr. Miguel Macedo, do P.S.D., referia que, apesar do Projecto do seu partido ainda estar para *"...debate na especialidade, na 1.ª Comissão, debate esse que será feito conjuntamente com proposta que V.ª Ex.ª aqui traz...": "...digo-lhe antecipadamente, nós votaremos favoravelmente..."*.

334 Gonçalo Nicolau Cerqueira Sopas de Melo Bandeira

quais se encontra Portugal –, entrou em vigor no dia 29 de Dezembro de 2001. Segundo o n.° 1 do art. 3.° desta Directiva, *"Os Estados-Membros devem pôr em vigor as disposições legislativas, regulamentares e administrativas necessárias para dar cumprimento à presente directiva até 15 de Junho de 2003 e devem informar a Comissão desse facto"*. Não obstante, conforme podemos confirmar através do Projecto de Lei 174/IX/1 e da posterior Proposta de Lei 73/IX/1 acima assinalados, a transposição acabou por ser realizada: Lei n.° 11/2004, de 27 de Março. Facto que é de assinalar.

Pelas razões objectivas a montante assinaladas vamos, por uma questão de pura lógica jurídica, incidir sobretudo a nossa atenção na Proposta de Lei 73/IX/1 do, "então", Governo português. Até porque esta Proposta de Lei foi ao ponto de prever a inclusão do branqueamento como tipo legal autónomo no Código Penal português. O que constitui uma diferença acentuada em relação à tradição jurídico-penal portuguesa que sempre considerou pertencer este crime ao designado Direito Penal Secundário.

Deste modo passemos a elencar as principais inovações, do ponto de vista do direito positivo, constantes da Proposta de Lei 73/IX/1:

1.ª A introdução do tipo-de-ilícito de branqueamento no Capítulo III do Código Penal português[142] e a consideração deste crime como *"um crime contra a administração da justiça, na medida em que a actividade*

---

[142] A redacção proposta era a seguinte: *"Artigo 368.°-A § Branqueamento § 1 – Para efeitos do disposto nos números seguintes, consideram-se vantagens os bens provenientes da prática, sob qualquer forma de comparticipação, dos factos ilícitos típicos de lenocínio, abuso sexual de crianças ou menores dependentes, extorsão, tráfico de armas, tráfico de órgãos ou tecidos humanos, tráfico de espécies protegidas, fraude fiscal, tráfico de influência, corrupção e demais infracções referidas no n.° 1 do artigo 1.° da Lei n.° 36/94, de 29 de Setembro, e dos factos ilícitos típicos puníveis com pena de prisão de duração mínima superior a 6 meses ou de duração máxima superior a 5 anos, assim como os bens que com eles se obtenham. § 2 – Quem converter, transferir, auxiliar ou facilitar alguma operação de conversão ou transferência de vantagens, com o fim de dissimular a sua origem ilícita, ou de evitar que o autor ou participante dessas infracções seja criminalmente perseguido ou submeitdo a uma reacção criminal, é punido com pena de prisão de 2 a 12 Anos. § 3 – Na mesma pena incorre quem ocultar ou dissimular a verdadeira natureza, origem, localização, disposição, movimentação ou titularidade das vantagens, ou os direitos a ela relativos. § 4 – O facto não é punível quando o procedimento criminal relativo aos factos ilícitos típicos de onde provêm as vantagens depender de queixa e a queixa não tenha sido tempestivamente apresentada, salvo se as*

do branqueador dificulta a actuação da investigação criminal relativamente ao facto ilícito subjacente";

2.ª O alargamento do conceito de crime subjacente aos factos ilícitos puníveis com pena de prisão de duração mínima superior a seis meses, em virtude do disposto na alínea b) do artigo 1.º da Decisão-Quadro do Conselho, de 26 de Junho de 2001, a montante assinalada, bem como se alarga o catálogo aos crimes de extorsão, abuso sexual de crianças ou de menores dependentes e tráfico de influência;

3.ª O aperfeiçoamento do recorte fáctico das modalidades de conduta do tipo objectivo de ilícito e o evitar de sobreposições, quer entre os diversos tipos de branqueamento, quer entre estes e os tipos de receptação, auxílio material ou favorecimento pessoal;

4.ª No que concerne ao tipo subjectivo, pretende-se o afastamento da prerrogativa do dolo específico, como *"efectivo conhecimento da proveniência ilícita de vantagens"*, sendo meramente suficiente a representação da hipótese da coisa provir de facto ilícito típico e a conformação com essa possibilidade;

5.ª Excepto quando está em causa o abuso sexual de crianças ou de menores dependentes, não existe uma punição do *"branqueamento das vantagens provenientes de factos ilícitos típicos cujo procedimento criminal dependa de queixa e esta não tenha sido tempestivamente apresentada"*;

6.ª É estruturado um tipo qualificado de branqueamento que punirá de forma mais agravada o agente que faz desse branqueamento um modo de vida;

---

vantagens forem provenientes dos factos ilícitos típicos previstos nos artigos 172.º e 173.º. § 5 – A pena prevista nos n.ᵒˢ 2 e 3 é agravada de um terço se o agente praticar as condutas de forma habitual. § 6 – Quando tiver lugar a reparação integral do dano causado ao ofendido pelo facto ilícito típico de cuja prática provêm as vantagens, sem dano ilegítimo de terceiro, até ao início da audiência de julgamento em 1.ª instância, a pena é especialmente atenuada. 7 – Verificados os requisitos previstos no número anterior, a pena pode ser especialmente atenuada se a reparação for parcial. § 8 – A pena pode ser especialmente atenuada se o agente auxiliar concretamente na recolha das provas decisivas para a identificação ou a captura dos responsáveis pela prática dos factos ilícitos típicos de onde provêm as vantagens. § 9 – A pena aplicada nos termos dos números anteriores não pode ser superior ao limite máximo da pena mais elevada de entre as previstas para os factos ilícitos típicos de onde provêm as vantagens." Como iremos confirmar um pouco mais adiante, a versão final do art. 368.º/A do Código Penal – a qual foi aditada pelo art. 53.º da Lei n.º 11/2004 de 27 de Março – sofreu ligeiras mas importantes alterações.

336   *Gonçalo Nicolau Cerqueira Sopas de Melo Bandeira*

7.ª Plasma-se uma moldura penal única para todas as modalidades de execução do crime e não se cria qualquer ruptura com a tradição portuguesa de elevadas penas nesta matéria;

8.ª Como a panóplia de crimes subjacentes é muito alargada reduziu-se – não obstante o parágrafo anterior – o limite mínimo da pena, por forma a possibilitar ao juiz a aplicação das normas deste diploma do modo mais adequado ao caso concreto;

9.ª A habitual prática do branqueamento acarreta a agravação das penas num terço dos seus limites máximo e mínimo;

10.ª Estipula-se a hipótese da pena ser especialmente atenuada, quer por se efectivar a reparação dos interesses privados que foram violados através do crime subjacente, quer como resultado da colaboração do agente branqueador *"na identificação ou captura dos responsáveis pela prática dos factos ilícitos típicos de onde provêm as vantagens"*, ou seja, do crime subjacente, pois, afinal, o crime de branqueamento é considerado um *"crime contra a realização da justiça"*;

11.ª *"Possibilita-se a punição por branqueamento, em concurso real, do próprio autor do crime subjacente. Embora não se faça, propositadamente, referência expressa a essa faculdade, a construção do tipo não obsta a essa interpretação. Assim, considera-se que o autor do facto precedente pode ofender de forma relevante o interesse protegido pela punição do branqueamento, sem que essa conduta deva considerar-se consumida pelo facto subjacente." § "A referência expressa a essa possibilidade poderia, devido à amplitude das modalidades de conduta, levar o julgador a punir por branqueamento a mera utilização normal das vantagens obtidas pelo próprio autor do facto precedente, podendo a incriminação do branqueamento redundar na simples criminalização da detenção ou fruição das mesmas e, por conseguinte, numa indesejável duplicação automática das penas aplicáveis aos crimes que geram vantagens para o seu autor"*;[143]

---

[143] Como referimos a montante, cada caso concreto da vida real é um caso concreto (*vide* Castanheira Neves in *"Metodologia Jurídica – Problemas fundamentais"*, Boletim da Faculdade de Direito da Universidade de Coimbra, *STVDIA IVRIDICA*, 1), i.e., segundo o direito vigente português que permite punir o crime de branqueamento, tanto é possível existir num caso concreto um concurso de crimes, v.g. real, i.e., concurso efectivo, verdadeiro ou puro como é possível que não estejam verificados os pressupostos jurídicos e, então, estaremos perante um mero concurso de normas, i.e., aparente ou legal. Aliás, da hipótese de ser o próprio agente do crime subjacente o branqueador, julgamos que, conforme as alíneas a) e b) do art. 23.º/1, do D.L. n.º 15/93, de 22 de Janeiro, tal facto

O Crime de *"Branqueamento" e a Criminalidade Organizada...*　337

12.ª Estabelecem-se uma série de deveres, através duma técnica de caracterização genérica de catálogo, a que estão sujeitas as entidades financeiras e não financeiras, incluindo, por outro lado e nesse âmbito subjectivo, os seguintes entes: *"sociedades gestoras de fundos de investimento, agências de câmbios, instituições de transferência ou envio de fundos, empresas de investimento, leiloeiros, consultores fiscais, advogados e solicitadores";*[144]

13.ª Dever de informação das autoridades competentes por parte de funcionários das finanças que – no exercício das suas funções – tenham conhecimento de factos que indiciem a prática de branqueamento;

14.ª Especial dever de exigência de identificação de clientes quando estejam em causa transacções à distância de valor superior a € 12.500,00 *"que não decorram de contrato de prestação de serviços"*, por um lado; e, por outro lado, deveres não usuais de prevenção *"quando o destino das operações forem países ou territórios considerados não cooperantes"* pelas autoridades de supervisão;

15.ª Indo além da própria Directiva 2001/97/CE, passam a estar incluídos nos deveres já anteriormente apontados, *"todas as operações imobiliárias – lembre-se que antes se reportava apenas à compra e venda de imóveis – e as operações de compra e venda de direitos sobre praticantes de actividades desportivas profissionais";*

Estas ideias são mencionadas como as mais *"importantes inovações"* deste diploma. Não obstante e quanto aos advogados e solicitadores, no

---

é perfeitamente possível desde o ponto de vista jurídico. Não obstante, e no contexto da alínea c) deste mesmo art. 23.º/1, já nos parece ser mais perto do impossível que o branqueador adquira para si próprio uma coisa, pelo que nesta situação fica, em princípio, afastada tal possibilidade conforme já referimos anteriormente. Observe-se atentamente, entretanto, a redacção do n.º 2 do art. 368.º/A, a qual foi aditada, como já referimos anteriormente, pelo art. 53.º da Lei n.º 11/2004 de 27 de Março: "...por si ou por terceiro, directa ou indirectamente...".

[144] Como nos parece ser exigível, defendemos aqui uma técnica de cláusula geral que alargue estes deveres a todas as pessoas, sem descurar aquilo que a seguir vamos referir no texto, pois de contrário, os fluxos de capitais branqueados passariam a dirigir-se preferencialmente noutras direcções por forma a descobrir os pontos fracos do regime jurídico. Incluindo, v.g., hipotéticos agentes branqueadores de qualquer actividade, ainda que somente *de facto*; detentores de cargos políticos e activistas partidários e de quaisquer movimentos económicos, sociais, políticos, culturais, mentais, associativos e sindicais; diplomatas; magistrados; notários; polícias; militares; agentes dos serviços internos de segurança; ministros das religiões e cultos e muito outros que ficam aqui aparentemente de fora.

338   *Gonçalo Nicolau Cerqueira Sopas de Melo Bandeira*

âmbito das exigências da Directiva 2001/97/CE, surge-nos como muito útil fazer a seguinte citação da Proposta de Lei 73/IX/1: *"Agiu-se com a máxima cautela, dado que não pode ser ignorado que o sigilo profissional daquelas entidades não existe apenas para tutela dos interesses do cliente ou do próprio profissional independente, mas é antes um dos pilares da realização da justiça e, consequentemente, do próprio Estado de direito".* Como nos refere a M.D. Advogada, Dr.ª Maria Lameiras Pinto[145], por estas e outras razões é que o nobre exercício da Advocacia constitui um garante da luta contra os abusos de poder e da defesa intransigente dos interesses dos cidadãos contra a violação dos Direitos destes.

X. O ART. 368.º-A DO CÓDIGO PENAL

O aditamento do art. 368.º-A ao Código Penal verificou-se por intermédio do art. 53.º da Lei da Assembleia da República Portuguesa n.º 11/2004, de 27 de Março. O texto "final", em esta altura, do art. 368.º-A é o seguinte:

"Branqueamento § 1 – Para efeitos do disposto nos números seguintes, consideram-se vantagens os bens provenientes da prática, sob qualquer forma de comparticipação, dos factos ilícitos típicos de lenocínio, abuso sexual de crianças ou de menores dependentes, extorsão, tráfico de estupefacientes e substâncias psicotrópicas, tráfico de armas, tráfico de órgãos ou tecidos humanos, tráfico de espécies protegidas, fraude fiscal, tráfico de influência, corrupção e demais infracções referidas no n.º 1 do artigo 1.º da Lei n.º 36/94, de 29 de Setembro, e dos factos ilícitos típicos puníveis com pena de prisão de duração mínima superior a 6 meses ou de duração máxima superior a 5 anos, assim como os bens que com eles se obtenham. § 2 – Quem converter, transferir, auxiliar ou facilitar alguma operação de conversão ou transferência de vantagens, por si ou por terceiro, directa ou indirectamente, com o fim de dissimular a sua origem ilícita, ou de evitar que o autor ou participante dessas infracções seja criminalmente perseguido ou submetido a uma reacção criminal, é punido com pena de prisão de 2 a 12 Anos. § 3 – Na mesma pena incorre quem ocultar ou dissimular a verdadeira natureza, origem, localização,

---

[145] *Vide* Maria da C. Lameiras Pinto in *"Todos Diferentes, Todos Iguais..."*, trabalho vencedor de um dos prémios *"João Lopes Cardoso"* de 1996, *passim*, Biblioteca da Ordem dos Advogados na Cidade do Porto e no final desta mesma publicação.

disposição, movimentação ou titularidade das vantagens, ou os direitos a ela relativos. § 4 – A punição pelos crimes previstos nos n.ºs 2 e 3 tem lugar ainda que os factos que integram a infracção subjacente tenham sido praticados fora do território nacional, ou ainda que se ignore o local da prática do facto ou a identidade dos seus autores. § 5 – O facto não é punível quando o procedimento criminal relativo aos factos ilícitos típicos de onde provêm as vantagens depender de queixa e a queixa não tenha sido tempestivamente apresentada, salvo se as vantagens forem provenientes dos factos ilícitos típicos previstos nos artigos 172.° e 173.°. § 6 – A pena prevista nos n.ºs 2 e 3 é agravada de um terço se o agente praticar as condutas de forma habitual. § 7 – Quando tiver lugar a reparação integral do dano causado ao ofendido pelo facto ilícito típico de cuja prática provêm as vantagens, sem dano ilegítimo de terceiro, até ao início da audiência de julgamento em 1.ª instância, a pena é especialmente atenuada. 8 – Verificados os requisitos previstos no número anterior, a pena pode ser especialmente atenuada se a reparação for parcial. § 9 – A pena pode ser especialmente atenuada se o agente auxiliar concretamente na recolha das provas decisivas para a identificação ou a captura dos responsáveis pela prática dos factos ilícitos típicos de onde provêm as vantagens. § 10 – A pena aplicada nos termos dos números anteriores não pode ser superior ao limite máximo da pena mais elevada de entre as previstas para os factos ilícitos típicos de onde provêm as vantagens."

Naturalmente que deve existir um "começo" mínimo de dignidade penal da conduta, precisamente, na direcção que lhe é outorgada pelo Prof. Doutor Manuel da Costa Andrade, i.e., "A 'dignidade penal' e a 'carência de tutela penal' como referências de uma doutrina teleológico--racional do crime".[146] Somente de este modo é que poderemos ter "direito" a uma pretensão de estruturar uma selecção dos factos *anteriores* que são cientificamente pertinentes. O Docente da Faculdade de Direito da Universidade de Coimbra, Mestre Pedro Caeiro[147], fala-nos nos seguintes dois critérios: "o primeiro elege como factos precedentes apenas os crimes que, pela sua *gravidade*, são presumivelmente idóneos a gerar essas necessidades preventivas – e surge também como *limitação possível*, perante as obrigações internacionais do Estado Português, à tendência

---

[146] Cfr. Costa Andrade, Manuel da, in Revista Portuguesa de Ciência Criminal 2, 1992, pp. 184 e ss., por um lado; e Pedro Caeiro in op. cit., p. 1087, por outro lado: ambos os Autores no mesmo sentido.

[147] Cfr. Pedro Caeiro in op. cit. p. 1088.

340   *Gonçalo Nicolau Cerqueira Sopas de Melo Bandeira*

expansiva da punição do branqueamento, em homenagem ao princípio da necessidade, por aí se evitando que ela redunde na já criticada protecção da simples "pureza da circulação dos bens"; o segundo elege como factos precedentes certas espécies de crimes, prolongando a intenção político--criminal subjacente ao sistema do catálogo – e surge como genuína ligação da punição do branqueamento ao seu verdadeiro universo criminológico. Como bem se compreende, o papel do segundo critério será tanto mais residual quanto mais ampla for a extensão do primeiro".

Dentro do contexto anteriormente delimitado, ainda assim e por mero exemplo, podemos seguramente afirmar que os crimes de organizações terroristas e de terrorismo são perfeitamente susceptíveis de poderem gerar vastas vantagens.[148] O "princípio" do "tudo-se-compra; tudo-se-vende" a isso mesmo (des)ajuda! Se se podem colocar algumas dúvidas[149] em relação à manutenção como factos precedentes das, por um lado, "infracções económico-financeiras cometidas de forma organizada, com recurso à tecnologia informática"; e, por outro lado, "as infracções económico-financeiras de dimensão internacional ou transnacional"[150], não menos verdade, na nossa opinião, se podem estabelecer objecções à permanência (unilateral) de outros factos precedentes que já estão, aliás, consagrados na redacção do n.° 1 do novo art. 368.°-A do Código Penal. Continuamos a dizer que é a Razão que nos move a escrita e não a Lei do Governo!

Por outro lado, também somos de opinião que não seria "boa ideia" fundir a incriminação do branqueamento com os crimes de auxílio material e de receptação.[151] Aliás, a autonomia típica de estes três crimes tem sido mantida, pelo menos até agora, em países como a França, a Espanha, a Itália, a Alemanha, a Holanda, a Suíça e a Áustria. As excepções parecem ser a Suécia e a Bélgica.[152]

---

[148] No mesmo sentido cfr. Pedro Caeiro in op. cit., p. 1090. Em sentido diverso, cfr., v.g., Jorge Fernandes Godinho in "Do Crime de 'Branqueamento' de Capitais....", pp. 170 e ss..

[149] Até de carácter (in)constitucional: mas, no que diz respeito a esta problemática, é, naturalmente, ao Tribunal Constitucional que cabe a última palavra, no caso, evidentemente, de este "último verbo" ser legalmente suscitado.

[150] Parece ser essa também a opinião de Pedro Caeiro in op. cit., p. 1090.

[151] A mesma opinião tem Pedro Caeiro in op. cit., pp. 1090 e ss.: "...não existe, no nosso ordenamento jurídico-penal, uma proibição geral de tratar com bens de origem criminosa, de que as três infracções em causa possam ser vistas como sub-espécies (e, como tal, susceptíveis de (re)unificação)".

[152] A informação é de Pedro Caeiro in op. cit., p. 1093, n. de r. n.° 78.

O Crime de "Branqueamento" e a Criminalidade Organizada... 341

Com extrema clarividência conclui – dentro do devido enquadramento espacial e temporal! – o Docente de Coimbra Mestre Pedro Caeiro[153]: "...só preenchem o tipo do branqueamento as vantagens procedentes de factos que, integrando um (ou vários) ilícito(s)-típico(s) indicado(s) no artigo 2.°, n.° 1, do DL 325/95 ou nos artigos 21.°, 22.°, 24.° e 25.° do DL 15/93, sejam da competência da lei penal de um Estado Parte na *ConvBr* (aí se incluindo o Estado Português) [99], pois só nesses casos existe uma pretensão estadual relevante e digna de protecção, seja devido à consideração da realização da justiça portuguesa, seja por força da obrigação assumida por Portugal, naquela Convenção, de proteger, em termos análogos, a realização da justiça dos restantes Estados Partes contra o branqueamento."[154]

Esta conclusão que anteriormente referimos estava, portanto, enquadrada numa altura em que a Lei n.° 11/2004, de 27 de Março, ainda não tinha sido publicada em Diário da República. Assim, naturalmente, também o seu art. 53.° – o qual aditou ao Código penal o, já mencionado, art. 368.°-A – não estava em causa no contexto dessa mesma análise. Agora que temos a respectiva publicação e, mais do que isso, podemos vislumbrar a própria vigência normativa, resta-nos, para já, passar e voltar a citar, em aquilo que mais nos interessa neste preciso ponto, de esta vez com o nosso sublinhado, qual é a redacção do n.° 4 do art. 368-A.° do Código Penal português: "4 – A punição pelos crimes previstos nos n.os 2 e 3 tem lugar ainda que os factos que integram a infracção subjacente tenham sido praticados fora do território nacional, ou ainda que se ignore o local da prática do facto ou a identidade dos seus autores."

Se anteriormente à vigência do novo art. 368.°-A do CP era possível chegar à mesma conclusão acima referenciada; já, posteriormente, depois dessa mesma entrada em vigor, não poderemos concluir exactamente da mesma forma, ou melhor, com a mesma ausência de hesitações conclusivas. É que os factos que integram a infracção subjacente não só podem ser praticados fora do território nacional como se pode até – pasme-se! – ignorar o local da prática do facto ou a identidade dos seus autores! Não nos restam grandes dúvidas que assim é mais fácil punir.

---

[153] In op. cit. p. 1101.

[154] Segundo Pedro Caeiro in op. cit. p. 1068, *ConvBr* significa Convenção do Conselho da Europa relativa ao Branqueamento, Detecção, Apreensão e Perda dos Produtos do Crime – STE n.° 141, de 8 de Novembro de 1990, aprovada para ratificação pela Resolução da Assembleia da República n.° 70/97, de 13-12-1997, e ratificada pelo Decreto do Presidente da República n.° 73/97.

Simplesmente punir, punir e...punir. Não obstante, não será este alargamento excessivo no sentido de *globalizante*? Não existirá aqui uma pretensão, por vezes criticável, de estabelecer um "polícia do mundo" sem sustentação concreta no Direito Internacional? É que um dos principais problemas do direito, nomeadamente, do Direito Penal, é precisamente variar muito de país para país. Não se estará aqui a cair, contraditoriamente, naquilo que se criticava em relação ao *Criminal Justice Act 1988*, secção 93 A (7), criando uma nova espécie de ficções?[155]

Parece-nos que não é juridicamente coerente punir em Portugal, nestes *moldes alargados*, por exemplo, um branqueamento de capitais que seja derivado de uma fraude fiscal praticada em um país que não a pune! Mas, caso esse facto não seja punível, poderá surgir como que uma *"concorrência desleal"*. Uma espécie de "fraude à lei" aproveitando todas as lacunas da mesma. Uma espécie de contorno de proibições e uma fuga direcionada para uma "ilha" livre de qualquer sanção jurídico-penal ou administrativa. A única solução para obviar a este facto com transparência é criar um Direito Penal universal originado nos Estados de Direito livres e plena e transparentemente democráticos.[156]

Uma coisa nos parece ser relativamente óbvia: é que face à redacção do n.º 4 do art. 368.º-A do CP não poderemos afirmar, de forma alguma, que o único bem jurídico que está aqui em causa é a "realização da justiça". É que, ignorando-se o local, pode ser qualquer local do universo e ignorando-se a identidade dos seus autores, poderemos estar perante qualquer autor de qualquer nacionalidade ou até um apátrida! Compreen-

---

[155] Dizia-nos Pedro Caeiro in op. cit. p. 1098, n. de r. n.º 91: "O legislador do Reino Unido, impressionado pela regra estrita de territorialidade que comanda a competência da sua lei penal, entendeu contorná-la através de uma ficção legal segundo a qual os factos precedentes relevantes são também os que constituiram crime *se fossem praticados em território britânico*, criando do mesmo passo dois equívocos: por um lado, as regras de competência da lei nacional, aí se incluindo a regra da territorialidade, não são afectadas pela "extra-territorialidade" do facto precedente – o que torna aquela ficção desnecessária; por outro lado, abre-se a porta, precisamente à possibilidade, criticada em texto, de tornar relevante um facto precedente que nunca seria em si mesmo punível (por irrelevante à luz do direito substantivo dos Estados estrangeiros e por exorbitante da competência da *lex fori*) – o que torna aquela ficção indesejável. Aplaudindo todavia a solução, por ser aquela que corresponde *às Directivas* comunitárias sobre o branqueamento (*supra*, nota 15 e texto correspondente), Daniel Gentzik, *ob. cit.*, p. 95.".

[156] Ou seja, com eleições não-fraudulentas e ratificadas pela comunidade democrática internacional.

demos que se quer defender a eficácia, mas a eficácia não pode ser a qualquer custo, esmagando direitos fundamentais e tem que ser construída em cima de uma base racional universal sem excepções que permitem, por sua vez, contornar facilmente os objectivos de leis de esta natureza.

A redacção inicial do n.º 1 do art. 368.º-A do CP, por sua vez, veio permitir acabar com outras dúvidas que anteriormente se levantavam em relação aos "factos" que estariam aqui realmente em questão. Deste modo, com o nosso sublinhado: "1 – Para efeitos do disposto nos números seguintes, consideram-se vantagens os bens provenientes da prática, sob qualquer forma de comparticipação, dos factos ilícitos típicos...".

Perante o "novo" n.º 2 do art. 368.º-A do CP português continuamos a defender a ideia – conforme aquilo que já referimos neste trabalho a montante! – que o autor do facto precedente pode, naturalmente, em um determinado e "perfeitamente" definido caso concreto, ser autor do crime de branqueamento! Recorde-se aqui a nova redacção, a qual já foi, aliás, acima transcrita: "2 – Quem converter, transferir, auxiliar ou facilitar alguma operação de conversão ou transferência de vantagens, por si ou por terceiro, directa ou indirectamente, com o fim de dissimular a sua origem ilícita, ou de evitar que o autor ou participante dessas infracções seja criminalmente perseguido ou submetido a uma reacção criminal, é punido com pena de prisão de 2 a 12 Anos." Por outro lado, continuamos, *mutatis mutandis*, a defender a seguinte ideia tão bem definida pelo nosso Docente da Faculdade de Direito da Universidade de Coimbra, Mestre Pedro Caeiro[157], sem prejuízo de tudo aquilo que já referimos anteriormente: "...a regra da consunção deverá ser judicialmente aplicada sempre que a concreta conduta do autor do facto precedente, preenchendo embora o tipo legal de branqueamento, corresponda apenas a uma utilização ou apro-veitamento normal das vantagens obtidas e deva, por isso, considerar-se abrangida pela punição daquele facto...".

No contexto do problema do chamado "facto precedente" e do designado "tipo subjectivo do branqueamento" podemos hoje encontrar a seguinte solução outorgada pelo legislador por meio dos números 2 e 3 do art. 368.º-A do CP português e que aqui voltamos a enunciar de modo destacado: "... com o fim de dissimular a sua origem ilícita, ou de evitar que o autor ou participante dessas infracções seja criminalmente perseguido ou submetido a uma reacção criminal, é punido com pena de prisão de 2 a 12 Anos. § 3 – Na mesma pena incorre quem ocultar ou

---

[157] In op. cit. p. 1109.

344   *Gonçalo Nicolau Cerqueira Sopas de Melo Bandeira*

dissimular a verdadeira natureza, origem, localização, disposição, movimentação ou titularidade das vantagens, ou os direitos a ela relativos.". Também aqui, o pensamento iluminado – não temos o pejo de o dizer! – do distinto Docente da Faculdade de Direito da Universidade de Coimbra, Pedro Caeiro, já fazia prever uma solução de entre o mesmo "espírito":[158] "Posto entre parêntesis o problema da grande dificuldade de prova do dolo específico ([148]), parece-nos clara a conveniência político--criminal de incriminar a conduta do agente que, admitindo seriamente a possibilidade de as vantagens provirem dos ilícitos-típicos descritos, as converte ou transfere com o fim de ocultar ou dissimular essa eventual origem ilícita, ou efectivamente oculta ou dissimula essa eventual origem ([149]). Com efeito, assiste razão a quem entende que, perante a complexidade e sofisticação do moderno mundo dos negócios (em especial na esfera financeira, onde reinam o segredo e o anonimato dos agentes e onde a riqueza "legal" coabita com a clandestina), dificilmente o autor das operações conhecerá, de forma positiva, a proveniência ilícita dos bens – salvo quando é o próprio autor do facto precedente. Não se trata, portanto, de um problema de prova do dolo específico, mas antes do desenho da fenomenologia criminal que se pretende prevenir ([150]).". Muitas destas operações são, aliás, feitas integralmente por máquinas mediante pré-programações informáticas: o que dificulta ainda mais esta questão. É que é muito comum encontrar partes de condutas – "descritas como condutas típicas!" – que são processadas automaticamente pelo sistema informático, como resultado de um mero *input*, que poderá não conter em si mesmo um qualquer, em "sentido rigoroso", ilícito. Este mesmo *input* poderá até ser, porventura, a consequência da actuação de alguém exterior à organização no seio da qual é cometido o facto em causa.[159]

Perante a Lei n.º 11/2004, de 27 de Março, podemos desde logo destacar uma série de deveres que foram consagrados, de esta vez, de uma

---

[158] *Vide* Pedro Caeiro in op. cit. pp. 1116 e 1117.

[159] *Vide* Bandeira, Gonçalo N. C. S. de Melo, in "Responsabilidade Penal Económica e Fiscal dos Entes Colectivos...", pp. 339 e 340 e n. de r. n.º 894; e ainda p. 493 e p. 504. *Vide* também Serra, Teresa, in "Contra-ordenações: responsabilidade de entidades colectivas...", p. 200. Problema ainda mais profundo, e para qual nos falta presentemente uma, porventura, profunda e respectiva capacidade científica de análise, seria o caso da intelegência artificial! Factor que, ainda no "começo", se trata já de uma concreta realidade!

O Crime de "Branqueamento" e a Criminalidade Organizada... 345

forma natural e claramente mais racional e uniforme[160]. Segundo o correspondente art. 2.º deste diploma, as entidades previstas em esta lei ficam sujeitas aos seguintes deveres: a) Dever de exigir a identificação; b) Dever de recusa de realização de operações; Dever de conservação de documentos; Dever de exame; Dever de comunicação; Dever de abstenção; Dever de colaboração; Dever de segredo; Dever de criação de mecanismos de controlo e de formação. Também nós defendemos a ideia que reconhece no cumprimento de estes deveres uma muito maior probabilidade de respeitar o "Estado de Direito" do que através de ameaças penais cada vez mais duras e pesadas. Todo este processo será evidentemente desenvolvido em torno de determinadas intervenções duvidosas, i.e., à volta das vulgarmente designadas "operações suspeitas".

É precisamente de entre este contexto que destacamos actualmente o art. 11.º da Lei n.º 11/2004, de 27 de Março, no qual está previsto o "Dever de criação de mecanismos de controlo e de formação" e que nos refere o seguinte: "1 – O dever de criação de mecanismos de controlo consiste na obrigação de dispor, inclusivamente em filiais e sucursais, no estrangeiro, de processos de controlo interno e de comunicação que possibilitem o cumprimento dos deveres constantes da presente lei e impeçam a realização de operações relacionadas com o branqueamento de vantagens de proveniência ilícita. § 2 – As entidades sujeitas a este dever devem proporcionar aos seus dirigentes e empregados a formação adequada ao reconhecimento de operações que possam estar relacionadas com a prática do crime de branqueamento, de modo a habilitá-los a actuar de acordo com as disposições da presente lei."

Como já temos afirmado em outros escritos, deverá estar consagrado na Lei o Direito à formação e actualização do colaborador/ /trabalhador (designadamente do jurista mas também, como é lógico, de outros profissionais dentro, por exemplo, das organizações, para os quais se verifique que essa é uma exigência básica) sob pena de ficar ultrapassado nos seus conhecimentos.[161] E este Direito deverá ser efectivo sendo o seu cumprimento, nomeadamente por parte das entidades patronais, rigorosamente controlado pelo Estado através de um ou mais

---

[160] Isto se fizermos uma análise que entre em contraste com a diversidade anterior provocada logicamente pelas diferentes transposições de directivas e porventura outros diplomas da, actual, União Europeia.

[161] *Vide* Bandeira, Gonçalo N. C. S. de Melo, in "Responsabilidade Penal Económica e Fiscal dos Entes Colectivos...", pp., v.g., 462 e 542.

346   *Gonçalo Nicolau Cerqueira Sopas de Melo Bandeira*

dos Ministérios do Governo. Sugerimos, inclusive, a criação de uma espécie de Provedor nacional especial para estas situações de formação do trabalhador. É fundamental que exista um gabinete com comunicações fáceis e rápidas onde de uma forma eficaz e célere se possam, se necessário, denunciar e resolver este tipo de problemas. É que, através da nossa observação, sabemos que, no seio de certas organizações, existem forças contrárias à concretização de este Direito. Basta pensar em, por exemplo, certos "Altos Quadros" das organizações, porventura, empresariais que (em alguns casos aproveitando-se do desconhecimento do, v.g., Conselho de Administração) tentam impedir a "todo o custo" – por vezes mesmo através do actualmente muito falado "assédio moral" – que outros "Quadros, porventura, Médios" frequentem a correspondente formação adequada. Usualmente não interessa a estes "Altos Quadros" o melhor ou pior cumprimento da lei. O fundamental é não serem ultrapassados pelos seus subalternos nos seus conhecimentos e habilitações. Digamos que convém mantê-los em uma "saudável ignorância"! O clima de terror psicológico é muito comum e a ameaça de "despedimento ou colocação na prateleira" do *atrevido* colaborador/trabalhador que quer continuar a estudar e/ou aprofundar a sua formação é uma constante. E quando existe uma posição hierárquica diferente é muito difícil ultrapassar estas situações: é que as "armas" são profundamente desiguais e acaba por reinar, embora sem triunfar no final (se depender, pelo menos, da nossa pena!), "a ditadura do mais ignóbil".

Deste modo, podemos desde já claramente concluir, sem grande margem para dúvidas, que, designadamente, uma boa formação dos colaboradores/trabalhadores e dirigentes é absolutamente essencial à rigorosa execução dos vários (*e restantes*) deveres previstos no art. 2.º da Lei n.º 11/2004, de 27 de Março. Naturalmente, também podemos e devemos destacar o dever, nas organizações, de instituir procedimentos internos de informação, definição e controlo de responsabilidades que possibilitem à correspondente entidade cumprir com eficácia e celeridade as respectivas obrigações.[162]

Conexionamos, obviamente, a relevância típica das correspondentes vantagens com tudo aquilo que dissemos anteriormente acerca do bem jurídico (ou bens jurídicos) que são tutelados pela incriminação do braqueamento. E isto, nomeadamente, no contexto da prescrição e das condições de procedibilidade do facto precedente. Se considerarmos que o

---

[162] *Vide* Pedro Caeiro in op. cit. pp. 1120-1121.

crime de branqueamento é um crime que "cada vez mais caminha para a sua própria autonomia" não é completamente líquido que se possa, por outro lado, simplesmente afirmar que as vantagens passam a não ser tipicamente relevantes a partir da altura em que prescreva o procedimento pelo facto precedente. Aliás, conforme referimos anteriormente, parece-nos ser clara a solução a que o legislador chegou através da redacção do n.º 5 do art. 368.º-A do CP: "O facto não é punível quando o procedimento criminal relativo aos factos ilícitos típicos de onde provêm as vantagens depender de queixa e a queixa não tenha sido tempestivamente apresentada, salvo se as vantagens forem provenientes dos factos ilícitos típicos previstos nos artigos 172.º e 173.º".[163] E é aqui, novamente, que vale a pena recordar o pensamento do nosso Docente da Faculdade de Direito da Universidade de Coimbra, Mestre Pedro Caeiro[164]: "Porém, as considerações que nos levaram às conclusões precedentes (…) não podem aplicar-se aqui."; "…a não apresentação da queixa nestes casos não invalida a subsistência de uma pretensão preventiva autónoma por parte do Estado, que pode justamente ditar a relevância das vantagens assim obtidas para efeitos do crime de branqueamento, independentemente da posição tomada pelo titular do direito de queixa perante o facto subjacente."; e por fim, mas não por último: "Enquanto não se proceder a essa separação, pode admitir-se que, diversamente com o que se passa com os crimes patrimoniais e atenta a realidade normativa e criminológica descrita, a lei não exija a apresentação de queixa relativamente aos crimes de abuso sexual de menores para efeitos da punibilidade do branqueamento, exceptuando-se desta regra os casos – decerto marginais – em que a investigação e perseguição do crime de branqueamento possam afrontar directamente os interesses (de um concreto) menor que a exigência de queixa visa proteger".

Também por aqui, podemos antecipar a conclusão que encontra em esta separação entre o facto precedente e o crime propriamente de branqueamento um sinal de aprofundamento das respectivas autonomias incriminativas e factuais.

Passamos agora a fazer recair a nossa atenção sobre o designado problema da "limitação da pena aplicada pela moldura penal aplicável ao

---

[163] O art. 172.º do CP prevê e pune o crime de "Abuso sexual de crianças". O art. 173.º do CP prevê e pune o crime de "Abuso sexual de menores dependentes". Ambos estes crimes estão integrados no Capítulo V ("Dos crimes contra a liberdade e autodeterminação sexual"), Secção II ("Crimes contra a autodeterminação sexual") do CP.

[164] In op. cit. pp. 1125, 1126 e 1128.

facto precedente".[165] Se defendermos – como temos vindo a defender e como defendemos! – uma autonomia na punição do branqueamento não podemos aceitar a ideia que pretende impor uma troca dos limites máximo e mínimo da moldura penal aplicável ao branqueamento pelos previstos para o facto precedente, assim que estes sejam mais leves. Não obstante, refere actualmente o n.º 10 do art. 368.º-A do CP em jeito que podemos considerar, aqui, no presente momento, de conclusão consagrada no Direito positivo: "A pena aplicada nos termos dos números anteriores não pode ser superior ao limite máximo da pena mais elevada de entre as previstas para os factos ilícitos típicos de onde provêm as vantagens".

Por seu lado, refere a parte final do n.º 2 do art. 368.º-A do CP: "...é punido com pena de prisão de 2 a 12 anos". O n.º 3 do art. 368.º-A do CP menciona: "Na mesma pena incorre quem...". Já o n.º 6 do mesmo art. 368.º-A do CP consagra que "A pena prevista nos n.ºs 2 e 3 é agravada de um terço se o agente praticar as condutas de forma habitual". Tudo isto tem que ser conjugado com o n.º 10 do art. 368.º-A do CP, o qual, por sua vez, já anteriormente transcrevemos.

Dizia-nos, já anteriormente, o Penalista de Coimbra, Pedro Caeiro[166]: "Ora, no plano das sanções aplicáveis ao branqueamento, a observação das leis penais dos restantes países da União (e da Suíça, que pertence à mesma família político-criminal) mostra que elas se podem dividir em três grupos: o primeiro (Áustria ([181]), Bélgica ([182]), Espanha ([183]), Países-Baixos ([184]), Suécia ([185]) e Suíça ([186])), maioritário, prevê penas máximas, mesmo para os casos mais graves, de 5-6 anos de prisão; o segundo (Alemanha ([187]) e França ([188])), pune os tipos fundamentais com prisão até 5 anos e os casos graves com prisão até 10 anos; o terceiro (Itália ([189]) e Portugal ([190])), pune o(s) tipo(s) fundamental(is) com pena de prisão até 10-12 anos, susceptível de agravação.".

Na nossa opinião, a severidade das penas cominadas no Ordenamento Jurídico português para os crimes de branqueamento poderá eventualmente ser susceptível de críticas. Não obstante, depois da publi-

---

[165] *Vide* – igualmente ainda antes da publicação da Lei n.º 11/2004, de 27 de Março, cujo art. 53.º introduziu, como já referimos, o novo art. 368.º-A do CP que prevê e pune o crime de branqueamento! – Pedro Caeiro in op. cit. pp. 1128 e ss..

[166] In op. cit. pp. 1131-1132 e ainda antes, portanto, da transposição da Directiva n.º 2001/97/CE, do Parlamento Europeu e do Conselho, de 4 de Dezembro, através da Lei n.º 11/2004, de 27 de Março, para o Ordenamento Jurídico português.

cação da Lei n.º 11/2004, de 27 de Março e da introdução do novo art. 368.º-A do CP, tudo permaneceu sensivelmente na mesma. O que significa que houve – julgamos! – tempo para um amadurecimento e uma ponderação por parte do legislador. E este mesmo legislador não se atreveu a fazer grandes mudanças neste aspecto! Tudo para nos fazer lembrar novamente a profunda sabedoria do Marquês Cesare Beccaria que – quer se queira quer não se queira! – vai atravessando os séculos mais vivo do que nunca: "Com que facilidade o prudente legislador poderia impedir uma grande parte das falências fraudulentas... O registo público e manifesto de todos os contratos, e a liberdade de todos os cidadãos consultarem os documentos bem classificados... inúmeras vantagens poderiam produzir. Mas as fáceis, as simples, as grandes leis... são... as menos desejadas".[167]

Neste contexto, qualquer abaixamento das penas, sem o acompanhamento de novas leis de carácter não penal, poderá trazer sinais contraditórios e controversos a todos os cidadãos. Mas também, por outro lado, um qualquer, novo, movimento de criminalização ou de incremento dos limites máximos das penas já existentes, nos, v.g., crimes de branqueamento, será – se destituído de reformas legislativas em áreas não penais! – um verdadeiro exercício de hipocrisia e demagogia legislativas. Certo é que defendemos a ideia que pugna por uma harmonização legislativa penal concreta e, portanto, também no que diz respeito às correspondentes molduras penais no espaço – pelo menos para já! – da União Europeia. De contrário onde está a "União"? Como defender a existência da União, em termos penais (que são aqueles que em este estudo nos interessam!) com, por exemplo, zonas *off-shore* aqui e acolá dentro do próprio espaço da União Europeia?

Como refere o Senhor Ministro da Justiça e M.D. Advogado, J.P. Pedro Aguiar Branco[168]: "...denominado Programa da Haia, debatido pelo Conselho de Justiça e Assuntos Internos de Outubro e aprovado na reunião do Conselho Europeu de 5 de Novembro de 2004. § No referido Programa, após a avaliação a que se procede das diversas iniciativas e medidas tomadas desde Tampere – globalmente consideradas muito positivas –, desenvolvem-se e concretizam-se algumas das ideias então enunciadas, no quadro da reiteração do propósito de criar um espaço de

---

[167] In "Dos Delitos e das Penas", XXXIV.

[168] In "Discurso do Ministro da Justiça no Instituto de Direito Penal Económico Europeu em Coimbra...".

350 Gonçalo Nicolau Cerqueira Sopas de Melo Bandeira

liberdade, segurança e justiça – propósito que veio, de resto, a ganhar, recentemente, concretização expressa no artigo 257.º do Tratado Constitucional da União Europeia. § Ênfase particular é conferida, no Programa da Haia, à questão da segurança". É que vivemos na já referida sociedade do risco identificada por Ulrich Beck. E, nas palavras do Docente da Faculdade de Direito da Universidade Católica Portuguesa, Mestre Paulo Rangel[169], "Para captar estes novos problemas, num contexto de sociedade democrática, que não posterga – antes reafirma e louva – o postulado da dignidade humana, parece singularmente conseguida a formulação do programa constitucional alternativo adiantada por Erhard Denninger. Como alavanca temática desse programa, Denninger propõe uma nova trilogia democrática, não necessariamente contraditória com a anterior: diversidade, solidariedade, segurança, lá onde se proclamava liberdade, igualdade, fraternidade".

Curiosamente, o Presidente da Comissão Europeia, Senhor Dr. José Manuel Durão Barroso[170] fala nos seguintes objectivos para o seu mandato: "*Prosperity*; *Solidarity*; *Security and External*". Especificando a "*Security*: *Fundamental Rights Agency to help cement citizens' righth across Europe*; *Burden-sharing for the costs of controlling EU borders*; *a new approach to exploit the potential for legal migration in Europe*; *new rules to improve safety at sea for passengers and the environment*".

Também será importante dirigirmos aqui algumas das nossas palavras, de uma forma mais pormenorizada, ao n.º 9 do art. 368.º-A do CP que voltamos, por sua vez, a recordar novamente no que diz respeito à sua particular redacção: "A pena pode ser especialmente atenuada se o agente auxiliar concretamente na recolha das provas decisivas para a identificação ou a captura dos responsáveis pela prática dos factos ilícitos típicos de onde provêm as vantagens". E as nossas palavras não poderiam, mais uma vez, deixar passar ao lado a visão genial de esse Cidadão do mundo e de todos os tempos, i.e., do Marquês Cesare Beccaria: "Alguns tribunais prometem a impunidade ao cúmplice do delito grave que denuncie os seus companheiros. Um tal expediente tem os seus inconvenientes e as suas vantagens... As vantagens são a prevenção de delitos importantes... Parecer-me-ia que uma lei geral que prometesse

---

[169] In "Diversidade, Solidariedade e Segurança".

[170] In "...*presenting the European Commission's strategic objectives for the next 5 years*", Bruxelas, 26 de Janeiro de 2005. Também disponível em, v.g., francês (ver bibliografia).

O Crime de "Branqueamento" e a Criminalidade Organizada... 351

a impunidade ao cúmplice delator... seria preferível a uma declaração especial num caso particular..."[171]

Também aqui, o Marquês do Séc. XVIII Cesare Bonesana Beccaria – jurista e economista nascido em um território que hoje se designa por Itália (Milão, 1738 – 1794) – se mantém surpreendentemente, ou talvez não, muito actual![172]

XI. ALGUNS ASPECTOS DA LEI DA ASSEMBLEIA DA REPÚBLICA PORTUGUESA N.º 11/2004, DE 27 DE MARÇO: "ESTABELECE O REGIME DE PREVENÇÃO E REPRESSÃO DO BRANQUEAMENTO DE VANTAGENS DE PROVENIÊNCIA ILÍCITA E PROCEDE À 16.ª ALTERAÇÃO AO CÓDIGO PENAL E À 11.ª ALTERAÇÃO AO DECRETO-LEI N.º 15/93, DE 22 DE JANEIRO"

Como já se referiu anteriormente, a Lei n.º 11/2004, de 27 de Março, prevê, de entre as disposições gerais, vários deveres para as entidades correspondentes: dever de exigir a identificação (art. 3.º); dever de recusa de realização de operações (art. 4.º); dever de conservação de documentos (art. 5.º); dever de exame (art. 6.º); dever de comunicação (art. 7.º); dever de abstenção e poder de suspensão (art. 8.º); dever de colaboração (art. 9.º); dever de segredo (art. 10.º); dever de criação de mecanismos de controlo e de formação (art. 11.º). No art. 12.º, por sua vez, está prevista uma "Exclusão de responsabilidade".

No contexto das "Disposições especiais" destacamos os "Deveres das entidades financeiras" na subsecção I. De entre este enquadramento queremos fazer sobressair o "Dever de exigir a identificação das entidades financeiras" onde a oferta de serviços de guarda de valores ou de investimento em valores mobiliários é ressaltada pela importância que

---

[171] Cfr., também, *apud* Giorgio Marinucci in Tradução de José de Faria Costa, revista por Primola Vingiano, dos "Dos Delitos e das Penas", Cesare Beccaria, com dois ensaios introdutórios de José de Faria Costa e Giorgio Marinucci, p. 47.

[172] Foi fundamentalmente por meio do seu estudo "Acerca dos Delitos e das Penas" de 1764, o qual se encontra traduzido em, pelo menos, vinte e duas línguas, que condenou profundamente a tortura, por um lado; e defendeu, por outro lado, a prevenção do crime no lugar do seu mero castigo exercendo uma densa influência no direito penal europeu e, posteriormente, extra-europeu.

disfruta na paisagem social e económica. É de chamar a atenção igualmente para o n.º 3 do art. 19.º, o qual refere o seguinte: "As autoridades encarregadas da supervisão das sociedades gestoras de mercados de valor mobiliários, das sociedades gestoras de sistemas de liquidação e de sistemas centralizados de valores mobiliários e ainda das sociedades gestoras de mercados de câmbios devem informar o Procurador-Geral da República sempre que, nas inspecções por si efectuadas naquelas entidades, ou por qualquer outro modo, tenham conhecimento ou fundada suspeita de factos que indiciem a prática de crime de branqueamento".

Já no que diz respeito aos "Deveres das entidades não financeiras" são de referir as "novas" (algumas mais do que outras) entidades às quais esta legislação pretende aplicar-se (art. 20.º): a) concessionários de exploração de jogo em casinos; b) entidades que exerçam actividades de mediação imobiliária e que exerçam a actividade de compra e revenda de imóveis; c) entidades que procedam a pagamentos de prémios de apostas ou lotarias; d) comerciantes de bens de elevado valor unitário; e) revisores oficiais de contas, técnicos oficiais de contas e auditores externos, bem como transportadores de fundos e consultores fiscais; f) sociedades, notários, conservadores de registos, advogados, solicitadores e outros profissionais independentes, que intervenham ou assistam, por conta de um cliente ou noutras circunstâncias, em (diversas) operações que são, de seguida, descritas na própria letra da lei e que são as seguintes: 1) compra e venda de bens imóveis, estabelecimentos comerciais e participações sociais; 2) gestão de fundos, valores mobiliários ou outros activos pertencentes a clientes; 3) abertura e gestão de contas bancárias, de poupança e de valores mobiliários; 4) criação, exploração ou gestão de empresas, fundos fiduciários ou estruturas análogas; 5) operações financeiras ou imobiliárias, em representação do cliente; 6) alienação e aquisição de direitos sobre praticantes de actividades desportivas profissionais. Consideramos ter sido da maior e óbvia importância a introdução de esta última alínea, pois as somas movimentadas são publicadas em todos os órgãos de comunicação social como somas pecuniárias verdadeiramente astronómicas.

Para não falar, por exemplo, nas dívidas fiscais dos clubes desportivos para com o Estado: o que constitui outro periclitante problema. Trata-se de uma verdadeira catástrofe de justiça social, a qual representa somente uma face da moeda, pois esta calamidade só realmente fecha o seu ciclo de força auto-propulsora e auto-destrutiva na selvagem delapidação do erário público. Brutal delapidação do erário público que, por sua vez, canaliza verbas não – como se poderia pensar à primeira vista, segundo a visão torpe de alguns! – para os mais pobres e necessitados, mas para, em muitos dos casos, os mais ricos e abastados, aos quais o Estado recorre frequentemente, seja, designadamente, no fornecimento de bens em quantidade desnecessária, mal contabilizada e mal avaliada; seja, nomeadamente, através da prestação de serviços em triplicado ou quadriplicado, quando bastava fazer uma vez! Veja-se, v.g., o caso de certas obras públicas, nas quais o orçamento é, por vezes, furado em mais de 1000% acima do inicialmente previsto sem, ironicamente, qualquer sanção por esse facto, excepcionando o dinheiro dos contribuintes cumpridores e os outros sectores mais necessitados!

Naturalmente vamos fazer recair a nossa atenção nas designadas "profissões jurídicas" como será o caso das actividades profissionais ligadas à advocacia, à solicitadoria e aos notários e conservadores de registos.

Assim, segundo o art. 28.º da lei que estamos a observar, devem proceder à identificação das pessoas envolvidas os notários e conservadores de registos que intervenham nas operações referidas na alínea f) do art. 20.º (transcrita a montante) e sempre que os montantes envolvidos sejam iguais ou superiores a € 15 000. É desde já de criticar (construtivamente) a indicação técnica do legislador de um preciso valor monetário, pois a erosão inflacionista encarregar-se-á de nos dar razão no sentido de que a referência a unidades de conta é sempre mais eficaz e duradoura e evita actualizações legislativas que seriam desnecessárias de outro modo.

Por outro lado, também o art. 29.º nos refere que os advogados e solicitadores que intervenham por conta de um cliente, ou lhe prestem colaboração, nas operações referidas na alínea f) do artigo 20.º, devem proceder à identificação dos seus clientes e do objecto dos contratos e operações sempre que os montantes envolvidos sejam iguais ou superiores a € 15 000.

Pela sua importância, para Advogados e Solicitadores, transpomos aqui, entretanto, o art. 30.º ("Outros deveres das entidades não financeiras"): "1 – No cumprimento do dever de comunicação previsto no artigo 7.º, as entidades referidas no artigo 20.º, com excepção dos advogados e solicitadores, informam o Procurador-Geral da República de operações que configurem, indiciem ou façam suspeitar da prática de crime de branqueamento logo que delas tenham conhecimento. § 2 – No que respeita aos advogados ou aos solicitadores, a comunicação para efeitos do número anterior é feita, respectivamente, ao bastonário da Ordem dos Advogados ou ao presidente da Câmara dos Solicitadores. § 3 – Tratando-se de advogados ou solicitadores e estando em causa as

354   *Gonçalo Nicolau Cerqueira Sopas de Melo Bandeira*

operações da alínea f) do artigo 20.°, não são enviadas informações, nos termos dos números anteriores, obtidas no contexto da avaliação da situação jurídica do cliente, no âmbito da consulta jurídica, no exercício da sua missão de defesa ou representação do cliente num processo judicial, ou a respeito de um processo judicial, incluindo o aconselhamento relativo à maneira de propor ou evitar um processo, quer as informações sejam obtidas antes, durante ou depois do processo. § 4 – As entidades referidas na parte final do n.° 2 enviam, por sua vez, a comunicação ao Procurador-Geral da República se considerarem que tal se justifica, nos termos do n.° 1, e que não se verificam as circunstâncias previstas no número anterior. § 5 – O disposto nos n.os 3 e 4 aplica-se, igualmente, ao exercício pelos advogados e solicitadores dos deveres de abstenção e de colaboração previstos nos artigos 8.° e 9.°, competindo àqueles profissionais, no âmbito do dever de colaboração, logo que lhes for solicitada assistência pela autoridade judiciária, comunicá-lo à Ordem dos Advogados ou à Câmara dos Solicitadores, facultando a estas os elementos solicitados para efeitos do disposto no n.° 4."

Face, por exemplo, ao n.° 4, na nossa opinião, não podemos estar a passar para a Ordem dos Advogados o dever de denúncia e nem sequer a isso obrigava a Directiva.[173]

Ora, o art. 32.° ("Autoridades de fiscalização") refere precisamente o seguinte: "1 – A fiscalização do cumprimento dos deveres previstos nos artigos anteriores cabe: § f) À Ordem dos Advogados, no caso dos advogados; g) À Câmara dos Solicitadores, no que respeita aos solicitadores.".

De extrema importância, no que concerne ao direito aqui subsidiário, nos parece também ser o art. 34.° que menciona o seguinte: "Às infracções previstas no presente capítulo é subsidiariamente aplicável o regime geral

---

[173] Dizia-nos precisamente o Bastonário da Ordem dos Advogados Portugueses, Dr. Augusto Lopes Cardoso, M.D. Advogado in "A Directiva sobre o Branqueamento de Capitais e o Segredo Profissional da Advocacia", nota de rodapé n.° 9: "O que se nos afigura inaceitável é a pretensão (constante da proposta do PS) de cometer à Ordem (afinal em todos os casos) a comunicação ao Procurador-Geral da República ou à Direcção Central de Investigação e Acção Penal após a pronúncia sobre autorização de dispensa de sigilo: nunca se poderá transferir para a Ordem dos Advogados o dever de denúncia, nem isso resulta, por qualquer forma, da Directiva! No caso específico e esdrúxulo que nos ocupa de iniciativa do Advogado, se este sentiu a compulsão de fazer denúncia e obteve autorização dos devidos órgãos da Ordem para o fazer, deve dar a cara pela sua iniciativa e não imputar a consciência a outrem, ainda que seja a prestigiada Ordem dos Advogados. O legislador não pode 'criar' uma classe de covardes!".

O Crime de "Branqueamento" e a Criminalidade Organizada... 355

das contra-ordenações e coimas.". Por outro lado, o art. 36.° refere que pela prática das infracções a que se refere o presente capítulo podem ser responsabilizadas, entre outras: b) As pessoas singulares e colectivas referidas no artigo 20.°, salvo os advogados e solicitadores.

No art. 37.° de esta Lei n.° 11/2004, de 27 de Março, está consagrada a "Responsabilidade das pessoas colectivas". Norma que só pode ser, naturalmente, interpretada em conjugação com o art. 39.° que prevê a "Responsabilidade das pessoas singulares" e a "Negligência" no art. 38.°. Refere o art. 37.° o seguinte: "1 – As pessoas colectivas são ainda responsáveis pelas infracções cometidas pelos membros dos respectivos órgãos, pelos titulares de cargos de direcção, chefia ou gerência, ou por qualquer empregado, se os factos forem praticados no exercício das suas funções, bem como pelas infracções cometidas por representantes da pessoa colectiva em actos praticados em nome e no interesse delas. § 2 – A invalidade e a ineficácia jurídicas dos actos em que se fundamenta a relação entre o agente individual e a pessoa colectiva não obstam a que seja aplicado o disposto no número anterior." O art. 39.° refere que "A responsabilidade das pessoas colectivas não exclui a responsabildiade individual das pessoas singulares que actuem como membros dos seus órgãos ou nelas exerçam cargos de direcção, chefia ou gerência, as quais serão punidas mesmo quando o tipo legal de contra-ordenação exija determinados elementos pessoais e estes só se verifiquem na pessoa do representado ou que o agente pratique o acto no seu próprio interesse e o representante actue no interesse do representado". Já o art. 38.° refere o seguinte: «Negligência § Nas contra-ordenações previstas no presente capítulo a negligência é sempre punível». Como veremos melhor, este modelo de responsabilidade dos entes colectivos, somente contraordenacional, é susceptível de muitas críticas. Além disso o crime penal de «Branqueamento» é integrado no Código Penal, por meio da Lei n.° 11/2004, com a pesada agravante de não ser feita qualquer referência à responsabilidade penal dos entes colectivos.[174]

Trata-se, pois, de uma derivação do modelo clássico de responsabilidade dos entes colectivos baseado na teoria do Direito Civil da identificação entre órgãos e «organização», i.e., pessoas colectivas (e, em este caso, mais concretamente alargado e pormenorizado, ambivalente e especificamente, aos membros dos respectivos órgãos, titulares de cargos

---

[174] *Vide* Bandeira, Gonçalo N. C. S. de Melo, in "Responsabilidade Penal Económica e Fiscal dos Entes Colectivos...", *passim* e pp. 309-310.

356   *Gonçalo Nicolau Cerqueira Sopas de Melo Bandeira*

de direcção, chefia ou gerência, ou qualquer empregado, se os factos forem praticados no exercício das suas funções, conforme o n.º 1 do art. 37.º da Lei n.º 11/2004, de 27 de Março) e ao qual ainda podemos reconduzir a teoria da "representação" ("bem como pelas infracções cometidas por representantes da pessoa colectiva em actos praticados em nome e no interesse delas"). Modelo demasiado estreito, porque implica a prévia individualização da imputação da responsabilidade colocando, pois, os factos não individualizáveis de lado (cfr. art. 37.º e art. 39.º da Lei n.º 11/2004, de 27 de Março). Modelo – em esta precisa situação de consagração legal positiva (cfr. art. 37.º/1) – excessivamente amplo, pois abrange claramente membros dos respectivos órgãos, titulares de cargos de direcção, chefia ou gerência, ou qualquer empregado (até!)[175] bem como os representantes da pessoa colectiva, i.e., está incluído o *«middle management»*.[176] Tal modelo entra em contradição clara, v.g., com a derivação do modelo clássico consagrado no art. 7.º do Regime Geral das Infracções de Mera Ordenação Social[177]: sugerimos, pois – novamente! – a consagração de um modelo uniforme de responsabilidade (penal ou contra-ordenacional) dos entes colectivos, numa Lei-Quadro do Direito Penal e Contra-ordenacional Económico e de acordo com a Constituição da República Portuguesa e em respeito, depois de devidamente referendado em Portugal, ao Tratado Constitucional Europeu! Tudo isto tem que ser naturalmente conjugado com o art. 40.º que refere o seguinte: "Sempre que a contra-ordenação resulte da omissão de um dever, a aplicação da sanção e o pagamento da coima não dispensam o infractor do seu cumprimento, se este ainda for possível".[178]

---

[175] *Vide* Bandeira, Gonçalo N. C. S. de Melo, in "Responsabilidade Penal Económica e Fiscal dos Entes Colectivos...", pp. 288-292. Faz-nos lembrar o "sistema de imputação predominante" nos Estados Unidos da América do Norte. Segundo a regra federal predominante, uma pessoa colectiva pode ser responsabilizada criminalmente pelo acto de qualquer empregado, mesmo que seja "um baixo agente subalterno" (*lowly underling*) ou um "simples criado" (ou *menial*). O estatuto ou o lugar do agente na hierarquia da pessoa colectiva é totalmente irrelevante: *vide* E.M. Wise in *«Criminal Liability of Corporations – USA»*, 1996, pp. 390-391.

[176] Cfr. Bandeira, Gonçalo Sopas de Melo, *idem ibidem*, in Capítulo VI, ponto 3.5.1.

[177] RGIMOS, ou seja, Decreto-Lei n.º 433/82, de 27 de Outubro, o qual foi alterado pelo Decreto-Lei n.º 244/95, de 14 de Setembro e pela Lei n.º 109/2001, de 24 de Dezembro.

[178] Cfr. igualmente o art. 5.º do RGIMOS.

O *Crime de "Branqueamento" e a Criminalidade Organizada...* 357

Por outro lado, é de criticar a prescrição de "5 anos" que está prevista no n.º 1 do art. 41.º. Criticamos, pois é manifestamente exagerada quando comparada com alguns crimes do próprio Direito Penal clássico! É que estamos a falar de contra-ordenações. Ou haverá burla de etiquetas também aqui?[179] Estamos em terreno que está na fronteira da constitucionalidade. A chamada "lentidão da justiça" não pode, por outro lado, servir de desculpa para tal prazo de prescrição, pois, nesse caso, salvo o devido respeito, não haveria hesitação da nossa parte em realizar a proposta – não sem alguma ironia! – de um prazo mais alargado como seriam 10, 15 ou até mais anos! Além disso, não está aqui sequer prevista – pelo menos do ponto de vista formal! – a responsabilidade penal dos entes colectivos.

O art. 42.º trata do "Destino das coimas".

Já na Secção II estão previstas as "Contra-ordenações em especial": art. 43.º – "Violação dos deveres por parte de entidades financeiras ou das pessoas mencionadas na alínea c) do artigo 36.º"; art. 44.º – "Violação especialmente grave dos deveres por parte de entidades financeiras ou das pessoas mencionadas na alínea c) do artigo 36.º"; art. 45.º – "Violação dos deveres por parte de entidades não financeiras, com excepção dos advogados e solicitadores"; art. 46.º – "Violações especialmente graves dos deveres por parte de entidades não financeiras, com excepção dos advogados e solicitadores"; art. 47.º – "Sanções acessórias".

Na Secção III, i.e., no "Processo", destaca-se a "Competência das autoridades administrativas" e a "Responsabilidade pelo pagamento das coimas" (respectivamente artigos 48.º e 49.º). Em este último art. 49.º poderemos estar perante um eventual problema de (in)constitucionalidade. Se considerarmos que existe – e se não se defender e provar jurídica e cientificamente a ideia contrária! – uma transmissão do dever de cumprimento da sanção do responsável pela infracção para outras pessoas, poderemos estar a desenvolver um considerável risco de pisar terreno porventura (in)constitucional. De qualquer forma, e como é evidente, se a isso for chamado, caberá sempre uma palavra determinante – mas não absoluta no plano da investigação científico-jurídica e da Lei da Razão, v.g., Kantiana! – ao julgamento do Tribunal Constitucional. A expressão "podendo fazê-lo", por outro lado, é demasiado vaga na nossa opinião.[180]

---

[179] *Vide* Bandeira, Gonçalo N. C. Sopas de Melo, in "Responsabilidade Penal Económica e Fiscal dos Entes Colectivos...", p. 602, Índice Analítico de Assuntos, "Burla de etiquetas".

[180] *Vide*, *mutatis mutandis*, Bandeira, Gonçalo N. C. S. de Melo, in "Responsabilidade Penal Económica e Fiscal dos Entes Colectivos...", pp. 401 e ss..

358 *Gonçalo Nicolau Cerqueira Sopas de Melo Bandeira*

No Capítulo IV encontramos as "Infracções praticadas por advogados e solicitadores". O art. 50.º refere o seguinte quanto às "Infracções praticadas por advogados": "1 – A infracção por qualquer advogado dos deveres a que está adstrito de acordo com a presente lei implica a abertura de procedimento disciplinar pela Ordem dos Advogados nos termos gerais, de acordo com o Estatuto da Ordem dos Advogados. § 2 – As penas disciplinares aplicáveis bem como os critérios de aplicação são os previstos no Estatuto da Ordem dos Advogados. § 3 – Na aplicação das penas e na respectiva medida e graduação deve atender-se à gravidade da violação dos deveres que cabem aos advogados nos termos da presente lei, tomando como referência as graduações estabelecidas nos artigos 45.º e 46.º". O mesmo se passa, *mutatis mutandis*, em relação às "Infracções praticadas por solicitadores", de acordo com o art. 51.º. Desta vez falamos, evidentemente, da Câmara dos Solicitadores e do Estatuto desta mesma Câmara.

No Capítulo V podemos visualizar as "Disposições finais" com o art. 52.º ("Defesa de direitos de terceiros de boa fé") e com o art. 53.º, este último dos quais já inúmeras vezes referenciado ao longo de este trabalho, pois foi precisamente este preceito que aditou ao Código Penal o crime de "Branqueamento", o qual foi por nós transcrito a montante. O art. 54.º, por sua vez, alterou o Decreto-Lei n.º 15/93, de 22 de Janeiro e, finalmente, o art. 55.º, prevê as "Normas revogadas".

XII. BREVE COMENTÁRIO AO PAPEL DOS ADVOGADOS PERANTE O BRANQUEAMENTO DE CAPITAIS

Obviamente que, em um Estado de Direito real, não pode o Advogado, sob pena de deixar de ser, pura e simplesmente, Advogado – teria que se arranjar outra expressão até! –, ser um mero agente da delação: um lacaio do poder estatal instituído, esteja este último dentro ou fora dos princípios do direito e da lei! É evidente que existem regras, mas essas regras só podem ser as normas do Estado de Direito. É por isso que subscrevemos aqui as palavras do Bastonário da Ordem dos Advogados Portugueses, Dr. Augusto Lopes Cardoso, M.D. Advogado[181]: "Nunca os Advogados foram, na sua longa História, esbirros, nem o podem vir a ser,

---

[181] In "A Directiva sobre o Branqueamento de Capitais e o Segredo Profissional da Advocacia", p. 6.

O Crime de "Branqueamento" e a Criminalidade Organizada... 359

e tampouco algozes ou agentes da investigação: a postura que se lhes imputa, por princípio, é a negação mais absoluta da confiança que a sociedade deposita e tem de depositar neles, e da particular 'fidutia' que cada Advogado merece a quem o procura. Entre a negação de patrocínio e a delação vai um abismo que nenhum poder pode saltar, tal como o sol se não tapa com uma peneira. Admitir o regime da iniciativa delatória do Advogado será ferir de morte a nobreza da profissão e será, com a pretensão de a alcandorar, rebaixar a actividade advocatícia a um torpe instrumento do poder, ainda que sob a capa da sacrossanta 'verdade material', tantas vezes tentação totalitária da investigação criminal". Acrescenta ainda o Ilustre Bastonário em tom de conclusão: "Uma coisa será certa: nenhum Advogado português se prestará a tão lastimável acto, e tem a obrigação deontológica de a ele se opor, ainda que sob os auspícios de violação de Direitos Fundamentais protegidos pela Constituição".

Estes comentários, como se percebe pela sua data, foram realizados, a título de Parecer, antes da transposição final, para o Ordenamento Jurídico Português, da Directiva, por meio da Lei n.º 11/2004, de 27 de Março.

O que não se entende muito bem em relação a esta Lei n.º 11/2004, de 27 de Março, é que, parece, por vezes, referir "grandes novidades", quando, na verdade, o Ordenamento Jurídico português já anteriormente encarregava a Ordem dos Advogados de funções idênticas: podemos encontrar tal ideia, desde logo, no art. 135.º do Código de Processo Penal, o qual também é aplicável no Processo Civil. Assim, no contexto do sigilo profissional, é aos órgãos correspondentes da Ordem dos Advogados que compete, em última instância, permitir ou não permitir a revelação de factos sigilosos, por indicação da Autoridade Judiciária. E, como bem nos refere o Ilustre Bastonário Dr. Augusto Lopes Cardoso[182]: "...os crimes ligados ao branqueamento de capitais não são senão, no que aos Advogados e ao seu segredo profissional diz respeito, enquadráveis na matéria geral de investigação e instrução criminal e civil." [183]

---

[182] In op. cit., p. 9.

[183] Quanto a este assunto e ao papel, v.g., da Ordem dos Advogados diz-nos o Ilustre Jurista, Dr. Vitalino Canas in "O Segredo Profissional e o Branqueamento de Capitais", p. 8: "O argumento deste ilustre advogado é ponderoso, mas pode ser contestado à luz de alguns princípios constitucionais: não lesará o princípio da independência dos tribunais vincular uma decisão jurisdicional a uma decisão de uma entidade administrativa como é uma associação pública? É uma discussão que não gostaríamos de encerrar sob o signo da dúvida, mas que não pode prosseguir neste momento, bastando, para efeitos de desenvolvimentos ulteriores, deixar assinalada a incerteza.".

360 Gonçalo Nicolau Cerqueira Sopas de Melo Bandeira

Vale a pena recordar aqui as brilhantes palavras do M.D. Advogado, Prof. Doutor Germano Marques da Silva: "há um limite externo geral dos poderes-deveres dos advogados que é imposto pelo Estatuto da Ordem dos Advogados e que pode sintetizar-se na fórmula: não advogar conscientemente contra a verdade e o direito."! Naturalmente, por outro lado, que o Advogado se desconfiar que está perante uma solicitação para realizar ou ajudar uma operação de branqueamento de capitais deverá, pura e simplesmente, recusar essa realização ou ajuda.[184]

É que, afinal, o segredo profissional continua a ser considerado como uma regra de ouro. Eis as palavras do Bastonário da Ordem dos Advogados portugueses, Dr. Rogério Alves, M.D. Advogado[185]: "...e qualquer abertura é muito perigosa para a advocacia. Vamos estar muito atentos a isso, porque se o advogado tem algum envolvimento na prática do crime é arguido e o problema coloca-se de uma determinada maneira, pois pode não prestar declarações. Se funciona como advogado, o consultor deve manter sempre o seu segredo profissional, a menos nos casos muito contados em que interesses de elevada relevância, naquele momento, possa, sobrepor-se ao segredo profissional. Vamos bater-nos muito pelo segredo profissional e não queremos deixar que o advogado se transforme num meio auxiliar da investigação criminal, nomeadamente contra as pessoas que aconselhou e contra as pessoas que confiaram nele.".

Assim, como, por outro lado, devemos e "...podemos ter confiança nos Tribunais e nas suas decisões. Importa todavia que os cidadãos cumpram essas mesmas decisões, atenta a natureza executiva das mesmas, sob pena de não o fazendo, hipotecarem no futuro qualquer pretensão que queiram fazer a esses mesmos Tribunais": estas são as doutas e certeiras palavras do Ilustre Juiz de Direito Joel Timóteo Ramos Pereira[186] que nos ajudam a concluir também por agora em este ponto.

---

[184] *Vide* Marques da Silva, Germano, in "A Responsabilidade Profissional...", pp. 629 e 633.

[185] In Entrevista publicada no jornal "A Capital" em 19 de Janeiro de 2005.

[186] In "Podemos ter confiança nod Tribunais?", 2000.

XIII. A PROPOSTA DE DIRECTIVA DO PARLAMENTO EUROPEU E DO CONSELHO RELATIVA À PREVENÇÃO DA UTILIZAÇÃO DO SISTEMA FINANCEIRO PARA EFEITOS DE BRANQUEAMENTO DE CAPITAIS, INCLUINDO O (OU E DE) FINANCIAMENTO DO TERRORISMO

Trata-se, essencialmente, de uma terceira directiva europeia, depois das directivas de 1991 e 2001, no tratamento do crime de branqueamento. A União Europeia terá, de este modo, um novo instrumento no campo do branqueamento de capitais. Este diploma legislativo passa a tratar do financiamento do crime de terrorismo em paralelo, segundo a última proposta, com a designada lavagem de dinheiro (e/ou vantagens, por raciocínio lógico). As obrigações do sector bancário para com as autoridades policiais e judiciárias são, assim, como que ampliadas.

Este documento atende basicamente às recomendações realizadas pela *Task Force* para as Acções Financeiras, i.e., a F.A.F.T., a qual constitui, como se sabe e *grosso modo*, uma organização intergovernamental pela qual passam os acordos destinados a proteger o sistema internacional financeiro. Estamos a falar do também designado G.A.F.I., ou seja, do Grupo de Acção Financeira Internacional sobre o Branqueamento de Capitais, o qual, por sua vez, já foi objecto do nosso estudo a montante. A proposta de directiva tem precisamente o objectivo de assegurar a coordenação da execução e aplicação, pelos Estados Membros, das Quarenta Recomendações revistas e concluídas pelo G.A.F.I. em Junho de 2003. Ficam aqui igualmente incluídas as medidas tomadas pela comunidade internacional face aos grotescos e despropositados atentados de 11 de Setembro de 2001 na Cidade de Nova Iorque. Atentados estes que, como se sabe, foram e são, inclusive, o ponto de partida "perfeito" – parece uma encomenda à medida cujo o baixo nível de quociente de intelegência de estes concretos terroristas, pelos vistos, não atingiu ou não viu bem! – para uma série de novas guerras a que com certeza, mas infelizmente e sobretudo para os inocentes, o mundo ainda irá assistir.

Tivemos acesso a vários documentos importantes como são os seguintes: a proposta de Directiva do Parlamento Europeu e do Conselho relativa à prevenção da utilização do sistema financeiro para efeitos de branqueamento de capitais, incluindo o (ou e de) financiamento do terrorismo, nas suas versões, por conseguinte, de 13 de Outubro de 2004 e 26 de Novembro de 2004; o correspondente "Preâmbulo", de 24 de Janeiro de 2005: "Na sequência do acordo de 7 de Dezembro de 2004 sobre uma abordagem geral do Conselho relativamente ao dispositivo da proposta em epígrafe, o preâmbulo em Anexo foi adaptado pelo Grupo dos Serviços Financeiros (Adidos)"; e o Parecer do Banco Central Europeu sobre a proposta de Directiva do Parlamento Europeu e do Conselho relativa à prevenção da utilização do sistema financeiro para efeitos de branqueamento de capitais, incluindo o financiamento do terrorismo. Não vamos, naturalmente, estudar ao pormenor e em toda a sua extensão estes novos documentos que temos aqui. Isso irá competir a outros trabalhos, sob pena de este escrito se tornar monopolizador de esta publicação conjunta que, precisamente, estamos a coordenar.

Vamos passar à frente da proposta de directiva acima referenciada com data de 13 de Outubro de 2004, pois importa-nos, sobretudo, a proposta mais actualizada e, por conseguinte, aquela que, neste momento, tem a data de 26 de Novembro de 2004. Não obstante, a nossa atenção recairá primeiramente no Parecer do Banco Central Europeu que já mencionamos anteriormente. Mas somente para dizer algumas palavras. É que este Parecer incidiu sobre a proposta de directiva na sua versão de 13 de Outubro de 2004.

Refere exactamente o ponto n.º 1 do "Preâmbulo" que – na sequência do acordo de 7 de Dezembro de 2004 sobre uma abordagem geral do Conselho relativamente ao dispositivo da proposta de directiva a montante referida! – foi adaptado pelo Grupo dos Serviços Financeiros (Adidos): "Os fluxos maciços de dinheiro sujo podem prejudicar a estabilidade e a reputação do sector financeiro e ameaçar o mercado único, e o terrorismo abala as próprias fundações da nossa sociedade. Para além de uma abordagem baseada no direito penal, os esforços em matéria de prevenção desenvolvidos a nível do sistema financeiro podem igualmente ser úteis neste contexto". Esta introdução traduz bem as dificuldades na identificação do(s) respectivo(s) bem(s) jurídico(s). Problema do qual já estivemos a falar anteriormente. Ora, como todos sabemos, vai se verificando uma definição cada vez mais lata de "branqueamento de capitais". Deste modo a definição de "crime grave" deverá ser harmonizada com a contida na Decisão-Quadro 2001/500/JAI do Conselho, de 26 de Junho de 2001. Por estas razões é que as medidas preventivas da directiva devem ser alargadas para abarcar, não apenas a manipulação de capitais produto de actividades criminosas, mas também a recolha de bens ou fundos para fins terroristas! Dado este problema estar a criar raízes cada vez mais profundas julgou-se por bem alargar as obrigações em matéria de prevenção aos fundos fiduciários, aos mediadores do seguro de vida e aos prestadores de serviços a empresas. Destaca-se, por outro lado, o facto dos negociantes de bens de elevado valor e os leiloeiros serem, em todos os

O Crime de "Branqueamento" e a Criminalidade Organizada... 363

casos, abrangidos pela directiva, caso recebam pagamentos em dinheiro num montante igual ou superior a € 15.000,00.

Em este preâmbulo também se defende que deve permanecer inalterada, em esta nova directiva, a abrangência dos notários e profissionais independentes do direito pelo regime comunitário antibranqueamento de capitais. Veja-se o que diz o ponto 17, com interesse para esta questão: "Quando os membros independentes de profissões legalmente reconhecidas e controladas que prestam assessoria jurídica, tais como os advogados, apreciam a situação jurídica de um cliente ou o representam em processo judicial, não seria adequado que a directiva lhes impusesse, em relação a essas actividades, a obrigação de notificar suspeitas de branqueamento de capitais ou de financiamento do terrorismo. Devem ser previstas excepções à obrigação de notificar as informações obtidas antes, durante ou após um processo judicial ou aquando da apreciação da situação jurídica do cliente. Por conseguinte, a assessoria jurídica deve continuar a estar sujeita à obrigação de sigilo profissional, salvo se o assessor jurídico participar em actividades de branqueamento de capitais ou de financiamento do terrorismo, prestar serviços para efeitos de branqueamento de capitais ou de financiamento do terrorismo, ou estiver ciente de que o cliente solicita os seus serviços para esses efeitos". Segundo o ponto 20 deste preâmbulo os notários ou outros profissionais forenses independentes deverão identificar eles próprios os titulares das contas conjuntas por eles detidas.

Também por intermédio da leitura de este preâmbulo ficamos a saber que "...podem ser autorizados preceitos simplificados de vigilância de clientela". Além disso, "...há casos em que se impõem procedimentos particularmente rigorosos...". E esses casos poderão ser identificados, por exemplo, como os "...indivíduos que ocupam ou ocuparam cargos públicos importantes..." ("em especial quando sejam provenientes de países em que a corrupção é generalizada": obviamente que o critério de saber quais são esses países é extremamente discutível e esta expressão torna-se aqui verdadeiramente bizarra[187]) ou "...pessoas politicamente expostas...".[188] Por outro lado, é preciso ter muito cuidado, na nossa

---

[187] Muitas vezes, os países ditos "incorruptíveis" escondem, todos o sabemos – pois há criminosos em todo o mundo – verdadeiros "campeões da corrupção activa"!

[188] O art. 3.º/(10) da proposta de Directiva do Parlamento Europeu e do Conselho relativa à prevenção da utilização do sistema financeiro para efeitos de branqueamento de capitais e de financiamento do terrorismo, define "Pessoas politicamente expostas" como

364 Gonçalo Nicolau Cerqueira Sopas de Melo Bandeira

opinião, no que diz respeito à colocação em perigo do próprio Estado de Direito, através da instrumentalização política da perseguição de certos agentes e protagonistas democráticos, pois uma espécie de "governo absoluto dos magistrados" ou "governo absoluto das polícias" pode resultar em uma ditadura anti-democrática e, portanto, destruidora das próprias fundações do Estado de Direito.

Todas as transacções suspeitas deverão ser transmitidas à unidade de informações financeiras, a qual servirá de central nacional.

Segundo o ponto 25 do "Preâmbulo" da proposta de directiva, "Caso um Estado-Membro tenha decidido fazer uso das isenções do n.° 2 do artigo 20.°, pode autorizar ou obrigar o organismo de auto-regulação que representa as pessoas referidas nesse mesmo artigo a não notificar à unidade de informações financeiras toda a informação obtida dessas pessoas nas condições estabelecidas no n.° 2 do artigo 20.°". Ora, com extremo interesse para este trabalho, é referido no n.° 2 do art. 20.° da proposta de directiva o seguinte: "Os Estados-Membros não são obrigados a aplicar as obrigações previstas no n.° 1 do artigo 19.° aos notários, profissionais jurídicos independentes, auditores, técnicos de contas externos e consultores fiscais no que diz respeito à informação por eles recebidas de um dos seus clientes ou obtidas sobre um dos seus clientes quando apreciam a situação jurídica do mesmo ou no exercício da sua missão de defesa ou de representação desse cliente num processo judicial ou a respeito de um processo, mesmo quando se trate de conselhos prestados quanto à forma de instaurar ou evitar um processo judicial, independentemente de essas informações terem sido recebidas ou obtidas antes, durante ou após o processo" (cfr. igualmente a segunda parte do n.° 2 do art. 8.° da proposta de directiva referida). Por sua vez, refere o art. 19.°/1 o seguinte: "Os Estados-Membros exigirão que as instituições e as pessoas abrangidas pela presente directiva e, se for caso disso, os seus administradores e pessoal, cooperem plenamente: § a) Informando imediatamente a unidade de informações financeiras, por iniciativa própria, sempre que tomem conhecimento, suspeitem ou tenham razões suficientes para suspeitar que foi ou está a ser efectuada uma operação ou uma tentativa de branqueamento de capitais ou de financiamento do terrorismo. § b) Facultando rapidamente à unidade de

---

"...pessoas singulares que desempenham tenham desempenhado cargos públicos importantes e seus familiares mais próximos ou pessoas estreitamente associado(s) às mesmas". Cfr. igualmente o art. 11.°/ 1-C da proposta de directiva.

informações financeiras, a seu pedido, toda a informação necessária, em conformidade com os procedimentos estabelecidos pela legislação aplicável". Parece-nos ser este um ponto extremamente importante para os profissionais, designadamente do direito, como notários e agentes juristas independentes, como é o caso dos advogados, solicitadores, consultores jurídicos, jurisconsultos ou, até, notários independentes e muitos outros com actividades similares. O legislador português, quando for encarregue da transposição de esta directiva para o Ordenamento Jurídico nacional, terá que respeitar isto mesmo e deverá evitar a tentação de realizar qualquer tarefa conexa que possa, justamente, ser entendida como *avant la lettre*!

Naturalmente que a proibição geral de executar transacções suspeitas pode sofrer excepções nas situações em que a "não execução" é impossível ou potenciadora do comprometimento da repressão dos próprios beneficiários da operação.

Diz o ponto 27 que "Houve casos de empregados que foram objecto de ameaças ou de assédio por terem notificado as suas suspeitas de branqueamento de capitais". O que temos a referir é que seria de muito admirar caso isso não fosse assim. O assédio moral, mas também o sexual – ambos com profundos e conhecidos danos nas vítimas – é uma sinistra realidade de organizações grandes e pequenas que, em muitos dos casos, sofrem de uma inegável impunidade dadas as dificuldades de prova, nomeadamente através da cumplicidade dos Colegas de trabalho que, por medo, jamais colocarão em causa qualquer hipótese de testemunhar certos acontecimentos. O assédio moral representa uma ameaça concreta e real, pois move-se normalmente em um contexto de fortes índices de desemprego, levando ao seu (sempre) ilegal uso e abuso. As fragilidades no campo do Direito do Trabalho a isso ajudam. As dificuldades de denúncia destas situações de ameaça física e moral para isso contribuem. Como refere oportunamento a parte final de este n.º 27 do "Preâmbulo" da proposta de directiva: "Os Estados-Membros devem tomar consciência deste problema e enviar todos os esforços possíveis para proteger os empregados desse tipo de perseguição".

O ponto 31 fala-nos de "...sistemas de gestão do risco que permitem determinar se uma pessoa está politicamente exposta...". Como já dissemos anteriormente, parece-nos que estes critérios são demasiado vagos e porventura colidentes com alguns dos princípios democráticos. Compreendemos o objectivo, mas a colocação em prática de tais princípios deverá disfrutar das maiores cautelas! É só isso que queremos advertir.

Se é importante incentivar a cooperação entre as unidades de informações financeiras[189], também não deixa de ser menos oportuno obrigar juridicamente as autoridades competentes de cada país a se certificarem da competência e idoneidade das pessoas que dirigirão entidades susceptíveis de branqueamento, tais como casinos ou agências de câmbio.

Propugnam-se sanções eficazes e adaptadas, naturalmente, a pessoas colectivas e singulares.

Por outro lado ainda, e segundo o ponto n.° 9 de este "Preâmbulo", deverá ser criado um novo Comité de Contacto sobre o Branqueamento de Capitais instituído pela Directiva 91/308/CEE.

Finalmente queremos destacar aqui o ponto 40 que refere os princípios que a Comissão deve observar no exercício das suas competências de execução e que são os seguintes: a) a necessidade de níveis elevados de transparência e de consulta às instituições e pessoas abrangidas pela presente directiva, bem como ao Parlamento Europeu e ao Conselho; b) a necessidade de garantir que as autoridades competentes sejam capazes de assegurar sistematicamente o cumprimento das normas; c) o equilíbrio entre os custos e os benefícios, a longo prazo, de quaisquer medidas de execução para as instituições e pessoas abrangidas pela presente directiva; d) a necessidade de observar a imprescindível flexibilidade na aplicação das medidas de execução, em função do grau de risco; e) a necessidade de assegurar a congruência com outras regulamentações da União Europeia neste domínio; f) a necessidade de proteger a U.E., os seus Estados-Membros e os seus cidadãos das consequências do branqueamento de capitais e do financiamento do terrorismo".

No que diz respeito à proposta de Directiva do Parlamento Europeu e do Conselho relativa à prevenção da utilização do sistema financeiro para efeitos de branqueamento de capitais e de financiamento do terrorismo também podemos e devemos fazer aqui algumas notas (versão, portanto, de 26 de Novembro de 2004) além dos apontamentos que, evidentemente, já fomos realizando em relação, por exemplo, ao seu art. 1.°.[190]

No art. 2.° queremos destacar o ponto 1.(3): "O disposto na presente directiva é aplicável às seguintes instituições e pessoas, § (3) Às seguintes pessoas singulares ou colectivas que actuem no exercício da sua actividade profissional: § b) Notários e outros profissionais forenses independentes,

---

[189] Cfr. Decisão 2000/642/JAI do Conselho, de 17 de Outubro de 2000.
[190] Cfr. a montante, em este trabalho, parte final do II § B) Bem jurídico.

O *Crime de "Branqueamento" e a Criminalidade Organizada...* 367

quando participam, quer por conta e em nome do seu cliente numa transacção financeira ou imobiliária, quer quando assistem o seu cliente no planeamento ou na execução de transacções relativamente à: § I) Compra e venda de bens imóveis ou de entidades comerciais; ii) Gestão de fundos, valores mobiliários, ou outros activos pertencentes ao cliente, iii) Abertura ou gestão de contas bancárias, de poupança ou de valores mobiliários; iv) Organização das entradas necessárias à criação, exploração ou gestão de sociedades; v) Criação, exploração ou gestão de fundos fiduciários, sociedades ou de estruturas análogas".

Igualmente da maior importância nos parece ser o entendimento de "crime grave": art. 3.°/(7). Nomeadamente, vamos destacar aqui a alínea a): "Os actos tal como definidos nos artigos 1.° a 4.° da Decisão-Quadro 2002/475/JAI do Conselho".[191] Também a alínea f) revela um certo grau de importância para este trabalho face ao que já referimos anteriormente sobre este assunto: "Todas as infracções puníveis com uma pena privativa de liberdade ou uma medida de segurança de uma duração máxima superior a um ano ou, nos Estados cujo sistema jurídico preveja sanções com um limite mínimo, as infracções puníveis com uma pena privativa de liberdade ou uma medida de segurança de uma duração mínima superior a seis meses". Também não menos importante é a definição de "Beneficiário efectivo".[192]

Neste contexto de "neocriminalização" extremamente alargada veja-se ao ponto que vai o art. 16.° da proposta de directiva que temos vindo a analisar, na sua versão de 26 de Novembro de 2004: "A presente secção não é aplicável às relações de externalização ou de agência no âmbito das quais o prestador do serviço externalizado ou o agente deve ser considerado parte da instituição ou pessoa abrangida pela presente directiva".

O art. 17.° de esta proposta de directiva fala-nos curiosa e, porventura, certeiramente, em "...todos os tipos de transacções pouco habi-

---

[191] Cfr. a montante, em este trabalho, parte final do II § B) Bem jurídico, no qual transcrevemos o art. 1.°/3.

[192] Cfr. art. 3.°/(8) da proposta de Directiva do Parlamento Europeu e do Conselho relativa à prevenção da utilização do sistema financeiro para efeitos de branqueamento de capitais e de financiamento do terrorismo, cuja parte do texto transcrevemos aqui: "...a pessoa ou pessoas singulares que, em última instância, detém ou controla o cliente e/ou pessoa singular em cujo nome é realizada uma transacção ou actividade.(...)". Também as definições de "relações empresariais", "banco de fachada", "prestadores de serviços a fundos fiduciários e empresas", "actividade criminosa", "bens", "instituição financeira" e "instituição de crédito" são naturalmente fundamentais.

368 *Gonçalo Nicolau Cerqueira Sopas de Melo Bandeira*

tuais sem objectivo económico ou lícito aparente ou visível". Pois, afinal, todo este tipo de transacções tem interesse para o problema que aqui estamos a analisar.

No que concerne aos profissionais mais ligados ao direito (mas não só!) e que são abrangidos, pelo menos ao nível da pretensão, por esta directiva será também fundamental transcrever aqui o art. 21.º: "Os Estados-Membros devem exigir que as instituições e pessoas abrangidas pela presente directiva se abstenham de executar transacções que saibam ou suspeitem estar relacionadas com branqueamento de capitais ou financiamento do terrorismo antes de terem executado as medidas necessárias ao cumprimento da alínea a) do n.º 1 do artigo 19.º".[193]

Posteriormente destaca-se em esta proposta de directiva a "Proibição de divulgação"; a "Manutenção de registos e de dados estatísticos" ("pelo menos cinco anos"); as "Medidas de aplicação" como "Procedimentos internos, formação e retorno", "Supervisão" e "Cooperação".

Nas "Sanções" destacamos o caso da responsabilidade das "pessoas colectivas".[194] Por tudo aquilo que já dissemos sobre este problema deixamos aqui a correspondente redacção do art. 34.º[195]: "Os Estados--Membros assegurarão que as pessoas singulares e colectivas abrangidas pela presente directiva possam ser consideradas responsáveis pelas infracções das disposições nacionais adoptadas em conformidade com a

---

[193] Entretanto, este artigo já tem um "Projecto de considerando" e que é o seguinte: "Em derrogação da proibição geral de executar transacções suspeitas, as entidades sujeitas à presente directiva podem executar transacções suspeitas antes de informarem as autoridades competentes, quando abster-se da execução seja impossível ou seja susceptível de entravar os esforços de repressão contra os beneficiários da operação que se suspeita ser de branqueamento de capitais ou de financiamento do terrorismo. Tal derrogação em nada afecta, todavia, a obrigação internacional assumida pelos Estados--Membros de congelar sem demora os fundos e outros activos dos terroristas, das organizações terroristas e daqueles que financiam o terrorismo, de harmonia com as resoluções pertinentes do Conselho de Segurança das Nações Unidas".

[194] *Vide* tudo o que já referimos até aqui em este trabalho, sobre o modo de funcionamento de este concreto modelo de responsabilidade dos entes ou pessoas colectivas, mas também Bandeira, Gonçalo N. C. Sopas de Melo, in "Responsabilidade Penal Económica e Fiscal dos Entes Colectivos…", *passim*.

[195] Este art. 34.º tem um "Projecto de considerando": "As pessoas singulares que exercem qualquer das actividades referidas no n.º 1 e nas alíneas a) e b) do n.º 3 do artigo 2.º, na estrutura de uma pessoa colectiva mas a título independente, respondem a esse título pelo cumprimento do disposto na presente directiva, com excepção do disposto no artigo 31.º".

mesma. Em caso de infracção, as sanções devem ser eficazes, proporcionadas e dissuasivas. § 1-A. Sem prejuízo do seu direito de impor sanções penais, os Estados-Membros assegurarão, em conformidade com o respectivo direito interno, que possam ser adoptadas medidas administrativas adequadas ou impostas sanções administrativas contra as instituições de crédito e as instituições financeiras, sempre que as disposições adoptadas em aplicação da presente directiva não tenham sido cumpridas. Os Estados-Membros assegurarão que essas medidas sejam eficazes, proporcionadas e dissuasivas. § 2. No caso das pessoas colectivas, os Estados-Membros assegurarão que estas possam pelo menos ser consideradas responsáveis pelas infracções referidas no n.º 1 que sejam cometidas em seu benefício por qualquer pessoa, que actue individualmente ou no âmbito de um órgão da pessoa colectiva em causa e que desempenhe um cargo importante nesta última, com base no seguinte: § a) Poderes de representação da pessoa colectiva; § Poderes de tomar decisões em nome da pessoa colectiva; § c) Poderes de exercer funções de controlo no seio da pessoa colectiva. § 3 – Para além dos casos previstos no n.º 2, os Estados-Membros assegurarão que as pessoas colectivas possam ser consideradas responsáveis quando a falta de supervisão ou de controlo, por parte de uma pessoa referida no n.º 2, tiver possibilitado a realização das infracções referidas no n.º 1, em benefício de uma pessoa colectiva, por uma pessoa sob a sua autoridade".

No Capítulo VI temos as chamadas "Medidas de execução" e no Capítulo VII as designadas "Disposições finais".

Trata-se, pois, de uma (proposta) de directiva que, no seio, evidentemente, da União Europeia, em qualquer das suas versões – mais em uma do que em outra! – vem interligar de forma muito apertada os fenómenos do branqueamento de "capitais" e do financiamento do terrorismo.[196]

XIV. CONCLUSÃO

Como é próprio do campo das Ciências Jurídicas, e não obstante as novidades referidas, a Proposta de Lei 73/IX/1 – assim como a Lei

---

[196] No caso dos E.U.A. *vide*, já antes, o *USA PATRIOT Act*, i.e., *Uniting and Strengthening America by Providing Appropriate Tools Required to Intercept and Obstruct Terrorism Act*: Lei para a união e reforço da protecção da América mediante a disponibilização dos instrumentos apropriados necessários para interceptar e impedir actividades terroristas, de 2001.

370 Gonçalo Nicolau Cerqueira Sopas de Melo Bandeira

n.º 11/2004, de 27 de Março e o novo art. 368.º-A do CP – não eram nem são perfeitos nem resolvem todos os problemas jurídicos em sentido estrito e amplo: abrem novas questões e operam a manutenção de outras dúvidas ainda sem respostas! Desde logo, não se percebe, por exemplo, porque que a fraude fiscal – *pagar impostos é um Dever Fundamental*[197] – tem aqui um destaque tão grande, quando não há ainda um verdadeiro *Direito Penal Financeiro*, pelo menos no Ordenamento Jurídico português, que previna e puna eficazmente a, por vezes, *selvagem* delapidação do erário público (*e portanto do dinheiro de todos os contribuintes cumpridores*) ou violação das mais elementares regras orçamentais e o correlativo branqueamento das *vantagens* e/ou capitais com esta *criminosa* proveniência. Por estas razões, defendemos – *a título de mera sugestão e como já fizemos em outros escritos nossos* – como o alvitrou já também o ilustre Jurista alemão Borgmann[198], a tornar dependente a defensibilidade moral de um sistema tributário da punição das "autoridades" (de gestão) públicas ou semi-públicas ou semi-privadas (*ou eventualmente não públicas*) responsáveis por tais factos, apresentados como correlativos da fraude e evasão fiscal ilegítima![199] Pelo menos nos casos de, v.g., comprovado dolo!

Como nos diz o Diplomata português, e durante muitos anos Docente Universitário, Dr. André Bandeira[200] a «*máquina simbólica com que o Direito positivo organiza a sociedade para a conquista de metas quantitativas, sejam elas as do socialismo sejam elas as da maior individua-*

---

[197] Cfr. José Casalta Nabais in "O Dever Fundamental de Pagar Impostos", 1998, *passim*.

[198] Cfr. Borgmann in "*Steuerliche Wirtschaftsdelikte und ihre Verfolgungin Theorie und Praxis*", R. Belke/Oehmichen (hrsg.), *Wirtschaftskriminalität*, *Bamberg*, pp. 159 e ss..

[199] *Vide* A. Silva Dias in "*O Novo Direito Penal Fiscal Não Aduaneiro (Decreto-lei n.º 20-A/90, de 15 de Janeiro)...*", 1990, republicado in "*Direito Penal Económico...*", 1999, pp. 246-247, que nos dizia em 1990: "*Entre nós não são incriminadas condutas relacionadas com a delapidação do erário público. O artigo 14 da Lei n.º 34/87, de 16 de Julho (violação de normas de execução orçamental) abrange somente um pequeno número e sem especial incidência fiscal*".

[200] *Vide* Bandeira, André Sopas de Melo, in "*O mal no princípio da autoridade – o problema do dever da obediência em treze, 1 – 7 de Epístola aos romanos, de S. Paulo*", pág. 263-264, tese de dissertação de Mestrado em Ciências Jurídico-Filosóficas apresentada na Faculdade de Direito da Universidade Clássica de Lisboa em 1991, passível de ser consultada na correspondente biblioteca e registado o direito de autor desta obra na Inspecção-Geral das Actividades Culturais, com o n.º de série 2263/97.

O Crime de "Branqueamento" e a Criminalidade Organizada...   371

*lidade, maior diferença, maior originalidade e individualidade do libera-
lismo e do capitalismo de Nozick, "é objectivamente... uma glorificação
obcessiva da morte".» § "E tudo cavalga o corcel negro da repetição.
Deleuze viu-a mais em Sade que Masoch. Nós hoje, para repetirmos,
clonamo-nos." § "A isto se referirá talvez Valentim Landmann quando diz
que o Direito se mistura com o crime e que o crime (quando é rejeitado
pelo Direito) cria Direito dentro de si.".*

Também aqui, ou em qualquer outra área científica, não podemos
deixar que o Direito, v.g. positivo, conquiste a inteligência do jurista
chegando ao ponto de separá-la da sua sensibilidade!

> "Envoltas estavam em trevas
> A Natureza e suas leis.
> E Deus disse: Exista Newton!
> E tudo foi luz".

ALEXANDRE POPE, Epitáfio que orna o túmulo de *Sir* Isaac Newton
(1642-1727).[201]

> "O caminho, quanto a nós, não deve ser o de procurar desespera-
> damente uma nova teoria de 'direitos absolutos puros' ([43]), mas sim o de, com
> base em 'pactos fundadores', 'antropologicamente amigos', promover uma
> política constitucional das liberdades 'aberta' e 'progressista' (se quisermos
> pós-modernista), mas sempre intersubjectivamente fraterna" (J. J. Gomes
> Canotilho)

---

[201] Afinal, uma das maiores provas históricas de como a Ciência não é perfeita nem
resolve todos os problemas humanos: os fins podem não justificar os meios! Isaac Newton
nasceu em Woolsthorpe e faleceu em Londres. "Atrabiliário, áspero e mal-humorado,
jamais reconheceu o valor dos seus companheiros e fez o possível por diluir as pegadas
dos que o precederam. Culpado de dezanove mortes durante o seu cargo de Director da
Casa da Moeda. Presidente da *Royal Society*, nunca houve tantos nobres estúpidos na
sábia instituição como sob o seu mandato. É, no dizer dos especialistas, o maior cientista
de todos os tempos. A sua imensa influência estende-se da **Análise** (cálculo de fluxos)
à **Mecânica** (lei da gravitação universal), à **Óptica** (teoria corpuscular da luz), à
Astronomia (construção do primeiro telescópio de reflexão) e à **Teologia** (Comentário
aos Livros proféticos de Daniel e João)". "*Do ponto de vista filosófico e metodológico,
Newton surge como a antítese de Galileu.* Este mantivera rigorosamente a cisão entre
Ciência e Fé. Aquele esforçou-se, ao longo de toda a sua vida, por apresentar a Ciência
como prova da Fé. O pisano (e Descartes mais ainda) confiou de tal maneira no poder da
razão que equiparou o conhecimento *intensivo* do homem ao divino, enquanto Descartes
fazia o mesmo em relação à vontade. Newton, fiel à essência do protestantismo, rebaixou

372   *Gonçalo Nicolau Cerqueira Sopas de Melo Bandeira*

"Afinal podemos encontrar simultaneamente um profundo amor em Medéia mas também um horrível ódio que a conduz ao próprio assassínio do seu amado, o qual, por sua vez a traíra depois de a amar. É o mesmo louco amor de Fedra que, pouco antes de se enforcar, a leva a escrever uma ignóbil mensagem capaz de provocar a morte de Hipólito – culto da sua paixão fulminante – em um contexto de inelutável trama tecida pela dúplice deusa Afrodite!"[202]

BIBLIOGRAFIA E INDICAÇÕES DE LEITURA, NÃO DISPENSANDO AQUELA QUE JÁ É INDICADA AO LONGO DE ESTE TRABALHO INCLUINDO TODA A LEGISLAÇÃO E JURISPRUDÊNCIA:

AGUIAR BRANCO, José Pedro, in "Discurso do Ministro da Justiça" ocorrido no dia 8 de Janeiro de 2005 no Instituto de Direito Penal Económico Europeu em Coimbra, sob o tema "Liberdade de circulação e circulação da liberdade, inclusão, diversidade e criminalidade na União Europeia", www.portugal.gov.pt, 26 de Janeiro de 2005 às 13.30 Hrs..

ALVES, Rogério, in Entrevista publicada no jornal "A Capital" em 19 de Janeiro de 2005, por Adriana Silva Afonso.

ANTUNES, Manuel António Ferreira, in Conferência internacional sobre branqueamento de capitais. Combate às novas e crescentes ameaças do crime económico organizado internacional; Instituto Nacional de Polícia e Ciências Criminais.

ARZT, Gunther, in *Geldwäsche und rechtsstaatlicher Verfall*, JZ, 48, 1993.

AZEVEDO, Maria Eduarda, in O segredo bancário. Fisco, (Julho), Lisboa, 1991.

BLANC, Marc Le; Lanctot, Nadine, in *Le phénomène des bandes marginales, vers une vision réaliste grâce à une comparaison des années 1970 et 1990, Revue Internationale de Criminologie et de police technique, vol. XLVIII, n.° 4, 1995, Octobre-Décembre, p. 414, Genève: Ed. Marcel Meichtry, 1995.*

---

de tal forma o homem que o condenou a viver num mundo de imagens, de sombras, deixando o conhecimento das próprias coisas para Deus. *Por isso, insistiu no carácter empírico e indutivo do conhecimento, frente ao racionalismo matematizante continental*". Quanto a toda esta informação histórico-filosófica cfr. Juan Manuel Navarro Cordon e Tomas Calvo Martinez in "História da Filosofia § Os Filósofos * Os Textos § Do Renascimento à Idade Moderna", 2.° Volume, Edições 70, pp. 147 e 155.

[202] Trecho literário retirado de este mesmo ensaio e que é também da minha própria autoria, i.e., Gonçalo N. C. S. de Melo Bandeira, sobre a duplicidade que está presente nas pessoas – sejam eles homens ou mulheres – e nas coisas como é o caso do "branqueamento" e, enfim, na vida!

O Crime de "Branqueamento" e a Criminalidade Organizada...

BANDEIRA, Gonçalo N. C. S. de Melo, in Tese de Dissertação de Mestrado com o título de "Responsabilidade Penal Económica e Fiscal dos Entes Colectivos À Volta das Sociedades Comerciais e Sociedades Civis sob a Forma Comercial", Editora Almedina, 2004.

BARROSO, José Manuel Durão in "...presenting the European Commission's strategic objectives for the next 5 years", Bruxelas, 26 de Janeiro de 2005, http://europa.eu.int, 23 de Janeiro de 2005 às 19.30 Hrs.

BECCARIA, Cesare in "Dos Delitos e das Penas", com Tradução do original italiano intitulado "*De Delitti e delle Pene*", Edição de Harlem, Livorno, 1766, de José de Faria Costa, revista por Primola Vingiano, com dois ensaios introdutórios de José de Faria Costa e Giorgio Marinucci, Serviço de Educação, Fundação Calouste Gulbenkian, 1998.

BOTTKE, Wilfried, in *Mercado, criminalidad organizada y blanqueo de dinero en Alemania, Revista Penal; 2, Julio 1988, Barcelona, Praxis, 1998.*

BRANDÃO, Nuno in "Branqueamento de Capitais: O Sistema Comunitário de Prevenção", 2002.

CAEIRO, Pedro in "A *Decisão-Quadro do Conselho, de 26 de Junho de 2001*, e a Relação Entre a Punição do Branqueamento e o Facto Precedente: Necessidade e Oportunidade de uma Reforma Legislativa", in *Liber Discipulorum* para Jorge de Figueiredo Dias, Coimbra Editora, 2003, Organização de Manuel da Costa Andrade, José de Faria Costa, Anabela Miranda Rodrigues, Maria João Antunes, Apresentação de Manuel da Costa Andrade, pp. 1067 e ss..

CAMPOS, António de, in III/ Temas Comunitários, A luta contra a lavagem do dinheiro. Participação do sistema financeiro nessa luta, Revista da Banca (Setembro), Lisboa, 1990.

CANAS, Vitalino, in "O Segredo Profissional e o Branqueamento de Capitais", 19 de Fevereiro de 2003, "Comunicação apresentada no colóquio sobre este tema, organizado pelo Conselho Distrital de Lisboa, em 19 de Fevereiro de 2003, www.oa.pt, 18 de Dezembro de 2004 às 17.18 Hrs..

CARDOSO, Augusto Lopes Cardoso in "A Directiva sobre o Branqueamento de Capitais e o Segredo Profissional da Advocacia", 10 de Julho de 2003, "Uma 'Transposição'... 'Transposta' *avant la lettre*", www.oa.pt, 18 de Dezembro de 2004 às 16.48 Hrs..

CARPIO DELGADO, Juana Del, in *El Delito de Blanqueo de Biens em el Nuevo Código Penal*, 1997.

CARVALHO, Américo Taipa de, in Pessoa Humana, Direito, Estado e Desenvolvimento Económico, Coimbra: Coimbra Editora, 1991.

Comissão das Comunidades Europeias – Segundo Relatório da Comissão ao Parlamento Europeu e ao Conselho sobre a aplicação da Directiva relativa ao Branqueamento de Capitais – Bruxelas, 1 de Julho de 1998, COM (1998).

CORDON, Juan Manuel Navarro; e Martinez, Tomas Calvo in "História da Filo-

374 Gonçalo Nicolau Cerqueira Sopas de Melo Bandeira

sofia § Os Filósofos * Os Textos § Do Renascimento à Idade Moderna", 2.º Volume, Edições 70.

CORREIA, EDUARDO, in Direito Criminal – Volumes I e II, Almedina.

DIAS DUARTE, Jorge, in Branqueamento de Capitais. O Regime do Decreto--Lei n.º 15/93, de 22 de Janeiro, e a Normativa Internacional, Universidade Católica Portuguesa, 2000.

ESER, Albin, in Neue Wege der Gewinnabschöpfung im Kampf die organisierte Kriminalität?: Kritische Bemerkungen zu aktuellen Reformbemühugen, Sonderdruck aus: Beiträge zur Rechtswissenschaft, Heidelberg C. F. Müller Juristischer Verlag, 1993.

FARIA COSTA, José de, in O branqueamento de capitais (algumas reflexões à luz do direito penal e da política criminal), Conferência proferida na Universidade Autónoma de Madrid em Outubro de 1992, aquando da concessão, por aquela Universidade, do grau de Doctor Honoris Causa ao Prof. Doutor Klaus Tiedmann.

FARIA COSTA, José de, in Tentativa e dolo eventual (ou da relevância da negação em direito penal), Separata do número especial do Boletim da Faculdade de Direito da Universidade de Coimbra – Estudos em homenagem ao Professor Doutor Eduardo Correia – 1984, Coimbra, 1987.

FARIA COSTA, José de, in «O Direito Penal Económico e as Causas Implícitas de Exclusão da Ilicitude, publicado in Centro de Estudos Judiciários, Ciclo de Estudos de Direito Penal Económico (1985), pp. 43-67 e republicado in «Direito Penal Económico e Europeu: Textos Doutrinários», Volume I Problemas Gerais, Coimbra Editora, 1999.

FERNANDES, Jaime, in Os bens provenientes de actividades criminosas, Revista de Investigação Criminal, Porto, 1990.

FERNANDES GODINHO, Jorge, in Do Crime de "Branqueamento" de Capitais. Introdução e Tipicidade, 2001.

FERREIRA, Cavaleiro, in Direito Penal, Volumes I e II.

FIGUEIREDO DIAS, Jorge de, in Direito Penal Português – Parte Geral, II: As Consequências Jurídicas Do Crime, Lisboa: Aequitas/Editorial Notícias, 1993.

FIGUEIREDO DIAS, Jorge de, in As "Associações Criminosas" no Código Penal Português de 1982 (arts. 287.º e 288.º), Coimbra Editora, 1988.

Figueiredo Dias, Jorge de, in Para uma dogmática do Direito Penal Secundário – um contributo para a reforma do direito penal económico e social português, Direito e Justiça, Revista de Direito da Universidade Católica Portuguesa, IV, 1889/90, 7 e ss..

FIGUEIREDO DIAS, Jorge de, in Jornadas de Direito Criminal, Revisão do Código Penal, I Volume, Lisboa, Centro de Estudos Judiciários.

FIGUEIREDO DIAS, Jorge de, in Sobre o estado actual da doutrina do crime, Revista Portuguesa de Ciência Criminal, Ano I, 1991, 1.

FIGUEIREDO DIAS, Jorge de, in Comentário Conimbricense do Código Penal, Parte

O Crime de "Branqueamento" e a Criminalidade Organizada...

Especial, Coimbra Editora, Direcção do Prof. Doutor Figueiredo Dias, anotação aos arts. 299.º, 300.º e 301.º, gentilmente cedido pelo próprio.

FIGUEIREDO DIAS, Jorge de, in *Autoría y participación en el dominio de la criminalidad organizada: el "dominio-de-la-organización"*, gentilmente cedido pelo próprio.

FIGUEIREDO DIAS, Jorge de e Costa Andrade, Manuel da, in "Problemática Geral das Infracções Contra a Economia Nacional", publicado in Boletim do Ministério da Justiça, n.º 262 (1977), p. 5-50; e republicado in "Direito Penal Económico E Europeu: Textos Doutrinários, Volume I, Problemas Gerais", pp. 319 e ss..

GARCÍA RIVAS, Nicolás, in *Criminalidad organizada y tráfico de drogas, Revista Penal; 2, Julio 1998, p. 23, Barcelona: Praxis, 1998.*

GENTZIK, Daniel, in *Die Europäisierung des deutschen und englischen Geldwäschestrafrechts. Eine rechtsvergleichende Untersuchung*, 2002.

GOMES CANOTILHO E VITAL MOREIRA, in Constituição da República Portuguesa anotada, 3.ª edição.

GOMES CANOTILHO, J. J., in "Estudos sobre Direitos Fundamentais", Coimbra Editora, 2004.

HENRIQUES GASPAR, António, in Branqueamento de Capitais in Droga e Sociedade. O Novo Enquadramento Legal, 1994.

LÖSCHNIG-GSPANDL, Marianne, in *Fight against organized crime: recent changes to the catalogue of statuory offences and the confiscation system in austrian criminal Law, European Journal of Crime, Criminal Law and Criminal Justice, vo, 5, issue 3, 1997, pág. 210, Kluwer Law International, 1997.*

MACHADO, Miguel Pedrosa, in Decisões de Tribunais de 1.ª Instância, 1993 a 1996, Comentários, G.P.C.C.D., 1995/98.

MARQUES DA SILVA, Germano, in "A Responsabilidade Profissional do Advogado (Perspectiva Penal)", Estudos Dedicados ao Prof. Doutor Mário Júlio de Almeida Costa, 2002, Lisboa.

MARTINS, A. G. Lourenço, in Branqueamento de capitais: contra-medidas a nível internacional e nacional, entretanto publicado na Revista Portuguesa de Ciência Criminal, gentilmente cedido pelo Prof. Doutor Figueiredo Dias.

OLIVEIRA ASCENSÃO, José de, in Branqueamento de capitais: reacção criminal, Estudos de Direito Bancário, 1999.

PAÚL, Jorge Patrício, in A banca perante o branqueamento de capitais, Revista da Banca, n.º 26, Abril/Junho 1993.

PODVAL, Roberto, in Branqueamento de Capitais na Ótica da Administração da Justiça, dissertação de Mestrado apresentada na Faculdade de Direito da Universidade de Coimbra, não publicada, 2001.

RAFAEL JÚNIOR, Miguel, in Crime Organizado e Crime Económico, Revista Brasileira de Ciências Criminais; ano 4, n.º 13, Janeiro – Março, 1996, São Paulo: Ver. Dos Tribunais, 1996.

RAMOS PEREIRA, Joel Timóteo in "Podemos ter confiança nos Tribunais?",

Publicado na Revista "O Advogado", n.º 02 – Setembro de 2000; também em www.verbojuridico.net, 23 de Dezembro de 2004 às 18.30 Hrs.

RANGEL, Paulo Castro in "Diversidade, Solidariedade e Segurança", 18 de Novembro de 2003, www.oa.pt, às 18.45 Hrs (18 de Dezembro de 2004).

Relatório da Comissão para a Estratégia Nacional de Combate à Droga, 1988.

RODRIGUES, Anabela Miranda, in A Determinação Da Medida Concreta da Pena Privativa De Liberdade E A Escolha Da Pena (anotação ao acórdão do S.T.J., de 21 de Março de 1990), in R.P.C.C., 1991, pp. 243 e ss..

ROXIN, Claus, in *Problemas de autoría y participación en la criminalidad organizada, Revista Penal; 2, Julio 1998, Barcelona: Praxis, 1998.*

SANTIAGO, Rodrigo, in O branqueamento de capitais e outros produtos do crime: contributos para o estudo do artigo 23.º do Decreto-Lei 15/93, de 22 de Janeiro, do regime da prevenção da utilização do sistema financeiro do branqueamento (Decreto-Lei n.º 313/93, de 15 de Setembro), R.P.C.C., 1994.

SERRA, Teresa, in "Contra-ordenações: responsabilidade de entidades colectivas – a propósito dos critérios de imputação previstos no regime geral do ilícito de mera ordenação social e em diversos regimes especiais. Problemas de (in)constitucionalidade", Revista Portuguesa de Ciência Criminal, 9, 1999.

SUÁREZ GONZÁLEZ, CARLOS, MIGUEL BAJO FERNÁNDEZ ET ALII, in *Compendio de Derecho Penal. Parte Especial*, II, 1998.

SZNICK, Valdir, in Crime Organizado: comentários: crime organizado, espécies; provas lícitas e ilícitas; sigilo bancário e sigilo profissional, identificação civil e datiloscopia criminal; liberdade processual e apelo em liberdade; escuta telefónica (Lei 9.296/96), São Paulo: Livraria e editora Universitária de Direito, 1997.

WISE, E.M., in «*Criminal Liability of Corporations – USA*», 1996.

A RESPONSABILIDADE PELA *PHRONESISPOIESIS* DO DIREITO BRASILEIRO:

Sob a proteção de Deus e a Colaboração da Academia e da Inteligência Artificial

por JORGE DA SILVA,
Mestre em Direito,
Doutorando em Direito pela Universidade de Coimbra

SUMÁRIO: Introdução. A *phronesispoiesis*. Sob a Proteção de Deus. O princípio da Segurança. A Inteligência Artificial. A Responsabilidade pela *Phronesispoiesis* no Direito Brasileiro.

INTRODUÇÃO

Cuida-se de uma brevíssima reflexão prospectiva e propedêutica, interdisciplinar e transdisciplinar que refere-se ao direito, à metodologia, à filosofia, à psicologia, à lógica e à religião, resultante de ilações pessoais, depreendidas exclusivamente das magníficas palestras relativas ao seminário de Metodologia Jurídica proferidas no âmbito do III Programa de Doutoramento em Direito da Universidade de Coimbra, por uma notável equipe de professores doutores, sob a orientação científica do eminente jurista coimbrão professor doutor António Castanheira Neves, ao quais, fazendo coro com seus discípulos atuais e antigos, reverencio à exaustão, sem, no entanto, lograr êxito em alcançar a medida exata dos sinceros agradecimentos a que fazem jus, bem como das informações sorvidas no diálogo com meus pares acadêmicos, sem maiores preocupações bibliográficas, designadamente para tentar externar ao menos a mínima parte de como as riquíssimas pistas de pesquisa fornecidas pela interação científica podem nos conduzir.

Falar deste tema não chega a ser uma aporia, mas impõe um elevado grau de dificuldade, por isso que envolve um pouco de filosofia, e, segundo os filósofos, não se sabe ao certo o que é filosofia.

Entretanto, a par de tal dificuldade, pensamos que é possível, ao menos, referir o seu sentido teórico.

A divisão dos tópicos não é rigorosa, porquanto não há possibilidade de fugir, em certos momentos, da digressão de uma matéria em outra, motivada pela própria integração que decorre do propósito de compreender harmonicamente unidas as diversas etapas da construção do direito.

A temática não impõe uma incursão pela responsabilidade civil do Estado por atos legislativos, campo em que diversos autores sustentam a tese da responsabilidade na causação de dano injusto, com fundamento na soberania do Poder Legislativo e na imunidade parlamentar.

Há evidentemente aqueles que entendem que o Estado responde sempre por atos danosos, sejam as leis inconstitucionais ou não, fundamentando a tese na Teoria do Risco Social.

O tema tem sido tratado no campo do dano causado por lei injusta, com exorbitância do mandato constitucional, sem considerar a lei tecnicamente imperfeita. Aqui, ao que tudo indica, não há responsabilidade.

No Brasil, a autonomia universitária, em voga com a LDB (Lei de Diretrizes e Bases da Educação, de 1966), exime definitivamente o Estado legislador da incumbência legal de editar leis tecnicamente perfeitas, por isso que compete a academia decidir sobre a necessidade, ou não, de formação de técnicos para o exercício de tal função.

A *PHRONESISPOIESIS*

A *Phronésis* – na tradução do grego (Cícero) – é uma das quatro virtudes estudadas pela filosofia e pode ser concebida como prudência, no sentido de capacidade de decidir corretamente sobre o que é certo ou errado, bom ou mal, mercê de um labor legislativo e judiciário adequadamente instrumentalizado.

A *Poiesis* tem o significado de criação, produção, construção, como, aliás, tem sido utilizada tanto no campo da biologia, onde adotou-se a nomenclatura na teoria autopoiética, quanto no do próprio direito, aqui como *autopoiesis*, ou *jurispoiesis,* significando criação do direito.

Responsabilidade pela Phronesispoiesis *do Direito Brasileiro:...* 379

Neste resumido artigo, as duas palavras foram reunidas, não como arquétipos filosóficos, mas, num semantema, para serem entendidas como necessariamente ligadas uma à outra como morfema no campo da produção do direito através das decisões judiciais. Indispensável que o direito abstrato promane do legislador tecnicamente preparado para desenvolver o seu mister, ou do concreto, que exsurge da lavra de juízes com capacidade de decidir, (re)construindo as normas jurídicas, de maneira a fazer justiça às partes e à sociedade. É certo, porém, que a precisão legisferante e jurisprudencial pressupõe a existência de um acervo normativo bem elaborado. Não basta fazer leis, induzindo produtividade, nem julgar, resolvendo conflitos de interesses, é necessário fazê-lo corretamente, tanto quanto possível, pois do contrário os interessados ficam entregues à própria sorte, contando com a proteção de Deus, invocado e suplicado, certamente ao nível de última instância, em insistentes orações.

A *Phronesispoieses* do direito pátrio, pensamos, somente ocorrerá quando um grupo de especialistas – legislador, juiz e professor de direito -, cada qual em seu respectivo campo de atuação, promover *pari passu* a adoção dos mecanismos destinados à efetiva confecção, interpretação e aplicação das normas jurídicas. Até lá, o cidadão brasileiro ficará contando com um suporte metafísico nos embates de que eventualmente participar, em que pese o caráter, no mínimo, tancrético da responsabilidade pela composição da ordem jurídica nacional.

O problema nuclear desta temática, que não afirma-se apodítica, nem infensa a críticas, mas possivelmente apofântica, está na responsabilidade que os produtores da norma – o parlamento, a magistratura e os jusprofessores – devem ter para com o seu público-alvo, que vai além do puro labor burocrático de redigir e aplicar o direito, e a academia, no ensino da técnica de legislar. Quando muito, se preferirem, pode-se sustentar, nesse campo, um compromisso teândrico.

SOB A PROTEÇÃO DE DEUS

Conta a história da humanidade, isto sim um truísmo, que, certa vez, um jovem professor, ensinando aos seus alunos, aos quais chamava de discípulos, afirmara que a razão de sua existência era a promoção da vida, a fim de que ela fosse vivida de forma humanamente digna.

Com base no bem comum e nos princípios da solidariedade, dignidade da pessoa humana e Justiça Social, ditou princípios e regras de conviência social, de relevante valor histórico e acadêmico, atualíssimas como se tivessem sido hodiernamente formuladas.

O fato é que muitos dos destinatários das orientações, através dos tempos, não entenderam muito bem o que lhes fora dito, por isso que o mundo caminha para uma encruzilhada: Falta de reconhecimento da necessidade de compreensão da real importância e dimensão da pessoa humana e da responsabilidade que temos uns com os outros, isto em todas as épocas e em todos os lugares, inclusive no Brasil. Aqui vislumbra-se um axioma típico.

Sem conotação apologética, é certo afirmar que, no campo da produção das normas, o direito brasileiro pretende estar amparado por uma segurança transcendental, capaz de minorar os efeitos malévolos de sua imperfeição técnica e interpretativa.

A Constituição da República Federativa do Brasil foi erigida e promulgada por representantes do povo brasileiro, reunidos em Assembléia Nacional Constituinte, sob a proteção de Deus, para instituir um Estado Democrático de Direito. O preâmbulo da Carta Magna, segundo uma plêiade de renomados juristas, tem natureza jurídica de norma jurídica, integrando seu corpo de princípios e regras, que eleva a cânone constitucional uma segurança metafísica.

Abstraída eventual discussão doutrinária a respeito da laicização do Direito Positivo Brasileiro, por conta da diversidade religiosa aceita juridicamente, no pórtico da Constituição, que é o seu preâmbulo, vê-se estampado expressamente o clamor constituinte pela proteção divina.

Ora, como o preâmbulo da Constituição é parte integrante de seu corpo, concluímos, logicamente, que o Sistema Jurídico Brasileiro reconhece a existência de Deus. E mais que isso: o invoca como seu Protetor. Que assim seja!

Entretanto, ao que tudo indica, há anos estamos abusando da boa vontade do Criador-Segurador, pois a construção jurídica brasileira, que realizamos até hoje, padece de flagrante descompasso com aquilo que se espera da experiência jurídica, legislativa e jurisdicional.

É que, em que pese a tendência contemporânea à especialização no campo jurídico, com a edição de normas reguladoras de microssistemas jurídicos, quase num corporativismo legal, tal como ocorre em questões relativas ao direito do consumidor, da infância e da juventude, união estável, direito do trabalho, direito ambiental, etc., paradoxalmente e na contra-mão da história do ordenamento jurídico nacional e do pensamento do legislador pátrio, malgrado a notória e reiterada edição de leis tecnicamente imperfeitas, nada tem sido feito ou proposto para preenchimento desta lacuna.

Responsabilidade pela Phronesispoiesis *do Direito Brasileiro:...* 381

Então, discute-se na perspectiva jurídico-metológica, a crise do direito, em três dimensões: a judicial, a doutrinária e a legislativa. Esta, que mais nos interessa no presente trabalho, ocorre em razão da falta de técnica – definida como a arte de fazer leis, visando a obtenção de boas leis, entendendo-se como boa uma lei não no sentido ordinário de justa, mas de norma tecnicamente boa, isto é, sem lacunas, sem falta de coesão, de clareza e de concisão.

O legislador nacional, que, não por mero diletantismo, tem Deus como seu Protetor-Mor – a invocação de outro Garantidor pelo legislador ordinário seria inconstitucional, – não tem observado as recomendações divinas a cerca da preocupação com o próximo, na medida em que, na tentativa de justificar sua eleição, lança-se desenfreadamente na elaboração de um sem número de leis, que representam verdadeira miscelânea legislativa, e, no mais das vezes edita leis tecnicamente incorretas e, por isso mesmo, fadadas ao descumprimento, à modificação prematura ou simples esquecimento.

Com tantas leis imperfeitas, sob o ponto de vista técnico, somente a proteção de Deus para ajudar os julgadores brasileiros, em reunião hipostática, na difícil tarefa de solucionar determinados conflitos de interesses, sem hesitação hiperbólica.

Por outro lado, o legislador pátrio não é o único responsável pelos erros que comete no trabalho legislativo de produção da fonte material do direito. A questão é mais metodológica do que política. Realmente, à Academia de Direito Nacional – conjunto dos mestres e doutores em direito – compete a tarefa de propor a formação de técnicos em redação de leis. Se lacunas e outros defeitos técnicos existem nas leis brasileiras é porque a Academia não promoveu, ainda, o preenchimento da lacuna Acadêmica, no sentido de tornar obrigatório, ou ao menos facultativo – disciplina eletiva ou optativa –, o ensino da disciplina Técnica Legislativa aos diversos operadores de direito, especialmente àqueles que vão se dedicar ao trabalho de construir e corrigir a ordem jurídica nacional, se já descoberta a vocação.

Têm razão aqueles juristas que afirmam que o emprego errado dos vocábulos, o desleixo, a confusão, a imprecisão de frases, os excessos, as lacunas e outros erros de redação das leis constituem obstáculo à sua efetiva aplicação.

Os construtores do Direito – ou descobridores, como querem alguns doutrinadores (positivistas ou não) – devem ser especialistas e, em tempos de especialização, a obediência ao método técnico-jurídico é imperativo de ordem pública e positivamente metajurídica, epistemológicamente falando. Divisar um fim justo para a lei, o que lhe é imanente, sem adequado instrumental metodológico para alcançar o termo teleológico, vale dizer, sem observar rigorosamente as regras de método, equipara-se à construção de um castelo na areia, fruto de uma produção onírica, e está fadado à inexorável e escatológico insucesso, no plano ontológico.

É preciso ter a consciência de que, no mais das vezes, o legislador não observa a técnica legislativa e as regras de método, inexistindo qualquer estereótipo parlamentar, porque ninguém foi previamente preparado para isso. A par da formação jurídica necessária, que possibilite o conhecimento e a compreensão do sistema jurídico vigente, das leis, dos ensinamentos doutrinários e jurisprudenciais, o trabalho legislativo exige adoção de técnica em nome da segurança jurídica. Aliás, o desejo de segurança é o valor que antecede à própria formação do direito e do Estado.

Sabe-se, historicamente, que a preocupação com a segurança da pessoa humana, é a razão da própria existência do direito, por isso que as normas jurídicas devem ser mais sólidas, subsistindo mesmo em face das constantes mutações da sociedade, que é dinâmica no seu constante vir a ser.

A lacuna acadêmica deve ser preenchida com a instituição da matéria ou disciplina técnica legislativa, ao nível de graduação ou pós-graduação. Melhor seria, talvez, suprir a lacuna da cadeira Metodologia Jurídica, com tópicos de Técnica Legislativa, além de outros que, por oportuno, devem ser destacados, tais como a Lógica Paraconsistente e a Inteligência Artificial, que adiante, em resumo, destacarei.

Na esteira das propostas de mudança para o ensino do direito, não só na graduação como também na pós-graduação, teoria e prática metodológicas de elaboração das leis, combinadas com a realização de exercícios de análise e crítica das normas editadas, visando a construção de conhecimentos técnico pelo alunos, seria intuitivo e de bom alvitre.

Suprir a lacuna deixada pela Academia, com a inserção de um conteúdo técnico e prático, baseado numa pedagogia crítica do trabalho legislativo em sentido restrito, constitui inegável contributo ao desenvolvimento da Metodologia Jurídica, do Direito, do legislador e demais operadores do direito, açambarcando o mundo jurídico.

Em prévia verificação realizada junto a universidades do Estado do Rio de Janeiro e de outros Estados do Brasil, confirmei o fato de que nenhuma delas, a par da autonomia universitária que lhes confere a Lei de Diretrizes e Bases da Educação Nacional, havia incluído a matéria Técnica Legislativa em seus respectivos conteúdos programáticos.

Enfim, as leis são elaboradas, anos e anos, fora de um sistema especialista, o que gera insegurança.

O PRINCÍPIO DA SEGURANÇA

A segurança, no âmbito do ordenamento jurídico, como já foi dito, é o valor que se pretende por em prática com a Técnica Legislativa.

Assim é que sua essencialidade está vinculada aos direitos fundamentais e princípios brasileiros que informam o funcionamento do ordenamento jurídico brasileiro.

O sistema jurídico pátrio, como qualquer outro, carece de aperfeiçoamento, cuja tarefa incumbe ao legislador, atento ao desenvolvimento social em descompasso com a dinâmica do direito, pois gera constantes variações da lei, sujeitando o povo às medidas legais que afetam negativamente os direitos fundamentais, provocando insegurança.

No contexto contemporâneo do meu país, a segurança suplicada à divindade não será atendida sem o pressuposto do esforço acadêmico de atender primeiro ao mandamento: "Esforça-te que eu te ajudarei". Necessário se torna, portanto, resolver o problema do ensino da técnica legislativa. Ou será que não há interesse em promover a qualificação do legislador e, pois, a qualidade das leis que nos protegem?

Miguel Reale ensina, com incomum proficiência, que em toda comunidade é mister que uma ordem jurídica declare, em última instância, o que é lícito e o que é ilícito.

Assim a atividade legiferante deve ser atribuída a quem, além de estar investido em cargo eletivo, tem formação técnica suficiente para cumprir com fidelidade o seu mandato, admitindo-se assistência especializada, evitando-se, assim, a situação de crise judicial em que o juiz se investe na função de legislar, que não lhe foi conferida pelo povo.

O povo quer a segurança preconizada pelo Direito Positivo e suplica à Deus pela edição de leis boas e segurança jurídica.

Quando a lei perfeita representa a vontade da sociedade, o aplicador, munido do instrumental hermenêutico adequado, fará atuar a vontade concreta do direito de modo a subsumir a norma ao caso em exame, promovendo, com isso, o bem-estar geral e a paz social.

Em nome da segurança jurídica, visceralmente ligada aos direitos e garantias fundamentais do povo brasileiro, enquanto integrantes de um Estado Democrático de Direito, há que se propor uma reforma metodológica na elaboração da lei, para entregá-la aos especialistas, assim entendidos aqueles formados em Faculdades de Direito, segundo diretrizes jurídico-metodológicas, a fim de que a sociedade possua um sistema jurídico de normas que possibilite, instrumental e verdadeiramente, o acesso à justiça.

Se a lei é fonte de segurança jurídica, deve ser elaborada pelos representantes eleitos pelo povo que possuem conhecimento técnico sobre o mecanismo de sua elaboração, munido do suporte necessário, inclusive tecnológico, indispensável à confecção de boas leis, especialistas naturais, com o auxílio de técnicos artificiais, ampliando, assim, as possibilidades materiais de tratamento adequado e solução justa do caso concreto, pondo em prática os modernos processos racionais auxiliares – inteligência artificial -, para chegar à verdade, que estão à disposição dos, mais do que nunca, denominados operadores do direito, providos de formação técnico--humanista, de modo a evitar o anacronismo legal e processual.

A INTELIGÊNCIA ARTIFICIAL

Na 5ª Conferência Internacional de Sistemas de Informação de Empresas, ocorrida em Abril/2003, como amplamente divulgado pela imprensa mundial, o Brasil apresentou, na França, o Sistema Brasileiro de Inteligência Artificial, desenvolvido por uma equipe multidisciplinar da Universidade de Santa Catarina e do Instituto Jurídico de Inteligência e Sistemas, cujo projeto foi selecionado dentre outros 762.

A metodologia por eles empregada chama-se *Pesquisa Contextual Estruturada* e usa um sistema de extração de informações de textos combinado com a técnica de Inteligência Artificial conhecida como Raciocínio Baseado em Casos. Permite fazer buscas rápidas em textos de documentos com base no conhecimento e não apenas em palavra-chave. Parece o aristotélico modelo de pensamento tópico, mas não é.

O poder dessa tecnologia torna o Brasil detentor de uma estratégia tecnológica fortíssima com reconhecimento internacional, destinada à promoção da segurança. Aqui a automação promana do ser humano criador de seu *feed-back*.

A rapidez e precisão do sistema de busca vem de ser considera de vital importância para os organismos da ONU e contribuirá na solução de conflitos internacionais.

O desenvolvimento do OLIMPO, como é chamado, foi inspirado no sistema Jurisconsulto, de autoria da mesma equipe. O Jurisconsulto é um sistema baseado em casos, que auxilia os profissionais do Direito ou

Responsabilidade pela Phronesispoiesis *do Direito Brasileiro:...* 385

utiliza as fontes de pesquisa jurídica (jurisprudência) de uma forma mais eficiente, através de recuperação de informações numa ampla e distribuída base de dados.

Informam os pesquisadores que se trata de um *software* de pesquisa que reconhece sinônimos e pode ampliar uma frase. O Jurisconsulto foi desenvolvido pela engenharia de produção em conjunto com o Departamento de Direito da UFSC. Nele o advogado descreve o caso de seu cliente – ou o juiz, o caso em julgamento, ou legislador a matéria a ser disciplinada – e busca, em um banco de dados fechado ou na Internet, casos semelhantes. Esta pesquisa de arquivo pode ser usada na estrutura da defesa, da sentença ou da lei. Pode-se adotar o mesmo processo de produção de normas dentro de um sistema dedutivo e especialista.

Atualmente, o advogado e o juiz são obrigados a pesquisar em livros de jurisprudência ou na *Internet*. Mas estes métodos de pesquisa são, de fato, muito lentos e, por vezes, insuficientes. Para pesquisas em livros, os profissionais do direito, como é sabido, perdem tempo consultando uma infinidade de publicações, que nem sempre eles têm à mão. Na Internet, são muitas as respostas obtidas. Em um serviço de busca como o *Google,* por exemplo, a pesquisa da palavra propriedade, resulta em mais de 1000 possibilidades. Além disso, à partir desta lista os pesquisadores terão que consultar uma por uma, excluindo o que não tiver utilidade para eles. Através de técnicas de Inteligência Artificial, na explicação dos especialistas, o Jurisconsulto elimina as coisas que não são semelhantes ao procurado.

O paradigma metafísico-constitucional preambular como suporte, em perfeita simetria com as orientações metodológicas acadêmicas, na perpectiva de uma racionalidade analógica e da jurisprudência dos interesses, tendem a contrair um novo edifício jurídico, orientado que seja para o atendimento dos anseios coletivos e cumprimento da função social do Direito, fugindo à tentação de manter a faltância que justifica um labor doutrinário de vulto na análise e crítica da deficiência formal do Direito Brasileiro.

É certo que a Metodologia Jurídica que estuda os pressupostos metodológicos e diversos métodos de interpretação da lei, deve preocupar-se sobretudo com a fase heurística, entendida, aqui, como o período que antecede à interpretação propriamente dita da norma jurídica no âmbito da metodologia científica. Todavia, o espaço acadêmico-metodológico há que ser preenchido também no campo da elaboração da lei, em atenção ao avanço tecnológico que conduz ao uso de avançados e inovadores mecanismos que a ciência vem de colocar à disposição de legisladores e julgadores para solução dos conflitos de interesses, em sede legal ou processual, respectivamente.

Entendendo-se que a lei deve ser, também sob o ponto de vista pragmático, um elemento promotor e difusor da segurança do homem em sociedade, e que ao aplicador do direito compete afastar equívocos legislativos, com adequada hermenêutica de maneira a fazer justiça, instrumentos científicos modernos podem e devem ser utilizados com tal desiderato.

Fala-se, por outro lado, de diversos tipos de crise do ensino jurídico no Brasil – científico-ideológica, político-institucional, e metodológica – sem tratar do aporte indispensável à temática que é o da carência referente ao uso da tecnologia de ponta nos currículos ministrados, a fim de que o estudante possa aprender a construir (ou descobrir) o direito segundo os métodos mais modernos.

Na era da informática, a mola propulsora e instigadora do aprendizado é o desafio da seleção – legal e jurisprudencial – de casos concretos, com a reunião racional de tudo quanto exista sobre o assunto, na doutrina, e na jurisprudência.

Não resta dúvida, portanto, de que, sob tal aspecto, a chamada Inteligência Artificial goza de maior potencial que a humana, perdendo apenas para a divina, esta, sim, segundo a Constituição Federal, insuperavelmente mais segura.

Pode-se dizer que até Pitágoras, primeiro filósofo a assim autoqualificar-se, porque buscava a sabedoria não como quem se limita a procurá-la para acumular conhecimentos, sem maiores preocupações com a sua validade, mas para ter sabedoria, não hesitaria em lançar mão de outra inteligência, auxiliar, para alcançá-la.

Donde se conclui que os cursos jurídicos, no campo da Metodologia Jurídica, carecem não só da necessária inclusão da Técnica Jurídica em seus conteúdos programáticos, mas também de sua adequada e atualizada transmissão, mercê do potencial tecnológico instrumentalizador da vida pós-moderna.

Certamente a Escola de Coimbra, cujos umbrais exponenciais tive a honra e o privilégio ímpares de transpor, com a aceitação de minha candidatura ao Doutoramento em Direito – e seus notáveis professores doutores João Batista Machado, dialogando com Kelsen, António Castanheira Neves, afirmando que "há mais mundo, e que os temas da cultura, tal como as realidades da agricultura, têm um tempo sazonado para germinar", e cuidando da interpretação, das fontes do direito e das Escolas metodológico-jurídicos, Fernando José Pinto Bronze, sucessor do

Responsabilidade pela Phronesispoiesis *do Direito Brasileiro:...* 387

professor doutor Castanheira, com seu estudo *metodonomológico*, Aroso Linhares, importante receptor de Habermas, em Portugal, com seu pensamento sobre ciência, política e filosofia do direito, José Lamego, autor da obra que trata de hermenêutica na filosofia da linguagem, José de Souza Brito, com, dentre outros, o seu Hermenêutica e Direito. E mais: António Braz Teixeira, "Sentido e Valor do Direito", expoente do pensamento filosófico-jurídico português, António José de Brito, cuidando da questão ético-jurídica, paralelamente com reflexões sobre Direito e Moral, Mário Bigotte Chorão, jusnaturalista, estudioso do realismo aristotélico- -romanista-tomista, Santos Justo, Figueiredo Dias, Faria Costa, e tantos outros igualmente importantes professores juristas – há de concordar com este propósito, a bem da humanidade e da ciência jurídica, embora deixe de citá-los bibliograficamente todos esses incomparáveis juristas apenas para não cometer a injustiça de esquecer um ou outro.

E o atual Presidente do Conselho da Faculdade de Direito da Universidade de Coimbra, eminente jurista J.J. Gomes Canotilho, homenageando e secundando seu notável colega Manuel de Andrade, e também com "semblante reflexivo, aristotélico-platônico", que a atenção devida aos princípios constitucionais permite relativizar ainda mais os esquemas centrais do positivismo, para concluir que 'o direito natural situa-se no interior do direito efectivo e positivo'. Estaria chamando a atenção de todos, como de hábito, para a importância dos Direitos Humanos inserto no sistema jurídico dos diversos países.

A Metodologia Jurídica, abrangendo noções de Lógica Paraconsistente (classificação, funcionamento, motivação e aplicação, Sistemas Especialistas, Robótica, Raciocínio Automatizado e outras), estudaria, no âmbito da Inteligência Artificial, para tratamento de bases de dados inconsistentes, suscitando procedimento que constituam alternativa aos clássicos na solução de problemas jurídicos, como alicerce para sistemas teóricos que não rejeitam contradições.

Com a técnica da Inteligência Artificial, um programa de computador adequado e uma base de conhecimento, pode-se resolver o problema de elaboração e aplicação da lei, na solução de casos jurídicos abstratos e concretos.

A base de conhecimento seriam os fatos, que constituem as informações conhecidas pelos juristas, pelo povo e pelos especialistas na matéria, e a heurística (regras de raciocínio plausível ou de bom senso do especialista).

Os Sistemas Especialistas ensinados com amparo no método jurídico resolveriam problemas de áreas específicas do Direito, representados por símbolos computacionais, que utilizam a Lógica para o seu desenvolvimento, aceitando valores em contradição: verdadeiro ou falso.

A metodologia é relativamente simples: suponhamos que o juiz queira fundamentar uma decisão em determinado caso concreto. Para atuar bastaria criar um banco de dados contendo a legislação, a opinião de diversos juristas e a jurisprudência. A partir da informação contida no seu banco de dados, obteria respostas do sistema, que lhes daria soluções, utilizando regras de lógica, sem correr o risco das opiniões divergentes e inconsistentes.

A possibilidade de divergência não afetando o resultado ideal, permite a automatização do raciocínio no processamento da informação armazenada.

O brasileiro Newton C. Costa, considerado o pai da Lógica Paraconsistente, recentemente declarou à imprensa, que a "Lógica Paraconsistente pode ser entendida como o estudo dos processos pelos quais certas sentenças ou proposições podem ser deduzidas de outras". O sistema é indutivo e a racionalidade dialética.

Então, sob a proteção de Deus, podemos utilizar a máquina e sua Inteligência Artificial sem qualquer receio, pois o vocábulo inteligência, salvo melhor juízo, significa julgar bem, compreender bem, raciocinar bem. É o que devem fazer o legislador e o juiz, responsáveis e preocupados com a prestação de um serviço público de qualidade.

Afinados com a diretiva constitucional, evita-se o solipsismo – variante das teorias idealistas que não situam o mundo como um repositório de idéias na mente de Deus, e propõe a consciência de si (o eu) como base de toda a realidade, sem adentrar integralmente no Panpsiquismo, seu oposto.

Certamente o computador não poderá igualar-se ao ser humano, nem superá-lo, pois não tem alma, mas o crescimento ilimitado da Inteligência Artificial não pode ser desprezado, por isso que tal máquina é capaz de vencer especialistas em suas respectivas áreas de atuação, como, sabe-se, já ocorreu. Os conhecimentos podem ser metodicamente harmônicos.

É necessário *prima facie*, analisar a Metodologia Jurídica como dimensão da juridicidade, o seu sentido e sua importância prática – racionalidade acadêmica – mudando a história "metodonomológica" em face do problema jurídico-metodológico da falta de técnica legislativa, preenchendo o vazio acadêmico, para resgatar antiga dívida positivista, e *pari passu*, formar especialistas em técnica legislativa, utilizando a metodologia moderna, ou teremos sempre que rogar à Deus – nossa única Segurança – para termos um Direito melhor.

Responsabilidade pela Phronesispoiesis *do Direito Brasileiro:...* 389

A lei, como forma de expressão jurídica, se bem elaborada, conforme novos paradigmas, confere maior grau de certeza à hermenêutica e segurança jurídica.

Se a especialização resumir-se na tendência legislativa, o especialista da função legiferante não deixa margem a que a jurisprudência exerça a função de revelar o Direito, produzindo norma complementar do Sistema Jurídico.

Pode-se afirmar que ter leis boas é um direito fundamental do povo, exercido ao influxo dos movimentos sociais que detectam as matérias de maior interesse para a ordem jurídica. Até quando o aplicador da norma jurídica terá que corrigir imperfeições técnico-legislativas?

A metodologia jurídica tem a tarefa de mais do que qualquer outra matéria, rever criticamente o passado, inclusive o seu próprio, e indicar o caminho futuro.

Em Portugal, segundo ensinamentos do ilustre professor doutor Reis Marques, durante o Seminário de Metodologia Jurídica, a matéria está em desvantagem em relação ao Brasil, o que à toda evidência, é lamentável. A questão passa pela compreensão do que se deve entender por responsabilidade jurídica.

A RESPONSABILIDADE PELA *PHRONESISPOIESIS* DO DIREITO BRASILEIRO

A correta elaboração da Lei e a melhor prolação de sentenças, que amenizam a tensão dialética dos embates jurídicos, constituem responsabilidade decorrente da função social destas atividades, destinadas a garantir a segurança e a tranquilidade do ser humano. Tanto o Estado, em todas as suas esferas de atuação, por comando constitucional, como o próprio indivíduo, por imperativo de ordem pública, ditado pela necessidade de promover Justiça Social, têm o dever inafastável de responder às necessidades do ser humano nas relações públicas e privadas.

A disciplina da atividade pública do Estado é concretizada por seu Poder Político, o qual, na Constituição da República Federativa do Brasil, determina, paralelamente, seja efetivada a defesa da vida, a fim de que ela seja vivida de forma humanamente digna.

Outra não é a finalidade do Legislativo e do Judiciário, os quais, em última análise, devem atuar de maneira tão eficaz quanto possível, seja por suas origens claramente constitucionais, seja por sua função social, notadamente no campo da construção do direito.

A nova ordem jurídica revela que o ser humano, de fato, está cada vez mais cônscio de sua dignidade como pessoa humana – Direito Fundamental – impondo-se-lhe a promoção de uma segurança pessoal ou compartilhada em prol do indivíduo. Esta consciência, acredita-se, alcança o campo jurídico, pois o Humanismo está renascendo em todo o mundo e em todas as áreas da atividade humana, com mais vigor.

Compete aos operadores do direito, especialmente legisladores e juízes, o labor científico de esclarecimento e informação aos destinatários das normas jurídicas, em especial as editadas com a finalidade de proteger o cidadão, proporcionando-lhe qualidade de vida, como no caso da Constituição Federal, sem reduzir, à guisa de interpretação que o desfavoreça, suas conquistas nesse campo.

A responsabilidade jurídica, por sua vez, cumpre, igualmente, uma função social, destinada a garantir a segurança e a tranquilidade da pessoa humana.

O eminente jurista alemão Klaus Günther, no excelente artigo "Responsabilidade na Sociedade Civil", publicada em julho de 2002, pela revista Novos Estudos, da Associação Nacional de Pós-Graduação e Pesquisa em Ciências Sociais, tradução de Flávia P. Püchel, pg. 108, tratou da Função Social da Responsabilidade, sustentando, em resumo, o seguinte:

> "Entretanto, ainda mais importante para o suposto papel-chave do conceito de responsabilidade parece ser a função social que cumpre em razão de sua estrutura formal. A responsabilidade é imputada em comunicações sociais: uma pessoa é feita responsável por algo por parte de outrem ou faz-se responsável a si mesma perante outrem..."

Pode-se conceber, então, o estudo de um novo paradigma teórico que possibilite dar-se um maior alcance à compreensão e aplicação do Princípio Constitucional da Responsabilidade Legislativa e Judicial, que ultrapassa limites puramente deontológicos, pela construção de um direito tecnicamente correto e justo no sistema jurídico brasileiro, observado o seu sentido humanístico e sua origem constitucional, em prol do indivíduo, para que seus direitos sejam garantidos, em qualquer circunstância, promovendo-se, assim, a integral proteção do jurisdicionado, atendido o princípio da segurança. Estende-se a todo o Direito aquela primeira concepção particularizada em sede constitucional para alcançar toda a sociedade civil.

A responsabilidade do legislador, por leis tecnicamente corretas, e a do juiz, por decisões justas, a par de tantos temas cujo estudo encontra-se

Responsabilidade pela Phronesispoiesis *do Direito Brasileiro:...* 391

cada vez mais em voga no mundo jurídico, vem de merecer, no Brasil, grande modificação em sua natural evolução, principalmente em relação ao fundamento do dever de garantir a segurança do cidadão jurisdicionado. Estamos completando um ciclo que nos conduziu de volta às origens da concepção de responsabilidade como obrigação de procurar sempre utilizar todos os mecanismos disponíveis no mundo social para melhor atender aos destinatários da lei.

Por isso, tem-se que concordar com os que afirmam que, nunca é demais repetir, a Ciência do Direito necessita de um arejamento capaz de fazer não com que a eficiência seja diminuída, mas com que a consciência do investigador seja ampliada.

Assim pensando, e para dar, especialmente na perspectiva do pensamento político contemporâneo, a real compreensão das fontes estudadas, deixamos de optar pela transcrição literal do ponto central de cada pensamento científico abalizado, ainda que contrário à conclusão final – que, por razões metodológicas, não farei, mas proponho seja feita – a que os rumos desta diminuta reflexão, implementada na teoria, conduzirão os leitores.

Como o sentimento humanístico da responsabilidade é amparado na Teoria da Solidariedade, amplamente explicitada nos compêndios de direito, podemos concluir que, trata-se de prestação do serviço legislativo ou judicial, não havendo hipótese de irresponsabilidade, pois a vítima será sempre a sociedade, violados que sejam os direitos da humanidade, especialmente a vida humanamente digna – qualidade de vida – e a Justiça Social.

Aliás, os direitos humanos têm sido destacados, no plano doutrinário, muito mais com enfoque nas ideias de *liberdade* e *igualdade*, do que no seu principal fundamento que é a *solidariedade*, também expresso no lema da revolução francesa, e que não está positivado como os demais, devendo ser entendida como indispensável a que se alcance o verdadeiro propósito dos Direitos Humanos. Da mesma época, a Declaração dos Direitos do Homem e do Cidadão afirma que "a liberdade consiste em fazer tudo o que não prejudica o próximo". A responsabilidade, nesse sentido, é pressuposto da liberdade, e ambas estão indissociavelmente vinculadas uma à outra.

O reconhecimento dos direitos civis do cidadão pela Constituição da República Federativa do Brasil possibilita a satisfação concreta de seus interesses em leis boas e decisões justas.

A responsabilidade efetiva do ser humano instrumentalizar a prudente produção do direito é de todos aqueles representantes da sociedade, que atuam no sistema especialista, quiçá protegido por Deus, que, como sói enfatizar, é brasileiro, e jamais poderá ser responsabilizado por omissão acadêmica, imperfeição legislativa ou incorreção judicativa.

REFERÊNCIAS BIBLIOGRÁFICAS

ELIZABETH CHEMOUT E OUTROS, Dicionário de Filosofia, de A a Z.
Idem, Ed. Terramar, 1996, Lisboa.
Constituição da República Federativa do Brasil, Ed. Saraiva, 2003.
MIGUEL REALE, Lições Preliminares de Direito. Ed. Saraiva. 2000.
KLAUS GUNTHER, Responsabilidade na Sociedade Civil, Revista Novos Direitos, Associação Nacional de Pós-Graduação e Pesquisa em Ciências Sociais, tradução Flávia P. Fuchel, pg. 108, 2002.
Lei de Diretrizes e Bases da Educação, Brasil, 1996.

A (MODERNA) CRIMINALIDADE ECONÔMICA

(o direito penal entre o econômico e o social)

por LUCIANO NASCIMENTO SILVA,
Mestre em Direito Penal pela Universidade de São Paulo – USP,
bolsista de Graduação e Mestrado da FAPESP
e de Doutorado da CAPES, Doutorando em Ciências Jurídico-Criminais
pela Universidade de Coimbra, Professor Universitário.

SUMÁRIO: 1. Considerações introdutórias. – 2. A crítica ao processo de globalização da economia. – 3. Uma nova espécie de criminalidade: a delinqüência (moderna) econômica. – 4. O Direito Penal Clássico e o Direito Penal (Moderno) Econômico. – 5. A teoria da definição das estruturas clássicas do direito penal em seu novo perfil. – 6. Os valores constitucionais e a proteção dos bens jurídicos supra-individuais. – 7. Considerações conclusivas. – 8. Indicações bibliográficas.

> *Não é a consciência dos homens que determina o seu ser, mas, ao contrário,*
> *é o seu ser social que determina sua consciência.*
> KARL MARX, *O Pensamento Vivo*, São Paulo: Martin Claret, 1990

1. CONSIDERAÇÕES INTRODUTÓRIAS

Fala-se da crise enfrentada pelo direito penal, no entanto, a crise não é apenas do direito penal, trata-se da crise vivida pelo Direito, não pelo direito como ciência, mas pelo direito como sistema de normas, já que o direito como ciência deixou de ser estudado desde o início da segunda metade do século XX. A crise tão prolatada é a da credibilidade da *norma jurídica* (na visão de postulado único do direito) como instrumento de regulação social, trata-se de uma ausência total de credibilidade da lei, ou de sua aplicação pela autoridade competente, e, de seu cumprimento pelos destinatários. É a constatação da superação do sistema jurídico positivista, fazendo-se necessário uma atribuição de um novo papel para a *norma jurídica*, tirando-a do atual pedestal e unindo-a ao conteúdo jurisdicional material. A constatação da superação de um sistema formal, a superação de um paradigma. O grande desafio passa a ser a realização material do Direito, pois esta é a principal reivindicação do Estado social e democrático de direito material[1] numa sociedade pós-moderna e contemporânea.

O direito penal é afetado principalmente no campo da sua dualidade, numa indefinição material das possibilidades de conversações entre o que é conhecido como sendo Direito Penal Clássico e Direito Penal Econômico, ou Moderno. A luta travada pelo *sistema dualista da ciência criminal* é por uma busca de fundamentos constitucionais (em direito pátrio, legislação estrangeira e comparada e direito comunitário) para uma organização do Direito Penal (Moderno) Econômico, com a finalidade de reformulação das estruturas clássicas do Direito Penal comum em seu novo perfil. A interação dos valores constitucionais na proteção dos bens jurídicos individuais e supra-individuais.

As exigências inerentes da sociedade pós-moderna e contemporânea no campo da proteção dos seus valores fundamentais apontam para a criação de um sistema penal econômico constitucional, que requer como núcleo ético de sua formulação a Constituição do Estado, lastreado pela efetivação de uma conseqüente política criminal e dogmática jurídico-penal. Um sistema de caráter transnacional numa sociedade da integração e supranacional, com a característica fundamental da interdisciplinaridade envolvendo: a história, a antropologia, a criminologia, a psiquiatria, a psicologia, a sociologia, a ciência política, o serviço social etc.. E, fundamentalmente, a reabilitação da filosofia aliada a teoria e a sociologia do direito. O direito como uma ciência da apropriação.

2. A CRÍTICA AO PROCESSO DE GLOBALIZAÇÃO DA ECONOMIA

O final do século XX e o início do novo milênio apresentam à humanidade uma nova forma de poder hegemônico: *a globalização*. Um

---

[1] Expressão cunhada por JORGE DE FIGUEIREDO DIAS.

A *(Moderna) Criminalidade Econômica* 395

poder hegemônico sedutor pelas suas características – que veremos em seqüência – superficiais e efêmeras, e devastador pela sua própria essência. Esta, de dominação plena e de forma irreversível. A busca é por um pensamento contra-reformador que, até então, parece não existir. Mas, existe. Assim veremos.

Esse novo poder hegemônico que ZAFFARONI batizou de *poder planetário*, representado no fenômeno da globalização como forma de poder e pensamento único existente, como discurso de legitimação de uma nova ordem internacional, de um novo modelo social pós-moderno e contemporâneo, apresenta-se numa relação de um *poder geral* e outro *particular*. "El fenómeno general es la *globalización*. Pero *globalización* es una *expressión ambigua*, porque se emplea tanto para designar *el hecho de poder mismo* como también la *ideologia que pretende lagitimarlo*. Es indispensable no confundir ambos conceptos y, por ello, preferimos illamar *globalización* al *hecho de poder en sí mismo*, y denominar *fundamentalismo de mercado o pensamiento único* a la ideologia legitimante. En este entendimiento, la *globalización* no es un discurso, sino nada menos que un **nuevo momento de poder planetario.** Se trata de una realidad de poder que ilegó y que, como las anteriores, no es reversible. *La revolución mercantil y el colonialismo* (siglos XV y XVI), *la revolución industrial y el neocolonialismo* (siglos XVIII y XIX) y *la revolución teconológica y la globalización* (siglo XX), **son tres momentos de poder planetario**".[2]

A *globalização*[3] como novo modelo social ou poder hegemônico se inicia de forma incisiva como *fenômeno econômico* de maximização dos

---

[2] "La Globalización y las Actuales Orientaciones de la Política Criminal". In: PIERANGELI, José Henrique (Coord.). *Direito Criminal*. Belo Horizonte: Del Rey, 2.000, p. 12. Para um maior entendimento analógico da doutrina zafaroniana (numa idéia de dominação reiterada e permanente) do *poder planetário*, veja-se o excelente trabalho de: FERRO, Marc. *História das Colonizações: das conquistas às independências – séculos XIII a XX*. Tradução por ROSA FREIRE D'AGUIAR. São Paulo: Companhia das Letras, 1996. Em anotações minuciosas e específicas como: "O amplo movimento das independências nacionais e da chamada descolonização do pós-guerra é, também, examinado em detalhe. Se ao hegemonismo europeu seguira-se o norte-americano, parece que às relações pós-coloniais segue-se o que FERRO denomina de 'imperialismo multinacional', um dos efeitos mais perversos da mundialização da economia e da globalização nas instâncias de poder político e da indústria cultural" (Op. cit., orelha) (grifamos).

[3] Sobre os caminhos da globalização e a sociedade civil, veja-se: VIEIRA, Liszt. *Os argonautas da cidadania: a sociedade civil na globalização*. Rio de Janeiro: Record, 2001.

mercados. Num primeiro momento, com a expansão do *sistema de comunicação* funcionando como instrumento de dominação, numa sistemática de oferecimento da informação e notícia como os principais produtos de consumo da nova era, provocada por uma conseqüência inerente, que é a da *evolução tecnológica*. E, num segundo, de completude e materialidade, de forma a realizar o fechamento do poder hegemônico, o surgimento da *integração*, em regime de blocos econômicos discutindo a livre circulação de bens, serviços e fatores produtivos entre países, através, entre outros, da eliminação dos direitos alfandegários, restrições não tarifárias à circulação de mercadorias e de qualquer outra medida de efeito equivalente. É a existência de um poder hegemônico centrado e planificado num espaço integrado e homogêneo.

Trata-se de um poder designador de um *processo de uniformização* entre as nações e os povos, com a conseqüente transformação dos Estados em Super-Estados e Nações em Sociedades. Apresenta-se, assim, na figura de um processo avassalador nunca antes visto – em termo de velocidade dos acontecimentos –, na história da humanidade. As transformações impostas pelo processo de *globalização* são ferozes e ininterruptas. Daí, em virtude de suas características, surgirem as mais diversas conseqüências. Podendo ser apontadas as conseqüências de ordem *social* e *política*. Quanto a primeira, a *relação escravocrata contemporânea* (disfarçada na extinção gradual do instituto do emprego, na política de baixos salários, nas dificuldades intencionais em escala crescente do acesso à educação e do aperfeiçoamento profissional, na negação do acesso tecnológico etc.), pautada no vínculo *explorador* e *explorado;* e uma relação de *inclusão* e *exclusão*. Quanto a segunda, a figura impotente do *Estado Soberano* no exercício do seu poder político diante de um *poder econômico global*, numa situação de substituição da *economia real* pela *economia financeira*, como se funcionasse como um *Estado virtual*.

> Ao falar das características da *globalização* surge um discurso unânime, a existência de uma congruência inequívoca entre os pensadores. Por um lado, ZAFFARONI procura realizar uma síntese das características do *novo poder planetário* com a assinalação de onze itens pontuais: "a) la revolución tecnológica es, ante todo, comunicacional: la velocidad de comunicación aumenta hasta limites insospechados hace poços años; **b)** se produjo una reducción del poder regulador económico de todos los estados, aunque en diferente medida, invocando la necessidad de favorecer un mercado mundial; **c)** se acelera la concentración de capital, con evidente predominio del financiero; **d)** se desplazan los capitales con costo cero hasta donde se hallan mayores rentas, por lo general a costa de redución de costos

A *(Moderna) Criminalidade Econômica*

por recortes de personal; **e)** el poder politico compite por atraer esos capitales, o sea que los políticos compiten por reducir su poder, especialmente en los países periféricos; **f)** el uso del salario y del empleo como variable de ajuste provoca creciente desempleo y deterioro salarial; **g)** como resultado de todo lo anterior, los estados perdieron su capacidad de mediación entre capital y trabajo; **h)** los sindicatos carecen de poder para reclamar contra esa situación; **i)** la especulación financiera adopta formas que cada vez tornan más borrosos los límites entre lo lícito y lo ilícito; **j)** los refugios fiscales para capitales de origen ilícito son conocidos por todos y nadie los obstaculiza; **k)** el afán de atraer capitales ileva a reduciones de la recaudación fiscal, que no alcanzan a compensar los crecientes impuestos al consumo, pagados por los de menor renta".[4] Por outro, semelhante é o ensinamento de Silva Sánchez "La *globalización* – como salto cualitativo de la internacionalización – es, como antes se indicaba, una de las características definitorias de los modelos sociales postindustriales. En esa medida, se trata, obviamente, de un fenómeno, en principio, económico, que se define por la eliminación de restriciones a las transaciones y la ampliación de los mercados. Cuestion distinta es que, a partir de esta consideración de la economia, otro importante fenómeno, cual es el de la **la globalización de las comunicaciones**, como consecuencia de las **inovaciones técnicas**. Pero, en última instancia, la globalización de las comunicaciones no es sino un correlato de la globalización de la economia, que hace preciso abaratar los costes de transacción (y requiere, por tanto, esa mayor rapidez de comunicaciones). Por su parte, también la *integración* es básicamente uns noción económica. La integración aparece inicialmente guida por la idea de conseguir un mercado común de varios países, con libre tráfico de personas, capitales, servicios y mercancías y la consiguinte eliminación de las barreras arancelarias internas y otros obstáculos al libre cambio. La integración regional no es, pues, sino un aspecto de la general globalización, que da cuenta de una especial intensidad de las relaciones".[5]

O novo modelo social do poder hegemônico tem por intenção realizar a fusão entre o *capital* e a *democracia*, de forma que a segunda figure a serviço do primeiro, situação na qual se possa implantar na mente humana a idéia de que a democracia continua a impor formas plurais de organização da sociedade, com a manutenção da multiplicidade de institutos, só que agora num ambiente macro, transnacional, supranacional, de *integração*. É a democracia servindo como instrumento virtual para

---

[4] Op. cit., p. 14-5.

[5] *La expanción del derecho penal: aspectos de la política criminal en las sociedades postindustriales*. Madrid: Civitas, 1999, p. 68-9.

encobrir o processo de *uniformização* das nações e dos povos. É a humanidade da diversidade da uniformidade.[6] É como se os humanos entrassem num túnel em que na entrada são todos diferentes e diversos, e na saída já se encontrassem uniformizados.

O que surge desse novo modelo social – para ser constatado durante o século XXI –, é uma intensificação da *diplomacia do canhão* dirigida àqueles (idéia construída) que ameaçam o *modelo democrático global*, com a conseqüente ampliação do conceito de terrorismo; o mercado como a *mão invisível* que tudo pode e determina, sem nenhum controle a não ser o do próprio, sem nenhum exame de legitimidade, mas apenas uma análise da legalidade; o domínio do *valor de uso* pelo *valor de troca* imposto por uma política de armamento nuclear; o capital comandando o metabolismo social humano; o parlamento como instituição (mas em perigo de extinção) democrática, controlada pelo capital; a *modernização* como uma fantasia, a idéia de que o mundo (o globo terrestre) por completo se encontra modernizado; a falsa idéia de que a *igualdade de oportunidade* exterioriza a *igualdade de resultado*; e, o *voto* como liberdade imaculável, mesmo às vezes de forma obrigatória, maquiando a legitimidade da democracia.[7] Todo esse processo determinando o falecimento da *igualdade* e *fraternidade*.

Esse modelo social de poder hegemônico econômico global avassalador gera resultados como "indústrias inteiras que são brutalmente arruinadas, em todas as regiões. Com os sofrimentos sociais que delas resultam: desemprego maciço, subemprego, precariedade, exclusão. Cinqüenta milhões de desempregados na Europa, um bilhão de desempregados e de subempregados no mundo (...) Exploração de homens, de mulheres – e mais escandalosa ainda – de crianças: trezentos milhões delas estão em condições de uma grande brutalidade (...) A mercantilização generalista das palavras e das coisas, dos corpos e dos espíritos, da natureza e da cultura, provoca uma agravação de desigualdades. Quando a produção mundial de produtos alimentares de base representa mais de 110% das

---

[6] Sobre o tema, de maneira extremamente aprofundada, veja-se o excelente trabalho de: TOURAINE, Alain. *Igualdade e Diversidade – o sujeito democrático*. Tradução por MODESTO FLORENZANO. São Paulo: EDUSC, 1998.

[7] Veja-se MÉSZÁROS, István. Filósofo húngaro. "Programa Roda Viva". São Paulo: TV Cultura, Canal 2, às 22h30min, 08 de julho de 2.002. Os diversos temas tratados no referido programa estão relacionados com a sua obra de 1995 publicada recentemente no Brasil: *Para além do capital – rumo a uma teoria da transição*. Tradução por PAULO CÉSAR CASTANHEIRA e SÉRGIO LESSA. São Paulo: BoiTempo, 2002.

necessidades, trinta milhões de pessoas continuam a morrer de fome a cada ano e mais de oitocentos milhões são subalimentadas. Em 1960, 20% da população mais rica do mundo dispunha de uma renda 30 vezes mais elevada do que a dos 20% mais pobres. Hoje a renda dos ricos é 82 vezes mais elevada! Dos 6 bilhões de habitantes do planeta, apenas 500 milhões vivem confortavelmente, enquanto que cinco bilhões e quinhentos milhões permanecem na necessidade. O mundo caminha de cabeça para baixo, às avessas".[8]

Diante do quadro pintado, qual a opção do século XXI? A opção aponta para uma convergência e uma elevação da convivência na vida humana. No século XXI, preparar-se-á a civilização do universal, um sistema em que as partes são interdependentes, numa constante discussão de ideários, valores etc. É a busca por um ideário homogêneo, para se alcançar uma comunidade de partilha de ideários, numa formação de grupos interdependentes, a predominância do homem como finalidade única e nunca como meios ou instrumentos, uns dos outros.

A proposta pode parecer ingênua, romântica e utópica, mas para utilizar uma expressão atribuída a EDUARDO GALEANO, *um outro mundo é possível*. A alternativa colocada para o século XXI, tem sido chamada por KONDER COMPARATO de *civilização capitalista* versus *civilização comunitária*, o que quer significar "o confronto histórico entre, de um lado, o movimento iniciado em fins da Idade Média européia, caracterizado pela concentração do poder em todos os níveis, com a conseqüente dissociação da humanidade, e, de outro lado, o esforço de institucionalização do sistema de direitos humanos. A comunidade é o espaço social de realização da liberdade, da igualdade e da solidariedade, princípios cardeais do sistema de direitos humanos. Ela é, por conseguinte, uma sociedade aberta, em que os indivíduos e os grupos sociais não se fecham sobre si mesmos, mas abrem-se, não só uns para os outros, mas sobretudo para o futuro, não justamente um futuro acabado, que é a sua própria negação ('o fim da História'), mas sim uma abertura para o infinito (o 'ponto ômega') (...) Além disso, do mesmo modo a sociedade comunitária é um permanente *projeto*, ou seja, ela se lança sempre para o futuro (*pro + jectum*, particípio passado do verbo latino *projicio* = lançar para longe, arremessar, estender)".[9] A construção

---

[8] RAMONET, Ignácio. "L'an 2000. Le Monde Diplomatique", n.° 549, Paris, p. 1, dez., 1999. *Apud* SILVA FRANCO, A. "Globalização e criminalidade dos poderosos". In: PODVAL, Roberto. *Temas de Direito Penal Econômico*. São Paulo: RT, 2000, p. 250.

[9] Curso de Pós-Graduação. Disciplina "Ética e Direito". São Paulo: Faculdade de Direito da Universidade de São Paulo – FADUSP, aula de 27 de junho de 2002.

teórica dos princípios diretores de uma *civilização comunitária* realizada pelo representante das Arcadas, é fundada na noção de princípio em filosofia e na teoria jurídica, que são eles: *o princípio da comunhão, o princípio da solidariedade* e o *princípio do amor.*

O que também não deixa de significar, que no século XXI estar-se-á a assistir a substituição da *cidadania* pela *dignidade da pessoa humana.* Não que a cidadania seja menos importante, mas é que, em função de um processo avassalador de ordem econômica e política, a luta pela dignidade humana se apresenta de forma mais utópica.[10] No caso brasileiro – face o processo de integração do cone sul –, o auferir dessa dignidade humana vai residir numa *nacionalidade latino-americana* e na manutenção da *cidadania brasileira.* A luta agora é para impor os limites de atuação do Estado, ou das Organizações Supranacionais, ou Organizações Internacionais num Estado Global.

3. UMA NOVA ESPÉCIE DE CRIMINALIDADE: A DELINQÜÊNCIA (MODERNA) ECONÔMICA.

Toda e qualquer análise elaborada para a origem do Direito Econômico,[11] como ciência jurídica surgida no início do século XX, leva a conclusão da crescente intervenção do Estado no domínio Econômico, diante das diversas transformações presenciadas pela humanidade a partir do acontecimento da Primeira Grande Guerra. O intervencionismo estatal, então, passou a ser uma realidade na economia do Estado Moderno. Lembra KARDEC DE MELO que, "o planejamento de setores fundamentais da economia levou o Estado a exercer atividades nitidamente econômicas

---

[10] Veja-se TOURAINE, Alain. Filósofo francês. "Programa Roda Viva". São Paulo: TV Cultura, Canal 2, às 22h30min, 24 de abril de 2.002.

[11] Apontam-se como causas do intervencionismo estatal na ordem econômica do século XX, diante da constatada falência do sistema econômico liberal, acontecimentos como: a Primeira Grande Guerra (1914-18); a crise econômica de 1929 com a queda da bolsa de New York, e a Segunda Grande Guerra (1939-45). Isso não quer significar se está diante de um *Direito de Guerra.* Diversos fatores contribuíram para tal *intervencionismo,* como as transformações ideológicas, as modificações ocorridas nas relações econômicas etc. Para um aprofundamento acerca do tema num entendimento do Direito Econômico como ciência de caráter interdisciplinar, veja-se o excelente trabalho de: CABRAL DE MONCADA, Luís S. *Direito Económico.* 3ª edição. Coimbra: Coimbra Editora, 2000.

A *(Moderna) Criminalidade Econômica* 401

e a estabelecer políticas destinadas a direcionar tais atividades, cuja *regulamentação jurídica* passou a constituir arcabouço do Direito Econômico".[12]

A partir da efetivação de tais atividades estatais, iniciara o surgimento de *normas penais* objetivando a criação de um sistema protetor desse *intervencionismo estatal*. E, um ponto principal – paralelo a essa atividade econômica estatal –, foi a estruturação de grandes empresas, detentoras de um forte poder econômico, que provocou o Estado a formular um *sistema jurídico* eficaz de proteção aos interesses de uma sociedade de massas, foi quando acontecera o fenômeno da *norma legal* como instrumento de proteção da economia nacional e popular.[13]

Tal acontecimento ou acontecimentos remotos que deram origem ao *intervencionismo estatal*, em virtude das crises do liberalismo, parecem estar anos luz da lembrança e convivência social atual, preceito ou preceitos determinados a uma preservação da iniciativa privada – como postulado irrevogável do regime democrático –, significando a exteriorização de uma diretriz de proteção a determinados setores econômicos, também, como forma de criação de um escudo protetor da soberania nacional, com diplomas constitucionais trazendo títulos como: *da ordem econômica e social*, sob o argumento da distribuição de justiça social, parecem não expressar, mais, o menor significado. O preceito que a iniciativa privada figura como pilastra do regime democrático lhe competindo a organização e a exploração das atividades econômicas, com uma devida premissa de liberdade não ilimitada, submetendo-se aos princípios e preceitos constitucionais, imbuída do desenvolvimento e fortalecimento da Ordem

---

[12] "Direito Penal Econômico: origem do direito penal econômico". Revista CCJ, Florianópolis, ano 2, n.° 3, p. 120, 1.° semestre, 1981.

[13] Tal sistema jurídico, no caso brasileiro, teve um disciplinamento constitucional: a Constituição de 1934, em seu artigo 117, estabelecia proibição a *usura*, com punição na forma da lei; a Constituição de 1937, ao versar sobre direitos fundamentais e garantias individuais, em seu artigo 122, inciso XVII, fazia referência aos *crimes contra a segurança, integridade do Estado, guarda, economia popular*, etc. O mesmo diploma constitucional, em seu artigo 141, em capítulo destinado a Ordem Econômica, equiparou *crimes contra a economia popular aos crimes contra o Estado*. O artigo 142, determinou punição para a *usura*; a Constituição de 1946, em seu artigo 148, estabeleceu reprimenda ao *abuso do poder econômico*. E, em lei ordinária federal (Lei n.° 4.137/62) de 1962, em seu artigo 2.°, deu-se repressão ao *abuso do poder econômico*, dispositivo que foi amparado pela Constituição de 1967, assim como a E.C. n.° 1/69, em seu artigo 160.

Pública, não mais existe. O fenômeno *globalização* colocou um ponto final nesse ensinamento *constitucional-econômico-penal-administrativo*.

Definitivamente, a intenção estatal – pois não se pode chamar de política criminal um emaranhado de leis[14] especiais criminalizadoras –, de ameaça coativa com sanções usando o poder supremo, ora por disposições administrativas, ora através de prescrições como forma de garantia preventiva, não transparece mais o menor significado, sem nem ressaltar a importância da eficácia. A criatura cresceu e agora engole o criador. Não há mais uma visão real da dimensão do problema. No caso brasileiro, as advertências contidas dos estudos originais de ROBERTO LYRA FILHO,[15] MANOEL PEDRO PIMENTEL[16] e GERSON PEREIRA DOS SANTOS,[17] tiveram seu desenvolvimento acelerado a partir do final dos anos oitenta, com o retrato

---

[14] Constam do repertório pátrio sobre criminalidade econômica: Dec.-lei 2.848/40 (Código Penal – Parte Geral, as transformações no sistema de penas. Parte Especial – a expansão do rol dos delitos econômicos e o Título III. Dec.-lei n.° 7661/45 (crimes falimentares); Lei n.° 1521/51 (crimes contra a economia popular); Lei Delegada 4/62 (intervenção no domínio econômico e asseguramento da livre distribuição de necessários ao consumo do povo); Lei 4595/64 (crimes relativos às instituições bancárias e financeiras); Lei n.° 4591/64 (crimes e contravenções penais no setor imobiliário); Lei n.° 4728/65 (crimes relacionados com a alienação fiduciária em garantia e ações de sociedades anônimas); Lei n.° 4729/65 (crime de sonegação fiscal); Dec.-leis n.° 16/66 e 47/66 (incriminação acerca da produção, do comércio e transporte ilegal de açúcar e álcool); Dec.-lei n.° 73/66 (incriminação de condutas de administradores de sociedades seguradoras com insuficiência de reserva); Lei n.° 5741/71 (esbulho possessório no SFH); Lei n.° 6453/77 (energia nuclear); Lei 6649/79 (contravenções penais no setor de locação de imóveis urbanos); Lei n.° 6766/79 (crimes no parcelamento e loteamentos irregulares do solo urbano); Leis n.° 6895/80 e 9610/98 (direitos autorais); Lei 7492/86 (crimes contra o sistema financeiro nacional); Leis n.° 7646/87 e 9609/98 (propriedade intelectual sobre programas de computador); Lei n.° 8078/90 (defesa e proteção do consumidor); Lei 8.137/90 (crimes contra a ordem tributária, econômica e contra as relações de consumo); Lei n.° 8176/91 (crimes contra a ordem econômica e cria o sistema de estoques de combustíveis); Lei n.° 8212/91 (seguridade social); Lei n.° 8245/91 (locações de imóveis urbanos); Lei 8884/94 (prevenção e repressão às infrações contra a ordem econômica – CADE – Conselho Administrativo de Defesa Econômica); Lei n.° 9.069/95 (Plano Real); Lei n.° 9279/96 (propriedade imaterial); Lei n.° 9605/98 (crimes ambientais); Lei n.° 9609/98 (propriedade intelectual em informática); Lei n.° 9613/98 (crimes de lavagem ou ocultação de bens, direitos e valores); Lei n.° 10303/01 (sociedades anônimas).

[15] *Criminologia*. Rio de Janeiro: Forense, 1964.

[16] *Direito Penal Econômico*. São Paulo: RT, 1973.

[17] *Direito Penal Econômico*. São Paulo: Saraiva, 1981.

irrefutável da vinculação dos desajustes da economia com a criminalidade. No limiar dos anos noventa, a edição do pioneiro trabalho de Márcia Dometila Lima de Carvalho,[18] seus escritos de tese nas Arcadas propugnando por uma fundamentação constitucional do Direito Penal, numa abordagem envolvendo: a influência dos valores constitucionais no conceito de delito; o princípio da legalidade formal e material; o exame da culpabilidade no Estado Democrático de Direito; a atribuição de relevância do crime econômico-constitucional; e, um exame da responsabilidade penal dos entes coletivos numa afirmação de realidade da criminalidade empresarial.

Um pouco mais a frente (meados da década de noventa), mas, não menos importante, os estudos de João Marcelo de Araújo Júnior.[19] Alertas no sentido de uma criminalidade ou forma de delinqüência sofisticada, de um poderio ofensivo ao extrato social de difícil reparação, de reprovação máxima, com uma necessidade irrenunciável de um exame criminológico e científico, diante de uma ausência latente de tipificação nos dispositivos penais econômicos. Ao final dos anos noventa, surge o competentíssimo trabalho de Ela Wiecko de Castilho,[20] com uma pesquisa empírica sobre o assunto poucas vezes vista no direito pátrio, confirmando o magistério dos referidos pensadores. Com uma radiografia acerca dos *crimes contra o sistema financeiro* de causar repugnância. É a ratificação da existência de uma criminalidade que é fundada na conjugação de dois fatores fundamentais: **a)** a existência de um poder hegemônico global avassalador que imprime ao Estado um processo irreversível de minimização dos seus deveres com ressonância imediata na sua soberania; **b)** a incapacidade estatal de enxergar na Constituição o núcleo ético para a formulação de um sistema penal econômico constitucional e sua conseqüente política criminal e dogmática jurídico-penal.

---

[18] *Da Fundamentação Constitucional do Direito Penal Econômico e da Relevância do Crime Econômico e Ambiental*. São Paulo, 1990. Tese (Doutorado em Direito Penal) – Faculdade de Direito da Universidade de São Paulo – FADUSP.

[19] Em co-autoria com Barbero Santos, Marino. *A reforma penal: ilícitos penais econômicos*. Rio de Janeiro: Forense, 1987; "Os crimes contra o sistema financeiro no esboço da nova parte especial do Código Penal de 1994", *Revista Brasileira de Ciências Criminais*, São Paulo, v. 3, n.º 11, p. 145-165, jul/set., 1995; *Dos crimes contra a ordem econômica*. São Paulo: RT, 1995.

[20] *O controle penal nos crimes contra o sistema financeiro nacional: Lei n.º 7.492, de 16 de junho de 1986*. Belo Horizonte: Del Rey, 1998.

Como antes mencionado, a criatura cresceu e agora engole o criador, a criminalidade econômica é global, "de um lado, não se pode deixar de reconhecer que o modelo globalizador produziu novas formas de cri-minalidade que se caracterizam, fundamentalmente, por ser uma criminalidade supranacional, sem fronteiras limitadoras, por ser uma criminalidade organizada no sentido de que possui uma estrutura hierarquizada, quer em forma de empresas lícitas, quer em forma de organização criminosa e por ser uma criminalidade que permite a separação tempo--espaço entre a ação das pessoas que atuam no plano criminoso e a danosidade social provocada. Tal criminalidade, desvinculada do espaço geográfico fechado de um Estado, espraia-se por vários outros e se distancia nitidamente dos padrões de criminalidade que tinham sido até então objeto de consideração penal".[21]

No final do século XX e início do novo milênio, o binômio: poder hegemônico global e delitos macroeconômicos passam a pintar um quadro aterrorizante para o sistema penal. Este se apresenta diante do fenômeno em estado de hipertrofia, suas estruturas clássicas não conseguem alcançar a nova criminalidade. TERRADILLOS BASOCO[22] ao se referir aos limites do domínio do Direito Penal Econômico permite uma interpretação de tal elasticidade de seus contornos que poder-se-ia perfeitamente dividir a teoria do Direito Penal em dois grandes rumos absolutamente distintos – nem tão antagônicos, nem tão complementares –, uma teoria para o *Direito Penal Clássico* outra para o *Direito Penal Econômico*. Na máxima abrangência que lhe dá o pensador da escola de CÁDIZ, enfeixa categoria de delitos determinada pela natureza do estatuto social da empresa (*crimes societários e crimes falimentares*) e outros que são determinados pela natureza das atividades perpetradas pela empresa. Estes poderão ser delitos contra outros sujeitos econômicos (*crimes contra a propriedade industrial, concorrência desleal, consumidor, relações de trabalho, livre concorrência e os crimes ambientais*), ou, de outra banda, crimes cometidos contra instituições (*crimes financeiros, tributários e, eventualmente, contra a administração pública*). Enquanto que, SILVA SANCHES lecionando sobre o fenômeno, relaciona os fenômenos econômicos da globalização e da integração econômica como algo a produzir uma nova esfera para a conformação de modalidades novas de delitos clássicos, bem como o aparecimento de novas condutas delituosas. "Así, la integración genera una delincuencia contra los intereses financieros de la comunidad producto de la integración (fraude al

---

[21] SILVA FRANCO, A. Globalização e criminalidade dos poderosos..., cit., p. 256-57.
[22] *Derecho Penal de la Empresa*. Madrid: Trotta, 1.995.

A *(Moderna) Criminalidade Econômica* 405

presupesto – criminalidad arancelaria –, fraude de subvenciones), al mismo tempo que contempla la corrupción de funcionarios de las instituiciones de la integración. Por lo demás, generam la aparición de una nueva concepción de lo delictivo, centrada en elementos tradicionalmente ajenos a la idea de delincuencia como fenómeno marginal; en particular, los elementos de organización, trasnacionalidad y poder económico. Criminalidad organizada, criminalidade internacional y criminalidad de los poderosos son, probablemente, las expressiones que mejor definen los rasgos generales de la delincuencia de la globalización"[23].

O que se nota é uma hipertrofia total do sistema penal em alcançar os sujeitos (pessoas: física e jurídica) dessa nova espécie de criminalidade. A aparência é que existe uma barreira internacional invisível que impede uma agilização na formulação e criação de instrumentos e mecanismos de combate a criminalidade transnacional.[24] Talvez essa barreira internacional invisível e intransponível seja "a inexistência de um Estado mundial ou de organismos internacionais suficientemente fortes que disponham do *ius puniendi* e que possam, portanto, emitir normas penais de caráter supranacional, a carência de órgãos com legitimação para o exercício do *ius persequendi* e a falta de concretização de tribunais penais internacionais agravam ainda mais as dificuldades do enfrentamento dessa criminalidade gerada pela globalização. Além disso, o Estado-nação, derruído na sua soberania e tornado mínimo pelo poder econômico global, não tem condições de oferecer respostas concretas e rápidas aos crimes dos poderosos, em relação aos quais há, no momento, um clima que se avizinha à anomia".[25]

---

[23] Op. cit., p. 69-70.

[24] Quando da realização do Primeiro Fórum Latino-Americano de Política Criminal (Ribeirão Preto/SP), pelo Instituto Brasileiro de Ciências Criminais – IBCCRIM, "na discussão sobre crime organizado, Juarez Cirino Dos Santos apontou, com contundência, a falsidade desse conceito, erigido apenas para encobrir outras mazelas e reforçar a idéia do 'inimigo comum'. Revelou, assim, a função encobridora do sistema penal. Bem por isso, Fernando Acosta propôs a desconstrução de mitos (como 'criminalidade transnacional' ou 'organizada') que de nada servem, não favorecem nem auxiliam a busca de resposta ao fenômeno do crime, demonstrando, pois, a necessidade da criação de novos espaços para o enfrentamento dessas novas formas de criminalidade" (PAULA ZOMER, Ana. e SICA, Leonardo. "Formação da Rede Latino-Americana de Política Criminal". *Boletim do Instituto Brasileiro de Ciências Criminais* – IBCCRIM, ano 10, n.º 116, julho, 2.002.

[25] SILVA FRANCO, A. Op. cit., p. 257.

406   *Luciano Nascimento Silva*

Essa nova espécie de criminalidade introduzida pelo processo de globalização da economia, desenvolvida em ambiente macro, mais especificamente, nos processos de integração econômica, tem como protagonistas personagens que sempre figuraram a frente do processo de desenvolvimento econômico das chamadas nações civilizadas. No entanto, nunca fora alcançada uma magnitude tão maléfica dos seus efeitos como a atual. Uma ofensividade de ordem econômica, política e social, nunca vista. É verdadeiramente a *criminalidade dos poderosos*.[26] A realidade do novo poder hegemônico global é denunciada por ZAFFARONI, pela forma irracional em comparação com os modelos imediatamente anteriores de poder mundial, a constatação do atual modelo é que as condutas que antes eram tipificadas como delitos contra a economia nacional, como alterações artificiais de mercados, acesso à informações confidenciais, evasões impositivas, monopólios e oligopólios, incluindo condutas que norteiam as tipicidades nacionais de delitos menos sofisticados, como extorsão, são agora condutas licitas na economia mundial. Tudo isso é denunciado face a ausência de um poder regulador de amplitude internacional, é a materialização do foro internacional da impunidade, com uma prática reiterada em proporções inidentificáveis.

Por um lado, a síntese realizada por ZAFFARONI é de constatação do falecimento do direito positivo, a interpretação colhida de suas palavras é a de que se está acompanhando o enterro do positivismo jurídico dos séculos XIX e XX, quando leciona que "en el orden planetario puede afirmarse el claro efecto de la *anomia generalizada*, como dato objetivo. La realidad nunca coincide con la norma, porque el deber ser es un ser que no es o que, al menos, aún no es. Pero cuando la realidad se *dispara* respecto de la norma, deviene *disparate*, prescrible un ser que nunca será y la norma queda cancelada por inútil y le aguarda el destino de los desperdicios (*anomia*). La perspectiva de este proceso anómico de poder, proyectada sin contención hacia el futuro, se traduce: **a)** en el cresciente dominio del delito económico que tiene a adueñarse de la economia mundial, ante la impotencia de los estados nacionalies y de los organismos internacionales (cada dia más las actividades económicas a nivel planetário irán asumiendo mayor similitud con las prácticas criminales mafiosas); **b)** en el marcado deterioro del medio ambiente, que anuncia la producción de graves alterações en la biósfera".[27] Por outro, FARIA COSTA leciona sobre a existência de uma *teia criminosa* que tece imbuída de um fio criminoso

---

[26] Expressão cunhada por ALBERTO SILVA FRANCO.

[27] Op. cit., p. 23.

buscando o desencadeamento de lucratividade astronômica, tratando-se não de um processo *artesanal*, mas de um sistema que poderia ser chamado de projeto racional conectivo de dominação econômica criminosa internacional, fundado em três grupos de atuação independente, mas com ramificações e conexões ativas. "Fundamentalmente, os diferentes três grupos assumem-se funcionalmente da seguinte maneira: o **grupo central ou nuclear** tem como finalidade principal levar a cabo o aprovisionamento, o transporte e a distribuição dos bens ilegais. Ligam-se, aqui claramente, coação e corrupção para expansão de poder e lucro. **Um outro grupo** tem como propósito servir de proteção institucional a toda rede ou teia. É a tentativa de chamar à organização, de forma sutil ou direta, a política, a justiça e a economia, as quais através do estatuto dos seus representantes, permitem criar bolsas ou espaços onde a atuação política se torna possível. Finalmente, surge **um terceiro grupo** que tem como fim primeiro estabelecer a lavagem de todo o dinheiro ilegalmente conseguido. Operam--se, por conseguinte, ligações com instituições bancárias, com cassinos e ainda com outras sociedades legalmente constituídas. É o grupo que funciona como placa giratória entre o mundo criminoso e o normal e comum viver quotidiano. O que tudo demonstra a forma particularmente racional e elástica deste tipo de organização. Tão elástica e tão fluida que o fato de algumas vezes se destruir um grupo não quer de modo algum significar que toda a rede tenha sido afetada".[28]

O cenário é de uma incerteza inegável, já que não se chega a uma conclusão acerca da convivência do sistema penal dualístico, com os seus modelos de convivência podendo ou devendo, ou não manter um diálogo permanente. Aqui serão feitas minúsculas incursões nos debates das possibilidades de conversações existentes no *sistema dualista*, seja a separação dos modelos, ou a migração de um modelo para outro. Assim como as proposituras de *expansão máxima*[29] *e moderada*[30] *da intervenção penal* e a *doutrina de preservação do núcleo do direito penal.*[31]

---

[28] "O fenômeno da globalização e o direito penal econômico". *Apud* Silva Franco, A. Op. cit., p 261.

[29] Marinucci, Giorgio. Dolcini, Emilio. "Diritto penale minimo e nuove forme di criminalità", *Rivista Italiana di Diritto e Procedura Penale*, ano XLII, fasc. 3, p. 802-820, jul/set, 1999.

[30] Silva Sanches, Jesus Maria. *La expansión del derecho penal: aspectos de la política criminal en las sociedades postindustriales.* Madrid: Civitas, 1999.

[31] Figueiredo Dias, Jorge de. "O comportamento criminal e a sua definição: o conceito material de crime". *Questões fundamentais do Direito Penal revisitadas.* São Paulo: RT, 1999.; Hassemer, Winfried. "Perspectivas del Derecho Penal futuro". *Revista*

4. O DIREITO PENAL CLÁSSICO E O DIREITO PENAL (MODERNO) ECONÔMICO.

O direito penal clássico – Pode afirmar-se à existência de uma unanimidade acerca de que o *movimento iluminista*[32] provocou o nascimento do Direito Penal moderno, em substituição às formas precedentes de justificação do *ius puniendi*, o que de maneira fundamental vem enobrecer tal movimento para o desenvolvimento da ciência penal. Alguns autores vão identificar tal nascimento no movimento artístico, literário e político, que veio a ficar conhecido como *renascimento*, da Itália do século XV, movimento este em que, artistas, cientistas e filósofos, de forma efetiva, criaram e desenvolveram novas idéias fundadas nas culturas grega e romana. Muito além de uma provocação direta exercida sobre a música, a pintura, a literatura, a escultura, a arquitetura, o *movimento renascentista* exerceu uma influência fundamental quanto ao viver e enxergar o novo mundo.

Os pensadores humanistas desenvolveram idéias de forma a questionar os ditames do poder eclesiástico, colocando o homem como o ente mais importante nas relações humanas. O *renascimento* alcançou seu apogeu no século XVIII, que ficou conhecido como o *século das luzes*, tendo como principal acontecimento a Revolução Francesa de 1789, com a conseqüente edição da *Declaração Francesa dos Direitos do Homem e do Cidadão*. Pois, as legislações penais da Europa de meados do século XVIII, pautavam-se em procedimentos de crueldade, de castigos corporais e da pena de morte. "O Direito era um instrumento gerador de privilégios, o que permitia aos juízes, dentro do mais desmedido arbítrio, julgar os homens de acordo com a sua condição social. Inclusive os criminalistas mais famosos da época defendiam em suas obras procedimentos e instituições que respondiam à dureza de um rigoroso sistema repressivo".[33]

Penal, vol. 1, Huelva-Salamanca-Castilla-La Mancha, Práxis, p. 37-41, jan., 1998.; HERZOG, Félix. "Algunos riesgos del Derecho Penal del riesgo". *Revista Penal*, n.° 4, Huelva-Salamanca-Castilla-La Mancha, Praxis, p. 54-57, 1999.

[32] "É, acima de tudo, uma mentalidade, uma atitude cultural e espiritual, que não é somente de filósofos, mas de grande parte da sociedade da época, de modo particular da burguesia, dos intelectuais, da sociedade mundana e até de alguns reinantes." ("O Iluminismo". BINETTI, Saffo Testoni. In: BOBBIO, Norberto, MATTEUCCI, Nicola, e PASQUINO, Gianfranco. *Dicionário de Política*. 5ª edição. Brasília: Edunb, 1993, Vol. 1, p. 608).

[33] RIBEIRO LOPES, Maurício Antonio. *Teoria Constitucional do Direito Penal*. São Paulo: RT, 2000, p. 182.

Tal cenário veio justificar a intervenção de alguns filósofos que em uma verdadeira reunião configurando um movimento de idéias voltadas para a razão e a humanidade, deram início as idéias iluministas e humanitárias, mais precisamente os pensadores franceses VOLTAIRE, MONTESQUIEU e ROUSSEAU, em defesa da liberdade, igualdade e justiça. Para o Direito Penal se pode afirmar como autores das primeiras idéias penais BECCARIA, HOWARD e BENTHAM. O primeiro se caracterizando como o principal autor contestador dos sistemas repressivos, inspirado nas idéias dos pensadores franceses, em especial de MONTESQUIEU e ROUSSEAU. Tais conquistas do *renascimento* provocaram a substituição da *razão da autoridade* pela *autoridade da razão* e, nesse brocardo, fundou-se o Direito Penal moderno. A partir de BECCARIA, com sua obra fundamental *Dei Delitti e delle Pene* (1764), objetivou-se humanizar o direito penal, procurando-se uma identificação – conseqüentemente uma amenização, ou reparação – para alguns preceitos, dentre eles: a origem da pena, para o poder/dever ou direito de punir, para a finalidade da pena, para uma análise da proporção entre delitos e penas, para uma divisão dos delitos, para as formas de julgamento, para uma revisão da prisão, para a pena de morte, para a interpretação e obscuridade das leis etc.

O *movimento iluminista*, que propugna uma reforma dos sistemas penais repressivos que teve sua maior repercussão com o trabalho de BECCARIA recebeu o nome de *humanitário*, por alguns motivos, dentre eles, por sua ênfase a idéia de respeito à dignidade humana, a concepção de piedade e compaixão às pessoas submetidas as mais diversas formas de penas cruéis. Mais precisamente, sobre a pena privativa de liberdade, cabe ressaltar os trabalhos (dos que poderiam ser chamados de: os últimos iluministas) de JOHN HOWARD e JEREMIAS BENTHAM. O primeiro, com uma preocupação voltada para as questões penitenciárias, no sentido de proporcionar o cumprimento de uma pena de prisão em estabelecimentos condizentes. O segundo, com a idéia de *utilidade* da pena, contribuiu com a ciência penal no campo da penologia, com a edição de idéias que vigem até os dias atuais, entendendo a pena como um sacrifício necessário e a prevenção como a finalidade que proporciona a legitimidade da pena.

No entanto, com a chegada do século XIX ocorreu a criação dos *suportes ideológicos do Direito Penal*, que proporcionaram a codificação do Direito Penal, caracterizando uma reformulação ou redefinição das relações existentes entre os indivíduos e o Estado. "Pode-se afirmar que a base do sistema legal está dada por quatro vetores fundamentais. Em primeiro lugar pelo princípio *nullum crimen, nulla poena sine lege*. Em segundo, pela fundamentação racional da pena, da qual se deduz a necessidade de proporcionalidade da mesma ao fato cometido. Em terceiro, a concepção do delito como algo diferente do pecado e, conseqüentemente, um tratamento diverso dos delitos contra a religião e contra a moral e bons costumes. Por fim, a humanização das penas sob a preponderância da pena privativa de liberdade".[34]

O marco da codificação do Direito penal legislado no século XIX, se encontra na fórmula do Código Penal francês de 1810, que representava a passagem de página da ciência penal medieval. Mais a frente surgiu, então, as concepções de ligação (já que durante um bom tempo perdurou um paralelismo) entre a Constituição Federal e o Direito Penal. Apontamentos no sentido de uma ligação umbilical entre o Direito Penal e o Direito Constitucional, sendo ambos ramos do Direito Público, chegando-se a afirmar as mais diversas relações de diálogos existentes, num sistema positivista, residindo sempre numa visualização de hierarquia de valores, que funciona como suporte de validade (legalidade) das leis penais. Por tal razão alguns autores passaram a afirmar que "o Direito Penal se legitima formalmente mediante a aprovação das leis penais conforme a Constituição".[35]

Não se pode negar que o Direito Penal legislado e operado na era medieval era um direito desumano e sua finalidade era exatamente essa, a prática de tortura, atos cruéis e de efetivação das penas: perpétua e capital. Com o iluminismo ocorre a identificação do embrião humanitário nas ciências penais. No entanto, a lembrança real é a de que tal movimento não passou de uma *revolta burguesa*, que não mais satisfeita com o sistema vigente propugnou pela sua queda. É verdade que, também, não há de ser esquecido os trabalhos de todos os filósofos da época, franceses, italianos, alemães, ingleses, etc., porém, o iluminismo teve sua limitação em si mesmo. Há de ser reconhecido um avanço nas relações humanas a partir de tal movimento, um avanço nas relações entre o cidadão e o Estado. Nos dias atuais resta pouco do encanto daquele movimento, de lá para cá o mundo sofreu diversas transformações, e as lições do iluminismo foram sendo deixadas de lado, pouco a pouco, o embrião humanitário identificado nas ciências penais foi morrendo. E hoje, a constatação de sua morte.

Infelizmente o iluminismo não sobreviveu as intenções do Estado e da classe que o controla. Os acontecimentos revolucionários da economia

---

[34] RIBEIRO LOPES, M. A. Op. cit., p 192.

[35] JAKOBS, Gunther. *Derecho penal – Parte general: fundamentos y teoria de la imputación*. Madrid: Marcial Pons, 1997, p. 44.

A (Moderna) Criminalidade Econômica

no século XIX, os Estados totalitários, as guerras e as ditaduras (principalmente latino-americanas) do século XX, e, os eventos (11 de setembro) do início do século XXI, sepultaram o que ficou conhecido como o *movimento humanitário das ciências penais*.

O Estado se utiliza do poder/dever de punir – como política fundamental de controle social –, através do Direito Penal e do Sistema Penal.[36] Daí surgirem as indagações: O que é o Direito Penal? O que é o Sistema Penal? Torna-se imprescindível realizar tal distinção para compreensão tanto de um quanto do outro. Tem-se por Direito Penal, *a priori*, um conjunto de normas jurídicas penais que delimitam as condutas denominadas (crimes) criminosas, imputando-lhes sanções, assim como um controle de validade das referidas normas, a criação e manutenção da estrutura geral de tais condutas e, finalizando com a aplicação e execução das (penas) sanções cominadas. No entanto, pode-se constatar outros conjuntos de normas integrantes do Direito Penal, que se encontram na esfera forense, são eles: o Direito Processual Penal, a Organização Judiciária, a Lei de Execução Penal e os Estatutos Penitenciários. Para a efetivação de ambos os conjuntos, ou seja, a prevenção da criminalidade, pode dizer-se que existem "as polícias militares que exercem uma atividade preventiva, encarregadas do policiamento ostensivo e da preservação da ordem pública. O exercício da polícia judiciária e a apuração das infrações penais é atribuição adequada ao perfil da polícia civil, igualmente órgão integrante da estrutura constitucional da segurança pública (...) Um e outro têm por vertedouro obrigatório o Poder Judiciário, a quem incumbe o controle da legalidade de todas as detenções. Intervém obrigatoriamente, como titular exclusivo na maior parte dos casos e como *custos legis* nesses e nos demais, o Ministério Público (...)".[37]

Portanto, diante dos referidos conjuntos de normas que formam o Direito Penal, pode afirmar-se que o indivíduo autuado – até ser submetido ao cumprimento de uma sanção criminal – percorre as seguintes etapas: policial, judiciária, Ministério Público e penitenciária. Atribui-se ao conjunto dessas instituições, que têm por finalidade a efetivação do Direito Penal, a denominação de Sistema Penal. No entanto tal descrição não se apresenta de forma unânime, existindo aqueles que lecionam com base em

---

[36] Veja-se BATISTA, Nilo. *Introdução crítica ao direito penal brasileiro*. 4ª edição. Rio de Janeiro: Revan, 2001.
[37] RIBEIRO LOPES, Mauricio Antonio. *Princípios Políticos do Direito Penal*. São Paulo: RT, 1999, p. 36.

outras regras, para identificar o que seja o *sistema penal*. "Entende por sistema penal o controle social punitivo institucionalizado, concernente a procedimentos estabelecidos, ainda que não sejam estritamente legais. Isso lhe permite incluir no conceito de *sistema penal* casos de ilegalidade estabelecidas como práticas rotineiras, mais ou menos conhecidas ou toleradas".[38]

Há, ainda, no campo da criminologia e da sociologia, diferentes conceituações do significado do *sistema penal*. Para alguns, trata-se de mecanismos de seletividade, no exercício de atividades arbitrárias, em que ocorre o fenômeno – para utilizar a expressão de BARATTA – da *clientela do direito penal*, ou seja, o recrutamento dos mais débeis, numa forte criminalização, de maneira a estabelecer uma lição implícita do espaço social de cada um. Já em outra definição – assumida pelos autores marxistas – o *sistema penal* tem por finalidade realizar a missão de hegemonia de um setor sobre o outro. O que não pode ser negado é que se tem buscado uma legitimação do Direito Penal nos diplomas constitucionais, *a priori*, uma legitimidade formal das normas penais, como etapa de desenvolvimento. O Direito Penal se caracteriza como ciência subsidiária e fragmentária, faz parte de toda a ordem jurídica, estabelece relação com todos os outros ramos, mas, principalmente, presta obediência ao Direito Constitucional. O que não quer significar sua legitimidade. No máximo efetiva sua legalidade. É diante da obediência ao diploma constitucional, para adquirir sua legalidade estatal, que o Direito Penal assume os princípios fundamentais do Estado democrático de direito.

Daí se cria as mais diversas formas de diálogos entre o diploma constitucional e o Direito Penal, primeiramente, numa concepção do *sistema positivista*,[39] depois na elaboração e prática de uma *política criminal*,[40] em seguida colocando a Constituição como *estrutura fundante*,[41] como *fonte*,[42] como *filtro*,[43] e, finalmente, como *fator de*

---

[38] ZAFFARONI, Eugenio Raúl. *Sistemas penales y derechos humanos en América Latina*. Buenos Aires: Depalma, 1984, p. 7.

[39] KELSEN, Hans. *Teoria pura do direito*. Coimbra: Armênio Amado, 1984.

[40] JESCHECK, Hans. *Tratado de derecho penal*. Barcelona: Bosch, 1981.

[41] NUVOLONE, Pietro. *O sistema do direito penal*. Tradução por ADA PELLEGRINI CRINOVER. Notas por RENÉ ARIEL DOTTI. São Paulo: RT, 1981. Assim como ROSSI, Pelegrino. *Lineamenti di diritto penale e costituzionale*, Palermo, 1953.

[42] AFTALIÓN, Enrique. *Tratado de derecho penal especial*. Buenos Aires: Ediar, 1963.

evolução[44] do Direito Penal. O movimento constitucional penal, que acelera seu desenvolvimento a partir de meados da segunda metade do século XX, procura fundar sua legitimidade num discurso de evolução chamado de *sensibilidade constitucional da ciência penal*".[45] É verdade que as idéias constitucionais penais, não representam as idéias dominantes no Direito Penal, mas, porém, estas são utilizadas de forma inteligente por aqueles que não pertencem à *clientela do direito penal*,[46] pois, os recrutados pelo Direito Penal não têm a oportunidade de uma defesa conhecedora de tais idéias. O exercício da defesa no Direito Penal, apenas não é desproporcional é, realistamente, inconstitucional e injusto.

O direito penal econômico – A lição é antiga e fundamental, para uma pretensão do estudo do Direito Penal Econômico, faz-se necessário antes uma análise acerca do Direito Econômico, que para uma maioria doutrinária traz em seu bojo o significado de que a *parte penal* seria um ramo qualificado. O Direito Econômico moderno[47] nasce do *inter--vencionismo estatal* do século XX no domínio econômico. "Ora essa intervenção e mediação não poderia ser feita *ad libitum*, carecendo de normas limitadoras de direitos e deveres. Assim aconteceu, surgindo as leis regulamentadoras da política econômica do Estado, em confronto com os interesses públicos e particulares equacionados. A especificidade dessas normas as distinguia das demais regras comuns do Direito civil, como a simples compra e venda; do Direito comercial, como o mero contrato de transporte marítimo; do Direito administrativo, como a realização de concorrência e do Direito penal, como a tipificação do furto ou da falsidade documental".[48]

Assim ocorrera o surgimento do Direito Econômico, como ciência nova. Um direito novo face uma nova realidade estatal econômica, possuidor de características próprias e de alcance intervencionista declamado. Os acontecimentos fundamentais (a Primeira Grande Guerra 1914-18; a crise

---

[43] SANTORO, Arturo. *Manuale di diritto penale*. Torino: UTET, 1938.

[44] MANTOVANI, Ferrando. *Diritto penale – Parte generale*. Padova: Cedam, 1980.

[45] FLORA, Giovanni. "Il rilievo dei principi costituzionali nei manuali di diritto penale". *Rivista Italiana di Diritto e Procedura Penale*. Padova: Cedam, 1994, p. 1187.

[46] Expressão cunhada por ALESSANDRO BARATTA.

[47] Para uma visão abrangente sobre o assunto, veja-se NUSDEO, Fábio. *Curso de Economia – Introdução ao Direito Econômico*. 2ª edição. São Paulo: RT, 2000.; e, *Fundamentação para uma Codificação do Direito Econômico*. São Paulo: RT, 1995.

[48] PEDRO PIMENTEL, Manoel. *Direito Penal Econômico*. São Paulo: RT, 1973, p. 7.

econômica de 1929 com a quebra da bolsa de *New York*, e a Segunda Grande Guerra 1939-45), marcaram a superação do *sistema capitalista* do século XIX com o conseqüente abandono dos seus *princípios diretores*. "Novas relações entre o capital e o trabalho, a revolução dos meios de produção e de transporte, o nascimento das empresas, com investidores anônimos, as novas posições do mercado financeiro, a complexa interação dos fatores do mercado econômico, do trabalho e do mercado financeiro, dos preços dos salários e das rendas, tudo isso tornou necessária a ajuda do Estado com medidas de proteção, surgindo paulatinamente a intervenção estatal com o dirigismo econômico".[49]

As novas relações complexas entre o *capital* e o *trabalho* exigiam uma nova formulação das *normas jurídicas*, que não àquelas do direito comum. O surgimento do Direito econômico, então, com *status* de ciência nova e um significado irrefutável, qual seja, o de instrumento eficaz de *intervenção estatal* no domínio econômico, instrumento o qual o legislador recorreria ordinariamente. Com a espada do argumento da *defesa da ordem pública econômica e social*. Então, o Direito Econômico se caracterizou como um arsenal de técnicas jurídicas, a serviço do Estado, para a realização de suas diretrizes econômicas. Passou a significar o instrumento normativo da base de sustentação do sistema econômico do Estado pós-moderno e contemporâneo.

> Essa participação direta e ativa do Estado no sistema econômico, utilizando-se de um conjunto de dispositivos normativos destinados a uma regulamentação e efetivação dos objetivos políticos econômicos estatal, podem não receber o mesmo significado de *leis econômicas propriamente ditas*, para MIRANDA GALLINO, a economia "es un hecho, un fenómeno cultural y social, en su expresión primaria, ella puede existir con escasa, o aun sin protección jurídica, abandonada al buen criterio de los hombres en sus operaciones de cambio y producción, en el seno de una sociedad ideal". Enquanto SABAS ARIAS conceitua o Direito Econômico como sendo "el conjunto de normas que tienen por objeto regular las relaciones humanas en la medida en que son económicas, es dicer, en que persiguen eficientemente la satisfacción de las necesidades individuales y colectivas". Ou, ainda, como "el conjunto de normas que se refieren a la regulación de las relaciones económicas, sea que dichas normas se encuentren en las leyes civiles o comerciales generales, o en las leyes económicas específicas".[50]

---

[49] PEDRO PIMENTEL, M. Op. cit., p. 8.
[50] Citados por PEDRO PIMENTEL, M. Op. cit., p. 9-10.

A *(Moderna) Criminalidade Econômica*   415

Diante de todos os acontecimentos narrados, a doutrina pátria, estrangeira e comparada, passou a viver a dicotomia da conceituação e a questão do *status* de disciplina autônoma do Direito Penal Econômico. Quanto a sua conceituação, os acontecimentos políticos, econômicos e sociais do final do século XX determinaram a impossibilidade da formulação de um conceito estático para o Direito Penal Econômico. Já, quanto a sua autonomia como ramo do Direito, os acontecimentos avassaladores no campo das relações humanas e da diplomacia entre as nações, apontam para uma separação definitiva entre o Direito Penal Clássico e o Direito Penal Econômico. A problemática não reside mais na autonomia, mas, sim, nas possibilidades de conversações, que têm recebido da doutrina às terminologias de: *expansão sem freios da intervenção penal;*[51] *expansão moderada da intervenção penal,*[52] *função exclusiva de proteção subsidiária aos bens jurídicos fundamentais* e *defesa dos direitos, liberdades e garantias das pessoas;*[53] ou ainda a *ordenação social.*[54]

Toda essa celeuma surge da origem quando se pode identificar que "em sua maioria, os textos penais, particularmente fragmentários em matéria econômica, são desconhecidos, imprestadios, tecnicamente mancos. Convive-se, em função das leis vigentes, com um passado de amenidades, no qual era o delito um hóspede indesejável, embora eventual, quando mais importante é viver o presente, o tempo que passa, em que a criminalidade, notadamente a econômica, transpõe impunemente as pautas dos diplomas penais, olhando-os à maneira dos antigos invasores que, acostumados às vitórias, contemplavam do alto e dos longes as ruínas da cidadela irremediavelmente conquistada".[55]

Pois bem, em questão de direito penal econômico, a frase atribuída a ENRIQUE AFTÁLION, de que este seria um *subúrbio imprestável do direito penal*, foi corroída pelos acontecimentos humanos do final do século e começo do novo milênio. Assim como o pensamento daqueles que imaginavam ser o delito econômico – num suposto estudo criminológico que, pelo menos no Brasil, nunca houve – um tipo de injusto exclusivo da criminalidade de (*White-collar*) colarinho branco (E. SUTHERLAND). As previsões dos criminológos do início do século XX, acerca do surgimento

---

[51] GIORGIO MARINUCCI/EMILIO DOLCINI e KLAUS LUDERSSEN.
[52] JESUS-MARIA SILVA SANCHES.
[53] WINFRIED HASSEMER, FÉLIX HERZOG e JORGE DE FIGUEIREDO DIAS.
[54] CLAUS ROXIN.
[55] PEREIRA DOS SANTOS, G. Op. cit., p. 92.

416 Luciano Nascimento Silva

de uma nova espécie de criminalidade fundada no enredo das complexidades do mundo dos negócios, com a inerente substituição do emprego da violência pela inteligência e astúcia, encontrou no cenário do século XXI e do terceiro milênio, o ambiente perfeito. É a delinqüência econômica com a substituição da vítima-indíviduo pela vítima-coletivo, ou vítima-sistema, ou vítima-mercado.

Referindo-se às previsões lançadas por NICEFORO e FERRI, acerca do novo tipo de criminalidade, com a conseqüente diminuição da criminalidade tradicional, que se confirmou em parte, pois, os delitos contra a vida e o patrimônio não sofreram uma diminuição, PEDRO PIMENTEL já escrevia ao início dos anos setenta "a outra parte das previsões se concretizou integralmente. A criminalidade refinada, técnica hábil, se desenvolveu paralelamente com o aumento da complexidade da vida moderna, especialmente no campo da economia. Disfarçada, aqui, em grupo de homens de negócios, ali em empresa de vulto, acolá em sociedade comercial, a criminalidade prosperou largamente, impunemente, valendo-se das falhas da legislação, das deficiências do sistema, da corrupção, da pressão política, da exploração das mais diversas formas de prestígio social".[56]

Então, como formular uma definição para o Direito Penal Econômico? A dinâmica do mundo atual não autoriza uma conceituação estática para um fenômeno jurídico-penal-econômico que em pouquíssimas ocasiões fora submetido a um exame da criminologia. Os delitos econômicos são concretos e reais, cabendo ressaltar, que sua existência não se resume a uma *concepção unitária*. A questão reside, fundamentalmente, no exame minucioso dos interesses envolvidos merecedores de uma formulação da tutela penal. É de ser dito que a principal dificuldade encontra-se em situar o fenômeno dos preceitos legais existentes, de maneira a elevá-lo a categoria de estudo científico, já que o crime é um fato punível, e a pena uma sanção correspondente determinada. "O que ocorre, todavia, com o delito econômico é que, em termos normativos, muitas das suas modalidades não foram ainda albergadas como violações a uma lei preexistente e, *ex consequentia*, não se pode cogitar da legitimidade de uma sanção, à falta de prévia cominação legal. Se a tipicidade fática, a antijuridicidade e a culpabilidade são notas determinantes que devem ser apreciadas, de modo analítico e sintético, 'como elementos distintos de uma unidade estrutural', tal unidade estrutural pode e deve ser objeto de um estudo histórico, lógico

---

[56] Op. cit., p. 4-5.

A *(Moderna) Criminalidade Econômica* 417

e dogmático, a fim de que possa ser proposta uma adequada legislação, reclamada pela consciência social, vale dizer, por quantos assistem ao crescimento das novas manifestações delinqüenciais. Pensar de outro modo seria, erroneamente, defender uma dogmática petrificada e esquecer o compromisso da ciência criminal com o mundo da realidade, com o *polotische Umwelt*, de que Exner tanto nos falou, em páginas magistrais".[57]

No caso brasileiro, além de diversas disposições no Código Penal (*Dec.-lei n.° 2.848, de 07 de dezembro de 1.940*), inúmeras outras leis interferem na conformação do sistema legislativo do Direito Penal Econômico. Há diversas comissões, formais[58] e informais, promovendo estudos sobre a reforma da Parte Especial do Código Penal e praticamente todas elas buscam uma nova disciplina para o Direito Penal Econômico, mas apenas no campo normativo especial, sem qualquer referência a uma nova concepção do instrumental clássico do Direito Penal, a Parte Geral. Assim, fala-se apenas em restruturação dos tipos incriminadores, mas o processo de transformação deveria começar pela fixação de princípios para uma nova *Teoria Geral do Direito Penal Econômico*, desvinculando-se o Direito Penal Econômico do Direito Penal Clássico.

De outro lado, o ingresso do Brasil num sistema de relações econômicas internacionais em zona contínua e embrião de modelo comunitário obriga-o, e aos demais Estados-partes que compõem essa zona econômica, a encetar um processo de unificação do sistema repressivo a essa delinqüência como condição indispensável ao equilíbrio das relações entre seus membros. Apresentando-se, de forma imprescindível, para o alcance de tal objetivo a figura do *Parlamento do Mercosul*, e um estudo sobre a instituição do *Tribunal de Justiça (Supranacional) do Mercosul*, que vem sendo objeto de proveitosos debates, graças, especialmente, aos estudos da *Escola Nacional da Magistratura* e *Jurisul*.

Daí a necessidade irrefutável de alinhamentos para uma restruturação do instrumental clássico do Direito Penal, em quatro momentos distintos: num primeiro, com o intuito de demonstrar *A racionalidade da Teoria Geral do Direito Penal Econômico;* num segundo, a demonstração da existência de uma *especial legalidade dos delitos econômicos*; num

---

[57] Pereira dos Santos, G. Op. cit., p. 98-9.

[58] O saudoso professor João Marcelo de Araújo Júnior, que compôs uma delas, em publicação (*Dos Crimes contra a Ordem Econômica*. São Paulo: RT, 1995), propõe a restruturação dos delitos contra a ordem econômica em cem novos tipos penais (quando toda a Parte Especial do Código vigente tem duzentos e quarenta).

418 *Luciano Nascimento Silva*

terceiro, a *definição das estruturas clássicas do Direito Penal em seu novo perfil*; e, num quarto e último momento, a *Restruturação do Sistema de Penas para o Direito Penal Econômico* (Vide item 5, quadro detalhado dos objetivos).

Ao início dos anos sessenta (1963), JIMÉNEZ DE ASÚA, lecionando sobre a sua formulação peculiar do Direito Penal Econômico, já levantava todas, ou quase todas as questões discutidas nos dias atuais, falando da sua divisão em *princípios especiais* e por disposições de *Direito Penal Clássico*, mencionando acerca das proporções alcançadas pelos delitos econômicos, que para ele figurava como merecedores da atenção dos legisladores e estudiosos do Direito. Porém, não admitindo a autonomia do Direito Penal Econômico, face a sua origem totalitária. "Derecho penal económico. En los países de régimen autoritario, e incluso en aquellos de economia 'dirigida' o 'encauzada' por el Estado, surgió la idea de reunir todos los preceptos penales que a ese objetivo se refieren, bajo el título de *Derecho penal económico*, formado – en el sentir de SIEGERT – en parte por princípios especiales y en parte por disposiciones de Derecho penal común. Aunque es cierto que el delito 'económico' ha tomado grandes proporciones y que, por ello, tiene que merecer la atención de legisladores y juristas como han señalado muchos autores, entre los cuales se encuentra MANHEIN, ello no supone ni la primacia y proliferación de especies delictivas que se contempla en ciertos Códigos de épocas autoritarias, como el italiano de 1939 y el brasileño de 1940, ni tampoco que nos decidamos a constituir un *Derecho penal económico* autónomo, olvidando el origen totalitario de ese supuesto 'Derecho' que parecía condenado al ostracismo al imperar los regímenes democráticos. No ha sido así, sin embargo, pues parece salvarse, como parte del Derecho penal administrativo, por el empeño de EBERHARD SCHMIDT, de cuvas convicciones democráticas nadie duda, y por la ley de 26 de julio de 1949 (*Wirtschaftsstrafrechtsgesetz*) dictada en la Alemania occidental, cuya aparente democracia ha hecho pensar que sus leyes han abjurado de toda tendencia totalitaria. Por eso, de buena fe, pero acso con ingenuidad, ha hablado QUINTANO RIPOLLÉS de 'nueva dogmática del Derecho penal económico'. Con harta razón habla MAURACH de que es preciso evitar que proliferen excesivamente las leyes penales y del retroceso, que considera saludable, de esas disposiciones de Derecho penal económico, hijas de las restriciones de post-guerra que crearon el 'mercado negro'".[59] Diante do fenômeno da *globalização* como modelo social de poder hegemônico, o magistério de JIMÉNEZ DE ASÚA afirmando a salvação

---

[59] *Tratado de Derecho Penal.* 3ª edición. Buenos Aires: Losada, tomo I, 11.°-15.° millar, 1964, p. 57.

do Direito Penal Econômico como parte do Direito Penal Administrativo, encontra-se em cheque.

Realmente não se pode dizer que seja fácil a definição do Direito Penal Econômico. Interessante estudo fazem FIGUEIREDO DIAS e COSTA ANDRADE, procurando uma definição no sentido etimológico de forma a efetuar um plano demarcatório ou delimitado abdicando do que seria uma ambiciosa conceituação, diante da constatação de que o Direito Penal Econômico e sobretudo o conceito correspondente de crime contra a economia são apresentados de maneira diversa na criminologia, na criminalística e na dogmática jurídico-penal. Descartando, de imediato, a definição criminológica pautada no conceito do *White-collar crime* (E. SUTHERLAND), colocando o delito econômico como um tipo de injusto praticado por *pessoas de escalões sociais superiores*, ou por agentes de determinadas profissões numa atuação específica no âmbito da empresa (F. H. BERKAUER). Para os pensadores lusos, ambas as conceituações são insuficientes e inadequadas, principalmente, à luz de uma perspectiva jurídico-penal ou político-criminal. Assumem a idéia de KLAUS TIEDEMANN quando lecionam que "sem esquecer ainda que a criminologia, mais concretamente a fenomenologia criminal, é pressuposto de uma definição de delito económico com um mínimo de segurança. Enquanto não houver idéias seguras sobre as formas, freqüência etc. da criminalidade económica, todo o conceito de Direito Penal Econômico será, pelo menos, provisório".[60]

Os representantes da Escola de COIMBRA falam da pretensão de conceituação dos delitos econômicos através da criminalística, em virtude da identificação da complexidade em que estão envolvidos, o que ensejaria numa questão de competência, em que os mesmos só poderiam ser investigados e julgados mediante procedimentos especiais, envolvendo corporações policiais e magistrados detentores de conhecimentos apurados acerca da economia e da vida moderna, sempre em apurações envolvendo quantias vultuosas. Seria uma forma qualificada dos crimes patrimoniais, e se apresenta de maneira insatisfatória para uma formulação dogmática e político-criminal. Uma perspectiva, totalmente, inadequada. No entanto, falam que "a não adopção dum critério criminalístico ou criminológico não exclui, porém, o reconhecimento de que, em certos

---

[60] "Problemática Geral das Infracções contra a Economia Nacional". In: PODVAL, Roberto. *Temas de Direito Penal Econômico*. São Paulo: RT, 2000, p. 82.

casos, tais critérios assumem grande relevância. É o que acontece, como TIEDEMANN recorda, com os chamados subjectivos, certas qualidades do autor. Assim nos tipos que exigem, *v.g.*, que o agente exerça profissionalmente o comércio, pertença à administração ou conselho fiscal duma empresa ou, inclusivamente, seja uma sociedade comercial".[61]

Ainda falam sobre a utilização de um critério que vai trazer preocupações à criminologia, que é o critério da *violação da confiança*. Critério este, que coloca a vida econômica como imprescindível para a existência do delito econômico. De igual forma inadequado. Dessa maneira realizam uma crítica direta a GUNTER KAISER, que coloca a *confiança* como um valor fundamental da vida econômica merecedora de tutela penal. Apresentando-se como um critério plausível, os estudos dos autores (B. R. RIMANN, B. NIGGERMEYER e W. ZIRPINS), que dão uma definição ao delito econômico de forma a entender na *violação de confiança* uma ofensa ao bem jurídico denominado *vida econômica* ou *ordem econômica*. Reconhecem que os critérios criminológico, criminalístico ou ecléctico, desempenham uma importante função nessa construção da definição do Direito Penal Econômico, de maneira a realizar uma aproximação com a realidade que se torna objeto do estudo. No entanto, apontam um outro caminho, "parece-nos, porém, que só numa perspectiva jurídica lograremos uma definição que, além do mais, seja útil num plano de política criminal e de reforma legislativa".[62]

A perspectiva jurídica como ponto de partida para a realização de tal definição, não quer significar uma convergência de opiniões. Pois, o pensamento inicial reside no campo do Direito Econômico, disciplina de construção conceitual ampla e extensa, por demais, excessiva. FIGUEIREDO DIAS e COSTA ANDRADE preterem o conceito fornecido ao Direito Econômico como caminho para se chegar a definição de Direito Penal Econômico, por entenderem que "um conceito que já vimos definir: ora como *direito da empresa*, ora como o conjunto de *normas que conformam a economia e regulam o seu processo*, ora como *direito da direcção da economia do Estado*, ora como um simples *espírito particular* de tratamento do direito, como um meio *méthode d'approche* e não como qualquer ramo ou domínio específico do direito".[63] O que se pode entender de tal recusa é que se faz necessário uma conceituação, também, mais

---

[61] FIGUEIREDO DIAS e COSTA ANDRADE, op. cit., p. 83.

[62] Idem, p. 84.

[63] Idem, ibidem.

A *(Moderna) Criminalidade Econômica* 421

delimitada do Direito Econômico, "não veríamos quaisquer reservas fundadas em remeter para o Direito Econômico desde este se definisse claramente e em termos de tutela de valores fundamentais duma colectividade organizada, valores tão importantes que o próprio Estado se torna o seu portador e promotor. Desde que, em suma, se desse ao Direito Económico o sentido e o conceito tradicional na doutrina germânica. Nesta doutrina, de há muito é pacífico considerar o Direito Econômico como o direito da direção da economia, pelo Estado, como o conjunto das normas através das quais se traduz juridicamente a *intervenção* do Estado na economia – direcção e promoção (*v.g.* por meio de subvenções). No recurso ao direito penal para tutela destes mesmos valores se traduziria o Direito Penal Económico como defesa penal 'da economia nacional no seu conjunto ou das suas instituições fundamentais'. Seriam assim delitos económicos os 'que danificam ou põem em perigo a ordem económica como um todo'. Concretizando, pertenceriam ao Direito Penal Económico todas as normas incriminadoras que se inserem 'na direcção por parte do Estado dos investimentos, no controle de mercadorias e serviços, no controle dos preços, na luta contra cartéis e práticas restritivas da concorrência e, a partir sobretudo de 1950, na promoção da economia através, principalmente, das subvenções".[64]

A problemática da definição do Direito Penal Econômico é, por demais, árdua e complexa, tendo de maneira direta como fonte do seu surgimento, o Direito Econômico. E, tal complexidade, também, tem raízes na dicotomia do *caráter secundário do direito penal* e na *autonomia das normas e dos valores jurídico-penais*. O que quer significar que, a adoção doutrinária tanto de um quanto da outra, resultaria num retrato muito parecido do campo jurídico-penal repressivo. A questão é que no Direito Penal Econômico se está diante de *bens jurídicos superindividuais*, o que significa um nítido conflito com os *bens jurídicos individuais* do Direito Penal Clássico. Aparentemente a identificação de uma distinção irrefutável dos bens jurídicos poderia facilitar uma definição completa para o Direito Penal Econômico, mas a aparência é falsa. Pois, é esta identificação que provoca na doutrina uma restrição ou expansão do Direito Penal Econômico.

Sábia é a lição de FIGUEIREDO DIAS e COSTA ANDRADE lecionando com base na doutrina de KLAUS TIEDEMANN e ENRIQUE BACIGALUPO quando dizem que, "esta idéia leva a dogmática jurídico-penal para um espaço

---

[64] Idem, p. 86-7.

sensivelmente coincidente com aquele a que se chega a partir dum conceito estrito de direito económico. Não que com isto fiquem definitivamente superadas todas as dificuldades de definição. O critério encontrado permite, na sua aplicação prática, a identificação dum *núcleo* fundamental e geralmente reconhecido como Direito Penal Económico – direito penal dos preços, das subvenções, do comércio externo – mas não resolve – à margem de toda dúvida – certas zonas cinzentas. É o que acontece, entre outros casos, com a *protecção da concorrência*: será Direito Penal Económico enquanto defesa da instituição como tal, e já não enquanto punição de formas desleais de concorrência em detrimento dos demais concorrentes. São estas hesitações que permitem que autores, colocados na mesma perspectiva e adoptando o mesmo critério – o da intervenção do Estado –, restrinjam o Direito Penal Económico a um mínimo ou o alarguem exageradamente, de modo a incluir nele a maior parte do direito patrimonial do Código Penal".[65] O entendimento dos pensadores lusitanos, é o de reconhecer um *qualitativo* de caráter econômico das normas sancionadoras. No entanto, ressalvam que a proteção de tais bens ou interesses não pode restringir-se ao uso do Direito Penal.

Portanto, o que não pode ser deixado de lado, ou para outro momento que lhe seja atribuída uma maior adequação jurídico-política, ou mesmo político-jurídica é a idéia de construção de um *sistema penal econômico* que encontre seu real fundamento e legitimidade no diploma constitucional, na Carta Magna, em capítulos que concedam a específica autorização.

Tal idéia pode representar um núcleo de *critérios qualitativos*, de maneira a provocar o ressurgimento da discussão envolvendo o Direito Penal e um Direito de mera ordenação social, discussão esta que sempre foi vista como tradição doutrinal de enormes subsídios para uma distinção definitiva. "Com o que nos afrontamos com o problema, já aflorado, da distinção entre o Direito Penal (Económico) e um *Direito de mera ordenação social* (Económico). Problema que tem vínculos históricos muito estreitos com este setor do direito, porquanto foi no domínio da legislação económica que o problema surgiu e tem sido (quase exclusivamente) no seu âmbito que ele se tem desenvolvido. Este problema da distinção entre um Direito Penal e um Direito de mera ordenação social assenta numa tradição doutrinal que tem acumulado contributos dirigidos à descoberta duma linha clara de distinção. Tais contributos situaram-se durante muito tempo na perspectiva duma diferença qualitativa entre os dois domínios. Perspectiva

---

[65] Idem, p. 87

A *(Moderna) Criminalidade Econômica* 423

que tem as suas raízes nos esforços de GOLDSCHMIDT e WOLF e culminaram nos trabalhos de E. SCHMIDT. Falou-se, assim, dum direito que tinha a seu cargo uma função legitimista de proteção de interesses ou bens jurídicos essenciais; falou-se duma *ordem da administração* ao serviço do bem-estar público – contraposta a uma *ordenação jurídico-material* ao serviço da segurança duma esfera individual; falou-se dum ilícito *eticamente indiferente* – contraposto a um ilícito penal radicado na censurabilidade ética; falou-se ainda dum ilícito *construído* e positivo, sem fundamentação ética, contraposto a um ilícito preexistente e meramente *reconhecido* pelo legislador. Todas estas notas, de inequívoco valor tendencial, foram porém perdendo a capacidade como critério *qualitativo* separador de duas realidades essencialmente distintas. E hoje, assiste-se a uma certa tendência para abandonar ou esquecer esta distinção *qualitativa* (radicada na essência dos dois tipos de ilícitos) e trazer ao primeiro plano diferenças formais, processuais etc. (diferenças reveladas no direito positivo) que inequivo-camente separam os dois ordenamentos. Aceita-se que se trata de dois regimes jurídicos profundamente diferentes, mas dá-se prevalência na sua distinção a critérios como as sanções, entidades competentes para a sua aplicação, formas processuais. O que significa reconhecer que a inclusão duma infracção num ou noutro dos domínios passa necessariamente pelo critério – e discricionariedade – do legislador. Aceita-se uma distinção de caráter qualitativo ou antes, formal, o que não pode esquecer-se é que o *Direito de mera ordenação social* é, na expressão do saudoso professor E. CORREIA, *um aliud*, uma coisa diferente do Direito Penal. Diferença que emerge em pontos fundamentais como a possibilidade de sancionamento das pessoas colectivas, o caráter específico do processo, o seu sistema de reacções, a natureza *aberta* de muitas de suas tipificações, as instâncias encarregadas da promoção processual e da decisão (...). Este abandono – não sabemos se definitivo –, dum critério *qualitativo* não colide, porém – como já acentuamos –, com o reconhecimento do *Direito de mera ordenação social* como uma realidade *juridicamente* diferente, com um conjunto significativo de especialidades em relação ao *Direito Penal* e com a recepção *adaptada de algumas, das exigências fundamentais daquele direito – legalidade, culpa etc.*".[66]

O que não pode ser negado é que, assim como a separação prolatada entre a Constituição do Estado e o Direito Penal Clássico – durante épocas –, provocou o surgimento e a efetivação da arbitrariedade exercida pelo poder estatal através dos maus tratos, das penas cruéis, da tortura etc., a separação realizada entre a Constituição do Estado e o Direito Penal

---

[66] FIGUEIREDO DIAS e COSTA ANDRADE, op. cit., p. 88-90.

424   *Luciano Nascimento Silva*

Econômico – fundamentalmente a partir do início do século XX até os dias atuais –, tem provocado a efetivação da impunidade e a manutenção do nepotismo, em que se constata uma vontade explicita, por parte da maioria dos integrantes do poder político, dos representantes do judiciário e dos estudiosos do Direito, em efetivar esta separação de maneira que se concretize em divórcio definitivo, para uma argumentação de inconstitucionalidade sempre acolhida. "Aliás, FERRI já apregoava menos justiça penal, mais justiça social. Trazido à nossa realidade, o aforismo ficaria melhor expresso nos seguintes termos: justiça penal para a grande criminalidade – a criminalidade econômica – justiça social para a criminalidade clássica – a criminalidade dos pobres. Portanto, não se pode olvidar que o ataque à ordem econômico-financeira, colocada, pela Constituição, nos seus artigos 170 e 192, a serviço da justiça social e dos interesses da coletividade, é causa de desajuste social (por sua vez causa da criminalidade enfurecida), obstáculo à consecução dos fins primordiais do Estado, registrados, através de normas-objetivo, no texto constitucional".[67]

A propositura apresentada aqui é de natureza de transporte, uma transferência da teoria zafaroniana de uma *resposta marginal*. A finalidade objetivada com tal propositura é a sua realização em uma outra esfera, ou seja, uma <u>resposta marginal econômica</u>. Por se estar inserido no núcleo da marginalização do poder global econômico, para uma definição do Direito Penal Econômico, faz-se necessário uma *resposta marginal econômica*. "Evidentemente, em nossa região marginal não dispomos de 'elites do pensamento' pagas para elaborar respostas teóricas. Com a elaboração e a completitude lógica das respostas centrais, nossas respostas marginais sempre aparecerão como defeituosas. Como dependemos de referências teóricas centrais e de seus elementos, torna-se demasiadamente titânica a tentativa de criar algo semelhante a um marco teórico que permita uma aproximação da nossa realidade. Esta dependência nos obriga a lançar mão desses elementos, selecionando-os e combinando-os de acordo com algum critério que, em nosso caso, nos permita 'ver' os componentes teóricos – ou úteis –, necessários para hierarquizar e defender a *vida humana* e a *dignidade do homem*".[68] Trata-se de uma necessidade

---

[67] CARVALHO, M. D. L. *Da fundamentação Constitucional do Direito Penal...*, cit., p. 91.

[68] ZAFFARONI, Eugenio Raúl. *Em busca das penas perdidas: a perda de legitimidade do sistema penal*. Tradução por VÂNIA ROMANO PEDROSA e AMIR LOPES DA CONCEIÇÃO. Rio de Janeiro: Revan, 1991, p. 160-1.

A *(Moderna) Criminalidade Econômica* 425

inquestionável da formulação de um *realismo marginal econômico*, que não é de fácil construção, mas também, não é impossível.

A busca por uma definição do Direito Penal Econômico não passa pela finalidade da realização de justiça, como sempre foi entendido no Direito Penal Clássico, e que já a partir da segunda metade do século XX fora abandonada. O próprio Direito Penal contemporâneo[69] renunciou a *busca pela justiça* diante da constatação de um novo modelo social: a existência de um poder hegemônico global. As discussões acerca do poder/dever de punir – em matérias de biotecnologia; econômica; ambiental; consumidor; relações de trabalho; propriedade intelectual; concorrência: livre e desleal; formas de tráfico (órgãos, mulheres e crianças); sistemas de informação e transferência de dados; contra o Estado Democrático; crime organizado e transnacional etc. –, não reside no núcleo metafísico. A busca por um fundamento de punir no campo do Direito Penal Econômico tem de ser entendida como um imperativo social de continuidade da existência da humanidade.

Mesmo no campo do Direito Penal Clássico, numa visão contemporânea, antecipando-se ao seu tempo, já no século XIX – antes de qualquer um outro –, Tobias Barreto formulara uma *resposta marginal* para o fundamento do *ius puniendi*, afirmando que o fundamento de punir não é *filosófico, nem jurídico, mas político*. Dissertando sobre o *Fundamento do Direito de Punir*, escreve o insigne representante da Escola do RECIFE, "há homens que têm o dom especial de tornar incompreensível as coisas mais simples deste mundo, e que ao conceito mais claro que se possa formar esta ou aquela ordem de fatos, sabem dar sempre uma feição pelo qual o axioma se converte de repente num enigma da esfinge. A esta classe pertencem os metafísicos do direito, que ainda na hora presente encontram não sei que delícia na discussão de problemas insolúveis, cujo manejo nem sequer tem a vantagem comum a todos os exercícios de *equilibrística*, isto é, a vantagem de se aprender a cair com certa graça. No meio de tais questões sem saída, parvamente suscitadas, e ainda mais parvamente resolvidas, ocupa lugar saliente a célebre questão da *origem e fundamento de punir*. É uma espécie de advinha, que os mestres crêem-se obrigados a propor aos discípulos, acabando por ficarem uns e outros no mesmo estado de perfeita ignorância, o que aliás não impede que os ilustrados doutores, na posse das soluções convencionadas, sintam-se tão felizes e orgulhosos, como os padres do Egito a respeito dos seus hieró-

---

[69] Veja-se Araújo Júnior, João Marcelo de. "O Direito Penal Contemporâneo: fundamentos". Disponível na internet: http://www.femperj.org.br/, 28.08.2002.

glifos. Eu não sou um daqueles, é bom notar, não sou um daqueles, que julgam fazer ato de adiantada cultura científica, elidindo e pondo de parte todas as questões de caráter másculo e sério, sob o pretexto de serem outras tantas bolhas de sabão teoréticas, outros tantos quadros de fantasmagoria metafísica. **É preciso não confundir a impossbilidade de uma solução com a incapacidade de leva-la a efeito.** A metafísica não é, por si só, um motivo suficiente de menosprezo ou de indiferença para com certos assuntos (...). O direito de punir é um conceito científico, isto é, uma fórmula, uma espécie de notação algébrica, por meio da qual a ciência designa o fato geral e quase quotidiano da imposição de penas aos criminosos, aos que perturbam e ofendem, por seus atos, a ordem social (...). A indagação da origem do direito de punir é um fenômeno sintomático, de natureza idêntica ao da velha pesquisa psicológica da origem das idéias. E, coisa singular, estas duas manias tornaram-se epidêmicas numa mesma época, em tempos doentios de ilusões e divagações metafísicas (...). O direito de punir, como em geral todo o direito, como todo e qualquer fenômeno da ordem física ou moral, deve ter um princípio; mas é um princípio histórico, isto é, um primeiro momento na série evolucional do sentimento que se transforma em idéia, e do fato que se transforma em direito. Porém essa base histórica ou antes pré-histórica, considerada em si mesma, explica tampouco o estado atual do instituto da pena, como o embrião explica o homem, como a semente a árvore (...). Os criminalistas que ainda se julgam obrigados a fazer exposição dos diversos engendrados para explicar o direito de punir, o fundamento jurídico e o fim racional da pena, cometem um erro, quando na frente da série colocam a *vindita*. Porquanto a *vindita* não é um sistema; não é, como a defesa direta ou indireta, e as demais fórmulas explicativas ideadas pelas teorias *absolutas, relativas* e *mistas*, um modo de conceber e julgar de acordo com esta ou aquela doutrina abstrata, o instituto da pena; a *vindita* é a pena mesma, considerada em sua origem de fato, em sua gênese histórica, desde os primeiros esboços de organização social, baseada na comunhão de sangue e na comunhão de paz, que naturalmente se deram logo depois do primeiro albor da consciência humana, logo depois que o *pithecanthropo* falou... *et homo factus est* (...). A combinação binária da *justiça moral* com a *justiça social*, que se costuma dar como uma solução satisfatória do problema da penalidade, eu deixo aos **metaquímicos do direito**, que conhecem perfeitamente a natureza daqueles dois *sais* e as proporções exatas, em que eles devem ser combinados, a tarefa de explicá-la e demonstra-la perante os seus discípulos, dignos de melhores mestres (...). **O conceito da pena não é um conceito jurídico, mas um conceito político**. Este ponto é capital. O defeito das teorias correntes em tal matéria consiste justamente no erro de considerar a pena como uma conseqüência de direito, logicamente fundada; erro que é especulado por um certo humanitarismo sentimental, a fim de

A *(Moderna) Criminalidade Econômica*   427

livrar o malfeitor do castigo merecido ou pelo menos torna-lo mais brando. Como conseqüência lógica do direito, a pena pressupõe a imputabilidade absoluta, que entretanto nunca existiu, que não existirá jamais. O sentimentalismo volve-se contra este lado fraco da doutrina, combatendo a imputabilidade em todo e qualquer grau. Para isso lança mão de razões, psiquiátricas, históricas, pedagógicas, sociais e estatísticas; e todas estas razões é força confessar, são de uma perfeita exatidão. Mas isto na hipótese da pena regulada pela medida do direito, o que é de todo inadmissível, porque é de todo inexeqüível (...). **Quem procura o fundamento jurídico da pena deve também procurar, se é que já não encontrou, o fundamento jurídico da guerra**. Que a pena, considerada em si mesma, nada tem que ver com a idéia do direito, prova-o de sobra o fato de que ela tem sido muitas vezes aplicada e executada em nome da religião, isto é, em nome do que há mais alheio à vida jurídica. Em resumo, todo o direito penal positivo atravessa regularmente os seguintes estádios: primeiro, domina o princípio da *vindicta* privada, a cujo lado também se faz valer, conforme o caráter nacional, ou etnológico, a expiação religiosa; depois, como fase transitória, aparece a *compositio*, a acomodação daquela vingança por meio da multa pecuniária; e logo após um sistema de direito penal público e privado; finalmente, vem o domínio do direito social de punir, estabelece-se a princípio da punição pública (...). E ao concluir, para ir logo de encontro a qualquer censura, observarei que de propósito deixei de lado a questão do melhoramento e correção do criminoso por meio da pena, porque isto pertence à questão metafísica da *finalidade penal*, que é ociosa, além do mais, pela razão bem simples de que **a sociedade, como organização do direito, não compartilha com a Escola e com a Igreja da difícil tarefa de corrigir e melhorar o homem moral**. Aqui termino; o que deixo escrito é bastante para dar a conhecer o meu modo de pensar em tal assunto".[70]

A discussão em que está envolvido o *ius puniendi* na esfera da nova criminalidade, discussão esta pautada na busca por uma definição determinada, infalível, uma fórmula matemática, para o exercício do poder de punir, é o desejo mais profundo dos teoréticos positivistas, em revelar à humanidade (com um grau de certeza incontestável) quem é o pai de Deus. A definição do Direito Penal Econômico para o exercício do *ius puniendi*, com base nas determinações da Constituição do Estado – Título VII – Da Ordem Econômica e Financeira; e, Título VIII – Da Ordem

---

[70] *Estudos de Direito: Parte II – Direito Criminal: fundamento do direito de punir.* Campinas: Bookseller, 2000, p. 163-180 (negrito e grifos nosso).

Social –, no atual momento da história da humanidade, o direito que a nação/sociedade exerce com a sua punição quer significar, justamente, o exercício do direito de *legítima defesa*.

5. A TEORIA DA DEFINIÇÃO DAS ESTRUTURAS CLÁSSICAS DO DIREITO PENAL EM SEU NOVO PERFIL.

O presente tópico e os dois próximos prestam-se apenas para servirem de veículo para alguns apontamentos acerca do pensamento moderno que envolve o direito penal, mais precisamente, para exteriorizarem algumas idéias a serem (uma construção teórico-doutrinária) postadas e colocadas decisivamente daqui alguns anos na defesa do doutoramento. No estudo renovado da parte geral do diploma penal, busca-se uma definição das estruturas clássicas do Direito Penal em seu novo perfil, no campo da nova realidade estatal e econômica deste início de século e milênio.

Uma adequação princiológica do instrumental clássico à luz da estrutura da Teoria Geral do Direito Penal Econômico – concernente às regras no que tange ao estabelecimento dos princípios: *legalidade, ilicitude, culpabilidade, relação de causalidade, concurso de pessoas, penas e seus substitutivos* – em cotejo com as necessidades de construção de outro conjunto princiológico e normativo para os delitos econômicos. Devem ser outras as regras para determinação do princípio da legalidade pela maior profusão das leis penais em branco e da parcial ruptura da taxatividade de sua estrutura normativa. Outras também devem ser as regras no que tange ao estabelecimento da relação de causalidade, da tipicidade e da própria culpabilidade,[71] com reflexos na participação e co-autoria delitivas.

A análise dessas categorias de bens jurídicos não pode ser produzida de modo desvinculado, quais fossem situações estanques, desplugadas de um macro-sistema político, ideológico, social e econômico determinante de um particular modelo de intervenção estatal através daquela que – na

---

[71] A Constituição da República Federativa do Brasil, em algumas passagens abre a perspectiva para a responsabilização penal dos entes coletivos (arts. 173, §§ 4.º e 5.º, e 225, § 3.º). Tal espécie de responsabilidade é extremamente nova entre nós e havendo registro de experiências assim, no moderno Código Penal Francês (1994) e no sistema da *common law*.

esfera do direito tradicional –, é a mais incisiva demonstração do poderio estatal sobre o indivíduo, a pena criminal. Ocorre que a criminalidade individual (na sujeição ativa e/ou passiva) é muito mais severamente reprimida do que a de índole econômica (na qual existe necessariamente uma sujeição passiva coletiva e uma despersonalização individual no pólo ativo), o que, por certo aponta para a existência dos grandes paradoxos do direito punitivo.[72] O sistema de penas exige profunda análise de amoldação dos meios às finalidades. As penas privativas de liberdade (cabendo unicamente a menção a um irrefutável exame empírico acerca das penas privativas de liberdade de curta duração) são absolutamente inadequadas como molde repressivo para a delinqüência econômica, mormente nos casos de reconhecimento da responsabilidade penal da pessoa jurídica. Imperioso estabelecer-se um novo modelo sancionador.

Portanto, são objetivos teórico-doutrinários:

– **Demonstrar a racionalidade da Teoria do Direito Penal Econômico**
Demonstrar a racionalidade e a indispensabilidade para o sistema legislativo pós-moderno e contemporâneo, nacional e internacional, de uma Teoria para o Direito Penal Econômico que o possa distinguir do Direito Penal Comum, seja pelo bem jurídico protegido, seja pelas estruturas internas particulares que os fundam, ou ainda em função das conseqüências jurídicas que deles decorrem aos infratores para cumprimento dos desideratos penais tradicionalmente mais aceitos: finalidade de prevenção e repressão.

– **Demonstrar a especial legalidade dos delitos econômicos**
A aceitação das normas penais em branco em maior profusão e a ruptura do princípio da taxatividade, a admissão dos tipos penais abertos com integração analógica (não analogia) mais freqüente, face à especial qualidade de bem jurídico tutelado (necessariamente de ordem coletiva) são formas de demonstração da especial legalidade dos delitos econômicos.

– **Definição das estruturas clássicas do Direito Penal em seu novo perfil**
Estabelecer um conceito dinâmico, atual e próprio para a tipicidade, à ilicitude e a culpabilidade, com todas as suas nuanças em face da especialidade do Direito Penal Econômico.

---

[72] Tome-se como exemplo que a pena cominada à prática de um crime de furto cometido mediante fraude é o dobro daquela prevista para um crime de falência fraudulenta.

– Restruturação do sistema de penas para o Direito Penal Econômico

Constatando-se que a pena privativa de liberdade – sanção penal clássica – na maior parte dos casos não é capaz tanto de gerar o contra-estímulo necessário à prática do delito (prevenção), quanto recompor o dano causado pela conduta criminosa (reparação), ou ainda emitir um juízo de censura vital (repressão) aos agentes de delitos econômicos, urge propor um sistema alternativo dotado de eficácia não meramente simbólica (como muitas vezes se transforma a pena criminal) para cumprimento dessas finalidades.

6. OS VALORES CONSTITUCIONAIS E A PROTEÇÃO DOS BENS JURÍDICOS SUPRA-INDIVIDUAIS.

A idéia de bem jurídico é algo que perturba a dogmática jurídico-penal. Não é pretensão traçar aqui uma evolução do conceito de bem jurídico, com as mais diversas interpretações dadas pela doutrina penal ao longo da história, seja com BINDING, VON LISZT, KAUFMANN, WELZEL, BAUMAN, BIRBAUM, FEUERBACH ou BECCARIA, para chegar-se a um conceito de bem jurídico no Direito Penal Econômico. Embora admitamos seja impossível uma construção isolada. A propositura é no sentido de construir um conceito de bem jurídico que possibilite a definição da função do Direito Penal Econômico no Estado social e democrático de direito material, surgindo de tal definição a sua legitimidade. Ou seja, em outras palavras, trata-se da formulação de um *sistema penal econômico* fundado na Constituição do Estado, que em última instância vai representar um instrumento limitador do *ius puniendi*. Assunto, por demais, controvertido.

Diante de tal propositura surge uma questão fundamental: a dos *valores constitucionais* envolvendo a hierarquização, que na atual teoria e prática do Direito Penal Econômico não existe. E, em função dessa ausência de ordem hierárquica dos *valores constitucionais* se tem identificado (pelo menos no caso brasileiro) problemas sérios na apuração delituosa. Principalmente, em questões do meio ambiente[73] e da

---

[73] A Constituição do Brasil, prevê a existência de crimes contra o meio ambiente no artigo 225, §3.°. Como, também, além de fixar a existência delitiva, estabelece a res-

A (Moderna) Criminalidade Econômica

economia.[74] Acredita-se que isso aconteça em face da constatação do surgimento de bens que não são referidos a uma pessoa determinada. Fala-se, então, de uma divisão (em determinados casos ocorre à transformação) entre *bens jurídicos individuais* e *bens jurídicos supra-individuais*.

A análise obrigatória passa a ser a da divisão dos interesses individuais (constatando-se a superação da concepção de bem jurídico como direito subjetivo formulada por FEUERBACH) em coletivos e difusos. No entanto, BOLZAN DE MORAIS lecionando sobre a transformação de tais bens jurídicos vai dizer que, "não implica se lhes negar o caráter subjetivo, mesmo que este seja mediatizado por uma coletividade indeterminada ou mesmo indeterminável, até porque tais interesses pertencem a todos e a ninguém, a todos e a cada um".[75]

Sobre a discussão dos *bens jurídicos* no Direito Penal Econômico, COSTA ANDRADE vai fornecer seu magistério numa concepção *genética*, quando diz que "são eles, em grande maioria um produto histórico do intervencionismo do Estado moderno na vida econômica".[76] Abrangente e completa entende-se a lição de FIGUEIREDO DIAS quando leciona que, "tanto no direito penal geral como no direito penal econômico temos a ver com a ofensa a verdadeiros bens jurídicos: só que os daquele se relacionam com o livre desenvolvimento da personalidade de cada homem como tal, enquanto os deste se relacionam com a atuação da personalidade do homem enquanto fenômeno social, em comunidade e em dependência recíproca dela. Desta forma, de resto, se ligam uns e outros **à ordem de valores**, ao ordenamento axiológico que preside a Constituição democrática do Estado; simples-

---

ponsabilização penal da pessoa jurídica (artigo 173, §§ 4.º e 5.º), com regulamentação através da Lei n.º 9.605, de 12 de fevereiro de 1.998.

[74] No caso dos delitos econômicos a Constituição estabelece modalidades de delinqüência econômica no artigo 173, §2.º. Tais modalidades são previstas pela seguinte legislação ordinária federal: Lei n.º 8.137/90 – crimes contra a ordem tributária, econômica e contra as relações de consumo; Lei 8.176/91 – crimes a ordem econômica e cria o sistema de estoques de combustíveis; Lei n.º 8.884/94 – infrações à ordem econômica CADE – Conselho Administrativo de Defesa Econômica; e, Lei n.º 9.069/95 – Plano Real.

[75] *Do direito social aos interesses transindividuais: o estado e o direito na ordem contemporânea*. Porto Alegre: Livraria do Advogado, 1.996, p. 111-2).

[76] "A nova lei dos crimes contra a economia (Dec.-lei 26/84 de 20 de janeiro) à luz do conceito de "bem jurídico"". In Ciclo de Estudos de Direito Penal Econômico, Coimbra, 1984. *Direito Penal Econômico*. Coimbra: Centro de Estudos Judiciários: 1.985, p. 93.

432 Luciano Nascimento Silva

mente, em quanto os bens jurídicos do direito penal geral se devem considerar concretização dos valores constitucionais ligados aos direitos, liberdades e garantias fundamentais dos cidadãos, os bens jurídicos do direito penal econômico surgem como concretização dos valores ligados aos direitos sociais e à organização econômica contidos ou pressupostos na Constituição".[77]

Mesmo diante de determinadas posições doutrinárias,[78] que consideram não haver uma hierarquia de valores entre os *bens jurídicos individuais* e os *supra-individuais*, que sustentam no dizer de uma ausência de *conflito* ou *contraposição* dos referidos bens, entende-se que na verdade a discussão não é dirigida a esse propósito, mas sim, à construção de um *conceito de bem jurídico* que determine o surgimento da legitimidade do *ius puniendi* e o nascimento de um novo direito penal. Qual seja, o Direito Penal Econômico como disciplina autônoma. A idéia é de construir um *sistema penal econômico constitucional* que encontre seu fundamento e legitimidade na Constituição do Estado.

Portanto, numa busca por uma formulação teórico-doutrinária da construção do bem jurídico como núcleo da teoria da definição das estruturas modernas do direito penal (moderno) econômico, são objetivos:

---

[77] "Breves Considerações sobre o fundamento, o sentido e a aplicação das penas em direito penal econômico". In Ciclo de Estudos de Direito Penal Econômico, 1984, Coimbra. *Direito Penal Econômico*. Coimbra: Centro de Estudos Judiciários, 1985, p. 37.

[78] Alguns autores sustentam que a questão estaria mal colocada. Para PEDRAZZI, Cesare. "El bien jurídico em los delitos económicos". Tradução A. A. Richart Rodríguez. In BARBERO SANTOS, M. *Los delitos sócio-economicos*. Madrid, Universidad de Madrid, 1.985, p. 284, não seria de *contraposição*, mas sim, de *ponderação*. Para RÉGIS PRADO, Luiz. *Bem jurídico-penal e Constituição*. 2ª edição. São Paulo: RT, 1.997, p. 91; ESTELLITA SALOMÃO, Heloisa. *A tutela penal e as obrigações tributárias na Constituição Federal*. São Paulo: RT, 2.001, p. 177, tratar-se-ia de uma *recondução à pessoa humana por uma relação teleológica*, sustentando que *a renúncia a esta diretriz implica o risco de hipertrofia do Direito Penal (...) através da 'administrativização' da tutela penal*. Posicionamento, extremamente, semelhante têm FIANDACA, Giovanni. "Il 'bene giuridico' come problema teorico e come criterio di politica criminale". *Rivista Italiana di Diritto e Procedura Penale*, 1.982, p. 72; PALAZZO, Francesco. "I confini della tutela penale: selezione dei beni e criteri di criminalizzazione". *Rivista Italiana di Diritto e Procedura Penale*, n.º 2, 1.992, p. 466; BUSTOS RAMÍRES, Juan. "Perspectivas atuais do direito penal econômico". Tradução por M. M. Vieira e Odone Sanguiné. *Fascículos de Ciências Penais*, vol. 4, n.º 2, 1.991, p. 5.; e, MIR PUIG, Santiago. *El derecho penal em el Estado social e democrático de derecho*. Barcelona: Ariel, 1.994, p. 164.

A *(Moderna) Criminalidade Econômica* 433

– A construção do conceito de bem jurídico no Direito Penal Econômico

A busca por um *sistema penal econômico* fundado na Constituição do Estado, que represente instrumento limitador do *ius puniendi*, fundamentalmente, passa pelo momento de *afetação* desse bem jurídico (envolvendo a tipicidade e a concepção de antijuridicidade) como caracterizadora do injusto. Num primeiro momento, a intenção é buscar uma harmonização concreta da dupla função do bem jurídico, o equilíbrio do referencial *pessoal* e *social*. Num segundo, a condensação de acontecimentos em devir, as chamadas *posições finais* tão exigidas pelo Estado social e democrático de direito material. O que caracteriza a ordem econômica (seja na sua manifestação *extricta* ou *ampla*)[79] como objeto de proteção do Direito Penal Econômico.

– A demonstração da Ordem Econômica como bem jurídico fundamental tutelado pela lei penal

Traçar um histórico temático da ordem econômica que possibilite a melhor compreensão da criminalidade econômica, enfocando tanto o aspecto criminológico como normativo. Tal propósito vai possibilitar uma definição irrefutável do crime econômico satisfazendo, assim, a tutela da ordem econômica. A intenção é colher subsídios para apontamento de uma **política criminal** para o **Direito Penal Econômico**, diante de uma coordenação da atividade econômica nacional e transnacional. É a identificação definitiva da desregulação ou desregulamentação como forma de um novo modelo de Estado, ao mesmo tempo a constatação de mudanças nas sociedades, nas cadeias produtivas, na ciência e na tecnologia, com atenção especial para o que se denomina de **corpo empresarial globalizado** que não se satisfazendo mais com sua posição nacional ou internacional, amplia sua atuação objetivando uma **atividade econômica planetária**.

– A demonstração dos valores constitucionais na proteção dos bens jurídicos supra-individuais

Num primeiro plano, demonstrar a origem remota dos valores supra--individuais desde a formulação do modelo de Estado de direito liberal, com a conseqüente relevância que lhe proporcionou a edição do Estado social e democrático de direito; a análise dos fenômenos de transformação e avanço nos campos científico e tecnológico que provocaram no direito penal clássico uma verdadeira hipertrofia na proteção desses valores de ordem

---

[79] Posicionamento diferente adotam Bajo Fernandes, Miguel. Bacigalupo, Silvina. *Derecho Penal Econômico*. Madrid: Editorial Centro de Estudos Ramón Areces, 2.001, p. 17.

coletiva e difusa. Num segundo, demonstrar a real possibilidade da transformação de valores individuais (face o bem jurídico tutelado) em valores supra-individuais fundados na Ordem Econômica e Social e, ao mesmo tempo, a busca de resoluções para o conflito e concurso desses valores. Tendo a Constituição do Estado como núcleo ético para a formulação de um **sistema penal econômico constitucional** e, sua conseqüente **política criminal** e **dogmática penal**.

– A demonstração do planeta interligado e dos delitos macroeconômicos

Demonstrar a irracionalidade do processo de globalização, que provoca a transformação do que antes era caracterizado como delitos contra a economia nacional, alterações artificiais do mercado, aproveitamento de informação confidencial, evasões impositivas, monopólios e oligopólios,[80] que eram consideradas condutas típicas de delitos em âmbito nacional, são agora condutas lícitas na economia mundial. Em virtude de uma completa ausência de **poder regulador ou criminalização** em nível global praticadas em proporções macroeconômicas.[81] O que provoca o surgimento do **crime organizado transnacional**, de difícil combate por parte do Estado, por ser este uma de suas vítimas, com a tradução da perspectiva: **a)** o crescente domínio do delito econômico com a tendência de apropriar-se da economia mundial, diante da impotência dos Estados nacionais e dos organismos internacionais (*cada dia mais as atividades econômicas em nível planetário assumem maior semelhança com as práticas criminais mafiosas*); e, **b)** No marcado território do meio ambiente, que anuncia a produção de graves alterações na biosfera.[82] O que coloca como tema atual às relações entre o **Direito Penal** e **Direito Administrativo Sancionador**, que fora uma das primeiras questões surgidas com o nascimento do **Direito Penal Econômico**, resultando na questão principal que é a **responsabilidade criminal da pessoa jurídica**, frente a algumas figuras delitivas que se cometem ordinariamente mediante a utilização de organizações supra-individuais.[83]

---

[80] ZAFFARONI, op. cit., p. 22.

[81] Idem. Ibidem.

[82] Idem, p. 23.

[83] BAJO FERNANDES, Miguel. BACIGALUPO, Silvina., op. cit., p. 23.

7. CONSIDERAÇÕES CONCLUSIVAS

O Direito Econômico e o conseqüente Direito Penal Econômico da era pós-moderna e contemporânea de final de século e começo de novo milênio representa algo totalmente diferente daquele fenômeno surgido no início do século XX objeto de estudos dos filósofos alemães. O que antes era possível, atualmente já não o é mais, o propósito de estabelecer um conceito imutável seja do Direito Econômico ou do Direito Penal Econômico é algo realistamente não recomendável. O que antes não se admitia, como uma propositura de autonomia da ciência penal econômica, hoje é pauta de discussão acadêmica e doutrinária, como também representa preocupação da formulação político-criminal e da dogmática jurídico-penal. E mais do que nunca, identifica-se um déficit de investigação criminológica (inter) nacional do fenômeno penal econômico, que o mantém ligado a terminologias vazias como: direito penal do mundo dos negócios, criminalidade empresarial, criminalidade econômica, criminalidade moderna, criminalidade organizada, criminalidade de empresa, a criminalidade do *White collar* etc.

A sua identificação remota, com o surgimento do que ficou conhecido como sendo Direito Penal *extravagante, acessório* ou *secundário*, que também é chamado de *direito penal administrativo*, não comporta mais tal conceituação numa visão global do Direito Penal Econômico, corroborando a idéia de EDUARDO CAVALCANTI,[84] *a problemática do fenômeno penal econômico não pode ser submetida a uma análise divorciada dos demais temas jurídico-penais de relevante conflagração*, que estabelecem atualmente pontos fundamentais de discordância entre o Direito Penal Clássico e o Direito Penal Econômico, não é admissível um exame desprovido do ambiente contextual, sobretudo das condições culturais e sociais.

A problemática do fenômeno penal econômico, assim como da sociedade moderna é de extrema complexidade. Pois, por primeiro, requer-se a constatação de uma existente não-subordinação da política criminal frente à dogmática jurídico-penal. Como sustentado por FIGUEIREDO DIAS,[85] *a primeira sendo vista como a ciência que delimitou*

---

[84] *Pós-Modernidade e Direito Penal Econômico*. Monografia apresentada no curso de especialização em Direito Penal Econômico – Instituto Brasileiro de Ciências Criminais e Instituto de Direito Penal Econômico e Europeu da Universidade de Coimbra. São Paulo: IBCCRIM/IDPEE, 2001.

[85] "O comportamento criminal e a sua definição: o conceito material de crime". *Questões fundamentais do Direito Penal revisitadas*. São Paulo: RT, 1999.

seu objeto a partir do que já foi especificado pelo Direito Penal, gozando, portanto, atualmente de uma posição de autonomia e transcendência em relação ao domínio jurídico-criminalmente relevante. Na atualidade o que se tem é uma relação de igualdade (política criminal e dogmática jurídico-penal) de importância para a ciência penal, cada uma com a sua tarefa peculiar, mas associativa; por segundo, daí resultar um retrato *dos tópicos filosófico-jurídicos do Direito Penal Moderno* (EDUARDO CAVALCANTI). Tal relação de igualdade fazendo exteriorizar os pontos fundamentais do Direito Penal a partir da Modernidade. Torna-se um processo evolutivo, já que se identifica uma relação genética entre Modernidade e Pós-Modernidade.

A Pós-Modernidade exercendo influência direta sobre o Direito Penal Econômico, num destaque da maneira pela qual esse novo paradigma filosófico atinge as nuanças conflituosas (sistemas: clássico e moderno), desse fenômeno que tem sido denominado de ramo específico do Direito Penal, precipuamente daquelas questões destacadas da dogmática jurídico-penal. O que faz amarrar um ponto de fundamental importância identificado nas relações intrínsecas (criminologia, política criminal e dogmática jurídico-penal) entre Modernidade e Direito Penal Econômico, com a conseqüente identificação do surgimento do Tecnicismo Jurídico.

Todo esse arcabouço faz determinar a importância do Direito Penal Econômico na nova era, impõe à doutrina e à legislação um reexame constante e periódico (geralmente voltado para a ampliação) do seu conceito; provocou o surgimento da terceira geração de bens jurídicos, não mais individual ou social, mas coletivo e difuso; acrescentou contributos de fundamentação aos aspectos de constitucionalidade das espécies delituosas de perigo, mais precisamente dos delitos de perigo abstrato; faz determinar de uma vez por todas o Direito Penal Econômico como objeto de investigação interdisciplinar, envolvendo criminologia, dogmática e sociologia-jurídica.

Os instrumentos fornecidos pelo Direito Penal Clássico – para um combate à criminalidade moderna –, são identificados e demonstram um verdadeiro estado de hipertrofia, o que provoca uma preocupação por parte das instâncias operacionais (agências policiais, advocacia, magistério jurídico, ministério público, magistratura etc.) do Direito Penal. Surge, então, uma visão do Direito Penal Econômico no campo da realidade estatal e econômica do mundo globalizado, enxergando sua problemática (sistema dualista) residindo seja na autonomia ou nas possibilidades de conversações, que têm recebido da doutrina às terminologias de:

expansão sem freios da intervenção penal (GIORGIO MARINUCCI e EMILIO DOLCINI[86] e KLAUS LUDERSSEN)[87]; *expansão moderada da intervenção penal* (SILVA SÁNCHEZ),[88] *função exclusiva de proteção subsidiária aos bens jurídicos fundamentais* e *defesa dos direitos, liberdades e garantias das pessoas* (FÉLIZ HERZOG,[89] HASSEMER[90] e FIGUEIREDO DIAS),[91] ou ainda a chamada *ordenação social* imbuída em garantir a paz, a continuação da existência humana e a conservação da liberdade (CLAUS ROXIN).[92] O posicionamento adotado no presente ensaio, como iniciação de uma construção teórico-doutrinária, é o do entendimento do Direito Penal Econômico como disciplina autônoma.

Procura-se, objetiva e especificamente demonstrar de forma doutrinária a autonomia do Direito Penal Econômico, com a estipulação de pontos teóricos fundamentais como: a demonstração da racionalidade da Teoria do Direito Penal Econômico numa comprovação de sua indispensabilidade para o sistema legislativo global, determinando a separação definitiva entre Direito Penal Econômico e Direito Penal Clássico, a emissão de uma *Carta de Alforria* para o Direito Penal Econômico, seja pelo bem jurídico protegido, seja pelas estruturas internas, seja pelos desideratos penais tradicionais de prevenção e repressão; a demonstração

---

[86] Diritto penale 'minimo' e nuove forme di criminalitá. *Rivista Italiana di Diritto e Procedura Penale*, Milano, anno XLII, fasc. 3, p. 802-20, juglio/settembre, 1999.

[87] El derecho penal entre el funcionalismo y el pensamiento vinculado a los princípios "europeus tradicionales" O: adiós al derecho penal "europeu tradicional". Traducción de MANUEL CANCIO MELIÁ. *Cuardernos de Dctrina y Jurisprudencia penal*, Buenos Aires, n.° 9, p. 59-94, mayo, 1995.

[88] *La expanción del derecho penal: aspectos de la política criminal en las sociedades postindustriales.* Madrid: Civitas, 1999.

[89] Algunos riesgos del Derecho Penal del riesgo. *Revista Penal*, n.° 4, Huelva--Salamanca-Castilla-La Mancha, Praxis, p. 54-57, 1999.

[90] "Perspectivas del Derecho penal futuro". Tradución de ENRIQUE ANARTE BORRALLO. *Revista Penal*, Huelva-Salamanca-Castilla-La Mancha, ano 1, n.° 1, p. 37-41, janeiro, 1998. "Crítica al derecho penal de hoy". Tradução por P. S. ZIFFER. Bogotá: Universidad Externato de Colômbia, 1998.

[91] "O Direito Penal entre a "Sociedade Industrial" e a "Sociedade do Risco"". *Revista Brasileira de Ciências Criminais*, São Paulo, ano 9, n.° 33, p. 38-65, jan./mar., 2001. "Para uma dogmática do direito penal secundário. Um contributo para a reforma do direito penal económico e social português". In: PODVAL, Roberto. *Temas de Direito Penal Econômico*. São Paulo: RT, 2000.

[92] "Problemas atuais da política criminal". *Revista Ibero-Americana de Ciências Penais*, Porto Alegre, vol. 2, fasc. 4, p. 11-18, set./dez., 2001.

da especial legalidade dos delitos econômicos numa diferenciação irrefutável com os delitos clássicos, envolvendo aceitação das normas penais em branco, interpretação analógica, ruptura do princípio da taxatividade, qualidade de bem jurídico tutelado etc.; uma definição das estruturas clássicas do Direito Penal em seu novo perfil, no estabelecimento de um conceito dinâmico, atual e próprio para legalidade, tipicidade, ilicitude, culpabilidade, concurso de pessoas, penas e seus substitutivos.

A comprovação é a de que não existe mais um Direito Penal Econômico nacional, num momento de desenvolvimento e expansão de um *poder planetário* (ZAFFARONI), fundado nos objetivos da globalização econômica, constata-se que a existência do Direito penal Econômico é internacional, a criminalidade econômica não enxerga fronteiras. A demonstração é a da ausência de um exame criminológico (inter) nacional, de uma política criminal e sua conseqüente dogmática jurídico-penal no sentido da criação de um *sistema penal econômico* organizado e de caráter transnacional, que fez do século XX *o século do crime* (JOSÉ ARBEX JR. e CLAUDIO JULIO TOGNOLLI)[93] econômico, o inevitável reconhecimento da existência de uma *globalização do crime* (JEFFREY ROBINSON)[94] econômico. Surgindo, como desafio a criação de um *sistema penal econômico constitucional* fundado na Constituição do Estado, e a criação de organismos internacionais com base na universalidade da jurisdição. Uma justiça penal-econômica-constitucional-internacional, o estabelecimento de uma nova *clientela* para o direito penal, os poderosos.

O Direito Penal Econômico diante do processo de globalização da economia e da formação dos blocos de integração regional, obriga à identificação de uma aproximação ou contaminação dos sistemas jurídicos. É o caso do embate clássico travado entre os princípios *societas delinquere non potest* e *societas delinquere potest*, que envolve a responsabilidade penal dos entes coletivos representando tema polêmico na doutrina e no ordenamento jurídico pátrios. Representa uma tradição do direito anglo-saxão e do sistema do *common law*, que se espalha pelos sistemas ocidentais de forma a representar uma necessidade irrenunciável para os próximos decênios de anos.

Em outras palavras, quer significar *o Direito Penal Econômico como Direito Penal da Empresa delimitado* (ASTOLFO DI AMATO[95] e TERRA-

---

[93] *O Século do Crime*. São Paulo: BoiTempo, 2000.

[94] *A globalização do crime*. Tradução por RICARDO INOJOSA. Rio de Janeiro: Ediouro, 2001.

[95] *Diritto Penal dell'Impresa*. Milano: Giuffrè, 1995.

DILLOS Basoco),[96] representando passo fundamental para a criação do *sistema penal econômico constitucional* nos países ocidentais. Aqui, pode-se identificar perfeitamente os *dogmas* do sistema penal clássico na visão do garantismo de que não existe um *ius puniendi* (Luigi Ferrajoli[97] e Vicente Greco Filho),[98] tratando-se de um dever do Estado reparar a situação originária, que não reconhece uma teoria para o Direito Penal Econômico e outra para o Direito Penal Clássico, começando pela admissão ou não da responsabilidade penal da pessoa jurídica; o enfoque da responsabilidade penal: objetiva e subjetiva; a utilização ou não da imputação objetiva num âmbito extremamente propício etc..

A sociedade do terceiro milênio, é uma *sociedade de riscos acentuados* (Niklas Luhmann,[99] Anthony Giddens,[100] Ulrich Beck[101] e Jean Gimpel),[102] representada pela insegurança jurídica extremada, pela composição de *sujeitos passivos* (Silva Sánchez), pela inevitabilidade do processo de globalização da economia na formação dos blocos regionais. É uma sociedade da integração supranacional, inaugura a *era da incerteza* (Kenneth Galbraith,[103] Eric Robsbawn[104] e Ilya Prigogine),[105] da minimização dos deveres do Estado e do fim da soberania na formulação clássica do conceito de Jean Bodin.[106] Mas também, presencia a sua

---

[96] *Derecho Penal de la Empresa*. Madrid: Trotta, 1.995. *Empresa y Derecho Penal*. Buenos Aires: Ad-Hoc, 2001.

[97] *Derecho y Razón: teoía del garantismo penal*. Madrid: Trotta, 1995.

[98] Curso de Pós-Graduação. Disciplina "Crimes contra a Ordem Tributária". São Paulo: Faculdade de Direito da Universidade de São Paulo – FADUSP, aula de 17 de abril de 2.002.

[99] *Procedimenti giudici e legittimazione sociale*. Milano: Giufrrè, 1995.

[100] *O mundo na era da globalização*. Tradução de Saul Barata. Lisboa: Editorial Presença, 2000.

[101] *La sociedad del riesgo: hacia una nueva modernidad*. Tradución de Jorge Navarro, Daniel Jiménez e Maria Rosa Borrás. Barcelona: Ediciones Paidós Ibérica, 1998.

[102] *A Revolução Industrial da Idade Média*. 3ª edição. Lisboa: Publicações Europa-América, 2001.

[103] *A Era da Incerteza*. Tradução por F. R. Nickelsen. 9ª edição. São Paulo: Pioneira, 1998.

[104] *A Era das Revoluções (1789-1848)*. Tradução por Maria Tereza Lopes Teixeira e Marcos Penchel. 12ª edição. Rio de Janeiro: Paz e Terra, 2000.

[105] *O fim das certezas: tempo, caos e as leis da natureza*. Tradução por Roberto Leal Ferreira. 3ª edição. São Paulo: UNESP, 1996.

[106] *Les Six Livres de la République*. Edição e Apresentação por Gerard Meiret. Paris, 1993.

440 *Luciano Nascimento Silva*

subdivisão no embate entre *civilização capitalista* versus *civilização comunitária,* que quer representar os modelos de sociedade fechada (capitalista) e sociedade aberta (comunitária) (KONDER COMPARATO),[107] sendo que os modelos são incompatíveis.

8. INDICAÇÕES BIBLIOGRÁFICAS

AFTALIÓN, Enrique. *Tratado de derecho penal especial.* Buenos Aires: Ediar, 1963.

ARAÚJO JÚNIOR, João Marcelo de. "Os crimes contra o sistema financeiro no esboço da nova parte especial do Código Penal de 1994", *Revista Brasileira de Ciências Criminais*, São Paulo, v. 3, n.° 11, p. 145-165, jul/set., 1995.

_____; *Dos crimes contra a ordem econômica.* São Paulo: RT, 1995.

_____; O Direito Penal Contemporâneo: fundamentos. Disponível na internet: http://www.femperj.org.br/, 28.08.2002.

ARBEX JR., José. JULIO TOGNOLLI, Cláudio. *O Século do Crime.* São Paulo: BoiTempo, 2000.

BAJO FERNANDES, Miguel. BACIGALUPO, Silvina. *Derecho Penal Económico.* Madrid: Editorial Centro de Estudos Ramón Areces, 2.001.

BARBERO SANTOS, Marino. *A reforma penal: ilícitos penais econômicos.* Rio de Janeiro: Forense, 1987.

BARRETO, Tobias. *Estudos de Direito: Parte II – Direito Criminal: fundamento do direito de punir.* Campinas: Bookseller, 2000.

BATISTA, Nilo. *Introdução crítica ao direito penal brasileiro.* 4ª edição. Rio de Janeiro: Revan, 2001.

BECK, Ulrich. *La sociedad del riesgo: hacia una nueva modernidad.* Tradución de JORGE NAVARRO, DANIEL JIMÉNEZ e MARIA ROSA BORRÁS. Barcelona: Ediciones Paidós Ibérica, 1998.

BINETTI, Saffo Testoni. Iluminismo In: BOBBIO, Norberto, MATTEUCCI, Nicola, e PASQUINO, Gianfranco. *Dicionário de Política.* 5ª edição. Brasília: Edunb, 1993.

BUSTOS RAMÍRES, Juan. "Perspectivas atuais do direito penal econômico". Tradução por M. M. Vieira e Odone Sanguiné. *Fascículos de Ciências Penais*, vol. 4, n.° 2, 1.991.

CABRAL DE MONCADA, Luís S. *Direito Económico.* 3ª edição. Coimbra: Coimbra Editora, 2000.

CASTILHO, Ela Wiecko V. de. *O controle penal nos crimes contra o sistema*

---

[107] Curso de Pós-Graduação. Disciplina Ética e Direito. São Paulo: Faculdade de Direito da Universidade de São Paulo – FADUSP, aula de 27 de junho de 2002.

financeiro nacional: Lei n.° 7.492, de 16 de junho de 1986. Belo Horizonte: Del Rey, 1998.

CAVALCANTI, Eduardo Medeiros. *Pós-Modernidade e Direito Penal Econômico*. Monografia apresentada no curso de especialização em Direito Penal Econômico – Instituto Brasileiro de Ciências Criminais e Instituto de Direito Penal Econômico e Europeu da Universidade de Coimbra. São Paulo: IBCCRIM/IDPEE, 2001.

COSTA ANDRADE, Manuel da. "A nova lei dos crimes contra a economia (Dec.-lei 26/84 de 20 de janeiro) à luz do conceito de "bem jurídico"". In Ciclo de Estudos de Direito Penal Econômico, Coimbra, 1984. *Direito Penal Econômico*. Coimbra: Centro de Estudos Judiciários: 1.985.

_____; FIGUEIREDO DIAS, Jorge de. Problemática Geral das Infracções contra a Economia Nacional. In: PODVAL, Roberto. *Temas de Direito Penal Econômico*. São Paulo: RT, 2000.

DI AMATO, Astolfo. *Diritto Penal dell'Impresa*. Milano: Giuffrè, 1995.

ESTELLITA SALOMÃO, Heloisa. *A tutela penal e as obrigações tributárias na Constituição Federal*. São Paulo: RT, 2.001.

FARIA COSTA, José Francisco de. O fenômeno da globalização e o direito penal econômico. *Apud* SILVA FRANCO, A. "Globalização e criminalidade dos poderosos". In: PODVAL, Roberto. *Temas de Direito Penal Econômico*. São Paulo: RT, 2000.

FERRAJOLI, Luigi. *Derecho y Razón: teoía del garantismo penal*. Madrid: Trotta, 1995.

FERRO, Marc. *História das Colonizações: das conquistas às independências – séculos XIII a XX*. Tradução por ROSA FREIRE D'AGUIAR. São Paulo: Companhia das Letras, 1996.

FIANDACA, Giovanni. "Il 'bene giuridico' come problema teorico e come criterio di politica criminale". *Rivista Italiana di Diritto e Procedura Penale*, 1.982.

FIGUEIREDO DIAS, Jorge de. O comportamento criminal e a sua definição: o conceito material de crime. *Questões fundamentais do Direito Penal revisitadas*. São Paulo: RT, 1999.

_____; O Direito Penal entre a "Sociedade Industrial" e a "Sociedade do Risco". *Revista Brasileira de Ciências Criminais*, São Paulo, ano 9, n.° 33, p. 38-65, jan./mar., 2001.

_____; Para uma dogmática do direito penal secundário. Um contributo para a reforma do direito penal económico e social português. In: PODVAL, Roberto. *Temas de Direito Penal Econômico*. São Paulo: RT, 2000.

FIGUEIREDO DIAS, Jorge de. "Breves Considerações sobre o fundamento, o sentido e a aplicação das penas em direito penal econômico". In Ciclo de Estudos de Direito Penal Econômico, 1984, Coimbra. *Direito Penal Econômico*. Coimbra: Centro de Estudos Judiciários, 1985.

_____; COSTA ANDRADE, Manuel da. Problemática Geral das Infracções contra a Economia Nacional. In: PODVAL, Roberto. *Temas de Direito Penal Econômico*. São Paulo: RT, 2000.

FLORA, Giovanni. "Il rilievo dei principi costituzionali nei manuali di diritto penale". In: *Rivista Italiana di Diritto e Procedura Penale*. Padova: Cedam, 1994.

GALBRATH, Kenneth. *A Era da Incerteza*. Tradução por F. R. NICKELSEN. 9ª edição. São Paulo: Pioneira, 1998.

GIDDENS, Anthony. *O mundo na era da globalização*. Tradução de SAUL BARATA. Lisboa: Editorial Presença, 2000.

GIMPEL, Jean. *A Revolução Industrial da Idade Média*. 3ª edição. Lisboa: Publicações Europa-América, 2001.

GRECO FILHO, Vicente. Curso de Pós-Graduação. Disciplina "Crimes contra a Ordem Tributária". São Paulo: Faculdade de Direito da Universidade de São Paulo – FADUSP, aula de 17 de abril de 2.002.

HASSEMER, Winfried. Perspectivas del Derecho Penal futuro. *Revista Penal*, vol. 1, Huelva-Salamanca-Castilla-La Mancha, Práxis, p. 37-41, jan., 1998.

_____; Crítica al derecho penal de hoy. Tradução por P. S. ZIFFER. Bogotá: Universidad Externato de Colômbia, 1998.

HERZOG, Félix. "Algunos riesgos del Derecho Penal del riesgo". *Revista Penal*, n.° 4, Huelva-Salamanca-Castilla-La Mancha, Praxis, p. 54-57, 1999.

JAKOBS, Gunther. *Derecho penal – Parte general: fundamentos y teoria de la imputación*. Madrid: Marcial Pons, 1997.

JESCHECK, Hans. *Tratado de derecho penal*. Barcelona: Bosch, 1981.

JIMÉNEZ DE ASÚA, Luis. *Tratado de Derecho Penal*. 3ª edición. Buenos Aires: Losada, tomo I, 11.°-15.° millar, 1964.

KARDEC DE MELLO, "Direito Penal Econômico: origem do direito penal econômico". Revista CCJ, Florianópolis, ano 2, n.° 3, p. 120, 1.° semestre, 1981.

KELSEN, Hans. *Teoria pura do direito*. Coimbra: Armênio Amado, 1984.

KONDER COMPARATO, Fábio. Curso de Pós-Graduação. Disciplina "Ética e Direito". São Paulo: Faculdade de Direito da Universidade de São Paulo – FADUSP, aula de 27 de junho de 2.002.

LIMA DE CARVALHO, Márcia Dometila. *Da Fundamentação Constitucional do Direito Penal Econômico e da Relevância do Crime Econômico e Ambiental*. São Paulo, 1990. Tese (Doutorado em Direito Penal) – Faculdade de Direito da Universidade de São Paulo – FADUSP.

LUDERSSEN, Klaus. El derecho penal entre el funcionalismo y el pensamiento vinculado a los princípios "europeus tradicionales" O: adiós al derecho penal "europeu tradicional". Traducción de MANUEL CANCIO MELIÁ. *Cuardernos de Dctrina y Jurisprudencia penal*, Buenos Aires, n.° 9, p. 59--94, mayo, 1995.

LUHMANN, Niklas. *Procedimenti giudici e legittimazione sociale*. Milano: Giufrrè, 1995.

LYRA FILHO, Roberto. *Criminologia*. Rio de Janeiro: Forense, 1964.

MANTOVANI, Ferrando. *Diritto penale – Parte generale*. Padova: Cedam, 1980.

MARINUCCI, Giorgio. DOLCINI, Emilio. Diritto penale minimo e nuove forme di criminalità. *Rivista Italiana di Diritto e Procedura Penale*, ano XLII, fasc. 3, p. 802-820, jul/set, 1999.

MÉSZÁROS, István. "Programa Roda Viva". São Paulo: TV Cultura, Canal 2, às 22h30min, 08 de julho de 2.002.

_____; *Para além do capital – rumo a uma teoria da transição*. Tradução por PAULO CÉSAR CASTANHEIRA e SÉRGIO LESSA. São Paulo: BoiTempo, 2002.

MIR PUIG, Santiago. *El derecho penal em el Estado social e democrático de derecho*. Barcelona: Ariel, 1.994.

NUSDEO, Fábio. *Curso de Economia – Introdução ao Direito Econômico*. 2ª edição. São Paulo: RT, 2000.

_____; *Fundamentação para uma Codificação do Direito Econômico*. São Paulo: RT, 1995.

NUVOLONE, Pietro. *O sistema do direito penal*. Tradução por ADA PELLEGRINI CRINOVER. Notas por RENÉ ARIEL DOTTI. São Paulo: RT, 1981.

Palazzo, Francesco. "I confini della tutela penale: selezione dei beni e criteri di criminalizzazione". *Rivista Italiana di Diritto e Procedura Penale*, n.º 2, 1.992.

PAULA ZOMER, Ana. e SICA, Leonardo. "Formação da Rede Latino-Americana de Política Criminal". *Boletim do Instituto Brasileiro de Ciências Criminais – IBCCRIM*, ano 10, n.º 116, julho, 2.002.

PEDRAZZI, Cesare. "El bien jurídico em los delitos económicos". Tradução A. A. Richart Rodríguez. In BARBERO SANTOS, M. *Los delitos sócio-economicos*. Madrid, Universidade de Madrid, 1.985.

PEDRO PIMENTEL, Manuel. *Direito Penal Econômico*. São Paulo: RT, 1973.

PEREIRA DOS SANTOS, Gerson. *Direito Penal Econômico*. São Paulo: Saraiva, 1981.

PRIGOGINE, Ilya. *O fim das certezas: tempo, caos e as leis da natureza*. Tradução por ROBERTO LEAL FERREIRA. 3ª edição. São Paulo: UNESP, 1996.

RAMONET, Ignácio. "L'an 2000. Le Monde Diplomatique", n.º 549, Paris, p. 1, dez., 1999. *Apud* SILVA FRANCO, A. "Globalização e criminalidade dos poderosos". In: PODVAL, Roberto. *Temas de Direito Penal Econômico*. São Paulo: RT, 2000.

RÉGIS PRADO, Luiz. *Bem jurídico-penal e Constituição*. 2ª edição. São Paulo: RT, 1997.

RIBEIRO LOPES, Maurício Antonio. *Teoria Constitucional do Direito Penal*. São Paulo: RT, 2000.

_____; *Princípios Políticos do Direito Penal*. São Paulo: RT, 1999.

_____; *A Constituição da República Federativa do Brasil*. São Paulo: RT, 1999.

ROBINSON, Jeffrey *A globalização do crime*. Tradução por RICARDO INOJOSA. Rio de Janeiro: Ediouro, 2001.

ROBSBAWN, Eric. *A Era das Revoluções (1789-1848)*. Tradução por MARIA TEREZA LOPES TEIXEIRA e MARCOS PENCHEL. 12ª edição. Rio de Janeiro: Paz e Terra, 2000.

ROSSI, Pelegrino. *Lineamenti di diritto penale e costituzionale*, Palermo, 1953.

ROXIN, Claus. Problemas atuais da política criminal. *Revista Ibero-Americana de Ciências Penais*, Porto Alegre, vol. 2, fasc. 4, p. 11-18, set./dez., 2001.

SANTORO, Arturo. *Manuale di diritto penale*. Torino: UTET, 1938.

SILVA SÁNCHEZ, Jesus-Maria. *La expanción del derecho penal: aspectos de la política criminal en las sociedades postindustriales*. Madrid: Civitas, 1999.

TERRADILLOS BASOCO, Juan Maria. *Derecho Penal de la Empresa*. Madrid: Trotta, 1.995.

_____; *Empresa y Derecho Penal*. Buenos Aires: Ad-Hoc, 2001.

TOURAINE, Alain. *Igualdade e Diversidade – o sujeito democrático*. Tradução por MODESTO FLORENZANO. São Paulo: EDUSC, 1998.

_____; Programa Roda Viva. São Paulo: TV Cultura, Canal 2, às 22h30min, 24 de abril de 2.002.

VIEIRA, Liszt. *Os argonautas da cidadania: a sociedade civil na globalização*. Rio de Janeiro: Record, 2001.

ZAFFARONI, Eugenio Raúl. *Em busca das penas perdidas: a perda de legitimidade do sistema penal*. Tradução por VÂNIA ROMANO PEDROSA e AMIR LOPES DA CONCEIÇÃO. Rio de Janeiro: Revan, 1991.

_____; *Sistemas penales y derechos humanos en América Latina*. Buenos Aires: Depalma, 1984.

O PRINCÍPIO DA EQUIPARAÇÃO
DAS ACÇÕES SUBSCRITAS, ADQUIRIDAS
OU DETIDAS PELA SOCIEDADE DOMINADA
NO CAPITAL DA SOCIEDADE DOMINANTE
A ACÇÕES PRÓPRIAS DA SOCIEDADE DOMINANTE

por Margarida Maria Matos Correia Azevedo de Almeida,

SUMÁRIO: 1. O problema – 2. Riscos inerentes ao cruzamento de participações – 3. Participações recíprocas qualificadas, sendo a sociedade dominante uma sociedade anónima ou em comandita por acções – 3.1. Considerações gerais – 3.2. Âmbito de aplicação dos arts. 325.º-A e 325.º-B do Código das Sociedades Comerciais – Âmbitos pessoal, espacial e material de aplicação – 3.3. Noção da relação de domínio – 3.4. Regime jurídico estabelecido pelos arts. 325.º-A e 325.º-B – 3.4.1. Comportamentos abrangidos nos arts. 325.º-A e 325.º-B – 3.4.2. A proibição de subscrição das acções da sociedade dominante – 3.4.3. Requisitos de licitude na aquisição de acções pela sociedade dominada no capital da sociedade dominante – 3.4.3.1. A aquisição não pode, em princípio, ultrapassar 10% do capital da sociedade dominante – 3.4.3.2. Necessidade de que a sociedade dominante tenha bens distribuíveis nos termos do art. 317.º/4 do Código das Sociedades Comerciais – 3.4.3.3. As acções da sociedade dominante devem estar integralmente liberadas – 3.4.3.4. Necessidade de deliberação da Assembleia-Geral da sociedade dominante – 3.4.4. Consequências da ilicitude da subscrição e da aquisição de acções pela sociedade dominada – 3.4.5. Regime das acções detidas pela sociedade dominada – 4. Conclusão

1. O PROBLEMA

No presente estudo propomo-nos analisar o problema da reciprocidade de participações do ponto de vista jurídico-societário, fazendo incidir, em especial, a nossa atenção sobre o tratamento dado pelo legis-

446   *Margarida Maria Matos Correia Azevedo de Almeida*

lador português aos casos em que simultaneamente com um cruzamento de participações existe uma relação de domínio entre duas sociedades, assumindo a sociedade dominante a forma de uma sociedade anónima ou a forma de uma sociedade em comandita por acções.

Procederemos, deste modo, a uma análise dos aspectos mais relevantes do Decreto-Lei n.° 328/95, de 9 de Dezembro, que no contexto da transposição da Directiva 92/101/CEE, de 23 de Novembro[1], veio a introduzir no Código das Sociedades Comerciais os arts. 325.°-A e 325.°-B.

Como teremos oportunidade de desenvolver, na disciplina jurídico--societária do problema da reciprocidade de participações estão presentes as preocupações de assegurar que uma tal situação não conduza, por um lado, à redução do património necessário à cobertura do capital social e das reservas não disponíveis das sociedades envolvidas, e, por outro, à distorção do desenho de partilha de competências traçado pelo legislador no seio da sociedade. Trata-se de riscos semelhantes aos que resultam da subscrição ou da aquisição de participações próprias.

No entanto, também tem sido defendida a ideia de que deveria ser consagrado um regime jurídico restritivo em matéria de participações recíprocas em atenção à necessidade de liberalizar o mercado de controlo. Neste sentido, invoca-se que as participações recíprocas, sendo um meio de defesa contra as ofertas públicas de aquisição, impediriam a selecção das empresas mais competitivas no mercado[2]. Contudo, para além de se tratar de uma afirmação duvidosa[3], como bem observa DOÑA, as repercussões das participações recíprocas sobre o funcionamento do mercado deverão ser tratadas em sede de direito da concorrência e não no âmbito do direito das sociedades comerciais[4].

Assim, a tarefa do legislador societário será a de proteger as sociedades, sócios e credores dos riscos patrimoniais e organizativos que decorrem do cruzamento de participações, sem, no entanto, esquecer as vantagens que estão associadas à reciprocidade de participações como

---

[1] Jornal oficial no L 347 de 28/11/1992 P. 64/66. Esta Directiva vem alterar a Directiva 77/91/CEE relativa à constituição da sociedade anónima, bem como à conservação e às modificações do seu capital social.

[2] Dando conta desta tendência, DOÑA, María de la Sierra Flores, *Participaciones Recíprocas entre Sociedades de Capital*. Pamplona: Aranzadi, 1998, pp. 167 e segs..

[3] *Ibidem*, pp. 169/70.

[4] *Ibidem*, p. 175.

O Princípio da Equiparação das Acções Subscritas,... 447

veículo de concentração de empresas, o qual poderá ter um papel decisivo na sua expansão e no seu desenvolvimento[5].

O Código das Sociedades Comerciais cuida das participações recíprocas nos arts. 485.º, 487.º, 325.º-A e 325.º-B. O art. 485.º, ao contrário dos arts. 487.º e 325.º-A e 325.º-B, trata o caso em que cada uma das sociedades atinge uma participação de pelo menos 10% no capital da outra, sem que simultaneamente exista uma relação de domínio (art. 485.º/4). O art. 487.º, por um lado, e os arts. 325.º-A e 325.º-B, por outro, supõem a existência de uma relação de domínio, mas têm âmbitos de aplicação distintos. Com efeito, ao passo que o art. 487.º se aplica aos casos em que a sociedade dominante é uma sociedade por quotas, os arts. 325.º-A e 325.º-B têm em vista as situações em que a sociedade dominante é uma sociedade anónima ou em comandita por acções[6].

Como referimos, a nossa atenção concentrar-se-á, sobretudo, na análise dos arts. 325.º-A e 325.º-B. Isto não significa que deixemos de articular o regime por eles instituído com as outras normas do Código das Sociedades Comerciais que incidem sobre o problema da reciprocidade de participações. Contudo, impõe-se neste momento fazer uma breve referência à filosofia que presidiu à introdução dos arts. 325.º-A e 325.º-B. Dado o paralelismo dos riscos que decorrem do cruzamento de participações aos riscos que advêm das participações próprias, pretendeu o legislador evitar que o regime estabelecido pela lei societária relativamente às acções próprias pudesse ser contornado através da subscrição ou aquisição de acções da sociedade dominante pela sociedade dependente ou dominada. Assim, o legislador considera acções próprias, tanto as acções subscritas ou adquiridas pela sociedade anónima, como aquelas que tenham sido subscritas ou adquiridas por uma sociedade por si dominada. O diploma teve por objectivo equiparar à titularidade de acções próprias pela sociedade dominante, a titularidade de acções pela sociedade

---

[5] Sobre a importância das participações recíprocas para o desenvolvimento e expansão das empresas, v. *ibidem*, pp. 170 e segs..

[6] Muito embora o texto ainda fale de proibição de aquisição de quotas ou acções da sociedade dominante, deve-se entender que, com a introdução dos arts. 325.º-A e 325.º-B, pelo Decreto-Lei 328/95, o âmbito de aplicação do art. 487.º restringiu-se, passando a ser apenas aplicável às sociedades dominantes que assumam a forma de sociedade por quotas. Deste modo, deixa igualmente de fazer sentido a ressalva contida no art. 487.º/2, parte final, relativa às compras em Bolsa.

448 Margarida Maria Matos Correia Azevedo de Almeida

dominada no capital da sociedade dominante. Esta equiparação havia já sido reclamada na doutrina[7].

A questão que colocamos é a de saber se esta abordagem do problema será suficiente para combater de forma eficaz os riscos ligados ao cruzamento de participações.

2. RISCOS INERENTES AO CRUZAMENTO DE PARTICIPAÇÕES

Como já referimos, associados ao cruzamento de participações costumam-se apontar riscos de carácter patrimonial e de carácter organizativo, paralelos aos que decorrem das participações próprias.

Os riscos de carácter patrimonial[8] prendem-se com a circunstância de o cruzamento de participações ser susceptível de conduzir a um aniquilamento do património líquido das sociedades, podendo inclusivamente atingir o património necessário à cobertura do capital social ou das reservas obrigatórias. Já os riscos organizativos traduzem-se na possibilidade de distorção da distribuição de competências entre a Assembleia-Geral e o órgão de administração das sociedades.

Fazendo incidir a nossa atenção, por agora, sobre os riscos patrimoniais, vamos proceder a uma clarificação da ideia de que o cruzamento de participações produz risco de aniquilamento do património líquido das sociedades, de forma semelhante ao que se passa com a subscrição ou com a aquisição por uma sociedade do seu próprio capital. Recorde-se que nos tipos de sociedades em que os sócios gozam de uma responsabilidade limitada a tutela da integridade do capital social assume uma importância crucial para a protecção dos credores.

Uma das funções do capital social é, efectivamente, a de garantia dos credores. A lei procura assegurar, desde logo, que no momento da subscrição do capital social entrem na sociedade valores patrimoniais que cubram a cifra inscrita no contrato de sociedade como capital social. Estamos perante o *princípio da exacta formação do capital social*. Deste modo, se uma sociedade subscreve o seu próprio aumento de capital, não entra na sociedade qualquer valor patrimonial que suporte o aumento do

---

[7] Cfr. Rocha, Maria Victória, *Aquisição de acções próprias no Código das Sociedades Comerciais*. Coimbra: Almedina, 1994.

[8] Cfr. Antunes, José Engrácia, *Os Grupos de Sociedades*. Coimbra: Almedina, 2002., pp. 380 e segs., e Maria Victória Rocha, *ob. cit.*, pp. 332/5.

O *Princípio da Equiparação das Acções Subscritas,...* 449

capital social. O aumento de capital é meramente fictício, uma vez que a sociedade utiliza para a subscrição recursos patrimoniais já existentes, não se assistindo à entrada de novo património. Paralelamente, o cruzamento de participações também dá origem a que as sociedades envolvidas participem numa determinada percentagem do seu próprio capital. Assim, tomando como exemplo um caso extremo, se duas sociedades subscreverem o aumento de capital uma da outra, a soma utilizada para a subscrição acaba por ser utilizada para cobrir os aumentos de capital de ambas as sociedades. Consideremos o seguinte exemplo: Vamos supor que as sociedades A e B têm cada uma um capital de 50.000 euros e resolvem aumentá-lo para o dobro. Suponhamos ainda que cada uma das sociedades subscreve inteiramente as acções correspondentes ao aumento do capital da outra. Ora, os 50.000 euros utilizados na subscrição do capital de B, acabam também por ser empregues na subscrição do aumento de capital de A. Uma situação destas leva a que o aumento do capital social em cada uma das sociedades seja apenas fictício, não correspondendo a qualquer entrada efectiva no património das sociedades.

Mas, a lei não se preocupa apenas com o princípio da exacta formação do capital social. Também procura assegurar a sua manutenção. Entra aqui em jogo o *princípio da intangibilidade do capital social*. Este princípio visa garantir que uma parte do património, de valor correspondente à cifra do capital social, não é distribuída aos sócios. Ora, a aquisição de quotas ou acções próprias tem efeitos equivalentes[9] a uma distribuição de bens da sociedade aos sócios que vendem a sua participação à sociedade. Uma situação deste tipo irá determinar uma diminuição do valor de garantia do capital social, *caso o pagamento do preço seja feito à custa de valores patrimoniais afectos à cobertura do montante indicado no contrato de sociedade como capital social.* Tratando-se de acções próprias, a elas não corresponde qualquer entrada efectiva de bens que venha a figurar no activo da sociedade. Sai do

---

[9] DOMINGUES, Paulo de Tarso, *Do capital social (noção, princípios e funções)* Coimbra: Coimbra Editora, 1998, p. 113, em particular nota 388. Por isso, a aquisição de acções próprias só poderá ter como contrapartida bens susceptíveis de serem distribuídos aos sócios (art. 317.º/4 do Código das Sociedades Comerciais). Da mesma preocupação comunga o art. 220.º/3, parte final, quanto à aquisição onerosa de quotas próprias. MARIA VICTÓRIA ROCHA (*ob. cit.*, p. 88), chama a atenção para o facto de que a aquisição de acções próprias pode corresponder a "uma disfarçada e ilícita redução de capital em prejuízo de terceiros confiantes na efectividade da sua garantia". A Autora também destaca a circunstância na página 169.

450   *Margarida Maria Matos Correia Azevedo de Almeida*

património da sociedade uma quantia destinada à aquisição das quotas ou acções, mas não entra no património da sociedade qualquer valor efectivo.

Também o cruzamento de participações determina em maior ou menor medida uma aquisição indirecta de quotas ou acções próprias pelas sociedades envolvidas. Para ilustrar esta ideia consideremos a seguinte hipótese: A detém 25% do capital da sociedade B e B 16% do capital da sociedade A. Segundo os modelos apresentados por BOESEBECK e PASTERIS[10], a percentagem de acções próprias obtém-se pela multiplicação das percentagens de participação de cada sociedade no capital da outra, ou seja, 25%x16%. Chegamos desta forma à conclusão de que a percentagem de acções próprias que detém cada uma das sociedades é de 4%. O montante de quotas ou acções próprias indirectamente detido pelas sociedades envolvidas numa situação de participações cruzadas aumenta na medida das respectivas percentagens de participação. Assim, se as sociedades A e B referidas adquirirem cada uma no capital da outra uma percentagem de 70%, a percentagem de acções próprias detida por cada uma das sociedades é de 49%. Contudo, devemos ter em atenção que se este modelo nos permite calcular a percentagem de participações próprias que resulta de um cruzamento de participações, ele não nos permite aferir a repercussão do cruzamento de participações sobre o património líquido das sociedades. É, de facto, isto que nos interessa determinar – a percentagem de diminuição do património líquido da empresa que advém de um cruzamento de participações. Para tal, sugere COLOMBO que se multipliquem as percentagens do património líquido das sociedades empregues na aquisição das participações de modo a calcular a percentagem de diminuição do património líquido[11] de cada uma das sociedades, ou seja, a percentagem de património líquido que foi investido em si próprio[12].

Uma vez referidos os riscos patrimoniais, vamo-nos concentrar sobre os riscos administrativos. Se uma sociedade detém participações próprias, o direito de voto deverá ser exercido pelos administradores, permitindo-lhes controlar ou pelo menos influenciar as decisões tomadas pela Assembleia-Geral.

---

[10] *Apud* Engrácia Antunes, *ob. cit.*, p. 382.

[11] O Autor refere-se ao património líquido contabilístico e não ao património líquido efectivo – cfr. COLOMBO, Giovanni, *Per una disciplina "comune" delle partecipazioni reciproche*. *Giurisprudenza Commerciale* 2000, pp. 816/7.

[12] *Ibidem*, p. 816. O Autor chama, no entanto, a atenção para a circunstância de não estar seguro que a sua afirmação traduza fielmente todos os efeitos do cruzamento (cfr. p.818).

O Princípio da Equiparação das Acções Subscritas,...   451

Também, paralelamente ao que sucede com a aquisição de acções próprias, estão associados à aquisição de acções recíprocas riscos de distorção da distribuição de competências entre os órgãos da sociedade[13]. De facto, o cruzamento de participações pode possibilitar aos administradores das sociedades reciprocamente participantes a definição do sentido do voto dos administradores da outra sociedade na sua própria Assembleia-Geral. Consideremos a hipótese de duas sociedades (A e B) reciprocamente participantes em 70% do capital. Os administradores de A exercendo o correspondente direito de voto na Assembleia-Geral de B podem determinar o sentido de voto dos administradores de B na Assembleia-Geral de A. O mesmo raciocínio pode-se aplicar aos administradores de B quanto à possibilidade de determinar o exercício de voto por parte dos administradores de A na sua Assembleia-Geral.

3. PARTICIPAÇÕES RECÍPROCAS QUALIFICADAS, SENDO A SOCIEDADE DOMINANTE UMA SOCIEDADE ANÓNIMA OU EM COMANDITA POR ACÇÕES

3.1. Considerações gerais

Verificamos que os riscos associados às situações de cruzamento de participações tenderão a acentuar-se quanto mais elevadas forem as participações cruzadas. Quando, simultaneamente com uma situação de cruzamento de participações, exista uma relação de domínio, os riscos apontados serão bastante mais acentuados. Daí que se compreenda que o legislador tenha sujeitado a regimes diferentes os casos em que a par de um cruzamento de participações se verifica uma situação de domínio. Foi este, de facto, o caminho seguido pelo legislador português que, em 1986, autonomizou as duas situações, tratando as participações recíprocas simples (participações recíprocas de montante igual ou superior a 10% do capital da outra sociedade, contanto que não se verifique em simultâneo uma relação de domínio) no art. 485.º do Código das Sociedades Comerciais e estabelecendo um regime próprio para as situações em que também se verifique uma relação de domínio (art. 487.º do Código das Sociedades Comerciais). Na primeira situação, o cruzamento de participações dá

---

[13] Cfr. ENGRÁCIA ANTUNES, *ob. cit.*, 384 e segs., e MARIA VICTÓRIA ROCHA, *ob. cit.*, pp. 335/6.

origem à proibição de aquisição de novas participações na outra sociedade, para a sociedade que, mais tardiamente tenha efectuado a comunicação prevista no art. 484.º do Código das Sociedades Comerciais. A consequência que a lei liga à violação da proibição consiste na suspensão dos direitos (excepto do direito à quota de liquidação) inerentes às participações na parte que exceda 10% do capital da outra sociedade[14]. Já na segunda situação, a regra estabelecida é a da nulidade das aquisições efectuadas pela sociedade dependente no capital da sociedade dominante.

Se é de louvar o tratamento separado das situações, já não merecia aplauso a não aproximação ao regime de aquisição de participações próprias na situação em que exista uma situação de domínio. A equiparação foi o caminho seguido pelo legislador em 1995 quanto à subscrição, aquisição e detenção de acções da sociedade dominante pela sociedade dependente[15].

3.2. Âmbito de aplicação dos arts. 325.º-A e 325.º-B do Código das Sociedades Comerciais – Âmbitos pessoal, espacial e material de aplicação

Antes de mais, cremos ser conveniente definir o âmbito de aplicação dos arts. 325.º-A e 325.º-B do Código das Sociedades Comerciais, não deixando de estabelecer a comparação com o âmbito de aplicação do art. 487.º do Código das Sociedades Comerciais. Fá-lo-emos tendo em consideração três planos – o plano do âmbito pessoal, o plano do âmbito especial e o plano do âmbito material[16].

No que respeita ao âmbito pessoal de aplicação, trata-se de delimitar os tipos de sociedades abrangidos na esfera de aplicação dos arts. 325.º-A e 325.º-B do Código das Sociedades Comerciais.

Desde logo, a sociedade dominante revestirá a forma de sociedade anónima, ou, por força da remissão operada pelo 478.º do Código das

---

[14] ENGRÁCIA ANTUNES, *ob. cit.*, pp. 411 e segs.

[15] MARIA VICTÓRIA ROCHA, *ob. cit.*, p. 336, realça que o paralelismo no tratamento das situações de cruzamento de participações às participações próprias só se justifica quando também exista uma relação de domínio.

[16] ENGRÁCIA ANTUNES, *ob. cit.*, pp. 292 e segs.. O Autor distingue os três planos a propósito do âmbito de aplicação das normas sobre sociedades coligadas.

O art. 487.º do Código das Sociedades Comerciais passou, com a introdução dos arts. 325.º-A e 325.º-B, a ser aplicável apenas às situações em que a sociedade dominante assuma o tipo de sociedade por quotas[19]. Quanto à sociedade dominada, deverá valer o princípio contido no art. 481.º/1 do Código das Sociedades Comerciais, o qual restringe a aplicação das normas que disciplinam a matéria das sociedades coligadas às sociedades por quotas, anónimas ou em comandita por acções[20].

Sociedades Comerciais, a forma de sociedade em comandita por acções[17]. A sociedade dominada parece poder revestir qualquer tipo societário, muito embora o legislador tenha tido essencialmente em vista os casos em que a sociedade dominada seja uma sociedade de responsabilidade limitada[18].

No que respeita ao âmbito espacial de aplicação, o legislador, no art. 325.º-A/3, dispõe que a equiparação das acções representativas do capital da sociedade dominante, de que é titular a sociedade dominada, a acções próprias da sociedade dominante, se aplica mesmo que a sociedade dominada tenha a sua sede efectiva ou estatutária num país estrangeiro, contanto que a sociedade dominante esteja sujeita à lei portuguesa. Como reconhece o Parecer da Comissão de Mercado de Valores Mobiliários, esta precisão torna-se um tanto supérflua, porquanto "se subtrairmos esta matéria ao regime dos grupos de sociedades e a colocarmos, por força da equiparação, dentro do regime das acções próprias, este problema da extensão territorial deixa de ter relevância"[21]. Contudo, por uma questão de clareza, aconselhou a sua adopção.

Pelo contrário, nos termos do art. 481.º/2 a) do Código das Sociedades Comerciais, a proibição de aquisição de quotas da sociedade dominante aplica-se ainda que a sociedade dominante tenha a sua sede no estrangeiro, não se aplicando, contudo, quando seja a sociedade dominada a ter a sua sede no estrangeiro.

---

[17] Como, aliás, afirma expressamente o preâmbulo do Decreto-Lei 328/95.

[18] V. Preâmbulo do Decreto-Lei 328/95.

[19] Cfr. Preâmbulo do Decreto-Lei 328/95.

[20] ENGRÁCIA ANTUNES, *ob. cit.*, pp. 294/302, manifesta a sua discordância quanto ao âmbito pessoal de aplicação das normas sobre sociedades coligadas, que considera não deverem restringir-se às empresas societárias que revistam uma daquelas três formas.

[21] Cfr.. COMISSÃO DE MERCADO DE VALORES MOBILIÁRIOS, Parecer *A Equiparação da Subscrição, Aquisição e Detenção de Acções de uma Sociedade Anónima por uma Sociedade dela dependente ao Regime das Acções Próprias*. Internet: www.cmvm.pt

454 Margarida Maria Matos Correia Azevedo de Almeida

Finalmente, o legislador atribui relevância ao domínio indirecto, tal como acontece no art. 487.º do Código das Sociedades Comerciais. Na verdade, a equiparação do art. 325.º-A/1 do Código das Sociedades Comerciais vale tanto no caso em que a subscrição, a aquisição ou a detenção das acções da sociedade dominante são efectuadas por uma sociedade por ela directamente dominada, como no caso em que são feitas por uma sociedade dependente de uma sociedade com a qual a sociedade dominante tenha uma relação de domínio, de grupo, ou que tenha por conta dela adquirido acções da sociedade titular do capital da sociedade dominante. De facto, o art. 325.º-A/1 do Código das Sociedades Comerciais remete para a definição do conceito de relação de domínio estabelecido no art. 486.º do Código das Sociedades Comerciais, o qual compreende as relações de domínio indirecto, contanto que se verifique uma das situações previstas no art. 483.º/2. Assim, por exemplo, se a sociedade A detém 60% do capital da sociedade B, a qual por sua vez detém a mesma percentagem no capital da sociedade C, não sendo afastadas em ambos os casos as presunções de influência dominante[22], entre a sociedade A e a sociedade C existirá uma relação de domínio indirecto por força da relação de domínio existente entre A e B. Assim, as acções da sociedade A subscritas, adquiridas ou detidas pela sociedade C, serão consideradas acções próprias da sociedade A, estando sujeitas ao regime estabelecido nos arts. 325-A e 325.º-B do Código das Sociedades Comerciais.

Cremos ser oportuno, neste momento, tecer algumas considerações acerca do que devemos entender por relação de domínio.

3.3. Noção da relação de domínio

A lei estabelece um conceito aberto de sociedades em relação de domínio. A noção de sociedade em relação de domínio assenta no conceito de influência dominante (cfr. art. 486.º/1 do Código das Sociedades Comerciais). A doutrina tem-se esforçado por definir os contornos da noção de influência dominante[23]. Não tendo o legislador português definido as hipóteses em que existe influência dominante, optou por estabelecer um conjunto de três presunções de domínio. Assim, da verificação de uma dessas situações decorre uma presunção de que existe

---

[22] V. *infra*, a propósito da noção de relação de domínio, ponto 3.3..
[23] Cfr. ENGRÁCIA ANTUNES, *ob. cit.*, pp. 454 e segs.

uma influência dominante. Essas situações podem consistir na detenção da maioria do capital, na maioria do direito de voto (quando não haja coincidência entre a detenção da maioria do capital e a maioria dos direitos de voto) ou na possibilidade de designar mais de metade dos membros dos órgãos de administração ou de fiscalização[24].

Uma vez que o art. 486.°/2 do Código das Sociedades Comerciais se limita a estabelecer um conjunto de presunções, podem existir outras situações, não previstas neste artigo, que acarretem uma situação de influência dominante[25]. Para estas situações, quem tiver interesse em demonstrar a existência de influência dominante terá de fazer a respectiva prova.

Por outro lado, estando nós na presença de presunções *iuris tantum*, podem elas ser afastadas mediante prova em contrário. A pessoa interessada pode provar que a existência de uma das situações previstas não envolve na realidade a existência de uma influência dominante. Por exemplo, pode provar que, apesar de deter a maioria do capital, não tem a maioria do direito de voto. De facto, apenas deverão relevar na determinação da existência de uma relação de domínio as participações sociais que confiram direito a voto, não devendo ser tidas em linha de conta as participações cujos direitos de voto não possam ser exercidos[26].

3.4. Regime jurídico estabelecido pelos arts. 325.°-A e 325.°-B

3.4.1. *Comportamentos abrangidos nos arts. 325.°-A e 325.°-B*

Estão inequivocamente abrangidos os casos em que a sociedade dominada subscreve ou adquire acções da sociedade dominante. No entanto, põe-se o problema de saber se estas normas também se aplicam quando o domínio é superveniente relativamente ao momento em que foram subscritas ou adquiridas.

---

[24] ENGRÁCIA ANTUNES pensa que o legislador terá tido em vista aquelas hipóteses em que essa possibilidade resulta de cláusulas estatutárias – cfr. *ob. cit.,* p. 504.

[25] ENGRÁCIA ANTUNES, *ob. cit.*, p. 484.

[26] *Ibidem*, p. 491. Questão diversa é a do *universo do capital social* que deve ser considerado para saber se existe uma participação maioritária. ENGRÁCIA ANTUNES entende dever ser considerado apenas o capital social que confira direito a voto – *Ibidem*.

Parece-nos que a solução mais coerente com as necessidades de protecção contra os riscos patrimoniais e organizativos referidos será a de considerar as hipóteses em que o domínio ocorre em momento posterior ao momento da aquisição ou da subscrição das acções da sociedade que se vem a tornar dominante[27].

3.4.2. *A proibição de subscrição das acções da sociedade dominante*

Como já referimos, o art. 325.°-A/1 estabelece o princípio da equiparação, ao considerar como próprias da sociedade dominante as acções representativas do seu capital subscritas, adquiridas ou detidas pela sociedade dominada.

O art. 325.°-B/1 concretiza este princípio ao mandar aplicar com as devidas adaptações as normas relativas ao regime das acções próprias, não fazendo apenas menção à norma constante do art. 320.° do Código das Sociedades Comerciais. Vamos, em seguida, concentrar a nossa atenção sobre a análise de alguns aspectos concretizadores do princípio da equiparação.

Desde logo, a subscrição de acções da sociedade dominante pela sociedade dependente é vedada, nos termos do art. 316.°/1 do Código das Sociedades Comerciais. Assim, à sociedade dependente está vedado proceder à subscrição das acções quando esta realiza um aumento de capital por novas entradas. Não se trata de um aspecto novo, já que resulta da interpretação do art. 487.° do Código das Sociedades Comerciais que o legislador terá querido abranger a situação de subscrição. De facto, se assim não fosse, a sociedade dominante poderia contornar a proibição imposta pelo art. 316.°/1 do Código das Sociedades Comerciais, ao subscrever indirectamente as suas acções, fazendo uso do domínio sobre a sociedade dependente. É esta, aliás, uma *ratio* paralela à da proibição contida no art. 316.°/2 1ª parte[28]. COLOMBO, perante a norma correspondente do Código Civil italiano (art. 2359 *quinquies*), entende não se justificar a proibição de subscrição de acções próprias, a qual submeteria a regimes jurídicos diferentes a subscrição e a aquisição

---

[27] Cfr., neste sentido, Parecer da Comissão de Mercado de Valores Mobiliários, especialmente o ponto 5 a). Também pode ler-se no ponto 6 F.

[28] Cfr. MARIA VICTÓRIA ROCHA, *ob. cit.*, pp. 143 e segs..

O Princípio da Equiparação das Acções Subscritas,... 457

quando os riscos são os mesmos. Bastaria, segundo o Autor, que a subscrição fosse feita de forma transparente e à custa de bens distribuíveis, para se prevenirem os riscos ligados ao aniquilamento do capital social. Este raciocínio seria aplicável por maioria de razão aos casos em que a sociedade dominada subscreve acções da sociedade que a domina[29]. Não nos parece que devamos acompanhar o Autor neste ponto. Na verdade, ao contrário do que sucede com a aquisição de acções próprias, na sua subscrição o que constitui objecto de preocupação não é tanto a redução do património líquido da sociedade, como o facto de o aumento do capital social não ser acompanhado pelo correspondente aumento do activo da sociedade, pondo em causa os preceitos que procuram garantir a exacta formação do capital social, como por exemplo, a proibição de emissão de participações por um preço inferior ao seu valor nominal ou o rigor posto pela lei na avaliação das entradas (art. 25.º do Código das Sociedades Comerciais)[30]. Dada a necessidade de assegurar o princípio da exacta formação do capital social, estranhamos a inexistência de uma norma proibitiva de subscrição recíproca de participações, independentemente da existência de uma relação de domínio, semelhante ao art. 2360.º do *Codice Civile*[31-32]

---

[29] Cfr. *ob. cit.*, pp. 830 e segs..

[30] Quanto aos preceitos que procuram assegurar o princípio da exacta formação do capital social, veja-se PAULO TARSO DOMINGUES, *ob. cit.*, pp. 66 e segs.

[31] Reclamando uma proibição de subscrição recíproca, mesmo no caso de participações recíprocas não qualificadas, perante a lei espanhola, quando atentem contra o capital social ou reservas não disponíveis, DOÑA *ob. cit.*, pp. 156 e segs..

[32] Aliás, o art. 485.º do Código das Sociedades Comerciais não combate os riscos de carácter patrimonial, pois, a sanção estabelecida para a violação da proibição de aquisição de novas participações pela sociedade que realizou em segundo lugar a comunicação prevista no art. 484.º consiste na suspensão dos direitos inerentes à sua participação na parte que exceda 10% do capital social da outra sociedade (excepto o direito à quota de liquidação). Ora, a suspensão dos direitos poderá combater os riscos organizativos (suspensão do direito de voto), mas não os riscos patrimoniais, cujo combate passaria por exemplo, pela necessidade de alienar em determinado prazo a participação. Neste sentido, ENGRÁCIA ANTUNES, *ob. cit.*, pp.. 421/2.

458 Margarida Maria Matos Correia Azevedo de Almeida

3.4.3. Requisitos de licitude na aquisição de acções pela sociedade dominada no capital da sociedade dominante

3.4.3.1. A aquisição não pode, em princípio, ultrapassar 10% do capital da sociedade dominante

Quanto à aquisição derivada, a sociedade dominada fica sujeita aos limites estabelecidos pelo legislador para a aquisição de acções próprias. O legislador fixou como limite máximo de acções próprias o montante de 10% do capital social (art. 317.º/2). Com a equiparação prevista nos arts. 325.º-A e 325.º-B, este limite passou a compreender não só as aquisições efectuadas directamente pela própria sociedade, mas também as aquisições indirectas levadas a cabo através de uma sociedade em que possa exercer uma influência dominante[33]. Do mesmo modo, se a sociedade adquirir posteriormente o domínio de uma sociedade que já detenha uma participação no seu capital[34], o valor desta última participação terá de respeitar o limite de 10%. Em suma, deverão ser tidas em consideração, para saber se tal limite foi respeitado, não apenas as acções por si directamente detidas, mas também as acções adquiridas ou detidas por sociedades nas quais possa exercer[35] uma influência dominante[36].

Estamos, contudo, perante uma regra geral que comporta excepções. Podemos distinguir duas ordens de excepções, previstas no art. 317.º do Código das Sociedades Comerciais.

O art. 317.º/1 do Código das Sociedades Comerciais abre a possibilidade de o contrato de sociedade proibir ou sujeitar a requisitos mais apertados a aquisição das suas próprias acções. Assim, se o contrato de sociedade proibir que uma sociedade adquira ou detenha acções próprias, a mesma proibição deverá aplicar-se às situações em que seja a sociedade dominada a adquirir ou deter acções da sociedade dominante. Também se o contrato de sociedade estabelecer um limite máximo de acções próprias inferior a 10%, esse limite inferior também deverá ser

---

[33] Neste sentido prescreve de forma expressa o art. 2359.º *bis do Codice Civile*.

[34] Cfr. *supra*, ponto 3.4.1.

[35] A influência dominante pode não ser efectivamente exercida, como resulta expressamente do art. 486.º/1 do Código das Sociedades Comerciais, o qual utiliza a expressão "pode exercer" – v. ENGRÁCIA ANTUNES, *ob. cit.*, 454 e segs.

[36] Neste sentido, SILVA, João Gomes da, *Acções próprias e interesses dos accionistas. Revista da Ordem dos Advogados* 2000, pp. 1286/7.

O Princípio da Equiparação das Acções Subscritas,... 459

respeitado quando seja a sociedade dominada a adquirir acções da sociedade dominante.

Por outro lado, o art. 317.°/3 do Código das Sociedades Comerciais permite que o limite de 10% seja ultrapassado quando se verifique uma das situações nele referidas. Teremos, contudo, que ter em conta que nem todas as situações abrangidas deverão ser aplicadas aos casos em que a sociedade dominada adquire acções da dominante. Não parece fazer sentido aplicar a alínea b) que prevê o caso em que a aquisição seja efectuada no contexto da execução de uma deliberação de redução de capital (art. 463.° do Código das Sociedades Comerciais). De facto, esta excepção só se compreenderá quando se trate de acções adquiridas directamente pela sociedade dominante[37].

3.4.3.2. *Necessidade de que a sociedade dominante tenha bens distribuíveis nos termos do art. 317.°/4 do Código das Sociedades Comerciais*

Nos termos do art. 317.°/4 do Código das Sociedades Comerciais, uma sociedade só poderá adquirir as suas próprias acções caso existam bens distribuíveis, não devendo o valor destes bens ser inferior ao dobro do valor que a sociedade vai ter que desembolsar para o pagamento das acções. Trata-se de uma norma que manifestamente tem em vista assegurar o princípio da intangibilidade do capital social. Como vimos, um dos riscos que está associado à detenção de acções próprias é a diminuição do valor de garantia do capital social. Daí que o art. 317.°/4 do Código das Sociedades Comerciais tenha por preocupação garantir que não sejam dispensados na aquisição de acções próprias bens necessários à cobertura do capital social e reservas indisponíveis[38].

Tendo em vista a hipótese de aquisição de acções da sociedade dominante pela sociedade dependente, JOÃO GOMES DA SILVA assinala que não será possível "recorrer-se a uma aquisição, com efeitos na *sociedade dependente*, naquelas situações em que a sociedade dominante não disponha de meios para proceder à aquisição (no sentido artigo 317.°, número 4)"[39]. Parece acertada a posição acabada de referir, pois que uma

---

[37] Cfr. quanto a este problema, ENGRÁCIA ANTUNES, *ob. cit.*, p. 435, nota 840.

[38] Cfr. MARIA VICTÓRIA ROCHA, *ob. cit.*, p. 168.

[39] Cfr. *ob. cit.*, p. 1267.

460   *Margarida Maria Matos Correia Azevedo de Almeida*

situação de cruzamento de participações equivale à aquisição de acções próprias numa percentagem igual ao produto da multiplicação das percentagens detidas por cada uma das sociedades no capital da outra, o que leva, nas condições atrás referidas, à diminuição do património líquido da sociedade[40]. Daí que também seja compreensível que ao dar-se uma aquisição de acções da sociedade dominante pela sociedade dominada haja a preocupação de se assegurar que exista património que garanta a cobertura do capital social e das reservas indisponíveis.

Esta solução suscita-nos, contudo, duas observações. Em primeiro lugar, parece exagerada a necessidade de existirem bens distribuíveis de valor pelo menos igual ao dobro do montante desembolsado para as adquirir. Esta exigência terá tido por objectivo assegurar que uma parte dos bens distribuíveis se destinasse ao pagamento das acções e a outra à constituição da reserva prevista no art. 324.º/1, al. b)[41]. No entanto esta solução tem sido criticada de forma veemente pela doutrina. O repúdio é manifestado não só por aqueles que propõem uma interpretação revogatória do art. 324.º/1, al. b)[42], mas também por OSÓRIO DE CASTRO, que, embora considere impor-se a constituição da referida reserva, salienta que nada obriga a que ela seja preenchida por bens distribuíveis[43]. Se aceitarmos a ideia de que a exigência do valor de bens distribuíveis em dobro da quantia a desembolsar é desajustada para os casos em que uma sociedade adquire directamente as suas próprias acções, por maioria de razão a deveremos considerar desajustada para os casos de reciprocidade de participações. Na verdade, parece suficiente, como sucede, por exemplo, no art. 244.º da Lei das Sociedades Anónimas brasileira, que a aquisição se faça à custa dos bens distribuíveis. Por outro lado, em coerência com o princípio da equiparação, deverá entender-se, como se disse, que esta exigência se refere à sociedade dominante. No entanto, a circunstância de este requisito de licitude da aquisição não se referir também à sociedade dependente, coloca os seus credores numa situação de desprotecção, pois o risco de ver diminuído o património afecto à

---

[40] Quanto aos perigos que decorrem do cruzamento de participações para o princípio da intangibilidade do capital social, v. *supra*, ponto 2.

[41] V., por todos, ABREU, Jorge Coutinho de, *Curso de Direito Comercial*. Vol. II. Coimbra: Almedina, 2003, p 387.

[42] V. *infra*,, ponto 3.4.5. nota 59.

[43] CASTRO, Carlos Osório de, *Valores Mobiliários – conceito e espécies*. 2ª ed. Porto: Universidade Católica Portuguesa, 1998, p. 126, nota 75.

cobertura do capital social e das reservas obrigatórias também ocorrerá quanto à sociedade dominada.

3.4.3.3. As acções da sociedade dominante devem estar integralmente liberadas

Por força da remissão do art. 325.º-B/1 do Código das Sociedades Comerciais para o art. 318.º do mesmo Código, a sociedade dependente não pode adquirir acções ainda não integralmente liberadas. Trata-se de garantir a exacta formação do capital social[44].

3.4.3.4. Necessidade de deliberação da Assembleia-Geral da sociedade dominante

Um ponto do maior interesse na tema que estamos a tratar prende-se com a circunstância de o art. 325.º-B/2 fazer depender apenas da deliberação da Assembleia-Geral da sociedade dominante, e não já da Assembleia-Geral da sociedade dominada, a aquisição de acções daquela sociedade por esta. Existe, como observa JOÃO GOMES DA SILVA, "... um corte radical com o princípio relativo à dualidade de personalidade jurídica entre sociedade dominante e dependente"[45].

Esta solução poderá afigurar-se uma solução algo estranha. Trata-se, contudo de uma solução facilmente compreensível. Na verdade, não considerou o legislador ser suficiente, para evitar os perigos organizativos[46] a mera suspensão do direito de voto inerente às acções da sociedade dominante detidas pela sociedade dependente. Foi mais longe e consagrou a necessidade de intervenção da Assembleia-Geral da sociedade dominante. A razão de ser desta solução é paralela à que leva a exigir a intervenção da Assembleia-Geral nos casos de aquisição de acções próprias. Esta *ratio* reside, como afirma MARIA VICTÓRIA ROCHA, nos reflexos que a detenção de acções próprias tem na estrutura da

---

[44] MARIA VICTÓRIA ROCHA, *ob. cit.*, p. 193. A Autora refere que tem em vista garantir a "exacta formação do capital social, tanto do ponto de vista financeiro como participativo, tutelando credores, sociedade e sócios."

[45] Cfr. *ob. cit.*, p. 1285.

[46] Cfr. *supra* ponto 2.

462 *Margarida Maria Matos Correia Azevedo de Almeida*

sociedade[47], no facto de ser a assembleia o órgão competente para decidir sobre o destino a dar aos lucros da sociedade (como atrás se disse, a aquisição de acções próprias só pode ser feita à custa de fundos distribuíveis), como ainda na circunstância de os sócios deverem ser informados acerca das consequências que a aquisição tem sobre o valor das acções em circulação e na estrutura da própria sociedade[48]. No que respeita à necessidade de autorização da Assembleia Geral da sociedade dominante para a aquisição de acções pela sociedade dependente no capital da sociedade dominante, parece que apenas serão válidas a primeira e a última das justificações apontadas, já que a segunda não se aplica, visto que os fundos utilizados serão os da sociedade dominada e não os da sociedade dominante.

Em suma, trata-se de proporcionar aos restantes accionistas a possibilidade de se pronunciarem e, ao mesmo tempo, de serem informados sobre a estrutura da sociedade e sobre as acções em circulação, evitando que órgão de administração possa moldar a estrutura da assembleia, através da influência que exerce sobre a sociedade dominada[49].

A explicação avançada para o facto de a autorização caber apenas aos sócios da sociedade dominante prende-se com a ideia de apenas estar em causa a protecção dos interesses dos sócios desta sociedade. Para a sociedade dominada a aquisição seria somente um acto de gestão de carteira. Por isso, salvo quando nos casos em que a necessidade da intervenção dos sócios resultasse do art. 11.º/4 e 5, estaríamos perante uma matéria atribuída pela lei ao órgão de administração[50].

Todavia, se estamos de acordo, pelas razões acabadas de expor, com a necessidade de intervenção da Assembleia-Geral da sociedade dominante, já não nos parece correcto o afastamento da necessidade de intervenção da Assembleia-Geral da sociedade dominada. Na verdade, é a esta que cabe decidir sobre o destino a dar aos bens distribuíveis. Ora, envolvendo o cruzamento de participações efeitos equivalentes a uma

---

[47] Na verdade, tal como sucede com as acções próprias, o direito de voto inerente às acções detidas pela sociedade dependente fica suspenso, podendo ter reflexos sobre as relações de poder dentro da sociedade, estrutura que poderia ser influenciada pela própria administração.

[48] Cfr. MARIA VICTÓRIA ROCHA, *ob. cit.*, pp. 202/4.

[49] A este propósito, no contexto da exposição da solução dada por legislações estrangeiras, MARIA VICTÓRIA ROCHA, *ob. cit.*, p. 347, nota 745.

[50] Cfr. Parecer da Comissão de Mercado de Valores Mobiliários, No mesmo sentido, JOÃO GOMES DA SILVA, *ob. cit.*, p. 1286.

O Princípio da Equiparação das Acções Subscritas,...

distribuição de bens aos sócios, também a Assembleia-Geral da sociedade dominada deveria pronunciar-se sobre a aquisição de acções da sociedade dominante. Reconhecemos que esta proposta é susceptível de causar alguma estranheza, pelo facto de o órgão de administração da sociedade dominante poder determinar o sentido das decisões da Assembleia-Geral da sociedade dominada. No entanto, como bem nota SCOGNAMIGLIO[51], a intervenção da Assembleia-Geral poderá tornar mais facilmente controláveis pelos sócios minoritários as condutas da sociedade dominante[52] que envolvam prejuízo para a sociedade dominada, nomeadamente anulando a deliberação social, nos termos do art. 58.º/1, al. b) do Código das Sociedades Comerciais.

O art. 319.º/3 do Código das Sociedades Comerciais permite que o órgão de administração adquira acções próprias quando se verifique que existe iminência de um prejuízo grave. A questão que se colocará no âmbito de aquisição de acções pela sociedade dependente é a de saber qual o órgão de administração que deve avaliar sobre a eminência de um dano grave. Parece lógica a consideração de que se o que se pretende evitar é um prejuízo grave para a sociedade dominante, deva ser o órgão de administração desta em primeira linha a fazê-lo[53]. No entanto, não cremos que o órgão de administração da sociedade dominante possa usar esta faculdade contra os interesses da sociedade dominada, sob pena de a sociedade dominante incorrer em responsabilidade civil solidariamente com os administradores da sociedade dominada nos termos do art. 83.º/4 do Código das Sociedades Comerciais, salvo nos casos em que a sociedade dominante esteja numa relação de grupo com a sociedade dominada.

O legislador omitiu, na remissão operada no art. 325.º-B/1, a referência ao art. 320.º do Código das Sociedades Comerciais. Por isso, parece dever entender-se que a alienação das acções não está sujeita a

---

[51] SCOGNAMIGLIO, Giuliana, *L'acquisito di azioni della controllante nel D. Leg. 1994 n.º 315. Rivista di Diritto civile* 1995, p. 69.

[52] ENGRÁCIA ANTUNES (*ob. cit.*, pp. 485 a 487, especialmente nota 935, pp. 508 a 510, especialmente nota 990, e p. 900) considera aplicáveis os arts. 325-A e 325.º-B aos casos em que exista uma relação de grupo constituída por domínio total ou em virtude da celebração de um contrato de subordinação entre a sociedade directora e a sociedade subordinada, pois o facto de se verificar uma relação de grupo não exclui a existência de uma relação de domínio. Outro problema será o de saber em que medida serão aplicáveis os referidos artigos quando exista um domínio que não se traduza numa participação no capital. Quanto a esta questão v. *ibidem*, pp. 426/7 e nota 826.

[53] JOÃO GOMES DA SILVA, *ob. cit.*, p. 1287.

464   *Margarida Maria Matos Correia Azevedo de Almeida*

deliberação da sociedade dominante. No entanto, tendo em linha de conta as repercussões sobre a composição da Assembleia-Geral, que pode vir a ser em parte determinada pelo órgão de administração[54], compreende-se a proposta no sentido de aplicar o art. 320.° do Código das Sociedades Comerciais por analogia[55], entendendo-se que existe uma lacuna.

Há que ter em conta também o princípio da igualdade de tratamento dos accionistas (art. 321.° do Código das Sociedades Comerciais)

3.4.4. *Consequências da ilicitude da subscrição e da aquisição de acções pela sociedade dominada*

Para além das responsabilidades civil (arts. 72.° e segs. do Código das Sociedades Comerciais, podendo ser solidária com a responsabilidade da sociedade dominante nos termos do art. 83.°/4 deste mesmo Código) e penal dos administradores da sociedade dominada (art. 510.°/2 do Código das Sociedades Comerciais), a subscrição de acções pela sociedade dominada deverá, na falta de previsão de uma sanção pelo legislador societário, ser considerada nula, conforme o art. 294.° do Código Civil, por se tratar de um negócio contrário a lei[56].

Quando a ilicitude não provenha da aquisição de acções não inteiramente liberadas, caso em que a sanção consistirá na nulidade da aquisição, os negócios relativos a acções ilicitamente adquiridas são considerados válidos, devendo, no entanto, as acções assim adquiridas ser alienadas no espaço de um ano. Caso não sejam alienadas em tempo devido, deverão ser anuladas. A obrigação de alienação deverá naturalmente caber à sociedade dependente, ao passo que a anulação, que envolve a redução do capital social, será da competência da sociedade dominante[57]. Isto para além da responsabilidade civil dos administradores, nos termos do art. 323.°/4, em virtude da aquisição, anulação ou falta de anulação das acções.

---

[54] *Ibidem*, p. 1288.

[55] *Ibidem*.

[56] Neste sentido, perante o problema das acções do seu próprio capital adquiridas directamente pela sociedade anónima ou em comandita por acções, MARIA VICTÓRIA ROCHA, *ob. cit.*, pp. 152 e segs.. Esta solução não valerá quando a subscrição seja feita de forma indirecta através de um terceiro que actue por conta da sociedade dominada, caso em que a subscrição é válida, mas é o terceiro que assume todos os seus efeitos nos termos do art 316.°2 a 6, para onde remete o art. 325.°-B/1.

[57] JOÃO GOMES DA SILVA, *ob. cit.*, p. 1290.

3.4.5. *Regime das acções detidas pela sociedade dominada*

Os direitos de voto estão suspensos enquanto as acções pertencerem à sociedade dependente (art. 325.°-B/3). Impede-se, neste caso, que o órgão de administração da sociedade dominante influencie as decisões da sua Assembleia-Geral através do domínio que exerce na sociedade dominada, e que assim possa determinar o sentido de voto dos administradores da sociedade dependente na sua própria sociedade. Quanto aos direitos de conteúdo patrimonial, o legislador apenas impediu os que comportassem a violação de proibição de subscrição de acções da sociedade dominante ou que implicassem a sua aquisição fora das condições previstas na lei. O legislador terá tido em vista o direito de preferência na subscrição de acções (arts. 458.° do Código das Sociedades Comerciais). A solução parece coerente, pois seria desnecessário suspender todos os direitos de conteúdo patrimonial. Aceita-se sem dificuldades que a sociedade dependente, como sócia, receba os lucros de exercício. De facto, a tal não se opõem os interesses que o legislador tem em vista salvaguardar. De outra forma, a sociedade dependente e seus accionistas seriam injustificadamente prejudicados[58].

Para além disso, o legislador considerou que mesmo as acções licitamente adquiridas, quando ultrapassem o limite de 10% do capital da sociedade dominante, devem ser alienadas no prazo de três anos. Também não devemos deixar de fazer referência à necessidade de tornar indisponível uma reserva de montante igual àquele por que foram contabilizadas (art. 324.°/1, al. b) do Código das Sociedades Comerciais)[59]. Por força do princípio da equiparação, tal tarefa caberá à sociedade dominante. No entanto, mais uma vez, é esquecida a protecção dos credores da sociedade dominada[60].

---

[58] *Ibidem*, p. 1293.

[59] A necessidade de constituição da reserva tem sido fortemente contestada pelo facto de as acções próprias terem passado a figurar, segundo o Plano Oficial de Contabilidade, na rubrica capital próprio do balanço. A constituição da reserva só se justificaria caso as acções próprias houvessem de ser inscritas no activo. Daí que os defensores desta corrente sugiram uma interpretação revogatória do art. 324.°/1 b).-v., por todos ,COUTINHO DE ABREU, *ob. cit.*, 387. Contudo, parece-nos ser de acompanhar a posição de OSÓRIO DE CASTRO ao afirmar a necessidade de manter a reserva – cfr., *ob. cit.*, p.126 , nota 75.

[60] COLOMBO (*ob. cit.*, pp. 821 e segs.) critica a solução contida na lei italiana que faz incidir este dever apenas sobre a sociedade dominada, deixando desprotegidos os credores da sociedade dominante (art. 2359-*bis*, 4). Para além desta circunstância, considera o montante da reserva excessivo, pois o aniquilamento do património obtém-se

466 Margarida Maria Matos Correia Azevedo de Almeida

Por último, são devidos deveres de informação no relatório anual, nos termos do art. 324.°/2.

4. CONCLUSÃO

A disciplina jurídica das acções subscritas, adquiridas ou detidas pela sociedade dependente no capital da sociedade dominante foi equiparada à disciplina das acções próprias. Ao optar pela via da equiparação, o legislador reconheceu que as necessidades de protecção envolvidas no cruzamento de participações, quando simultaneamente exista uma relação de domínio, se aproximam mais das necessidades de protecção associadas à subscrição ou aquisição de acções próprias do que à disciplina dos grupos de sociedades. Na verdade, nas situações de cruzamento de participações em que exista também uma relação de domínio, tal como sucede nas acções próprias, as razões que movem o legislador na consagração da disciplina jurídica prendem-se, fundamentalmente, com a protecção da sociedade dominante, respectivos sócios e respectivos credores, Pelo contrário, a disciplina jurídica dos grupos de sociedades é orientada essencialmente pelas necessidades de protecção da sociedade dominada, respectivos credores e sócios livres.

Embora estejamos de acordo com o tratamento do problema segundo o princípio da equiparação (porquanto evita que a sociedade anónima ou em comandita por acções dominante, ao subscrever ou adquirir o seu próprio capital através de sociedades suas dominadas, se ponha à margem do regime que o legislador estabelece para as acções próprias), não podemos deixar de observar que a incidência da atenção do legislador sobre a protecção da sociedade dominante, seus sócios e credores faz com que sejam ignoradas as necessidades de tutela da sociedade dominada, seus sócios e credores.

Na verdade, as consequências que decorrem do princípio da equiparação são insuficientes para enfrentar, desde logo, os riscos de carácter patrimonial que advêm do cruzamento de participações, na medida em que põem na sombra os riscos dele resultantes para os credores da sociedade dominada. Como tivemos oportunidade de realçar, não se

---

pela multiplicação das percentagens do património líquido de cada uma das sociedades que foi empregue por cada uma das sociedades na aquisição de participações na outra sociedade – v. *supra* quanto aos riscos patrimoniais., ponto 2.

O Princípio da Equiparação das Acções Subscritas,... 467

exige, quanto à sociedade dominada, que a aquisição seja feita à custa de bens distribuíveis, assim como não é exigida à sociedade dominada a constituição de uma reserva indisponível nos termos do art. 324.º/1, al. b) do Código das Sociedades Comerciais, não conferindo protecção aos seus credores contra os riscos que resultam de um cruzamento de participações.

Da exigência, que, segundo cremos, deveria existir, de que os bens utilizados na aquisição de acções da sociedade dominante pela sociedade dominada sejam bens distribuíveis, parece resultar a necessidade de intervenção também da Assembleia-Geral da sociedade dominada. Como também vimos, consideramos absolutamente necessária a intervenção da sociedade dominante, a qual nos parece ser reclamada pelo princípio da equiparação[61]. No entanto, dado deverem ser os sócios a decidir o destino a dar aos fundos distribuíveis, também a Assembleia-Geral da sociedade dependente se deveria pronunciar, não parecendo defensável ver na aquisição de acções da sociedade dominante um puro acto de gestão, visto que o cruzamento de participações tem efeitos equivalentes a uma distribuição de bens aos sócios. Apesar de a administração da sociedade dominante poder determinar o sentido da decisão, o facto de submeter a aquisição à apreciação da Assembleia-Geral da sociedade dominada poderia levar a um mais fácil controlo do comportamento da sociedade dominante, em face dos interesses da sociedade dominada, pelos sócios minoritários desta última sociedade.

BIBLIOGRAFIA

ABREU, Jorge Coutinho de, *Curso de Direito Comercial*. Vol. II. Coimbra: Almedina, 2003

ANTUNES, José Engrácia, *Os Grupos de Sociedades*. 2ª ed. Coimbra: Almedina, 2002

CASTRO, Carlos Osório de, *Valores Mobiliários – conceito e espécies*. 2ª ed. Porto: Universidade Católica Portuguesa, 1998

COLOMBO, Giovanni, *Per una disciplina "comune" delle partecipazioni reciproche. Giurisprudenza Commerciale* 2000, pp. 813 e segs.

COMISSÃO DE MERCADO DE VALORES MOBILIÁRIOS, *Parecer A Equiparação da Subscrição, Aquisição e Detenção de Acções de uma Sociedade Anónima*

---

[61] Em sentido contrário parece ir o entendimento de ENGRÁCIA ANTUNES (cfr. *ob. cit.*, p. 433) ao falar em "desvio expresso introduzido à doutrina geral da equiparação".

468 *Margarida Maria Matos Correia Azevedo de Almeida*

por uma Sociedade dela dependente ao Regime das Acções Próprias. Internet: www.cmvm.pt

COMPARATO, Fábio Konder, *Les groupes des societés dans la nouvelle loi brésilienne des societés par actions. Rivista delle Società* 1978, pp. 846/68

DOMINGUES, Paulo de Tarso, *Do capital social (noção, princípios e funções)* Coimbra: Coimbra Editora, 1998

DOÑA, María de la Sierra Flores, *Participaciones Recíprocas entre Sociedades de Capital.* Pamplona: Aranzadi, 1998

ROCHA, Maria Victória, *Aquisição de acções próprias no Código das Sociedades Comerciais.* Coimbra: Almedina, 1994

SBISÀ, Giuseppe, *La (mancata) attuazione della direttiva 92/101/CEE in tema di azioni proprie. Rivista delle Società* 1994, pp. 870/85

SCOGNAMIGLIO, Giuliana, *L'acquisito di azioni della controllante nel D. Leg. 1994 n.° 315. Rivista di Diritto civile* 1995, pp. 49/75

SILVA, João Gomes da, *Acções próprias e interesses dos accionistas. Revista da Ordem dos Advogados* 2000, pp. 1221/96

"REGIÕES METROPOLITANAS – ASPECTOS JURÍDICOS"

por: NATHÁLIA ARRUDA GUIMARÃES

Doutoranda em Direito pela Faculdade de Coimbra,
Mestre em Direito da Cidade pela UERJ,
Advogada e Professora de Direito.

SUMÁRIO: 1. Introdução – 2. O Direito e a Cidade – 3. Antecedentes Administrativos da Criação Legal das Regiões Metropolitanas – 4. Regime Jurídico das Regiões Metropolitanas – 4.1. Constituição de 1988 – 4.2. O papel do Estado em matéria de Direito Urbanístico, as Regiões Metropolitanas e o Estatuto da Cidade – 5. Breves considerações sobre a experiência de Portugal – 6. Conclusões. – 7. Referências Bibliográficas.

1. INTRODUÇÃO

O fenômeno da concentração urbana, que se caracteriza pela ocupação, uso e transformação do solo provocados pelas aglomerações e intervenções humanas, atualmente encontra seu ápice de complexidade nas chamadas Regiões Metropolitanas.

As Regiões Metropolitanas, também denominadas cidades globais[1] ou Megacidades[2], apresentam-se, fundamentalmente, como grandes conurbações urbanas, provocadas pela expansão territorial de municípios

---

[1] ALVA, Eduardo Neira. **Metrópoles (In) Sustentáveis**. Rio de Janeiro: Relume Dumará, 1997.

[2] BREMAEKER, François E. J.de. **Evolução demográfica dos municípios das regiões metropolitanas brasileiras, segundo a base territorial de 1997**. 2ª Edição. Rio de Janeiro: IBAM (APMC/IBAMCO), 2000.

470   *Nathália Arruda Guimarães*

vizinhos e, principalmente, pela comunicação econômico-social entre as cidades, o que gera questões de ordem comum.

Desenvolvendo o conteúdo e o entendimento das Regiões Metropolitanas o Professor Eros Roberto Grau[3] ensina que para compreender tal fenômeno deve-se partir da idéia de "estrutura urbana" municipal e metropolitana, o que dependerá da apreensão dos conceitos de infra – estrutura, funções e fluxos.

De acordo com o entendimento do referido jurista, a análise destes elementos propicia ao cientista jurídico a averiguação do contexto em que se aplica o Direito, e, principalmente, o papel do planejamento de ações que envolvem a dinâmica de relações das metrópoles.

As estruturas sociais, examinadas em termos espaciais, implicam em considerações do exercício de atividades (de caráter econômico e social) em espaços físicos: assim, tais estruturas comportam esquema dentro do qual aquelas atividades estão dispostas sobre determinados espaços, nomeadamente, sobre os solos urbanos. A essas atividades exercidas nos espaços urbanos, o Prof. Eros Roberto Grau[4] denomina **funções.**

Como tanto os sujeitos dessas atividades quanto os bens e serviços delas resultantes se transferem de um município para outro, dentro e para fora dos respectivos espaços físicos limitados geograficamente, surge a necessidade de se viabilizar mecanismos comuns, em multiformes movimentos. Os canais de comunicação de pessoas, bens e serviços compõem o conceito de **infra-estrutura.** É de tal forma a comunicação entre as cidades que se encontram em uma Região Metropolitana, que se mostra inevitável o condicionando das estruturas, armando-as como uma verdadeira rede, de forma sistemática. De outra parte, aos movimentos que se operam sobre essas redes chamamos **fluxos.**

Para logo se vê, pois, que a estrutura municipal ou metropolitana é resultante das proporções e relações existentes entre as várias funções que se manifestam sobre o espaço considerado, sendo os seus fluxos dependentes da infra – estrutura existente.

Verificamos, assim, que a amplitude das várias funções e fluxos estabelecidos em todo o complexo urbano condiciona uma nova estrutura, que se expande para além dos limites municipais considerados. Daí, é

---

[3] GRAU, Eros Roberto. **Direito Urbano, Regiões Metropolitanas, Solo criado, Zoneamento e Controle Ambiental, Projeto de Lei de Desenvolvimento Urbano.** São Paulo: Editora Revista dos Tribunais, 1983.

[4] Idem item 3.

inevitável o surgimento de novos centros de decisões administrativas e empresariais e tais decisões são cada vez tomadas a nível mais distante daqueles ligados aos interesses exclusivamente locais.

Ao mesmo tempo, começa a surgir uma grande expansão da demanda de serviços públicos, de sorte que as autoridades administrativas na área limitada a um município já não podem mais, isoladamente, dar solução satisfatória às necessidades coletivas de todos os escalões governamentais implicados.

Nesse momento, verifica-se o choque entre as estruturas municipais, agravado pela multiplicidade dos centros de decisão político – administrativas com ação em toda a região.

É de se destacar que, na maioria das vezes, as Regiões Metropolitanas surgem como pólos de atividades econômicas, ou seja, como ponto de localização concentrada de atividades dentro de um núcleo urbanizado condicionante de todo o comportamento econômico na região, visto que a sua expansão gera fluxos do exterior para o centro e do centro para o exterior.

Na maioria das vezes essas Regiões apresentam um município central, ao redor do qual gravitam os demais municípios circundantes, motivados pela intensidade econômica e social desenvolvida naquele pólo de atração. O município central, em regra, torna-se a sede da Região Metropolitana.

Eros Roberto Grau conceitua Regiões Metropolitanas como o "conjunto territorial intensamente urbanizado, com marcante densidade demográfica, que constitui um pólo de atividade econômica, apresentando uma estrutura própria definida por funções privadas e fluxos peculiares, formando, em razão disso, uma mesma comunidade sócio – econômica em que as necessidades específicas somente podem ser, de modo satisfatório, atendidas através de funções governamentais coordenada e planejadamente exercitadas. Para o caso brasileiro, adite-se que será ela o conjunto, com tais características, implantado sobre uma porção territorial dentro da qual se distinguem várias jurisdições político – territoriais, contíguas e superpostas entre si – Estados e Municípios"[5].

Chamemos à atenção, ainda, para o fato de que as Regiões Metropolitanas brasileiras reuniam, em 1996, um conjunto de 47.298.604 habitantes, que correspondia a 30,11% da população total do Brasil[6].

---

[5] Idem item 3.

[6] Dados retirados de: CARDOSO, Elizabeth Dezouzart, e ZVEIBIL, Victor Zular (organizadores). **Gestão Metropolitana, Experiências e Novas perspectivas**, Rio de Janeiro: IBAM, 1996.

Atualmente, "as 26 regiões metropolitanas brasileiras concentram 413 municípios, população de 68 milhões de habitantes e ocupam área de 167 mil km^2"[7], o que corresponde a aproximadamente 42% de toda população brasileira.

Mais do que uma realidade em números, o fenômeno das Regiões Metropolitanas no Brasil chama também à atenção por se verificar a partir de um processo de urbanização demasiadamente rápido.

Verifica-se, assim, em consequência do crescimento acelerado e com indesejada normalidade no dia a dia das Regiões Metropolitanas, a "escassez de serviços sanitários, deficiências de moradias e serviços básicos, falta de segurança e degradação ambiental, além da vulnerabilidade a acidentes e desastres naturais"[8]. É a cidade explodindo em si mesma, expandindo-se sem limites.

Não há que se esquivar, outrossim, o Direito, das emergentes situações trazidas pelo aparecimento das Regiões Metropolitanas, consideradas, nesse estudo, como objeto em sim mesmas de regulamentação.

As questões e problemáticas verificadas no contexto das Regiões Metropolitanas, relacionadas ao uso, distribuição e utilidade do solo são, por fim, em nosso entendimento, objeto do Direito do Urbanismo ou, Direito Urbanístico, disciplina jurídica que reside essencialmente "na harmonização ou compatibilização entre os diferentes interesses implicados no uso e transformação desse bem essencial – por natureza, escasso e irreprodutível – que é o solo, sendo, por isso, constituído por normas jurídicas cuja função precípua é a ponderação de interesses e a superação dos conflitos de interesses surgidos a propósito da utilização do mesmo (ponderação que reveste uma tríplice vertente: entre interesses públicos que não são coincidentes e entre interesses privados divergentes)"[9].

---

[7] Rei ,Fernando e Sogabe, Milton Norio. **Meio Ambiente Urbano**. 2003. Disponível em:

<http://www.mre.gov.br/cdbrasil/itamaraty/web/port/meioamb/mamburb/rmetrop/index.htm>. Acesso em 21 nov. 2003. Note-se que das 26 Regiões Metropolitanas atuais, 9 foram criadas por meio de Leis Federais (Lei Complementar n. 13/73 e 29/75). As demais por Lei Complementar Estadual, após a vigência da Constituição Federal de 1988.

[8] Nefussi, Nelson. Licco, Eduardo. **Cidades de crescimento Explosivo**. 2003. Disponível em:

http://www.mre.gov.br/cdbrasil/itamaraty/web/port/meioamb/mamburb/cidcresc/index.htm. Acesso em 21 nov. 2003.

[9] CORREIA, Fernando Alves. **Alguns Conceitos de Direito Administrativo**. Coimbra: Livraria Almedina, 1998. pág. 31-32.

"Regiões Metropolitanas – Aspectos Jurídicos" 473

Em resposta à evidente necessidade, mais do que confirmada pela realidade urbana apresentada não só no Brasil, como em diversos países do mundo, resta-nos verificar, quais são os contornos da disciplina das Regiões Metropolitanas, a partir da abordagem do tema em sede da Constituição Federal Brasileira e da legislação infraconstitucional hoje vigente, de caráter urbanístico.

O presente ensaio tem por objetivo, portanto, contribuir, ainda que de forma geral, para o exame do regime jurídico das Regiões Metropolitanas no Brasil, apresentando um panorama histórico das normas constitucionais e infraconstitucionais pertinentes, confrontando-o criticamente com o modelo federativo brasileiro e com o papel dos Estados no contexto urbanístico atual e na disciplina do direito de propriedade do solo.

Com base nos dados e análises doutrinárias acerca do conteúdo do significado atual do tema proposto, pretendemos explorar a questão, partindo de uma análise crítica da estruturação dos centros urbanos, dentro de sua circunstância histórica e política, perplexa e por que não dizer, objeto e agente central das transformações do mundo pós-moderno[10].

2. O DIREITO E A CIDADE

É imprescindível abordar, ainda que de forma sucinta e geral, alguns aspectos da origem da disciplina jurídica das cidades, bem como das primeiras normativas de caráter urbanístico estabelecidas no Brasil.

De acordo com o ensinamento do Professor Fernando Alves Correia[11], os primórdios do ordenamento jurídico urbanístico remontam do Direito Romano, que dividia o conjunto das regras em quatro grupos: normas de garantia da segurança das edificações; normas dirigidas à tutela da estética das construções; normas que visavam a salubridade das edificações e, finalmente, disposições com objetivo de ordenamento do conjunto urbano.

Assistiu-se, assim, desde os romanos, intensa ocupação das ciências jurídicas nas questões basilares sobre as quais atualmente se fundamenta o Direito do Urbanismo ou Direito Urbanístico.

---

[10] AMARAL, Francisco. **O Direito civil na Pós-Modernindade**. Revista Brasileira de Direito Comparado, Rio de Janeiro, p.03-20, março, 2003.

[11] CORREIA, Fernando Alves. Manual de Direito do Urbanismo. Coimbra: Livraria Almedina, 2001. pág. 139.

474   *Nathália Arruda Guimarães*

E não é de se duvidar que essa preocupação em estabelecer regras e orientações nas construções das cidades estava ligada a diversas razões, muitas delas, na origem, de caráter militar. Em verdade, as cidades são até os dias de hoje, simbólicas em razão do poder que controlam, dos fluxos econômicos, sociais, culturais e políticos, sendo inevitável concluir que se constituem mesmo, como centros de acumulação de riqueza e conhecimento, desde as primeiras organizações primitivas.

É interessante notar o fascínio que as cidades despertam. Washington Peluso Albino de Souza[12], caracteriza a cidade como a somatória de chão, gente e cultura, em conceito bastante eloquente, que não poderia passar desapercebido nesse estudo:

> "O chão define o espaço utilizado pelo homem-individual e pelo homem social na configuração e na prática da própria convivência e a partir dos problemas de sua subsistência. Como indivíduo ou como componente do todo social, é do chão que ele retira tudo o de que depende e no exercício de sua própria vida, é dele que se utiliza. Enquanto gente, os problemas do homem projetam-se do âmbito individual ao social. Mais do que a sobrevivência animal, configura-se todo o condicionamento da estrutura social, na qual ele se inclui. Desejos, necessidades, sonhos, anseios, compõem a gente no organismo urbano. Por fim, os conhecimentos, as experiências, as vivências acumuladas pela própria humanidade vão traduzir-se na cultura. Reunidos no conceito de cidade, estes elementos permitem-nos afirmativas incontestáveis como a de que devemos tratá-la como organismo vivo, ou, no dizer de Bandeira, que ela tem caráter".

É, ainda, interessante, o conceito de cidade trazido por Lucrécia D'Alessio Ferrara[13]:

> "A cidade, o lugar urbano pode ser definido como dependente de duas variáveis:
> 1. Setor do solo fisicamente urbanizado onde se situam edifícios e outros equipamentos;
> 2. Onde as pessoas realizam atividades que estão tipicamente relacionadas e dependentes entre si.

---

[12] Souza, Washington Peluso Albino de. **O Direito Econômico e o Fenômeno Urbano Atual**. Conferência pronunciada no Seminário de Estudos Urbanos, promovidos pela OAB – MG, Belo Horizonte, out. 1978, pág. 1.

[13] Citado por Cardoso, Elizabeth Dezouzart, e Zveibil, Victor Zular (organizadores). **Gestão Metropolitana, Experiências e Novas perspectivas**, Rio de Janeiro: IBAM, 1996.

"*Regiões Metropolitanas – Aspectos Jurídicos*" 475

...
Assim sendo, não se pode considerar a cidade como um simples produto de demarcações administrativas; edificações mais ou menos adequadas a um pertinente uso do solo, densas e heterogêneas agregações populacionais, fachadas arquitetônicas, vias urbanas que se cruzam, equipamentos com soluções técnicas sofisticadas. Mas, a cidade está justamente na interação daquelas duas variáveis, o que implica concebê-las como uma apropriação do seu usuário, isto é, ela só se concretiza na medida em que é centro de atração de vivências múltiplas e atende à necessidade de centralizar, de fazer convergir as relações humanas. São estas que fazem falar a cidade, que lhe dão sentido, as características físicas e materiais dos assentamentos urbanos encontram sua justificativa enquanto organização espacial das comunicações urbanas. É a acessibilidade à informação e sua troca que caracterizam a apropriação do ambiente urbano e o modo pelo qual o usuário faz da cidade um objeto que precisa ser decifrado, uma escritura que precisa ser lida. Se reconhecemos que a função principal dos ambientes urbanos é comunicar ou favorecer a comunicação é necessário saber como comunicam e isto exige a revisão dos instrumentos críticos tradicionais ou mesmo o emprego de metodologia de análise que permite instaurar uma crítica ao ambiente urbano."

Em termos gerais, a realidade apresentada na cidade pode ser entendida como matriz ou fundamento institucional[14] do Direito. É a partir dela que a ciência jurídica estrutura a maior parte de seus paradigmas e para ela tem se prestado a desenvolver instrumentos que visam regular as relações intersubjetivas calcadas no contexto urbano, sob a justificativa e condição de promover justiça social[15].

Atualmente vivenciamos a grande influência na produção jurídica de normas cujo espírito e necessidade tiveram como origem as relações travadas nos centros urbanos e que, portanto, pretendem responder às questões trazidas em razão da vida e das desigualdades verificadas nas cidades.

O conceito jurídico de cidade, no entanto, expressa-se através de algumas normas positivadas e pela doutrina. Segundo José Afonso da

---

[14] Usamos o termo "fundamento institucional", no sentido que Savigny interpreta na Escola histórica. O direito é fruto dos costumes, e a vida é o fundamento que "institui" o direito. Este, por sua vez, expressa-se nas normas, que pretendem traçar a orientação jurídico metodológica de aplicação do Direito.

[15] GUIMARÃES, Nathália Arruda. **Competência Municipal em Matéria de Direito Urbanístico e o Novo Estatuto da Cidade**, 2002. 264p. Dissertação (Mestrado em Direito da Cidade) – Universidade do Estado do rio de Janeiro, Rio de Janeiro, 2003.

Silva, "cidade, no Brasil, é um núcleo urbano qualificado por um conjunto de sistemas político – administrativo, econômico não – agrícola, familiar e simbólico como sede do governo municipal, qualquer que seja sua população. A característica marcante da cidade, no Brasil, consiste no fato de ser um *núcleo urbano, sede do governo municipal.*[16]"

É por óbvio que as cidades são palco de grandes fatos e acontecimentos sociais, e sobre seu território travam-se relações jurídicas de diversas naturezas. No entanto, cabe-nos destacar a cidade como próprio objeto da regulação jurídico normativa, e, evidentemente, observar as normas de caráter eminentemente urbanístico, que visam a manutenção do espaço e do solo das Regiões Metropolitanas, buscando vincular, em última análise, a sua sustentabilidade e legitimidade, à concretização dos objetivos da política urbana, previstos expressamente no Estatuto da Cidade, em seu Artigo 2.º, Lei promulgada em atendimento à Constituição Federal de 1988.

A disciplina jurídica especializada aparece, assim, vinculada à evolução da política urbana de determinada sociedade e do urbanismo, complexo interdisciplinar de arte e ciências, cujo objeto consiste o estudo da cidade atual e da cidade do futuro, para a solução dos problemas vitais que surgem da convivência das grandes massas de população nelas concentradas, com o fim de tornar possível a convivência sem menosprezo da integridade física, espiritual e mental do ser humano[17].

Direito e Urbanismo, unem-se, desse modo, na disciplina da vida na cidade e, consequentemente, na disponibilidade da propriedade do solo. Para fins de entendimento, resta, ainda que brevemente, conceituar o Direito Urbanístico que pode ser entendido como o "conjunto de normas e de institutos respeitantes à ocupação, uso e transformação do solo, isto é, ao complexo das intervenções e das formas de utilização deste bem (para fins de urbanização e de construção, agrícolas e florestais, de valorização e protecção da natureza, de recuperação de centros históricos, etc.)"[18].

Em razão de seus propósitos, o Direito Urbanístico abriu caminho na ciência jurídica apresentando-se como disciplina de caráter complexo e

---

[16] Silva, José Afonso. **Direito Urbanístico Brasileiro**. São Paulo: Malheiros, 1997, pág.20.

[17] SILVA, José Afonso da. **Direito Urbanístico Brasileiro**. 2ª edição, São Paulo: Malheiros, 1997.

[18] CORREIA, Fernando Alves. **Alguns Conceitos de Direito Administrativo**. Coimbra: Livraria Almedina, 1998. pág. 31.

"Regiões Metropolitanas – Aspectos Jurídicos"	477

especializado voltado para as questões das cidades e, evidentemente, para as questões das Regiões Metropolitanas, razão pela qual utilizamos nesse trabalho os seus fundamentos consubstanciados na legislação que lhe compõe o conteúdo objetivo.

Ainda em sede de evolução e justificação histórica das Regiões Metropolitanas, lembramos que a Revolução Industrial indubitavelmente marcou o início de grande concentração de atividades de manufatura em algumas cidades cuja população cresceu explosivamente. A época, em voltas do Século XVIII, o Brasil ainda submetia-se à Portugal, sem grandes normativas de caráter jusurbanístico próprias, uma vez que se utilizava de legislação imposta pela Metrópole Portuguesa.

A normativa que se poderia admitir, entretanto, ter caráter urbanístico aplicada no Brasil, tratava de questões urbanas voltadas ao espaço mínimo a ser respeitado entre as construções a fim de garantir a circulação de transportes, entre outras orientações de caráter meramente ordenador dos núcleos urbanos da época.

Após a independência do Brasil e a considerável evolução industrial verificada nos anos que seguiram, formaram-se as primeiras cidades, verificando-se, nesse momento, que a referência econômica deslocava-se progressivamente do meio rural, para se concentrar na produção de bens e serviços.

Atualmente, as cidades com perfil industrial tendem a converter-se em metrópoles de sistemas sócio – econômicos organizados espacialmente para articular economias regionais, nacionais e, mesmo, internacionais.

Assim, quando nos referimos à cidade hoje, aludimos à sua expressão mais moderna, mais eloqüente, em aparente deformação de sua antiga imagem.

Quando referimo-nos à metrópole superpovoada que começa a receber a denominação de cidade global[19], tratamos da expansão sistémica das cidades, cujos vizinhos entes administrativos acabam por compor uma realidade comum, em torno de interesses económicos e sociais que se acumulam.

No Brasil, a Região Metropolitana reúne todas as características de nossa civilização "eletrônica"[20], da comunicação em massa, das desigualdades sociais, das discrepâncias culturais, da variedade étnica, do

---

[19] ALVA, Eduardo Neira. **Metrópoles (In) Sustentáveis**. Rio de Janeiro: Relume Dumará, 1997.

[20] Idem item 18.

478   *Nathália Arruda Guimarães*

movimento incessante das classes sociais, das carências, da violência, das mazelas e das riquezas.

Ao lado da diversidade apresentada nas cidades, a especialização foi o caminho para que se atingissem níveis mais profundos e complexos de conhecimento e a comunicação foi-se tornando cada vez mais fragmentada, donde uma perda quase absoluta da visão global, da reunião de tais conhecimentos.

As atuais Regiões Metropolitanas aglomeram população, instalações produtivas e infra – estrutura econômica, ocupando antigas áreas rurais e incorporando assentamentos humanos preexistentes. A rapidez com que se processam o crescimento demográfico e a expansão territorial dessas regiões é, nos países em processo de desenvolvimento, muito superior que a registrada na formação de aglomerações metropolitanas do mundo industrializado e desenvolvido.

"A medida que avança a globalização da economia internacional, as metrópoles que comandam os espaços econômicos maiores tendem a constituir uma categoria por si mesmas, configurando um novo tipo de cidade: as cidades globais"[21].

Essas metrópoles articulam economias nacionais, como é o caso de Paris, Madri, São Paulo, outras operam diretamente em mercados multinacionais, como Cingapura, Frankfurt ou Miami, ou então servem de base a importantes economias regionais.

As cidades globais ou metrópoles internacionais constituem, assim, um espaço de acumulação capitalista que controla o mercado global. Eduardo Neira Alva[22] considera que em torno dos espaços privilegiados se estende um amplo setor de economias periféricas que se encontram fragmentadas ao redor de metrópoles nacionais e regionais.

De certa forma, as metrópoles ficam condicionadas por sua própria dimensão econômica e por certas exigências dos processos de acumulação a apresentar um número apreciável de empresas multinacionais e de agentes de financiamento internacional, serviços de apoio à produção e à comercialização e infra – estrutura econômica e social capazes de atrair investidores e quadros dirigentes sofisticados e exigentes.

Seriam, então, estas, algumas das premissas impostas às cidades para

---

[21] SASSEN, Saskia. **The Global City: New York, London, Tokyo**. Princenton: Princenton University, 1991.

[22] ALVA, Eduardo Neira. **Metrópoles (In) Sustentáveis**. Rio de Janeiro: Relume Dumará, 1997.

"Regiões Metropolitanas – Aspectos Jurídicos" 479

que uma metrópole possa ser caracterizada como viável económica e socialmente?

Poderíamos questionar, então, qual a relevância da verificação dessas características metropolitanas para a análise do contexto jurídico atual no Brasil, modelo subordinado, como se sabe, ao objetivo constitucional fundamental da "erradicação da pobreza e marginalização e redução das desigualdades sociais e regionais"; bem como ao princípio da função social da propriedade[23].

Destacamos que as cidades globais contam com espaços urbanos densamente equipados. Os investimentos urbanos, assim como todas as relações verificadas entre cidades conurbadas, travadas, portanto, no contexto metropolitano, tendem, atualmente, à conduzir à inserção da cidade metropolitana pós-Revolução Industrial no contexto econômico de consumo de bens e serviços, típico da realidade capitalista atual.

Verificamos, ainda, que investimentos de caráter urbanístico, normalmente de iniciativa governamental, auxiliam na transformação da propriedade imobiliária em bem de capital, valorizado ou não, de acordo com o acesso que proporciona à realidade fragmentada das cidades.

Nesse contexto, há que se destacar que os investimentos urbanos realizados pelo Estado, sob a justificativa de tornar as cidades mais atraentes aos interesses econômicos, não deverá ocorrer em desatenção às diversas demandas de interesse social, destaque-se à necessidade de legitimação e urbanização de ocupações irregulares e à garantia ao acesso à moradia, conforme determina a Constituição Federal do Brasil[24].

Ora, é uma realidade nos países menos desenvolvidos da América Latina que a "urbanização", aqui compreendida como processo de transformação da cidade que agrega serviços tipicamente urbanos e a "metropolização" ocorrem com o objetivo de promover a atração de investimentos, sem, porém, muitas vezes, preocupar-se em garantir níveis de desenvolvimento sustentáveis, incluindo, aqui, todos os aspectos ligados ao acesso aos bens urbanísticos e à garantia da preservação da dignidade humana dos moradores da Região Metropolitana.

---

[23] Os objetivos fundamentais da República Federativa do Brasil estão previstos no art. 3.º e o Princípio da Função Social da Propriedade apresentação no inciso XXIII, do art. 5.º, Art. 170 e Art. 182, todos da Constituição Federal do Brasil, em vigor desde 1988.

[24] Ver artigo 6.º da Constituição Federal do Brasil, que garante, entre outros, o acesso à moradia, como direito social de todo cidadão brasileiro.

480 *Nathália Arruda Guimarães*

Tal realidade leva-nos a refletir sobre a possibilidade de garantir um contínuo crescimento das cidades coexistente com um desenvolvimento humanista respeitando-se, por fim, a dignidade da pessoa humana[25].

De fato, como entende Félix Guarrari, "a máquina infernal de um crescimento econômico cegamente quantitativo, descuidado de suas conseqüências humanas e ecológicas e situado sob o domínio exclusivo da economia do lucro e do neo-liberalismo, deve dar lugar a um novo tipo de desenvolvimento qualitativo, que reabilite a singularidade e a complexidade dos objetos do desejo humano."[26]

Se respeitados os princípios da Ordem Urbanística[27], os planos e as ações formados e executados pelas instituições administrativas metropolitanas, não há que se falar em predomínio de interesses econômicos sobre interesses sociais. Nossa Constituição Federal[28] fundamenta-se em princípios de caráter humanista, ambiental e social, sendo inadmissível, assim, a utilização perversa dos investimentos urbanos em detrimento da função social que deverá orientar a disciplina da propriedade do solo urbano e as ações de política urbana[29].

É ainda, de se destacar, que após a promulgação do Estatuto da Cidade (Lei n. 10.257/2001) estão à disposição diversos instrumentos de caráter urbanístico que possibilitam a redistribuição do acesso à cidade[30] e o reequilíbrio dos interesses coletivos em oposição a interesses meramente individuais, ligados à propriedade e aos processos de acumulação de capital.

---

[25] Princípio Elementar da Constituição Federal Brasileira, inciso III, Art. 1.º.

[26] Citado por: ALVA, Eduardo Neira. **Metrópoles (In) Sustentáveis**. Rio de Janeiro: Relume Dumará, 1997.

[27] Ver artigo 2.º do Estatuto da Cidade. Lei n. 10.257/2001. Destacamos: Art. 2.º A política urbana tem por objetivo ordenar o pleno desenvolvimento das funções sociais da cidade e da propriedade urbana, mediante as seguintes diretrizes gerais: I – garantia do direito a cidades sustentáveis, entendido como o direito à terra urbana, à moradia, ao saneamento ambiental, à infra-estrutura urbana, ao transporte e aos serviços públicos, ao trabalho e ao lazer, para as presentes e futuras gerações;

[28] A Constituição Federal do Brasil tem como princípio fundamental o respeito e a dignidade da pessoa humana, segundo artigo

[29] Vide art. 182 da Constituição Federal do Brasil.

[30] Direito à cidade é expressão utilizada por: SAULE JUNIOR, Nelson. **Novas perspectivas do Direito Urbanístico Brasileiro. Ordenamento Constitucional da Política Urbana. Aplicação e eficácia do Plano diretor**. Porto Alegre: Editora Fabris, 1997.

"*Regiões Metropolitanas – Aspectos Jurídicos*"   481

Não se defende, aqui, entretanto, a utópica submissão dos interesses econômicos aos interesses sociais, mas um equilíbrio desses fatores, uma vez que é sabido que o desenvolvimento promovido sem redistribuição das riquezas, destaque-se, inclusive a do solo e seus agregados urbanos, repercurtirá diretamente na qualidade de vida dos moradores dos centros urbanizados, como já é verificado atualmente.

3. ANTECEDENTES ADMINISTRATIVOS DA CRIAÇÃO DAS REGIÕES METROPOLITANAS NO BRASIL

Antes de passar a tratar do Regime Jurídico atual e do tratamento constitucional dedicado às Regiões Metropolitanas, consideramos relevante para reflexão proposta apresentarmos alguns elementos acerca dos antecedentes que contribuíram para a delimitação do tema, tal qual conhecemos hoje.

O fenômeno metropolitano apresentou-se no Brasil e diante deste as administrações locais e regionais (município e Estados-membro), assim como a própria sociedade civil, mobilizaram-se com a finalidade de promover a melhor e mais eficiente adeqüação do espaço urbano conurbado. As necessidades apresentadas, principalmente a partir da década de 60, não poderiam aguardar a resposta legislativa federal, iniciando período em que a questão passou a ser tratada com grande evidência pelos municípios diretamente interessados.

Assim, antes mesmo da produção legal que veio fornecer base jurídica para a disciplina jurídica das Regiões Metropolitanas no Brasil, já existiam experiências embrionárias de administrações metropolitanas, que desenvolviam-se com relativo sucesso.

No Estado de São Paulo, havia, por exemplo, o Grupo Executivo da Grande São Paulo (GEGRAM), criado pelo Governo do Estado em 29/03/67 a partir de um grupo encarregado de estudar o tema "Metropolização". Também em Porto Alegre, por iniciativa dos Municípios da área metropolitana, foi criado o Grupo Executivo da Região Metropolitana (GERM), órgão técnico montado pelo Conselho Metropolitano de Municípios por volta de 1970, experiência que gerou inclusive um Plano de Desenvolvimento Metropolitano. Em Belém, a prefeitura, em convênio com o SERFHAU, fundou uma sociedade de economia mista com fins de gerir tecnicamente o sistema metropolitano de planejamento. Em Salvador e Belo Horizonte, o modelo adotado foi o de criação de Grupo ou Conselho sob a iniciativa dos respectivos Governos Estaduais. O objetivo

482   Nathália Arruda Guimarães

era o de atuarem como órgãos de assessoria técnica. Na Grande Rio de Janeiro, foi criado pelo Governo Federal, o Grupo de Estudos da Área Metropolitana (GERMET). Nesse caso, o Governo Federal tomou a iniciativa porque a área metropolitana da cidade do Rio de Janeiro abrangia territórios de dois Estados, impossibilitando que a iniciativa partisse unilateralmente de um deles[31].

Essas experiências administrativas, algumas delas anteriores mesmo à própria vigência da Constituição de 1967, apontam para a existência de uma multiplicidade de formas de organizações administrativas metropolitanas, geradas em sua esmagadora maioria por iniciativa dos próprios Governos Estaduais, que buscavam responder, eficazmente, no contexto de suas peculiaridades, às questões que se impunham a partir do acelerado processo de desenvolvimento urbano no Brasil.

A maioria das experiências envolvendo a organização das questões metropolitanas nasciam sob o âmbito de legislações já existentes, anteriores à Constituição de 1967 e à edição da Lei Complementar n.14 de 1973[32] e expressavam, também, um reconhecimento, por parte das Administrações Públicas Estaduais, de que a gestão das áreas metropolitanas caberia aos Governos Estaduais, que passaram a montar modalidades específicas de administrações setoriais metropolitanas, de acordo com as peculiaridades regionais de suas demandas e com o capital organizacional de que dispunham.

Esse fenômeno organizacional não teve como único indutor a esfera da Administração Pública. Contrariamente, existem indícios para se afirmar que estas tendências apresentadas pelas Administrações Públicas Estaduais caminhavam ao lado e respondiam às questões que emergiam entre segmentos representativos da sociedade civil. Exemplo dessa mobilização foi a realização em 1963, do Seminário de Habitação e Reforma Previdenciária e Assistência dos Servidores do Estado – IPASE (Batista, 1986)[33].

Em meio às preocupações com o acelerado processo de urbanização, com a necessidade de disciplinamento espacial do surto industrial existente e com as seqüelas sociodemográficas impostas pelo subdesenvol-

---

[31] CARDOSO, Elizabeth Dezouzart, e ZVEIBIL, Victor Zular (organizadores). **Gestão Metropolitana, Experiências e Novas perspectivas**, Rio de Janeiro: IBAM, 1996.

[32] Lei Federal que nomeadamente indicou as Regiões Metropolitanas do Brasil, traçando importantes aspectos relacionados com a organização.

[33] CARDOSO, Elizabeth Dezouzart, e ZVEIBIL, Victor Zular (organizadores). **Gestão Metropolitana, Experiências e Novas perspectivas**, Rio de Janeiro: IBAM, 1996.

"*Regiões Metropolitanas – Aspectos Jurídicos*"   483

vimento econômico e social, o Seminário de Habitação e Reforma Urbana, em seu "Documento Final", propunha mudanças na legislação para que nas áreas de grande concentração urbana constituídas territorialmente por Municípios distintos sejam criados órgãos de administração, que consorciem as municipalidades para a solução de seus problemas comuns.

A repercussão mais imediata desse evento foi a introdução da emenda proposta pelo Senador Eurico Resende, consubstanciada no parágrafo 10, art. 157 da Constituição de 1967, que estabelecia que a União, mediante lei complementar, poderia instituir Regiões Metro-politanas no país. Esse artigo foi a versão autoritária dos estudos prévios, coordenados inicialmente pelo jurista Hely Lopes Meirelles, que sugeria a criação de administrações metropolitanas por iniciativa dos Estados e de Municípios que desejassem se consorciar. Diga-se de passagem que essa iniciativa partiu do Setor de Planejamento Regional e Municipal do Ministério do Planejamento, que também solicitou a formulação de um estatuto legal sobre o planejamento local integrado municipal.

A partir desse período, os estudos urbanos dentro do Ministério do Planejamento, realizados através do EPEA (atual IPEA[34]), passaram a ser desenvolvidos por um recém-criado setor de estudos urbanos, agregado ao Setor de Desenvolvimento Regional. Ou seja, começava-se a pensar o urbano em termos de sua inserção mais ampla, frente aos planos regionalizados de desenvolvimento econômico.

Após a edição da Constituição de 1967, tendo por referência a busca de critérios para a implantação das administrações metropolitanas, os ministérios da Justiça, Planejamento e Interior promoveram alguns estudos tendo em vista a necessidade de delimitação das futuras Regiões Metropolitanas e sua organização administrativa.

---

[34] IPEA – Instituto de Pesquisa Econômica Aplicada. O IPEA é uma fundação pública subordinada ao Ministério do Planejamento, Orçamento e Gestão com a atribuição de elaborar estudos e pesquisas para subsidiar o planejamento de políticas governamentais. Suas Atribuições principais são: Realizar estudos e análises para subsidiar a elaboração, o acompanhamento e a avaliação de políticas públicas; Prestar assessoria técnica ao Governo; Participar de comissões, grupos de trabalho e outros fóruns; Promover a capacitação técnica e institucional para o planejamento e avaliação de políticas públicas; Disseminar informações e conhecimentos por meio de publicações, seminários e outros veículos; Estabelecer parceria e convênios de cooperação técnica com instituições nacionais e internacionais. As pesquisas sobre os problemas urbanos ficam a cargo da Diretoria de Estudos Regionais e Urbanos – DIRUR. (ver mais no site: http://www.ipea.gov.br/)

484 *Nathália Arruda Guimarães*

Entre estes estudos preliminares, alguns foram realizados pelo IBGE[35], que tentou estabelecer alguns critérios básicos para a definição das áreas metropolitanas, quais sejam: a magnitude da população aglomerada; a extensão da área urbanizada sobre o território de mais de um Município; a integração econômica e social do conjunto, e a complexidade das funções desempenhadas.

Como se pode observar, os parâmetros escolhidos eram genéricos e priorizavam preponderantemente as variáveis passíveis de serem incorporadas como elementos de racionalização econômica e funcional do espaço, sem buscar responder às especificidades da organização socioeconômica ou às peculiaridades das áreas metropolitanas que se pretendiam atingir.

Esse conjunto de iniciativas, que partia tanto das organizações civis quanto da Administração Pública, expressava também, durante a década de 60, a consolidação da idéia de que o fenômeno da urbanização era um problema em si mesmo. Estava-se elegendo a cidade como problemática que deveria ser racionalizada e padronizada para fins de sua apropriação seletiva.

Nesse sentido, a edição da legislação que veio nortear a instituição das Regiões Metropolitanas em 1973, visou responder, sob a ótica do regime autoritário, às questões que estavam postas desde o início da década de 60 no próprio âmbito da sociedade civil.

Entretanto, deve-se perceber que o surgimento do sistema legal que deu origem às Regiões Metropolitanas no Brasil, veio abortar uma série de iniciativas administrativas que começavam a germinar nas principais metrópoles brasileiras. Estas iniciativas expressavam tentativas de responder às questões emergentes do processo de urbanização a partir de suas peculiaridades regionais e de suas especificidades organizacionais e administrativas. Representavam experiências de gestão adaptadas aos recortes territoriais sobre os quais visavam intervir, tendo por referência organizacional a dinâmica político – institucional de suas respectivas áreas de atuação.

Após a edição da Lei Complementar n. 14 de 1973, as capitais que já apresentavam experiências anteriores de administração metropolitana foram as que mais tardiamente criaram suas entidades sob a nova legislação, pois tratava-se de verdadeira desmobilização de iniciativas

---

[35] CARDOSO, Elizabeth Dezouzart, e ZVEIBIL, Victor Zular (organizadores). **Gestão Metropolitana, Experiências e Novas perspectivas**, Rio de Janeiro: IBAM, 1996.

"*Regiões Metropolitanas – Aspectos Jurídicos*" 485

portadoras de maior ou menor grau de organização que não contemplava as especificidades dos lugares que pretendia organizar.

É importante que se compreenda que a escolha das nove áreas metropolitanas obedeceu mais aos objetivos de se desenvolver um sistema urbano no país de acordo com as necessidades da estratégia de desenvolvimento econômico assumido, do que contemplar efetivamente as cidades com reais características de zonas metropolitanas. A prova disso é que ficaram de foram cidades como Santos, Goiânia, Campinas, que poderiam perfeitamente se enquadrar em alguns dos critérios mais importantes de uma área metropolitana.

4. O REGIME JURÍDICO DAS REGIÕES METROPOLITANAS

A Constituição de 1891[36] (art. 65, § 1.º e art. 48, n. 16) facultava apenas aos Estados a possibilidade de se lavrarem acordos ou convenções entre si, sem caráter político, o que demonstra uma falta preocupação do legislador constitucional em matéria de Regiões Metropolitanas, até por não ser uma realidade do Brasil, na época.

A Constituição de 1934[37] (art. 9.º) previa a possibilidade de acordo entre Estados e União para o desenvolvimento de ações em conjunto de seus serviços, mas ainda não se manifestava expressamente acerca das Regiões Metropolitanas.

Em 1937, o artigo 29 da Constituição do Estado Novo[38] prescrevia a possibilidade de criação de agrupamentos municipais, com personalidade

---

[36] " Art 48 – Compete privativamente ao Presidente da República: 16.º) entabular negociações internacionais, celebrar ajustes, convenções e tratados, sempre *ad referendum* do Congresso, e aprovar os que os Estados, celebrarem na conformidade do art. 65, submetendo-os, quando cumprir, à autoridade do Congresso....

Art 65 – É facultado aos Estados: 1.º) celebrar entre si ajustes e convenções sem caráter político (art. 48, n.º 16);

[37] "Art 9.º – É facultado à União e aos Estados celebrar acordos para a melhor coordenação e desenvolvimento dos respectivos serviços, e, especialmente, para a uniformização de leis, regras ou práticas, arrecadação de impostos, prevenção e repressão da criminalidade e permuta de informações."

[38] "Art 29 – Os Municípios da mesma região podem agrupar-se para a instalação, exploração e administração de serviços públicos comuns. O agrupamento, assim constituído, será dotado de personalidade jurídica limitada a seus fins. Parágrafo único – Caberá aos Estados regular as condições em que tais agrupamentos poderão constituir-se, bem como a forma, de sua administração."

jurídica limitada a seus fins, cabendo aos Estados regularem as condições de tais agrupamentos.

Em 1966, tentativas derradeiras tiveram lugar, com as sugestões da Comissão constituída pelo Presidente Castelo Branco, dos juristas Orosimbo Nonato, Levy Carneiro, Temístocles B. Cavalcanti e Seabra Fagundes. Todavia, essas sugestões, exigindo preocupações com a preservação da autonomia municipal, não foram adotadas, havendo sido substituídas por outra, que apareceu no art. 157, § 10.°[39], da Constituição de 1967 e no artigo 164 da Emenda Constitucional n 1/69, preconizando a criação das Regiões Metropolitanas.

A questão metropolitana aparece, assim, pela primeira vez na Constituição Federal de 1967 e mantém-se com a emenda constitucional n. 1 de 1969.

> "Art. 164. A União, mediante Lei complementar, poderá, para realização de serviços comuns, estabelecer Regiões Metropolitanas constituídas por municípios que, independentemente de sua vinculação administrativa, façam parte de uma mesma comunidade sócio-econômica".

Nesse período, a idéia norteadora da criação de mecanismos institucionais de planejamento giravam em torno da concepção dos planos integrados sob esferas diversas de Governo e também articulados horizontalmente. Assim, tentava-se montar desde os planos nacionais e microrregionais, integrando cidades de um mesmo espaço geo-econômico sob circuitos articulados de planejamento territorial, até delimitados planos sociais.

Pode-se dizer que existiam, assim, dois tipos de planos: os que procuravam articular centros urbanos de um mesmo espaço sócio – econômico e os que tinham nos próprios núcleos urbanos as suas unidades básicas de planejamento. As áreas metropolitanas seriam incorporadas como unidades espaciais passíveis de serem trabalhadas pelos dois tipos de planos.

Ao final da década de 60, as questões dos planos integrados estava na ordem do dia e tornava-se evidente a necessidade de formular o suporte legal para a institucionalização das Regiões Metropolitanas.

---

[39] "§ 10 – A União, mediante lei complementar, poderá estabelecer regiões metropolitanas, constituídas por Municípios que, independentemente de sua vinculação administrativa, integrem a mesma comunidade sócio-econômica, visando à realização de serviços de interesse comum."

"*Regiões Metropolitanas – Aspectos Jurídicos*" 487

Na discussão prévia da Constituição de 1967, o jurista Hely Lopes Meirelles foi encarregado de preparar o "Anteprojeto de Lei Complementar" para a definição do estatuto legal das regiões a serem criadas. Pelo projeto de Meirelles, haveria a promulgação de uma Lei Complementar para cada Região Metropolitana. Também no seu entendimento, tanto a União quanto os Estados poderiam estabelecer Regiões Metropolitanas.

Contudo, foi determinado através da edição do art. 157, § 10 da Constituição Federal de 1967, que a criação das Regiões Metropolitanas seria de competência exclusiva da União, que trataria de regulamentar a proposta mediante Lei Complementar.

A edição desse artigo quase nada esclarecia, e tanto o estatuto jurídico e administrativo das novas unidades a serem criadas quanto as fontes de recursos para sua manutenção, ficaram indefinidas. A única questão determinada com clareza, foi a instituição das regiões integradas por Municípios que, "independentemente de sua vinculação administrativa, façam parte de uma mesma comunidade socioeconômica". Ficava claro que a legislação viria com um perfil centralizador, não permitindo aos Municípios que seriam incorporados pela lei a liberdade de não se integrarem às regiões criadas.

A Lei Complementar n. 14 foi promulgada, assim, em atendimento à então Constituição em vigor, sendo a primeira legislação especial a tratar do tema das Regiões Metropolitanas. Nela foram dispostas as primeiras oito Regiões Metropolitanas do Brasil. Mais tarde a Região Metropolitana do Rio e Janeiro seria estabelecida pela Lei Complementar n. 20/75.

Ao determinar quais os Municípios que deveriam integrar cada uma das Regiões Metropolitanas, a Lei Complementar n. 14[40] respondia ao caráter de participação compulsória estabelecido pelo art. 157 da Constituição Federal de 1967. Condizente com esse perfil, a lei federal definia ainda, os serviços considerados como comuns (art. 5.°); criava um Conselho Deliberativo e um Conselho Consultivo como fóruns decisórios para os problemas metropolitanos, determinando a forma e o conteúdo representativo dessas instâncias, e definia suas competências como entidades de gestão das áreas metropolitanas.

A redução de autonomia municipal em razão da coercitiva participação nas Regiões Metropolitanas foi tratada por diversos juristas brasileiros como retrocesso, uma vez que a cidade brasileira, por ser expressão eminentemente territorial, física, administrativa e sobretudo

---

[40] Ver íntegra da Lei no site: https://www.planalto.gov.br

política do Estado Federal, traduz-se na autonomia, um dos principais princípios da formação federativa do Estado.

A Lei complementar n. 14 de junho de 1973, veio reconhecer a existência real de serviços comuns e a tais serviços[41] conferiu-lhes a denominação ou *nomen juris* de interesses metropolitanos. Daí o conceito: interesse metropolitano constitui interesses comuns a vários e de vários municípios. São interesses intermunicipais e supramunicipais. Não exclusivos. São interesses regionais, constituindo, também, serviços e problemas comuns, regionais, a exigirem soluções comuns e regionais.

Eros Roberto Grau[42] pontua suas críticas acerca da Lei Complementar n. 14, de acordo com a análise dos artigos considerados pelo jurista inconstitucionais ou ineficazes.

Assim, ensina: "A primeira crítica que se opõe à Lei Complementar 14/73 localiza-se na circunstância de ter ela atribuído encargos aos Estados, sem, no entanto, aquinhoá-los com recursos suficientes para a sua cobertura. Os problemas que daí decorrem enunciam-se sob aspectos vários, na necessidade de aplicação de recursos – pelo Estado – em larga escala, à execução das funções governamentais metropolitanas, seja para o financiamento da prestação de serviços públicos, seja para que opere criteriosa distribuição de capacidades financeiras entre os vários municípios que se localizam na região metropolitana."

Mais tarde o governo federal aprovaria ainda, o Decreto Federal n. 73.600, de 1974, incluindo o financiamento da referida estrutura regional, regulamentado no Decreto Federal n. 73.600 de 1974 que, no seu art. 4.º, determinava que os Estados onde se localizassem Regiões Metropolitanas, deveriam:

> "destinar um mínimo de 5% dos recursos do Fundo de Participação dos Estados à execução do planejamento integrado e dos serviços comuns das respectivas Regiões Metropolitanas".

Obviamente que, no entendimento da Lei 14/73, o seu art. 5.º, III, reputa como serviço comum de interesse metropolitano o uso do solo metropolitano. A sua definição como tal, no quadro estabelecido pela Lei Complementar é tida como indispensável à eficácia dos efeitos

---

[41] Ver art. 5.º da Lei Complementrar n. 14/75.

[42] GRAU, Eros Roberto. **Direito Urbano, Regiões Metropolitanas, Solo criado, Zoneamento e Controle Ambiental, Projeto de Lei de Desenvolvimento Urbano.** São Paulo: editora RT, 1983.

"*Regiões Metropolitanas – Aspectos Jurídicos*" 489

conseqüentes ao estabelecimento das Regiões Metropolitanas, visto como o uso do solo urbano é instrumental dos interesses públicos que se presta a proteger. A expressão "uso do solo", tomada na Lei Complementar, deve ser entendida no sentido genérico, que engloba o conceito de uso – definido pela consideração dos aspectos qualitativos da utilização do solo, em termos de destinação – e o de ocupação – definido pela consideração dos aspectos quantitativos daquela utilização, independentemente da sua destinação.

O controle do uso do solo metropolitano, atividade cujo exercício é atribuído à administração metropolitana, envolve a dinamização de uma série de poderes, cujos instrumentos básicos compreenderão, entre outras, restrições ao uso de áreas inadequadas para <construção, fixação de tamanhos mínimos de lotes urbanos para construção, de coeficientes de aproveitamento, de densidade, etc., além de processos de aquisição pública e mecanismos de imposição tributária com afetação extrafiscal.

Um segundo elemento levantado por Eros Roberto Grau, trata da uniformidade de tratamento conferida a distintas regiões e situações. Em verdade, "no texto da lei complementar, localiza-se na circunstância de que confere uniforme tratamento a todas as Regiões Metropolitanas brasileiras – e no mesmo erro da Lei Complementar n. 14/73, incidiu a de n. 20/74, ignorando inteiramente que existem diversidades da mais variada ordem e grandeza entre as características e os problemas de cada uma delas[43]".

A insensibilidade com que tratou as circunstâncias locais e peculiares de cada região além de demonstrar a realidade de que o problema metropolitano não foi efetivamente equacionado do ponto de vista técnico e administrativo, anteriormente à postulação das soluções contempladas no projeto de que resultou a lei complementar, finda por encaminhar tais soluções, na sua generalidade e imprecisão, de maneira tímida, insuficiente, à obtenção dos objetivos pretendidos pelo estabelecimento das Regiões Metropolitanas.

Um terceiro aspecto a discernir na mesma linha repousa sobre a circunstância da Lei Complementar n. 14/75 não ter distinguido, nos serviços comuns enunciados no seu art. 5.º, etapas deles cuja execução, dada a sua grandeza quantitativa e qualitativa, deveria permanecer na esfera de competência municipal.

Tomemos como exemplo o serviço de limpeza pública, definido pelo n. II, in fine, do citado art. 5.º, como de interesse metropolitano. Fora de

---

[43] Idem ao item 33.

490   *Nathália Arruda Guimarães*

qualquer dúvida, mesmo em municípios integrados em uma região metropolitana, embora a etapa dos serviços referida à disposição de resíduos sólidos deva ou possa ser entendida como de interesse metropolitano, aquela relativa à coleta domiciliar de lixo remanescerá sempre como de interesse local. Esse pormenor, todavia, não menor, diga-se de passagem, foi totalmente ignorado pelo legislador complementar ao dar por atribuída aos Estados a execução, em sua integralidade, dos serviços de interesse comum.

A Lei Complementar Estadual n. 94 de 1974 do Estado de São Paulo, procurando corrigir esta indefinição, definiu em seu art. 9.º, as etapas e parcelas dos serviços comuns de interesse metropolitano que, sendo essenciais ao desenvolvimento sócio – econômico da Região Metropolitana, exijam tratamento integrado e execução coordenada a nível regional, determinadas pelo conselho Deliberativo da Grande São Paulo – CODEGRAN.

Criada em 1975 para cuidar do planejamento da Região Metropolitana de São Paulo, a única então existente no Estado, a Emplasa – hoje vinculada à Secretaria de Economia e Planejamento do Governo do Estado – dedica-se à formulação de diretrizes básicas para o desenvolvimento, à compatibilização de integração dos programas setoriais do Estado de São Paulo e da Metrópole e à manutenção do planejamento como instrumento para o desenvolvimento[44].

Ainda analisando a Lei Complementar n.º 14/75, outro dos aspectos indicados e que merece destaque, é a não – indicação de uma estrutura definida para a entidades metropolitanas.

A disposição do art. 2.º da Lei Complementar, concernente à existência na Região Metropolitana de um Conselho Deliberativo, é inteiramente imprecisa no que tange à definição da natureza dessa entidade, ensejando uma série de indagações, como se haveria o conselho de ser entendido como a entidade metropolitana gestora dos interesses comuns no exercício das competências definidas no art. 3.º da Lei Complementar[45]. Tal questão parece-nos relevante, uma vez que as decisões o

---

[44] Dado retirado do site: http://www.emplasa.sp.gov.br, consultado em 13 de Dezembro de 2003. Cumpre observar que existem três Regiões Metropolitanas, a saber: a Grande São Paulo, a da Baixada Santista e de Campinas. Somadas, as três contavam com 37.032.403 de habitantes, em 2000, o que equivalia a 21% da população brasileira.

[45] "Art. 3.º – compete ao Conselho Deliberativo: I – promover a elaboração do Plano de Desenvolvimento integrado da região metropolitana e a programação dos serviços comuns; II – coordenar a execução de programas e projetos de interesse da região

"*Regiões Metropolitanas – Aspectos Jurídicos*" 491

Conselho Deliberativo vinculariam os planos municipais, em nome do interesse metropolitano.

Elaboradas as noções de necessidade metropolitana e de função governamental metropolitana, delas se retira a noção de interesse metropolitano, entendido como aquele referido a necessidades públicas, cujos efeitos extravasam, com intensidade comum, os limites territoriais de competência institucional de várias autoridades e unidades administrativas dentro da metrópole, exigindo, dessa forma, soluções coordenadas e integradas de parte daquelas mesmas autoridades e unidades. Quando se coloca sob indagação a titularidade do interesse metropolitano, pois, importa saber qual o nível de governo que detém a competência para o desenvolvimento das funções governamentais metropolitanas.

Atribui a Lei Complementar n. 14/73, como vimos, tal competência ao Estado-membro. Praticamente unânime, também, por outro lado, neste sentido, a opinião da doutrina que acrescenta que a região metropolitana configura um instrumento meramente administrativo, sem poder político. Cabendo, necessariamente, ao Estado – Membro a competência das diretrizes políticas e governamentais pertinentes à Região Metropolitana formada pelos municípios neles situados.

Esse ponto merece destaque em nossa análise. Nota-se que o legislador em nenhum momento parece querer reconhecer uma personalidade jurídica política autônoma à Região Metropolitana. Refere-se à esta como entidade administrativa vinculada aos Estados-Membros, reconhecendo em suas funções originais, interesse metropolitano de caráter regional. Não quer questionar ou colocar em risco, desta forma, o sistema federativo implantado.

Em verdade, o interesse metropolitano passa a compor a esfera de interesses do Estado-membro, que detém, em última análise, a competência de instituição e manutenção da Região Metropolitana. Reduz, assim, a natureza jurídica da Região Metropolitana, à ente administrativo, compondo a estrutura de administração direta do Estado-Membro.

Trataremos do assunto, ainda, a seguir.

---

metropolitana, objetivando-lhes, sempre que possível, a unificação quanto aos serviços comuns; Parágrafo único – A unificação da execução dos serviços comuns efetuar-se-á quer pela concessão do serviço a entidade estadual, que pela constituição de empresa de âmbito metropolitano, quer mediante outros processos que, através de convênio, venham a ser estabelecidos."

492 *Nathália Arruda Guimarães*

4.1. A Constituição de 1988

A ordenação constitucional das unidades regionais está consagrada na Carta Política de 1988, cujo artigo 25, § 3.º, prevê:

> "Art. 25. Os Estados organizam-se e regem-se pelas Constituições e leis que adotarem, observados os princípios desta Constituição.
>
> ...
>
> § 3.º. Os Estados poderão, mediante lei complementar, instituir Regiões Metropolitanas, aglomerações urbanas e microrregiões, constituídas por agrupamentos de municípios limítrofes, para integrar a organização, o planejamento e a execução de funções públicas de interesse comum."

Função pública é conceito mais restrito do que o de serviço público. Informa, pois, a função pública o interesse regional, aqui qualificado. Nem todos os serviços públicos podem ser transmudados em interesse regional. Só alguns serviços públicos é que se pode desmunicipalizar.

Antes da Carta constitucional de 1988, como já visto, a Lei Complementar n. 14 de 8 de Junho de 1973 alterada pela Lei Complementar n. 27/75, estabeleceu oito Regiões Metropolitanas, a saber; São Paulo, Belo Horizonte, Porto Alegre, Recife, Salvador, Curitiba, Belém e Fortaleza. Em seguida, a Lei complementar n. 20, de 1.º de Julho de 1974 estabeleceu a região metropolitana do Rio de Janeiro, criando o fundo Metropolitano para as provisões de despesas metropolitanas daquele Estado.

Antes da promulgação da atual carta política, as Regiões Metropolitanas eram criadas por Leis Complementares Federais. Atualmente, sob o égide da Constituição Federal de 1988, as Regiões criar-se-ão por Leis Complementares Estaduais[46].

---

[46] São Regiões Metropolitanas do Brasil, na atualidade, além das Regiões instituídas pela Lei Complementar Federal n. 14/73 de 20/75, bem como suas respectivas normativas instituidoras: RM de Maceió, AL, LCE n. 18/98 (11 mun.); RM do Distrito Federal e Entorno, DF, LCE n. 94/98 (21 mun.); RM de Vitória, ES, LCE n. 58/95 (06 mun.); RM de Goiânia, GO, LCE 27/99 (11 mun.); RM da Grande São Luís, MA, LCE n. 38/98 (04 mun.); RM do Vale do Aço, MG, LCE n. 51/98 (26 mun.); RM de Londrina, PR, LCE 81/98 (06 mun.); RM de Maringá, PR, LCE n. 83/98 (08 mun.); RM de Natal, RN, LCE n. 152/97 (06 mun.); RM do Vale do Itajaí, SC, LCE n. 162/98 (16 mun.); RM do Norte/Nordeste Catarinense, SC, LCE n. 162/98 (20 mun.); RM Carbonífera, SC, LCE n. 221/2002 (10 mun.); RM da Foz do Rio Itajaí, SC, LCE n. 221/2002 (09 mun.); RM de Tubarão, SC, LCE n. 221/2002 (18 mun.); RM da baixada Santista, SP, LCE n. 815/96 (09 mun.); RM de Campinas, SP, LCE n. 870/2000 (19 mun.).

"*Regiões Metropolitanas – Aspectos Jurídicos*" 493

Importante dizer que, cumpre aos Estados adequarem suas Constituições para atender à nova competência disposta na Carta Federal, incluindo em suas disposições os critérios e elementos norteadores da instituição das Regiões Metropolitanas. Cabe, outrossim, aprovar Lei Complementar Estadual que atribua às Regiões Metropolitanas criadas por Leis Federais, tal condição administrativa. E até que os Estados legislem sobre a matéria, continuam em vigor as ordenações normativas anteriores não conflitantes com a ordem constitucional, situação jurídica essa reconhecida pelos constituintes estaduais, como fizeram os constituintes gaúchos e mineiros, a fim de se evitar o *vazio metropolitano*.

Segundo entende José Nilo de Castro[47], "parece-nos que o constituinte, respeitante à competência dos Estados para instituir as Regiões Metropolitanas, as aglomerações urbanas e as microrregiões, andou certo, de vez que os Estados é que, instituídas as Regiões Metropolitanas, como o foram, pela União, ficaram responsáveis pela sua estrutura e funcionamento. Perdeu, entretanto, o Constituinte grande oportunidade de aprofundar-se na questão regional, formando *entidade política regional*, com competências expressas, tendo-se o *federalismo de regiões*".

De fato, a leitura do artigo 25 da constituição de 1988 impõe interpretação crítica, verificada uma determinação normativa em que se recorta, a partir das competências estaduais e municipais tradicionais, uma nova modalidade de atribuição de poderes administrativos que reclama uma tomada de posição diversa frente ao nosso federalismo de caráter cooperativo e orgânico.

Esse federalismo, naturalmente, responde às novas necessidades institucionais apresentadas atualmente. Diante dessa realidade, mecanismos jurídicos foram elaborados e aprovados para enfrentar os problemas emergentes da vida moderna. Estes mecanismos estão embasados diretamente no quadro de competências que estruturam as responsabilidades normativas e executivas dos entes político-administrativos que perfazem nossa República Federativa.

A repartição de competências no Estado Federal Brasileiro está referida à amplitude dos interesses públicos a serem atendidos, sem, entretanto, deixar de consignar atualmente de forma marcante, o relacionamento orgânico – complementar entre esses interesses.

---

[47] Castro, José Nilo de. **Direito Municipal Positivo**. Belo Horizonte: Editora Del Rey, 1999, pág. 276.

494 *Nathália Arruda Guimarães*

Assim, na atual estrutura institucional básica brasileira, não temos uma distribuição de competências de modo estanque, mas sim compartilhado, onde a predominância do interesse impera como princípio maior[48].

Desse modo, no Brasil, vigora um quadro de competências constitucionais cuja distribuição caracteriza o federalismo de integração, sucessor do federalismo de cooperação, ambos contrários ao federalismo dualista, de caráter rígido e tradicional, onde dominavam as competências exclusivas[49]. Nesse sentido, como regra, a interpretação sistêmica da Constituição Federal deve sempre levar em conta os objetivos de integração entre os interesses públicos nacionais, estaduais, distritais e municipais, na forma como foram intencionados pelo legislador constituinte.

Segundo, ainda, José Nilo de Castro, a participação dos municípios nas Regiões Metropolitanas tratadas na Constituição de 1988 mantém o caráter compulsório verificado na Carta anterior, não apresentando, assim, instituição de associações voluntárias mediante convênios, uma vez que, para a realização do planejamento e execução das funções públicas de interesse comum, deve-se obter nível de comprometimento entre os municípios que não admite a voluntariedade.

4.2. O papel do Estado em matéria de direito urbanístico, as Regiões Metropolitanas e o Estatuto da Cidade

Releva-se, no presente trabalho, os aspectos de Direito Urbanístico que evidenciam-se no tratamento das Regiões Metropolitanas. Dessa forma, cumpre-nos dispor sobre o papel do Estado – Membro no trato de tal disciplina e sua repercussão na gestão das Cidades Globais.

---

[48] CROISAT, Maurice, in "le federalisme dans le démocraties contemporaines", 2ª edition, Paris: Montchrestien. Pág. 14. aborda o federalismo em sua concepção de repartição vertical: "En effet, à cette séparation horizontale ou organique dês pouvoirs, le fédéralisme ajoute une répartition verticale ou territoriale dês compétences entre deux niveaux de gouvernement. En outre, chaque gouvernement n´a qu´une souveraineté limitée à son domanie de compétence et en fin e compte seuls les constituants «ont le dernier mot» à condition qu´ils agissent dans le cadre de la porcédure de révision constitutionnelle pour éventuellement modifier les equilibre, les droits et devoirs réciproques."

[49] Sobre o federalismo, sugerimos a leitura de ZIMMERMANN, Augusto. **Teoria Geral do Federalismo Democrático**. Rio de Janeiro: Lúmen Jures, 1999.

"Regiões Metropolitanas – Aspectos Jurídicos" 495

Em relação ao papel dos Estados em disciplina de Direito Urbanístico, a regra é de se demarcar por exclusão (competência residual) o seu campo de competências privativas. Será, assim, dos Estados tudo aquilo que não se incluir entre as competências explícitas e enumeradas da União e dos Municípios.

Conforme o artigo 24, inciso I da Carta Magna, cumpre aos Estados-Membros participar da competência para legislar sobre Direito Urbanístico:

> "Art. 24. Compete à União, aos Estados e ao Distrito Federal legislar concorrentemente sobre:

I – direito tributário, financeiro, penitenciário, econômico e urbanístico;"

Como competência concorrente, a atuação do Estado deverá, necessariamente, observar as normas de caráter geral promovidas pela União, bem como restringir sua atuação de forma que não invada a autonomia municipal.

Trata-se da aplicação da norma da prevalência do interesse, desta feita aplicada ao ente Estadual. Este atuará mediante a verificação do interesse predominantemente regional, observando as normas de caráter geral e os interesses locais.

O Direito Urbanístico forma um sistema e no topo dessa ordem estão os preceitos constitucionais, seguindo a norma federal que estabelece as diretrizes para todas as demais e as normas estaduais que interferem nas diversas legislações municipais, dentro de seu território.

Da mesma forma que as normas de caráter federal pertinentes ao desenvolvimento urbano têm limites de aplicabilidade e alcance material, as normas estaduais também o terão, devendo ser resguardada a competência municipal reservada pela Constituição Federal com destaque.

De fato, a competência Estadual para os assuntos urbanísticos pode ser enfatizada, uma vez que, pela própria dimensão territorial brasileira, cada Estado-Membro apresenta suas peculiaridades culturais, físicas, econômicas e sociais, frutos de diversos elementos. Cada Estado é um núcleo ainda mais homogêneo dentro da identidade nacional, uma das razões que leva a crer que o papel do ente federado deva ser a todo tempo destacado.

A legislação urbanística estadual, portanto, é fruto da demanda regionalizada de cada ente federal e deve ser promovida, principalmente no que trata do planejamento urbano envolvendo os diversas entes municipais para um confronto com a realidade expansionista das cidades.

Não cabe ao Estado-membro, entretanto executar a conformação urbana propriamente dita. De fato, não é "adequado, ao Estado, o exercício da função urbanística de efeito direto e concreto intra – urbano"[50]. O que leva a concluir que não será a entidade estadual que imprimirá diretamente as características de tal conformação.

Em verdade, os Estados teriam a competência de complementar a legislação urbanística federal, inspirando-se na realidade regional.

Vale lembrar que, de acordo com o disposto no parágrafo 3.° do artigo 24 da Constituição Federal, os Estados-membros poderão editar normas sobre o Direito Urbanístico, mesmo na ausência de legislação federal. Nesse caso, a legislação estadual submeter-se-ia ao crivo Constitucional, assegurada, ainda, a autonomia municipal.

Desta feita, a omissão legislativa federal não é impedimento para o legislador estadual, ao contrário, lhe confere a possibilidade explícita de materializar-se conforme a realidade regional.

Ainda que tenha sua atuação condicionada ao regime urbanístico federal, ao Estado-membro ficam reservadas competências que refletem diretamente no contexto urbano, bem como na aplicação dos princípios da Ordem Urbanística, consolidados a partir da vigência da Lei Federal n. 10.257/01 (Estatuto da Cidade).

Aprovado pela Lei n. 10.257/2001, o Estatuto da Cidade disciplina a Ordem Urbanística no Brasil, estabelecendo seus fundamentos gerais e o condicionamento definitivo da política urbana, que define os contornos da propriedade urbana e seu condicionamento à função social.

Ainda que não se apresente como ente governamental competente para a conformação do conteúdo de função social da propriedade, o papel do Estado-membro é de destacada relevância no que se refere a instituição de novos municípios, bem como no estabelecimento de Regiões Metropolitanas, Aglomerações Urbanas e Microrregiões (§3.°, art. 25, CF/88 e inciso II, art. 4.°, inciso II, art. 41 e art. 45, do Estatuto da Cidade).

O Estado-membro tem, ainda, a competência de elaborar diretrizes da política urbana, dentro de seu campo de competência, que abrange a organização do território e ações de interesse regionais.

---

[50] SILVA, José Afonso. **Curso de Direito Municipal**. São Paulo: Editora Malheiros, 1999.

"*Regiões Metropolitanas – Aspectos Jurídicos*"

Da mesma forma, instrumentos urbanos disciplinados na nova lei poderão ser aplicados pelo ente Estatal no cumprimento de tal tarefa. De fato, o Estatuto da cidade dispõe como instrumento de interferência urbanística de competência do Estado-Membro, o planejamento das Regiões Metropolitanas. O plano Regional Metropolitano, condiciona, assim, a política urbana a ser implementada pelos municípios que lhe compõem.

Importante ressaltar, ainda, o art. 45 do Estatuto da Cidade que institui a gestão democrática da cidade, indicando a necessidade dos organismos gestores das Regiões Metropolitanas e aglomerações urbanas incluirão obrigatória e significativa participação da população e de associações representativas dos vários segmentos da comunidade, de modo a garantir o controle direto de suas atividades e pleno exercício da cidadania.

Infelizmente, no que tange ao trato da matéria metropolitana o Estatuto da Cidade apresenta-se demasiadamente tímido, talvez por reflexo do momento político vivido pelos Estados-Membros.

No curso da tramitação do projeto de lei do Estatuto da Cidade, as Regiões Metropolitanas chegaram a ter um capítulo exclusivo. Nesse projeto os Estados deveriam observar normas gerais para instituição de Regiões Metropolitanas tais como: "estabelecimento de meio integrado de organização administrativa das funções públicas de interesse comum; cooperação na escolha de prioridades, considerando o interesse comum como prevalente sobre o local; planejamento conjunto das funções de interesse comum, incluído o uso do patrimônio público; execução conjunta das funções públicas de interesse comum, mediante rateio de custos proporcionalmente à arrecadação tributária de cada Município; estabelecimento de sistema integrado de alocação de recursos e de prestação de contas."[51]

Certo é que o Estatuto da Cidade é norma cuja aplicabilidade se dará em maior amplitude por meio do ente municipal, ficando o Estados limitados à competência residual em matéria de Direito Urbanístico, submetidos, entretanto, às diretrizes gerais tratadas naquela norma federal.

Questão interessante a ser colocada diz respeito à obrigatoriedade estabelecida no inciso II, artigo 41, da Lei n. 10.257/2001. Segundo essa norma, todos os municípios que compõem uma Região Metropolitana, deverão elaborar planos diretores.

---

[51] MATTOS, Liana Portilho. (Org.) **Estatuto da Cidade Comentado**. Belo Horizonte: Mandamentos, 2002. Pág. 329.

498   *Nathália Arruda Guimarães*

Dúvidas poderão surgir acerca de tal disposição, uma vez que a Constituição Federal estabelece a obrigatoriedade indicada apenas aos municípios que apresentem população superior a 20 mil habitantes (§ 1.º, art. 182, CF/88).

A maior parte da doutrina inclina-se pela inconstitucionalidade do dispositivo, uma vez que amplia o conteúdo da norma constitucional, sem haver explícita autorização para tanto.

De qualquer modo, o legislador infraconstitucional, parece sensível ao fato de que em uma Região Metropolitana, as questões de caráter comum devam ser discutidas e reduzidas a planos coerentes com o perfil de cada município que lhe compõe. Nesse caso, para garantir os interesses de desenvolvimento de cada membro componente, o plano diretor cumpre o papel de estabelecer os as funções e objetivos particulares de cada estrutura municipal, garantindo organização urbanística equilibrada.

5. BREVES CONSIDERAÇÕES SOBRE A EXPERIÊNCIA DE PORTUGAL

Várias são as formas de modelos institucionais de Regiões Metropolitanas no mundo. A experiência internacional nos mostra que, ao menos 14 são as formas de gestão metropolitana, de acordo com o prof. Frido Wagner[52]. Estas formas foram identificadas a partir da realidade institucional da experiência internacional.

São elas:

1. Cooperação informal entre as entidades governamentais presentes na área. Esta parece ser a tendência nos EUA e em alguns outros países devido, em grande medida, às dificuldades para se chegar a um consenso;
2. Cooperação formal, através da criação de uma associação de municipalidades de uma mesma área para discutir e identificar soluções, que serão executadas pelas próprias municipalidades;
3. Criação de conselhos metropolitanos de planejamento deixando, porém, a responsabilidade da sua implementação para a entidade local.(produzindo poucos resultados em muitos casos);

---

[52] CARDOSO, Elizabeth Dezouzart, e ZVEIBIL, Victor Zular (organizadores). **Gestão Metropolitana, Experiências e Novas perspectivas**, Rio de Janeiro: IBAM, 1996.

"Regiões Metropolitanas – Aspectos Jurídicos" 499

4. Contratos e acordos intergovernamentais para a execução de uma determinada função ou prestação de serviços, sendo criado um mecanismo específico para esse propósito;
5. Transferência compulsória de funções de um nível governamental para outro;
6. Adoção de princípio da extraterritorialidade, pelo qual a lei outorga à cidade o poder de procurar recursos fora de seus limites territoriais para solução de problemas específicos (coleta de água, destino final do lixo, etc);
7. Criação de distritos especiais (entidades autônomas ou unidades unifuncionais);
8. Procedimentos administrativos regulares para certos serviços metropolitano;
9. Distribuição de funções metropolitanas a um nível governamental já existente;
10. Criação de um governo metropolitano em dois níveis, mantendo as municipalidades certas funções e atribuindo-se ao outro nível aquelas funções de interesse comum;
11. Consolidação das municipalidades da área num só Governo;
12. Poder de anexação de áreas vizinhas pela cidade principal, a fim de ampliar sua jurisdição;
13. Anexação com descentralização, quando é coberta uma área muito grande;
14. Administração pelo nível governamental mais alto especialmente em relação à capital nacional.

Muitas são as variáveis intervenientes que atuam na estruturação institucional dos Governos ou Administrações Metropolitanas no exterior. Ao longo dessas experiências administrativas, que buscam integrar as determinantes territoriais de grandes aglomerados urbanos ao processo de tomada de decisões referente às políticas públicas dirigidas às metrópoles, vem ficando clara a multiplicidade de formas institucionais que a gestão metropolitana pode assumir.

Destacamos a realidade verificada em Portugal que tem suas áreas metropolitanas instituídas pela Lei 44/91 promulgada pela Assembleia da República, nos termos do artigo 164.º, alínea d, e 169.º, n.º 3, da Constituição daquele país.

As Regiões Metropolitanas, ou, "Áreas Metropolitanas", no caso de Portugal, são nomeadas pelo governo unitário e são, atualmente, duas: A Área Metropolitana de Lisboa e de Porto.

500   *Nathália Arruda Guimarães*

A Região Metropolitana de Lisboa[53] é composta por 19 Municípios: Alcochete, Almada, Amadora, Azambuja, Barreiro, Cascais, Lisboa, Loures, Mafra, Moita, Montijo, Odivelas, Oeiras, Palmela, Sesimbra, Setúbal, Seixal, Sintra e Vila Franca de Xira.

Seu objetivo é a prossecução de interesses próprios das populações da área dos Municípios integrantes. Foi criada em 1991 e é constituída por três órgãos: a Junta Metropolitana, órgão executivo, constituído pelos 19 Presidentes das Câmaras que a integram, a Assembleia Metropolitana, órgão deliberativo, constituído pelos representantes eleitos nas Assembleias Municipais das Câmaras, e o Conselho Metropolitano, órgão consultivo, composto por representantes do Estado e pelos membros da Junta Metropolitana.

A Região Metropolitana do Porto[54] é composta por 9 Municípios: Espinho, Gondomar, Maia, Matosinhos, Porto, Póvoa de Varzim, Valongo, Vila do Conde e Vila Nova de Gaia e compõe-se dos mesmos órgãos deliberativos, tal qual a Região Metropolitana de Lisboa, por força da Lei n. 44/91.

Recentemente foi aprovada a Lei n. 10/2003 de 13 de Maio, que, juntamente com a Lei n. 44/91, disciplina as atividades das "Áreas Metropolitanas". As alterações trazidas pela nova regulamentação metropolitana deverá ser observada pelas atuais Regiões Metropolitanas em um prazo máximo de um ano de sua publicação.

Fato curioso é encontramos na Lei n. 10/2003 descrição da natureza jurídica das "Áreas Metropolitanas", em se artigo 2.º, que convém transcrever:

> "Art. 2.º. As áreas metropolitanas são pessoas colectivas públicas de natureza associativa e de âmbito territorial e visam a prossecução de interesses comuns aos municípios que as integram."

De fato a natureza jurídica da associação metropolitana não assume um caráter autónomo no contexto jurídico normativo brasileiro, tendo como referência a sua criação legal, sem destacar o seu conteúdo jurídico político.

Além das Regiões Metropolitanas, em Portugal também existe a normativa específica acerca das chamadas "comunidades intermu-

---

[53] Disponível em: http://www.aml.pt/pgprincipal/main.php. Acesso em 07 dez de 2003.

[54] Disponível em: http://www.amp.pt/ampp2.htm. Acesso em 07 dez de 2003.

"*Regiões Metropolitanas – Aspectos Jurídicos*"		501

nicipais", definidas e regidas pela Lei n. 11/2003, também de 13 de Maio de 2003.

Essas comunidades intermunicipais podem ser, ainda, de dois tipos: comunidades municipais de fins gerais e associação de municípios de fins específicos. Cada um deles dependerá do objetivo estabelecido pelos municípios associados. As comunidades intermunicipais também tem natureza jurídica de pessoas coletivas e sendo constituídas por escritura pública.

As diferenças entre uma comunidade intermunicipal e uma Área Metropolitana estão, basicamente, na iniciativa de sua criação e nos objetivos propostos. Caberá à Assembleia da República a instituição de Regiões Metropolitanas, enquanto que as comunidades intermunicipais são de iniciativa das câmaras municipais.

No Brasil também se verifica a possibilidade de estabelecer acordos intermunicipais, através de consórcios.

Por consórcio administrativo deve-se entender a formalização de um acordo de vontades entre pessoas jurídicas públicas, da mesma natureza e mesmo nível de governo, com a finalidade de obtenção de resultados comuns, de interesse de ambas as partes. O consórcio administrativo pode ser firmado, ainda, por integrantes da própria Administração Indireta.

Assim, mostra-se viável o estabelecimento de consórcio administrativo entre vários municípios, que tenham interesse execução de planos de natureza urbanística. Há, desse modo, uma associação dos Municípios na realização do objetivo comum. É como disciplina a Constituição Federal:

> "**Art. 241.** A União, os Estados, o Distrito Federal e os Municípios disciplinarão por meio de lei os consórcios públicos e os convênios de cooperação entre os entes federados, autorizando a gestão associada de serviços públicos, bem como a transferência total ou parcial de encargos, serviços, pessoal e bens essenciais à continuidade dos serviços transferidos."

Nesse caso, o consórcio administrativo deve ser concretizado por meio de um instrumento formal, escrito, assinado pelas pessoas jurídicas públicas consorciadas, a fim de que tenha validade jurídica.

No Brasil, a resposta para as questões metropolitanas dependem da normatização de cada Estado Membro. Primeiro da Constituição Estadual, e, por fim, das Leis Complementares Estaduais.

Assim como no Brasil, Portugal também tem um Ministério das Cidades. Criação do governo atual no Brasil, esse Ministério tem por mis-

502 *Nathália Arruda Guimarães*

são promover a inclusão social mediante a articulação, a implantação e a implementação – em parceria com todas as esferas do Poder Público e com a sociedade – de programas e ações destinados a universalizar o acesso da população urbana à habitação digna, ao saneamento ambiental e à mobilidade que é dada pelo trânsito e transporte público.

As realidades apresentadas em cada país são distintas. O atual governo do Brasil parece sensibilizado com a questão das cidades, principalmente por se verificar no contexto atual das Regiões Metropolitanas brasileiras cerca de 50 a 60% de habitações irregulares, bem como 20 a 30% de domicílios em favelas[55]. Ao Estado urge intervir, como reflexo do modelo social que se pretende implantar.

6. CONCLUSÕES

Pode-se dizer que a política para as Regiões Metropolitanas no Brasil passou por quatro grandes fases[56]:

1. Centralização em Brasília. Neste primeiro momento, apesar do forte componente autoritário do modelo, havia uma estrutura institucional e disponibilidade de recursos financeiros que permitiram a implementação de vários projetos metropolitanos, inclusive na área de transporte coletivo e tráfego urbano;

2. Neocapitalismo pós-constituição 1988. Este foi o período de hegemonia de uma retórica municipalista exacerbada, em que a questão metropolitana .era identificada *in limine*, com o desmando do governo militar e, simultaneamente, como uma estrutura institucional padronizada e ineficaz.

3. Parcerias entre municípios metropolitanos e um incipiente processo de redes nacionais;

4. Nova abordagem conferida à questão das cidades, após a aprovação do Estatuto da Cidade.

---

[55] Dados retirados do site:
ttp://www.cidades.gov.br/Downloads/Download_SECEX/Apresenta%E7%E3o_M cidades_Erminia.pdf, consultado em 13 de Dezembro de 2003.
[56] RIBEIRO, Luiz Cesar de Queiroz. (org.). **O futuro das Metrópoles: Desigualdades e Governabilidade**. Rio de Janeiro:Revan, 2000. Pág. 545.

"*Regiões Metropolitanas – Aspectos Jurídicos*" 503

Contrariamente ao primeiro momento, os dois últimos são marcados pela ausência de políticas regulatórias consistentes e de financiamentos federais. Teoricamente, o texto da Constituição de 1988 permite o surgimento de formatos institucionais mais condizentes com as diferentes realidades regionais, ao transferir essa atribuição para as Assembléias Legislativas. Entretanto, a análise do tratamento da questão metropolitana pelas diversas instituições estaduais é bastante fragmentada tanto em termos de profundidade da regulação quanto pelos fatores privilegiados, ainda que se possam levantar pistas que indicariam possíveis caminhos com maiores potencialidades para as diversas dimensões da questão metropolitana. Nesse sentido, algumas considerações gerais sobre a forma como as constituições estaduais tratam da questão metropolitana merecem destaque.

Primeiramente, chama atenção que esse tema de competência estadual, após a promulgação da Carta Magna de 1988, sequer esteja incluído nas constituições do Acre, Roraima, Tocantins, Rio Grande do Norte, Mato Grosso e Mato Grosso do Sul. Da mesma forma, as constituições de Alagoas e de Sergipe se restrigem a reproduzir quase linearmente o parágrafo da Constituição Federal (parágrafo 3, artigo 25) sobre o tema. Poder-se-ia argumentar que o aparente 'descaso" pela questão metropolitana desses Estados se explicava pela ausência ou pouca relevância do fenômeno da conurbação nas fronteiras de suas respectivas capitais. Ainda que fosse a hipótese, cidades como Natal, Campo Grande e Cuiabá, são a médio prazo candidatas à metropolização.

Somente as constituições do Amazonas, de Goiás, de São Paulo e de Santa Catarina estabelecem fatores e requisitos a serem considerados para a instituição de novas Regiões Metropolitanas. (projeção de crescimento, fluxo migratório, grau de conurbação, a potencialidade das atividades econômicas e dos fatores de polarização da futura região metropolitana, etc).[57]

Após a aprovação do Estatuto da Cidade, o tema volta a ser estudado, porém, como já analisado, inserindo-se novo debate sobre a gestão das cidades.

Atualmente acontece em todo o país Conferências sobre as cidades promovidas em parceria com os diversos níveis de governo e o Ministério das Cidades, onde são debatidos os problemas comuns e realiza-se frutífera troca de experiências na gestão das Regiões Metropolitanas.

---

[57] RIBEIRO, Luiz Cesar de Queiroz. (org.). **O futuro das Metrópoles: Desigualdades e Governabilidade**. Rio de Janeiro:Revan, 2000. Pág. 545.

7. REFERÊNCIAS BIBLIOGRAFICAS

ALVA, Eduardo Neira. **Metrópoles (In) Sustentáveis**. Rio de Janeiro: Relume Dumará, 1997.

AMARAL, Francisco. **O Direito civil na Pós-Modernindade**. Revista Brasileira de Direito Comparado, Rio de Janeiro, p.03-20, março, 2003

CARDOSO, Elizabeth Dezouzart, e ZVEIBIL, Victor Zular (organizadores). **Gestão Metropolitana, Experiências e Novas perspectivas**, Rio de Janeiro: IBAM, 1996.

CASTRO, José Nilo de. **Direito Municipal Positivo**, Belo Horizonte: Del Rey, 1999.

CORREIA, Fernando Alves. **Alguns Conceitos de Direito Administrativo**. Coimbra: Livraria Almedina, 1998.

_____. **Manual de Direito do Urbanismo**. Coimbra: Almedina, 2001.

_____. **Direito do Ordenamento do Território e do Urbanismo**. Legislação Básica. 5ª edição. Coimbra: Almedina, 2003.

COSTA, Nelson Nery. **Curso de Direito Municipal Brasileiro**. Rio de Janeiro: Editora Forense, 1999.

CROISAT, Maurice. **Le fédéralisme dans le démocraties contemporaines**. 2ª Ed. Paris: Montchrestien, 1995.

DALLARI, Adilson Abreu e FERRAZ, Sérgio (coordenadores). **Estatuto da Cidade – Comentários à Lei Federal 10.257/2001**. São Paulo: Malheiros, 2002.

FIGUEIREDO, Guilherme José Purvin. (org). **Temas de direito Ambiental e Urbanístico**. São Paulo: Max Limonad, 1998.

GALVÃO, Sofia de Sequeira. Sobre o objecto e o sentido do Direito do Urbanismo. **Revista Jurídica do Urbanismo e do Ambiente**. Coimbra: n.° 17, Junho, 79-93, 2002.

GRAU, Eros Roberto. **Direito Urbano, Regiões Metropolitanas, Solo criado, Zoneamento e Controle Ambiental, Projeto de Lei de Desenvolvimento Urbano**. São Paulo: Editora Revista dos Tribunais, 1983.

GUIMARÃES, Nathália Arruda. **Competência Municipal em Matéria de Direito Urbanístico e o Novo Estatuto da Cidade**, 2002. 264p. Dissertação (Mestrado em Direito da Cidade) – Universidade do Estado do rio de Janeiro, Rio de Janeiro, 2003.

JHERING, Rudolf von. **A luta pelo direito**. Lisboa: Livraria Arco-Íris, 1992.

LEAL, Rogério Gesta. **Direito Urbanístico. Condições e Possibilidades da Constituição do Espaço Urbano**. Rio de Janeiro: Renovar, 2003.

MATTOS, Liana Portilho. (Org.) **Estatuto da Cidade Comentado**. Belo Horizonte: Mandamentos, 2002.

MORAES, José Diniz. **A Função Social da Propriedade e a Constituição Federal de 1988**. Editora Malheiros: São Paulo, 1999.

MOREIRA NETO, Diogo De Figueiredo. **Introdução ao Direito Ecológico e ao Direito Urbanístico**. Rio de Janeiro: Forense, 1977, pág. 70-71.

MUKAI, Toshio. **Direito e Legislação Urbanística no Brasil**. São Paulo: Editora Saraiva, 1988.

ORDOVÁS, Maria José Gozález. La ciudad como forma del pensamiento. (Notas sobre los princípios de la participación en la actuación urbanística). **Cuadernos de Filosofia de Derecho**. Alicante, n.º 24, 655-667, 2001.

OSÓRIO, Letícia Marques Osorio. **Estatuto da Cidade e Reforma Urbana – Novas Perspectivas para as Cidades Brasileiras**. Porto Alegre: Editora Fabris, 2002.

RIBEIRO, Luiz Cesar de Queiroz, (organizador). **O Futuro das Metrópoles: Desigualdades e Governabilidade**. São Paulo: Editora Revan, 2000.

SCHUBERT, Klaus. Federalismo. Entre Politica y Ciência. **Revista de Estúdios Políticos**.Madrid, n.º 96 – Abril/junio, 163-174, 1997.

SILVA, José Afonso da. **Direito Urbanístico Brasileiro**. 2ª edição, São Paulo: Malheiros, 1997.

RODRIGUES, Ruben Tedeschi. **Comentários ao Estatuto da Cidade**. São Paulo: Editora Millennium, 2002, pág.124.

ROLNIK, Raquel. **O que é Cidade?**. 3ª ed. São Paulo: Editora brasiliense, 1994.

SASSEN, Saskia. **The Global City: New York, London, Tokyo**. Princenton: Princenton University, 1991.

SAULE JUNIOR, Nelson. **Novas perspectivas do Direito Urbanístico Brasileiro. Ordenamento Constitucional da Política Urbana. Aplicação e eficácia do Plano diretor**. Porto Alegre: Editora Fabris, 1997.

_____. **Direito à Cidade: Trilhas legais para o direito às cidades sustentáveis**. São Paulo: Editora Max Limonad, 1999.

SILVA, Íris Araújo. **As Regiões Metropolitanas e a Autonomia Municipal**. São Paulo: Editora RBEP, 1981.

SILVA, José Afonso da. **Direito Urbanístico Brasileiro**. 2ª edição. São Paulo: Editora Malheiros, 1997.

_____. **Curso de Direito Constitucional Positivo**. 11ª edição. São Paulo: Editora Malheiros, 1996.

_____. **Curso de Direito Municipal**. São Paulo: Editora Malheiros, 1999.

TEPEDINO, Gustavo. **Temas de Direito Civil**. Rio de Janeiro: Renovar, 1999.

_____. (org.) **Problemas de Direito Civil Constitucional**. Rio de Janeiro: Renovar, 2000.

ZIMMERMANN, Augusto. **Teoria Geral do Federalismo Democrático**. Rio de Janeiro: Lúmen Jures, 1999.

REFLEXÕES INICIAIS SOBRE
A *BEHAVIORAL LAW AND ECONOMICS*
E O PROBLEMA DAS NORMAS SOBRE O COMÉRCIO
DOS ALIMENTOS GENETICAMENTE MODIFICADOS

por ROBERTA JARDIM DE MORAIS,
Doutoranda em Ciências Jurídico-Econômicas
na Faculdade de Direito da Universidade de Coimbra
Mestre em Direito Econômico
pela Faculdade de Direito da Universidade Federal de Minas Gerais
Especialista em Direito do Comércio Internacional
pelo Instituto Universitário Europeu de Torino.

SUMÁRIO: Introdução – 1. Breves considerações sobre a *Behavioral Law and Economics*. – 2. A elaboração das normas jurídicas e a análise comportamental. – 3. A análise comportamental e o fornecimento de informações – 4. Breves Ilações. – 5. Tentativa de preservar a elaboração normativa de novos temas – 6. A Escola comportamental da análise econômica do direito e a informação sobre alimentos – 7. Conclusão.

INTRODUÇÃO

A polêmica em torno dos alimentos geneticamente modificados vem recebendo a atenção e a análise das mais diversas comunidades epistêmicas. As grandes discussões que envolvem a introdução de novos alimentos, bem como o conteúdo superficial delas característico, acabam por influenciar o comportamento dos atores sócio-econômicos.

Os alimentos geneticamente modificados são consumidos isoladamente ou como parte da composição de algum outro produto, sendo, em tais casos, chamados de *ingredientes alimentares*.

508 Roberta Jardim de Morais

Para que um alimento transgênico, ou que contenha organismos geneticamente modificados, seja disponibilizado para o consumo, faz-se necessário que o mesmo seja submetido a rigorosos testes de biossegurança. Biossegurança, por sua vez, é a ciência voltada para o controle e a minimização de riscos advindos da prática de tecnologias biológicas[1]. Ela estuda, caso a caso, os impactos que aplicação da biotecnologia pode vir a gerar para a saúde humana e animal, bem como para o meio ambiente.[2]

Após a análise de biossegurança, ou seja, depois da avaliação da segurança alimentar e do meio ambiente do produto transgênico, presume--se que este esteja pronto para ser disponibilizado ao consumidor.

Neste artigo partir-se-á do pressuposto de que se um produto modificado ou criado por meio da utilização da biotecnologia estiver ao alcance dos consumidores, nas prateleiras dos supermercados, é porque foi considerado seguro tanto para a saúde humana quanto para o meio ambiente.

Contudo, é importante se ter em mente que, para a ciência, produto seguro não é sinônimo de produto desprovido de riscos, pois em ciência não existe risco[3] zero.

A elaboração de normas que disponham sobre a colocação no mercado desses novos alimentos deverá sempre considerar o comportamento dos agentes sociais pois conforme demonstrará a breve exposição sobre a *Behavioral Law and Economics*, a racionalidade dos indivíduos é limitada por uma série de fatores que acabam por influenciar o procedimento legislativo.

Existem ainda neste cenário novos atores que estarão lutando por seus interesses. O processo normativo que está sendo iniciado em diversos países não poderá prescindir de uma análise comportamental sob pena das novas regras jurídicas se mostrarem letra morta para os fins aos quais se propõem.

---

[1] BORÉM, Aluízio e SANTOS, Fabrício. Biotecnologia Simplificada. Viçosa. UFV, 2003. p. 89

[2] BORÉM, Aluízio e SANTOS, Fabrício. Biotecnologia Simplificada. Viçosa. UFV, 2003. p. 89.

[3] A palavra *risco* advém do termo italiano *riscare*, que significa *ousar*. Portanto, a opção não é fruto do destino, mas sim das ações que se ousa tomar, e que dependem do grau de liberdade de opção de cada indivíduo. É sobre isso que o risco trata. A compreensão do risco permite tomar decisões de forma racional. O medo de um dano deveria ser proporcional não apenas à sua gravidade, mas à probabilidade de ele ocorrer.

A Escola da *Behavioral Law and Economics* parece oferecer opções interessantes para a análise dessa temática. Esta racionalidade decorre da evolução das clássicas corrente da análise econômica do direito. Delas se diferenciando por tentar explicar os "desvios" cognitivos e psicológicos do agente racional. Segundo essa tendência estes "desvios" psicológicos são importantes para a compreensão real das normas jurídicas. Por exemplo, a incapacidade que têm muitos grupos sociais de estimar ou mesmo entender a noção de risco pode ter um peso importante na forma em que regularão um mercado.[4]

A comercialização dos organismos geneticamente modificados não é um tema simples, envolve questões complexas, como a tendência dos consumidores de não confiar em novos produtos, os preconceitos que vêm sendo implantados sobre a engenharia genética, a falta de compreensão por parte da população em geral, sobre a biotecnologia e a dificuldade de comunicação por parte das empresas. Depreende-se daí a importância da escola comportamental da análise econômica do direito para a abordagem do assunto.

1. BREVES CONSIDERAÇÕES SOBRE A BEHAVIORAL LAW AND ECONOMICS.

A corrente tradicional da análise econômica do direito tem como objetivos principais (i) pensar o direito segundo os princípios da economia e (ii) descrever, no formato de fênomenos econômicos, os comportamentos juridicamente relevantes bem como as normas e instituições que os enquadram[5].

O Professor Doutor *José Manuel Aroso Linhares* citando *Jules Coleman* ensina que as intenções da AED – Análise Econômica do Direito seriam:

- Descritivas por assumirem o princípio da eficiência como hipótese explicativa de todos os critérios jurídicos;

---

[4] GAROUPA, Nuno. "Análise Económica do Direito". Cadernos de Ciência e Legislação, no. 32, out/dez, 2002.

[5] LINHARES, José Manuel Aroso. "A decisão judicial como *voluntas* ou o desempenho eliminatório das críticas racionais." Texto apresentado no seminário sobre metodologia jurídica proferido durante o III Programa de Doutoramento da Faculdade de Direito da Universidade de Coimbra.

510   *Roberta Jardim de Morais*

- Positivas por pretenderem encontrar nos modelos do mercado o reservatório que permite analisar os problemas juridicamente relevantes; e
- Normativas por avaliarem os critérios jurídicos existentes como intuito de aprimorá-los de acordo com os preceitos da eficiência econômica.

O núcleo constitutivo dessa tendência clássica são as decisões consumadas no mercado pelo *homo economicus,* enquanto agente livre, racional e maximizador de riqueza, "consciente daquilo que pretende e sabendo executar eficientemente todos os cálculos indispensáveis à tomada de decisões que conduzam a resultados ótimos." A pressuposição de que o indivíduo age sempre finalisticamente, de acordo com seu próprio interesse e de maneira imutável e fixa. O comportamento de tal sujeito seria orientado segundo ordens de preferência estáveis, escolhendo as condutas em função do preço que os critérios estabelecem para elas.[6]

A abordagem da análise comportamental difere da tradicional AED, pois tem como núcleo central o comportamento do "ser humano real" e não do *homo economicus.* Ela verifica como o direito influência o comportamento do homem comum e como é por ele influenciado.

Um dos mais recentes e significativos *papers* sobre esse movimento da análise econômica foi publicado na *Stanford Law Review* em 1998.[7] Esclarecemos, inclusive, que os estudos desenvolvidos neste artigo serão baseados em reflexões inspiradas neste texto.

O ponto de partida da BLE – *Behavioral Law and Economics* – é o estabelecimento de três importantes limites[8] do comportamento humano que colocam em xeque os critérios centrais da maximização da utilidade, da estabilidade das preferências, das expectativas racionais e do processamento ideal de informações. Tais limites são aqueles que dizem respeito à racionalidade, à força de vontade e ao interesse individual.[9]

---

[6] LINHARES, José Manuel Aroso. "A decisão judicial como *voluntas* ou o desempenho eliminatório das críticas racionais." Texto apresentado no seminário sobre metodologia jurídica proferido durante o III Programa de Doutoramento da Faculdade de Direito da Universidade de Coimbra.

[7] JOLLS, Christine; SUNSTEIN, Cass e THALER, Richard. "A Behavioral Approach to law and Economics". Stanford Law Review, fall, 1998.

[8] Bounds

[9] JOLLS, Christine; SUNSTEIN, Cass e THALER, Richard. "A Behavioral Approach to law and Economics". Stanford Law Review, fall, 1998.

1.1. Os limites da racionalidade

A capacidade do pensamento humano é limitada. Dessa feita, muitas vezes agimos de forma a tentar superar tais limitações. Quando, por exemplo, tentamos minimizar os efeitos que a falta de memória pode gerar, elaboramos listas para que não esqueçamos das tarefas que temos que realizar, de uma compra precisamos fazer, enfim... das mínimas atividades que constituem o nosso dia a dia. Todavia, mesmo com essas tentativas de remediar os limites que nos são inerentes, nossos comportamentos diferem daqueles previstos nos modelos econômicos de racionalidade.[10]

1.2. Os limites da força de vontade

Diferentemente do que predispõe a análise econômica tradicional os seres humanos tendem a adotar determinadas atitudes mesmo estando conscientes das perdas que elas irão gerar. Muitas vezes os indivíduos agem de forma a prejudicar seus interesses de longo prazo. Um exemplo claro deste tipo de comportamento é quando, em liquidações, acabamos por adquirir bens que não nos interessam, ou ainda quando não conseguimos parar de fumar, mesmo sabendo que o cigarro nos faz tão mal.[11]

1.3. Os limites dos interesses individuais

Outro limite imposto ao comportamento típico do *homos economicus* é aquele que mostra claramente que diferentemente das previsões econômicas, a maioria das pessoas age de forma a se preocupar com seus semelhantes e com a sociedade em geral. Os interesses individuais são limitados com muito mais habitualidade do que acredita a teoria econômica. Em muitos mercados os agentes, contrariamente às previsões econômicas, ao invés de se preocuparem exclusivamente com o aumento

---

[10] JOLLS, Christine; SUNSTEIN, Cass e THALER, Richard. "A Behavioral Approach to law and Economics". Stanford Law Review, fall, 1998.

[11] JOLLS, Christine; SUNSTEIN, Cass e THALER, Richard. "A Behavioral Approach to law and Economics". Stanford Law Review, fall, 1998.

512 *Roberta Jardim de Morais*

da eficiência, estão também se importando em firmar relações justas e providas de ética. Dessa feita pode-se concluir que a realidade apresenta indivíduos "melhores" que aqueles descritos pelas teorias neoclássicas.[12]

Os "limites" mencionados são responsáveis por desvios que a análise econômica tradicional não consegue explicar. Através deles compreende-se uma série de situações que não seriam entendidas, se as explicações fossem apenas fundadas no princípio da eficiência.

Dessa forma, parece que tais delimitações seriam ferramentas úteis para justificar a edição de determinados preceitos normativos que aparentemente não têm razão de ser e também a reação das pessoas perante determinadas informações que são a elas fornecidas.

2. A ELABORAÇÃO DAS NORMAS JURÍDICAS E A ANÁLISE COMPORTAMENTAL.

Ihering dizia que a produção de uma norma não pode ser obtida, senão com um ataque muito sensível a direitos e a interesses pré--existentes.[13]

Segundo o jurista, com o decorrer do tempo os interesses de milhares de indivíduos e classes inteiras prendem-se ao direito existente, de tal forma, que este não poderá nunca ser abolido sem os irritar fortemente. Discutir a disposição ou a instituição do direito é declarar guerra a todos estes interesses. Pela ação natural do instinto de conservação toda a tentativa desta natureza provoca a mais viva resistência dos interesses ameaçados. Daí uma luta na qual, como em todas as lutas não é o peso das razões mas o poder relativo das forças postas em presença que faz pender a balança.[14]

Essa seria a única maneira de explicar como algumas instituições, muito tempo depois de condenadas pela opinião pública, conseguem prolongar sua existência. O que as mantém não é a força da inércia da história mas a força de resistência dos interesses defendendo sua posse.[15]

Em todos os casos em que o direito existente encontra este sustentáculo no interesse, o direito novo não pode chegar a introduzir-se, senão

---

[12] JOLLS, Christine; SUNSTEIN, Cass e THALER, Richard. "A Behavioral Approach to law and Economics". Stanford Law Review, fall, 1998.

[13] IHERING, Rudolf Von. "A luta pelo Direito". Rio de Janeiro: Forense, 1999.

[14] IHERING, Rudolf Von. "A luta pelo Direito". Rio de Janeiro: Forense, 1999.

[15] IHERING, Rudolf Von. "A luta pelo Direito". Rio de Janeiro: Forense, 1999.

à custa de uma luta que por vezes se prolonga durante mais de um século e que atinge o mais alto grau de intensidade quando os interesses tomaram forma de direitos adquiridos. Entretanto, o direito tem que se regenerar constantemente, é um conflito da idéia do direito consigo própria. O Direito não pode remoçar sem fazer tábua rasa do seu próprio passado. A idéia do direito será eternamente um movimento progressivo de transformação; mas o que desapareceu deve ceder lugar ao que em seu lugar aparece porque... "tudo que nasce está destinado a voltar ao nada."[16]

Esse conflito de interesses abordado por *Ihering* há mais de um século é uma das bases que a análise econômica do direito utiliza para justificar a formação das normas jurídicas.

Segundo essa teoria, tipicamente finalista, as leis se justificam ou em razão dos interesses de fortes grupos políticos ou em razão de se apresentarem como soluções eficientes para os problemas que a sociedade coloca. Porém, a realidade nos mostra que a situação não é bem esta. No mundo real encontramos normas que não são justificáveis no espectro de um modelo de eficiência e parecem beneficiar grupos que não possuem muita força política. De acordo com a *Behavorial Law and Economics* a explicação de tal fenômeno é bastante simples. Segundo seus princípios, o objetivo maior dos legisladores é a reeleição e para alcançá-la eles responderão positivamente as demandas sociais advindas de um grupo de eleitores em potencial, mesmo que não concordem com suas reivindicações.[17]

Dessa feita se percebe que a análise comportamental consegue explicar o conteúdo de algumas normas que seriam inexplicáveis dentro de uma racionalidade econômica.

Ainda a respeito da elaboração normativa, a análise comportamental explica que certos grupos tendem a manipular a opinião pública, através da exploração dos limites ao interesse individual e também dos limites à racionalidade, com vistas a obterem a regulação de certos setores da economia.[18]

---

[16] IHERING, Rudolf Von. "A luta pelo Direito". Rio de Janeiro:Forense, 1999.

[17] JOLLS, Christine; SUNSTEIN, Cass e THALER, Richard. "A Behavioral Approach to law and Economics". Stanford Law Review, fall, 1998.

[18] JOLLS, Christine; SUNSTEIN, Cass e THALER, Richard. "A Behavioral Approach to law and Economics". Stanford Law Review, fall, 1998.

Em áreas relativas à preservação ambiental a possibilidade de inflação regulativa é enorme quando certas ocorrências são super dimensionadas ou quando há equívocos em relação as probabilidades de ocorrência de um determinado evento.

A manipulação da opinião pública, é um instrumento bastante útil quando se pretende disseminar medos e temores a respeito de uma determinada atividade.

Indivíduos que dispõem de informações limitadas sobre certos assuntos são factíveis de produzir avaliações cognitivas equivocadas, baseadas muitas vezes em eventos recentes, sem muita relevância mas, sobre os quais foi dado grande enfoque.[19] As ações e reações, por parte do público, que têm como fundamento preceitos equivocados acabam por conduzir o governo a editar regulamentos desnecessários e mal elaborados. No contexto da legislação ambiental tal constatação é evidente.

O contributo da *Behavorial Law and Economics* no que tange à produção normativa parece clara.

3. A ANÁLISE COMPORTAMENTAL E O FORNECIMENTO DE INFORMAÇÕES

A análise comportamental é ainda essencial para crítica das normas e políticas públicas e privadas que dispõem sobre o fornecimento de informações. Por diversas vezes presenciamos situações em que os indivíduos estão desprovidos de dados que poderiam auxiliá-lo na tomada de decisões. Todavia, o simples fornecimento de informações não se mostra como instrumento eficiente para ajudá-los. O importante é a maneira, através da qual, tais informações serão transmitidas.

Em determinados contextos interessa às empresas, por exemplo, informar seus funcionários a respeito de determinados cuidados que, se tomados, poderão reduzir o número de acidentes no trabalho. Existem também os casos em que o próprio governo tem o interesse de disponibilizar certas informações com a intenção de orientar o comportamento da comunidade para racionalizar o consumo de energia elétrica, ou ainda evitar a propagação de doenças e epidemias. As ciências econômicas

---

[19] JOLLS, Christine; SUNSTEIN, Cass e THALER, Richard. "A Behavioral Approach to law and Economics". Stanford Law Review, fall, 1998.

Reflexões Iniciais sobre a Behavioral Law and Economics... 515

convencionais têm conhecimento deste fato e crêem que a melhor forma de se atingir os objetivos almejados é realmente fornecer informações adicionais para o público em questão.[20]

Entretanto, a simples sugestão de que sejam fornecidas mais e mais informações é bastante vaga. A análise comportamental adverte que o importante não é o fornecimento de informações, mas o modo como elas serão transmitidas e disseminadas. É esta forma que irá influenciar a opinião dos consumidores, é ela que interfere no comportamento e não a informação propriamente dita.[21]

Para ilustrar, trazemos a tese desenvolvida por *Kahneman and Tversky*, de acordo com a qual, as consequências de um fato são avaliadas mais em função das mudanças que seriam necessárias para alcançá-la que pelas alterações que ela própria traria. Em conformidade com este raciocínio as perdas iniciais seriam mais relevantes que os ganhos futuros. A perspectiva da perda do *status quo* é mais importante que aquela que determina um ganho futuro. Assim, nesses casos, tendo em vista a aversão que a maioria das pessoas tem em relação a perdas e a influência que a perspectiva de tais perdas gera no comportamento humano, não saberíamos dizer qual seria o consumidor mais bem informado se aquele que recebeu as informações sobre prováveis perdas presentes ou se aquele que obteve informações sobre os supostos ganhos futuros.[22]

Com base nessas considerações foram elaboradas estratégias políticas e empresarias que tem como objetivo central promover mudanças de comportamento explorando as limitações da racionalidade humana, dentre as principais podemos citar as que visam (i)explorar a aversão que os indivíduos têm em relação a prováveis perdas e ainda (ii) explorar a importância de um determinado fato.[23]

---

[20] JOLLS, Christine; SUNSTEIN, Cass e THALER, Richard. "A Behavioral Approach to law and Economics". Stanford Law Review, fall, 1998.

[21] JOLLS, Christine; SUNSTEIN, Cass e THALER, Richard. "A Behavioral Approach to law and Economics". Stanford Law Review, fall, 1998.

[22] JOLLS, Christine; SUNSTEIN, Cass e THALER, Richard. "A Behavioral Approach to law and Economics". Stanford Law Review, fall, 1998.

[23] JOLLS, Christine; SUNSTEIN, Cass e THALER, Richard. "A Behavioral Approach to law and Economics". Stanford Law Review, fall, 1998.

4. BREVES ILAÇÕES:

A corrente tradicional da análise econômica do direito é baseada principalmente nos princípios e *standards* assumidos pela economia neoclássica. Entretanto, tais "dogmas" não podem, ser tratados sempre como fontes de presunções verdadeiras tendo em vista que as pessoas "reais" se comportam de maneira a desviar-se do ideal racional. Elas têm preconceitos, agem de forma extremamente otimista, seguem métodos que podem conduzir a erros e, em diversas ocasiões, pensam mais no bem-estar da sociedade em geral que no seu próprio. Por mais que tentemos evitar tais desvios, eles sempre mostra-se-ão.[24]

Uma das conclusões mais importantes desse ramo da análise econômica do direito é demonstrar que o comportamento humano deve ser visto de forma real e não hipotética. Os "limites" próprios da nossa personalidade devem ser levados em consideração quando questões juridicamente relevantes são examinadas.[25]

Algumas previsões tipicamente econômicas são desacreditadas quando se demonstra que a tendência dos indivíduos à solidariedade e à cooperação geram muito mais consequências numa decisão judicial ou no processo de elaboração de uma norma que aquelas dimensionadas pela análise econômica do direito.[26]

Outro equívoco da abordagem clássica diz respeito ao dogma de que as escolhas humanas são invariáveis e independentes. É um erro grotesco acreditar que a mídia, por exemplo, não estaria a influenciar as escolhas dos indivíduos e ainda que as pessoas reagem da mesma forma em relação a eventos que são muito explorados e aqueles que passam praticamente desapercebidos.[27]

A teoria econômica acredita que o conteúdo das normas jurídicas tem explicações limitadas. Contudo, o que se percebe através da análise comportamental, é que as razões e motivos de certos regulamentos não

---

[24] JOLLS, Christine; SUNSTEIN, Cass e THALER, Richard. "A Behavioral Approach to law and Economics". Stanford Law Review, fall, 1998.

[25] JOLLS, Christine; SUNSTEIN, Cass e THALER, Richard. "A Behavioral Approach to law and Economics". Stanford Law Review, fall, 1998.

[26] JOLLS, Christine; SUNSTEIN, Cass e THALER, Richard. "A Behavioral Approach to law and Economics". Stanford Law Review, fall, 1998.

[27] JOLLS, Christine; SUNSTEIN, Cass e THALER, Richard. "A Behavioral Approach to law and Economics". Stanford Law Review, fall, 1998.

Reflexões Iniciais sobre a Behavioral Law and Economics...

podem ser compreendidos apenas em função de interesses individuais ou do conceito de eficiência. Em diversas situações, as pessoas reinvindicam a edição de uma lei simplesmente por acreditarem na sua justeza.[28]

Assim, verifica-se que existem certos valores que serão sempre relevantes para os seres humanos.

5. TENTATIVA DE PRESERVAR A ELABORAÇÃO NORMATIVA DE NOVOS TEMAS

Diante da problemática mostrada pela BLE, quando um Estado se confronta com a necessidade de elaborar normas de grande especificidade é comum que recorra a especialistas para que esclareçam o sentido das decisões a tomar: "A produção da norma jurídica resguarda-se então por trás do saber, que se supõe possa garantir a sua legitimidade e a sua justeza; e a competência adquirida no plano profissional torna-se o verdadeiro fundamento da autoridade normativa."[29]

A legislação francesa sobre procriação artificial, por exemplo, foi preparada através da organização periódica de colóquios reunindo especialistas em diversas disciplinas – médicos, juristas, psiquiatras – que foram desenhando o futuro quadro normativo, cuidadosamente.

A Lei deve ganhar forma através das traduções da realidade sugeridas pelos *experts*. Dessa feita a norma amadurece, garantindo ao Poder Político legitimidade e aceitabilidade sociais. É através do saber que se adquire pertinência.

Temas relativos à biotecnologia e biossegurança ainda são relativamente novos para legisladores e juristas, dessa feita o auxílio de *experts* é realmente relevante, principalmente para prestar esclarecimentos sobre procedimentos e conceitos.

Recentemente, surgiu na França um "comitê de sábios" confirmando a importância de se recorrer a especialistas quando da elaboração de normas sobre novos temas que pouco a pouco começam a fazer parte da nossa realidade. "Perante problemas delicados que envolvem consequências temíveis ou gerem fortes conflitos sociais é importante que os

---

[28] JOLLS, Christine; SUNSTEIN, Cass e THALER, Richard. "A Behavioral Approach to law and Economics". Stanford Law Review, fall, 1998.

[29] CHEVALLIER, Jacques. "A racionalização da produção jurídica". In Cadernos de Ciência da Legislação, vol.11. Out/Dez. 94.

518   *Roberta Jardim de Morais*

governantes estejam garantidos por personalidades investidas de uma autoridade moral incontestável... É verdade que os sábios só têm, por direito próprio, o papel de apresentar propostas, e o político não abre mão da sua competência normativa. A intervenção dos sábios só terá aparentemente o efeito de reforçar a legitimidade da norma jurídica conferindo-lhe atributos de sabedoria."[30]

Além da participação de *experts* no processo legislativo, outra ferramenta interessante para que se mantenha a racionalidade de certos setores é aquela conhecida como análise custo-benefício. Tais instrumentos podem evitar a produção de regulação excessiva e desprovida de fundamento. Esta teoria vem sendo abordada, desenvolvida e aplicada por grandes juristas e economistas, como Richard Posner, Stephan Breyer, Amartya Sen e Kip Viscusi.[31]

6. A ESCOLA COMPORTAMENTAL DA ANÁLISE ECONÔMICA DO DIREITO E A INFORMAÇÃO SOBRE ALIMENTOS

Acredita-se porém que o maior contributo da *Behavioral Law and Economics* são os estudos que ela tem realizado sobre (i) a reação dos indivíduos às informações que lhes são fornecidas, (ii) a forma como tais informações interferem na elaboração legislativa e ainda, (iii) a maneira como o comportamento individual pode variar em razão de uma determinada norma que trata da disponibilização de informações.

Os alimentos geneticamente modificados têm sido classificados como alimentos novos. Portanto, conforme já foi explicitado, devem ser submetidos a avaliações de segurança tanto para a saúde humana e animal quanto para o meio ambiente. Os órgãos governamentais somente admitem a liberação de um novo produto para consumo humano ou animal se ele for considerado seguro.[32]

Todavia, mesmo sendo consideradas seguras, as novidades costumam gerar reações negativas na sociedade.[33] Tais reações se devem,

---

[30] CHEVALLIER Jacques. "Racionalização da produção jurídica." Revista de Ciência da Legislação, no. 3, Janeiro/Março 1993.

[31] POSNER, Eric A; ADLER, Matthew D. "Cost-benefit analysis – Legal, economic and philosophical perspectives." Chicago: The University of Chicago Press, 2000.

[32] Disponível em www.fda.org; www.ctnbio.org.br.

[33] BERNSTEIN P.L. *Desafio aos deuses – A fascinante história do risco*. São Paulo: Campus, 1997

Reflexões Iniciais sobre a Behavioral Law and Economics... 519

principalmente, a idéias preconcebidas, riscos envolvidos, insegurança e conservadorismo, ou seja, aos limites de racionalidade que verificamos a pouco. Em suma, as comunidades demonstram uma tendência significativa de rejeitar o que é *novo*. Essa aversão à novidade e aos seus riscos prováveis e hipotéticos gera comportamentos que acabam influenciando governantes, legisladores e, até mesmo, o Poder Judiciário.

Para a constituição e consolidação de um ambiente jurídico e econômico que equilibre os interesses dos consumidores e a necessidade de desenvolvimento[34], as políticas e as normas devem ser elaboradas racionalmente, analisando-se testes científicos, custos, benefícios, conseqüências e externalidades que elas podem vir a gerar. Os efeitos de uma determinada lei devem ser observados não apenas quanto ao setor específico para o qual é dirigida, mas a todos aqueles envolvidos no processo. Para tanto, a *Behavorial Law and Economics* e a *análise custo – benefício* parecem ser instrumentos apropriados.

Posner[35] ensina que a análise custo-benefício é uma ferramenta bastante eficiente[36] no caso de políticas de informação, pois mostra à sociedade, de forma transparente, todas as conseqüências que ela gera, indicando, inclusive, se é útil ou não. Dessa forma, pode-se tomar uma decisão embasada sobre a adoção ou não de certas diretrizes. No entanto, o mercado de alimentos costuma fornecer as informações necessárias para que o consumidor exerça, de forma satisfatória, seu direito de escolha, o que torna qualquer intervenção estatal dispensável.

---

[34] The system for ensuring the safety of such crops is evidence-based not *prediction-based*.

[35] POSNER, Richard. "Definition, justification, and comment on conference papers", *Cost-benefit analysis*. p. 317-341. *In*: POSNER, Eric A; ADLER, Matthew D. *Cost-benefit analysis – Legal, economic and philosophical perspectives*. Chicago: The University of Chicago Press, 2000. In. MORAIS, Roberta Jardim. *Segurança e Rotulagem de alimentos Geneticamente Modificados – SERAGEM-Uma abordagem do Direito Econômico*. Rio de Janeiro: Forense, 2004

[36] O professor João Bosco Leopoldino da Fonseca ensina que o Estado deve se pautar pelo princípio da eficiência, que é inerente a atividade econômica. Citando Posner, ele explica: "A *eficiência* é a utilização dos recursos econômicos de modo que o valor , ou seja, a satisfação humana, em confronto com a vontade de pagar por produtos ou serviços, alcance o nível máximo através da maximização da diferença entre os custos e as vantagens." (FONSECA, João Bosco Leopoldino. *Direito econômico, p. 35*). In. MORAIS, Roberta Jardim. *Segurança e Rotulagem de alimentos Geneticamente Modificados – SERAGEM-Uma abordagem do Direito Econômico*. Rio de Janeiro: Forense, 2004

520 *Roberta Jardim de Morais*

Existem situações, porém, nas quais não interessa ao mercado divulgar informações sobre produtos, por inúmeros motivos. Nesses casos, o governo deverá proceder a uma análise aprofundada, para verificar se uma intervenção será necessária para que tal falha seja corrigida. Se forem imprescindíveis, as intervenções serão feitas por meio de políticas de rotulagem[37] ou até por meio de programas educacionais, dependendo do alcance que se pretende.

Quando um governo opta por adotar uma política de informação obrigatória que gere muitos custos para certos setores da economia, é preciso que se mensurem também os benefícios e as conseqüências sociais de tal medida. Os efeitos sistêmicos de uma intervenção não podem ser ignorados.[38] A realidade mostra, todavia, que as políticas obrigatórias de informação têm sido elaboradas com base em pressões de grupos de interesse e medos infundados, e não pela necessidade de informar o consumidor sobre algo que realmente lhe interesse.[39]

Uma política de informação dirigida, por exemplo, ao mercado de alimentos deve cumprir um objetivo específico: informar os consumidores sobre determinados riscos que o alimento pode vir a gerar, esclarecê-lo sobre sua composição nutricional, seu potencial de deflagrar alergias, enfim, informar ao consumidor algo que seja útil para auxiliá-lo em sua decisão de compra. O *direito de saber* não pode ser utilizado como justificativa para a elaboração de normas ineficientes ou até intervenções estatais ineficazes.

---

[37] Voluntárias ou obrigatórias. Para o Professor português Paulo Pitta e Cunha, uma política econômica consiste no conjunto de normas destinadas a reger determinado setor da economia. Constituem medidas mediante as quais se exprime a ação do Estado na economia, englobando ainda o conjunto de regras que regem esta ação do Estado (FONSECA, João Bosco Leopoldino. *Direito econômico*, p. 19). In. MORAIS, Roberta Jardim. *Segurança e Rotulagem de alimentos Geneticamente Modificados – SERAGEM-Uma abordagem do Direito Econômico*. Rio de Janeiro: Forense, 2004

[38] VISCUSI, Kip. "Risk equity". *In*: POSNER, Eric A; ADLER Matthew D. *Cost-benefit analysis – Legal, economic, and philosophical perspectives*. Chicago: The University of Chicago Press, 2000, p. 7-35. In. MORAIS, Roberta Jardim. *Segurança e Rotulagem de alimentos Geneticamente Modificados – SERAGEM-Uma abordagem do Direito Econômico*. Rio de Janeiro: Forense, 2004

[39] VISCUSI, Kip. "Risk equity". *In*: POSNER, Eric A; ADLER Matthew D. *Cost-benefit analysis – Legal, economic, and philosophical perspectives*. Chicago: The University of Chicago Press, 2000, p. 7-35.

Viscusi[40] mostra que os ativistas do *direito de saber* vêm fazendo fortes pressões para que a intervenção no mercado de produtos considerados de "risco" seja cada vez maior. As políticas de informação precisam ter escopos claros, como melhorar a qualidade de vida dos indivíduos, fazer com que a qualidade dos produtos seja aprimorada e, até mesmo, educar consumidores.

No caso dos alimentos transgênicos, deve-se perguntar sobre qual seria o objetivo da divulgação das informações sobre o método de elaboração, caso não tenha ocorrido nenhuma mudança, no produto final, que possa vir a afetar o consumidor e o meio ambiente, de alguma forma.

A *Behavorial Law and Economics* pode ser um instrumento proveitoso se mostrar que regulamentos sobre a disponibilização obrigatória de informações não relevantes poderiam afastar os consumidores de certos produtos, ou ainda se evidenciar que a norma foi elaborada com base em desvios comportamentais que conduziram a conclusões equivocadas.

A análise custo-benefício, por sua vez, também seria uma ferramenta socialmente útil, ao conseguir demonstrar, por exemplo, que uma política de informação poderá gerar custos muito altos, a serem repartidos pela maioria, e benefícios supérfluos, que só interessarão a uma minoria.

Imagine-se a seguinte situação: um país em desenvolvimento, com grandes diferenças sociais, educacionais e econômicas. Em ambientes como esse, os consumidores não podem ser tratados de forma homogênea em relação ao fornecimento de informações sobre questões que não afetarão sua saúde ou o meio ambiente em que vivem.

Existem em tais países pessoas que pagariam mais por uma variedade tradicional, sem nem ao menos saber ou ter formas de saber se realmente é tradicional. Também há pessoas que simplesmente não têm recursos para adquirir alimento algum, e muito menos sabem ler, não lhes sendo possível se inteirar sobre o conteúdo do rótulo de um produto. Consumidores de países com baixos níveis de desenvolvimento devem ser tratados de forma heterogênea, para que a maioria não pague pelo *direito de saber* de uma minoria.

Tanto o excesso, quanto a falta, de informação podem gerar efeitos e conseqüências prejudiciais, como a diminuição da percepção do público

---

40 Viscusi, Kip. "Risk equity". *In*: Posner, Eric A; Adler Matthew D. *Cost-benefit analysis – Legal, economic, and philosophical perspectives*. Chicago: The University of Chicago Press, 2000, p. 7-35. In. Morais, Roberta Jardim. *Segurança e Rotulagem de alimentos Geneticamente Modificados – SERAGEM-Uma abordagem do Direito Econômico*. Rio de Janeiro: Forense, 2004

sobre os riscos dos produtos sobre os quais não recai uma obrigatoriedade de rotular.

As políticas de informações podem, assim, ser *construtivas* ou *destrutivas*. As políticas de informação construtivas são aquelas que visam a esclarecer o consumidor sobre determinados atributos do produto, que influenciam na decisão de compra. Tais políticas geram, para a sociedade, benefícios que irão exceder os custos. Políticas de informação destrutivas são aquelas que geram muitos custos para a sociedade, e benefícios para alguns poucos. Obviamente, as minorias não devem ser prejudicadas. Contudo, a maioria não deve pagar para que uma pequena minoria seja satisfeita.

Caso determinada minoria almeje um tipo de informação que gere custos altos, mas que seja irrelevante para o bem-estar da sociedade, seria essa minoria que deveria arcar com tais ônus.

No caso dos alimentos, as políticas de informação deverão reduzir riscos objetivos, claros e reais, gerando melhoras significativas à saúde e ao bem-estar, e não encorajar comportamentos que visem a alcançar uma satisfação ilusória futura, baseada em danos que têm pouquíssimas probabilidades de ocorrer.

Se as políticas de informação advierem de crenças equivocadas ou de pressões irracionais, conduzirão a resultados ineficazes e ineficientes. Em casos assim, a democracia é utilizada como desculpa para a adoção de medidas que satisfazem apenas uma minoria. A assimetria, no que se refere a produtos de risco, é até curiosa. Quando as pessoas subestimam o risco, os reguladores precisam intervir para corrigir a falha, que, nestas circunstâncias, seria a falta de informação.[41] Contudo, quando as pessoas superestimam o risco, os reguladores também intervêm, mesmo sem necessidade, gerando normas inúteis, baseadas em preferências de minorias.

Ao se elaborar uma norma, as crenças equivocadas não podem, em momento algum, servir como princípios basilares. Pode-se gerar prejuízos, quando se pretende proteger um risco inexistente ou hipotético, divergindo, inclusive, a atenção em relação a riscos atuais. Em prol de uma eqüidade utópica, promulgam-se leis que banem e punem o desenvol-

---

[41] EINSIEDEL, Edna. "Providing information or sowing confusion?", *Consumers and GM food labels*. Disponível em www.agbioforum.org/v3n4/v3n4a09_insiedel.htm. Acesso em 20 de dezembro de 2001. In. MORAIS, Roberta Jardim. *Segurança e Rotulagem de alimentos Geneticamente Modificados – SERAGEM-Uma abordagem do Direito Econômico*. Rio de Janeiro: Forense, 2004

vimento tecnológico, alegando que tais tecnologias trariam prejuízos sociais. No caso da biotecnologia, por exemplo, alardeia-se que os transgênicos promoveriam o êxodo dos trabalhadores do campo, quando a realidade é outra.[42]

Dessa forma, afirma-se que a regulação deve, sempre que possível, basear-se na análise custo-benefício. Todavia, as conseqüências geradas não podem ser percebidas apenas de forma monetária. É necessário que o fator social seja o bem principal a ser considerado.[43] Os órgãos reguladores de diversos países utilizam a análise custo-benefício para avaliar as políticas que afetam, dentre outros pontos, a saúde, a segurança dos indivíduos e a qualidade do meio ambiente.

A análise custo-benefício fornece transparência e moralidade a modelos e projetos políticos relativos a setores em que o poder de grupos de interesse é muito grande, e acaba influenciando a elaboração de normas, atos e até tratados internacionais.

No que diz respeito às políticas de informação, gostaríamos de analisar alguns fatores, que podem exercer influências negativas no comportamento dos agentes sociais, e demonstrar como a análise custo-benefício seria útil para minimizar seus efeitos.

6.1. *Influências geradas pela disseminação de medos e temores*

Os medos e temores que as pessoas sentem de uma nova tecnologia geralmente advêm das imagens e impressões que receberam. Os diversos filmes realizados sobre energia nuclear e seus efeitos catastróficos conduzem o público a pensar, de forma generalizada, que os alimentos *irradiados* seriam mais perigosos que alguns produtos químicos, o que não é verdade.[44] Deve-se considerar, portanto, que o comportamento dos

---

[42] Disponível em www.economist.com/science/displaystory.cmf?story_id=1491569.

[43] SEN, Amartya. "The discipline of cost-benefit analysis". *In*: POSNER, Eric A; ADLER, Matthew D. *Cost-benefit analysis – Legal, economic, and philosophical perspectives*. Chicago: The University of Chicago Press, 2000, p. 95-116. In. MORAIS, Roberta Jardim. *Segurança e Rotulagem de alimentos Geneticamente Modificados – SERAGEM- Uma abordagem do Direito Econômico*. Rio de Janeiro: Forense, 2004

[44] SUNSTEIN, Cass R. "Cognition and cost-benefit analysis". *In*: POSNER, Eric A; ADLER, Matthew D. *Cost-benefit analysis – Legal, economic and philosophical perspectives*. Chicago: The University of Chicago Press, 2000, p. 223-267. In. MORAIS,

524 Roberta Jardim de Morais

consumidores é influenciado por imagens e notícias negativas. Um exemplo se dá naquelas que relacionam os alimentos transgênicos ao monstro de Mery Shelley.[45]

Algumas pesquisas indicam que as políticas ambientais respondem mais a avaliações de leigos que aos anseios de cientistas e ecologistas, propriamente ditos.[46] Isso acontece porque as pessoas que não compreendem bem determinadas tecnologias tendem a sentir mais medos e receios em relação a ela, comportando-se de maneira a pressionar legisladores e reguladores, para que eles as afastem dos *riscos*.[47]

Um governo que pudesse se resguardar contra falsos julgamentos poderia salvar milhares de vidas e milhões de dólares. A análise custo-benefício possibilita a identificação, quantificação e equivalência, em termos monetários e sociais, dos efeitos bons e dos efeitos ruins das políticas de informação.

A capacidade de avaliar problemas, quando se pensa em risco, baseia-se na percepção que as pessoas têm de a probabilidade de certos eventos ocorrerem e no fato de elas se lembrarem destes. Em tais situações, as avaliações são geralmente influenciadas pelos eventos que foram levados à mídia e que mostraram muitas mortes e desgraças. O contrário também é comum – ou seja, as percepções sobre o risco são pouco afetadas por acidentes que quase não tiveram divulgação.[48]

Roberta Jardim. *Segurança e Rotulagem de alimentos Geneticamente Modificados – SERAGEM-Uma abordagem do Direito Econômico.* Rio de Janeiro: Forense, 2004

[45] Disponível em www.idec.org.br. Alimentos Frankstein.

[46] SUNSTEIN, Cass R. "Cognition and cost-benefit analysis". *In*: POSNER, Eric A; ADLER, Matthew D. *Cost-benefit analysis – Legal, economic and philosophical perspectives.* Chicago: The University of Chicago Press, 2000, p. 263-267. In. MORAIS, Roberta Jardim. *Segurança e Rotulagem de alimentos Geneticamente Modificados – SERAGEM-Uma abordagem do Direito Econômico.* Rio de Janeiro: Forense, 2004

[47] SUNSTEIN, Cass R. "Cognition and cost-benefit analysis". *In*: POSNER, Eric A; ADLER, Matthew D. *Cost-benefit analysis – Legal, economic and philosophical perspectives.* Chicago: The University of Chicago Press, 2000, p. 263-267. In. MORAIS, Roberta Jardim. *Segurança e Rotulagem de alimentos Geneticamente Modificados – SERAGEM-Uma abordagem do Direito Econômico.* Rio de Janeiro: Forense, 2004

[48] SUNSTEIN, Cass R. "Cognition and cost-benefit analysis". *In*: POSNER, Eric A; ADLER, Matthew D. *Cost-benefit analysis – Legal, economic and philosophical perspectives.* Chicago: The University of Chicago Press, 2000, p. 263-267. In. MORAIS, Roberta Jardim. *Segurança e Rotulagem de alimentos Geneticamente Modificados – SERAGEM-Uma abordagem do Direito Econômico.* Rio de Janeiro: Forense, 2004

Uma resposta governamental a demandas desse tipo poderia ser equivocada. A análise custo-benefício pode ser uma forma de se colocar em cena fatos sociais importantes, que poderiam escapar à atenção pública ou privada. Entendida assim, a referida análise é um caminho para assegurar prioridades e superar obstáculos previsíveis, para que alcancemos uma regulação desejável.

6.2. *Influências geradas por informações em cascata*

O comportamento dos indivíduos em relação ao risco também é influenciado pelo que se chama de *cascatas de informação* [49], ou seja, o famoso "boca a boca". Quando uma pessoa se expressa sobre a periculosidade de um produto, ela cria o que se costuma chamar de *externalidade informacional*.[50] Quando existir pouca informação, um sinal dado por *A* vai influenciar o comportamento de *B*, e isso pode gerar uma cascata informacional, trazendo conseqüências significativas para posturas públicas e privadas, com possibilidade de gerar efeitos distorcidos na política reguladora.

O resultado de tais influências pode ser uma cascata social com milhares de pessoas vindo a aceitar certas crenças simplesmente por acatarem o pensamento e as idéias de outros. A conseqüência de um *efeito cascata* pode ser a demanda pela intervenção em um determinado setor, mesmo que seus riscos sejam triviais. Esse tipo de sinal comportamental é utilizado por grupos de interesse que manipulam massas, para alcançar objetivos específicos.

O efeito da análise custo-benefício, em tal situação, seria submeter a demanda pública, pela regulação a um tipo de rigidez tecnocrata, para

---

[49] SUNSTEIN, Cass R. "Cognition and cost-benefit analysis". *In*: POSNER, Eric A; ADLER, Matthew D. *Cost-benefit analysis – Legal, economic and philosophical perspectives*. Chicago: The University of Chicago Press, 2000, p. 263-267. In. MORAIS, Roberta Jardim. *Segurança e Rotulagem de alimentos Geneticamente Modificados – SERAGEM-Uma abordagem do Direito Econômico*. Rio de Janeiro: Forense, 2004

[50] SUNSTEIN, Cass R. "Cognition and cost-benefit analysis". *In*: POSNER, Eric A; ADLER, Matthew D. *Cost-benefit analysis – Legal, economic and philosophical perspectives*. Chicago: The University of Chicago Press, 2000, p. 263-267. In. MORAIS, Roberta Jardim. *Segurança e Rotulagem de alimentos Geneticamente Modificados – SERAGEM-Uma abordagem do Direito Econômico*. Rio de Janeiro: Forense, 2004

526   *Roberta Jardim de Morais*

assegurar que esta não estaria enraizada em mitos. Seria antidemocrático responder a denúncias vazias.[51]

6.3. *Influências geradas pela divulgação exagerada de custos e benefícios*

Algumas pesquisas sugerem que são muitos os motivos que conduzem o público a formar uma opinião sobre determinado produto ou atividade.

O fato de um alimento ser muito benéfico inclina o julgamento a seu favor e, por conseguinte, faz as pessoas subestimarem os custos. Ou, ainda, se determinado alimento não tiver tantos benefícios aparentes, mas apresentar alguns riscos insignificantes, os consumidores tendem a ser favoráveis à sua regulação, pois acreditam que eles não possuem benefícios que compensem seus riscos.[52]

Quando os riscos estão em cena – e os benefícios, fora dela –, faz-se necessário notar que surgem idéias preconcebidas e uma aversão *natural* ao produto ou à atividade. A análise custo-benefício pode enfatizar todos os efeitos, sejam bons ou ruins.[53] A cautela deve sempre guiar os legisladores. Os efeitos e as conseqüências de uma intervenção devem ser vistos de forma global, pois, caso contrário, podem produzir verdadeiras catástrofes. Uma decisão de regular a energia nuclear pode, por exemplo, aumentar a demanda por energia vegetal, o que geraria conseqüências negativas para o meio ambiente.

---

[51] SUNSTEIN, Cass R. "Cognition and cost-benefit analysis". *In*: POSNER, Eric A; ADLER, Matthew D. *Cost-benefit analysis – Legal, economic and philosophical perspectives*. Chicago: The University of Chicago Press, 2000, p. 263-267. In. MORAIS, Roberta Jardim. *Segurança e Rotulagem de alimentos Geneticamente Modificados – SERAGEM-Uma abordagem do Direito Econômico*. Rio de Janeiro: Forense, 2004

[52] SUNSTEIN, Cass R. "Cognition and cost-benefit analysis". *In*: POSNER, Eric A; ADLER, Matthew D. *Cost-benefit analysis – Legal, economic and philosophical perspectives*. Chicago: The University of Chicago Press, 2000, p. 263-267. In. MORAIS, Roberta Jardim. *Segurança e Rotulagem de alimentos Geneticamente Modificados – SERAGEM-Uma abordagem do Direito Econômico*. Rio de Janeiro: Forense, 2004

[53] SUNSTEIN, Cass R. "Cognition and cost-benefit analysis". *In*: POSNER, Eric A; ADLER, Matthew D. *Cost-benefit analysis – Legal, economic and philosophical perspectives*. Chicago: The University of Chicago Press, 2000, p. 263-267. In. MORAIS, Roberta Jardim. *Segurança e Rotulagem de alimentos Geneticamente Modificados – SERAGEM-Uma abordagem do Direito Econômico*. Rio de Janeiro: Forense, 2004

A análise custo-benefício é importante e facilita a observação global de conseqüências, e não apenas objetivos isolados.

6.4. *Influências geradas por preconceitos alarmistas*

A mera existência de discussões sobre novos riscos pode agravar as preocupações do público, mesmo quando a discussão for para assegurar que o nível de risco seja baixo.[54] Pesquisas recentes mostram que as preocupações com o risco se baseiam mais nos sentimentos que na racionalidade.[55] Assim, objeções relativas ao risco podem advir não apenas de pensamentos, mas muito mais de emoções intensas, geralmente produzidas por imagens ou sons.

Canetti[56], prêmio Nobel de Literatura, demonstra que há um interesse cada vez maior em seduzir pessoas, no que se refere a preconceitos, fazendo com que elas se aglutinem de forma coesa e homogênea, sob a forma que o autor denomina *massa de pânico*.

Trata-se de um tipo de ação bastante utilizado por regimes totalitários, como o nazismo – que adotava slogans como "Levanta, Alemanha" –, para clamar o povo a lutar contra os que eram classificados como *inimigos*, que ameaçavam a nação alemã. A lembrança e a comparação com campanhas desenvolvidas pelo Greenpeace e pelo Instituto de Defesa do Consumidor (IDEC), que utilizam slogans como "Por um Brasil livre de transgênicos" ou "Transgênicos – não engula esta"[57], não parecem mera coincidência.

---

[54] SUNSTEIN, Cass R. "Cognition and cost-benefit analysis". *In*: POSNER, Eric A; ADLER, Matthew D. *Cost-benefit analysis – Legal, economic and philosophical perspectives*. Chicago: The University of Chicago Press, 2000, p. 263-267. In. MORAIS, Roberta Jardim. *Segurança e Rotulagem de alimentos Geneticamente Modificados – SERAGEM-Uma abordagem do Direito Econômico*. Rio de Janeiro: Forense, 2004

[55] SUNSTEIN, Cass R. "Cognition and cost-benefit analysis". *In*: POSNER, Eric A; ADLER, Matthew D. *Cost-benefit analysis – Legal, economic and philosophical perspectives*. Chicago: The University of Chicago Press, 2000, p. 263-267. In. MORAIS, Roberta Jardim. *Segurança e Rotulagem de alimentos Geneticamente Modificados – SERAGEM-Uma abordagem do Direito Econômico*. Rio de Janeiro: Forense, 2004

[56] CANETTI, Elias. *Massa e poder*. Rio de Janeiro: Schwarcz., 1995. p. 13-74. In. MORAIS, Roberta Jardim. *Segurança e Rotulagem de alimentos Geneticamente Modificados – SERAGEM-Uma abordagem do Direito Econômico*. Rio de Janeiro: Forense, 2004

[57] Disponível em www.idec.org.br; www.greenpeace.org.br.

A regra da análise custo-benefício pode assegurar que a política é dirigida não por uma histeria coletiva ou por alarmes infundados, mas pela completa apreciação dos efeitos dos riscos relevantes e das formas e instrumentos capazes de controlá-los. Se a histeria sobreviver a uma investigação de suas causas e conseqüências, então não é mais histeria, e sim um receio fundamentado e racional, que merece regulação imediata.

É importante ressaltar que a falta de informação do público pode conduzir a uma demanda inadequada e excessiva por regulação ou até a uma forma de paranóia. A melhor resposta ao preconceito e ao medo social, desde que não-baseados em evidências, é a educação e o esclarecimento, que se apresentam como ações mais adequadas que o mero aumento de regulação ineficiente.

O economista Amartya Sen[58], laureado com o prêmio Nobel de Economia, afirma que a análise de uma política pública deve levar em conta não apenas os custos e benefícios, mas, principalmente, as suas conseqüências sociais. Segundo ele, as conseqüências não devem se limitar ao aumento de felicidade ou à realização de desejos, como acreditam os utilitaristas. Para o renomado Professor, se não levarmos em conta os fatores sociais, a análise custo-benefício pode vir a reduzir a ética, característica imprescindível às declarações públicas.

A expressão *análise custo-benefício*, segundo Richard Posner[59], tem uma variedade de significados e aplicações. O autor, ao citar Amartya Sen, afirma ser, este método, um sinônimo da economia do bem-estar, ou seja, da economia a ser utilizada a serviço da elaboração de políticas e normas.

Para Posner, o termo denota o uso do conceito de eficiência de Kaldor-Hicks[60], para avaliar projetos governamentais, como, por exemplo, a construção de barragens, a elaboração de políticas públicas, atos e normas da administração relativas à saúde e ao meio ambiente – em

---

[58] SEN, Amartya. "The discipline of cost-benefit analysis". *In*: POSNER, Eric A; ADLER, Matthew D. *Cost-benefit analysis – Legal, economic, and philosophical perspectives*. Chicago: The University of Chicago Press, 2000.

[59] POSNER, Richard. *Economic analysis of law*. Boston: Little Brown, 1977.

[60] Nicholas Kaldor e John Hicks. Segundo o critério por eles idealizado, uma política pública se justifica, se produzir benefícios sociais superiores aos custos sociais, tal que seja possível para quem se beneficia compensar quem perde, mesmo que seja apenas uma compensação potencial (*apud* POSNER, Richard. *Economic analysis of lay*, cit.). In. MORAIS, Roberta Jardim. *Segurança e Rotulagem de alimentos Geneticamente Modificados – SERAGEM-Uma abordagem do Direito Econômico*. Rio de Janeiro: Forense, 2004

Reflexões Iniciais sobre a Behavioral Law and Economics...

outras palavras, a maximização da riqueza como fator mais importante que a maximização da utilidade. A análise custo-benefício é positiva para a apreciação de valores e normas. Ela pode ser utilizada para explicar e antever os efeitos de algumas decisões governamentais, em especial aquelas relativamente insufladas pelas atividades de grupos de interesse.

Viscusi[61] costuma alertar que, muitas vezes, o risco serve como desculpa de racionalidade para uma série de políticas ineficientes e, em casos assim, a sociedade pode ser a grande prejudicada. A biotecnologia é uma ciência sobre a qual o público, em geral, ainda possui pouco conhecimento, e os produtos dela oriundos, muitas vezes, não apresentam benefícios facilmente observáveis pelo consumidor.

7. CONCLUSÃO

Por todo o exposto, conclui-se que, no caso específico de políticas de informação relativas aos alimentos transgênicos, a *Behavioral Law and Economics* e a análise custo-benefício podem oferecer contributos incontestáveis.

Entretanto, mesmo com a utilização de técnicas racionais de análise, o processo de elaboração legislativa sobre o comércio de organismos geneticamente modificados ainda se apresenta frágil diante de todos os fatores que podem influenciá-lo. Faz-se necessário, portanto, refletir sobre a possível incapacidade do poder legislativo de abordar imparcialmente as novas questões que a realidade tem nos apresentado e também sobre o que deverá ser feito diante das controvérsias jurídicas que começam a surgir acerca deste tema.

Uma das respostas que nos parece bastante apropriada, é aquela que coloca a decisão jurídica no núcleo da constituição do direito. O direito não seria o que está na norma mas aquele que vai se realizando e que será o objeto da decisão concreta. Para tanto, a decisão deverá ser obtida através de uma racionalidade valorativa com um discurso metodologicamente comprometido, onde se encontram harmonizados pressupostos e

---

[61] Viscusi, Kip. "Risk equity". *In*: Posner, Eric A; Adler, Matthew D. *Cost--benefit analysis – Legal, economic, and philosophical perspectives*. Chicago: The University of Chicago Press, 2000, p. 7-35. In. Morais, Roberta Jardim. *Segurança e Rotulagem de alimentos Geneticamente Modificados – SERAGEM-Uma abordagem do Direito Econômico*. Rio de Janeiro: Forense, 2004

conclusões. A metodologia é o caminho que a decisão judicativa deveria percorrer para resolver o problema em causa, para constituir o direito. Ela que confere validade a decisão.

A referida teoria se baseia nas ideias do Prof. Doutor Antônio Castanheira Neves e nos foi apresentada no seminário sobre Metodologia Jurídica realizado durante o III Programa de Doutoramento da Faculdade de Direito da Universidade de Coimbra. Não parece ter sido por acaso que o estudo e abordagem da referida metodologia jurídica precedeu ao seminário sobre as novas questões que as biotecnologias estão nos apresentando. Realmente, ela parece fornecer as ferramentas possíveis para que o direito não se esquive da sua responsabilidade de disciplinar as controvérsias delas advindas.

Apenas um número reduzido de países já legislou de forma detalhada sobre questões relativas à biossegurança e comercialização de organismos geneticamente modificados, contudo, conflitos oriundos dessas duas atividades estão constantemente sendo submetidas à apreciação do poder judiciário que acaba proferindo decisões restritivas por receio de examinar e estudar a problemática em causa.

Tal tendência pode produzir desorientação e caos. É importante que o juiz assuma a responsabilidade de que precisa constituir e realizar o direito durante a análise do caso, fundamentando-se em princípios e valores.

Esta poderia ser a forma de o direito, sobre as novas ciências, se realizar. A dimensão constitutiva só aparece quando se reconhece que o direito é a dimensão da própria prática social. O direito não está enquanto a própria prática não se realiza. O direito não existe totalmente constituído sem a prática, sem o contexto social onde está inserido bem como sem acompanhar a evolução deste contexto. Se o contexto caminha a velocidade rápida como caminham, por exemplo, as biotecnologias, não poderá o direito caminhar de forma mais lenta, sob pena de não conseguir cumprir seus objetivos.

BIBLIOGRAFIA

BERNSTEIN P.L. *Desafio aos deuses – A fascinante história do risco*. São Paulo: Campus, 1997

BORÉM, Aluízio e SANTOS, Fabrício. "Biotecnologia Simplificada." Viçosa. UFV, 2003. p. 89

CANETTI, Elias. *Massa e poder*. Rio de Janeiro: Schwarcz., 1995. p. 13-74.

Reflexões Iniciais sobre a Behavioral Law and Economics...

CHEVALLIER, Jacques. "A racionalização da produção jurídica". In Cadernos de Ciência da Legislação, vol.11. Out/Dez. 94.

EINSIEDEL, Edna. "Providing information or sowing confusion?", *Consumers and GM food labels*. Disponível em www.agbioforum.org/v3n4/v3n4a09_insiedel.htm. Acesso em 20 de dezembro de 2001.

FONSECA, João Bosco Leopoldino. "Direito econômico". Rio de Janeiro:Forense, 2002., p. 35

GAROUPA, Nuno. "Análise Económica do Direito".In Cadernos de Ciência e Legislação, no. 32, out/dez, 2002.

IHERING, Rudolf Von. "A luta pelo Direito". Rio de Janeiro: Forense, 1999.

JOLLS, Christine; SUNSTEIN,Cass e THALLER, Richard. "A Behavioral Approach to law and Economics". Stanford Law Review, fall, 1998

LINHARES, Manuel Aroso. "A decisão judicial como *voluntas* ou o desempenho eliminatório das críticas racionais" Texto apresentado no seminário sobre metodologia jurídica realizado durante o III Programa de Doutoramento da Faculdade de Direito da Universidade de Coimbra.

MORAIS, Roberta Jardim. "Segurança e Rotulagem de alimentos Geneticamente Modificados – SERAGEM-Uma abordagem do Direito Econômico." Rio de Janeiro: Forense, 2004

POSNER, Richard. "Economic analysis of law." Boston: Little Brown, 1977.

POSNER, Eric A; ADLER, Matthew D. "Cost-benefit analysis – Legal, economic and philosophical perspectives." Chicago: The University of Chicago Press, 2000.

_____; "Definition, justification, and comment on conference papers", *Cost-benefit analysis*. p. 317-341. *In*: POSNER, Eric A; ADLER, Matthew D. *Cost-benefit analysis – Legal, economic and philosophical perspectives*. Chicago: The University of Chicago Press, 2000.

SEN, Amartya. "The discipline of cost-benefit analysis". *In*: POSNER, Eric A; ADLER, Matthew D. *Cost-benefit analysis – Legal, economic, and philoso-phical perspectives*. Chicago: The University of Chicago Press, 2000, p. 95-116.

SUNSTEIN, Cass R. "Cognition and cost-benefit analysis". *In*: POSNER, Eric A; ADLER, Matthew D. *Cost-benefit analysis – Legal, economic and philosophical perspectives*. Chicago: The University of Chicago Press, 2000, p. 223-267.

VISCUSI, Kip. "Risk equity". *In*: POSNER, Eric A; ADLER Matthew D. *Cost-benefit analysis – Legal, economic, and philosophical perspectives*. Chicago: The University of Chicago Press, 2000, p. 7-35.

ENSAIO INTRODUTÓRIO
ACERCA DAS LACUNAS JURÍDICAS

por ROGÉRIO MAGNUS VARELA GONÇALVES[1]

SUMÁRIO: I. Introdução ao tema – II. Abordagem histórica das lacunas jurídicas (um novo velho assunto) – III. Existência ou inexistência de lacunas jurídicas – III.1. A incompletude normativa em contraposição ao ideário da completude do sistema jurídico (sistema jurídico aberto *versus* sistema jurídico fechado) – III.2. O pensamento de E. Zitelmann e Donato Donati e a contra--argumentação de Norberto Bobbio – III.3. Espécies de lacunas – IV. A não incidência do primado do *non liquet* no ordenamento jurídico brasileiro e o mandamento constitucional da inafastabilidade de jurisdição. – V. A colmatação das lacunas normativas – VI. Conclusões – VII. Bibliografia utilizada e recomendada.

I. INTRODUÇÃO AO TEMA

O singelo escrito que ora se torna público tem por objetivo central analisar a questão das lacunas no direito. Com efeito, para bem percorrer

---

[1] O autor é doutorando em Direito Constitucional pela Universidade de Coimbra. É mestre em direito econômico pela UFPB. É professor da graduação e da pós-graduação do Centro Universitário de João Pessoa (UNIPÊ). Leciona na Escola Superior da Magistratura Trabalhista da Paraíba (ESMAT/PB). Integra os quadros de professores de cursos presenciais com tutoria virtual (PROVIRTUAL) da Universidade Cândido Mendes perante a Faculdade de Ensino Superior da Paraíba (FESP). Ministra aulas nos cursos de pós-graduação do Centro de Ensino, Consultoria e Pesquisa da Universidade Potiguar (UNP). Também exerce, no Estado de Pernambuco, a atividade de magistério perante a Faculdade de Direito de Caruaru (FADICA). É advogado militante.

o vasto caminho da estrada do saber jurídico, forçosa é uma breve paragem neste recanto de compreensão não uníssona.

Para uma adequada apreciação do assunto epigrafado, tomar-se-á como ponto de partida uma antiga dicotomia da Ciência do Direito[2]: a completude ou não do ordenamento jurídico.

Antecipadamente, pode-se aduzir que o mundo jurídico é detentor de marcante dinamismo, eis que regula a sociedade, que tem, na sua essência, a característica da evolução e da mutabilidade.

Posto isto, cumpre consignar que a feitura de um ordenamento jurídico desprovido de imprecisões ou até mesmo de omissões – lapsos estes que podem dar-se acerca de fenômenos sociais já vivificados (lacuna *lege lata*) ou futuros (lacuna *lege ferenda*) –, não seria uma exeqüível missão do legislador.

A idéia da plenitude ou perfeição do ordenamento jurídico, que será abordada pormenorizadamente ao longo do texto, possui cristalinos contornos de ideologia – na sua acepção de embuste ou falácia – dos positivistas, porque os mesmos entendiam e entendem que o sistema jurídico conteria tudo, porquanto "nenhum caso que devesse ser juridicamente regulado deixava de ter solução normativa".[3]

Destarte, não haveria a necessidade de colmatação das lacunas, nem se vislumbraria a carência de norma positiva que serve de base para a subsunção decisória.

Ainda no ensaio ora principiado, serão apreciados os critérios de preenchimento das lacunas, as correntes doutrinárias que acolhem e que reprovam a existência das mesmas, proporcionando uma panorâmica visão acerca da matéria em apreço.

---

[2] O professor FERNANDO JOSÉ PINTO BRONZE, em suas magistrais aulas do Doutoramento da Universidade de Coimbra (outubro e novembro de 2003), expõe – com invulgar clareza – que boa parte dos cultores do direito caiu na tentação de acreditar que estavam fazendo ciência. Contudo, ciência jurídica verdadeira não há, porquanto não existe possibilidade de comprovação neste campo do saber. A teoria da refutabiliade de POPPER não se pode aplicar ao mundo jurídico, porquanto o direito é, predominantemente, uma atividade de argumentação e de aplicação normativa. Logo, os operadores do direito mais se aproximam de artesões do que propriamente de cientistas. Destarte, quando o texto se refere à ciência do direito o leitor deverá apreciar tal expressão no âmbito da mera ciência dogmática do direito.

[3] ASCENÇÃO, José de Oliveira. **O Direito: Introdução e Teoria Geral: Uma Perspectiva Luso-Brasileira**. – Rio de Janeiro: Renovar, 1994, p. 371.

Merece ser consignado que o próprio sumário deste estudo já sinaliza qual será o referencial teórico adotado: a completude do ordenamento jurídico, enquanto sistema aberto e permeado de princípios e valores que transcendem a mera normatização, contrapondo-se a incompletude do subsistema normativo. E a pergunta que ora se faz é se os dois elementos dessa dialética exaurem a temática ou não? O item 3.I tenta, modestamente, dar algumas respostas acerca desta inquirição.

Por se tratar da introdução do assunto, entende-se por adequada, no plano didático-pedagógico, a conceituação de lacunas jurídicas. Para ANTÓNIO SANTOS JUSTO *"entende-se por lacuna a ausência duma norma jurídica que permita resolver uma situação da vida social que reclama uma solução jurídica"*.[4]

Seguindo a mesma linha de pensamento, salutar é a citação dos professores MARCELO REBELO DE SOUSA e SOFIA GALVÃO, professores da Faculdade de Direito de Lisboa, para quem *"só há lacuna jurídica quando se verificar a falta de uma regra jurídica para reger certa matéria, matéria essa que tem de ser prevista e regulada pelo direito"*.[5]

KARL LARENZ retrata a problemática das lacunas sob o ângulo do silêncio eloqüente das leis. Sim, entende o autor que a lei pode silenciar de forma proposital. Nestes casos não há que se falar em lacuna jurídica, porquanto houve uma abstinência intencional do legislador de regular determinado fato, visto que ele entendeu que tal circunstância não fosse juridicamente relevante e/ou que devesse ser enfrentada fora de ditames estatais. Quando, ao contrário, o silêncio deriva de imprecisão legislativa, tem-se a lacuna. Para reforçar o que se aduz, faz-se mister trazer à lume as liças do escritor germânico:

> Poderia pensar-se que existe uma lacuna só quando e sempre que a lei – entendida esta, doravante, como uma expressão abreviada da totalidade das regras jurídicas susceptíveis de aplicação dadas nas leis ou no Direito consuetudinário – não contenha regra alguma para uma determinada configuração no caso, quando, portanto, se mantém em silêncio. Mas existe também um silêncio eloqüente da lei.
>
> ...

---

[4] JUSTO, António Santos. **Introdução ao estudo do direito**. – Coimbra: Coimbra Editora, 2001, p. 337.

[5] SOUSA, Marcelo Rebelo de e GALVÃO, Sofia. **Introdução ao estudo do direito**. – 5ª ed. – Lisboa: Lex, 2000, p. 77.

536 *Rogério Magnus Varela Gonçalves*

Lacuna e silêncio da lei não são, portanto, pura e simplesmente o mesmo.[6]

Contemplando esta questão jurídica por prisma distinto, BOBBIO, chega a afirmar (vide item III.2) que a lacuna não seria propriamente uma situação de falta, mas de exuberância (ou se aplica a norma geral exclusiva proposta por ZITELMANN ou se aplica a norma geral inclusiva proposta pelo próprio BOBBIO), sem que o aplicador da norma soubesse qual das possibilidades jurídicas deva tomar.

Após uma breve conceituação do objeto central deste escrito e como é comum em estudos deste jaez, serão observadas as pegadas históricas do estudo da lacunosidade do direito, fato realizado em seguida.

II. ABORDAGEM HISTÓRICA DAS LACUNAS JURÍDICAS (UM NOVO VELHO ASSUNTO)

Os registros históricos do reconhecimento de lacunas no direito remontam ao direito romano, consoante se pode inferir de uma passagem de Justiniano, para quem: *"Nequelees, neque senatusconsulta ita scribi possunt ut omnes casus qui quando inciderint, comprehendentur"* (nem as leis, nem os senatus-consultos podem ser escritos de tal sorte que todos os casos que acontecerem estejam nelas compreedidos). Todavia, a questão passou a ser discutida com maior ênfase quando se pretendeu abreviar o direito ao substrato normativo.

Com efeito, o estudo histórico das lacunas jurídicas terá como ponto de partida a análise que permeou quase todo o século XIX, quando se pugnava pelo fetichismo da lei e, via consecutiva, se entendia que os comandos normativos eram exaustivos. Neste diapasão, é de bom alvitre registrar que a Escola da Exegese, que marcou o direito no século supracitado, mormente desde o Código Civil Napoleônico de 1804, tinha a presunção de codificar tudo o que fosse juridicamente relevante.

Robustecendo o que se aduz, forçoso se faz transcrever breves lições de MÁRIO REIS MARQUES, acerca do momento histórico do avivamento da polêmica das lacunas jurídicas, *litteris*:

> ... importa relembrar que a verdadeira teorização do problema das lacunas só surgiu em pleno domínio do positivismo jurídico e está ligada à

---

[6] LARENZ, Karl. **Metodologia da ciência do direito**. Tradução de José Lamego – 3ª ed. – Lisboa: Fundação Calouste Gulbenkian, 1997, p. 525.

crescente importância da lei, à concepção do direito como sistema e à neutralização do poder judiciário. Tal como hoje é teorizado, o problema das lacunas surge na época da Revolução francesa e está intimamente ligado ao princípio da soberania nacional e da separação de poderes.[7]

Nesta linha de tirocínio, a lei era a fonte central do direito e o momento juridicamente mais relevante não era o da aplicação na norma ao caso concreto, mas sim o da própria gênese normativa, porquanto o Julgador não poderia se insurgir contra a vontade do legislador.

Tanto se apontava a norma como fonte fundamental do direito que a própria expressão "exegese" expressa a idéia, reinante à época, de fé na letra. Imperavam os ideais de pureza e de segurança jurídicas.

O fundamento ideológico desta Escola foi o modelo iluminista, que advogava a tese de que o Magistrado deveria ser mecânico, posto que deveria seguir fielmente ao que fora previsto no subsistema normativo.

De tudo o que foi exposto, pode-se afirmar, sem embargo, que a Escola da Exegese promoveu o retorno de várias das idéias dos glosadores (Séculos VI, XII e XIII), visto que há uma análise em torno do texto, uma verdadeira minimização do direito ao que fora positivado.

Entendia-se que a ordem normativa dava resposta a todos os atos e fatos juridicamente importantes. Quem bem retrata esta idéia é o professor MÁRIO JÚLIO DE ALMEIDA COSTA, quando comenta a referida corrente de pensamento juspositivista, *verbis*:

> Reportamo-nos, aqui, ao positivismo jurídico por antonomásia, que foi o do século XIX. Os seus dogmas afiguram-se muito precisos. Assim: o direito identifica-se com a lei; esta materializa ou positiva o direito ideal de inspiração racionalista; **a ordem jurídica constitui um todo acabado**; a sua plenitude atinge o momento definitivo num conjunto de Códigos modernos, sistemáticos, completos – a razão escrita encontrada pelo poder legislativo onipotente.[8] (grifos acrescidos)

Como a questão da completude do ordenamento jurídico ganhou corpo com a Escola da Exegese, tem-se que é adequada a citação dos seus postulados metodológicos, bem como as mais constantes críticas perpetradas em desfavor da referida linha do pensamento jurídico.

---

[7] MARQUES, Mário Reis. **História do direito português medieval e moderno.** – 2ª ed. – Coimbra: Almedina, 2002. p. 218.

[8] COSTA, Mário Júlio de Almeida. **História do direito português.** – 3ª ed. – Coimbra: Almedina, 2003. p. 394.

Os postulados metodológicos principais da escola da exegese eram os seguintes[9]: a) análise dos textos (os textos normativos antes de tudo, porque os Juízes deveriam julgar a partir da lei e não julgar a lei); b) rejeita-se o método histórico do direito (não há estudo diacrônico, vislumbrando-se apenas estudo cincrônico, visto que o importante é o direito do presente) e c) o ordenamento jurídico-normativo seria uma fonte fechada do direito, sendo auto-suficiente e entendendo que tudo o que era juridicamente relevante já teria sido abordado pelo legislador.

Deve-se, igualmente, citar as mais usuais críticas à Escola da Exegese: a) o jurista seria pouco criador, que olha a lei como obstáculo intransponível; b) haveria uma minimização do direito à lei; c) o direito seria centrado na pessoa do legislador; d) a aplicação do direito seria um momento secundário e e) a perspectiva da metodologia só existia como mera interpretação.

Afora isso, os iluministas – principais influenciadores da Escola da Exegese – entendiam que a verdadeira interpretação é a autêntica. Sendo assim, só o legislador teria legitimidade para interpretar a lei. Ao magistrado restava a aplicação da norma em mero exercício de hermenêutica, fazendo uso de silogismos jurídicos.

As idéias do jurista francês FRANÇOIS GÉNY de formar uma Escola da livre investigação científica do direito (*Ecole Scientifique*), que priorizava a jurisprudência e a minimização da codificação, promoveram o declínio do pensamento fechado do sistema jurídico. GÉNY, por conseguinte, entendia que haviam lacunas e que a cogitação de um ordenamento jurídico fechado teria o condão de promover a estagnação do pensar do direito. Com efeito, a escola capitaneada pelo referido jurista francês possui como principais caracteres a abertura do direito e a aceitação da existência de lacunas jurídicas.

Afirma-se que a questão das lacunas é um "novo velho assunto" e que ainda é relevante o seu estudo, posto que a recente teoria autopoiética de LUHMANN[10] volta a defender a tese da completude do ordenamento jurídico. Cumpre registrar que ele entende o direito como uma teia conceitual, devendo-se evitar a elaboração de normas indeterminadas e

---

[9] A abordagem acerca da Escola da Exegese foi implementada com base nas anotações das aulas do professor MÁRIO REIS MARQUES, mormente no encontro acadêmico realizado na sala do Conselho Científico da Faculdade de Direito da Universidade de Coimbra, especificamente no dia 28/10/2003.

[10] LUHMANN, N. **Die Einheit des Rechtssystems**, in Rechstheorie 14 (1983), pp. 129 e ss., trad. francesa *in* Archives de Philosophie du Droit, 31-1986, 163 e ss.

Ensaio Introdutório Acerca das Lacunas Jurídicas

dos *standarts*. Assevera, em clara busca pela autonomia do direito, que ele é dotado de completude, tendo sempre algo a dizer sobre os fatos juridicamente relevantes. Tanto defende a inteireza do ordenamento jurídico que as lacunas seriam preenchidas por auto-integração (vê-se que propugna por um sistema jurídico fechado, auto-referencial). Logo, entende-se que o tema foi e ainda é de grande relevo, caso contrário a doutrina não teria escrito rios de tinta sobre o assunto.

Esta é, em linhas gerais, a abordagem histórica da problemática das lacunas jurídicas e a justificação de sua pertinência temática.

III. EXISTÊNCIA OU INEXISTÊNCIA DE LACUNAS JURÍDICAS[11]

A doutrina especializada na ciência dogmática do direito, durante anos a fio, travou grande duelo. Tal bipolarização tem como cerne da controvérsia a existência ou não de omissões no ordenamento jurídico.

Para Noberto Bobbio "a existência das lacunas pode ou não inviabilizar o ordenamento jurídico".[12]

O autor, ao analisar a obra de Francesco Carnelutti[13], teoriza que existindo na órbita jurídica, concomitantemente, a necessidade de o magistrado julgar, além do mister de se aplicar no julgamento alguma norma inserida na ordem jurídica positiva, existirá uma premente necessidade de se verificar a completude da ordem legal.

Entretanto, se o sistema jurídico adotado acolher elementos extrínsecos, reconhecendo que o Direito não é completo por si só, aceitando como base de julgamento determinado dogma que não esteja previsto na órbita jurídico-normativa, como a eqüidade, por exemplo, estar-se-ia diante de um sistema jurídico em que a lacuna seria suprível com facilidade e correção acadêmica.

---

[11] Como este ensaio é meramente uma introdução ao tema, a abordagem doutrinária firmada é claramente parcial. Contudo, merece registro que existe uma obra, de profunda densidade teórica e filosófica, que cataloga as cinco principais opiniões acerca das lacunas jurídicas (realismo ingênuo, empirismo científico, ecletismo, pragmatismo e apriorismo filosófico). É a seguinte: CÓSSIO, Carlos. **La plenitud del ordenamiento jurídico**. – 2ª ed. – Buenos Aires: Editorial Losada, 1947. p. 19 e seguintes.

[12] BOBBIO, Norberto. **Teoria do Ordenamento Jurídico** – Brasília: Editora Universidade de Brasília. 1996, p. 117.

[13] CARNELUTTI, Francesco. **Teoria Geral do Direito** – São Paulo: Acadêmica, 1942.

Destarte, pode-se afirmar que a previsão de todas as circunstâncias jurídicas está ligada ao sistema que compele o juiz a conceder a prestação jurisdicional em conformidade com os tipos legais disciplinados pelo legislador (*mens legislatores*). Nesse caso, não havendo dispositivo legal relativo a certa situação fática, e como o juiz não pode se utilizar de meios alheios ao ordenamento jurídico, estar-se-ia diante de uma aporia, vez que não haveria possibilidade de se dirimir a querela judicial.

Por sua vez, em outros ordenamentos jurídicos, onde se antevê a completa impossibilidade de o legislador abarcar todas as circunstâncias da vida social, o magistrado, na qualidade de agente político, tem a possibilidade de lançar mão de seu poder legislativo para o caso concreto. Tal atividade judicante, quando envereda pela senda da elaboração normativa, é claramente uma função atípica do Poder Judiciário, sendo detalhadamente estudada ao longo do presente trabalho.

Como já explicitado alhures, não há uma idéia remansosa entre os autores acerca da existência ou não de lacunas no campo jurídico. Acredita-se que esta divergência de pensamento se deve ao enfoque que é dado ao tema.

Sim, se o assunto for apreciado apenas pelo prisma normativo existe uma tendência a se concluir que as lacunas existem, até porque não seria razoável imaginar o legislador com o poder de prever o futuro das relações humanas, tampouco se poderia admitir qualquer estagnação social.

Entrementes, se a matéria for apreciada sob o ângulo não apenas normativo, mas sim de todo o ordenamento jurídico, a probabilidade maior é de se entender pela inexistência das lacunas, visto que existiriam outros meios (não normativos) para auxiliar o deslinde da controvérsia. Sim, a integração do direito seria utilizada no caso concreto e não haveria que se falar em lacunosidade.

Confirmando o que se alega, pede-se *venia* para transcrever os ensinamentos de JOÃO BAPTISTA MACHADO, professor da Faculdade de Direito de Lisboa, para quem:

> A lacuna é sempre uma incompletude, uma falta ou falha. Mas uma incompletude relativamente a quê? Uma incompletude relativamente a algo que protende para a completude. Diz-se, pois, que uma lacuna é uma 'incompletude contrária a um plano' (*planwidrige Unvollständigkeit*).
>
> Tratando-se de uma lacuna jurídica, dir-se-á, pois, que ela consiste numa incompletude contrária ao plano do Direito vigente, determinada segundo critérios eliciáveis da ordem jurídica global. Existirá uma lacuna quando a lei (dentro dos limites de uma interpretação ainda possível) e o direito consuetudinário não contêm uma regulamentação exigida ou

postulada pela ordem jurídica global – ou melhor: não contêm a resposta a uma questão jurídica.

É claro que esse plano em relação ao qual se determina a incompletude é mais visível quando esteja conexo com o escopo subjacente à regulamentação legal – com a ratio legis ou com a teleologia imanente da lei. Já quando se trata do plano global da ordem jurídica, do sistema jurídico, não pode rigorosamente falar-se de um plano, pelo menos no sentido de plano acabado ou concluso, visto o sistema jurídico ser um sistema 'aberto'. Ora, a noção de incompletude parece pressupor a completude do plano a que vai reportada. Podemos, no entanto, referir-nos à incompletude ou ao inacabamento de um processo formativo que protende para a complementação ou acabamento segundo uma teleonomia própria. Mas então logo nos damos conta de que o dito plano que nos serve de ponto de referência para a determinação das lacunas não é algo de já dado e estaticamente concebível.[14] (grifos não contidos no original)

A transcrição acima dá a exata noção de que se pode visualizar, no campo apenas normativo, a carência de regulamentação de um fato juridicamente relevante e que tal omissão não pode ser tida, em todos os casos, como sendo uma abstinência intencional do legislador, mormente quando se aborda a problemática à luz das lacunas jurídicas *lege ferenda*. Este ensaio introdutório engrossa as fileiras dos que defendem a incompletude do subsistema normativo e a necessidade de continuada produção legiferante para adequação jurídica às mutações sociais.

Já para HANS KELSEN a lacunosidade jurídica seria uma ficção[15]. Sua assertiva é fundamentada na idéia de que o magistrado pode e deve dizer a quem pertence o direito. Assim sendo, mesmo que não haja dispositivo legal aplicável ao caso concreto posto à analise do Juiz, há uma legitimação para que o Julgador venha a atuar atipicamente como se legislador fosse. Logo, reforçando o que já foi dito acima, a abordagem kelseniana diz respeito à completude do sistema jurídico, ao passo que admite – de

---

[14] MACHADO, João Baptista. **Introdução ao direito e ao discurso legitimador.** – 13ª reimpressão – Coimbra: Livraria Almedina, 2002. pp. 194/195.

[15] HANS KELSEN afirmou, categoricamente, que não existem lacunas efetivas, mas só aparentes. Segundo ele, *trata-se da ficção de que a ordem jurídica tem uma lacuna – significando que o Direito vigente não pode ser aplicado a um caso concreto porque não existe nenhuma norma geral que se refira a esse caso.* (Teoria geral do direito e do Estado. Tradução de Luís Carlos Borges. – 3ª ed. – São Paulo: Martins Fontes, 1998, p. 212).

542 Rogério Magnus Varela Gonçalves

forma reflexa ou obliqua – a lacunosidade do subsistema normativo. Pode-se sintetizar o seu pensamento nas seguintes ponderações:

- A ordem jurídica não pode ter quaisquer lacunas. Se o juiz está autorizado a decidir uma disputa como legislador no caso de a ordem jurídica não conter nenhuma norma geral obrigando o réu à conduta reclamada pelo queixoso ele não preenche uma lacuna do Direito efetivamente válido, mas acrescenta ao Direito efetivamente válido uma norma individual à qual não corresponde nenhuma norma geral. (p. 213)
- A incapacidade do legislador de prever todos os casos possíveis pode, é claro, fazer com que ele deixe de decretar uma norma ou levá-lo a formular uma norma geral e, desse modo, estipular obrigações que não teria estipulado se houvesse previsto todos os casos. (p. 215)
- A teoria das lacunas no Direito, na verdade, é uma ficção, já que é sempre logicamente possível, apesar de ocasionalmente inade-quado, aplicar a ordem jurídica existente no momento da decisão judicial. Mas o sancionamento dessa teoria fictícia pelo legislador tem o efeito desejado de restringir consideravelmente a autori-zação que o juiz tem de atuar como legislador, ou seja, de emitir uma norma individual com força retroativa nos casos em consideração. (p. 215)

A derradeira transcrição merece um debruçamento mais cauteloso, porquanto a idéia das lacunas seria – segundo KELSEN – uma forma de mitigar a atuação do Poder Judiciário. Sim, o Poder Judiciário, que, em primeiro momento, teria a possibilidade de deixar de aplicar a norma existente, se entendesse pela sua injustiça, passou a partir das idéias das lacunas jurídicas, a apenas ter essa atuação supletiva do direito em caso de omissão legiferante.

Permissa venia, mas a idéia defendida por KELSEN de que o Magistrado poderia, quando da análise do caso concreto e entendendo que a norma jurídica existente se mostre injusta, realizar um julgamento *contra legem* não se mostra adequada, tudo em atenção aos princípios da certeza e segurança jurídicas, bem como em respeito ao ideário da separação dos poderes (vide art. 2º da Norma Ápice vigente no Brasil). Ademais, o fato de o juiz ter o poder-dever de decidir o caso concreto, mesmo que a situação que lhe é posta não tenha sido pré-determinada pelo exercente do Poder Legislativo, não tem o condão de afastar a lacuna. Existirá um paliativo, porquanto o efeito jurídico decisório é apenas *inter partes*. Logo, a lacuna ainda vai persistir no ordenamento jurídico e não será a continuidade de decisões que aproveitem tão-somente aos litigantes que vai suplantar o impasse no sistema. Há a superação do entrave pontual, mas ele permanece no patamar global.

Já o professor ANGEL LATORRE, da Universidade de Barcelona, parte da premissa de que as lacunas normativas existem e que a analogia, em face do excessivo apego que se tem aos textos positivados, tem sido uma das formas mais utilizadas para a colmatação desta omissão legislativa específica. Atestando a afirmação anterior é de bom alvitre trazer à lume os escritos do professor ibérico, senão vejamos:

> A primazia absoluta da lei e as deficiências dessas fontes subsidiárias fazem com que o intérprete, se não encontra lei exatamente aplicável ao ponto controvertido, procure remediar a sua falta construindo uma norma a partir dos elementos dados pela própria lei. É o famoso método da analogia, que desempenha um papel importante na aplicação do direito.[16]

No plano pragmático, deve-se consignar que a República Federativa do Brasil segue a corrente que pugna pela tese de que o sistema legal é incompleto, possibilitando, pois, ao julgador, ditar normas para o caso vertente, sanando parcialmente o problema das lacunas do direito.

A repetição de julgados no mesmo sentido, acerca de matéria não regulada normativamente, o que comumente chama-se de jurisprudência, tende a acarretar a confecção de ato normativo dispondo sobre o tema, o que colmataria, de forma definitiva, a omissão.

Como provas da possibilidade de que detém o magistrado brasileiro em elaborar normas, de forma atípica, pode-se elencar a sentença normativa de que é dotada a Justiça Especializada do Trabalho, além do inovador (para o ordenamento jurídico brasileiro) mandado de injunção, remédio constitucional consagrado na Carta Magna vigente.

No entender do presente trabalho, a prova inconteste da falta de previsão da totalidade das atitudes humanas serve de supedâneo para a crescente utilização, por parte do Legislativo, de elaboração de normas que contêm um rol ou uma enumeração de natureza meramente exemplificativa e não mais exaustiva como outrora.

O Brasil se utiliza da linha ideológica que compele o julgador a fornecer ao cidadão a prestação jurisdicional. Isto é o que se pode inferir

---

[16] LATORRE, Angel. **Introdução ao Direito**. Tradução de Manuel de Alarcão. – 5ª reimpressão – Coimbra: Livraria Almedina, 2002, p. 112.

da leitura do art. 5.º, inciso XXXV da Carta Política Federal, quando o dispositivo constitucional consagrou o princípio da indeclinabilidade ou inafastabilidade de jurisdição.

Então, pode-se aduzir que não se pode falar, nacionalmente, em "*non liquet*" (não convém), que seria a omissão de concessão de dizer a quem pertence o direito por falta de conveniência ou de previsão legislativa, princípio jurídico encontrado no estudo do direito comparado.

Comumente, crê-se que a falta de completude se circunscreveria na ausência normativa sobre determinada circunstância da vida social. Contudo, Francesco Carnelutti assevera que existem duas espécies de incompletudes: a primeira é por exuberância, aquela em que o ordenamento jurídico oferta ao intérprete maneiras conflitantes de dissipação da controvérsia, é a chamada antinomia; a segunda é por carência legislativa, ou seja, quando o legislador não se debruçou sobre uma matéria que é juridicamente relevante, é a chamada lacuna.

O processualista italiano, em sua "Teoria Geral do Direito", faz uma ligação entre a antinomia e a lacuna, mormente na necessidade de, em ambos os casos, verificar-se o mister da purificação do sistema, quer seja pela eliminação do que abunda (antinomias), quer seja pela supressão das omissões (preenchimento das lacunas).

A origem histórica da completude do ordenamento jurídico está relacionada com o aprimoramento do Direito Romano, nomeadamente com a compilação do *Corpus Juris Civilis* que, presunçosamente, não teria nada a acrescentar ou retirar, porquanto já concedia ao intérprete condições para resolver todos os problemas jurídicos postos ou a serem apresentados.

Mais modernamente, o Código Napoleônico – que era considerado o máximo da expressão intelectual humana – e a codificação alemã de 1900 fizeram uma verdadeira apologia da perfeição normativa. Os legisladores procuravam imaginar o futuro e já disciplinavam relações jurídicas ainda não vividas.

Estava instituído o conhecido *fetichismo da lei*. Não é coincidência o fato de que a idéia de completude do ordenamento jurídico surge paralelamente ao monopólio legislativo estatal. O Estado se arvora no direito exclusivo de regulamentação da vida social e considera-se perfeito em seu mister. Naquela época, a escola da exegese se fez marcante, defendendo, sobremaneira, a perfeição do ordenamento jurídico.

Com o passar do tempo, começaram a surgir críticas à escola exegética e ao fetichismo legislativo. Com efeito, além dos já citados contra-argumentos de François Gény, emerge mais um severo rival da corrente da exegese, que foi Eugen Ehrlich[17], um reluzente membro da escola do direito livre, defensora de que o dogma da completude se lastreava em três colunas basilares, não necessariamente verdadeiras: a) a proposição maior de cada raciocínio jurídico deve ser a norma jurídica; b) essa norma deve ser sempre uma lei do Estado (fazendo alusão ao monopólio legislativo público) e c) todas essas normas devem formar, no seu conjunto, uma unidade.

A dúvida no tocante à completude ou não do sistema jurídico, suscitado pela escola do direito livre, estremeceu os alicerces da escola exegética.

Em síntese, a plenitude do ordenamento jurídico, tão trabalhada e disseminada pelo positivismo jurídico, sendo hodiernamente seguida por minoritária parte dos doutrinadores, afirmava que todos os problemas sociais que fossem de importância para o mundo jurídico teriam, necessariamente, uma solução prevista em comandos normativos.

Desta forma, mesmo os casos em que não se verificasse explicitamente na ordem jurídica uma resposta para a contenda, ela existiria, estando implícita no sistema. Pela utilização de processos lógicos poder-se-ia solucionar a querela, de forma que o vazio normativo seria sempre aparente, não havendo real lacuna jurídica. Seguindo este caminho intelectivo, o próprio ordenamento jurídico "conteria potencialmente a previsão de todos os casos".[18]

A linha doutrinária defendida por Eugen Ehrlich percorre caminho oposto, asseverando haver impossibilidade fática de se regulamentar todos os atos humanos, ante a constante evolução social, além de conferir ao Julgador a atribuição primordial de criar a norma não prevista preteritamente dentro do ordenamento jurídico. Por entender que o pensamento da Escola livre de direito propicia uma constante evolução normativa, sempre tendo como guia ou bússola a marcha evolutiva da sociedade, esse escrito engrossa as fileiras dos que defendem a incompletude do sistema.

Concluindo o tópico, este trabalho permite refutar os escólios de Karl Engisch, que afirmava ser a lacuna jurídica *"uma imperfeição insatisfatória dentro da totalidade jurídica"*[19], porque a incompletude do

---

[17] Vide EHRLICH, Eugen. **Fundamentos da sociologia do direito**. Tradução de René Ernani Gertz, Brasília: UnB, 1986.

[18] FERRAZ JÚNIOR, Tércio Sampaio. **Conceito de Sistema no Direito**. São Paulo: Revista dos Tribunais, 1976, p. 129.

[19] ENGISCH, Karl. **Introdução ao Pensamento Jurídico**. São Paulo: Calouste Gulbenkian, 1968, p. 223.

subsistema jurídico-normativo é o fator que possibilita a adequação das leis aos avanços sociais, não contendo a pecha de falha o fato de não se ter previsto determinado ato ou fato jurídico.

Caso se verificasse o sistema jurídico como algo hermeticamente fechado, haveria, por via de conseqüência, um engessamento das relações sociais e humanas. Então, a lacuna é, em derradeira análise, além de satisfatória, pois demonstra que a humanidade continua a evoluir, o fator que possibilita a adequação da seara jurídica ao dinamismo social.

Quem bem retrata que a existência de lacunas também tem um aspecto positivo é o professor CLAUS-WILHELM CANARIS, para quem:

> Deve-se, a tal propósito, ser claro em que a presença de tais lacunas legislativas de valores nem sempre se devem julgar negativamente. Na verdade, as lacunas da lei primeiro referidas são uma falha pesada; também muitas normas em branco nada mais representam do que uma desagradável solução de embaraço; mas por outro lado as cláusulas gerais carecidas de concretização têm freqüentemente uma função totalmente legítima e opõem-se a uma generalização demasiado rígida, facultando a penetração da eqüidade no sentido da justiça do caso concreto.[20]

Logo, esta compreensão de que existem bons contornos da incompletude do ordenamento jurídico é importante para que se ultrapasse o conceito, geralmente pré-concebido, de que a lacuna inexiste, justamente pelas conseqüências negativas apontadas em face da lacunosidade do direito.

III.1. A INCOMPLETUDE NORMATIVA EM CONTRAPOSIÇÃO AO IDEÁRIO DA COMPLETUDE DO SISTEMA JURÍDICO (SISTEMA JURÍDICO ABERTO VERSUS SISTEMA JURÍDICO FECHADO)

A esmagadora maioria dos autores que já se debruçou sobre a questão das lacunas no direito tem se posicionado no sentido de que existe um claro espaço vazio dentro do mundo legal (subsistema normativo, considerado como microcosmos). Contudo, afirmam, os mesmos pensadores, que não há que se falar em lacuna no sistema jurídico como um todo (considerado como macrocosmo).

---

[20] CANARIS, Claus-Wilhelm. **Pensamento sistemático e conceito de sistema na ciência do direito**. – 3ª ed. – Lisboa: Fundação Calouste Gulbenkian, 2002. p. 240.

Estes teóricos integram a chamada corrente do ecletismo, na lição de Carlos Cossio[21]. PAULO NADER, estudando os escritos do autor argentino, assim se manifesta acerca da linha ideológica em análise:

> *Ecletismo* – Para os adeptos desta corrente, que é majoritária, enquanto a lei apresenta lacunas, a ordem jurídica não as possui. Isto porque o Direito se apresenta como um ordenamento que não se forma pelo simples agregado de leis, mas que as sistematiza, estabelecendo ainda critérios gerais para a sua aplicação. Cossio a critica sob a alegação de que 'se a relação entre Direito e lei é a do gênero e da espécie, então há de se convir que, não havendo lacunas no Direito, tampouco pode havê-las na lei, pois, segundo a lógica orienta, tudo o que se predica do gênero está necessariamente predicado na espécie'.
>
> Discordamos da argumentação de Cossio, pois a premissa de seu silogismo não foi bem assentada. A relação entre o Direito e a lei não se dá com a simplicidade apontada de "gênero e espécie". O Direito não apenas é um continente mais amplo, que abrange a totalidade dos modelos jurídicos vigentes, como também estabelece o elenco das formas de expressão do fenômeno jurídico e os critérios de integração da lei. Se a lei, por exemplo, não é elucidativa quanto a determinado aspecto, este pode ser definido pelo costume, analogia ou pelo recurso aos princípios gerais de Direito.[22]

A Escola de Coimbra, predominantemente seguidora da idéia da Jurisprudência de Interesses e defensora de um sistema jurídico aberto, se posicionou no sentido de superação das lacunas normativas em face da realização concreta do direito pelo julgador, visto que este não estaria subordinado apenas aos elementos normativos. Haveria, por conseguinte, a igualação entre a interpretação e a integração do direito, porquanto tanto o Magistrado poderia interpretar a pré-compreensão normativa, quanto teria a possibilidade de se valer de elementos *extralegis*.

As idéias sucintamente descritas acima são melhor exploradas pelo catedrático A. Castanheira Neves[23], cuja leitura se recomenda.

---

[21] COSSIO, Carlos. **La plenitud del ordenamiento jurídico**. – 2ª ed. – Buenos Aires: Editorial Losada, 1947, p. 42. Vide nota de rodapé que acompanha o título III deste ensaio.

[22] NADER, Paulo. **Introdução ao estudo do direito**. – 23ª ed. – Rio de Janeiro: Forense, 2003. p. 187.

[23] NEVES, António Castanheira. **Curso de introdução ao estudo do direito**. – Coimbra: Composição e impressão João Abrantes. 1976.
Neste belo estudo o autor se pronunciou da seguinte forma sobre a *vexata quaestio*:
E a jurisprudência de interesses, se de modo expresso se mantinha fiel ao princípio

Fica inequívoco que a questão das lacunas foi sempre simplificada para o enfoque do sistema.

Com efeito, as correntes doutrinárias que se inclinavam para o sistema jurídico aberto sempre advogaram a tese de que não há que se falar em lacunas no direito, havendo apenas que se falar em lacuna do subsistema normativo. Reconhecer a existência de alguma lacuna do macrocosmo jurídico seria a derrota da sistematização pretendida pelo direito e, em última análise, seria o fim do próprio direito. Frise-se que tal pensar se revestiu de caráter de verdadeiro dogma, sob o qual poucos se atreveram a enfrentar.

Em pólo diametralmente oposto ficaram as correntes doutriná-rias que pugnavam pelo sistema jurídico fechado (várias escolas do positivismo jurídico) e que identificavam o direito apenas ao tecido legal. Para estas correntes, quando partiram do pressuposto da norma perfeita, não haveria que se falar em lacunas da norma, sendo certo que se algum fato não estivesse regulamentado era a expressão da sua irrelevância jurídica.

---

tradicional da 'obediência à lei', demarcava de uma forma mais rigorosa (em termos diferentes, mas paralelos ao de GÉNY) os campos de 'interpretação' e da 'integração', ao mesmo tempo que reconhecia e fomentava o constituinte contributo do julgador (convocado assim ao que dizia ser uma 'obediência pensante') para a decisão pratica dos interesses, para a realização concreta e praticamente compreendida do direito, ainda que mediante as normas legais e respeitando as suas valorações normativas; por outro lado, tinha por indispensável uma ampla autonomia normativamente criadora no domínio das lacunas. Quer dizer, em qualquer caso e desta ou daquela forma, o direito que se realizava histórico-socialmente não se manifestava todo na lei, tinha antes de procurar-se em boa medida (de procurar o seu critério normativo) em *topoi* diferentes dela: nas fontes extralegais (GÉNY), no 'direito livre', numa concreta consideração valoradora dos interesses, nas 'convicções' dominantes na comunidade e mesmo numa *Eigenwertung* ou ponderação-decisão pessoal do julgador (HECK). Uma segunda conseqüência, que continuava a anterior, foi o reconhecimento de que uma parte importante do direito imputável ao sistema jurídico vigente, e informador da prática jurídica, era de constituinte determinação jurisdicional, quando não de inequívoca criação jurisprudencial: era assim decerto no domínio jurídico do *praeter legem* ou das lacunas em sentido estrito, mas não menos no domínio das 'lacunas *intra legem*', i. é, na determinação concretizadora das 'cláusulas gerais', dos 'conceitos normativos' e indeterminados, etc. – e a ambos os domínios viria ainda acrescentar-se o do autónomo desenvolvimento do direito, o qual se reconheceu a ultrapassar, nas suas intenções problemáticas e na sua índole normativo-metodológica, o tradicional domínio das lacunas ou da actividade normativa apenas de integração. (Fontes do direito – pp. 78/80).

Ensaio Introdutório Acerca das Lacunas Jurídicas   549

A questão que ora se deve colocar é a de que existem situações não previstas pela norma e que nem mesmo a interpretação extensiva ou a analogia conseguem albergar. Com todas as *venias* que merecem os pensadores de uma e de outra corrente, este singelo escrito vestibular engrossa as fileiras defendidas por Norberto Bobbio, no sentido de que há lacunas e que elas decorrem da confrontação da norma geral exclusiva com a norma geral inclusiva. Registre-se que se estas despretensiosas linhas iniciais incorrem em erro é por culpa exclusiva do seu subscritor, tal qual uma ovelha desgarrada que – teimosamente – insiste em não ouvir as vozes dos bons pastores. Esse registro é necessário para a defesa dos brilhantes professores da Faculdade de Direito da Universidade de Coimbra que se dedicam ao estudo da disciplina de Introdução ao Direito (António Castanheira Neves, Fernando José Pinto Bronze, Mário Reis Marques, Aroso Linhares, António Santos Justo, dentre outros).

Sim, entende este resumo que há uma zona intermédia entre os pensamentos do sistema aberto e/ou fechado, porquanto na ótica de Bobbio existe a possibilidade de duas saídas aplicáveis ao caso concreto, a saber: a regra da norma de liberdade em contraposição a uma aplicação por analogia de determinado regramento que trata de matérias assemelhadas. Tal pensar vai ser desenvolvido no tópico seguinte.

Após uma pouco profundo mergulho nas idéias do ecletismo, acredita-se ser de bom alvitre caminhar para a corrente do empirismo científico, porquanto esta também recebeu adeptos de peso, tais quais E. Zitelmann e Donato Donati. Sendo assim, o tópico seguinte vai se debruçar mais detidamente nas idéias dos supracitados pensadores do direito do século XX.

III.2. O PENSAMENTO DE ERNST ZITELMANN E DONATO DONATI E A CONTRA-ARGUMENTAÇÃO DE NORBERTO BOBBIO

Ernst Zitelmann e Donato Donati foram dois dos autores que, no início do século XX deram grande contributo para a análise da matéria em comento. São tidos como os principais integrantes da escola do empirismo científico, na já citada divisão proposta por Carlos Cossio (vide nota de rodapé que acompanha o título III deste ensaio).

Com efeito, em 1903 Zitelmann escreve a sua célebre obra "As lacunas no Direito" (*Lücken im Recht*), enquanto que Donato Donati publica, em 1910, o seu livro intitulado "O problema das lacunas no ordenamento jurídico".

Ambos defendem, com variações pontuais entre as suas teses, a idéia da norma geral exclusiva. Referida idéia centra-se no pensamento de que a norma tem verdadeira bifurcação de interesses. Quando a norma estabelece algo como sendo proibido, ela além de ter o intuito de coibir a prática deste ato tido por antijurídico (interesse de incluir no rol de irregularidades determinado agir humano), também admite, implicitamente, todos os demais comportamentos diversos da ilicitude tipificada (interesse ou intuito de excluir ou afastar do rol de irregularidades todos os comportamentos humanos não expressamente vedados pela norma limitatória do agir das gentes). Em outras palavras, haveria uma espécie de norma de liberdade, segundo a qual tudo o que não está proibido está juridicamente permitido.

Logo, na hipótese levantada acima, entendiam que haveria uma norma particular ou específica que teria o condão de tratar como irregular a prática de determinado ato. Haveria, de igual sorte, uma outra norma subliminar que excluiria da ilegalidade todos os atos que não aqueles proibidos pela norma explícita (que é particular). Nisso consiste a idéia de norma geral exclusiva. Destarte, não haveria que se falar em lacuna no direito, mas apenas em lacunas do subsistema jurídico-normativo explícito.

Confirmando o relevo dos escritos de Zitelmann, merece transcrição esclarecedora passagem de MIGUEL REALE, *verbis*:

> Mas, deixando de lado esses antecedentes, devemos lembrar que um momento fundamental na história da interpretação do Direito, na Alemanha, segundo as novas tendências, foi a obra de Zitelmann, intitulada As lacunas no Direito. Esse trabalho de extraordinária penetração científica firmou uma tese expressamente consagrada no Direito positivo brasileiro, de que não existe plenitude na legislação positiva, visto como, por mais que o legislador se esforce para sua perfeição, há sempre um resto sem lei que o discipline. Na obra de Zitelmann, ficou provada a existência de lacunas na legislação, mas também ficou reconhecido que o Direito, entendido como ordenamento, jamais pode ter lacunas.[24]

A fórmula encontrada pela maioria dos legisladores para superar este paradoxo aparente foi a da inserção, dentro das normas de regência, de mecanismos de integração do direito. Logo, a grande parte dos ordena-

---

[24] REALE, Miguel. **Lições preliminares de direito**. – 27ª ed. ajustada ao novo código civil – São Paulo: Saraiva, 2002. p. 287.

Ensaio Introdutório Acerca das Lacunas Jurídicas

mentos jurídicos ultrapassa a questão da lacunosidade normativa por meio de auto-integração.

No que pese a clareza solar dos ensinamentos do professor MIGUEL REALE, nada melhor do que a transcrição dos próprios autores para que possa melhor entender a sua teoria.

Dizia ERNST ZITELMANN:

> Na base de toda norma particular que sanciona uma ação com uma pena ou com a obrigação de indenização dos danos, ou atribuindo qualquer outra conseqüência jurídica, está sempre como subentendida e não-expressa uma norma fundamental geral e negativa, segundo a qual, à parte esses casos particulares, todas as outras ações ficam isentas de pena ou indenização: cada norma positiva, com a qual é atribuída uma pena ou uma indenização, é nesse sentido uma exceção daquela norma fundamental geral e negativa. Donde se segue: no caso em que falta uma tal exceção positiva não há lacunas, porque o juiz pode sempre, aplicando aquela norma geral e negativa, reconhecer que o efeito jurídico em questão não interveio, ou que não surgiu o direito à pena ou a obrigação à indenização.[25]

Já DONATO DONATI asseverava que:

> Dado o conjunto das disposições que, prevendo determinados casos, estabelecem a existência de dadas obrigações, do conjunto das disposições deriva ao mesmo tempo uma série de normas particulares inclusivas e uma norma geral exclusiva: uma série de normas particulares dirigidas a estabelecer, para os casos por elas particularmente considerados, dadas limitações, e uma norma geral dirigida a excluir qualquer limitação para todos os outros casos não particularmente considerados. Por força dessa norma, cada possível caso vem a encontrar no ordenamento jurídico seu regulamento. Num caso determinado, ou exista na legislação uma disposição que particularmente a ele se refere, e dela derivará para o próprio caso uma norma particular, ou não existe, e então cairá sob a norma geral referida.[26]

Diante dos sólidos argumentos apontados acima, a majoritária corrente doutrinária entendeu por superado o problema das lacunas.

---

[25] Zitelmann, E.. *Lücken im recht*. Leipzig, 1903. p. 17.

[26] DONATI, Donato. *Il problema delle lacune dell'ordinamento giuridico*. Milão, 1910, pp. 36/37.

552 Rogério Magnus Varela Gonçalves

Entretanto, o professor NORBERTO BOBBIO[27] expôs a grande fragilidade da teoria da norma geral exclusiva. Disse ele que havia um impasse quando o aplicador da norma se deparasse com uma norma geral inclusiva. Sim, na tentativa de auto-integração, foram criadas diversas normas deste jaez, que estabelecem meios de superação das lacunas no ordenamento jurídico positivado (aplicação de analogia e princípios gerais do direito, por exemplo).

Afirmou, com muita propriedade, que o intérprete pode ter situações em que se defronta com duas possíveis saídas para resolver a controvérsia, sem que o ordenamento jurídico lhe indique qual caminho a seguir. Seria o caso em que não haveria regulamentação específica de determinado agir. Contudo, tal ato é semelhante a um outro que foi regrado. Logo, se o estudioso do direito entende por aplicar a regra formulada por ZITELMANN e DONATO DONATI deverá agir contrariamente ao que fora estabelecido para o caso concreto e particular. Todavia, se pugnar pela incidência da tese da similitude dos casos, pode aplicar a norma geral inclusiva (analogia) e haverá de estabelecer decisão idêntica àquela prevista para o caso específico. Logo, mais do que simples carência de norma, a lacuna – no pensar de BOBBIO – seria a falta de critérios para resolver o caso concreto, ou seja, há uma exuberância de possibilidades (uso da norma geral exclusiva ou uso da norma geral inclusiva) e o aplicador não encontra um critério a seguir.

O presente escrito concorda com o pensar de BOBBIO, razão pela qual se permite transcrever – em sede de nota de rodapé – os seus invulgares e ricos argumentos[28], valendo-se de suas lições como palavras finais deste tópico do ensaio.

---

[27] Registre-se o profundo pesar pelo recente falecimento do catedrático italiano, fato ocorrido já no mês de janeiro de 2004. O mundo jurídico perde um dos seus grandes pensadores. Felizmente ficam as suas obras, se isso serve de consolo.

[28] BOBBIO, Norberto. **Teoria do ordenamento jurídico**. – 10ª ed. – Brasília: Editora Universidade de Brasília, 1999. pp. 135/139. O autor disse a respeito do tema que: Também a teoria da norma geral exclusiva tem o seu ponto fraco. Aquilo que diz, o diz bem, e com aparência de grande rigor, mas não diz tudo. O que ela não diz é que, normalmente, num ordenamento jurídico não existe somente um conjunto de normas particulares inclusivas e uma norma geral exclusiva que as acompanha, mas também um terceiro tipo de norma, que é inclusiva como a primeira e geral como a segunda, e podemos chamar de norma geral inclusiva. Chamamos de 'norma geral inclusiva' uma norma como a que vem expressa no artigo 12 das Disposições preliminares do ordenamento italiano, segundo a qual, no caso de lacuna, o juiz deve recorrer às normas que regulam casos

Ensaio Introdutório Acerca das Lacunas Jurídicas   553

parecidos ou matérias análogas. Enquanto que norma geral exclusiva é aquela norma que regula todos os casos não-compreendidos na norma particular, mas os regula de maneira oposta, a característica da norma geral inclusiva é a de regular os casos não compreendidos na norma particular, mas semelhantes a eles, de maneira idêntica. Frente a uma lacuna, se aplicarmos a norma geral exclusiva, o caso não-regulamentado será resolvido de maneira oposta ao que está regulamentado; se aplicarmos a norma geral inclusiva, o caso não--regulamentado será resolvido de maneira idêntica àquele que está regulamentado. Como se vê, as conseqüências da aplicação de uma ou da outra norma geral são bem diferentes, aliás, opostas. E a aplicação de uma ou outra norma depende do resultado da indagação sobre se o caso não-regulamentado é ou não semelhante ao regulamentado. Mas o ordenamento, em geral, nada nos diz sobre as condições com base nas quais dois casos podem ser considerados parecidos. A decisão sobre a semelhança dos casos cabe ao intérprete. Portanto, cabe ao intérprete decidir se, em caso de lacuna, ele deve aplicar a norma geral exclusiva e, portanto, excluir o caso não-previsto da disciplina do caso previsto, ou aplicar a norma geral inclusiva e, portanto, incluir o caso não-previsto na disciplina do caso previsto. No primeiro caso se diz que se uso o *argumentum a contrario*, no segundo, o *argumentum a símili*.

Mas, se frente a um caso não-regulamentado se pode aplicar tanto a norma geral exclusiva quanto a geral inclusiva, é necessário precisar a fórmula segundo a qual existe sempre, em cada caso, uma solução jurídica, nesta outra: no caso de lacuna, existem pelo menos duas soluções jurídicas:

1) A consideração do caso não-regulamentado como diferente do regulamentado, e a conseqüente aplicação da norma geral exclusiva.

2) A consideração do caso não-regulamentado como semelhante ao regulamentado, e a conseqüente aplicação da norma geral inclusiva. Mas justamente o fato de que o caso não-regulamentado oferece matéria para duas soluções opostas torna o problema das lacunas menos simples, menos fácil e óbvio do que parecia partindo-se da teoria bastante linear da norma geral exclusiva. Se existem duas soluções, ambas possíveis, e a decisão entre as duas cabe ao intérprete, uma lacuna existe e consiste justamente no fato de que o ordenamento deixou impreciso qual das duas soluções é a pretendida. Caso existisse, tratando-se de comportamento não-regulamentado uma única solução, a da norma geral exclusiva, como acontece, por exemplo, no Direito penal, onde a extensão analógica não é admitida, poderíamos também dizer que não existem lacunas: todos os comportamentos que não são expressamente proibidos pelas leis penais são lícitos. Mas uma vez que as soluções em caso de comportamento não-regulamentado são normalmente duas, a lacuna consiste justamente na falta de uma regra que permita acolher uma solução em vez da outra.

Desse modo, não só nos parece impossível excluir as lacunas, em contraste com a teoria da norma geral exclusiva, mas ficou mais claro o conceito de lacuna: a lacuna se verifica não mais por falta de uma norma expressa pela regulamentação de um determinado caso, mas pela falta de um critério para a escolha de qual das duas regras gerais, a exclusiva ou a inclusiva, deva ser aplicada. Num certo sentido, vamos além dateoria da norma geral exclusiva, porque admitimos que no caso do comportamento expressamente não-regulamentado não há sempre só uma, mas duas soluções jurídicas. Num outro sentido, porém, desmentimos a teoria, na medida em que, se as soluções jurídicas possíveis são duas e falta um critério para aplicar ao caso concreto uma em vez da outra, reencontramos aqui a lacuna que a teoria havia acreditado poder eliminar: lacuna não a respeito do caso singular, mas a respeito do critério com base no qual o caso deve ser resolvido.

Vejamos um exemplo: no artigo 265 do C. C. somente a violência é considerada como causa de impugnação do reconhecimento do filho natural. O artigo não regula o caso do erro. Trata-se de uma lacuna? Caso não tivéssemos outra norma para aplicar que a não a geral exclusiva, poderíamos responder tranqüilamente que não, a norma geral exclusiva implica que aquilo que não está compreendido na norma particular (neste caso o erro) deve ter uma disciplina oposta a do caso previsto; portanto, se a violência, que está prevista, é caso de impugnação, o erro, que não está previsto, não o é. Mas o problema é que o intérprete deve levar em conta também a norma geral inclusiva, segundo a qual em caso de comportamento não-regulamentado deve-se regulamentá-lo do mesmo modo que o caso semelhante. O caso de erro assemelhasse ao da violência? Se o intérprete der a essa pergunta uma resposta afirmativa, é claro que a solução é oposta à solução anterior. O erro é, da mesma maneira que a violência causa de impugnação. Como se vê, a dificuldade que habitualmente não se considera não é que frente ao caso não-regulamentado haja insuficiência de soluções jurídicas possíveis, há sim, exuberância. E a dificuldade de interpretação, na qual consiste o problema das lacunas, é que o ordenamento não oferece nenhum meio jurídico para eliminar essa exuberância, isto é, para decidir com base no sistema, em favor de uma solução em detrimento da outra.

Referindo-nos à definição técnica de lacuna, dada no primeiro parágrafo deste capítulo, quando dissemos que a lacuna significa que o sistema, em certos casos, não oferece a possibilidade de resolver um determinado caso nem de uma maneira nem da maneira oposta, do que dissemos acerca da teoria da norma geral exclusiva, devemos concluir que o ordenamento jurídico, apesar da norma geral exclusiva, pode ser incompleto. E pode ser incompleto porque entre a norma particular inclusiva e a geral exclusiva introduz-se normalmente a norma geral inclusiva, que estabelece uma zona intermediária entre o regulamentado e o não-regulamentado, em direção à qual tende a penetrar o ordenamento jurídico, de forma quase sempre indeterminada e indeterminável. Mas, normalmente, esta penetração fica imprecisa no âmbito do sistema. Se, no caso do comportamento não-regulamentado não tivéssemos outra norma para aplicar a não ser a exclusiva, a solução seria óbvia. Mas agora sabemos que em muitos casos podemos aplicar tanto a norma que quer os comportamentos diferentes regulamentados de maneira oposta ao comportamento regulamentado, quanto a norma que quer os comportamentos semelhantes regulamentados de maneira idêntica ao regulamentado. E não estamos em condições de decidir mediante regras do sistema se o caso é semelhante ou diferente e, então, a solução não é mais óbvia. O fato de a solução não ser mais óbvia, isto é, de não se poder tirar do sistema nem uma solução nem a solução oposta, revela a lacuna, isto é, revela a incompletude do ordenamento jurídico.

III.3. ESPÉCIES DE LACUNAS

Várias são as classificações apontadas pela doutrina acerca das lacunas no direito. Registre-se, *oportuno tempore*, que elas não são excludentes entre si, razão pela qual entende-se de bom alvitre, neste estudo introdutório, trazer a lume as principais subdivisões formuladas pelos estudiosos da temática em epígrafe.

Na visão de NORBERTO BOBBIO as lacunas podem ser reais (próprias) e ideológicas (impróprias), sendo certo que as primeiras derivam da inexistência de critério prévio para se resolver um problema juridicamente relevante (lacunas dentro do sistema ou lacunas do sistema), enquanto que estas últimas decorrem da existência de uma maneira injusta de se transpor o impasse jurídico (lacunas quando confrontado o sistema posto e o pressuposto ou ideal). Assegura que quanto aos motivos provocadores as lacunas podem ser subjetivas (questões ligadas aos legisladores, tais como lobby de grupos sociais e/ou econômicos, falta de clarividência do elaborador da norma acerca de dada situação da vida social, e congêneres) ou objetivas (onde a lacuna decorre de mutação da vida social). Da sucinta explicitação das lacunas subjetivas, resta evidente que ela pode sofrer uma sub-divisão em intencional e não-intencional. Por fim, ainda afirma o autor que as lacunas podem ser *praeter legem* e *intra legem*. As primeiras são frutos de previsões normativas muito específicas e que ante a sua especificidade não enquadram alguns fatos. Já estas últimas brotam quando se tem uma ordenação muito aberta e que ante a vagueza legiferante existem situações que passam ao largo da norma.

Para ERNST ZITELMANN as lacunas, em tese, poderiam ser classificadas em autênticas e não autênticas (*echte und unechte*). A primeira se vislumbra quando não há resposta possível no sistema jurídico, ou seja, quando inexista pré-compreensão da decisão. Já a segunda decorre de uma previsão normativa tida como injusta.

Já no entender de FELIX SOMLÓ[29] as lacunas podem ser intencionais e não-intencionais. Quem bem retrata esta divisão do autor germânico e perpassa essa explicitação com outras classificações possíveis de lacunas é o professor TÉRCIO SAMPAIO FERRAZ JÚNIOR, quando disse que:

> O critério diferenciador está na vontade daquele que elabora o plano e que pode, conscientemente ou não, deixar uma questão em aberto. No

---

[29] SOMLÓ, Felix. **Juristische Grundlehre**. Leipzig, 1927. p. 403.

556 Rogério Magnus Varela Gonçalves

primeiro caso, o legislador, por não se julgar em condições, atribui a outra pessoa (ao juiz, ao doutrinador) a tarefa de encontrar a regra específica. No segundo, diz-se que o legislador não chegou a perceber a problemática da questão de modo cabal (lacuna de previsão), seja porque as condições históricas não o permitiam (lacunas desculpáveis), seja porque seu exame do problema não foi suficientemente cuidadoso (lacunas não desculpáveis).[30]

Para BRUNETTI[31] poder-se-ia classificar as lacunas em formais, que seriam os vazios no subsistema normativo (carência de previsão nas leis e nos códigos) e as materiais, sendo que estas últimas seriam incompletudes do ordenamento como um todo. Ressalte-se que o autor em comento só aceitava a existência da primeira forma de lacuna.

Na abordagem de ANTÓNIO SANTOS JUSTO[32] as lacunas podem ser voluntárias (quando se está diante do silêncio eloqüente da lei, mencionado na introdução deste estudo) e involuntárias (quando por lapso de previsão o legislador não regulamentou determinado ato juridicamente relevante). Menciona, outrossim, que as lacunas da lei podem ser manifestas, igualmente batizadas de patentes (a lei carece de uma norma jurídica para o caso concreto, sendo que deveria tê-la, em face da sua própria teleologia); ocultas, também chamadas de latentes (quando em virtude de especificidades do caso posto à solução, a norma geral que se debruçou sobre uma categoria dos casos não previu os desdobramentos ou subcategorias) e de colisão (quando duas normas se dedicam ao regramento de um mesmo assunto, sendo que elas têm sentidos opostos. Seria uma antinomia que faria com que o espaço jurídico, *prima facie* ocupado de forma múltipla, fica vazio, ante a anulação recíproca). Assegura, também, que quanto ao tempo, as lacunas podem ser iniciais, sejam elas conhecidas (silêncio intencional do elaborador da norma), sejam elas ignoradas (omissão de legislar decorrente de erro na visualização da temática ou o seu completo desconhecimento) e posteriores (decorrentes de fatos que vão surgindo na evolução social e que não eram presentes

---

[30] FERRAZ JÚNIOR, Tércio Sampaio. **Introdução ao estudo do direito: técnica, decisão, dominação.** – 4ª ed. – São Paulo: Atlas, 2003. p. 221.

[31] BRUNETTI. **In margine alla questione della completezza dell'ordinamento giuridico.** Artigo publicado na Rivista Internazionale di Filosofia del Diritto, 1926. Do mesmo autor merece leitura um outro artigo publicado também na RIFD dois anos após, intitulado **Completezza dell'ordinamento giurídico.**

[32] JUSTO, António Santos. **Introdução ao estudo do direito.** – Coimbra: Coimbra Editora, 2001, pp. 338/340.

Ensaio Introdutório Acerca das Lacunas Jurídicas

quando da regulamentação. São também chamadas de lacunas *lege ferenda*). Por fim, mas não por último, as lacunas em relação a estrutura da norma jurídica podem ser de previsão (carência de previsão de certa situação fática) ou de estatuição (existe uma situação de fato que não é desconhecida pelo mundo jurídico, que contudo silenciou sobre as suas conseqüências jurídicas).

Já para MARIA HELENA DINIZ as lacunas podem ser divididas em três grandes grupos: as normativas, as ontológicas e as axiológicas[33]. Quem bem comenta a escala classificatória da professora paulistana é LUCIANO ATHAYDE CHAVES, *litteris*:

> Das lacunas **normativas** (ou de regulação), ocupa-se comumente a tradicional abordagem interpretativa, considerando o silêncio da lei sobre determinado tema como o emblema da insatisfatória regulação positiva do Direito, exigindo a ordem jurídica, nestes casos, a integração do direito pelo juiz para a solução de casos concretos submetidos ao crivo do Poder Judiciário, 'completando-se', ou melhor, colmatando-se o sistema com o que a doutrina italiana costuma denominar 'decisão dispositiva', autêntica 'norma jurídica individual', segundo a vetusta definição kelseniana.
>
> As lacunas **ontológicas** ocorrem quando determinado instituto jurídico, normalmente positivado pelo sistema, não mais corresponde aos fatos sociais. Resulta, de regra, do ancilosamento da norma positiva (DINIZ, 2000: 95), fruto do avanço tecnológico e cultural de uma dada realidade social. Cuida-se de um fenômeno intimamente vinculado à constatação da quebra da isomorfia (ou equilíbrio) que deve existir entre a norma, o valor e o fato, integradores dos subsistemas jurídicos, que passam a interagir de maneira heteromôfica (DINIZ, 2000: 79), causando perturbação na atmosfera social, impulsionando a alteração da matriz jurídica tendente a interferir na solução nos conflitos de toda ordem, tanto substancial como judiciária:
>
> "O juiz, ante o caráter dinâmico do direito, passa de um subsistema a outro (do subsistema legal ao subsistema consuetudinário ou a um sistema axiológico ou a um sistema fático), podendo construir quantos subsistemas forem necessários até suprir a lacuna. De maneira que esta é sempre 'provisória', porque o direito possui uma temporalidade própria" (DINIZ, 2000: 79/80).
>
> Sob o prisma desse mesmo método de avaliação da pertinência da aplicação da norma, surgem as lacunas ditas **axiológicas**, sempre que se observa a ausência de uma norma justa para um determinado caso concreto

---

[33] A autora em questão tem obra de fôlego sobre a matéria. Trata-se do festejado livro "**As lacunas no Direito**", São Paulo: Editora Saraiva, 2000.

558 *Rogério Magnus Varela Gonçalves*

ou situação jurídica dada. Melhor esclarecendo, há uma lacuna axiológica quando existe um preceito normativo, mas, se for aplicado, sua solução será insatisfatória ou injusta (DINIZ, 2000: 95). Têm semelhantes características com o que Bobbio denominou de lacunas 'ideológicas' (BOBBIO, 1997: 140).[34]

Estão expostas, pois, algumas das múltiplas formas de se estabelecer as modalidades das lacunas. Longe de se ter uma abordagem exauriente, foi estabelecido um rol exemplificativo das formas classificatórias abraçadas pela doutrina.

O presente escrito, por entender se tratar de uma abordagem jurídica e filosoficamente mais densa da matéria, engrossa as fileiras da classificação proposta por MARIA HELENA DINIZ, reiterando que as maneiras de se rotular as lacunas não são incongruentes.

Esse texto ainda entende que quanto ao escalonamento das normas na pirâmide jurídico-normativa as lacunas possam ser constitucionais ou supralegais[35], quando a carência normativa tiver morada na Carta Magna de um país; e podem ser infranconstitucionais, quando a omissão for posta no plano da normatização ordinária ou complementar. Não se deve deslembrar, todavia, que com a maior incidência das normas de direito comunitário há também que se falar em lacunas metaconstitucionais, quando inexistir disposição esclarecedora no patamar supranacional, notadamente quando a lacuna disser respeito aos direitos humanos, visto que existe uma tendência de acolhimento destes comandos no plano interno, consoante se pode inferir da leitura do § 2.°, do art. 5.° da Constituição Federal Brasileira de 1988.

---

[34] CHAVES, Luciano Athayde. "O processo do trabalho e o novo disciplinamento dado à remessa oficial pela Lei n.° 10.352/2001", **Revista do Tribunal Regional do Trabalho da 13ª Região**, vol. 12, n.° 9. João Pessoa: Gráfica Borges, 2003, pp. 67/68.

[35] Quem quiser se aprofundar no estudo das lacunas constitucionais deve ler o seguinte artigo:

FARIAS, Germán Cisneros. "Antinomias y lagunas constitucionales. Caso México", **In Cuestiones constitucionales: revista mexicana de derecho constitucional"**, número 8. Cidade do México: Enero-Junio de 2003, pp.47/71.

IV. A NÃO INCIDÊNCIA DO PRIMADO DO NON LIQUET NO ORDENAMENTO JURÍDICO BRASILEIRO E O MANDAMENTO CONSTITUCIONAL DA INAFASTABILIDADE DE JURISDIÇÃO

Consoante já foi referido alhures, o ordenamento jurídico brasileiro adota o cânone da inafastabilidade ou indeclinabilidade de jurisdição, também chamado de preceito da proteção judiciária para todos os que acorrerem ao Poder Judiciário.

Dois comandos normativos comprovam a assertiva acima:

a) no prisma supralegal, cumpre destacar que o art. 5.º, inciso XXXV da Carta Magna é categórico em afirmar que "a lei não excluirá da apreciação do Poder Judiciário lesão ou ameaça a direito". Logo, não há que se cogitar qualquer inibição, mesmo que derivada de omissão legislativa, ao agir do Magistrado, na sua missão de dizer a quem pertence o direito;

b) no plano infraconstitucional, o art. 126 do Código de Processo Civil (redação dada pela lei 5.925, de 01.10.1973) assevera que "o juiz não se exime de sentenciar ou despachar alegando lacuna ou obscuridade da lei. No julgamento da lide caber-lhe-á aplicar as normas legais; não as havendo, recorrerá às analogias, aos costumes e aos princípios gerais do direito".

Em suma, mesmo inexistindo previsão normativa específica sobre a questão levada ao conhecer do Julgador, ele haverá de se valer dos mecanismos de superação da omissão para cumprir com o seu dever funcional de prestar a jurisdição.

Logo, não há aporia na questão das lacunas. O só fato delas existirem não retira a possibilidade da resolução de um conflito jurídico de interesses. Ao contrário, existem teorias concretizadoras do direito que afirmam que ao decidir o caso concreto existe a terminação do imbróglio do espaço normativo por preencher.

V. A COLMATAÇÃO DAS LACUNAS JURÍDICAS

Após a discussão acerca da incompletude ou não do sistema jurídico, analisar-se-á o preenchimento das omissões legislativas.

A colmatação das lacunas pode ser operada por auto-integração ou por heterointegração.

560 Rogério Magnus Varela Gonçalves

BOBBIO se manifesta da seguinte forma acerca das maneiras de complementação do ordenamento jurídico:

Um ordenamento jurídico pode completar-se recorrendo a dois métodos diferentes que podemos chamar, seguindo a terminologia de CARNELUTTI, de heterointegração e auto-integração. O primeiro método consiste na interpretação levada a cabo por meio de duas vias: a) recorrendo a ordenamentos diversos; b) recorrendo a fontes distintas da dominante (a lei, no ordenamento que temos examinado). O segundo método consiste na integração levada a cabo pelo mesmo ordenamento, no âmbito da mesma fonte dominante, sem recorrer a outros ordenamentos, ou recorrendo minimamente a fontes distintas da dominante.[36] (tradução própria)

A heterointegração seria pautada, no dizer de BOBBIO, na busca do Direito Natural para suprir casos omissos ou investigando na história do direito ou no direito comparado as possíveis respostas aplicáveis no caso concreto posto em análise. Afora estes meios poder-se-ia acrescentar, sem embargo, o recurso ao direito consuetudinário e ao poder criativo do juiz como formas de heterointegração. Já a auto-integração tem fulcro primordial na analogia e nos princípios gerais do direito.

Convém registrar que o professor JOSÉ DE OLIVEIRA ASCENÇÃO repele a terminologia utilizada acima, adotando as expressões "processos extra e intra-sistemáticos de integração". Ele afirma que entre os meios extra-sistemáticos para se solucionar a questão das lacunas são os normativos, os discricionários e os eqüitativos, enquanto os intra-sistemáticos seriam a analogia, os princípios gerais do direito e a norma que o intérprete criaria (realidade existente no art. 10 do Código Civil português e que não foi explicitada na normatização brasileira)[37].

Partindo-se da premissa de existência de lacunas no ordenamento jurídico, serão analisados os meios ou mecanismos conferidos pela legislação tupiniquim para a colmatação das mesmas.

---

[36] BOBBIO, Norberto. **Teoria general del derecho**. – 2ª ed. – Santa Fé de Bogotá: Editorial Temis, 1999, pp. 230/231.

[37] Para uma análise mais detida dos processos extra e intra-sistemáticos de solução das lacunas remete-se o leitor para a consulta do seguinte livro: ASCENÇÃO, José de Oliveira. **O Direito: Introdução e Teoria Geral: Uma Perspectiva Luso-Brasileira.** – 11ª ed. – Coimbra: Livraria Almedina, 2003, pp. 428/451.

Neste particular, deve-se ter em mente que a Lei de Introdução ao Código Civil do Brasil preconiza, em seu artigo 4.°[38], que existe possibilidade de preenchimento do vazio normativo por intermédio da analogia, dos costumes e dos princípios gerais do direito. Muito embora a eqüidade não tenha sido literalizada na redação dada pelo Decreto-lei n.° 4.657, de 4 de setembro de 1942 (LICC), tem-se que ela também deve pautar o agir dos magistrados nos casos de lacunas jurídicas.

Neste diapasão é de bom alvitre tecer breves considerações sobre cada uma destas formas de integração das lacunas, dando – é bem verdade – especial destaque à analogia, porquanto se trata do mecanismo mais usual para a superação dos vazios normativos.

A analogia pode ser definida como sendo a prorrogação da tipicidade de um caso social assemelhado, porquanto onde há a mesma razão de lei, aí deve haver a mesma disposição, no claro afã de preservar o princípio da isonomia.

Em outras palavras, pode ser entendida por aplicação análoga quando o intérprete da norma se deparar com a inexistência específica de uma lei que regule a matéria em apreço. Todavia, existe semelhante caso com disposição positiva. Destarte, verificar-se-á a aplicabilidade da norma para o caso aparentado.

Utilizando-se da técnica da simbologia, academicamente conhecida como semiótica, poder-se-ia esclarecer o conceito afirmando que: dado A (determinado fato ou ato jurídico) deve ser B (sanção prevista no ordenamento jurídico e aplicada pelo julgador), dado A' (determinado fato ou ato jurídico com contornos de A), sendo este sem regulamentação normativa, deve ser B (aplicar-se-á a sanção prevista para o caso A).

Para ANGEL LATORRE a analogia:

> fundamenta-se no entendimento de que duma norma legal ou do conjunto delas podem extrair-se princípios que são aplicáveis a casos que não estão previstos na lei, nem sequer implicitamente, mas que, por apresentarem uma semelhança substancial com os contemplados nos textos legais, devem ter as mesmas soluções.[39]

---

[38] Lei de Introdução ao Código Civil

Art. 4.° Quando a lei for omissa, o juiz decidirá o caso de acordo com a analogia, os costumes e os princípios gerais do direito.

[39] LATORRE, Angel. **Introdução ao Direito**. Tradução e Manuel de Alarcão. – 5ª reimpressão – Coimbra: Livraria Almedina, 2002, p. 112.

Complementa ANDRÉ FRANCO MONTORO:

> Não basta, porém, a semelhança de casos ou situações. É necessário que exista a mesma razão para que o caso seja decidido de igual modo. Ou, como diziam os romanos, onde existe a mesma razão da lei, cabe também a mesma disposição ("Ubi eadem legis ratio, ibi eadem legis dispositio").[40]

Ainda no que tange a analogia, merece ser assentada a advertência de INOCÊNCIO GALVÃO TELLES:

> É preciso não confundir interpretação extensiva e analogia. Acham-se paredes meias, mas distinguem-se conceitual e praticamente. Por vezes há dificuldade em saber onde acaba uma e começa a outra. Isso, porém, não destrói a pureza dos princípios: a interpretação extensiva é alargamento da letra da lei; a analogia é alargamento do seu espírito, que transcende os próprios limites em ordem a integrar uma lacuna das fontes de Direito.[41]

Merece ainda realce que a analogia pode ser dividida em *legis* e *juris*. MARIA HELENA DINIZ faz sucinta e adequada abordagem da fragmentação apontada acima, razão pela qual faz-se mister transcrever suas anotações:

> Há autores, como Grolmann e Wachter, que costumam distinguir *analogia legis* e *analogia juris*. A *analogia legis* consiste na aplicação de uma norma existente, destinada a reger caso semelhante ao previsto. E a *juris* estriba-se num conjunto de normas, para extrair elementos que possibilitem sua aplicabilidade ao caso concreto não contemplado, mas similar.[42]

O costume – que possui um requisito objetivo (a prática reiterada de determinado ato) e um subjetivo (convicção ou consciência da obrigatoriedade) – por seu turno, é uma norma (sentido amplo de imposição) que ou deriva da longa prática uniforme, ou da geral e constante repetição de dado comportamento sob a convicção de que sua obrigatoriedade corresponde a uma necessidade jurídica. Trata-se da mais antiga e tradicional fonte do direito, porquanto é pretérito ao momento da escrita e, por conseguinte, das codificações.

---

[40] MONTORO, André Franco. **Introdução à ciência do direito**. – 23ª ed. – São Paulo: Editora Revista dos Tribunais, 1995, p. 381.

[41] TELLES, Inocêncio Galvão. **Introdução ao estudo do direito: volume I**. – 11ª ed. – Coimbra: Coimbra Editora, 2001, p. 262.

Reforça-se o pensar exposto acima com os ensinamentos de J. Dias Marques, para quem:

> A forma mais importante de criação normativa não proveniente de uma declaração é o costume. Efetivamente, as normas jurídicas podem ter a sua origem em um fenômeno de ordem sociológica, que consiste em os indivíduos adotarem uma conduta constante com a consciência de que, por este modo, obedecem a uma norma coercitível. Em tal caso, o conteúdo das normas não é objeto de qualquer declaração, e não pode ser apreendido por outro modo que não seja o da própria observação da realidade social, destinada a verificar a existência de fato do apontado fenômeno. É o que se chama de costume.[43]

Os princípios gerais do direito são, na conceituação de Nicola Coviello, os *"pressupostos lógicos e necessários das diversas normas legislativas"*.[44] No que concerne aos princípios gerais do direito, dificultoso é o estabelecimento de seu elenco, ao menos com cunho de números exatos, visto que novos primados emergem da evolução cotidiana da sociedade. Preleciona Miguel Serpa Lopes, com relação à importância dos cânones gerais do direito em razão da incompletude do sistema legal e sobre uma necessária limitação ao poder conferido aos magistrados para a colmatação das lacunas jurídicas, que:

> Indubitavelmente a idéia dos princípios gerais do Direito, consagrada por quase todos os códigos, se impõe, como expediente necessário a suprir as omissões da lei. Esse poder do juiz de buscar a norma reguladora da espécie omitida pelo Direito positivo não pode ser desmedido, ao seu talante, ao sabor de suas concepções íntimas. Tem que se embeber nos valores que informam o Direito, como os princípios jurídicos, os princípios do Direito natural, os princípios tradicionais, os princípios políticos e a eqüidade.[45]

A eqüidade, por fim, é tida como uma flexibilidade interpretativa da rigidez normativa. Sim, aplicar a norma com eqüidade é, antes de tudo e

---

[42] Diniz, Maria Helena. **Compêndio de introdução à ciência do direito.** – 15ª ed. – São Paulo: Saraiva, 2003, pp. 452/453.

[43] Marques, J. Dias. **Introdução ao estudo do direito.** – 2ª ed. – Lisboa: Editora Pedro Ferreira, 1994, p. 89.

[44] Coviello, Nicola. **Manuale di diritto civile italiano: parte geral.** 1924, p. 87.

[45] Lopes, Miguel Maria de Serpa. **Curso de Direito Civil: vol I.** – 6ª ed. – Rio de Janeiro: Freitas Bastos, 1988, p. 155.

564   *Rogério Magnus Varela Gonçalves*

de mais nada, impor à hermenêutica um tom humano e social. Há autores, inclusive, que asseveram, que a dificuldade de conceituação da eqüidade é diretamente proporcional à facilidade de senti-la.

É por meio da eqüidade que se possibilita ao magistrado o abrandamento do rigorismo da norma, que é geral e abstrata, tendo em vista as circunstâncias próprias de cada caso concreto. Pode ser usada na busca de três objetivos centrais: a) um critério de integração das lacunas do sistema jurídico (essa foi a acepção privilegiada neste escrito), b) uma aplicação corretiva da norma e c) a substituição da norma injusta.[46]

Não seria ilícito afirmar, em olhar Aristotélico, que a eqüidade seria a justeza ou justiça para o caso concreto. Para JOSÉ JOÃO BATISTA:

> A eqüidade não deixa de ser um princípio ou um critério (maleável) a atender naquela resolução, tendo em vista todas as circunstâncias referentes ao caso concreto, muitas das quais não são consideradas ou previstas por aquelas normas gerais e abstratas (rígidas), pelo que pode ser considerada uma forma de criação do direito e portanto uma fonte do direito.[47]

Partindo-se da premissa inaugural de que o ordenamento jurídico-normativo não é completo e acabado, não apresentando uma plenitude hermética, chega-se à conclusão de que se faz mister, em estudo de caso concreto, preencher as lacunas eventualmente existentes. Para tal colmatação, a ordem normativa interna permite o uso da analogia, dos usos e

---

[46] Este estudo incorporou a listagem dos usos possíveis da eqüidade proposta pela professora MARIA LUÍSA DUARTE (DUARTE, Maria Luísa. **Introdução ao estudo do direito: sumários desenvolvidos**. – Lisboa: Editora da Associação Acadêmica da Faculdade de Direito de Lisboa, pp.188/189), sem – contudo – ter a mesma densidade teórica da autora. Registre-se que o sintético estudo ora confeccionado tem receio da possibilidade dada ao Julgador de substituir a norma tida por injusta, quer em face do princípio da Separação dos Poderes, quer em face dos interesses que podem mover maus magistrados no enfrentamento da questão, quer em face da fluidez conceitual do que seja uma norma injusta. Logo, não se pode concordar com o pensamento de Hermann Kantorowicz, que, em 1906, escreveu o seu celebro livro intitulado "A luta pela ciência do direito", onde defendia que os juízes deveriam buscar o direito justo, mesmo se ele fosse contrário ao texto juridicamente positivado. O problema é que se parte de uma premissa, nem sempre verdadeira, da boa-fé e da não contaminação da magistratura por interesses escusos. Recentes episódios como a chamada "Operação Anaconda", onde vários magistrados brasileiros são acusados de ilicitudes, fazem com que se visualize uma tendência a diminuir o arbítrio dos Juizes, tudo em prol da certeza e a segurança jurídicas.

[47] BAPTISTA, José João. **Introdução às ciências jurídicas**. – Amadora: Editora Lusolivro, 1994, p. 22.

Ensaio Introdutório Acerca das Lacunas Jurídicas   565

costumes, dos princípios gerais do direito e da eqüidade. Conveniente destacar que além dos mecanismos de auto-integração referidos acima, existe sólida corrente doutrinária a defender a heterointegração, aspecto já referenciado alhures.

Depois dessas noções introdutórias do assunto a que se propôs enfrentar, permite-se enveredar pelo caminho conclusivo.

VI. CONCLUSÕES

Ao fechar a exposição teórica deste breve ensaio introdutório sobre a questão das lacunas no ordenamento jurídico, se têm por firmadas as conclusões que se seguem:

1) O estudo das lacunas jurídicas, no que pese o pensar discordante de autores de indiscutível saber[48], ainda tem grande relevo, mormente porque se pode olhar o direito sob diversos prismas. Assim sendo, se a visão jurídica for feita de forma a entender que o sistema jurídico é aberto e que não se limita a auto-integração, não seria necessário prolongar esta discussão. Todavia, se a observação for perpetrada sob o ângulo positivista[49] será crucial o estudo dos vazios normativos. Logo, ante a diversidade de pensamento que há de nortear o mundo jurídico, até porque ciência exata não é, sendo, prioritariamente, uma teoria da argumentação, o presente escrito continua a enxergar importância no enfrentamento desta *vexata quaestio*;

2) O momento histórico que fez desabrochar, com maior ênfase, a questão das lacunas no direito foi justamente quando se pretendeu, no período da Escola da Exegese (Séc. XIX), codificar todo o direito. A idéia de completude do ordenamento jurídico foi cedendo espaço para novas situações sociais. Destarte, constatou-se que o subsistema normativo não

---

[48] O professor FERNANDO JOSÉ BRONZE entende que a questão das lacunas está superada, ante a abertura do sistema jurídico. Os leitores que desejarem beber de límpida fonte do saber jurídico hão de ler as suas Lições de Introdução ao Direito, obra já citada, especificamente na p. 460, onde a nota de rodapé 145 expressa o rico pensar do autor sobre a questão em tela.

[49] Não se cogita aqui da análise da problemática das lacunas sob a visão ingênua do positivismo exegético, mas de um positivismo mais moderno (racionalista, reflexivo ou da escola analítica).

teria como prever todos os fatos juridicamente relevantes, eis que o legislador não era exaustivo na sua missão de criação normativa, tampouco tinha o dom da futurologia;

3) O sistema jurídico é, na visão de moderado positivismo (positivismo reflexivo) aqui adotada, felizmente incompleto, pois o preço pago pela presunção de se ter um sistema jurídico dotado de completude é deveras dispendioso para a sociedade e para o ordenamento jurídico, pois condena as relações humanas a inquebrantáveis algemas, servindo tais amarras para a estagnação do evoluir social, além de obstacular o renovar necessário das letras jurídicas, impossibilitando-se que se elabore um repensar do direito, ou seja, impedindo que haja oxigênio novo na mente do jurista. Com efeito, existem lacunas normativas e a intranqüilidade momentânea causada pela inexistência de um dispositivo legal para solucionar o caso posto em apreço perante o Poder Judiciário não há que ser comparada com a hipótese de se eternizar, em um claustro instransponível, o saber da Ciência Dogmática do Direito.

4) Para uma adequada apreciação do ordenamento jurídico em sua magnitude, forçoso será a análise dos subsistemas fáticos, valorativos e normativos, pois o Direito é baseado na tríade do Fato, Valor e Norma[50], de sorte que esta última não pode estar desvinculada dos dois primeiros[51], sob pena de ocorrer uma quebra do sistema jurídico;

5) A colmatação das lacunas pode dar-se de forma intra e extra--sistemática;

6) A matéria em análise não é uníssona na doutrina. Como ficou claro ao longo do texto existem os que defendem a existência das lacunas e os que a renegam. No nosso sentir a tese de BOBBIO há de prevalecer ao pensar de ZITELMANN e DONATO DONATI, eis que quando se confrontam as normas gerais exclusivas e inclusivas tem-se o impasse da aplicação e aí

---

[50] O texto, como fica clarividente, adota a teoria tridimensional do direito defendida por MIGUEL REALE.

[51] O estudo ora elaborado não engrossa as fileiras dos positivistas radicais, no sentido de que se houver choque entre a norma e os fatos, tanto pior para os fatos, porquanto a norma vem a reboque das mutações sociais, não servindo de muro intransponível para as mudanças no plano fático.

surge o problema das lacunas (ante a exuberância de caminhos possíveis e em decorrência de carência de orientação de qual deles se deva seguir);

7) No ordenamento jurídico brasileiro, assim como ocorre no direito português e na maioria dos países, o Magistrado não pode deixar de dizer a quem pertence o direito, sob o argumento de que inexiste norma específica para o caso decidendo, porquanto não incide o primado do *non liquet*;

8) Os autores que defendem a existência das lacunas jurídicas estabelecem variadas classificações acerca dos espaços jurídicos em branco. Este ensaio optou pela classificação difundida no Brasil pela professora MARIA HELENA DINIZ[52], no sentido de que há três modalidades de lacunas: as normativas, as axiológicas e as ontológicas, sem olvidar as demais formas classificatórias. Realizando um estudo da questão sob o prisma da semiótica jurídica, não seria ilícito afirmar que as primeiras, igualmente nominadas de lacunas técnicas ou de regulação carecem de efetividade sintática (ex. quando um direito é posto na Carta Constitucional, mas necessitando de regulamentação infraconstitucional, ainda ausente), enquanto que as duas últimas se ressentem de efetividade semântica.

VII. BIBLIOGRAFIA UTILIZADA E RECOMENDADA

ASCENÇÃO, José de Oliveira. **O Direito: Introdução e Teoria Geral: Uma Perspectiva Luso-Brasileira.** – 11ª ed. – Coimbra: Livraria Almedina, 2003.
_____. **O Direito: Introdução e Teoria Geral: Uma Perspectiva Luso-Brasileira.** – Rio de Janeiro: Renovar, 1994.
BAPTISTA, José João. **Introdução às ciências jurídicas.** – Amadora: Editora Lusolivro, 1994.
BOBBIO, Norberto. **Teoria do ordenamento jurídico.** – 10ª ed. – Brasília: Editora Universidade de Brasília, 1999.
_____. **Teoria do ordenamento jurídico.** Brasília: Editora Universidade de Brasília. 1996.
_____. **Teoria general del derecho.** – 2ª ed. – Santa Fé de Bogotá: Editorial Temis, 1999.

---

[52] A autora brasileira possui obra de fôlego sobre a questão. Trata-se do conhecido "As lacunas no Direito". São Paulo: Saraiva, 2000.

568 *Rogério Magnus Varela Gonçalves*

BRONZE, Fernando José. **Lições de Introdução ao Direito**. – Coimbra: Coimbra Editora, 2002.

BRUNETTI. "In margine alla questione della completezza dell'ordinamento giuridico", **Rivista Internazionale di Filosofia del Diritto**, 1926.

CALLEJÓN, María Luisa Balaguer. **Interpretación de la Constitución y Ordenamiento Jurídico**. – Madrid: Tecnos, 1997.

CANARIS, Claus-Wilhelm. **Pensamento sistemático e conceito de sistema na ciência do direito**. – 3ª ed. – Lisboa: Fundação Calouste Gulbenkian, 2002.

CARNELUTTI, Francesco. **Teoria Geral do Direito**. São Paulo: Acadêmica, 1942.

CHAVES, Luciano Athayde. "O processo do trabalho e o novo disciplinamento dado à remessa oficial pela Lei n° 10.352/2001", **Revista do Tribunal Regional do Trabalho da 13ª Região**, vol. 12, n° 9. João Pessoa: Gráfica Borges, 2003, pp. 57/72.

CONSCIÊNCIA. Eurico Heitor. **Breve Introdução ao Estudo do Direito**. – Coimbra: Livraria Almedina, 1997.

COSSIO, Carlos. **La plenitud del ordenamiento jurídico**. – 2ª ed. – Buenos Aires: Editorial Losada, 1947.

COSTA, Mário Júlio de Almeida. **História do direito português**. – 3ª ed. – Coimbra: Almedina, 2003.

COVIELLO, Nicola, **Manuale di diritto civile italiano: parte geral**. 1924.

DINIZ, Maria Helena. **Norma constitucional e seus efeitos**. – 3ª ed. – São Paulo: Saraiva, 2003.

_____. **Compêndio de introdução à ciência do direito**. – 15ª ed. – São Paulo: Saraiva, 2003.

_____. **As lacunas no Direito**, São Paulo: Editora Saraiva, 2000.

_____. **As lacunas no Direito**. São Paulo: Revista dos Tribunais, 1980.

DONATI, Donato. **Il problema delle lacune dell'ordinamento giuridico**. Milão, 1910.

DUARTE, Maria Luísa. **Introdução ao Estudo do Direito: sumários desenvolvidos**. – Lisboa: Associação Acadêmica da Faculdade de Direito de Lisboa, 2003.

EHRLICH, Eugen. **Fundamentos da sociologia do direito**. Tradução de René Ernani Gertz, Brasília: UnB, 1986.

EIRÓ, Pedro. **Noções Elementares de Direito**. – Lisboa: Verbo, 1997.

ENGISCH, Karl. **Introdução ao Pensamento Jurídico**. Tradução de J. Baptista Machado. – 7ª ed. – Lisboa: Fundação Calouste Gulbenkian, 1996.

_____. **Introdução ao Pensamento Jurídico**. São Paulo: Calouste Gulbenkian, 1968.

FARIAS, Germán Cisneros. "Antinomias y lagunas constitucionales. Caso México", **In Cuestiones constitucionales: revista mexicana de derecho constitucional**", número 8. Cidade do México: Enero-Junio de 2003, pp. 47/71.

FERRAZ JÚNIOR, Tércio Sampaio. **Conceito de Sistema no Direito**. São Paulo: Revista dos Tribunais, 1976.

_____. **Introdução ao estudo do direito: técnica, decisão, dominação**. – 4ª ed. – São Paulo: Atlas, 2003.

GOMES, Nuno Sá. **Introdução ao Estudo do Direito**. – Lisboa: Lex, 2001.

GONÇALVES, Rogério Magnus Varela. **Direito Constitucional do Trabalho: aspectos controversos da automatização**. – Porto Alegre: Livraria do Advogado Editora, 2003.

JUSTO, António Santos. **Introdução ao Estudo do Direito**. – Coimbra: Coimbra Editora, 2001.

KELSEN, Hans. **Teoria Geral do Direito e do Estado**. Tradução de Luís Carlos Borges. – 3ª ed. – São Paulo: Martins Fontes, 1998.

LARENZ, Karl. **Metodologia da ciência do direito**. Tradução de José Lamego – 3ª ed. – Lisboa: Fundação Calouste Gulbenkian, 1997.

LATORRE, Angel. **Introdução ao Direito**. Tradução de Manuel de Alarcão. – 5ª reimpressão – Coimbra: Livraria Almedina, 2002.

LOPES, Miguel Maria de Serpa. **Curso de Direito Civil: vol I**. – 6ª ed. – Rio de Janeiro: Freitas Bastos, 1988.

LUHMANN, Niklas. **Die Einheit des Rechtssystems**, in Rechstheorie 14 (1983), pp. 129 e ss., trad. francesa *in* Archives de Philosophie du Droit, 31-1986.

MACHADO, João Baptista. **Introdução ao direito e ao discurso legitimador**. – 13ª reimpressão – Coimbra: Livraria Almedina, 2002.

MARQUES, J. Dias. **Introdução ao estudo do direito**. – 2ª ed. – Lisboa: Editora Pedro Ferreira, 1994.

MARQUES, Mário Reis. **História do direito português medieval e moderno**. – 2ª ed. – Coimbra: Almedina, 2002.

MONTORO, André Franco. **Introdução à Ciência do Direito**. – 23ª ed. – São Paulo: Editora Revista dos Tribunais, 1995.

NADER, Paulo. **Introdução ao estudo do direito**. – 23ª ed. – Rio de Janeiro: Forense, 2003.

NEVES, António Castanheira. **Curso de introdução ao estudo do direito**. – Coimbra: Composição e impressão João Abrantes. 1976.

_____. **Metodologia Jurídica: problemas fundamentais**. – Coimbra: Coimbra Editora, 1993.

REALE, Miguel. **Lições preliminares de direito**. – 27ª ed. ajustada ao novo código civil – São Paulo: Saraiva, 2002.

SOMLÓ, Felix. **Juristische Grundlehre**. Leipzig, 1927.

SOUSA, Marcelo Rebelo de e GALVÃO, Sofia. **Introdução ao estudo do direito**. – 5ª ed. – Lisboa: Lex, 2000.

TELLES, Inocêncio Galvão. **Introdução ao estudo do direito: volume I**. – 11ª ed. – Coimbra: Coimbra Editora, 2001.

ZITELMANN, Ernst. ***Lücken im recht***. Leipzig, 1903.

PARIDADE, A OUTRA IGUALDADE

por Vera Lúcia Carapeto Raposo

"It is then an affection for the whole human race that makes my pen dart rapidly along to support what I believe to be the cause of virtue; and the same motive leads me earnestly to wish to see woman placed in a station in which she would advance, instead of retarding, the progress of those glorious principles that give a substance to morality. My opinion, indeed, respecting the rights and duties of woman seems to flow so naturally from these simple principles, that I think it scarcely possible but that some of the enlarged minds who formed your admirable constitution will coincide with me."

(Mary Wollstonecraft, em carta dirigida a
M. Talleyrand-Perigord, Late Bishop of Autun)

1. O PRINCÍPIO DA IGUALDADE

Não existe ordenamento jurídico (ao menos no mundo civilizado) que não proclame fundamentar-se no princípio da igualdade, enquanto núcleo densificador da própria ideia de justiça e de direito. Por conseguinte, todos os seres humanos são, ao menos teoricamente, iguais.

Esta é uma afirmação clássica do mundo jurídico. Começou por ser afirmada no art. 1.º da Declaração da Independência dos Estados Unidos[1], foi reiterada pelos revolucionários franceses[2] e por muitos

---

[1] Art. 1.º da Declaração de Independência dos Estados Unidos, de 1776: "We hold these truths to be self-evident _ that all men are created equal; that they are endowed by their Creator with certain inalienable rights". Comentado esta norma paradigmática, Robert Dahl, "Political Equality and Political Rights", *Il Politico*, anno XLV,

outros textos que se seguiram. De entre estes o mais expressivo e marcante é a Declaração Universal dos Direitos do Homem, a qual, conquanto não represente um instrumento juridicamente vinculativo, é uma declaração política de incalculável valor[3].

1.1. Conceito pleno de significações

O princípio da igualdade, na sua versão mais simplificada, implica a abolição de todas as discriminações e privilégios. Mas, tratando-se de um conceito complexo, há que aprofundar o seu significado. Assim sendo, a igualdade exige também que: a) as situações iguais sejam tratadas de forma igual na medida dessa igualdade; b) as situações diferentes sejam tratadas de modo diferente, na medida dessa diferença (excepto quando tais situações tenham sido artificialmente criadas pelo legislador, porquanto nesse caso o princípio da igualdade reclama a compensação das desigualdades legislativamente instituída; c) se admitam medidas de discriminação positiva nas situações em que estas sejam instrumento necessário e adequado à colmatação de desigualdades fácticas previamente existentes[4].

---

n.° 4, 1980. Na p. 558, DAHL escreve: "One can put this assumption in a variety of ways; for example, positively, that the intrinsic good of each human being is the same as that of any other, and each person's good ought to be taken equally into account when decisions affecting them are being made; or negatively, that no human beings are intrinsically privileged and therefore entitled to have their beings treated as inherently superior to that of their persons".

[2] Art. 1.° da Declaração dos Direitos do Homem e do Cidadão, de 1789: "Les hommes naissent libres et égaux en droits".

[3] Art. 1.° da Declaração Universal dos Direitos do Homem, de 1948: "Todos os seres humanos nascem livres e iguais em dignidade e em direitos".

[4] Esclarecendo as múltiplas imposições do princípio da igualdade, Jorge MIRANDA, "Igualdade, Princípio da", *Polis, Enciclopédia da Sociedade e do Estado*, 3, p. 406; Jorge MIRANDA, "Igualdade e Participação Política da Mulher", *Democracia com mais Cidadania: a Questão da Igualdade na Participação Política*, Lisboa, Presidência do Conselho de Ministros, Imprensa Nacional-Casa da Moeda, 1998, p. 37 ss.

Sobre o princípio da igualdade enquanto princípio jurídico fundamental *vide*, por todos, J. J. Gomes CANOTILHO, *Direito Constitucional*, 6.ª edição, Coimbra, Almedina, 1993, p. 562 ss.; J. J Gomes CANOTILHO & Vital Moreira, *Constituição da República Portuguesa Anotada*, 3.ª edição, Coimbra, Coimbra Editora, 1993, p. 124 ss.; Maria da

1.2. A compreensão formal e a compreensão material da igualdade

Os entendimentos formal e material do princípio da igualdade devem-se a Platão, que distinguiu entre uma igualdade matemática, exacta, estrita, numérica, abstracta (formal) e uma igualdade verdadeira, efectiva, real, normativa, contextualizada (material)[5].

A igualdade formal, enquanto algébrica distribuição de bens sem olhar às qualidades específicas dos destinatários, actua sem olhar ao concreto. O liberalismo deixou-se seduzir pela aparente perfeição desta construção e à sua luz edificou os dogmas em que se fundamentou: "todos são iguais perante a lei", "a lei deve ser aplicada sem olhar às pessoas". Numa época em que valor do ser humano dependia de atributos como a raça, a religião, a cor da pele, o sexo, o título ou o rendimento, esta igualdade, embora incipiente e lacunosa, foi uma inovação subversiva. Claro que, subjacente a uma lacónica igualdade formal, persistiam aberrantes desigualdades, mas os doutrinadores da época conformaram-se com elas (porventura fomentaram-nas) pois seriam produto do normal funcionamento da máquina social.

Para os revolucionários liberais todos os cidadãos eram iguais em direitos e obrigações, como foi afirmado pelo art. 6.° da DDHC[6], segundo o qual a igualdade consiste no facto de a lei ser igual para todos, não admitindo distinção alguma referente ao nascimento e às possessões.

É certo que perante um tratamento formalmente igual emerge

Glória Ferreira PINTO, "O Princípio da Igualdade: Fórmula Vazia ou Fórmula Carregada de Sentido?", *Boletim do Ministério da Justiça*, n.° 358, 1986.

A recolha de algumas decisões célebres da jurisprudência portuguesa relativas ao princípio da igualdade pode encontrar-se em Martim de ALBUQUERQUE, *Da Igualdade: Introdução à Jurisprudência*, Coimbra, Livraria Almedina, 1993.

[5] Descrevendo as concepções de Platão relativas ao princípio da igualdade, Anne PETERS, *Women, Quotas and Constitution*, The Hauge, London, Boston, Kluwer Law International, 1999, p. 74 ss. Sobre estes dois entendimentos do princípio da igualdade, Anne PETERS, *Women, Quotas and Constitution*, cit., p. 74 ss.; Eliane VOGEL-POLSKY, "Les Femmes, la Citoyenneté Ruropéenne et le Traité de Maastricht", 1996, p. 2.

[6] Art. 6.° – "La loi est l'expression de la volonté générale. Tous les citoyens ont droit de concourir personnellement ou par leurs représentants à sa formation. Elle doit être la même pour tous, soit qu'elle protège soit qu'elle punisse. Tous les citoyens, étant égaux à ces yeux, sont également admissibles à toutes dignités, places et emplois publics, selon leur capacité, et sans autre distinction que celles de leurs vertus et de leurs talents".

imediatamente uma presunção de constitucionalidade. Mas essa presunção é facilmente ilidida quando se atente à injustiça do caso concreto.

Assim entrou em cena a igualdade material, segundo a qual a distribuição de bens orienta-se pelos fins e necessidades de cada pessoa em concreto. Logo, a lei não tem que ser igual para todos, tem é que ser justa para todos. A elaboração e aplicação do direito passa a sujeitar-se a regimes diferenciados. Se o critério de diferenciação entre as situações for puramente aleatório será discriminatório e, por conseguinte, violador do princípio da igualdade. Ao invés, tratando-se de um critério juridicamente justificado, respeitará o princípio da igualdade material (embora contrariando a igualdade formal)[7].

A igualdade formal pressupõe uma disciplina uniforme e interdita regimes personalizados. Já a igualdade substancial autoriza, e pode mesmo prescrever, normas específicas para grupos determinados de pessoas.

Diferem também quanto ao modo como valoram as especificidades que marcam o ser humano. Segundo a igualdade formal, as diferenças sexuais, raciais ou religiosas entre as pessoas não têm qualquer significado jurídico, isto é, não podem condicionar o regime jurídico aplicado. Logo, todos são tratadas *as equals*, ainda que se ficcione essa pretensa igualdade natural. Em contrapartida, para a igualdade material estas diferenças assumem efectivamente relevância jurídica, de tal forma que poderão condicionar os direitos e deveres de cada um. Em função das consequências ligadas às particularidades individuais poderá revelar-se adequado, ou mesmo necessário, prever regimes jurídicos diferenciados. Neste caso, as pessoas serão tratadas *equally*, de forma equitativa, inclusive de forma desigual quando tal for necessário para repor a verdadeira igualdade, entretanto perdida.

Não significa isto que a igualdade formal não desempenhe um papel essencial. Sem ela o direito continuaria a ser uma disciplina fundada em castas ou ordens sociais. Porém, atribuir prevalência à igualdade material sobre a igualdade formal é reconhecer que, mais do que tratar as pessoas de forma igual, há que tratá-las de forma justa[8].

---

[7] "Equal protection does not require that all persons be dealt with identically (…) it does require that a distinction (that is) made have some relevance to the purpose for which the classification is made" – *Case Baxstrom v. Herold*, (1966), 383 U.S. 107, 111, *apud* Anne PETERS, *Women, Quotas and Constitution*, *cit.*, p. 78.

[8] A umbilical ligação entre igualdade material e justiça também é estabelecida por Michele AINIS, "Azione Positive e Principio d'Eguaglianza", *Giurisprudenza Costituzionale*, anno XXXVII, fasc. 1, 1992, p. 594 ss., 602 ss.

Escreve Eva BREMS, acentuando a exiguidade da igualdade formal: "... formal

1.3. Os sucessivos entendimentos da igualdade e da desigualdade

Na primeira etapa lógica da dialéctica da igualdade o conceito de diferença relacionou-se com o de desigualdade, ou seja, aqueles considerados diferentes eram tratados como seres inferiores ou superiores, consoante a forma como a diferença era valorada. As mulheres eram então concebidas como seres negativamente diferentes, logo, seres inferiores: fisicamente mais débeis, psicologicamente mais delicadas, socialmente mais inibidas.

Na segunda etapa da evolução a igualdade conexionou-se com a identidade, o que significa que todos tinham direito a ser tratados como iguais na medida em que cumprissem os critérios de identidade. Nesta fase realçaram-se as similitudes entre as pessoas, de modo a combater as desigualdades que caracterizaram a primeira etapa. Poderiam existir diferenças físicas e psicológicas entre homens e mulheres, mas estas eram consideradas tão capazes e tão úteis quanto aqueles.

Finalmente, na terceira etapa a diferença tornou-se o factor de correlação com a igualdade: todos gozam do direito a ser tratados de forma igual, proporcionalmente às suas diferenças, necessidades e aspirações. Estas disparidades devem ser invocadas, não para subalternizar, mas sim para promover a realização de cada uma dessas necessidades. A discriminação positiva é uma importante via no caminho para esta terceira etapa. O sexo deixou de ser entendido como um dado biológico-natural, para passar a construção sócio-legal, transmutando-se em género[9].

2. A DISCRIMINAÇÃO POSITIVA

Enquanto manifestação do direito antidiscriminatório, a discri-

---

equality is not sufficient (...) equality can no longer be realized by consistently eliminating all context-related factors. Rather, sometimes equality requires that context-related factors are taken into account. So if human rights are to be universal in the sense that they apply in an equal manner to all women and men, they must sometimes take into account gender-based differences as relevant elements..." (Eva BREMS, "Protecting the Human Rights of Women: A Matter of Inclusive Universality", draft to be published in *Human Rights: The Next Fifty Years*, eds. Lyons & Meyall, 2000, p. 6).

[9] A progressão dialéctica da igualdade é apontada por Michel ROSENFELD, "Decoding Richmond: Affirmative Action and the Elusive Meaning of Constitutional Equality", *Michigan Law Review*, vol. 87, n.° 7, 1989, p. 88.

minação positiva destina-se a combater os regimes discriminatórios, consciente ou inconscientemente gerados pelo direito.

A batalha encetada pela discriminação positiva assenta numa diferente valoração de certas características pessoais. Ao longo da história das sociedades humanas tais características foram erigidas (muitas vezes pela própria lei) em estigmas de discriminação e subordinação. Mais tarde o direito impôs a sua irrelevância. Muito recentemente (a partir da segunda metade do século passado[10]) o edifício jurídico sofreu uma completa revolução coperniciana neste domínio, passando a utilizá-las como fundamento para a atribuição de tratamentos preferenciais. Aquilo que começara por ser relevante, e depois se tornara irrelevante, viria de novo a relevar, mas desta feita para outros propósitos. Enquanto primeiramente existia uma discriminação contra certas pessoas, mais tarde emergiu uma discriminação para essas pessoas, ou seja, a seu favor[11].

2.1. Conceito de discriminação

A discriminação define-se como toda a distinção, restrição, exclusão ou preferência fundada em certas características do indivíduo (cor, ascendência, origem nacional ou étnica, religião, sexo, preferência sexual, entre outras) que tenha por objectivo ou por efeito a destruição ou o comprometimento do reconhecimento, gozo ou exercício dos direi-

---

[10] Sobre a génese da discriminação positiva nos Estados Unidos (país de onde são originárias), Michele AINIS, "Azione Positive e Principio d'Eguaglianza", *cit.*, p. 586 ss.; Judith BAER, "Women's Rights and the Limits of Constitutional Doctrine", *The Western Political Quarterly*, 1991, p. 827 ss.; M. Angeles BARRÈRE UNZUETA, *Discriminación, Derecho Antidiscriminatório y Acción Positiva en Favor de las Mujeres*, Madrid, Editorial Civitas, 1997, p. 35 ss., 45 ss.; Steven CAHN, *The Affirmative Action Debate*, New York, Routledge, 1995, p. *xi* ss.; Susan CLAYTON & Faye CROSBY, *Justice, Gender and Affirmative Action,* Michigan, University of Michigan Press, 1992, p. 12 ss.; David GIMÉNEZ GLUCK, *Una Manifestación Polémica del Principio de Igualdad: Acciones Positivas Moderadas y Medidas de Discriminación Inversa*, Valencia, Tirant lo Blanch, 1999, p. 92 ss.; Anne PETERS, *Women, Quotas and Constitution, cit.*, p. 3 ss.; Alice YOTOPOULOS-MORANGOPOULOS, *Les Mesures Positives Pour Une Égalité Effective des Sexes*, Athènes, Sakkoulas, Bruxelles, Bruylant, 1998, p. 36 ss.

[11] Sobre o modo como as características diferenciadoras foram sendo entendidas ao longo da história, *vide* James W. NICKEL, "Discrimination and Morally Relevant Characteristics", *The Affirmative Action Debate*, (ed. Steven CAHN), New York, Routledge, 1995 (também publicado em *Analysis*, 32, 1972.

tos humanos e das liberdades fundamentais em condições de igualdade[12].

A noção de discriminação pode ser tomada em sentido amplo, enquanto toda e qualquer violação do princípio da igualdade; ou em sentido restrito, enquanto violação qualificada do princípio da igualdade, caso se fundamente em algum dos critérios que surgem expressamente estabelecidos nos textos constitucionais como critérios proibidos de discriminação[13].

O carácter ilegítimo e inconstitucional da discriminação não se pode estender à diferenciação. Os tratamentos diferenciados não só são permitidos, como podem ser inclusive constitucionalmente cominados. Diferenciar significa apenas tratar alguém de forma distinta em função de certas particularidades, sem qualquer conotação pejorativa (aliás, na maior parte das vezes, o tratamento diferenciado acaba por ser mais benéfico para o sujeito).

2.2. Conceito de discriminação positiva

A designação "discriminação positiva" induz em erro. Pois o termo "discriminação" exprime tradicionalmente um sentido negativo, enquanto tratamento negativamente diferenciado de certas pessoas, em virtude de características que as afastam da maioria. O adjectivo "positiva" parece depois contradizer aquilo que o primeiro dos termos expressa.

---

[12] A definição do conceito de discriminação surge em diversos diplomas internacionais, entre os quais a Convenção Internacional para a Eliminação de Todas as Formas de Discriminação Racial e a Convenção para a Eliminação de Todas as Formas de Discriminação Contra as Mulheres.

Analisando o conceito de discriminação, Elviro ARANDA ÁLVAREZ, *Cuota de Mujeres y Régimen Electoral*, Madrid, Dykinson, 2001, p. 31 ss. *Vide* também Michele AINIS, "Azione Positive e Principio d'Eguaglianza", *cit.*, p. 587, para a compreensão do teste *Griggs*, usualmente utilizado nos países anglo-saxónicos para detectar um tratamento discriminatório.

[13] No caso português tais critérios surgem no art. 13.º da Constituição da República Portuguesa (doravante CRP). Sobre a problemática que marcou a introdução deste art. 13.º *vide* Maria Lúcia AMARAL, "Las Mujeres en el Derecho Constitucional Portugués", *Mujer y Constitución en España*, Madrid, Centro de Estudios Políticos y Constitucionales, 2000, p. 161. Quanto ao enquadramento do princípio da igualdade no contexto constitucional português, J. J Gomes CANOTILHO & Vital MOREIRA, *Constituição da República Portuguesa...*, *cit.*, p. 124.

578 Vera Lúcia Carapeto Raposo

Logo, ou a designação é uma contradição nos termos[14] ou, a ter algum sentido, será o de conferir um pendor favorável ao tratamento discriminatório. Contudo, "la discriminación, por mucho que se disfrace de positiva no deja de ser una discriminación y en un mundo que tiene por objeto prioritario la racionalización de los asuntos humanos, basándose en la igualdad jurídica de derechos y oportunidades para todos, cualquier discriminación debe ser evitada (...) el concepto de discriminación positiva debe usarse con máxima prudencia, reduciéndolo en su aplicación a muy contados casos. De hecho la discriminación positiva debería reservarse a situaciones límites en que se hubieran agotado todas las posibilidades de una elección racional"[15].

---

[14] Como defende M. Angeles BARRÈRE UNZUETA, *Discriminación, Derecho Antidiscriminatorio...*, *cit.*, p. 85, 86.

[15] L. ABELLÁN, Jornal *El País*, 01/05/76, *apud* Elviro ARANDA ÁLVAREZ, *Cuota de Mujeres...*, *cit.*, p. 85.

Ainda sobre discriminação positiva, Michele AINIS, "Azione Positive e Principio d'Eguaglianza", *cit.*; M. L. BALAGUER CALLEJÓN, "Desigualdad Compensatoria en el Acceso a Cargos Representativos en el Ordenamiento Jurídico Constitucional Español. Situaciones Comparadas", *Mujer y Constitución en España*, Madrid, Centro de Estudios Políticos y Constitucionales, 2000; Michael BAYLES, "Reparation to Wronged Groups", *The Affirmative Action Debate*, (ed. Steven CAHN), New York, Routledge, 1995, (também publicado em *Analysis*, 33, 1973); Keith BYBEE, "The Political Significance of Legal Ambiguity: The Case of Affirmative Action", *Law & Society*, vol. 34, n.º 2, 2000; Louis CHARPENTIER, *Le Dilemme de l'Action Positive*, European University Institute, Working Papers, SPS n.º 93/6, Florence, 1993; J. L. COWAN, "Inverse Discrimination", *The Affirmative Action Debate*, (ed. Steven CAHN), New York, Routledge, 1995; Clark CUNNINGHAM, & N. R. Madhava MENON, "Race, Class, Caste...? Rethinking Affirmative Action", *Michigan Law Review*, vol. 97, n.º 5, 1999; Edoardo GHERA, "Azioni Positivi e Pari Opportunità", *Giornale di Diritti del Lavoro e di Relazioni Industriali*, n.º 65, anno XVII, 1995; Thomas HILL, "The Message of Affirmative Action", *The Affirmative Action Debate*, (ed. Steven CAHN), New York, Routledge, 1995, (também publicado em *Social Philosophy & Policy*, 8, 1991); Vital MOREIRA, "A IV Revisão Constitucional e a Igualdade de Homens e Mulheres", *Boletim da Faculdade de Direito*, Universidade de Coimbra, vol. LXXIV, 1998; Vital MOREIRA, "O art. 109.º da CRP e a Igualdade de Homens e Mulheres...", *cit.* ; Lisa NEWTON, "Reverse Discrimination as Unjustified", *The Affirmative Action Debate*, (ed. Steven CAHN), New York, Routledge, 1995, (também publicado em *Ethics*, 83, 1973); James W. NICKEL, "Discrimination and Morally...", *cit.*; Anne PETERS, *Women, Quotas and Constitution*, *cit.*; Maria José Morais PIRES, "A Discriminação Positiva no Direito Internacional e Europeu dos Direitos do Homem", *Separata do Boletim de Documentação e Direito Comparado*, n.º duplo 63/64, Procuradoria Geral da República, 1995; Michel ROSENFELD, "Decoding Richmond: Affirmative Action...", *cit.*

Daí que muitos autores rejeitem esta designação, preferindo utilizar a tradução da expressão anglo-saxónica *affirmative action*: acção positiva[16].

Os problemas suscitados pela designação deste fenómeno não são menores do que os provocados pela sua definição, particularmente quando se trata de a distinguir da discriminação *tout court*, mas, na verdade, são conceitos antinómicos. Aquela primeira visa combater os resultados nocivos que esta última provoca. Realiza essa finalidade mediante a adopção de medidas transitórias, dirigidas a grupos específicos da sociedade, a fim de compensar as lacunas ou deficiências que efectivamente os marcam, ou com as quais a sociedade os marcou, discriminando-os de forma danosa e atentatória da sua dignidade como seres humanos. A razão de ser do tratamento especialmente favorável conferido aos membros do colectivo em causa radica na sua pertença ao grupo, não em qualidades particulares e individuais de que sejam portadores. O benefício que aportam para o colectivo não lesa terceiros de forma directa e imediata, mantendo-se assim nos limites ditados pelo princípio da igualdade em sentido material, mas superando, com o seu carácter radical, a igualdade em sentido formal[17].

Tais medidas actuam através de regimes diferenciados, mas não discriminadores, pois o seu intuito é precisamente o de satisfazer todas as exigências do princípio da igualdade materialmente compreendido, o qual exige por vezes tratamentos desiguais (desigualdade à partida) a fim de atingir a igualdade (igualdade à chegada). Fala-se em igualdade de oportunidade para exprimir aquela primeira e em igualdade de resultados para expressar esta segunda[18]. A realização da igualdade à chegada apenas

---

[16] Defendendo que os dois conceitos não são sinónimos e apontando os respectivos critérios distintivos, M. Angeles BARRÈRE UNZUETA, *Discriminación, Derecho Antidiscriminatorio...*, *cit.*, p. 86, 87.

Porém, uma vez que o termo "discriminação positiva" é o tradicional no ordenamento jurídico português e, além do mais, esta designação expressa de forma elucidativa o fenómeno a que se refere, será esta a denominação aqui utilizada.

[17] Para maiores esclarecimentos sobre os benefícios que aporta para os membros do grupo e os prejuízos que acarreta para os que lhe são estranhos, M. L. BALAGUER CALLEJÓN, "Desigualdad Compensatoria en el Acceso a Cargos Representativos...", *cit.*, p. 387; David GIMÉNEZ GLUCK, *Una Manifestación Polémica del Principio de Igualdad*, *cit.*, p. 62 ss.

[18] Distinguindo e analisando os dois momentos de realização da igualdade (à partida e à chegada) David GIMÉNEZ GLUCK, *Una Manifestación Polémica del Principio de Igualdad*, *cit.*, p. 45, 46. Utilizando a terminologia de Martim de ALBUQUERQUE, poder-

pela discriminação positiva pode ser garantida. As restantes medidas de igualdade são insuficientes para a realizar, ficando-se, mais modestamente, pela igualdade à partida.

As definições de discriminação positiva proliferam[19]. Algumas delas partem de uma noção (demasiado) ampla, nela inserindo todas as medidas promotoras da igualdade, desde alterações no carácter sexista da educação, até à criação de centros de planeamento familiar, passando pela instituição de comités de igualdade nas empresas, ou mesmo prestações concedidas pelos Estado[20]. Tais medidas poderão configurar soluções de igualdade à partida, mas não de igualdade à chegada, pois não garantem que o resultado satisfaça as pretensões de igualdade que as motivaram. Este entendimento, de tão amplo, dilui a teleologia da discriminação positiva, desfigurando-a. Pois a genuína discriminação positiva dirige-se à igualdade de resultados e não à igualdade de pontos de partida. Logo, as soluções referidas serão medidas promotoras da igualdade, mas não discriminação positiva *proprio sensu*.

2.3. **Manifestações de discriminação positiva**

A discriminação positiva varia consoante a sua força conformadora – medidas brandas (*soft*), enérgicas (*aggressive*) e destruidoras (*hardball*) – e as modalidades que pode assumir.

Quando se trata de adicionar pontos extra a membros de categorias particularmente desfavorecidas, a fim de elevar a sua posição no *ranking* de candidatos, é de *plus factor* que se fala.

Outras vezes fixam-se determinados objectivos de igualdade, a atingir segundo as formas mais adequadas a cada situação concreta. São os *goals*.

-se-á falar, respectivamente, em "meta igualitária mínima" e "meta igualitária máxima". Cfr. Martim de ALBUQUERQUE, *Da Igualdade: Introdução à Jurisprudência, cit.*, p. 331.

[19] "Les mesures positives (...) sont un moyen complémentaire aux droits sociaux qui sert à écarter les obstacles socioéconomiques particuliers, à commencer par les préjugés, que chaque groupe social faible a à affronter et qui l'empêche de jouir sur un pied d'égalité avec les groupes non défavorisés des droits de la personne humaine". Cfr. Alice YOTOPOULOS-MORANGOPOULOS, *Les Mesures Positives pour une Égalité…, cit.*, p. 121.

[20] Neste sentido, Robert ALEXYS, *Teoría de los Derechos Fundamentales,* Madrid, Centro de Estudios Constitucionales, 1985, p. 419, *apud* David GIMÉNEZ GLUCK, *Una Manifestación Polémica del Principio de Igualdad, cit.*, p. 61.

Quando a discriminação positiva toma a forma de uma percentagem pré-fixada de lugares, salvaguardados para os membros de grupos historicamente desfavorecidos, temos uma quota.

Nos Estados Unidos persiste uma profunda discussão doutrinal entre os adeptos de cada uma destas últimas modalidades de discriminação positiva. Em regra afirma-se que "goals are good, quotas are bad". Parece ser este o entendimento do *Supreme Court*, que rejeita sistematicamente as quotas em favor dos *goals*[21]. Em contrapartida, há quem defenda que na realidade não existe distinção entre ambas figuras, pois o objectivo representado pelo *goal* tem necessariamente que assumir uma forma numérica, isto é, uma percentagem reservada ao grupo desfavorecido, portanto, também o *goal* é afinal uma quota. Ainda assim persiste uma diferença. Mesmo que o *goal* fixe uma percentagem, esta não é rígida, mas sim flexível. Ela expressa um valor médio a atingir, uma finalidade a realizar mediante os meios considerados convenientes. No fundo reduz-se à concessão de um tratamento mais favorável a certas pessoas – a vinculação reside na obrigação de concessão deste tratamento – independentemente de se atingir ou não o objectivo proposto a *priori*. Já a quota exprime uma percentagem imutável, rígida, puramente matemática. Não se basta com a mera concessão de um tratamento mais favorável, exige outrossim que esse tratamento conduza à meta programada de antemão, a qual assume necessariamente uma forma numérica. Embora a genuína discriminação positiva se traduza sempre numa igualdade de resultados, são as quotas que verdadeiramente realizam este objectivo[22]. Por conseguinte, as quotas são a modalidade que representa a discriminação positiva na sua forma mais pura.

---

[21] Cfr. Michele Ainis, "Azione Positive e Principio d'Eguaglianza", *cit.*, p. 586.

[22] Segundo Mary Anne Warren a quota assume *standards* numéricos rígidos e elevados (*strong reverse discrimination*), ao passo que o *goal* representa apenas um esforço no sentido de preencher tais *standards*, sem no entanto cair na *strong reverse discrimination*. Cfr. Mary Anne Warren, "Secondary Sexism and Quota Hiring", *Philosophy and Public Affairs*, vol. 6, n.º 3, 1977, p. 253, *apud* David Giménez Gluck, *Una Manifestación Polémica del Principio de Igualdad, cit.*, p. 82.

Outros autores fundamentam a distinção no grau de vinculação de cada um: as quotas são vinculativas, os *goals* não o são. Todavia, uma vez que o *goal* é necessariamente fixado por uma norma jurídica, dizer isto equivale a reconhecer que existem normas jurídicas meramente orientadoras, o que contradiz a noção de "dever fazer" ou "dever não fazer" inerente à juridicidade. Cfr. M. Angeles Barrère Unzueta, *Discriminación, Derecho Antidiscriminatorio..., cit.*, p. 211.

Outra solução susceptível de se confundir com as quotas é o tratamento preferencial[23]. Este actua mediante a aplicação de um regime mais benéfico a certas pessoas, removendo os obstáculos com que se deparam, o que também o aproxima mais da igualdade de oportunidade do que da igualdade de resultados. Logo, embora se enquadre nas modalidades de discriminação positiva, não a traduz na sua forma pura. Tal como o *goal*, o *preferential treatment* assume um carácter flexível e condicionado, que o afasta das quotas, permitindo-lhe ultrapassar mais facilmente do que estas as barreiras do controlo judicial. Porém, também esta distinção é falível. Pois o tratamento preferencial concedido a certo grupo tem como pressuposto a ínfima representação do referido grupo em certos horizontes sociais, políticos e laborais. Esta escassez representativa pressupõe a prévia delimitação de uma percentagem que sirva de fasquia entre a proporção razoável e aquela considerada insuficiente. Esta percentagem é afinal uma quota[24]. Todavia, a percentagem do tratamento preferencial serve apenas de pressuposto para a sua actuação, ao passo que a percentagem da quota serve de finalidade a atingir.

2.3.1. *As quotas*

A quota é pois a modalidade mais radical de discriminação positiva, aquela que verdadeiramente garante a igualdade à chegada ou igualdade de resultados.

Traduz-se na reserva de determinado número ou percentagem de lugares para pessoas pertencentes a grupos particularmente desfavorecidos, independentemente dos respectivos méritos ou qualificações, o que lhes permite aceder aos postos com primazia face a indivíduos estranhos ao grupo.

Se a quota funcionar apenas quando os membros do grupo que se pretende favorecer estiverem em igualdade de circunstâncias face ao grupo preterido, será uma *soft* quota. Se, ao invés, actuar de forma a deixar aqueles primeiros completamente imunes a qualquer concorrência, permitindo-lhes o acesso aos lugares predestinados, ainda que os membros do grupo desfavorecido sejam mais aptos ou melhor qualificados, será uma *hard* quota.

---

[23] Sobre esta solução, David GIMÉNEZ GLUCK, *Una Manifestación Polémica del Principio de Igualdad*, *cit.*, p. 76, 154; Elviro ARANDA ÁLVAREZ, *Cuota de Mujeres...*, *cit.*, p. 45.

Paridade, a Outra Igualdade   583

As quotas, mormente nesta segunda modalidade, são as medidas de discriminação positiva sujeitas a um exame mais rigoroso, pois estão em causa prejuízos directos para terceiras pessoas[25]. Desde logo, terão que se fundamentar num valor constitucional, não apenas constitucionalmente admissível mas, de forma mais exigente, um valor constitucionalmente propugnado. Ainda que tal se verifique, é necessário que satisfaçam os critérios da necessidade, adequação e proporcionalidade, aquilatados mediante uma exigente avaliação face ao caso concreto[26].

Devido ao seu carácter extremista, mesmo os países que começaram por as aplicar estão agora a afastá-las, só as permitindo face à incapacidade e improficuidade de outras soluções mais moderadas[27].

2.4. O fracasso da discriminação positiva

A discriminação positiva destina-se a compensar os *handicaps* que oneram grupos delimitados de pessoas. De acordo com a sua definição, subsistem apenas enquanto tais *handicaps* se mantiverem. Em consonância, as medidas de discriminação positiva assumem sempre carácter temporário.

---

[24] No mesmo sentido, David GIMÉNEZ Gluck, *Una Manifestación Polémica del Principio de Igualdad, cit.*, p. 81.

[25] Os sujeitos que saem preteridos da competição perdem oportunidades ou bens a que teriam direito na ausência da medida, sofrendo pois um dano directo. Sobre a problemática suscitada por estas medidas e os testes de constitucionalidade a que estão sujeitas *vide* David GIMÉNEZ GLUCK, *Una Manifestación Polémica del Principio de Igualdad, cit.*, p. 77 ss., 165.

[26] "... el de la inutilidad, innecesariedad y desequilibrio del sacrificio; o, en otros términos: si éste resulta a priori absolutamente inútil para satisfacer el fin que dice perseguir, innecesario, por existir a todas luces otras alternativas más moderadas, susceptibles de alcanzar ese objetivo con igual grado de eficacia; o desproporcionado en sentido estricto, por generar patentemente más perjuicios que beneficios en el conjunto de bienes, derechos e intereses en juego". Cfr. Javier BARNES, "El Principio de Pro-porcionalidad. Estudio Preliminar", *Cuadernos de Derecho Público*, n.º 5, 1998, p. 6, *apud* Elviro ARANDA ÁLVAREZ, *Cuota de Mujeres..., cit.*, p. 48.

[27] Nos Estados Unidos, país de onde as quotas são originárias, a administração Clinton enviou às agência federais, em 1995, uma directiva na qual se dizia expressamente que "the policy principles are that any program must be eliminated or reformed if it (...) creates a quota". Consequentemente, só devem ser consideradas quando não sejam idóneos outros mecanismos de discriminação positiva menos intrusivos. Cfr. Anne PETERS, *Women, Quotas and Constitution, cit.*, p. 51 ss.

Estes traços caracterizantes explicam o público alvo da discriminação positiva: grupos demarcados em função de certas qualidades que retardam a sua progressão na sociedade. É o que ocorre, por exemplo, com os deficientes, os veteranos de guerra, os negros. Estes grupos particularmente desfavorecidos exigem, por força de certas particularidades, mecanismos específicos de defesa e promoção.

Aqui reside o paradoxo da utilização de soluções de discriminação positiva no que respeita às mulheres: os seres humanos do sexo feminino não constituem um grupo, classe ou categoria. Representam metade da humanidade (dimensão quantitativa), constituindo, juntamente com os homens, uma das duas únicas metades em que esta se divide (dimensão qualitativa)[28].

Todos os seres humanos são necessariamente homens ou mulheres, não podendo abdicar de o ser ou transformar-se em qualquer outra coisa[29].

O sexo (ou género, designação que hoje em dia parece levar primazia[30]) é a única característica que trespassa transversalmente a humanidade, de tal forma que nenhum ser humano se pode furtar a ela.

Não pesa sobre as mulheres nenhum dos *handicaps* capazes de justificar a discriminação positiva. Por conseguinte, e dada a natureza dos destinatários, qualquer medida de discriminação positiva que se aplicasse às mulheres teria necessariamente carácter perpétuo – pois, a existir aqui, o *handicap* seria genético, logo, manter-se-ia em princípio até ao fim da vida – o que desfiguraria a sua natureza intrínseca.

Daí que a paridade se revele como a solução mais adequada para a promoção das mulheres nos vários quadrantes da vida.

---

[28] Neste sentido, ADP, Aliança para a Democracia Paritária, *Afinal, o que é a Democracia Paritária?*, Lisboa, Aliança para a Democracia Paritária, 1999, p. 26.

Como escreve BADINTER, "... nous ne sommes pas la moitié d'une humanité universelle (égalité) mais la partie féminine de l'humanité (parité) en quelque sorte, une deuxième espèce humaine ". Cfr. E. BADINTER, "Non aux Quotas de Femmes", Journal *Le Monde*, 12 juin 1996, *apud* Louis FAVOREU, "La Recherche de l'Égalité de Représentation Politique entre Hommes et Femmes", s.d., p. 9.

[29] É certo que hoje em dia esta afirmação já não é assim tão conclusiva. Se desde sempre o fenómeno do hermafroditismo contraditou a aparente veracidade desta tese, as hodiernas intervenções cirúrgicas para alteração de sexo ainda mais a desmentem.

[30] Contrapondo os dois vocábulos e expondo os seus diferentes significados, Dale O'LEARY, *The Gender Agenda – Redifining Equality*, Louisiana, Vital Issues Press, 1997, p. 11, 120.

3. UMA NOVA IGUALDADE: A PARIDADE

A igualdade material surgiu como um aperfeiçoamento da igualdade formal. Mas também ela se viu a certa altura ultrapassada pela discriminação positiva. Ainda este último conceito não se tinha solidificado e já emergia um novo entendimento da igualdade, ainda mais radical e subversivo: a paridade.

A paridade pretende ser a igualdade na sua forma mais pura e mais justa. Resta saber se realiza verdadeiramente este utópico propósito ou se, pelo contrário, deturpa a igualdade até a esvaziar de sentido.

3.1. Génese histórica

A paridade construiu-se a partir do engenho criativo do Conselho da Europa, defrontado com as interrogações dos países emergentes da queda do bloco soviético, que procuravam entender o sentido do ideal democrático. Perante as insuficiências das democracias do mundo ocidental, mormente a exclusão de metade da população das lides do poder (a metade feminina), o Conselho da Europa excogitou este novo conceito: a paridade, enquanto forma mais sublime de igualdade e via para a genuína democracia[31].

Todavia, antes da expressão "paridade" ter surgido na Recomendação 1269, de 1995, da Assembleia Parlamentar, já em 1992 o termo surgia plasmado na Declaração da Cimeira Europeia das Mulheres no Poder[32]. Mas pensa-se que a primeira evocação da paridade – embora com um sentido bem menos delineado – tenha despontado na obra *Au Pouvoir Citoyennes – Liberté, Égalité, Parité*, de Gaspard e Servan-Schreiber[33].

---

[31] Sobre o conceito de paridade, *vide* Louis FAVOREU, "La Recherche de l'Égalité...", *cit.*, p. 8; Geneviève FRAISSE, *in* Gisèle HALIMI, *La Parité dans la Vie Politique,* Paris, La Documentation Française, 1999, p. 84

[32] "Tendo em conta que a igualdade formal e informal entre mulheres e homens é um direito fundamental do ser humano, tendo em conta que as mulheres representam mais de metade da população: a democracia exige a paridade na representação e no governo das nações".

[33] Cfr. María Antonia TRUJILLO, "La Paridad Política", *Mujer y Constitución en España*, Madrid, Centro de Estudios Políticos y Constitucionales, 2000, p. 356.

3.2. Conteúdo

A paridade traduz a intenção de distribuir todos os bens que existem no mundo por cada um dos sexos que compõem a humanidade, cabendo a cada um 50% desses bens, de forma a realizar a igualdade plena[34].

Ao invés das quotas, a paridade não se destina à compensação provisória de desigualdades passadas, mas sim ao estabelecimento permanente de uma representação quantitativamente igual entre homens e mulheres.

Até hoje a paridade apenas tem sido reivindicada em relação aos cargos políticos, enquanto forma de exercício de direitos políticos e de direcção do destino da Nação. A discriminação positiva, por seu turno, é chamada a participar noutros domínios, tais como a promoção de pessoas de determinadas características (sexo[35], raça, deficiência física) nomeadamente no mundo político, laboral ou educacional. Porém, note-se que a intenção que preside à paridade não afasta a sua aplicação no âmbito de outros horizontes, porquanto a sua ideia base – a sociedade é constituída por dois sexos e qualquer deles tem direito a metade de tudo – não se restringe ao campo da representação política.

3.3. Paridade *versus* quotas

A modalidade mais visível e eficaz de discriminação positiva são as quotas. A paridade, por sua vez, representa a quota na sua versão mais extrema. Se as quotas são uma via para atingir a igualdade, sem no entanto a realizar por inteiro, a paridade concretiza efectivamente essa igualdade[36]. A igualdade total não faz parte das pretensões das quotas, as quais visam apenas minorar as mais flagrantes discrepâncias na distribuição dos bens. Já a paridade não se satisfaz com menos do que a igualdade milimétricamente absoluta[37].

---

[34] Sobre algumas definições da paridade *vide* Gisèle HALIMI, *La Parité dans la Vie Politique*, *cit.*, p. 35; María Antonia TRUJILLO, "La Paridad Política", *cit.*; Élianne VIENNOT, *in* Gisèle HALIMI, *La Parité dans la Vie Politique*, *cit.*, p. 78.

[35] Embora a particularidade da característica "sexo" não seja adequada (pelos motivos já expostos) à teleologia que preside à discriminação positiva.

[36] Neste sentido Sylviane AGACINSKI, *Politique des Sexes*, Paris, Éditions du Seuil, 1998, p. 183.

[37] O carácter radical da paridade face às quotas surge explicitamente em COMPTE--SPONVILLE, *in* Gisèle HALIMI, *La Parité dans la Vie Politique*, *cit.*, p. 80.

Todavia, como este ideal é praticamente impossível de atingir, os ordenamentos jurídicos satisfazem-se com uma paridade menos paritária, isto é, com uma quota, cuja percentagem se situa necessariamente abaixo dos 50%[38].

A paridade é uma quota, a mais elevada possível, mas os conceitos não se confundem. Quando muito, poder-se-á dizer que a quota é a paridade na sua versão mais moderada e a paridade é a quota na sua versão mais exigente.

A paridade é pois um fim em si mesma (pois ela própria perfaz a igualdade) e não um instrumento para um fim, enquanto as quotas são um instrumento para realizar a igualdade[39].

As quotas produziram efeito útil em alguns países, nomeadamente nos países nórdicos. Mas é a paridade – e não as quotas – que concretiza verdadeiramente o princípio da igualdade[40].

"La parité est autre chose que l'égalité. Il n'est pas demandé que femmes et hommes puissent ensemble, et à l'égalité, traiter des questions politiques; mais qu'ils puissent le faire côte à côte, et de manière différente, avec chacun des qualités qui leur sont propres. La démocratie n'est plus le fait de citoyens interchangeables, mais d'hommes et des femmes paritairement représentés. La parité ne peut

---

[38] Ainda que se as respectivas leis chamem a si mesma o propósito de instauração da paridade. Assim sucedeu com alguns dos diplomas apresentados em Portugal (Proposta de Lei n.º 40/VIII e Projecto de Lei n.º 388/VIII) destinados a introduzir entre nós quotas de género na composição dos órgãos políticos representativos. Afirmava o preâmbulo do Projecto de Lei n.º 388/VIII: "A paridade baseia-se na ideia de que a humanidade é sexuada e deve por isso ser reconhecida a sua dualidade: é constituída por homens e mulheres que devem partilhar as diversas esferas da vida, do privado ao político". Embora tais diplomas sufragassem a concepção de que a humanidade é intrínseca e inevitavelmente composta por pessoas de dois sexos distintos, pressuposto base da paridade, afastavam-se desta na medida em que cominavam uma quota inferior a 50%, o que as aproximava da discriminação positiva. A intenção de implementação da paridade é patente no Relatório e Parecer da Comissão de Assuntos Constitucionais, Direitos, Liberdades e Garantias, relativo às finalidades aqui subjacentes : "... a introdução da paridade ainda que garantida apenas na proporção de 33.3 % para 66.7%" (Diário da República, II Série-A, n.º 46, 31 de Março de 2001, p. 1598).

[39] No mesmo sentido, Jorge MIRANDA, *in* AAVV, *II Conferência das Comissões Parlamentares para a Igualdade de Oportunidades*, Lisboa, Assembleia da República, Comissão para a Paridade, Igualdade de Oportunidades e Família, 1999, p. 50.

[40] Defendendo a supremacia da paridade face às quotas, Louis FAVOREU, "La Recherche de l'Égalité...", *cit.*, p. 9.

588 · Vera Lúcia Carapeto Raposo

plus s'analyser en une inflexion provisoire du principe d'égalité: elle remplace l'égalité."[41]

3.4. Pressupostos da paridade

A paridade parte dos seguintes pressupostos: i) a humanidade é sexuada (seguindo o conceito de género poder-se-á dizer, utilizando a expressão anglo-saxónica, *genderised*); ii) o género é uma característica indefectível e especificante, que divide a humanidade em duas metades, as quais funcionam como blocos estanques; iii) tudo o que existe no mundo deve ser repartido em termos rigorosamente iguais entre esses dois blocos.

3.4.1. *A humanidade é sexuada*

O primeiro pressuposto exprime a característica que necessariamente marca todos os seres da espécie humana: o sexo/género. Nesta perspectiva, não existem seres humanos indiferenciados, mas sim homens e mulheres. Até ao presente, a História tem balançado entre perspectivas distintas quanto ao modo de conceber a relação entre os sexos.

Desde a mais recuada antiguidade que os sexos são vistos como dois pólos opostos, mas complementares, conquanto um deles (o masculino) tenha sempre prevalecido sobre o outro (o feminino). Tal prevalência assumiu, um certas épocas históricas e em determinadas latitudes geográficas, formas de autêntica subordinação[42]. Procurava-se vislumbrar em cada ser aquilo que o distinguia negativamente da maioria, considerada o modelo a seguir e o ponto de comparação. As diversas notas distintivas eram concebidas como algo negativo, justificativo da um tratamento diferenciado para o sujeito em causa, mais duro e mesmo estigmatizante.

---

[41] Louis FAVOREU, "La Recherche de l'Égalité...", *cit.*, p. 9.

[42] O que levou alguns autores, especialmente da corrente de pensamento feminista, a invocar uma perspectiva de *dominance approach* como a mais adequada para compreender as relações entre os sexos. Entre estes autores destaca-se sobretudo Catharine MACKINNON. Na sua obra *Feminism Unmodified* pode ler-se: "Gender is an inequality of power, a social status based on who is permitted to do what to whom (...) a discourse of gender difference serves as ideology to neutralize, rationalize, and cover disparities of power, even as it appears to criticize them. Difference is the velvet glove on the iron fist of domination" – Cfr. Catharine MACKINNON, *Feminism Unmodified*, Cambridge, Harvard University Press, 1987, p. 8.

Na segunda metade do século passado começou a desenhar-se a perspectiva da indiferenciação entre os sexos, de tal modo que seria absolutamente irrelevante ser homem ou mulher, pois afinal todos compartilhariam um atributo comum e mais amplo, que se sobrepunha às particularidades de cada um: a pertença à espécie humana. Porém, subjacente a esta aparente indiferenciação, escondia-se a sempre presente concepção do homem como o ser perfeito, que funcionava como "norma" face à imperfeição feminina. Pois quando se afirmava que as mulheres deveriam ter os mesmo direitos dos homens na medida em que eram iguais a eles, isto é, eram também seres humanos, estava-se a elevar o masculino a termo comparativo. Por conseguinte, a mulher poderia ser objecto do mesmo regime aplicável aos seus congéneres masculinos, mas apenas quando se amoldasse às suas regras[43].

Actualmente voltámos a colocar a tónica na diferença, mas agora não para segregar e sim para beneficiar. O que significa que aqueles considerados diferentes são objecto de um regime jurídico que se revela adequado às suas particularidades, não as atenuando mas, ao invés, conservando-as, pois a diferença é hoje sentida como um factor a preservar. Assim se explica que o direito à diferença se afirme cada vez mais como um direito fundamental.

O princípio da igualdade percorreu um caminho sinuoso, que parte da diferença, tentando aboli-la; segue para a neutralidade, apontado aquilo que une as pessoas e não o que as separa, até chegar de novo à diferença, mas desta feita para a salvaguardar.[44]

A paridade existe na medida em que se defenda que a diferença sexual é a mais decisiva classificação da espécie humana. Ou seja, cada um é aquilo que é em função do respectivo sexo, sendo também este a demarcar a porção a que cada qual tem direito no leque de bens disponíveis, porção essa que há de ser rigorosamente igual para ambos sexos[45].

---

[43] No mesmo sentido Teresa Pizarro BELEZA, "Genderising Human Rights: from Equality to Women's Law", *EU-China Dialogue, Perspectives on Human Rights* (ed. Merja PENTIKAINEN), Finland, Northern Institute for Environmental and Minority Law, 2000, p. 178.

[44] Descrevendo a progressão dialéctica do princípio da igualdade, Michel ROSENFELD, "Igualdad y Acción Afirmativa para las Mujeres en la Constitución de los Estados Unidos", *Mujer y Constitución en España*, Madrid, Centro de Estudios Políticos y Constitucionales, 2000, p. 88.

[45] Ao assentar num pressuposto tão falível, a paridade presta-se a fortes críticas. De facto, defender que a mais decisiva divisão da humanidade é a sexual, por ser eterna e

3.4.2. *O género define quem somos*

Esta pressuposição funda-se no princípio de que os homens e as mulheres são intrinsecamente distintos[46].

Essa diferença tem-se revelado hostil para o género feminino, tradicionalmente marginalizado e subalternizado devido ao estigma da diferença.

Porém, diferença não é sinónimo de desigualdade.

Enquanto a diferença exprime uma não semelhança entre indivíduos, sem qualquer tipo de conotação positiva ou negativa, já a desigualdade traduz uma hierarquia perturbadora no seio de uma sociedade que se proclama democrática e de direito. Todavia, o entendimento clássico da diferença associa-a a hierarquizações negativas face àquele que é considerado diferente[47], nesta medida aproximando-a e confundindo-a com a desigualdade.

Por conseguinte, a enunciação da diferença entre sexos não é de repudiar, excepto quanto se entenda a diferença nos moldes tradicionais. A questão reside em saber se tais diferenças, ainda que existam efectivamente, são de tal modo que cunhem a natureza constitutiva de cada um.

Caso se entenda que o sexo define quem somos, ter-se-á que aceitar que, em função do respectivo sexo, cada um de nós acordou em desempenhar certas funções na sociedade. Porém, este contrato social de género[48] escapa ao princípio da liberdade contratual, pelo menos para uma

---

imutável, é esquecer fenómenos que a ciência pode tornar possíveis, como sejam as intervenções cirúrgicas para alteração de sexo e a possibilidade de masculinizar ou feminizar toda a humanidade recorrendo aos processos de clonagem.

[46] Sobre as eventuais diferenças ou semelhanças entre os sexos *vide* Sylviane AGACINSKI, *Politique des Sexes, cit.*, p. 29; Teresa Pizarro BELEZA, "Género e Direito: da Igualdade ao Direito das Mulheres", *Thémis*, ano I, n.º 2, 2000, p. 12; Carol GILLIGAN, *In a Different Voice: Psychological Theory and Women's Development*, Cambridge, Harvard University Press, 1982; Joan TRONTO, "Beyond Gender Difference to a Theory of Care", *Feminism and Politics*, (ed. Joni LOVENDUSKI), vol. I, Aldershot, Dartmouth Publishing Company Limited, 2000 (também publicado em *Signs: Journal of Women in Culture and Society*, 12, p. 116).

[47] Paradoxalmente, hoje em dia, em época de apologia do direito à diferença, esta é hipervalorizada e assumida como uma mais-valia. Sobre o conceito de diferença *vide* ADP, Aliança para a Democracia Paritária, *Afinal, o que é a Democracia Paritária?, cit.*, p. 9.

[48] Esta denominação encontra-se em ADP, Aliança para a Democracia Paritária, *Afinal, o que é a Democracia Paritária?, cit.*, p. 17.

Paridade, a Outra Igualdade 591

das partes, pois as mulheres foram historicamente coagidas a comprometer-se com certas tarefas.

3.4.3. *A repartição de bens deve ser matemática*

A aplicação deste pressuposto à paridade política implica que a massa de eleitores e de eleitos de cada sexo seja rigorosamente igual, ou seja, 50% de homens e 50% de mulheres. Todavia, esta finalidade não só é irrealizável como indesejável.

Não é realizável porque uma representação política engendrada em termos tão artificias não subsistiria por muito tempo. Os representantes adquirem o seu título legitimador por vontade do povo, no qual reside a soberania. Segundo os princípios nucleares dos Estados democráticos, o voto deve ser livre, universal, directo e secreto. Aquela primeira qualificação é abolida se os eleitores não puderem votar no candidato que satisfaz as suas pretensões ou se esse voto perder valor em prol de um candidato do sexo considerado adequado para contrabalançar os níveis de representação política de género.

Ao manifestar as respectivas escolhas eleitorais, os eleitores não estão vinculados a seguir os critérios de igualdade e não discriminação constitucionalmente cominados (art. 13.º CRP). Os motivos pelos quais elegem certo candidato podem ir dos mais racionais aos mais mesquinhos. Nenhum candidato pode reclamar por não ter sido eleito (independentemente da bondade das motivações do eleitorado) ou pode reivindicar, por qualquer outro motivo, um direito subjectivo ao cargo.

Assim sendo, foi a vontade soberana da massa eleitoral que desenhou o actual corpo representativo que marca as nossas democracias. Se por um lado o monopólio masculino as torna menos democráticas, por outro lado, a sua legitimação na vontade popular (soberania popular) torna-as mais democráticas[49].

Seguindo esta linha de raciocínio, quer os mecanismos de discriminação positiva (particularmente as quotas), quer a paridade, viriam cercear a liberdade de voto exigida pelo princípio democrático. Esta asserção suscita duas dúvidas.

---

[49] Sublinhando que o actual predomínio esmagador nos centros de poder é mero produto da vontade do povo, inclusivamente da parte feminina, ao que parece pouco interessada em ter representantes do seu próprio sexo, Dale O'LERAY, *The Gender Agenda...*, *cit.*, p. 132.

Antes de mais cumpre esclarecer se o voto é plenamente livre. Será que os eleitores podem votar no candidato que mais os satisfaz? Em princípio podem, mas apenas pressupondo que se trata de uma pessoa elegível, que consiga o número exigido de assinaturas, que efectivamente apresente a sua candidatura e que o partido a insira na lista (e em lugar elegível). Ainda assim, nada garante aos eleitores que o candidato da sua preferência será eleito. Factores como as inelegibilidades ou outros requisitos de candidatura, o sistema de círculos eleitorais conjugado com o método eleitoral, as opções partidárias, tudo isto cerceia a liberdade de voto (pois embora o acto de votar seja livre, o resultado desse acto pode não corresponder ao desejo dos votantes). De todas elas, a mais restritiva é a que se prende com as escolhas partidárias, isto é, com o modo como os partidos designam os seus candidatos e os inserem em determinado lugar da lista que apresentam a votos. Esta restrição é particularmente visível nos sistemas de listas fechadas, porquanto neles os eleitores não podem alterar a ordem dos candidatos fixada de antemão pelos partidos. Limitam--se a aceitar ou a rejeitar em bloco a lista. Por conseguinte, se alguma inconstitucionalidade houvesse a apontar seria a este sistema de lista fechada[50]. Não só limita a liberdade de voto como também a liberdade de candidatura, pois em muitos países (entre eles Portugal) apenas se admitem heterocandidaturas, o que significa que os partidos políticos detêm o monopólio da escolha dos candidatos que serão apresentados aos eleitores.

Será que a imposição de quotas (uma quota pura ou uma quota/paridade de 50%) coarcta a liberdade de voto?

As quotas limitam tanto (ou tão pouco) quanto os referidos requisitos de candidatura. Segundo Alice Youtopoulos-Morangopoulos as quotas até respeitam mais os ditames constitucionais, pois realizam a igualdade de forma plena[51]. Todavia, essa igualdade pode consubstanciar-se de diferentes modos.

Numa perspectiva mais modesta, poderemos ambicionar um patamar mínimo de igualdade, isto é, combater o monopólio dos pólos de poder por parte de um dos sexos, sem contudo realizar em termos absolutos uma igualdade milimétrica. Por conseguinte, as leis imporão uma participação

---

[50] Quanto ao funcionamento dos sistemas eleitorais, dos círculos eleitorais e dos diversos tipos de listas, Vital MOREIRA, *Sistemas Eleitorais*, s.d.

[51] Alice YOTOPOULOS-MORANGOPOULOS, *Les Mesures Positives pour une Égalité...*, *cit.*, p. 90 ss.

mínima de pessoas de sexo diferente nos centros do poder (fixando uma percentagem que não alcançará os 50% e que em regra se fica pelos 30% ou 33%) ou proibirá a participação de pessoas do mesmo sexo para além de determinada percentagem (seguindo os exemplos anteriores, será respectivamente de 70% ou de 67%).

Numa perspectiva mais ambiciosa, reclama-se que os cargos políticos representativos sejam matematicamente repartidos pelas duas metades da humanidade (eis a visão sexuada da sociedade), ou seja, 50% para cada sexo[52].

Desde as revoluções liberais que se entende que os Parlamentos devem ser o espelho da Nação. Mas tal não significa que a devam reflectir em termos milimétricos. Exprime apenas a intenção de ver representada no Parlamento a diversidade social e política[53] que tece a sociedade.

Agacinski explica esta função representativa do Parlamento recorrendo a uma analogia das artes plásticas[54]. A imagem fotográfica pretende representar com fidelidade o sujeito fotografado, enquanto a imagem pictural visa apenas fornecer uma imagem geral desse sujeito, que em regra nem corresponde por inteiro àquilo que ele é na realidade. Enquanto a primeira é uma cópia, esta segunda é uma reprodução cons-truída pelo autor. Era precisamente assim que Montesquieu concebia o papel dos representantes políticos: a sua actuação assemelhar-se-ia à dos actores em palco. Não se trata de reimprimir passivamente a vontade do povo, mas sim de a reconstruir, acrescentando algo de seu. Agancisnki diz mesmo que não existe vontade do povo enquanto ela não é revelada pelos seus legítimos representantes.

Agacisnki utiliza este analogismo para explicar que o facto de haver mais mulheres no Parlamento não implicaria a atribuição de uma voz privilegiada ao género feminino, pois ao recrear a vontade popular não se restringiriam à vontade das mulheres eleitoras. Assim se afasta a crítica de que a instauração de quotas para sectores específicos da população atenta

---

[52] Porém, se quisermos respeitar por inteiro a proporcionalidade matemática, dir-se-á que as mulheres deteriam 52% dos cargos e os homens apenas 48%, pois em termos populacionais as mulheres ultrapassam os homens em 4%, tanto a nível mundial como a nível nacional.

[53] Repare-se como nunca se pensou na representação da diversidade sexual, até porque à data da formulação da teoria representativa as mulheres não eram cidadãos (cidadãs) ou, quando muito, seriam cidadãos de segunda classe, afastadas das lides políticas.

[54] Cfr. Sylviane AGACINSKI, *Politique des Sexes, cit.*, p. 202 ss.

594 *Vera Lúcia Carapeto Raposo*

contra o princípio da indivisibilidade da Nação e alimenta sinistras categorizações entre os seres humanos[55].

Todavia, este mesmo arrazoado pode servir para demonstrar o oposto e atacar as quotas. Pois se o Parlamento é um desenho do real e não uma fotografia, a sua composição tem apenas que respeitar os principais traços desse real, não tem que ser fidedigno à sua efectiva composição. Não é pelo facto das mulheres estarem parcamente representadas, ou mesmo de todo ausentes, que deixa de desempenhar as suas funções representativas.

Até ao presente só em França se advogou a paridade absoluta em temos políticos, à luz da Lei n.º 2000/493, de 6 de Junho de 2000, permitida pela revisão constitucional operada em 1999 (Lei Constitucional 99/569, de 8 de Julho). Porém, esta intenção saiu gorada, continuando a percentagem feminina no Parlamento muito longe dos ambicionados 50%.

Os restantes países satisfazem-se com uma paridade um pouco menos paritária, isto é, com uma quota que não atinge os 50% e que representa o chamado "limiar da paridade"[56].

Mais do que isto será difícil de instituir e porventura desaconselhável. Não só pela sua excessiva artificialidade, que tornaria pouco operacional democracias deste tipo, mas também porque, mesmo que se entenda que a discriminação positiva ainda se mantém no limiar da constitucionalidade, o mesmo poderá não valer para a paridade, especialmente no que toca à hipotética violação do princípio da igualdade.

---

[55] Apontando o argumento da ilegítima categorização dos cidadãos, do fraccionamento da Nação e, por conseguinte, da soberania, Sylviane AGACINSKI, *Politique des Sexes, cit.*, p. 191 ss.; Elviro ARANDA ÁLVAREZ, *Cuota de Mujeres..., cit.*, p. 76; Louis FAVOREU, "La Recherche de l'Égalité...", *cit.*, p. 12, 13; Vital MOREIRA, "O art. 109.º da CRP e a Igualdade de Homens e Mulheres...", p. 59.

A propósito desta questão, escreve Elviro ARANDA ÁLVAREZ: "El problema de fondo de las cuotas y la representación paritaria es que sirven para potenciar una cultura de afinidades grupales donde el sujeto encuentra sus señas de identidad por su integración en un grupo que se distingue por su posición frente al otro. El individuo deja de reconocerse por ser miembro de la polís, por ser ciudadano, y lo hace por el lugar que ocupa en el grupo y por identificarse con los intereses que afectan al colectivo del que forma parte". Cfr. Elviro ARANDA ÁLVAREZ, *Cuota de Mujeres..., cit.*, p. 88.

[56] Cfr. ADP, Aliança para a Democracia Paritária, *Afinal, o que é a Democracia Paritária?, cit.*, p. 27.

3.5. Paridade e a igualdade

A igualdade justifica-se, não pelas diferenças entre os sexos, mas sim pelos traços que lhes são comuns.

Em contrapartida, a paridade fundamenta-se nas diferenças entre as pessoas – existem homens e existem mulheres, como seres intrinsecamente diferentes – embora rejeite a superioridade de umas sobre as outras.

O princípio da igualdade está consagrado em todos os textos constitucionais dos Estados de Direito democráticos, pelo menos na sua vertente formal. Em contrapartida, só alguns o consagram na vertente substancial. O legislador constitucional português plasmou a dimensão formal no art. 13.º CRP e a dimensão material em alguns preceitos especificamente consagrados para matérias particulares[57]. Mas nada na Constituição portuguesa admite expressamente o salto para a paridade. Dada a completa "insurreição" que a paridade implica no entendimento clássico da igualdade, nunca poderia prescindir de uma autorização expressa (dir-se-á que enquanto para a igualdade não se requer um motivo específico, já para a diferenciação assim é[58]). Pois se nem a discriminação positiva, menos arrojada do que a paridade, pode prescindir de tal permissão (a qual, no ordenamento jurídico português, consta do art. 109.º CRP e, segundo alguns autores, do art. 9.º /h[59] CRP) muito menos o pode

---

[57] Definindo a relação entre o princípio da igualdade em sentido formal, tal como está genericamente plasmado no art. 13.º CRP, e a igualdade material admitida em vários preceitos constitucionais, escreve Vital MOREIRA: "Relativamente a estes preceitos consagradores de direitos especiais de igualdade, o princípio geral do art. 13.º/1, vale como *lex generalis*. Isto significa logicamente duas coisas: que os fundamentos materiais de igualdade subjacentes às normas constitucionais consagradoras de direitos especiais de igualdade sobrepõem-se ou têm preferência, como *lex specialis*, relativamente aos critérios gerais do art. 13.º /1 e que os critérios de valoração destes direitos podem exigir soluções materialmente diferentes daqueles que resultariam apenas da consideração geral do princípio da igualdade". Cfr. Vital MOREIRA, "O art. 109.º da CRP e a Igualdade de Homens e Mulheres no Exercício de Direitos Cívicos e Políticos", *Democracia com mais Cidadania: a Questão da Igualdade na Participação Política*, Lisboa, Presidência do Conselho de Ministros, Imprensa Nacional-Casa da Moeda, 1998, p. 54.

[58] Trata-se de uma ideia presente em Michele AINIS, "Azione Positive e Principio d'Eguaglianza", *cit.*, p. 603.

[59] Esta norma, meramente programática, resume-se a uma declaração de intenções políticas (ainda que não despicienda), insusceptível de vincular o Estado a qualquer actuação concreta.

Maria Lúcia AMARAL ("Las Mujeres en el Derecho Constitucional...", *cit.*, p. 163)

596   *Vera Lúcia Carapeto Raposo*

a paridade. A questão está em saber se as normas que fundamentam a discriminação positiva podem também servir de arrimo para a paridade.

A resposta parece ser no sentido de excluir a paridade da autorização constitucional, pois partindo esta de uma teleologia distinta, sufraga também um novo entendimento da igualdade. Na verdade, ela própria é em si mesma uma forma de igualdade, melhor dizendo, a paridade tem um sentido específico, análogo ao da igualdade, mas que com esta não se confunde.

3.6. Paridade e democracia

O poder político carece sempre de uma qualquer legitimação, desde a legitimação pelo poder divino, sendo os detentores do poder representantes de Deus na terra, até à legitimação democrática[60], segundo

---

vislumbra nesse preceito uma cláusula geral de admissibilidade de acções positivas, que já se havia pretendido incluir no texto originário da CRP.

Contudo, não parece que assim seja, em virtude dos seguintes argumentos: i) atribuir ao Estado a tarefa de promover a igualdade entre homens e mulheres não implica que esta tenha de ser realizada mediante mecanismos de discriminação positiva; ii) ainda que se entendesse, através de uma leitura mais ampla do preceito, que essa função poderia ser desempenhada recorrendo à discriminação positiva, ter-se-ia que reconhecer que, caso fosse essa a intenção do legislador, ele teria certamente sido mais explícito, pois sempre que pretendeu admitir tal solução fê-lo de forma expressa e restrita a sectores determinados, não enquanto cláusula geral de admissibilidade, o que se compreende, dado o carácter inovador e radical da discriminação positiva; iii) ainda que o legislador tivesse pretendido admiti-la em sede geral, teria sido mais prudente utilizar uma cláusula semelhante à constante do art. 4.º da CEDAW (sobre este preceito *vide* David GIMÉNEZ GLUCK, *Una Manifestación Polémica del Principio de Igualdad*, *cit.*, p. 162; Eliane VOGEL-POLSKY, "Acções Positivas", *Cadernos da Condição Feminina*, n.º 25, 1991; sobre a influência da CEDAW na questão dos direitos das mulheres *vide*, por todos, Ursula O'HARE, "Realizing Human Rights for Women", *Human Rights Quarterly*, vol. 21, n.º 2, 1999, p. 383 ss.).

Na opinião da doutrina maioritária, este art. 9.º /h CRP não vai mais além do que a igualdade de oportunidade, sendo pois o seu grau de exigência substancialmente menor do que o do art. 109.º CRP, dirigido à igualdade de resultados, de tal modo que apenas este último autoriza medidas de discriminação positiva. Distinguindo a grau de exigência dos dois preceitos e seguindo esta mesma via, Vital MOREIRA, "A IV Revisão Constitucional...", *cit.*, p. 414; Vital MOREIRA, "O art. 109.º da CRP e a Igualdade de Homens e Mulheres...", *cit.*, p. 2.

[60] Sobre o princípio democrático *vide*, por todos, J. J. Gomes CANOTILHO, *Direito Constitucional*, *cit.*, p. 401 ss.; J. J. Gomes CANOTILHO, *Direito Constitucional e Teoria da*

a qual o poder advém do povo (soberania popular – art. 108.º CRP) e é em nome deste que os representantes (eleitos por esse mesmo povo) a exercem.

Os princípios relativos à representação política democrática entrelaçaram-se com o princípio da igualdade por força da Revolução Francesa, quando o povo atacou os privilégios que assistiam a uma pequena minoria e a tornavam exclusiva detentora do poder e criadora da lei.

Um dos principais contributos da Revolução foi a imposição de uma ideia que a partir daí inspirou a maioria dos ordenamentos jurídicos e políticos: a lei deve ser igual para todos, tanto quando beneficia como quando castiga. Mas esta aspiração da igualdade da lei estava condicionada à participação de todos os cidadãos na sua feitura. Uma vez que é praticamente impossível que todos participem na elaboração da lei, recorreu-se ao conceito de representação, o qual funcionaria perfeitamente uma vez consolidados os princípios da universalidade e da igualdade no voto e no acesso a cargos públicos[61].

A legitimação democrática foi sintetizada por Lincoln da seguinte forma: "governo do povo, pelo povo e para o povo"[62]. Da conjugação

---

Constituição, 6.ª edição, Coimbra, Coimbra Almedina, 2002, p. 287 ss.; J. J. Gomes CANOTILHO & Vital MOREIRA, *Fundamentos da Constituição*, Coimbra, Coimbra Editora, 1991, p. 192 ss.

[61] Embora o conceito de cidadania sufragado na época permitisse o afastamento de amplas camadas da população das lides do poder (as mulheres, os mendigos, os loucos e, de modo geral, todos aqueles que não correspondessem ao restrito conceito de "cidadão" plasmado na Declaração dos Direitos do Homem e do Cidadão, de 1789: homem branco, instruído, heterossexual e burguês).

"Le 26 août 1789, L'Assemblée nationale adopte la Déclaration des Droits de l'Homme et du Citoyen. Il s'agit alors de savoir qui va jouir de ces nouveaux droits. On l'apprend très vite: la loi confond "l'Homme" avec le mâle et "le citoyen" avec le ressortissant du sexe masculin. Pour la première fois l'injustice qui dure envers les femmes depuis des siècles, est codifiée". Cfr. Jacqueline DAUXOIS, "Les Femmes et la Révolution", *in Rendez-vous en France*, 1989, p. 4, *apud* Teresa Pizarro BELEZA, *Mulheres, Direito, Crime ou a Perplexidade de Cassandra*, Lisboa, Faculdade de Direito de Lisboa, 1990, p. 119).

[62] Acerca do princípio democrático escreve Gomes CANOTILHO: "A democracia é um processo dinâmico, inerente a uma sociedade aberta e activa, oferecendo aos cidadãos a possibilidade de desenvolvimento integral e de liberdade de participação crítica no processo político em condições de igualdade económica, política e social (cfr. art. 9.º/d CRP)". Cfr. J. J. Gomes CANOTILHO, *Direito Constitucional e Teoria da Constituição*, *cit.*, p. 289.

dos princípios liberais com os ideais democráticos surgiu a concepção do povo como a origem do poder e seu titular supremo. A sua vontade – a vontade geral – exige a obediência de todos os cidadãos. É na vontade do povo que se funda a lei. Entre os muitos corolários que daqui se retiram, emerge desde logo o seguinte dado: aqueles que detêm o poder são inelutavelmente eleitos pelo povo, mediante o exercício do direito de voto.

O sufrágio dinamiza e aperfeiçoa o Estado Democrático, legitima o poder vigente e permite aos cidadãos a participação na delineação das opções políticas do país. "Marca o ritmo da vida política do país"[63], o que consolida verdadeiramente a democracia[64].

Uma vez que as sociedades actuais – complexas, multifacetadas, populosas – não permitem a todos os cidadãos a participação directa nas decisões políticas que cumpre tomar, sentiu-se necessidade de circunscrever o poder de decisão a uma "elite" restrita, não de indivíduos escolhidos em função da ascendência ou posição social, mas sim eleitos pelos seus pares, perante os quais devem responder politicamente. Aqui reside a característica democrática dessa "elite"[65].

Como se encaixa a paridade neste esquema democrático?

À democracia não é inerente a igualdade matemática de representação política, nem sequer que cada um dos sexos esteja representado nos centros de poder em determinada percentagem. Estas são exigências da paridade.

Pois os eleitores, ao eleger os seus representantes, são livres de o fazer de forma arbitrária[66]. Não são forçados a optar pelos mais aptos ou

---

[63] Cfr. J. J. Gomes CANOTILHO, *Direito Constitucional*, *cit.*, p. 432.

[64] Neste sentido, Paloma BIGLINO CAMPOS, "Las Mujeres en los Partidos Políticos: Representación, Igualdad y Cuotas Internas", *Mujer y Constitución en España*, Madrid, Centro de Estudios Políticos y Constitucionales, 2000, p. 409 ss.

[65] Já a Declaração francesa de 1789 (Declaração dos Direitos do Homem e do Cidadão) declarava no art. 6.º que todas as pessoas têm direito a tomar parte na direcção dos assuntos públicos "soit directement, soit par l'intermédiaire de ses représentants librement choisis". Esta fórmula foi depois reproduzida, quer pela Declaração Universal dos Direitos do Homem, quer pelo Pacto Internacional dos Direitos Civis e Políticos e, mais indirectamente, pela Convenção Europeia dos Direitos do Homem. Cfr. Cfr. Jean--Marie DENQUIN, *Les Droits Politiques*, Paris, Editions Montchrestien, 1996, p. 84 ss.

[66] "... los cargos non son distribuidos de acuerdo con atributos o acciones definidas abstractamente, a cuya luz todos son iguales, sino de acuerdo con las preferencias del pueblo soberano a favor de tal o cual individuo en particular (...) si la elección es libre,

Paridade, a Outra Igualdade

mais inteligentes, muito menos por pessoas que correspondam ao sexo desejável para conseguir o equilíbrio na representação política. Os votantes não estão vinculados a eleger de acordo com critérios de igualdade. Podem fazê-lo com base nas suas preferências pessoais, inclusive com base nos seus preconceitos, por mais sexistas que sejam.

O que significa que, quanto mais democrática é a democracia, isto é, quanto mais livre é a decisão do povo no momento de eleger os representantes, mais arbitrária (arbitrariedade dos votantes) se torna a composição dos órgãos representativos. Simplesmente, já não uma arbitrariedade aristocrática, mas democrática.

Sendo assim, não será que qualquer restrição que se opere nessa livre escolha (no voto livre mencionado no art. 48.º /1 CRP) fragilizará a democracia? Mais concretamente, não será que as quotas derrubam a democraticidade do sistema? Então, o que não se dirá da paridade, como forma mais drástica de intromissão na composição dos órgãos representativos?

Existem de facto autores que defendem que seria antidemocrático que a discriminação positiva (mormente as quotas) viessem restringir o poder de livre escolha que reside no povo e, por maioria de razão, o mesmo valeria para a paridade[67].

Sendo o voto livre, tal como proclamam os textos constitucionais e as declarações de direitos, então, os homens que actualmente monopolizam os postos de poder detêm essa posição em virtude de escolhas livremente feitas pelos homens eleitores, mas também pelas mulheres eleitoras. Na maior parte dos países, 50% (ou mais) do eleitorado é feminino. Essas mulheres gozam de plena autonomia para decidir em quem votar. Se realmente desejassem eleger mais membros do sexo feminino, conseguí-lo-iam, pois têm poder para tal[68].

---

nada puede evitar que los votantes puedan discriminar entre candidatos sobre la base de características individuales. Las elecciones libres, por lo tanto, no pueden impedir la parcialidad en el tratamiento de los candidatos. De hecho, la posible influencia de la parcialidad es la otra cara del derecho de los ciudadanos a elegir a quien le plazca como representantes. Como son los ciudadanos los que se discriminan entre ellos, nadie nota que las funciones públicas se distribuyen de un modo discrecional y no anónimo, uno que inevitablemente abre las puertas a la parcialidad. En las votaciones secretas, los ciudadanos no tan siquiera tienen que dar explicaciones...". Cfr. B. MANIN, *Los Principios del Gobierno Representativo*, Edit. Alianza Editorial, 1998, p. 291, *apud* Elviro ARANDA ÁLVAREZ, *Cuota de Mujeres...*, *cit.*, p. 93.

[67] Neste sentido, Elviro ARANDA ÁLVAREZ, *Cuota de Mujeres...*, *cit.*, p. 93.

[68] Cfr. Dale O'LERAY, *The Gender Agenda...*, *cit.*, p. 132.

Contudo, pode suceder que a primeira premissa – a total liberdade de voto – esteja errada e inquine todo o posterior desenvolvimento do raciocínio. Pelos motivos já expostos, o voto nunca é absolutamente livre, pois depara-se com uma série de obstáculos. As quotas nem são propriamente um desse obstáculos, mas ainda que o fossem, estariam legitimadas pela sua finalidade última: impedir o monopólio dos pólos do poder por um dos sexos, tanto mais que não se confere poder aos efectivamente mais aptos, mas sim àqueles que os preconceitos históricos designaram como tal.

Menos legítima e mais artificial se apresenta a finalidade propugnada pela paridade. De tal forma que esta finalidade pode ser insuficiente para fundamentar imposições tão rígidas na composição dos órgãos democráticos.

Por outro lado, esta finalidade é susceptível de contradizer as aspirações originárias da democracia, a qual pretende que os órgãos representativos sejam compostos por cidadãos eleitos livremente pelo povo (no qual reside a soberania), em representação das correntes maioritárias existentes na sociedade. A paridade, com a sua meta de 50%, impede maiorias masculinas ou femininas, porventura à revelia da vontade do eleitorado.

4. ÚLTIMAS REFLEXÕES

Numa primeira aproximação, a paridade surge como o ideal de vivência em sociedade, sobretudo de vivência política. Pois é no plano da representação política que se faz sentir com particular acuidade a necessidade de repartição do poder. Argumenta-se particularmente que, dada a especificidade das aspirações e das necessidades das mulheres, estas serão eficazmente representadas somente pelas suas congéneres femininas.

Todavia, as mulheres que venham a ser eleitas representarão toda a Nação. Qualquer medida que se propugne a fim de reforçar a presença das mulheres ou de um grupo delimitado na sociedade não pode ter por efeito a categorização da comunidade, estratificando-a e segmentando-a.

No caso da representação de género, esta não poderá ter por efeito a implementação de dois sexos políticos, sob pena de atentar contra a democracia representativa. Pois os parlamentares têm por missão representar o interesse geral da Nação e não o interesse específico de quem os elegeu ou com eles se identifica.

Se assim é, se os representantes masculinos representam o interesse de toda a comunidade, incluindo das mulheres, por que se sente necessidade de aumentar o número de mulheres no poder? É que este domínio masculino das lides do poder não é aleatório. Ele existe em função de uma regra histórica, segundo a qual a esfera das mulheres é a esfera doméstica, ao passo que os homens estão destinados à esfera pública. Se o domínio masculino dos órgãos políticos fosse o produto da vontade consciente do povo (também das mulheres), se os homens presentes no poder fossem efectivamente os mais capazes, nada obstaria à sua presença. Contudo, é sabido como logo à partida os partidos políticos descartam muitas potenciais candidatas.

Este afastamento consciente das mulheres do poder político confere à paridade uma legitimação acrescida.

Todavia, uma vez que é muito ténue a linha entre aquilo que resulta da vontade partidária e imposto (ainda que sub-repticiamente) aos eleitores, e aquilo que é produto da vontade livre destes, corre-se o risco de, mediante esta via, criar um corpo representativo artificioso, longe das escolhas e das aspirações do eleitorado, onde as mulheres nem sequer são regidas pelo princípio da igualdade, mas instrumentalizadas para a realização de propósitos igualitaristas que, por muito legítimos que sejam em termos de vontade política, podem ser nocivos na sua aplicação prática. Torná-las objecto de um regime favorecedor equivale a diminuí-las enquanto ser humano. Ainda que o propósito seja torná-las mais iguais, acaba por as vislumbrar como menos iguais.

Por um lado, a democracia política exige com particular acuidade a representação plural da comunidade, pluralidade que deve abranger também a diversidade sexual. Mas, por outro lado, é esta democracia que afasta a paridade, pois a imposição de uma representação rigorosamente partilhada pode atentar contra a vontade soberana do povo.

Por conseguinte, independentemente da bondade das aspirações que lhe deram causa, o certo é que a paridade pode acabar por desfigurar a democracia, quiçá a própria igualdade.

BIBLIOGRAFIA

AAVV – *II Conferência das Comissões Parlamentares para a Igualdade de Oportunidades*, Lisboa, Assembleia da Republica, Comissão para a Paridade, Igualdade de Oportunidades e Família, 1999.

602 Vera Lúcia Carapeto Raposo

ADP, Aliança para a Democracia Paritária – *Afinal, o que é a Democracia Paritária?*, Lisboa, Aliança para a Democracia Paritária, 1999.

AGACINSKI, Sylviane – *Politique des Sexes*, Paris, Éditions du Seuil, 1998.

AINIS, Michele – "Azione positive e Principio d'Eguaglianza", *Giurisprudenza Costituzionale*, anno XXXVII, fasc. 1, 1992.

ALBUQUERQUE, Martim de – *Da Igualdade: Introdução à Jurisprudência*, Coimbra, Livraria Almedina, 1993.

AMARAL, Maria Lúcia – "Las Mujeres en el Derecho Constitucional Portugués", *Mujer y Constitución en España*, Madrid, Centro de Estudios Políticos y Constitucionales, 2000.

ARANDA ÁLVAREZ, Elviro – *Cuota de Mujeres y Régimen Electoral*, Madrid, Dykinson, 2001.

BAER, Judith – "Women's Rights and the Limits of Constitutional Doctrine", *The Western Political Quarterly*, 1991.

BALAGUER CALLEJÓN, M. L. – "Desigualdad Compensatoria en el Acceso a Cargos Representativos en el Ordenamiento Jurídico Constitucional Español. Situaciones Comparadas", *Mujer y Constitución en España*, Madrid, Centro de Estudios Políticos y Constitucionales, 2000.

BARRÈRE UNZUETA, M. Ángeles – *Discriminación, Derecho Antidiscriminatorio y Acción Positiva en Favor de Las Mujeres*, Madrid, Editorial Civitas, 1997.

BAYLES, Michael – "Reparation to Wronged Groups", *The Affirmative Action Debate*, (ed. Steven CAHN), New York, Routledge, 1995. Também publicado em *Analysis*, 33, 1973.

BELEZA, Teresa Pizarro – *Mulheres, Direito, Crime ou a Perplexidade de Cassandra*, Lisboa, Faculdade de Direito de Lisboa, 1990.

BELEZA, Teresa Pizarro – "Genderising Human Rights: from Equality to Women's Law", *EU-China Dialogue, Perspectives on Human Rights* (ed. Merja PENTIKAINEN), Finland, Northern Institute for Environmental and Minority Law, 2000.

BELEZA, Teresa Pizarro – "Género e Direito: da Igualdade ao Direito das Mulheres", *Thémis*, ano I, n.º 2, 2000.

BIGLINO CAMPOS, Paloma – "Las Mujeres en los Partidos Políticos: Representación, Igualdad y Cuotas Internas", *Mujer y Constitución en España*, Madrid, Centro de Estudios Políticos y Constitucionales, 2000.

BREMS, Eva – "Protecting the Human Rights of Women: A Matter of Inclusive Universality", draft to be published in *Human Rights: The Next Fifty Years*, (eds. Lyons & Meyall), 2000.

BYBEE, Keith – "The Political Significance of Legal Ambiguity: The Case of Affirmative Action", *Law & Society*, vol. 34, n.º 2, 2000.

CAHN, Steven (ed.) – *The Affirmative Action Debate*, New York, Routledge, 1995.

CANOTILHO, J. J. Gomes – *Direito Constitucional*, 6.ª edição, Coimbra, 1993, Almedina.

CANOTILHO, J. J. Gomes – *Direito Constitucional e Teoria da Constituição*, 6.ª edição, Coimbra, Coimbra Almedina, 2002.

CANOTILHO, J. J. Gomes & MOREIRA, Vital – *Fundamentos da Constituição*, Coimbra, Coimbra Editora, 1991.

CANOTILHO, J. J. Gomes CANOTILHO & MOREIRA, Vital – *Constituição da República Portuguesa Anotada*, 3.ª edição, Coimbra, Coimbra Editora, 1993.

CHARPENTIER, Louis – *Le Dilemme de l'Action Positive*, European University Institute, Working Papers, SPS n.° 93/6, Florence, 1993.

CLAYTON, Susan & CROSBY, Faye – *Justice, Gender and Affirmative Action*, Michigan, University of Michigan Press, 1992.

COWAN, J. L. – "Inverse Discrimination", *The Affirmative Action Debate*, (ed. Steven CAHN), New York, Routledge, 1995. Também publicado em *Analisys*, 32, 1972.

CUNNINGHAM, Clark & MENON, N. R. Madhava – "Race, class, caste...? Rethinking Affirmative Action", *Michigan Law Review*, vol. 97, n.° 5, 1999.

DAHL, Robert – "Political Equality and Political Rights", *Il Politico*, anno XLV, n.° 4, 1980.

DENQUIN, Jean-Marie – *Les Droits Politiques*, Paris, Editions Montchrestien, 1996.

FAVOREU, Louis – "La Recherche de l'Égalité de Représentation Politique entre Hommes et Femmes", s.d.

GHERA, Edoardo – "Azioni Positivi e Pari Opportunità", *Giornale di Diritti del Lavoro e di Relazioni Industriali*, n.° 65, anno XVII, 1995.

GILLIGAN, Carol – *In a Different Voice: Psychological Theory and Women's Development*, Cambridge, Harvard University Press, 1982.

GIMÉNEZ GLUCK, David – *Una Manifestación Polémica del Principio de Igualdad: Acciones Positivas Moderadas y Medidas de Discriminación Inversa*, Valencia, Tirant lo Blanch, 1999.

HALIMI, Gisèle – *La Parité dans la Vie Politique*, Paris, La Documentation Française, 1999.

HILL, Thomas – "The Message of Affirmative Action", *The Affirmative Action Debate*, (ed. Steven CAHN), New York, Routledge, 1995. Também publicado em *Social Philosophy & Policy*, 8, 1991.

MACKINNON, Catharine – *Feminism Unmodified*, Cambridge, Harvard University Press, 1987.

MIRANDA, Jorge – "Igualdade, Princípio da", *Polis, Enciclopédia da Sociedade e do Estado*, 3.

MIRANDA, Jorge – "Igualdade e Participação Política da Mulher", *Democracia com mais Cidadania: a Questão da Igualdade na Participação Política*, Lisboa, Presidência do Conselho de Ministros, Imprensa Nacional-Casa da Moeda, 1998.

MOREIRA, Vital – "Sistemas eleitorais", s.d.

MOREIRA, Vital – "A IV Revisão Constitucional e a Igualdade de Homens e Mulheres", *Boletim da Faculdade de Direito*, Universidade de Coimbra, vol. LXXIV, 1998.

MOREIRA, Vital – "O art. 109.º da CRP e a Igualdade de Homens e Mulheres no Exercício de Direitos Cívicos e Políticos", *Democracia com mais Cidadania: a Questão da Igualdade na Participação Política*, Lisboa, Presidência do Conselho de Ministros, Imprensa Nacional-Casa da Moeda, 1998.

NEWTON, Lisa – "Reverse Discrimination as Unjustified", *The Affirmative Action Debate*, (ed. Steven CAHN), New York, Routledge, 1995. Também publicado em *Ethics*, 83, 1973.

NICKEL, James W. – "Discrimination and Morally Relevant Characteristics", *The Affirmative Action Debate*, (ed. Steven CAHN), New York, Routledge, 1995. Também publicado em *Analysis* , 32, 1972.

O'HARE, Ursula – "Realizing Human Rights for Women", *Human Rights Quarterly*, vol. 21, n.º 2, 1999.

O'LEARY, Dale – *The Gender Agenda – Redefining Equality*, Louisiana, Vital Issues Press, 1997.

PETERS, Anne – *Women, Quotas and Constitution*, The Hauge, London, Boston, Kluwer Law International, 1999.

PINTO, Maria da Glória Ferreira – "Princípio da igualdade – Fórmula Vazia ou Fórmula Carregada de Sentido?", *Boletim do Ministério da Justiça*, n.º 358, 1986.

PIRES, Maria José Morais – "A Discriminação Positiva no Direito Internacional e Europeu dos Direitos do Homem", *Separata do Boletim de Documentação e Direito Comparado*, n.º duplo 63/64, Procuradoria Geral da República, 1995.

ROSENFELD, Michel – "Decoding Richmond: Affirmative Action and the Elusive Meaning of Constitutional Equality", *Michigan Law Review*, vol. 87, n.º 7, 1989.

ROSENFELD, Michel – "Igualdad y Acción Afirmativa para las Mujeres en la Constitución de los Estados Unidos", *Mujer y Constitución en España*, Madrid, Centro de Estudios Políticos y Constitucionales, 2000.

TRONTO, Joan – "Beyond Gender Difference to a Theory of Care", *Feminism and Politics*, (ed. Joni LOVENDUSKI), vol. I, Aldershot, Dartmouth Publishing Company Limited, 2000. Também publicado em *Signs: Journal of Women in Culture and Society*, 12.

TRUJILLO, María Antonia – "La Paridad Política", *Mujer y Constitución en España*, Madrid, Centro de Estudios Políticos y Constitucionales, 2000.

VOGEL-POLSKY, Eliane – "Acções Positivas", *Cadernos da Condição Feminina*, n.º 25, 1991.

VOGEL-POLSKY, Eliane – "Les Femmes, la Citoyenneté Européenne et le Traité de Maastricht", 1996.

YOTOPOULOS-MORANGOPOULOS, Alice – *Les Mesures Positives pour une Égalité Effective des Sexes*, Athènes, Sakkoulas, Bruxelles, Bruylant, 1998.

A FUNÇÃO DOS MAGISTRADOS E DOS ADVOGADOS*

por MARIA LAMEIRAS PINTO
Advogada

A Constituição da República Portuguesa, no seu art. 205.º n.º 1, define os Tribunais como sendo "os órgãos de soberania com competência para administrar a justiça em nome do povo". Mais adiante, há dois capítulos referentes à "Organização dos Tribunais" e ao "Estatuto dos Juízes"; e nada refere em relação aos Advogados e à Ordem dos Advogados. É um lapso grande, pois a referência expressa na Lei Fundamental parece-me ser muito importante; é indispensável que a C.R.P. a eles se refira, por forma a que da disciplina constitucional do orgão de soberania – "Tribunais" – conste o travejamento da ordenação jurídica da função da Advocacia, o qual deveria ser conformado no sentido de considerar a Advocacia uma instituição de igual dignidade, face à realização da Justiça, relativamente à Magistratura Judicial e ao Ministério Público.

Também na lei ordinária – Lei n.º 38/87, de 23/12 (L.O.T.J.) – é manifesta a insuficiência da caracterização do papel do Advogado na administração da Justiça, pois limita-se a dizer que: "os advogados colaboram na administração da Justiça, competindo-lhes, de forma exclusiva e com as excepções previstas na lei, exercer o patrocínio das partes".

É sabido que todo o cidadão num país minimamente civilizado tem direito a protecção jurídica, e que a todos é assegurado o acesso aos Tribunais para defesa dos seus direitos; e também que aos Tribunais, sendo

---

* Trabalho vencedor em 1996 de um dos Prémios Advogado Dr. João Lopes Cardoso, o qual é atribuído pelo Conselho Distrital do Porto da Ordem dos Advogados portugueses.

órgãos de soberania com competência para administrar a Justiça em nome do povo, lhes incumbe assegurar a defesa dos direitos e interesses legalmente protegidos dos cidadãos, reprimir a violação da legalidade democrática e dirimir os conflitos de interesses públicos e privados.

Teoricamente, seria admissível que tais direitos fossem exercidos pelos próprios interessados. Mas bem cedo se reconheceu que tal sistema só trazia inconvenientes. Daí, a consagração em forma de lei da obrigatoriedade da constituição de Advogado, na grande maioria das acções (cfr. art. 32.º do C.P.C.).

Parece-me, portanto, incontestável que o Advogado é um colaborador precioso e indispensável à realização da Justiça, e que um quadro democrático de direito é bem mais exigente no apelo que lhe faz, tendo em conta a sua característica de primeiro defensor dos direitos fundamentais dos cidadãos. Mas também me é facilmente compreensível que a necessidade da Advocacia só seja perceptível por aqueles que tenham do Homem e da Sociedade em que vivem uma visão dinâmica e participativa do dever social. Daí que a Sra. Bastonária Maria de Jesus Serra Lopes, tenha dito: "onde falta o advogado pode haver direito; dificilmente haverá justiça".

Como servidor do Direito, tal como o qualificava o art. n.º 576.º do Estatuto Judiciário, o Advogado tem colaborado desde sempre com o Juiz na administração da Justiça: "não têm os Juízes melhores colaboradores do que os Advogados"[1]. E isto, porque nuns e noutros devem concorrer as mesmas qualidades: "bondade, prudência, inteireza, impassibilidade, desapaixonamento, diligência, clemência, convivência social, alto sentido profissional, independência e responsabilidade"[2]. Por isso é que o Advogado é um colaborador precioso e indispensável à realização da Justiça. E é também por isso que a função da Advocacia e a função da Magistratura devem tender para o equilíbrio dinâmico de uma recíproca colaboração e interdependência, e ainda para uma articulação e complementaridade na realização de um objectivo último: a realização da Justiça, a salvaguarda das liberdades e direitos dos cidadãos e o estabelecimento da paz jurídica entre eles.

Cada uma daquelas funções é em si corresponsável pela interacção essencial que o Estado de Direito é chamado a actuar e, nesse sentido,

---

[1] "Justiça Portuguesa", ano 25, 37.

[2] António Fernandez Rodriguez, "Juízes e Advogados", S.I.V., tomo XXXIII, 191-192, Dez. de 84, 331.

deverá cada uma delas concorrer do modo que lhe é funcionalmente próprio. A cada uma das funções não deve interessar a outra só como factor delimitativo da sua competência exclusiva, mas como momento particular de integração numa tarefa comum, em que ambas colaboram, e que de ambas é a intenção fundamental.

A função do Advogado e a função do Magistrado são funções distintas, mas complementares e convergentes na realização da intenção do Direito. Assim, deve entender-se que estes dois "poderes" – o dos Advogados e o dos Magistrados – são investidos nas suas funções para contribuírem ambos, conjunta e unitariamente, para aquela intenção. E de tal modo, que o poder judicial dos Magistrados só se legitima por essa intenção e enquanto a respeite; e o "poder" do Advogado também só cumprirá o seu dever funcional, enquanto reconheça como o seu fim último a realização desse mesmo objectivo de servidor do Direito, nunca abdicando de o respeitar.

Só deste modo ambos cumprirão o fim último que é a realização da Justiça.

O PERFIL DUNS E DOUTROS

Não se pode exigir que um Advogado actue como se Juiz fosse, e não se deve pretender que o Juiz actue como um Advogado o faria. Isto porque algumas qualidades que o Juiz tem de ter, sob pena de o não ser, não se adaptam ao Advogado enquanto tal.

Sócrates, na prisão, explicava com serenidade aos seus discípulos, num momento de eloquência jamais igualado por qualquer jurista, que "a suprema razão social impõe que nos verguemos à sentença, até ao sacrifício da vida, mesmo se ela é injusta".

Por esta razão é que o Estado se preocupa tanto com o problema da escolha dos Juízes, pois sabe que lhes confia um poder terrível, semidivino, e que mal exercido pode tornar injusta a Justiça.

Já Calamandrei, um dos maiores juristas e advogados de sempre, dizia que "o Juiz é o Direito tornado Homem". Daí que o Juiz, para o ser realmente, tenha que ser: "imparcial, objectivo, sereno, calmo, resistir a todas as paixões, sem deixar de ser generoso. Tem de procurar manter uma indiferença quase sacerdotal. Na medida do possível, evitará ser combativo. Deve ter a coragem de exercer a sua missão de juiz, missão quase divina, não obstante poder sentir em si todas as fraquezas próprias dos homens. Deve estar de tal forma senhor do seu dever que esqueça,

608 *Maria Lameiras Pinto*

cada vez que proferir uma sentença, a ordem eterna que vem da montanha: «não julgarás»[3].

Ao Advogado, pelo contrário, exige-se que seja combativo, lutador, corajoso – de forma diferente da coragem do Juiz -, apaixonado, mas não faccioso. O Advogado deve defender com vigor os interesses que lhe estão confiados, pelo que a sua principal qualidade deverá ser a combatividade. Neste sentido, Lionville, na sua obra "Paillet ou l'Avocat", definiu correctamente qual deve ser a conduta do Advogado: "somos instituídos para dizer tudo o que é útil ao bom direito, tudo o que é hostil à opressão, tudo o que é favorável ao fraco e ao oprimido contra o forte, o poderoso e o opressor: tudo e não metade". É esta postura moral, cívica e profissional, que é exigível a todos aqueles que envergarem uma toga.

Por isso é que um bom Advogado não é, em regra, um bom Juiz: "o Advogado é a efervescente e generosa juventude do juiz; o Juiz é a velhice repousada e ascética do Advogado" – ou pelo menos era desejável que o fosse.... "o Juiz é o que fica do Advogado quando neste desaparecerem todas as qualidades exteriores pelas quais o vulgo o admira", parafraseando o Sr. Juiz Conselheiro José Martins da Fonseca.

Tal como ensinava o célebre magistrado brasileiro Rafael Magalhães, "enquanto o Juiz não pode pessoalizar a administração da justiça e, por isso tem de ser cego, surdo e mudo; o Advogado tem que ver, tem que ouvir e tem que falar". Tem que falar livremente, falar vibrantemente, falar empenhadamente, pois, se o não fizer, trai os seus deveres deontológicos e a sua missão social, trai os seus constituintes e trai-se a si próprio. O Advogado deve defender com vigor os interesses que lhe estão confiados: é por isso que, como já foi dito, a sua principal qualidade deve ser a combatividade.

Já o Juiz deve dirimir com isenção o litígio que lhe é apresentado: daí que a sua principal qualidade deverá ser a serenidade.

Mas também lhes são comuns, sem dúvida, várias facetas, na medida em que:

- ambos devem procurar a verdade para que se faça Justiça;
- ambos devem ser humildes e convencerem-se de que têm muito a aprender uns com os outros;

---

[3] Juiz Conselheiro José Martins da Fonseca , "Relacionamento entre Magistrados e Advogados", conferência proferida no Centro de Estudos da Ordem dos Advogados em 24/4/85.

A Função dos Magistrados e dos Advogados 609

- ambos devem ser corteses e saberem aceitar a derrota;
- ambos devem ser dignos, independentes, tolerantes e corajosos, pois os inimigos são comuns: a opressão, a intolerância dos poderosos, a corrupção, a mentira, a hipocrisia, a prepotência, a violência, a cobardia e a arbitrariedade dos poderes constituídos.

É urgente que Juízes e Advogados possuam estas características, pois todos sabemos que a beca e a toga não constituem só por si uma qualidade: quando por baixo dela não há verdadeiras qualidades, reduzem-se então a um disfarce irrisório.

AS RELAÇÕES ENTRE AMBOS

As relações entre Advogados e Juízes suscitam algumas questões delicadas, emergentes do diferente papel que a uns e a outros – ambos profissionais do foro – é confiado no plano da administração da Justiça: a actividade dos Juízes é dominada pelo princípio da imparcialidade, enquanto os Advogados são incumbidos na defesa dos interesses das partes.

Por isso se tem feito a justiça de admitir que "a Advocacia e a Magistratura Judicial não se situam em campos opostos"[4] pois, uma vez que "somos uma Família, não estamos condenados a viver juntos mas estamos antes, cada um da sua forma, a realizar o mesmo ideal: a realização da Justiça, por meio duma colaboração inteligente e honesta, exercida com a ressalva da independência de cada um"[5].

A noção exacta desta realidade vem consignada no art. 68.º do Estatuto da Ordem dos Advogados Brasileiro: "no seu ministério privado, o advogado presta serviço público, constituindo com os juízes e membros do M.P., um elemento indispensável à administração da justiça". Todos colaboramos, portanto, e volto a realçar, na mesma obra e servimos a mesma causa com igual dignidade e nobreza.

Nos últimos anos temos assistido, nos Tribunais portugueses, a um relacionamento cada vez mais difícil e algo controverso entre as carreiras jurídicas da Advocacia e da Magistratura. De facto, Advogados e Magistrados, ao invés de se encararem mutuamente como profissionais ao

---

[4] Juiz Corregedor Armando de Mendonça Pais, "A Missão do Advogado".
[5] Vasco da Gama Fernandes, (EOA , 166).

610   *Maria Lameiras Pinto*

serviço da Justiça – uns colaborando, outros servindo essa mesma Justiça –, parece viverem hoje de costas voltadas, num autêntico diálogo de surdos, que a ninguém aproveita. E a situação é tão mais grave, por quanto se tem verificado ultimamente que essa "incompreensão" parte antes de Magistrados para Advogados, e não a inversa. Será que não fazemos parte todos nós, profissionais do Direito, de uma organização judiciária e não aplicamos a mesma Lei? Onde está então essa "Família Judicial" composta pelos profissionais do Direito de que falavam os antigos? Sim, porque se compete aos Tribunais "dirimir conflitos de interesses públicos e privados" (art. 2.º da Lei n.º 38/87, de 23/12), são os Advogados que se esforçam por levar a esses mesmos Tribunais as provas necessárias para que sejam proferidas sentenças justas e equitativas.

A verdade, porém, é que hoje em dia os Advogados parece serem encarados nos Tribunais como autênticos "mercenários de toga". Perdeu-se completamente o prestígio da classe que unia, antigamente, a "Família Judicial" e, em vez de ter vindo a ganhar prestígio, a Advocacia parece que tem vindo a perdê-lo em favor da Magistratura. E para tal muito têm contribuído, em meu entender, os diferentes acessos às carreiras.

De facto, com a entrada em vigor do D.L. n.º 374-A/79, de 10/09, foi criado o C.E.J., Escola de Formação Profissional de Magistrados, cujo objectivo primordial foi "preparar juristas para a função judicial", combinando aulas práticas e teóricas de tal forma, que os profissionais dali saídos estivessem aptos a exercer as suas funções com o máximo rigor e competência. Os futuros Magistrados têm assegurado um estágio altamente profissionalizado e em dedicação exclusiva, remunerado, ministrado por professores especializados, com a duração de 28 meses e após os quais o estagiário tem emprego garantido.

Já os candidatos à Advocacia têm um estágio a tempo parcial, sem remuneração condigna e com uma duração de 18 meses, findos os quais o estagiário não tem, como é óbvio, qualquer saída profissional estável assegurada.

É, portanto, notório que as referidas carreiras, tendo um idêntico ponto de partida, sofrem de uma manifesta desigualdade no termo dos respectivos estágios. E é este factor que, na minha opinião, mais se vai reflectir no confronto da vida prática.

Os Magistrados são titulares de órgãos de soberania: funcional-mente, é-lhes devida a consideração inerente à dignidade do cargo que desempenham. Os Advogados, por seu turno, são colaboradores da Justiça: funcionalmente, também lhes é devida a consideração inerente à dignidade do cargo que desempenham; e a grande maioria exerce com

seriedade o munus de que está incumbido: a defesa do seu constituinte.

Hoje em dia são, infelizmente, comuns as manifestações de falta de
respeito pela função do Advogado por parte dos Magistrados, através de
actos e omissões. De facto, é frequente o Juiz considerar-se detentor de
todo o Poder Judicial, acima de qualquer responsabilidade face aos que
recorrem aos Tribunais. E não são raros actos de falta de cortesia,
delicadeza e urbanidade que se traduzem: na ausência de qualquer justificação para as longas esperas que os Advogados, as partes e as testemunhas sofrem, aguardando às portas dos gabinetes as diligências
marcadas; na ausência de um tratamento urbano que passa pelo cumprimento cortês; e na impaciência e mesmo desprezo com que escutam e
comentam as intervenções dos Advogados no decurso das audiências.

Calamandrei já dizia: "o Juiz que falta ao respeito devido ao Advogado ignora que a beca e a toga obedecem à lei dos líquidos nos vasos
comunicantes: não se pode baixar o nível de um, sem baixar igualmente o
nível do outro. E a inversa também é verdadeira! Daí que, se o Advogado
injuria a Magistratura, a si se ofende; se o Magistrado injuria a Advocacia,
está a atingir-se também".

A Lei diz que o Advogado é um auxiliar ou servidor do Direito. Daí
a considerá-lo, *tout court*, um servidor da justiça não vai senão um passo
abusivo; e não tarda nada, temos o Advogado qualificado como um
servidor do Juiz! Ora, o Advogado não é servidor de ninguém. Isto porque
"a melhor maneira de servir a Justiça é precisamente não a servir. Há
muitos advogados que praticam, em relação aos juízes, a política da
complacência e da facilidade, estribando-se, entre outros meios revol-
tantes, na cultura das relações e na exploração sistemática das baixezas.
Alguns magistrados felicitam-se por isso, mas fazem mal: é que o
advogado não é só o titular defensor dos culpados; pelo obstáculo que põe
ao curso da justiça, é também o defensor natural do juiz"[6].

Por isso é confrangedor a prepotência que muitos Magistrados usam
para com os Advogados, tal como ainda é mais repugnante a subserviência
que alguns destes exibem impudicamente diante daqueles... é que a
subserviência "é o pior defeito do advogado, o mais vexatório e o mais
digno de censura"[7].

---

[6] René Boulé, "Plaidoyer pour l'Avocat", 73.

[7] Bastonário Angelo D'Almeida Ribeiro, "Os Advogados no novo Código do
Processo Civil", Separata, 1966, 4.

Os contactos entre Magistrados e Advogados, sendo constantes, implicam um relacionamento permanente. E essa aproximação pode conduzir a uma boa harmonia ou a conflitos frequentes; daí a sua corresponsabilidade no prestígio ou não prestígio social da Justiça. E para isto ajuda muito ter sempre presente que se trata de pessoas com a mesma formação universitária e com visões das coisas e do mundo que por vezes coincidem, mas outras vezes colidem. Por isso "é imperioso a instauração de um clima de respeito mútuo entre Advogados e Magistrados, baseado na igualdade e na diversidade; mas é também desejável que eles mantenham um certo afastamento"[8]; é que, apesar de tudo, "é difícil conservar a altura se não se conservarem as distâncias"[9].

Todos certamente concordam que, independentemente de indispensáveis alterações legislativas, o remédio para o diálogo de surdos, muitas vezes existente entre Magistrados e Advogados, passa pela compreensão e respeito mútuos pelas características alheias.

E neste contexto, não é por demais realçar que a estrita observância do dever de urbanidade permite remover muitos escolhos num relacionamento recíproco.

O DEVER DE URBANIDADE

De facto, o art. 89.º do nosso E.O.A. reza assim: "No exercício da profissão deve o Advogado proceder com urbanidade, nomeadamente para com os outros Advogados, Magistrados, funcionários das secretarias, peritos, intérpretes, testemunhas e outros intervenientes nos processos". Trata-se dum dever geral a dois níveis:

– por constituir um princípio ético universal;
– por não se distinguir em função da pessoa do destinatário, ou seja, o Advogado deve ser correcto para com todos. Não só no exercício da profissão, como aquela norma parece impor, mas também fora dela.

Com efeito, o dever de urbanidade é um dever que se impõe a toda a Pessoa, no sentido de usar de cortesia e educação mínimas, no seu relacionamento com os outros.

---

[8] René Boulé, obra citada.
[9] Rui Polónio de Sampaio, "O Magistrado visto pelo Advogado", R.O.A, 36, 221.

A Função dos Magistrados e dos Advogados 613

Todavia este dever, quando apreciado no âmbito do exercício da Advocacia, inspira-se na tradição, nos usos profissionais e nas regras consuetudinárias. Era isto que explicava Lega quando dizia "de um ponto de vista deontológico, a correcção profissional analisa-se numa completa série de comportamentos inspirados nos usos profissionais, na tradição e nas regras consuetudinárias pelo que respeita especialmente nos contactos que o Advogado mantém com os clientes, com os colegas e com terceiros, e que devem caracterizar-se pela sua seriedade, discrição, reserva, cortesia, honestidade e rectidão moral". Neste sentido, também Miguel Veiga dá o seu contributo quando diz que a conduta do Advogado deve ser: "viril e tensa, serena e enérgica, polida e firme, urbana e bem educada"[10].

É óbvio que não se pode desejar que os Advogados sejam anjos, e muito menos deuses; mas pode e deve exigir-se-lhes que sejam pessoas íntegras, conscientes, com devoção pelas causas que patrocinam para delas cuidarem como se próprias fossem. Ou seja, e parafraseando o Bastonário Carlos Pires: "onde está um Advogado deve estar um homem de bem"[11].

Mas até onde vai este dever de urbanidade? É que, se os Advogados têm este dever perante todos os cidadãos, e sendo este um dever de relação – como lhe chama o Dr. Garcia Pereira – também estes, inclusive os Juízes, devem ter tal dever para connosco. E, também porque este dever não é absoluto, não pode nunca representar subserviência ou, sequer, uma situação de especial favor da parte dos Juízes, no que respeita ao posicionamento do Advogado face a estes. É preciso deixar bem claro que o Advogado não é nem um subordinado do Juiz, nem um funcionário da justiça. Na verdade, não há qualquer hierarquização nem sequer qualquer igualização das funções do Advogado, relativamente às dos Magistrados.

Isto mesmo nos diz o Dr. Abranches Ferrão: "devemos ser corteses para com os juízes, mas exigir deles, para connosco, cortesia idêntica". É que Juízes e Advogados são iguais enquanto, juntos, procuram a Verdade.

É curioso verificar que tudo assenta na urbanidade e que esta é realmente a pedra angular das relações entre a "Família Judicial". Só que, neste aspecto, parece que se exige mais aos Advogados, pois, e citando novamente o Dr. Abranches Ferrão: "(...) se a «grandeza» do Juiz lhe resulta da dignidade do cargo, a «grandeza» do Advogado tem ele de a demonstrar com a independência, o saber e a coragem no desempenho da profissão. Ser Advogado não é só estar inscrito na Ordem: é actuar

---

[10] "De como os Juízes não podem ser deuses, nem os Advogados anjos", 1973, 37.
[11] R.O.A., 2, 24.

permanentemente com a dignidade que a função impõe, sentir permanentemente a honra da profissão". Isto porque "as profissões nobres exigem, além do cumprimento duma perfeita deontologia, uma conduta social irrepreensível. Por isso o advogado tem de proceder, em todos os seus actos da vida pública e privada, com a maior dignidade. Só assim poderá impor-se á consideração e respeito dos seus clientes, dos colegas e dos Magistrados"[12].

O Advogado tem apenas que lutar por aquilo que entende ser o seu dever, por muito difícil que a situação se lhe apresente, nunca abdicando do seu ponto de vista. Só nunca poderá ser descortês e nunca deverá esquecer que tem armas legais para superar situações que considera menos legais ou até arbitrárias, tais como os requerimentos, os recursos e, em última instância, o direito de protesto consignado no art. 64.° do E.O.A..

Uma das consequências do dever de urbanidade que recai sobre o Advogado traduz-se na não intervenção nas decisões, directa ou indirectamente, por escrito ou oralmente, sendo-lhe vedado enviar aos Juízes memoriais ou utilizar processos desleais na defesa dos interesses que lhe são cometidos.

E o mesmo se pode dizer do dever expresso na Lei que impõe ao Advogado que antes de promover qualquer diligência judicial contra qualquer Magistrado, lhe comunique por escrito, a sua intenção. Este dever mais não é que uma tradição ou uso antigo que acabou por ser expresso na Lei. É um dever de urbanidade que sempre foi entendido como necessário para a manutenção do bom relacionamento e do respeito mútuo.

A LINGUAGEM, SEUS LIMITES

"Para cumprir a sua alta missão com êxito e denodo, o Advogado precisa ter a palavra e a mão inteiramente livres"[13]. Contudo, e como ponderava Crémieu, o Advogado "deve evitar toda a palavra ofensiva, toda a apreciação injuriosa"[14].

E é nesta perspectiva que a nossa Ordem dos Advogados tem definido orientações muito precisas, tais como:

• "O cabal exercício do mandato impõe ao advogado uma conduta

---

[12] Avelino de Faria, R.O.A, Ano 18, (1958-II e III).

[13] J. Alberto dos Reis, Revista de Legislação e Jurisprudência, 59, 2300 2 ss.

[14] Crémieu, "Traité de La Profession d'Avocat", 2ª edição, 1964, 918.

A Função dos Magistrados e dos Advogados 615

isenta de cobardia ou de aquietante comodismo" (Acórdão do Conselho Superior de 17/01/61, R.O.A., 21, 121);

- O Advogado está autorizado ao "emprego de expressões mais ou menos enérgicas, veementes, vibrantes, consoante a natureza do assunto e o temperamento emocional de quem as subscreve" (Acórdão do Conselho Superior de 11/03/65, R.O.A., 25, 262), desde que se mantenha sempre nos limites da "sanidade e da compostura, que não são manifestações de subserviência ou subalternização, mas de superioridade de espírito" (Acórdão do Conselho Superior de 13/12/63, R.O.A., 24, 140).

Estas regras são dominadas pela ideia mais geral de que "o que se impõe que haja é a natural lhaneza que toda a pessoa bem formada tem para com o seu semelhante quando está em causa o respeito devido a quem tem a função de julgar" (Acórdão do Conselho Superior de 25/07/80, R.O.A., 40, 774).

No plano especificamente disciplinar, em aplicação da supraditada doutrina, decidiu-se que envolvia responsabilidade para o Advogado o emprego, em peças forenses, das expressões:

- "disparate" e "invencionisse", referidas a uma decisão judicial (Acórdão do Conselho Superior de 22/05/81, R.O.A., 41, 468);
- "famigerado", "tremenda iniquidade", "descarada falsidade" e "a degradação a que chegaram os tribunais deste desventurado país" (Acórdão do Conselho Superior de 16/01/79, R.O.A., 39, 468).

Já a jurisprudência dos Tribunais Comuns tem-se revelado bastante flutuante no que diz respeito a este assunto. A doutrina e jurisprudência dos Tribunais Superiores já foram muito rasgadas no que respeita à liberdade de apreciação e de discussão de que devem gozar os Advogados, havendo até decisões que ficaram gravadas a letras de oiro nos anais da Jurisprudência Portuguesa, de que são exemplo:

- "O Advogado não pode desempenhar com notoriedade e elevação a sua alta missão de defensor do Direito e da Justiça, se a sua linguagem deixasse forçosamente de ser enérgica e veemente para ser só toda timidez e cheia de respostas humilhantes" (Ac. S.T.J. de 18/12/17, Gazeta da Relação de Lisboa, 31, 286);
- "Não queiramos nunca ter uma Advocacia subserviente e tímida ante o atropelo da Lei ou a prepotência dos que têm o dever de a

aplicar. É de altas consciências que o futuro dos povos depende, e desgraçados deles se a reclamação da justiça não puder ser veemente e livre" (Ac. S.T.J. de 25/03/26, Ano de 1926, 73).

No entanto, a partir dum parecer do Sr. Procurador Geral Furtado dos Santos, de 09/01/58 (B.M.J., 81, 304), a jurisprudência começou a inflectir, reagindo contra a "benevolência na punição dos desmandos forenses" (Sr. Juiz Desembargador Vassanta Tamba; cfr. "Direito de defesa e injúrias a Magistrados"). E em consequência desta nova orientação, tem-se assistido a uma certa retracção na linguagem processual dos Advogados.

À luz de tudo o que se disse, tem que se reconhecer a pobreza da fórmula contida na parte do n.º 1 do art. 87.º do presente E.O.A.. É que o "respeito devido aos juízes" é, na verdade, e por si só, uma expressão que diz pouco. Ora ter respeito não é ser subserviente. E a subserviência, que nada tem a ver com urbanidade e correcção, é o pior defeito do Advogado.

Neste sentido, a mais recente jurisprudência italiana tem distinguido as expressões ofensivas das inconvenientes: as primeiras "ferem a honra, o decoro e a reputação dos destinatários"; as segundas, "desqualificam quem as pronuncia e também o grupo social a que pertence o Advogado".

Na base desta classificação, é possível dizer que o Advogado deve evitar o recurso a tais expressões, sob pena de incorrer em responsabilidade disciplinar quanto às inconvenientes, e também de responsabilidade criminal quanto às ofensivas. E isto, porque ainda não temos, no nosso ordenamento jurídico, uma norma semelhante à que existe no E.O.A. Francês, que consagra expressamente que o Advogado "não pode ser criminal ou civilmente responsabilizado por aquilo que, no exercício da sua profissão, escreve nas peças processuais ou proclama da sua bancada no Tribunal".

De facto, em qualquer sociedade em que os direitos do homem são formalmente consagrados, impõe-se a consagração expressa da liberdade plena de expressão dos Advogados no exercício da sua função. Só assim se conseguirá pôr termo à chuva de perseguições promovidas através da permanente ameaça (e, mesmo, da sua concretização) do processo disciplinar e crime contra aqueles que mais vivamente se erguem na defesa dos interesses que representam ou que mais veementemente denunciam os arbítrios do Poder.

Esta consagração, a ser levada a termo, constituirá um elemento indispensável para que a Advocacia possa ser o garante da luta contra os abusos do Poder e da defesa intransigente dos interesses dos cidadãos e contra a violação dos direitos destes.

A Função dos Magistrados e dos Advogados   617

Quanto à linguagem dos Juízes, há que pedir aos Magistrados maior preocupação de rigor, de síntese e de clareza, o que implica igualmente um progressivo abandono das fórmulas arcaicas, das expressões exotéricas e dos preciosismos técnicos. É que as decisões judiciais só ganharão força de convicção quanto mais compreensíveis se revelarem para os seus naturais interessados.

NOTAS FINAIS

Finalmente, uma última nota. Jamais o Advogado deve iniciar a sua carreira, ou ter no decurso dela, qualquer posição de preconceito contra os Magistrados. É que não há o mínimo de fundamento para preconceitos de parte a parte.

Se é certo que o Advogado, por vezes, é incómodo ou até perturba a acção do Magistrado, tal não justifica desconfianças mútuas. Temos de nos lembrar que somos irmãos do lado materno, pois saímos da mesma faculdade, embora mista de mãe e madrasta.

Acontece que a Advocacia tem vindo a perder prestígio, realidade para a qual muito têm contribuído os diferentes acessos às carreiras, como já referi. E, enquanto nada se fizer para alterar este início de carreira, será o Advogado a ter que contribuir para se impor por si próprio, através de uma postura correcta, a qual engloba urbanidade no trato, dignidade no relacionamento e competência no exercício da sua actividade. Em suma, todo o Advogado que saiba assumir-se com dignidade, com personalidade, com urbanidade e com competência, conquistará sempre o respeito do Magistrado.

Duma maneira geral, a Magistratura em Portugal tem-se pautado por um comportamento exemplar, quando considerada a sua genérica e indesmentível seriedade, imparcialidade, sensatez, competência e dignidade. Mas se, porventura, alguma vez o Advogado se encontrar perante uma situação excepcional ou anómala, não deve usar da reciprocidade que reprova, para não perder nunca a razão que lhe assiste. É que muitas vezes a firmeza, a não cedência e a dignidade no enfrentar das situações, feitas com urbanidade excepcional "desarma" o outro, fá-lo cair em si e resolve da melhor maneira o conflito.

Mas também se exige à Magistratura que tenha a consciência plena da indispensabilidade do papel do Advogado na realização da Justiça e do esforço tremendo que ele faz para prevenir e solucionar amigavelmente as questões, só as remetendo ao Tribunal em hipóteses extremas. Por isso, a actuação do Advogado é tão importante como a de qualquer Magistrado, pertença este a que magistratura pertencer, face ao objectivo da realização da Justiça.

É urgente acabar com alguns atritos que ainda existam entre Advogados e Magistrados. E neste sentido parece-me que os Advogados portugueses têm o direito de formular algumas exigências, tais como:

1.°) Impõe-se que fique definitivamente esclarecido que:

- os órgãos de soberania constitucionalmente consagrados são os Tribunais e não os Magistrados;
- os Magistrados nem são "donos" do Tribunal, nem são qualquer espécie de "superiores hierárquicos" dos Advogados;
- os Advogados desempenham um papel insubstituível e tão digno e importante quanto os Magistrados na administração da Justiça.

2.°) Impõe-se consagrar em forma de lei:

- a impunidade Jurídico-criminal do advogado pelos actos e palavras praticados no exercício das suas funções e por causa delas;
- os direitos dos Advogados perante os Magistrados e também os deveres dos Magistrados perante os Advogados nos respectivos estatutos, sancionando com severidade aqueles que prevariquem neste campo, já que no actual E.O.A. os Advogados só têm deveres face aos Magistrados.

Só com a consagração destas medidas se conseguirá pôr termo à perda de prestígio que a nossa Advocacia tem vindo a sofrer, um pouco por toda a parte, e cuja consequência será inevitável: a supressão dos direitos, liberdades e garantias dos cidadãos.

É preciso gritar bem alto que não há "Estado Democrático", se não existirem Advocacia e Magistratura livres e independentes!

É altura, portanto, de esquecer um outro agravo, uma outra afronta cometida de um lado e de outro, e abraçarmo-nos fraternalmente, colaborando desta forma para um dos maiores bens da Humanidade: a realização da Justiça.

BIBLIOGRAFIA

AAVV – *II Conferência das Comissões Parlamentares para a Igualdade de* - Ac. S.T.J. de 18.12.17, "Gazeta da Relação de Lisboa", 286.

Ac. Conselho Superior de 17.01.61, R.O.A., 21, 121; de 13.12.63, R.O.A., 24, 140; de 11.03.65, R.O.A., 25, 262; de 16.01.79, R.O.A., 39, 468; de 25.07.80, R.O.A., 40, 774 e de 22.05.81, R.O.A., 4, 886.

ADOLFO BRAVO, "Revista dos Tribunais", n° 1514, ano 64, 21.

ADRIANO MOREIRA, "Ofensas cometidas por um mandatário judicial", "O Direito", 80, 162.

ANTÓNIO FERNANDES RODRIGUEZ, "Juízes e Advogados", S.I.V., Tomo XXXIII, 191- 192, Dez. de 84, 331.

AVELINO FARIA, "Algumas considerações acerca de Advogados, Juízes e Tribunais", R.O.A., Ano 18, 1958(II-III), pg. 154.

BASTONÁRIO ÂNGELO D'ALMEIDA, "Os Advogados e o Novo Código de Processo Civil", Separata, 1966, 4, "Direitos dos Advogados, sua independência e relação com a Magistratura", R.O.A., Ano 18, 1958 (IV), pg. 408.

BASTONÁRIO CARLOS PIRES, R.O.A., 2, 24.

BASTONÁRIA Mª DE JESUS SERRA LOPES, Editorial do B.A.O., 2/90.

BASTONÁRIO OSÓRIO DE CASTRO, "A crise da Justiça e as relações Magistrados-Advogados", R.O.A., 45, 621.

CRÉMIEU, *"Traité de la Profession d'Avocat"*, 2ª Edição, 1964, 918.

Congresso da Ordem dos Advogados (III), 1994.

E.O.A. Português anotado.

FERNANDO ABRANCHES FERRÃO, "Jornal do Foro", 34, 128 e 130 a 157.

FLÁVIO PINTO FERREIRA, "Uma abordagem Sociológica da Magistratura".

J. ALBERTO DOS REIS, "Ver. Leg. Jurisp.", 58, 2300 ss.

JUIZ-CONSELHEIRO JOSÉ MARTINS DA FONSECA, "Relacionamento entre Magistrados e Advogados", R.O.A., Ano 45, 1985 (II), 625,629.

JUIZ-CONSELHEIRO RENATO GONÇALVES PEREIRA, "Justiça Portuguesa", Ano 25, 37.

JUIZ-CORREGEDOR ARMANDO DE MENDONÇA PAIS, "A missão do Advogado".

JUIZ-DESEMBARGADOR VASSANTA TAMBA, "Direito de defesa e injúria a Magistrados".

MIGUEL VEIGA, "De como os juízes não podem ser Deuses nem os Advogados Anjos", 1973, 37.

PROCURADOR-GERAL FURTADO DOS SANTOS, Parecer de 9.01.58, (B.M.J., 81, 304).

"Relação da Advocacia com as Magistraturas", relatório e comunicações.

RENÉ BOULÉ, *"Plaidoyer pour l'Avocat"*.

RUI POLÓNIO DE SAMPAIO, "O Magistrado visto pelo Advogado", R.O.A., 36, 221 e "Notas, às vezes quase poéticas, à margem duma profissão quase sempre prosaica", R.O.A, 37, 115.

VASCO DA GAMA FERNANDES, R.O.A., 166.

ÍNDICE

Título: CIÊNCIAS JURÍDICAS § Civilísticas; Comparatísticas; Comunitárias; Criminais; Económicas; Empresariaias; Filosóficas; Históricas; Políticas; Processuais

DEDICATÓRIA 5

NOTA DO CO-ORGANIZADOR
    GONÇALO N. C. SOPAS DE MELO BANDEIRA 7

NOTA DO CO-ORGANIZADOR
    ROGÉRIO MAGNUS VARELA GONÇALVES 13

NOTA DO CO-ORGANIZADOR,
    FREDERICO VIANA RODRIGUES 15

APRESENTAÇÃO
    Prof. Catedrático Doutor A. CASTANHEIRA NEVES.............................. 17

§ *Emendar E Emendar: Enclausurando A Constituição? § Entre o Paradoxo da Democracia, a Capacidade Reflexiva da Constituição e a sua Força Normativa*
    por ANA CLÁUDIA NASCIMENTO GOMES 23

§ *Responsabilidade Civil Por Dano Ambiental Em Situações De Multiplicidade Organizada De Sujeitos*
    por ANELISE BECKER.. 55

§ *Economia E Ecologia*
    por ANTÓNIO CARVALHO MARTINS 81

§ *"Eficiência Econômica E Direitos Sociais. Interdependência E Conciliabilidade Como Proposta Para Um Novo Paradigma"*
    por CLÁUDIO PEDROSA NUNES 177

§ *A Crise Do Direito*
por FREDERICO VIANA RODRIGUES 241

§ *O Crime De "Branqueamento" E A Criminalidade Organizada No Ordenamento Jurídico Português*
   por GONÇALO NICOLAU CERQUEIRA SOPAS DE MELO BANDEIRA 271

§ *A Responsabilidade Pela Phronesispoiesis Do Direito Brasileiro*
§ *Sob a protecção de Deus e a Colaboração da Academia e da Intelegência Artificial*
   por JORGE DA SILVA 377

§ *A (Moderna) Criminalidade Econômica § (o direito penal entre o econômico e o social)*
   por LUCIANO NASCIMENTO SILVA 445

§ *O Princípio da Equiparação Das Acções Subscritas, Adquiridas Ou Detidas Pela Sociedade Dominada No Capital da Sociedade Dominante
A Acções Próprias Da Sociedade Dominante*
   por MARIA MATOS CORREIA AZEVEDO DE ALMEIDA 445

§ *"Regiões Metropolitanas-Aspectos Jurídicos"*
   por NATHÁLIA ARRUDA GUIMARÃES 469

§ *Reflexões Iniciais Sobre A Behavioral Law And Economics E O Problema Das Normas Sobre O Comércio Dos Alimentos Geneticamente Modificados*
   por ROBERTA JARDIM DE MORAIS 507

§ *Ensaio Introdutório Acerca Das Lacunas Jurídicas*
por ROGÉRIO MAGNUS VARELA GONÇALVES 533

§ *Paridade, A Outra Igualdade*
   por VERA LÚCIA CARAPETO RAPOSO.. 571

§ *A Função Dos Magistrados E Dos Advogados*
   por MARIA LAMEIRAS PINTO 605

ÍNDICE 621